JN246286

資本主義の思想史

市場をめぐる近代ヨーロッパ300年の知の系譜

The Mind and the Market

Capitalism in Modern European Thought

ジェリー・Z・ミュラー

Jerry Z. Muller

池田幸弘〔訳〕

Ludgate Hill, from 'London, a Pilgrimage,' written by William Blanchard Jerrold / Doré, Gustave (1832–83)
©Bridgeman Images /amanaimages

東洋経済新報社

わが子
イーライ、サラ、セフィへ捧げる。

Original Title:
The Mind and the Market: Capitalism in Modern European Thought

Copyright © 2002 by Jerry Z. Muller
This translation published by arrangement with Alfred A. Knoph,
a division of Random House, Inc. through The English Agency (Japan) Ltd.

はじめに
Introduction

私たちは資本主義によって形成された世界に住んでいる。常にその形態を変えつつ、資本主義は三世紀にわたって続いてきたし、今後も長らく存続していくだろう。二〇世紀のヨーロッパにあって、共産主義やファシズムは資本主義に対する有効な代替物とはなりえなかったし、非ヨーロッパ圏でも事情は同じだった。資本主義の現在の力学とその将来の帰結に思いをめぐらす際に、資本主義に関する過去の思想や言説の中で最良のものを知ることは有益だろう。これが本書の前提である。

本書は、資本主義は経済学者にその考察を委ねてしまうには、あまりに重要で複雑な主題であるという前提に立って書かれている。資本主義を批判的に理解するには、現代経済学を超えた視点から見る必要がある。こうしたことから、本書は経済思想の歴史ではなく、資本主義経済に関する思想をたどったものになっている。

アダム・スミス以降、経済学はここで扱われている思想家にとって大事な多くの論点を脇に追いやることによって発展してきたという側面がある。こうすることで、確かに分析の精度は増し、また、共通の学術用語を作るようになった。しかしながら、何でもそうだが、市場について考えることについても、「フリーランチ」などというものはないのだ。分析技術と学問が緊密になったという利点はあるものの、その一方で、反省的な人々にとっては興味深いかもしれないような市場に関する多くの問題点を脇に追いやるという弊害も生まれた。

本書の着想を得たのは、一九八〇年代の半ばのことだった。それに先立つ一〇年間、当代きっての分析者たちの何人かが、資本主義の道徳的、文化的、政治的帰結というテーマを文化評論の最優先事項としてきた。なかにはユルゲン・ハバーマスのように、左翼的な立場からコメントを述べてきた者もいたし、アービング・クリストルのように、右派的な立場からの論評もあった。また、ダニエル・ベルやクリストファー・ラッシュのように中道の立場からコメントする者もいた[1]。

これらの論客の主張は多岐にわたっており、またその立場は多様だった。家族的な団らんが商業勢力の侵害を受けているとする者もいれば、市民的な徳が減退しているとする者もいる。またある者は、資本主義が拠り所とする、満足感を先送りしようとする意欲の低下を挙げる。個人主義と利己主義が共同目的というものの一切の意味を破壊しようとしていると主張する者もいる。仕事がその意味を喪失しつつあるとする者もいれば、男女を問わず必要としない消費財におぼれていると言う者もいる。国際市場が特定の歴史文化を破壊し、その後にはこれといった特色のないごた混ぜと快楽主義的なニヒリズムだけが残るとする者もいる。市場価格の普及により、資本主義が拠って立つ伝統や制度そのものを蝕みつつあるとする者もいる。成長の技術的な限界に到達したとする者もいる。富者はますます富み、貧者はさらに貧しくなるとする者もいる。こうした理由、あるいはさらに多くの別の理由によって、資本主義は危機にあると申し立てられているのだ。

現今の論争から刺激を受けて、近代ヨーロッパの知性史を探ってきた私は、こうした理解が長い間、少なくとも一八世紀以来の知識人の頭を捉えてきたことに気づいた。当初、このような事実に注意するよう呼びかけた反資本主義的な左派や右派に属するラディカルな思想史家から学んだところだが、資本主義の帰結に関する議論は近代ヨーロッパ知性史を貫く巨大な糸である[2]。

また、資本主義の文化的、道徳的、政治的効果についての反省は、スミスやヨゼフ・シュンペーターのようなしばしば「経済学者」として扱われる知識人にとってのみ重要だったわけではない。ヴォルテールからヘーゲル、そしてエドマンド・バークからマシュー・アーノルド、さらにその先に至るまでのような、通常は市場との関係では考えられてこなかった人物にとっても中心的な課題だったことがわかってきた。現代の論評では、資本主義とその帰結に関する主題は新しいものであるかのように扱われ、過去の豊かな知的遺産については、ほとんど触れられずに議論がなされている。

こうしたことから論評者は、分析装置を新たに作り直すか、現代の問題の新奇性を過大に評価するかのどちらかに傾きがちだ。そして、実のところ内在的ではあるものの、そのまま続いていくような緊張関係にすぎないものを決定的な矛盾と見がちにもなる。あるいは、過去において示唆され、そして忘れられてしまった潜在的には有効な研究の系譜を見失ってしまいがちでもある。

その一方では、ソビエト連邦とその同盟国が崩壊する前からすでに世界が全体として資本主義から離れるのではなく、それに近づいていたことが明らかになりつつあった。ヨーロッパの知識人や彼らのアメリカでの追随者たちが現代を「後期資本主義」と呼んでいたときには、第一・第二・第三世界として当時知られていた地域の政治的、経済的勢力によって、各ブロックの諸国は、資本主義を超えたところにではなく、むしろ市場指向の経済、社会に導かれつつあった[3]。だからこそ私は、ヨーロッパ最良の知識人、偉大な知識人、あるいはそれに準じる知識人たちが、資本主義の道徳的、文化的、政治的帰結について考えてきたことを再生しようとしたのだ。

本書はヨーロッパの知識人についてまとめたものだが、ヨーロッパ人のためにだけ書かれたものではない。ここでは各思想家を歴史的文脈の中に置こうとはしているが、本書が問題にしているのは、必ずしも特定の国の特殊性に限定された論理と有効性を持つ市場についての議論ではない。最新の思想家の最も重要な著作のいくつかはアメリカで書かれたものだが、これはアメリカで起こっていることが国境を超えた帰結を伴う、と彼らが考えたからにほかならない。

本書で扱っている思想家は西ヨーロッパや中央ヨーロッパの人たちであり、そのイデオロギー的立場はさまざまである。資本主義の擁護者もいれば批判者もいる。実際のところ、同じ分析が反資本主義的にも親資本主義的にも見なすことができるのは、本書を読み進めるうちにわかってくるだろう。これは、思想家たちが資本主義を異なった道徳的前提から判断しているからだ。資本主義の道徳的意義の評価の少なからぬ部分が、その経済的効果の評価に依存しているので、本書では必然的に、近代ヨーロッパの知識人たちが資本主義経済の機能についてどう考えていたのか、また、資本主義経済が誰に便益をもたらすかについてどう考えていたかを扱うことになる。

本書で繰り返し現れる論点の一つが、貧困と富の問題だ。市場は人々を豊かにするのか、あるいは貧困にするのか。もし前者だとすれば、それは必然的に良いことなのか。「私はお金持ちだったこともあったし、貧乏だったこともあった。ただ、お金持ちのほうが良かった」とフリッツ・ラングの一九五三年の映画『復讐は俺に任せろ』のヒロインは言っている。しかし、これから見るように、古典的共和主義とキリスト教的な禁欲主義の根強い伝統は、別の見解を申し立てている。ルソーからマルクーゼに至る近代の多様な思想家たちが、さまざまなやり方で、物質的な利得は道徳的な損失を伴って獲得されると主張し、富は貧困に優るという前提に対して異議を述べている。

さらには資本主義と文化の問題がある。市場は、社会を世俗的なものとしていくのか、あるいは反世俗的なものとしていくのか。この論点は、市場に好意的なものなのか、あるいは敵対的なものなのか。市場に特徴的なメンタリティというものはあるのか。もしそうならば、このようなメンタリティは他の領域に波及していくものなのか。もしそうならば、このような波及は望ましいのか、あるいは嘆かわしいことなのか。

市場と、私たちが「文化的多元主義」と呼ぶものとの関係はどのようなものなのか。この用語は、いくつかの異なった意味で使われる。国家間のレベルでは、国と国とが文化的に異なっている場合に、文化的多元主義が存在しているといわれる。政府が単一のまとまりのある文化を育成し、維持しようとしている場合には、このような国家間の相違は各国家の内部での強制された同一性と両立可能である。

第二の意味における文化的多元主義とは、一つの国家の中にさまざまな生活スタイルが存在している場合にもよしとするものだ。このような場合の差異は、各共同体の中での強制された同一性と両立可能である。各共同体は、社会的、文化的、あるいはその他の制裁手段を使って、個人を共同体内部にとどめようとする。第三の意味では、個人的なレベルでもこの用語は使われ、さまざまな文化や伝統の要素を自己の中で結びつけようとする個人の成長を示している。

このようなさまざまな意味における文化的多元主義が資本主義によって育成されるのか、あるいは破壊されるのかは、進行中の議論である。これから見ていくように、今では「グローバリゼーション」という見出しの下で議論されている、集団的な歴史的個性に対する脅威に関しては、その多くが二世紀をゆうに超えてヨーロッパの知識人たちの関心事であり続けたのである。

市場経済が家族にどのような影響を与えるのかも、資本主義の研究者にとっては長い間関心の中心だった。市場関係の波及により、女性が新商品を知るようになったり、外に出て働く機会が増えたりすることで、女性の解放につながっていったのかどうかも関心事の一つであり、保守派、リベラル派、急進派によってさまざまに評価されてきた。市場が出生に及ぼす影響も引き続き検討を要する主題であり、出生率が向上しても低下しても、状況次第で社会秩序の破壊につながるものとして解釈されてきた。

資本主義と平等の関係も、繰り返し浮上するもう一つの主題だ。資本主義は平等につながるのか、あるいは新たな不平等を生み出すものなのか。そして、答えがどちらにしても、さらなる平等、あるいはさらなる不平等は、それ自体重要なのか。資本主義とは、全員が等しく貢献することで成り立っているものなのか、それとも、並外れた個人の才能とエネルギーをうまく利用することに依存するものなのか。また、政治的民主主義によって育まれた平等に重点を置くことと、想像力に富み勤勉な人々を資本主義が利用することの間には、何か緊張関係があるのか。

これまで言及してきた問題のいくつかを結びつける、より大きな主題は、市場が市場以前の制度、つまり、政治的、宗教的、文化的、経済的、家族的制度にどのような影響を及ぼすかということだ。資本主義的社会はその存立をこの種の古い制度によっているのか。もしそうだとして、資本主義社会は古い制度を支持するものなのか、あるいは侵食していくのか、再形成していくものなのか。そして、それは良いことなのか、悪いことなのか、あるいは道徳的には混ざり合った作用を持つものなのか。このような論点の評価の多くが、以下で見るように、変化を好むのか、あるいは安定を好むのかということに結びついている。

繰り返し浮上するもう一つの主題が、問題となる思想家たちが資本主義社会における知識人の役割をどのように考えていたのかということだが、これは市場が近代ヨーロッパ社会で中心的な地位を占めるようになった時期が、明確な社会集団としての知識人の勃興と重なったことによる。知識人は資本主義的な企業家の対極にあるものだろうか、あるいは文化生活において企業家のような役割を果たす者なのか。知識人の役割は資本主義を転覆することにあるのか、それを育成、あるいは改良することにあるのか、はたまた市場価値に対して制度的な埋め合わせを作り出すことにあるのか。そして、個人の意識を高めて、市場とその効果についてより反省的に考えさせるようにするにはどうしたらよいのか。

中世以来の西洋キリスト教社会では、ユダヤ人は貨幣業務と結びついてきた。だから、貨幣が中心的な役割を担う経済を知的に評価する際に、それがユダヤ人やユダヤ教に対する態度としばしば結びついてきたことは不思議ではない。キリスト教的西欧社会で、ユダヤ人は汚らわしいとされてきた金を貸して利子を取るという行為を教会に認められてきた。これは、ユダヤ人が共同体で共有されている価値観の外にいると考えられてきたからにほかならない。

ここで検証する思想家の一部にとって、ユダヤ人は、資本主義を隠喩的に具現化したようなものだ。共同体の現実性が消滅した社会においてのみ、自分本位な経済活動が推奨されるといわれてきた。金貸しは、まさしく自分本位な経済活動の典型である。さらに、ユダヤ人と資本主義の両方が攻撃対象とされることにより、少数の大物ユダヤ人が社会主義や共産主義へと向かうことになった。こうして社会主義者や共産主義者と一体になったことで、それがまた反ユダヤ主義者の攻撃の的となった。このようにして、本書に繰り返し現れるもう一つのテーマが生まれた。資本主義という概念と、ユダヤ人のイメージと運命との関係である。

本書は、ウィーンの風刺作家カール・クラウスが「マジカル・オペレッタ」の中で描いた「目的」と「無駄話」との間のように、実際の具体的な資本主義と資本主義についての知的考察との間を行きつ戻りつする。

本書では、資本主義についての最良で、最も取り上げられ、影響力のある議論を提示していると思われる原典を精査した。ある特定の著者の一書に焦点を当てたこともあるし、一人の作家の作品全体について扱った場合もある。文脈については、原典の解明と著者が頭に描いたものを捉え直すのに最も役に立つ文脈は、細大漏らさず提示した。あるときは、政治的な出来事を説明することが必要になったし、またあるときは経済発展、社会的・人口学的変化、知的生活の文脈の移り変わりを説明することが必要となるときもあった。

多くの場合、これまでの思想の積み重ねや、各著者が繰り広げている当時の論争についても踏み込む必要があった。このため、本書では通常の思想史とは一見何の関係もないような事柄についても扱っている。たとえば株式バブル、移住する小作人、消費者革命、東インド会社、商品先物、「成果による支払制」による学校改革計画、社会主義者あるいはファシストによる革命などである。

マイケル・オークショットはかつて、歴史的見解とは「これまで見落とされてきた視点から過去を見直す機会であり、改めてより明確に過去を想像する機会でもある」と定義した[4]。本書は、しばしば無視されてきた関係性を探求することによって、過去三世紀にわたる資本主義についての議論に関して新鮮かつ、より明解な理解を提供してみたい。

本書の構成は、各章が独立して読めるようになっている。その一方で、章を続けて読めば、中心的な主題や議論が時間や場所を越えて展開していくのがわかるだろう。ケーススタディを積み重ねることで、本書は、資本主義的市場は現在もこれまでも、道徳的に複雑で多義的な存在だということを提示している。このことは、かねてから資本主義の最強の批判者も、あるいは、その最も巧妙な擁護者も認識してきた。もし、先人たちの知識を評価しようとせず、ましてや、しばしばそうであるように、彼らが拠って立つ推論にはほとんど理解を示さずに名前を挙げるにとどまるのであれば、不当な扱いをしていることになるし、また、私たち自身を欺くことにもなるだろう。

本書は、親資本主義的あるいは反資本主義的な議論を提示するのではなく、近代世界の思想史の中で資本主義という論点がいかに中心的だったかを示し、過去になされた議論を再創造し、そして資本主義についての批判的な視点を現代でも使える形にしようとするものである。

思想家たちがおおむね年代順に提示されているからといって、後で出てくる思想家が前に出てくる思想家よりも賢く鋭敏だというわけでは必ずしもない。私はこれらの思想家の多くからは何か学ぶべきものがあると考えており、これは思想家同士の見解が仮に食い違っていたとしても変わらない。

たとえば読者が、本書の最後で扱われるフリードリヒ・ハイエクの全作品を読んでも、最後から二番目に扱われる著者であるヘルベルト・マルクーゼの基本的な洞察を見つけられないということもありえる。マルクーゼの洞察とは、市場はあなたが本来必要としていないものを買わせようとする人々で満ち満ちており、その結果、あなたは時間と快楽、そして創造性を犠牲にしているのだという認識だ。これはおそらく、資本主義社会で生活を営んでいかなければならない人が学ぶことができる、最も大切な教訓の一つだろう。

逆にマルクーゼの全作品を読んでも、ハイエクの中心的な洞察に遭遇しないこともありうる。つまり市場は、他の形では伝えられない情報を流すことで個人の多種多様な活動を調整し、目的が全く相反する人同士であっても共通する手段に注目すれば互いに協力し合うことも可能であり、同意の必要性を最小限に抑えることができるという洞察である。すでにマルクーゼの洞察に共感した者は、ハイエクの洞察についてもよく考えることができるだろうし、逆の場合もそうだ。

方法について一言触れておきたい。本書では、過去の思想家のアイディアを再生しようとするが、これは私たちが資本主義の道徳的、文化的、政治的帰結について考える際に思想家たちから何か重要なものを学べるはずだという前提に基づいている。各章の目的は、取り上げている思想家が市場について何を考えたのか、どのように考えたのか、そして、各事例において市場は何を意味したのか、を明らかにすることにあった。思想家が市場についてどのように考えたかは、彼らの市場についての考え方が、より大きな関心事や目的とどのように適合するかを検証することにつながる。思想家にとって市場は何を意味したかを知るには、彼らが対応を迫られた経済的制度をたどる必要がある。

思想史家たちが数十年にわたって方法論を研究した賜物でもあるが、私の作業仮説は、議論を歴史的な文脈に置くことで初めて、真の問題を理解できるというものだ。資本主義だろうと市場だろうと(自由だろうと家族だろうと、他の多くの幅広い概念だろうと)、「歴史的な真空状態」の中で扱っても、ほとんど役に立たない。そんなことをしても、全く異なった現象を同一視したり、あるいは時間の経過の中で全くその意味が変わってしまった言葉を同一のものとしたりすることに終始してしまうだけだからだ。

本書で実践されている類の文脈重視の知性史の前提とは、歴史家は過去になされた言明がその著者にとって何を意味したかを明らかにしなければならないということだ。主張の重要性は、そうした主張をその提唱者のより大きな関心事に結びつけなければ理解できない。また、著者の関心事は、そのもととなった文化的、政治的、経済的、社会的現実を見て初めて理解できる。

しかし、このような知性史へのアプローチを「文脈重視の」と呼ぶとしても、どのような文脈が探求するに足るのかという問題が出てくる[5]。特定の意見や主張に関連する文脈というのは、その意見が載っている原典の残りの部分かもしれない。あるいは、その著者の他の著作かもしれない。また、著書が書かれた知的文脈——これは、同時代の作家だったり、あるいは著者が応じなければいけないと考えている議論の伝統だったりもする。あるいは政治的文脈かもしれないし、場合によっては文化的・宗教的文脈かもしれない。著者が参加した制度的文脈の総体かもしれない。このような文脈のうちのどれを考察するかを、どのように決めたらよいのだろうか。

一〇年以上前に本書の執筆を開始した際には、各章で扱う著者の伝記的、政治的、経済的、社会的、知的な文脈を調べようと思っていた。しかしながら、これは非現実的だということがわかった。そんなことをしたら、ヴォルテールの「もし読者を退屈させたいのならば、すべてを語りなさい」という格言を地で行くことになっていただろう。結局、重要な文脈はある程度は試行錯誤によって決められてきたし、また、各著者のどの主張が注視するに足るかについては、私自身の感覚も次第に鋭いものになっていったので、これにも頼った。

どのような著者や原典を選ぶかについては、いくつかの基準がある。まずは、資本主義に関しての重要で繰り返し登場する主張の中で、最も鋭く、明確に書かれたものをカバーしたいと考えた。第二に、私は時間の経過に伴う主張の展開をたどり、異なった文化的、経済的、政治的文脈の中でその主張が再構築されるにつれて、その重要性がどのように変化するかを示そうとした。もしヨーロッパでドイツ語圏の著者があまりに頻繁に引き合いに出されているようであれば、それは知識人たちが最も集中的に資本主義についての議論を行ったのがドイツ語圏だったからかもしれない。ヘーゲル、マルクス、シュンペーターのようなドイツ語圏の人物は、本書のような書物なら必ず取り上げるべきだっただろう。しかし、各章で取り上げているメーザー、ゾンバルト、フライヤーのような人々は、イデオロギー的な立場が違っており、彼らの立場に近い人々は別の国家的文脈で同様の主張をしている。私は、その主張がどこで生まれたか(あるいは、その主張者の性別)よりも、主張の広がりのほうに興味があったのだ。

今日的意義を求めることと、文脈を重視した歴史を書くことの間には、避けられない緊張関係がある。一般には、歴史的研究にとっての主題を選ぶ際に「重要」だとされることは現代の関心全般に結びついており、それも特に、ある著者の関心に結びついている。研究の対象となる問題の生じ方、何を研究し、強調し、そして何を無視すべきか、こうしたことは歴史家とその興味にすべて結びついている。もし研究の対象となる知識人の関心事が、ある程度歴史的文脈によって検証できるのであれば、彼らの関心事は現代の文脈による関心事とは著しく異なっている可能性がある。

この原理は、一見して相反するように見える。折り合いをつけるのに、彼我の問題は違っていたとしても、また、別の文脈であっても、先人と同じ問いを発することで利することがあるかもしれない、と示唆するのが私のやり方だ。

文脈を考えずに思想を扱うことは、そうした思想を歪めることにもなる。しかし、極端な形の文脈主義もまた問題をはらんでいる。というのは、歴史的文脈にばかり焦点を合わせると、現に存在している思想の重要性やその継続的な力がわからなくなってしまうからだ[6]。本書が、今日との関連性や歴史的特性という点で失うものがあったとしても、それは過去の主張、あるいは現在、未来にもたらす利益を理解することで、埋め合わされるものと信じる。

「資本主義」とは、この制度と敵対する勢力が、これを説明し（そして、貶めるために）一九世紀に作った用語だ。しかしながら、私たちが共通に使っている用語のうちの最も役に立つものの多くが、批判するために作り出されたものであるか、用語が描こうとした現象が現れてから時間が経過して初めて共通の語法となったものだ。資本主義という現象は、この言葉よりもずっと早くからあった。マルクス以前には、アダム・スミスの用語では「商業社会」と言われていたし、また、へーゲルの用語では「市民社会」と言われていた。

したがって本書では、ここで分析の対象としたものを特徴づけるために、「資本主義」と「市場」という用語を使用した。その一方で、各著者がその時代、その地域で、「市場」という言葉で、何を意味したかを、正確に伝えようとした。

資本主義を定義すれば、「財の生産と分配が主として、私的所有と、法的には自由な個人の間に交わされる交換に基づく市場原理に委ねられる体制」となる。この定義が純粋に「経済的な」定義ではないことに注意しなければならない。というのも、「私的」所有と法的に自由な個人は、個人がその身体や財産を他人によって奪われないような政治機構があって初めて可能になるからだ。その定義は理念型だ。つまり、現実には不完全な形でしか存在しない、ある特徴を浮き彫りにしようとする抽象モデルである。たとえば、生産と分配がもっぱら市場での自由交換によって行われているところはまずない。資本主義は、南北戦争以前のアメリカ南部においてそうだったように、ある程度の隷属的労働と並存するものであるし、また市場によって支配されている経済も、しばしば政府部門と共存している。

人類は石器時代以来、互いに物を交換してきた。しかし、一八世紀になって初めて、交易のための生産が生存のための生産よりも重要になってきた。そうなると、市場は財の生産や分配にとって中心的な役割を担うようになる。それ以前の封建時代のヨーロッパでは、主要な生産手段は土地だった。土地の支配は政治的な権力に基づいており、それ自体は主として軍事力の機能だった。このように、土地とそこに住む人々が政治的な権力の賞賛であり、保証でもあるような状況下では、支払いの手段さえあれば、素性を問わず誰にでも土地や労働を売却するということは考えられない[7]。もちろん、このような封建体制は一七〇〇年までにはすでに崩れつつあり、ヨーロッパの中で経済的に最も進んだ地域においては、流行遅れですたれていた。

たいていの歴史的「始点」は、恣意的なものにとどまらざるをえないが、どこかで始めなければならないことは確かだ。一八世紀の初めには資本主義と同一視できるような制度が確立し、それが継続的に知的考察の対象となっていった。しかしながら、このような考察はそれ以前の伝統を背景にして加えられたものなので、まずは資本主義以前に立ち戻らなければならない。

資本主義の思想史

目次

第13章 フリードリヒ・ハイエク——早過ぎた自由主義者 428

結論 478

※本文中の〔 〕は原書に記載されている注、【 】は翻訳者による注である。

資本主義の思想史——市場をめぐる近代ヨーロッパ300年の知の系譜

第1章

歴史的背景 Historical Backdrop: Rights, Righteousness, and Virtue

権利、正義、徳

節度も限度もなく財産を貯め込む人々。常に新しい田畑や家屋を遺産に加えている人々。自分にとっての好機が来たら売る目的で膨大な量の小麦を買い占める人々。貧しい人、お金持ちを問わず利子を取って貸し付ける人々。こうした人々は、自分たちは道理に反するようなことや不公平なこと、さらには神の法を犯すようなことは何もしていないと考える。それというのも、彼らの考えでは誰にも害となるようなことはしていないからで、彼らがお金を貸さなかったらもっと困ったことになるという点で、むしろ善行を施しているのだと考えている。……

（とはいえ）もし、自分や家族の生活に必要な分以上に手に入れたり所有したりするものが誰もいなければ、この世に貧困などというものはなかったことだろう。このようにして、多くの人々を追いやるのは、この、とめどなく膨らむ所有欲なのだ。この飽くことのない貪欲さが、無害であまり罪はない、などということがあるのだろうか[1]。

トマサン教父『商業、高利概論』一六九七年

貿易とは、その本来の性質において間違いなく破滅をもたらすものだ。貿易は富をもたらし、富は贅沢につながる。贅沢が高じれば欺瞞と貪欲が生まれ、徳や作法の単純さを滅ぼす。人々を堕落させ、腐敗への道を開き、そうなれば、国の内外を問わず奴隷状態に終わることは避けられない。リュクルゴスは、今までの

政府のモデルでは最も完璧なものを作り上げたが、自国から貿易を追放した[2]。

チャールズ・ダヴナント『貿易差額論』一六九九年

近代において展開された、市場をめぐって構築された社会の道徳的価値について、新旧の論点を区別するためには、商業と、交易を通じての物質的利得の体系的追求に関して、ヨーロッパ思想の偉大な伝統がどのような形で特徴的にかかわっていったかという姿勢を想起しなければならない。近代の知識人は、このような概念とイメージを背景に、ものを書いたからだ。このような伝統的な主張がもはや明確な形では提言されなくなったとしても、それらは細々として生き長らえたのであり、通俗的な理解やもっと明晰な議論に対して影響を与え続けた。

古代ギリシャやキリスト教の伝統が伝え描く良き社会には、商業や利得の追求を受け入れる余地はあまりなかった。このような伝統は、一八世紀中、あるいはそれを超えて知的生活に影響を与え続けた。しかしながら、理想社会を描くことから法によって実際の男女を規制することに議論が転じていくと、商業や利得の追求を容認することがよりいっそう重要になってくることは避けられない。ローマの市民法は、ローマ帝国に端を発し、財産の保護に力点を置いたものだが、富の保護や蓄積をより厚遇することに貢献した。

近代初期を彩る、あるときは熱く、またあるときは冷たい宗教的闘争は、これらの伝統間の関係の転換点だった。人々は、共通の善という統一見解を押しつけることのコストがあまりに高過ぎると判断し始め、ローマの市民法の伝統に頼り始めた。ローマ法の伝統では、各個人にそれぞれの善を与えることに力点があり、もはや人々が共有していない何らかの善を想定して、すべての人を縛ることもなかった。

本章の冒頭に引いた、一八世紀のとば口に書かれた名言は、ヨーロッパ思想の最も由緒ある二つの伝統の中で展開された、交易と金儲けに対する敵意を表している。カトリックの聖職者による意見は、商業についてキリスト教的伝統ではどのような見解が支配的であったかを表している。二つ目の引用は、イギリスの経済学者のものだが、シヴィック的な共和主義の伝統を反映したものになっている。どちらの見解も、古代ギリシャとローマの思想にのっとったものであり、それらを修正したものでもある。どちらも商業に対して懐疑的で、徳を追求するのには有害だとしている。

商業に対する道徳的な軽蔑は、ヨーロッパ思想の古典的な根源にまでさかのぼる。古代ギリシャの都市国家では、徳は都市の安全に対する貢献を意味し、とりわけ軍事的防衛に対する貢献を意味していた。こうした社会では、戦争に備えたり、あるいは実際の戦闘行為に従事したりすることは、政治生活においてほとんど日常茶飯だった[3]。「金儲けに価値が与えられれば、ますます徳に対する評価は低くなる」とは、プラトンの『共和国』の中でソクラテスは対話者に対して言っていることだ[4]。

アリストテレスは、広く普及していたギリシャ的な自由の概念について述べている。それによれば、よく統治された都市とは、経済的に自足した家計の長である自由人が統治に参加している状態を意味するとされる。物質的なニーズは、家庭の奴隷や独立した職人によって満たされるが、こうした人々は市民権を与えるに値しないと考えられている[5]。相当の富を所有することは、より高次の活動である市民による討議や活動への参加のためには必要だし、さらには寛大さ、気前の良さという徳を行使するにも必要だった。アリストテレスにとっては富むことは望ましいが、交易によって実際に富の追求にかかわることは道徳心を失う危険をもたらすものとされた。

このようにして、徳もある最良の市民によって統治された最高の政治制度においては、生活のために交易に従事する人々は政治的な役割を担うべきではないとされた。「最高の政治形態を誇るこの都市においては、市民は、商人のような低俗な暮らしをすべきではない。商人の暮らしぶりというのは、道徳の対極にあり、卑しいものだからだ」とアリストテレスは語っている[6]。

アリストテレスの同胞であるアテネ市民は、外国から購入した穀物によって養われていたものの、ギリシャのポリスの理想においては国内商業や対外的な貿易の余地はなかった[7]。ギリシャ人は商業を必要なものとして大目に見ていたのかもしれないが、同時に恐れてもいた。商業がもたらす経済の専門化によって人々の関心が分散化し、共通の目的という意識や、ポリスが存在の拠り所としている自己犠牲の精神を破壊してしまうのではないかと危惧された[8]。アテネには商人も銀行家も金貸しもいたが、こうした人々はよそ者として見られ、市民としての権利は認められていなかった[9]。

商業は「財の売買」であり、そこでは貨幣は交換の手段でもあり目的でもあるが、アリストテレスはこうした商業を政治的徳にとって有害なものとしただけではなく、個人の道徳的安寧にとっても危険だとした。アリストテレスの道徳理論は、過剰と不足という両極端の中道である節度を強調したものだった。他の、より道徳的なものの追求と違って、富の追求には自然な、内在的限界というものがなく、したがって過剰になりがちだと、主張されている。このようにして、貨幣を得ることを目的として商業にかかわる者には、プレオネクシア（貪欲や行き過ぎ）の傾向があり、限界も反省もなしに、ますます多くを獲得することに人生を捧げてしまう[10]。

また、たいていの古典古代の作家たちは、財の売買という商人の役割から生じる所得に関しては、何ら経済的な正当化を見出しえなかった。人類の物質的富は、だいたいにおいて一定だとされていたので、ある者の利得は他の者の損失として考えられていた。したがって、交易からの利潤は道徳的には正当視できないと見なされた。

商業の形態の中でも、最も猜疑の対象となったのは、貨幣から貨幣を得ることだった。利子目当てに貨幣を貸すことは「高利貸し」として定義され、これはアリストテレスが不自然なものとして非難したところだった。「交換は自然ではなく、また他者から奪い取ることにかかわっているので、それに関する専門的知識は非難されて当然だ」とアリストテレスは批判している。高利貸しは憎まれて当然だ。高利貸しの所有物は貨幣自体から生じるのであって、貨幣がその対価とするものからではないからだ。したがって、あらゆる職業のうちで高利貸しが最も自然に反したものとなる[11]。高利貸しへの批判は、近代初期に至るキリスト教神学者や法学者の経済的著作の中では中心的な位置を占めるようになる。

古代ギリシャ思想が交易や商人に対して懐疑的だったとするのならば、福音書や初期の教父たちは、それらに対して断固反対だった[12]。

福音書は声高に、そして繰り返し、富者は救済にとって妨げだと警告している【1】。「あなたがたは地上に富を積んではならない」。このように、イエスは山上の垂訓で説いたと言われている。「というのも、あなたの富のあるところに、あなたの心もあるのだ」とか、「あなた方は、神と富とに仕えることはできない」と警告され(マタイ伝　6：19—24)、また、最も有名になった箇所では「金持ちが神の国に入るよりも、らくだが針の穴を通るほうがまだ易しい」(マルコ伝　10：25)とされている。パウロはこれらの教示を繰り返しており、さらに「金銭の欲は、すべての悪の根です」(テモテへの手紙第一　6：10)と付け加えた。

このような富に対する軽蔑と密接に結びついていたのが、商人と利潤追求に対する懐疑の念だ。「イエスは神殿の境内に入り、そこで売り買いをしていた人々をみな追い出し、両替人の台や鳩を売る者の腰掛けを倒された。そして言われた。『こう書いてある。「私の家は、祈りの家と呼ばれるべきだ」。ところが、あなたたちは、それを強盗の巣にしている』」(マタイ伝　21：12—13)。

これらの節に言及し、初期の戒律である「イェチェンス・ドミヌス」は、商人という職業が神にとって心地良かったことは、かつてほとんどなかったと断言した[13]。これは後に、一二世紀のさなかにグラティアヌスによって編纂された偉大な教会法の集大成である『グラティアヌス教令集』に取り入れられ、法や儀式に表現された教会の商業についての見解を要約したものとなっていった。グラティアヌスは、交易とそれに伴う利潤を絶対的に非難した[14]。「物を買い、そして買ったままの形でそれを売って利益を得ようとする者、こうした買い手、売り手は神の神殿からは追放される」と断言している[15]。復活祭の前の木曜日、つまり聖金曜日の前日の祈りでは、イスカリオテのユダは「商人の中でも最も恥ずべき者」として言及されている[16]。

教会の教父たちは、人類の物質的富はだいたいにおいて一定で、ある者の利得は他の者の損失という犠牲の上に成り立っているという古典的な前提に固執していた。聖ジェロームは、富を「不正な財産」とする福音書の描写を当然だとした。「財産の源は人々の不正以外にないし、財産の獲得は他の者の損失と没落によるほかないからだ」。聖アウグスティヌスは、もっと簡潔に述べている。「ある者の損失がなければ、他のものの利得はありえない」[17]。

こうした見解は、唯一、キリスト教徒が抱いていた考えではないにせよ、主流の見解であり続けた。異端者で教師のアンティオキアのリバニオスは四世紀に、商業とは、地上に広く散らばっている果実を人間が享受することを許す神意の計画の一部だとし、こうした考えは弟子である初期の教父、聖バシリウスや聖ジョン・クリュソストモスがまねをした。しかし、こうした見解は短命に終わり、すぐに忘れ去られた[18]。

中世後期に展開された、よりダイナミックな経済発展によって、キリスト教の思想家たちは商業についての考えを再検討するようになった。一二世紀から一四世紀の間に、ヨーロッパの商業経済は成長し、都市は発展し、新しい金融商品が考案された。この時期のスコラ学派の神学者は交易に対して、より機微に富んだ姿勢で臨み、目のかたきにする態度を改めた。販売や他者を雇用することによって生じる合法的な利潤と、高利貸しという非難に値するカテゴリーとが区別されるようになった[19]。

スコラ学者の中でも最も偉大なトマス・アクィナスはアリストテレスの主張を、私的所有を社会に必要なものとして認める方向に修正・拡大した。彼は福音書と新たに再生したアリストテレス哲学の見識を統合しようとした。そればかりか、どちらも基本的には反商業的なこの二つの気質と、これと相反する考えとの間を取り持とうとまでした。つまり、中世の商業がより盛んな都市で主流の、仕事場や財産を持つ人生は良いとする考えとの間に入ろうとしたのだ。私的所有は有用性があることから合法的なものとして扱われ、仕事は創造の過程の一部と見なされた。

トマスにとって、そして、彼に続くトマス主義者にとって、社会的秩序の基礎は家族だった。家族は、自然に与えられ合理的な説明もつく繁殖という目的、そして性欲の封じ込めに役立った。都市生活に特徴的な分業は「自然に」階級のヒエラルキーや、ギルドという形で職業集団の組織を生み出していく。この概念における経済生活は、家族の長にその階級にふさわしい基準で家族を養うのに十分な所得をもたらすものでなければならない。このような秩序は安定をもたらすが、それは消費の期待が限定されていて、社会のヒエラルキーにおける人々の位置によって導かれる限りにおいてである[20]。

一八九一年の教皇の回勅「レールム・ノヴァールム」やその四〇年後の「クアドラジェジモ・アンノ」に至っ

ても、まだカトリックの社会思想は、近代資本主義経済の分析者の主張や批評を、「天使博士」ことトマス・アクィナスの残した枠組みに押し込もうとしていたのだ。

アクィナスとその継承者は、不正直という悪と交易における欺瞞行為を商業それ自体とは区別することによって、宗教的にはよりいっそう慈悲深い見解を商業生活に対してとった。アクィナス、ヨハネス・ドゥンス・スコトゥス(一二六六頃～一三〇八年)、シエナの聖ベルナルディノ(一三八〇～一四四四年)はすべて、商人が遠方からの商品を顧客に供給するにあたって、積極的な役割を演じていること、そして、そのサービスに対してある程度の報酬を受ける資格があるということを認めていた[21]。

しかし、このような商業に対する肯定的な見方は、きわめて限定的なものにとどまった[22]。交易は永続的な制度として受け入れられてはいたものの、利潤追求のための商業は、一般的には有徳な生活を追求する人のすることではないとして軽蔑されていたし、交易にかかわる者の動機には、さまざまな理由から常に不信の目が向けられてきた。

アウグスティヌスからアクィナス、そしてさらに下った時代においても、キリスト教の伝統では自尊心を人間の基本的な悪徳として見てきた[23]。謙遜と従順さは、救済を可能にする神の恩寵に応えるための前提条件とされていた。こうした徳は、商業生活とは両立しにくいと考えられていた。アリストテレスにならって、アクィナスは、物質的な財の分配の平等性が満たされるのは、ある者が受け取るものが既存の階層だった共同体における地位、職分、機能に見合っている場合だと繰り返し主張した[24]。このためアクィナスは、自らの社会的地位の向上をめざして富を貯め込むことを貪欲として非難したのだ[25]。

キリスト教神学においては、利潤の追求は、原罪である貪欲そして奢侈と結びつけられたままだった[26]。アクィナスはアリストテレスを引用しながら、「交易は、それが利潤を目的にしている限りにおいて、大いなる非難の対象となるものだ。というのも、利得への願望は際限がなく、果てるところがないからだ」としている[27]。

カトリックの思想では、商業における摂理の役割は、教父トマサンが一六九七年に述べた利潤追求への敵意によって、影が薄くなってしまっていた。プロテスタントの神学者が交易に対してそれほど懐疑的でなかったとしても、彼らもまた富の追求が救済の妨げになるということについては、負けず劣らずの確信を持っていた。富に反対する宗教論争は、オランダのカルヴァン主義者やイギリスの清教徒にあっては、主要な説教の話題であり続けた[28]。新大陸では、コットン・マザーがプリマスの植民地の運命を振り返り、「宗教は繁栄を引き起こした。娘が母を食べ尽くしてしまったのだ」と嘆いている。このような主題は、プロテスタントの悲嘆として何度となくこの後に現れることになる[29]。

一八世紀においては、メソディストの創始者であるジョン・ウェズレーは次のようなおそれを抱いていた。「富が増加する場合はいつでも、それと同じ分だけ宗教の本質は減退する。したがって、真の宗教の復活が本質的にそう長く続くとは思えない。というのは、宗教は必然的に勤労と節倹を生み出すものであり、こうしたものは富を生産せざるをえない。しかし、富が増加すれば、すべての領域における自尊心、怒り、そして世界に対する愛も増加していくのだ」[30]。利潤追求は、救済を困難にする。そして、現世での利得の追求は、来世での損失につながることが多い、というわけである。

古典古代の作家、教会の教父、そして中世の神学者によって加えられた商業に対する軽蔑の中でも、利子を稼ぐための貨幣の貸付に対する批判ほど激しいものはなかった。アリストテレスはこの習慣を非難に値すると考えたが、キリスト教神学者はこれを罪深いものだとした。「外国人には利子を付けて貸してもよいが、同胞には利子を付けて貸してはならない」。この申命記の第二三章から取った節は、ユダヤ人同士の間の利子付きの貸借を禁じているが、ユダヤ人以外に貸すことは許している。

中世のキリスト教徒やユダヤ人の神学者は、「兄弟」と「異国人」という用語を定義しようとしており、それを当時の文脈で応用しようとした。一二世紀にはすでに、キリスト教神学者は「兄弟」というのはすべての人類に適用され、したがって利子付きの貸借は常に罪深いとの結論に達していた[31]。一一三九年、第二回ラテラノ公会議で、高利貸しは明確に禁止された。『グラティアヌス教令集』では、販売の問題は高利貸しという一般的な見出しの下で議論されており、高利貸しの道徳上の汚名は他のタイプの契約、特に穀物の売買にかかわる契約にまで及んでいる[32]。もっと通俗的なレベルでいえば、高利貸しの死とその地獄への道に関するストーリーは、中世のありふれた類型だったし、ダンテの『神曲』の地獄編にも登場するところだ[33]。

神学者は、私的所有を擁護し、部分的には交易を合法化することによって、不十分であるにせよ都市の商業経済の興隆に適応しつつあった。しかしながら、他方で教会の高利貸しに対する反対は強まっていた[34]。アクィナスは、アリストテレスとローマの前例を引用することで、貨幣は元来何も産まないとした。「貨幣は貨幣を産まない」というのが、スコラ学派の経済的教義の中心を占めていた。アクィナスから始まり一八世紀を通して、カトリックの詭弁家は、高利であるがゆえに非合法な利潤と、合法的な利潤とを区別しようとし続けた[35]。利子の禁止は、一七四五年の教皇回勅「ヴィックス・プレヴェニート」で再び主張されることになる[36]。

さらに高利貸しが禁止されるようになると、宗教上の主張と経済発展の間に対立を生むことになる。一〇五〇年から一三〇〇年にかけて、教会はヨーロッパ人の生活に対して新たな次元での影響を及ぼすようになる。行政の業務はさらに複雑になり、ますます読み書きができる人たちの手に、つまりは聖職者に委ねられるようになってきた。一連の改革を志す教皇たちは、世界の正しい秩序化に影響を与えるべく、聖職者の主張をはっきり述べるようになった。また、そのようなイデオロギーを、教会法の体系化、スコラ思想の洗練化、そして教会の教義を強化するために行政的な構造を発展させることに結びつけた。

このような教会の影響力の強化は、まさに新しい農業の剰余が大規模な商業を可能にし、したがって貨幣貸借という経済的機能がさらに重要になってきた時期に起こった[37]。教会はキリスト教徒による高利貸しに対して戦ったが、同時に拡大しつつあったヨーロッパ経済にとって貨幣の貸借はさらに必要になってきた。神学にとっては決定的な罪が、商業生活にとっては決定的に必要だったのだ。「高利貸しにかかわる者は地獄に行くが、高利貸しにかかわれなかった者は貧乏になるのだ」と、『神曲』に寄せた一四世紀の評論の中で、イタリアの才人ベンヴェヌーティ・ディ・ランバルディス・ディ・イモラは述べている[38]。

一二世紀になると、教会はユダヤ人に禁断の経済活動にかかわることを許すことによって、キリスト教徒による高利貸しという不正を回避しようとし始めた。というのは、ユダヤ人は教会法の禁止に服することはなかったし、いずれにせよ、ユダヤ人はキリストを否定していたので、永遠に呪われる運命にあったからだ。たとえば、教皇のニコラス五世は、「キリスト教徒が高利貸しにかかわるよりは、ユダヤ人が高利貸しにかかわるほうが」よいとした[39]。

このようにして、金儲けといえばユダヤ人という連想が生まれ、このような連想によってキリスト教徒の商業に対する態度が染め上げられていった。これから見るように、さらにこのような連想はさまざまな形で近代の知識人たちの見解の中で生き延びることになる。初期中世の図象では、貨幣はしばしば排泄物と関係づけられており、また不潔で嫌悪すべきものとして描かれている。そして、ユダヤ人そのものは嫌な臭いを発する存在として描写されている。貪欲を絵に描いて表すと、典型的なユダヤ人の特徴を持った人物となることが多い[40]。受難劇では、イスカリオテのユダと当時のユダヤ人指導者との間の商談が、典型的な中世のユダヤ人金貸し同士の駆け引きの様子として描写されている[41]。高利貸しという悪罵を浴びる職業とユダヤ人とがこんなにも密接に結びつけられていたので、一二世紀の半ばにシトー修道会の指導者だったクレルヴォーの聖ベルナールは、高利を取ることを「ユダヤ人のように振る舞う」とし、キリスト教徒の金貸しを「洗礼を受けたユダヤ人」として非難した[42]。

王室に資金を提供するキリスト教徒の金貸しを保護するために、フランスやイギリスの国王は、これらの金貸しが世俗の人間であっても聖職者であっても法的にはユダヤ人として考えられる、という擬制を考えついた。このようにして、彼らは王権の排他的な権威下に置かれることになった[43]。中央ヨーロッパでは、キリスト教徒の金貸しは、高利貸しの「ユダヤの槍」を振るう者と、軽蔑を込めて呼ばれた[44]。資本主義の形態をこのように「ユダヤ人」と象徴的に同化することは、全くふさわしいことだとは思えないが、長い生命を保つことになる。

ヨーロッパのユダヤ人は、かつては農業と手工芸で生計を立てていたが、一三世紀までには、商人の数が増加し、また、金貸しに力点が置かれるようになった。いくつかの要因が重なってユダヤ人は貨幣にかかわる生業に従事するようになり、また、他と比べてこの業種はユダヤ人にとって魅力的なものになっていった。ユダヤ人は、「十分の一税」を徴税することが関心事だった教会によって、土地所有からは排斥されていた。これは、土地がユダヤ人の手中に落ちると、十分の一税が支払われなくなると危惧されたからだ。中世後期に発達したギルドは、組合員はキリスト教徒に限るとした排他的な政策によって、ユダヤ人を排除した。

ユダヤ人の定住は、キリスト教徒の貴族や君主の寛容に依存しているという意味で不確かなものだったので、彼らは動産、とりわけ貴金属や宝石に魅了されていった。隠匿も持ち運びも容易だからだ。ユダヤ人は商業一般に、特に金貸し業に引きつけられていったが、これは間接的には宗教的な信条によっている。こうすることで、律法の研究が誘発された。商業で生計を立てることで、農業や職人として身を立てるよりも、このような貴重な目的を追求する時間が多く確保できるようになった。さらに、ユダヤ人はヨーロッパ、アジアに散らばって住んではいても、法的規則や言語(ヘブライ語)は共有していたので、広範囲で商人として活躍できる立場にあった[45]。

金貸しとしての特定の役割を帯びたユダヤ人は、政治的権力者にとってはなくてはならないもので、寛容に扱われ、また保護された。しかし、キリスト教徒の一部の人間にとってはユダヤ人は唾棄すべき存在だった。ユダヤ人はしばしば経済的な必要を満たすために、特に君主の必要を満たすために招き入れられた。君主にとってユダヤ人は、間接的な意味での収税吏だった。中世ヨーロッパでは、貴族と聖職者は王室による課税を免除されていた。こうした集団は在住のユダヤ人から金を借り、そして債務を高利でもって返済した。このようにして集められたお金の多くが、ユダヤの共同体に対する王室の課税か、あるいはさまざまな形態での没収によって、王室の資金となっていった。

つまり、ユダヤ人は課税ができない財産から金を吸い上げ、それがまた君主によって吸い取られ、というように、スポンジのような役割をしていた。ユダヤ人が課した利子率は、中世経済の資本不足に沿ったものだったし、また、負わなければならない高リスクとも対応していた。

ユダヤ人の債権は公的な圧力の下で帳消しにされたし、また、ユダヤ人の財産はしばしば没収された。現代の基準からいえば高率の年利はしばしば三三%から六〇%にまで達した[46]。

西欧のキリスト教徒の世界では、このようにして商業のイメージはユダヤ人のイメージと密接にかかわっていた。貪欲で、よそ者で放浪者だと見られていたユダヤ人は、信条を共有する共同体の外にいると考えられていたので、罵りの対象となっていた金貸しの業務に携わることができたのだ。

カトリック諸国では、高利貸しは一八世紀に入ってかなり経つまで、教会法や市民法で非難の対象だった。またもっと後になっても、恥辱の対象だった。ベネディクトゥス一四世は、一七四五年の教皇回勅の中で利子付きの貸借の禁止を再確認し、一八九一年になってもレオ一三世は教勅レールム・ノヴァールムの中で「貪欲な高利貸し」について非難し、これを欲張り、強欲と結びつけた。高利貸しはフランス法では一七八九年一〇月に至るまで罪とされていた。

確かに、利子付きの貸借はキリスト教徒も、これを実行しており、しばしばこっそりと行った。ときには、このような取引は高利貸しではないとするスコラ学派による合法解釈の助けを借りていた。また、ある地域においては、市民の法廷も教会のそれも、「適度な」利率と教会法では是認されない「過度な」利率とが区別された。一九世紀半ばまでにローマ教皇庁は、法定利率で貸すことに懸念を抱いている敬虔なカトリック教徒に対して、魂に対する影響については思い思う必要がないと忠告するようにはなっていた。しかしながら、なぜそれが認められるようになったかという神学上の論拠は不明のままだった[47]。

宗教改革後かなりの時間が経っても、「高利貸し」は プロテスタントの神学者にとっても依然として汚名を着せられた分野だった。一五二〇年の『高利貸しについての長い説教』や一五二四年の小冊子『交易と高利貸し』に表されたルターの経済思想は、商業一般と、特に国際貿易を目のかたきにしており、金貸しを非難することに関しては、教会法学者よりもさらに手厳しかった[48]。ジャン・カルヴァンは、貨幣は何も産まないとするスコラ的見解に対して異議を唱え、最大五%までの利率で貸与することについては許容した。しかしながら、職業的な金貸しを敵視し、ジュネーブからそのような人たちを追放した[49]。

オランダ改革派教会は、同様の政策をとり、ある一定率までの利子を是認したが、一七世紀半ばまで信仰仲間から銀行家を追放した[50]。プロテスタントのイギリスでは、一七世紀において、不法な高利貸しと一定の利率を上限とする合法的な高利貸しとの間に同様の区別が設けられた[51]。

しかしながら、カトリック諸国のように、利子を取って金を貸すことが理論上は非合法としつつも、実際には見逃されていたにせよ、プロテスタント諸国のように、理論的に合法で、ある一定の限度までは実際に合法だとされたにせよ、高利貸しという言葉に昔から込められた悪い響きと、ユダヤ人とのつながりは根強かった。フランシス・ベーコン卿は『高利貸しについて』(一六一二年)の中で、すべての高利貸しは「ユダヤ化したことになるので、黄褐色の帽子をかぶらなければならない」とした。ゲルマン諸国では、高利貸しにかかわる者は「キリスト教徒のユダヤ人」とのレッテルを貼られた[52]。ユダヤ人は規範的な意味での、のけ者の原型だったので、カルヴァン主義者や清教徒で利子を取って貨幣を貸すものは、時折、他のキリスト教徒からは高利貸しとの汚名を着せられた。そして、ユダヤ人に準じた地位に追いやられたのである[53]。

一六〇八年に公刊された反カルヴァン主義の風刺『カルヴァン的なユダヤ人の鏡』は、ユダヤ人とカルヴァン主義者がよく似ていることを示そうとしたものだった[54]。普通の人にとっては、「高利貸し」は単に利子を取って金を貸すことを意味するだけではなく、見苦しい、あるいは公平さを欠くと見なされる商取引に対して使われる不名誉な言葉でもあった[55]。その一方で高利貸しはユダヤ人やユダヤ教と同一視され続けた。

商人や金貸しに対する非難の裏には、額に汗して労働する者のみが働き、そして生産したといえるのだという前提があった。あの場所ではなくこの場所に、あの人物ではなくこの人物に、あるいは、あの商品にではなくこの商品に資源を投資することによって生産が増えるかもしれないということを想像するのは、たいていの人にとっては難しかった。情報を収集して分析することの経済的価値を理解するのは、土地で生計を立てて手を使って働いていた当時のたいていの人たちの知的水準を超えていた。交易は非生産的なもので、金貸しときたら、さらに輪をかけて非生産的だという考え方は、しばしば寄生のイメージで表現された。

一七世紀の政治理論家だったジェームズ・ハリントンは、著書の『オセアナ』の中でユダヤ人は「自然で有用な成員の栄養分を吸い取ってしまう」人種だと警告している[56]。不自然で、役立たず。そして寄生的。知識人の中でも、商業についてこのように考える者がいたのだ。以下に見るように、こうした商業観は多くの人々の考えであり続けた。そして、ユダヤ人の寄生という隠喩は維持され、また拡大されていった。

交易は共同体がまとまるのには有害だという考えは、近代初期の政治思想に見られる共和主義的な前提においては中心的な話題だった。チャールズ・ダヴナントは交易や富は徳を破壊すると書いたが、これは最も陳腐な共和主義的な決まり文句を繰り返しているにすぎない。

キリスト教の伝統と同じく、シヴィック的伝統も徳と商業についての基本的な前提を求めてアリストテレスに立ち返っていった。アリストテレスは、人間は基本的には政治的な存在だとし、十全に成長するのには、真摯に政治共同体に関与する必要があるとした。独立を保って生き残るために大々的に軍事力を展開する必要があったギリシャの都市国家で育まれたシヴィック的伝統においては、政治共同体のニーズは他の道徳的必要性よりも優先された。何が公益にあたるかの見方を共有することで、社会が保たれると信じられていた。また、人々の政治的な才能を発揮させることこそが、共同的存在の目的だと信じられていた[57]。

マキャベリはこのような前キリスト教的な伝統を取り戻し、キリスト教後の形態に作り直した。政治体は何らかの共通の目的(テロス)を実現しなければならないという点で、キリスト教の思想家とアリストテレスは一致していた。しかしながら、アリストテレスにとって、政治体の最大の目的は市民の参加という現世的なものだったのに対し、キリスト教思想では、少なくともアウグスティヌス以降は、政治体は魂の救済と神との永遠の生命に至る中間地点だった[58]。

マキャベリと後のシヴィック的理論家たちは、古典的なキリスト教以前の異教徒の理想である「市民であること」という理念を再生させた。マキャベリは公益のために自己犠牲を払う必要性を強調したが、これは、戦争状態において、あるいはその準備段階において最も必要とされ、また最も奨励される徳だといえる。一般的に、シヴィック的伝統は「徳」と公益に対する献身を同一視し、また「自由《リバティ》」と政治生活に対する参加を同一視した。共和主義的な意味での「自由《リバティ》」とは、外国の支配に対抗して共和国の自由《フリーダム》を守る活動に参加する自由《フリーダム》を意味している。

徳と自由《リバティ》がこのように解釈されれば、市民は自立して政治に参加するための余暇を持てるだけの財産を所有していなければならないことになる。財産といえば、たいていの市民理論家にとっては土地のことだが、これを所有することは市民になるための必要条件だった。というのは、それによって、人々は生産的な活動に従事する必要から解放され、共和国の運命に自らを捧げられるようになるからだ。

しかしながら、シヴィック的伝統では、財産の取得に一心不乱になることは市民にふさわしくないと考えられていた。アリストテレスから南北戦争以前の南部の奴隷制の支持者に至るまで、シヴィック的伝統では、市民は生産的活動にエネルギーを割く必要がない人たちに限定されていた[59]。

一七、一八世紀のシヴィック的共和主義には、古代ギリシャの都市国家であるスパルタのイメージが浸透していた。スパルタの社会制度では、戦時には自らを犠牲にする生活様式が育まれていた。スパルタのイメージは、必ずしも歴史的現実とは一致しないが、共同社会的なあるいは軍事的な生活といったもので、経済は均等な土地の分割に基づき、商業と産業は認めず、従順と勇気のような徳を養う教育が伴っていた。この都市の体制を打ち立てたのは、紀元前九世紀の立法家、リュクルゴスだ。リュクルゴスは、奢侈、金儲け、あるいは鋳貨の利用さえも禁止した。スパルタは政体の神秘的なモデルとしての地位を占めており、都市の防衛への献身が、平等性、禁欲、そして商業や金儲けに対する反感と結びついていた[60]。

商業を見る際にキリスト教の理論家につきまとう不安

が罪と貪欲だとするならば、シヴィック的伝統に染まっている人々が悩まされるのが腐敗と自利心だった。腐敗とは、内部からの崩壊か、あるいは外国による征服によって共和国の消滅につながる状態だ。腐敗が生じるのは、状況によって公的な徳に自らを捧げなければならない人々が、私的な物質的利益を自ら選ぶか、あるいは、そのように仕向けられるときである。腐敗は市民の公益との一体化を弱め、政治制度の衰退を招く。

一七世紀のイギリスにおけるシヴィック的共和主義のイデオローグだったジェームズ・ハリントンは、こうした商業に対する懐疑を繰り返し述べた。ハリントンが「ユダヤ人気質」と呼ぶ「販売」の文化は、共和国を滅ぼすという[61]。確かに、商業の盛んなフィレンツェに現れた初期の一部のシヴィック的人文主義者がそうだったように、ハリントンと同時代を生きたイギリス人やオランダ人の中には、商業がもたらす富と繁栄は、共和国を侵食するどころか、むしろそれを強化するのに役立つという全く異なった結論に向かっていた[62]。それにもかかわらず、市民の政治制度への献身を強調するシヴィック的伝統は、商業に対して繰り返し使われたレトリックの武器となった[63]。

キリスト教の伝統やシヴィック的伝統と並んで、あるいはそれらに組み込まれながら存在していたのが、市民法の伝統だ。これもまた古典古代に起源を持つもので、市民法体系に体現されている。その要約版は、六世紀にユスティニアヌス皇帝によって編纂されている。市民法体系は商業の栄えたローマ帝国を反映したものであり、その法体系では自由な取引が認められていた[64]。

キリスト教の伝統やシヴィック的伝統は、商業に対しては本質的に疑いの目を向けていたが、ローマの市民法は違った。学芸の再興がなされた一二世紀に再発見されたローマ法は、ヨーロッパ大陸では市民法の基礎となった。財産の自由、そして法による支配がこの伝統の特徴であり、自由の中でも要となるのが、政府の恣意的な没収から財産を保護することだった[65]。統治に参加する自由を重視するよりは、法が保証するように、この伝統は政府に干渉されない自由を重視した。それは、キリスト教的な正しさという意味でも、シヴィック的な公益への献身という意味においても、徳に焦点を当てたものではない。むしろ、権利に焦点を当てて、政治的権力者による強制から臣民を守り、臣民の所有物を没収から守るためのものになっている。

ヨーロッパ人の知的生活における市民法の伝統の役割は、キリスト教の伝統やシヴィック的共和主義の伝統が担う役割とは異なっていた。キリスト教神学や市民のレトリックは、聖なる、あるいは有徳な生活の規範的な理想を提供した。これに対し市民法は、政体の全般的な到達点に関するヴィジョンをもたらすのではなく、むしろ各個人の帰属するものに対して実際的な枠組みを提供するものだった[66]。市民法では、臣民とその所有に関心が注がれるので、そこには個人主義が潜在しているといえる[67]。

近代初期の歴史的な激動によって、市民法に内在する価値観は、キリスト教の伝統やシヴィック的共和主義の伝統に挑む対抗馬となっていった。一六世紀半ばにはキリスト教に基づく西欧社会の一体性は損なわれ、宗教が要因となった国内での、あるいは国家間の戦争が一世紀を超えて行われた。資本主義について考える際の道徳的な背景が、製造所でも工場でもなく、戦争だということ、それも外敵との戦争ではなく、国内での内戦だということは、重要な歴史的事実である。こうした戦争は、救済について相反する見解を持つ人々の間でなされ、彼らは自らの救済観を露も疑わず、魂を救済するために仲間の血を流す覚悟ができていたのである[68]。

このような背景の下で知識人は、良き生活、聖なる生活について全く異なる理想像を持った人間たちでも共に生活できるような政治・社会理論を構築しようとした。このような理論こそが、多様な宗教的、民族的文化を身に着けた知的な人文主義者たちが宗教的な熱狂に巻き込まれることから守ってくれるのである。

かつて、教会は政治的な権力を揮って、宗教的な権威をめぐる対抗勢力の主張を圧迫し、抑圧し、鎮圧することができた。しかしながら、宗教改革の際にプロテスタントが築いた足場によって、カトリックの文化的権威の一方的な独占は不可能になっていた。そして、二つに分かれたからといって、西欧キリスト教社会の分裂が終わったわけではなかった。ほどなくして、プロテスタント教会や教派はカトリック教会に対してだけでなく、その内部でも対立するようになった。

トマス・ホッブズを筆頭とする一連の論者が宗教と政治との関係を再考するもととなったのは、宗教戦争と宗教的な迫害の経験だった。各宗派が信仰を強制するうえで都合の良い道具として国家を見ている限り、宗教的な要因による内戦が起こる可能性は残っていた。国家が自らを、市民を唯一無二の統制の取れた目的と良き生活への理想像へと導く権限があると考えている限りは、国家は宗教的な内戦に陥りがちとなる。

さまざまな相違があるにもかかわらず、一七世紀の偉大な政治理論家であるフーゴー・グロティウス、ホッブズ、ジョン・ロック、ベネディクト・ドゥ・スピノザは、平和を維持し、同胞をもっと幸せにする戦術については一致していた。こうした政治理論家たちは、キリスト教徒同士が殺し合いをしてまで争った神学上の違いがいかに脆弱な根拠によるものかを指摘することで、宗教的熱狂を冷ました。また、聖書が多くの信者が考えているよりもはるかに明晰さに欠けていることを示唆し、その政治的主張は、信者が想像するよりもずっと限られたものだとした。

もし、永遠の救済のために、好んで迫害し、殺し、また殺されるのであれば、救済の問題は避けなければならないことは、誰もがわかっていた。そうするためには、第一に、これはカトリックとプロテスタントとの間の、あるいはプロテスタント各派間の、あるいはカトリックとユダヤ人との間の細かな神学的な相違に依存するようなことではないと主張することが必要となる。さらに根源的なこととして、上記の政治理論家は永遠の救済が得られないのではないかという懸念を、現世での安寧へと転じさせた。現世での安寧が得られる見込みが高まれば、合意へとつながりやすくなる、少なくとも平和を築くための根拠は増すのではないかと、考えたからだ[69]。

こうした一七世紀の思想家は、将来は、国家が良き生活の共通の理想像を実現するのに限定的な役割しか持たなくなると予見していた。現代の政治学の大部分は、良き生活の実現を政治の目的として掲げなくなったことに対する反発から生まれたのだ[70]。以下でわかるように、市場を擁護する最大の理由は、このような自由なゴールに至る手段としてであった。市場は、目的を持たないことがその本来の性質である。しかし、それによって、人間生活においても目的を持たないことが本来の性質となることが懸念された。左右いずれからも市場に代わる急進的な手段を模索する人々が出てきた。市場は、このような人々から、最もしばしば攻撃の対象とされてきたのだった。

市民法の伝統を「自然法学」として知られるものへと発展させた理論家たちは、究極的には異なった目的を持つ人々にも同意できそうな、政治的な義務の中核のうちでも、より限定的となるものを求めていた[71]。さらなる文化的多元主義の政治的な擁護は、自然法学の展開における中心的な論者であるグロティウスが語った言葉の内に表されている。グロティウスはその著書『戦争と平和の法』(一六二〇〜二五年)の中で、「さまざまな生き方があり、ある生き方は他よりも良い。各人は、このすべての中で好むやり方を選べばよいのだ」と主張した[72]。

このようにグロティウスは、公正な政体のなすべきことは聖人から成り立つ社会や政治に積極的に参加する市民による貴族社会を創出することだという考えを放棄した。これに代わるものとして、グロティウスは、正義という考え方を紹介した。世界を私的な目的のために使おうとする個人の権利を重視し、このような権利を保護することが国家の役割だとした[73]。

このような主題を漠然とながら初めて示したのはグロティウスだったが、一六五一年公刊の『レヴァイアサン』でこれを最も鋭く、最も明確に定式化したのがトマス・ホッブズだった[74]。彼は政治的な支配をめざす宗教的な主張の土台を崩そうとした。ホッブズは、キリスト教の信仰の土台が不確かだということを示して、永遠に地獄に落ちることの恐れをとり除くことによって、人々が、来世での魂の運命よりも現世の事柄に集中できるようにした[75]。ホッブズはまた、シヴィック的共和主義の伝統をも軽蔑していた。勇気、統率力、武勇というような徳を強調するのは、平和の存続にとって脅威になる[76]。政治参加に高い価値を置くのは、直接的な政治参加に依拠する政治体制のみが正当だという考えに人々を導きがちであり、これは反乱や内戦を招きかねない[77]。

敬虔深い信徒の宗教的な生活や、戦い、指揮を取り、統治する人々の政治的生活の代わりに、ホッブズは良き生活の別の理想像を示し、そうした世界における徳の基準をも提示した。教科書的な説明では自己保存の強調だけに力点が置かれるが、実際には『レヴァイアサン』の良き生活の理想像はもっと豊かだ。宗教的な来世に対して、その理想像はどこまでも現世的だった。それがめざした世俗世界は、戦士や統治者の世界ではなく、平和と繁栄と知的発展の中に生きる個人の世界だった。ホッブズにとっての国家、つまり『レヴァイアサン』の目的は、「人民の安全」を確保することにあった。「しかし、ここでいう安全とは単なる保護ではなく、共和国に対して危険や害悪をもたらさない合法的な勤労によって各人が獲得するすべての生活上の満足を意味している」[78]。ここでいう「満足」とは、物質的な幸福のほか、最も持続的な快楽、つまり精神のそれをも含んでいるのだ[79]。

ホッブズは自らが価値の転換を試みていることを知っていた。そしてこのような転換のいくつかは、さまざまな特質の再定義という形をとった。キリスト教の伝統では徳と考えられていた敬虔、信仰は、迷信深さ、だまされやすさに変わった。シヴィック的共和主義の伝統では高く評価されていた、名誉、栄光、統率力をめざす情熱は、主として争いや戦争の原因として扱われた[80]。

ホッブズにとっての真の徳は、「平和を好み、社交性のある、安楽な生活」へと導くものであり、キリスト教やシヴィック的共和主義の伝統では過小評価されていたある種の慎慮の行為だった[81]。したがって『レヴァイアサン』は部分的には、ホッブズも多くを学んでいた当時の修辞学者が「パラディアストル」と呼んでいた形態をとっている。これは悪徳とされていたものが徳とされ、逆に徳とされていたものが悪徳とされるという、再描写のレトリックの方法である[82]。

一八世紀の初め、オランダ生まれのイギリス人作家であるバーナード・デ・マンデヴィルは、その風刺的な詩「ブンブンうなる蜂」と、それを発展させた著書である一七二三年の『蜂の寓話、私悪は公徳』で、再びこのような再描写のレトリックを用いることになる。パラディアストルの代わりに皮肉を用いて、マンデヴィルは、近代社会は利己心に満ちた情熱と、長い間悪徳とされてきた自利心、とりわけ、自尊心、奢侈、うぬぼれに基づいているという、意図的に人を驚かすような命題を申し立てた。その詩は、蜂の群れが貧困から富に至る進歩を描写することで始まる。安楽な状況を受け入れ、それを楽しむ代わりに、蜂は伝統的な道徳上の教えを心に留め、自尊心、奢侈、うぬぼれ、あるいはその他の腐敗をとがめるようになる。ユピテルがこれらの悪徳を除去するのを認めると、蜂にはこれらが実際には繁栄のために必要な条件であることがわかる。徳の回復には、単純さ、貧困、原始的な状態とが伴うのだ。

このようにして、悪徳は巧妙さを育む。それに時間と勤労が加われば、生活の便宜品がもたらされる。それは、本当の喜び、快適さ、安楽である。そのような水準に達した貧民そのものが、かつての富者の生活ぶりを超えたのだ。

自尊心と奢侈を満たそうとしないと、商業と技術革新は止まってしまう、とマンデヴィルは言う。これに続く世紀において、市場を守ろうとする者も、これに反対する者も、利己心と奢侈との関係についてのマンデヴィルの主張を繰り返すことになるが、そこには元来あった皮肉は残っていない。

ヴォルテールからデヴィッド・ヒューム、アダム・スミスに至る商業社会の唱導者たちは、利己心が社会に役立つ潜在的な可能性を探した。啓蒙思想家の中でも最も手厳しく商業を批判したジャン＝ジャック・ルソーは、商業は不道徳な基礎の上に成り立っているとしたマンデヴィルの分析には賛同した。しかし、その繁栄の賞賛に関しては、これを退けることになる[83]。

第2章Voltaire: "A Merchant of a Noble Kind"

ヴォルテール「高貴な出自の商人」

▼知識人の興隆

近代ヨーロッパの知識人が資本主義をどのように考えていたのかという研究は、ヴォルテールから始める必要がある。これは、特に彼が「知識人」の役割を作り出すことに貢献したからにほかならない。確かに、すでに長らく学者、教授、そして著作家たちが存在していた。しかしながら、世論を著述によって形成しようとする独立した著述家というのは、これまでには存在しなかったものだ。ヴォルテールの生涯、そして少なからずヴォルテールという手本によって、独立した著述家、あるいは「世論」という現象が存在するようになったのである。

特定の意味が込められた「知識人」という名詞は、一九世紀の終わりになって初めて広く使われるようになった。しかし、この言葉が示す事柄自体は、言葉が生まれるかなり前から存在したのである。あるいは、むしろ、さまざまな別の名前で呼ばれていたといってよい。ヴォルテールの生きている間に、「フィロゾーフ（学者）」という名称は「知識人」に近い意味を持つようになってきていた。ヴォルテールがルイ一四世の治世末期の一六九四年に生まれたときには、「フィロゾーフ」とは浅薄で追従ばかりしている宮廷から距離を置いた賢人のことだった。一七七八年にヴォルテールが没したときには、この言葉は、既存の制度に批判的なスタンスを持ち、世論に影響を与えようとする著作家を指し示すようになっていた[1]。

"Voltaire" François-Marie Arouet
(1694-1778)

そして、「ジャーナリスト（ピュブリチスト）」という言葉は、以前は公法に関する権威ある有識者を意味していたが、言葉の意味を明確にすることで、世論を形成しようとする著作家という近代的な意味をも持つようになっていた[2]。

知識人の興隆と世論の成長とは手を携えて進んだ。ヴォルテールの死後ほどなくしてフランスの蔵相となったジャック・ネッカーは世論を「財力、警察、軍隊を持たない見えざる権力」と呼んだ。こうした力は持たずとも、世論は政策に大きな影響力を及ぼすようになっていた[3]。

ヴォルテールは軍隊での友人であるジャン・ダランベール宛てにこう書いている。「人民は学者に反対して大騒ぎしている。彼らは正しいのだ。もし意見が世界の女王であるならば、学者が女王を支配していることになるからだ」[4]。

世論を形成する著作家の能力については、何を書くかということもさることながら、どのように書くかも問われる。ヴォルテールをほめる人も、これを批判する人も、その影響力と散文の魅力との関係については意見を共にしている。ヴォルテールを讃え、その胸像を自宅に持っていたアダム・スミスは自宅を訪れたフランス人に対して次のように述べている。

> 理性は彼に計り知れないほどの借りがある。ヴォルテールがすべての宗派の狂信者と偽善者にたっぷりと浴びせてやった嘲りと皮肉によって、人々は真理の光を求める心の準備ができた。これは、知的頭脳の持ち主なら誰もが切望せざるをえないといった類のものだ。このようにして、誰もが読むわけではない偉大なる哲学者の書物よりも、ヴォルテールは多くをなした。その著作はほとんどが万人向きであり、実際に万人に読まれている[5]。

エドマンド・バークはヴォルテールの影響を有害だと考えていたが、この作家が「心地良い言葉で書くという長所を持っており、不敬と猥褻さをこれほど嬉々とした形で結びつけた人を他に知らない」として、その点だけは認めていた[6]。

世論の形成に献身した独立の文筆家としての知識人の興隆は、一八世紀に同時進行した二つの展開によって可能になった。すなわち、一つは文筆家の経済的基盤がパトロンによる庇護から市場に移ったこと。もう一つは、統治者である王に直接訴えるのではなく、知識を与えられた公衆に依拠した新しい政治形態の成長である。ヴォルテールの経歴はこの両方の過程を促進すると同時に、これらから恩恵も受けていた。

一八世紀までは、文筆家たちは主として富裕層や有力者に頼ることで、生計を立てていた。ヴォルテールもその経歴の初期においては庇護に頼っていたし、エドマンド・バークもそうだった。アダム・スミスもある程度そうだったといえる。庇護はさまざまな形を取る。公的な職務を与えることもあるし、部屋やまかないというような扶助を与えることもある。

たとえば、若いときにヴォルテールが書いた叙事詩『エディップ』が成功した際には、フランスの摂政から年金を与えられたし、また一七二五年、第二の年金がフランスの女王によって与えられた。二〇年後、『ルイ一四世の世紀』の公刊と時の君主ルイ一五世を褒めちぎったことでヴォルテールは王室府付となり、そして、かなりの年収を伴った王室の資料編纂者となった。ヴォルテールの数多くのパトロンの中には、プロシャのフリードリヒ二世や裕福なイギリス商人、エヴェラルド・フォークナーがいた。庇護とは、パトロンと庇護を受ける者との間のきわめて個人的な関係だった。ヴォルテールやバークのような創造力に富んだ知識人は庇護により地位と収入を手に入れ、パトロンの側は、こうした知識人を支えることから生じる栄誉が与えられた。

ヴォルテールは、たとえば叙事詩『アンリアード』のような著作を予約購読制にすることによって利益を得た。これは庇護と書籍市場の中間的な形態であり、初版本を裕福な限られた数の予約購読者に売ったのだ。時代が進むにつれて、書籍はだんだんと、出版社や書籍を売買する書籍商によって著者から読者へと渡るようになった。こうして初めて、広範な読者を獲得し市場で書籍を販売することによって、たいていはつましいものだったとはいえ、生計を立てることが可能になった。市場が成立することによって強力なパトロンに対する著者の直接的な依存は弱まったが、他方で、読者の嗜好に対する依存は高まっていった[7]。

「世論」は新しい制度の産物だったが、大衆はこうした制度を通じて政府の問題に通じるようになっていった。このような制度の一つに読書クラブがある。ここには本をたくさん買う余裕がない人々が集って本を読み、そして新作品について議論することができた。コーヒーハウスも同様の機能を果たした。新聞や雑誌が置かれていたコーヒーハウスは、新しい思想を普及するもう一つの舞台装置だった。さらに社会的地位が高くなると、王侯貴族と中産階級のエリート層が顔を合わせる場となるフリーメイソンの集会所があった。

新しい表現形態の中で最も重要なものがオピニオン誌であり、思想を広め、また公衆の関心事となる事柄を報道した。このような雑誌の第一号はイギリスで一七一一年に開始された『スペクテーター』誌であり、「学問を部屋や書庫から取り出し、クラブや集会に根づかせる」ことを目的としていた[8]。このような発展の結果、一八世紀を通して、政治的影響力のモデルが変化していった。つまり、絶対君主に直接訴えかけるという伝統的な方法から、「公衆」の裁きの場に訴える方法に変わっていったのだ[9]。

ヴォルテールは、独創的な、あるいは体系立った思想家であるよりは、むしろ他人の考えを広めることにその偉大な才能が発揮された。新しい読者層や公共空間の新しい仕組みは、まさにそのような才能を高く評価したのだ。「体系の精神」を疑ってかかる姿勢を保ちながらも、ヴォルテールの主要な関心事はその長い経歴の間、驚くほど一貫していた。ヴォルテールは信仰による非合理な主張を批判すべく、幸福の追求、個人の自由の拡大、法の支配、そして自然科学的方法に基づく人間理性の使用を擁護した。こうした関心事に密接にかかわっていたのが、カトリック教会と制度化された宗教による政治的な主張に対する彼の長い反対運動だった。

本題におけるヴォルテールの重要性は、二つの主題を広めたことにある。すなわち、市場での活動によって富を「追求する」ことを政治的に合法化したことと、富を「消費する」ことを道徳的に合法化したことだ。彼が社会・政治批判の書である『哲学書簡』で展開したのが前者の主題であり、この著作は公の力としてのフランスの啓蒙運動の端緒となった。

▼交換と寛容についての政治的議論

ヴォルテールの『哲学書簡』や後の『哲学辞典』での市場の擁護は、経済よりも政治に関するものだった。市場活動が評価されるのは、それが社会を豊かにするからではなく、経済的な私利の追求が他の目標、それも特に宗教的熱狂よりも危険が少ないからだった。

ヴォルテールがイギリスに引きつけられたのは、商業的、知的、個人的な動機によるものだった。既存のカトリック教会を批判した『アンリアード』は、フランスでは政府の検閲の対象になっていた。同書は秘密裡に刊行され、そのため、収益のほとんどが著者ではなく出版社に帰属することになっていた。イギリスでは検閲がそれほど厳格ではなく、同書は公然と出版された。ヴォルテールがイギリスに行った理由の一つは、詩の豪華改訂版を出すことにあったが、これは予約購読の形で有力で富裕なパトロンに売られた。かなりの売上金がヴォルテール本人のものとなった。

ヴォルテールの訪問の目的は商売だったが、フランスで逮捕されたためにその時期は遅れた。パリのオペラ座で、フランス最高の名門貴族の令息であるロアンに侮辱されたことに、ヴォルテールは辛辣に言い返していた。横柄な平民であるヴォルテールに思い知らせてやろうと、ロアンは二人の従者を遣わし、彼らがヴォルテールを殴打する間、ロアンは近くの馬車から指示を出していた。復讐のため、ヴォルテールは貴族の知己に、あるいは宮廷に助けを求めることさえした。断られると、彼は自分自身で事を運ぼうとした。ヴォルテールはロアンと決闘するためにフェンシングを習い始め、ピストルを購入した。このような意図がパリで広まると、逮捕されると、政府は彼をバスティーユに幽閉することを命じた。ヴォルテールは投獄の代わりにイギリスへの退去を許可する当局との取り決めを作成した[10]。

ヴォルテールのイギリスについての認識と、『哲学書簡』でフランスの読者に伝えようとしたイギリス像は、ヴォルテールの知的関心と政治哲学に密接に結びついていた。ヴォルテールが当時のヨーロッパ文明について最も評価したのが、思想の相違に関して政府がますます寛容になり、とりわけ法の支配が確立したことで、個人の抑圧からの解放がさらに進んだということだった。この基準に照らせば、イギリスは他のヨーロッパのお手本だった。

『哲学書簡』の主張は、二世紀にわたって西ヨーロッパや中央ヨーロッパの人々の関心の的だった宗教的迫害と宗教戦争という歴史的背景を考慮に入れて初めて理解できる。ここでマルティン・ルターとヴォルテールは分かれるのだ。ヨーロッパのすべてのキリスト教徒が共通の信仰を持っていた場合には、「一つの信仰、一つの法、一人の王」という言い方で表現されているように、国家が宗教的な義務を課すために権力を行使するのは当然だとされていた[11]。キリスト教の政治共同体の義務を免除されたよそ者は、唯一ユダヤ人の少数民族であり、彼らは劣った地位の印として、市民としてもまた経済的にも制限を受けたのである。

一六世紀には、西ヨーロッパのキリスト教世界の一体性は、ルター派、カルヴァン派、イギリス国教会派などのさまざまな流派からなるプロテスタントの興隆によって崩されていた。国家はイエスの身体の一部と考えられていたが、異なった教義を有する人たちと政治共同体を共にすることなどは考えつきもしなかった。少なくとも、最初のうちはそうだった。プロテスタントの宗教改革者とその敵対者であるカトリックはいずれも、政府の主要な目的の一つは「真の宗教」を維持することにあると主張した。もちろん、彼らはキリスト教のどの宗派が正しいのかについては意見を異にしていた。こうしたことから、一六・一七世紀のヨーロッパ史は、内戦と大量虐殺、そして宗教的な異端者の追放に明け暮れた。

宗教的寛容という考え方は、特定のキリスト教宗派からというよりはむしろ、長引く内戦の恐怖と失望から生じたものである。それは、一六世紀後半にフランスで「ポリティック」と呼ばれる一群の思想家たちによって初めてはっきりと主張された。革新的だったのは、市民の平和の維持が宗教的な正統派の要求よりも上位に位置づけられたことであり、また、平和は特定の信仰の義務を緩和することによって初めてもたらされると示唆したことであった[12]。このような主張は一七世紀の偉大な思想家たち、特にスピノザとロックによってさらに展開された。

一七二六年にヴォルテールがイギリスに到着すると、異なった信仰を持つ人々が互いに抑圧することなくどのようにして共存しうるのかという問題が彼の心を捉えるようになった。ヴォルテールの叙事詩『アンリアード』のヒーローであるフランスのアンリ四世は、一五九八年にナントの勅令によって宗教戦争を一時的に停戦させ、フランスでのカルヴァン派であるユグノーにまで市民の平等を広めた。アンリ四世は、王をカトリック信仰への脅威だと考えた狂信者によって一六一〇年に暗殺された。ヴォルテールの叙事詩は宗教の持つ好戦的性向の政治的・人的損失を伝えたものであり、世俗の治世下で宗教が持つ寛容さと対比させている。

イギリスの読者にこの叙事詩への心の準備をさせるために、ヴォルテールはこれに先立ち、『内戦についてのエッセイ』を公刊した。その巻末には「読者案内」があり、そこで当時取り組んでいた作品の目的について説明している。これが、当初は『英国書簡』として公刊された書物であり、後には『哲学書簡』というフランス語のタイトルで知られるようになる。これは、イギリス旅行中のフランス人旅行者による書物であり、フランス人向けに書かれている。ヴォルテールは、新たに習得した英語で次のように述べている。

人間関係を持つことの真の狙いは、人々を教授することであり、その悪意を満たすことではない。私たちは、まずもっては、すべての有用なものや傑出した人物について忠実に説明をすることに没頭しなければならない。これらの人々を知ってまねをすることは、同胞にとって大きな便益をもたらすだろう。この精神で執筆する旅行者は、高貴な出自の商人である。彼は他国の技芸や徳を自国に輸入する[13]。

ここでヴォルテールは、その著書の中で商業に与えることになる高い道徳的地位について予告している。啓蒙された知識人を商人のように、海外から有益な物を輸入することで自国民の福利に貢献する者として描いている。ただし、商人がもたらすものと異なって、輸入されるものが、形があるものではないという違いがあるだけだ。パラグラフ全体が交易に関する事柄で満ちている。

作品中の知的な旅行者は「説明」を与え、「役に立つもの」や潜在的な「利得」に興味を持つ。作品中で商人を高く評価するヴォルテールは、実生活でも同じ姿勢を取る。彼は、イギリス滞在期間のほとんどを、国際貿易やイングランド銀行にもかかわった富裕なイギリス商人であるエヴェラルド・フォークナーの所領であるワンズワースで過ごした。新興のロンドンの富裕商人層がヴォルテールの交流相手となった。『アンリアード』豪華版の予約購読者の中で、商人と銀行家は際立っていた。その中には、イギリス最大の羊毛品輸出業者のピーター・デルメもいた[14]。

『哲学書簡』におけるヴォルテールの王立取引所(ロンドン証券取引所の前身)に関する文学的描写は、資本主義を擁護しようとする最も重要で長続きする主張の一つを広めるのに貢献した。

ヴォルテールのノートや書簡が手に入るので、彼の文才がイギリスでの経験を自らの知的優先順位に合うように変えていった様子を追うことができる[15]。ヴォルテールの取引所の描写は、断じて通り一遍の観察報告などというものではない。資本主義全般にとって、それもとりわけ金融資本主義の最近とみに論争の絶えない、政治上良好な効果を生む主張となるように演出されたものである。
この場面は、さまざまな宗教団体を扱った一連の書簡の六番目、「長老派教会員」と題された書簡の中に現れる。はっきりとローマ・カトリック教について触れた書簡はないが、クウェーカー教徒についての四通の書簡は、カトリックの儀式を小馬鹿にしようというものであるし、イギリス国教会について扱った第五書簡では、ヴォルテールは次のように述べている。「イギリス国教会の聖職者は、カトリックの儀式の多くをそのまま受け継いでいるが、とりわけ一〇分の一税を徴収する儀式の保持には細心の注意を払っている」【1】。ほぼ四〇年後に書かれた『哲学辞典』と比べると、はるかにぼかした書き方をしているが、ヴォルテールの終生にわたる情熱である反聖職者という姿勢は、はっきりとしている。

このようにヴォルテールの反聖職者という視点は手厳しいものであるが、それと並んで、より政治的な主題もあった。つまり、宗教に熱を上げることは不和の第一のもとだということだ。良くて不公平だし、最悪の場合は内乱になる。

当代イギリスの繁栄と自由と、一七世紀の宗教戦争によってもたらされた破壊とを、ヴォルテールは対比している。「ちょうどその頃、大ブリテン島は、三つか四つの宗派が神の名の下に始めた内乱で分裂状態にあった（第三書簡）」【2】。

一七世紀の闘争の後で、イギリス人は「みな宗派間の論争にうんざりしてしまった（第七書簡）」とヴォルテールは書いている。「それ以降、人々はわけのわからぬ詭弁のために人殺しをしたいとは思わないようになった（第八書簡）」。宗教戦争は無意味だという主張をつくづく思い知らせるための機会には事欠かなかった。というのも、宗教戦争は神学的な問題に根差していて、それに対してはっきりとした答えはなかったし、妥当だと思われる答えさえなかったからである。ヴォルテールは、「プリンという名の一博士は、コチコチの潔癖家で、短いコートの代わりに長衣を着ようものなら、地獄に落ちたと思い込み、神の栄光と『宣教のため』であれば、人類の半数が他の半数を虐殺してもかまわないと思っている人物であった（第一三書簡）」【3】としている。このように、しばしば宗教的な違いは深く掘り下げるのではなく、ささいな点があげつらわれた。

『哲学書簡』は、宗教的熱狂が過ぎ去り、宗教的寛容に取って代わられた次第を記録しました賞賛している。「自由人としてイギリス人は、自分の気に入った道を通って天国へ行く（第五書簡）」[4]。これは、ヴォルテールが宗教的寛容の教義を警句の形で要約したものである。

ヴォルテールによれば、宗教的寛容は「役に立つもの」であり、『哲学書簡』では、イギリスで宗教的な相違を平和のうちに受容することを可能にした条件を示すことで、同胞のフランス人を導こうとした。

ヴォルテールには、イギリスには宗派が多いからこそ、宗教的寛容が進んだように思われた。「もしイギリスに宗派が一つしかなかったならば、専制は恐るべきものになるだろう。もし宗派が二つならば、互いに喉を切り合うだろう。しかしイギリスには宗派が三〇あるので、みんな仲良く幸福に暮らしている（第六書簡）」[5]。彼はこのような洞察を非常に重要だと考えていたので、これを後年『哲学辞典』の「寛容」の項の中で繰り返している。この主題は、またアダム・スミスが『国富論』の中で追求するところとなった。

それと劣らず重要なのは、宗教的な関心事を富と幸福の追求に置き換えることだと、ヴォルテールは考えた。「火が上に向かい、石が沈むのと同じように、人は行動するように生まれついている。違いはもっぱら、仕事が温和なものなのか、苛烈なものなのか、あるいは危険なのか役に立つものなのかに、かかっている」と、『哲学書簡』に付した「パスカルの『パンセ』について」の中で記している。ヴォルテールによれば、宗教的熱狂は人々を荒々しく、かつ危険にすると言う。キリスト教的なあるいはシヴィック的伝統とは対照的に、ヴォルテールはイデオロギーに基づく関与よりも利己心のほうが社会の平和を推し進めるものとして、肯定的に見ているのだ[16]。そして、経済的利得の追求が人々を温和にするのだと、証券取引所を描写する中で述べている。

証券取引所について言及した文人は、ヴォルテールが初めてではない。『スペクテーター』は、王立取引所の記事を一七一一年に掲載しており、そのフランス語訳が一七二二年に現れた。同誌はイギリスのオピニオン誌で、ヨーロッパ中の同じような傾向を持つ雑誌のモデルとなった。ジョゼフ・アディソンによる記事は、王立取引所について次のように述べている。「王立取引所には同国人と外国人が集まっていて、一緒になって人類の私的なビジネスについて相談している。これによって、ロンドンは言ってみれば全世界の『商業の中心地』になっている」。そして、アディソンはさまざまな国から商人がやってきていることを記している[17]。

イギリスに旅立つ四年前に、ヴォルテールは当時のもう一方の巨大な商業の中心地であるオランダを訪ねている。ハーグに強い感銘を受けたヴォルテールは、アディソンにならって、これを「全世界の倉庫」と呼んでいる。パリにいる友人には次のように書いている。「ここのオペラはひどい。しかし、その代わり、カルヴァン派の聖職者、アルミニウス派の信奉者、ソッツィーニ派教徒、ユダヤ人ラビ、そして再洗礼派の人々が話し合っているのは、全く奇跡的だ。そして、これもしかるべき理由があってのことである」[18]。このような考えはアディソンの描写を繰り返したものだが、異なった信仰を持つ者の共存を強調している点が新しい。

イギリスはヴォルテールに同じような考えを抱かせた。「王立取引所がすべての外国人が集まる場所であるように、イギリスはすべての宗教が集まるところだ」と、彼はイギリス滞在の早い時期にノートに書いている。宗教的寛容と市場が生み出す行動様式との間に関係があると結論づけたときに、彼の資本主義についての考えは決定的な展開を見たのである。それは「桶物語」という見出しでノートに現れているが、これはジョナサン・スウィフトのローマ・カトリックとプロテスタント双方の宗教的熱狂に対する風刺について述べたものである。ヴォルテールは不完全な英語で次のようにノートに心情を書きつけている。

信教の自由がないところでは、通商の自由もほとんどない。宗教に対してと同じような圧政が商業に対しても働く。英連邦や他の自由な国々では、船と同じくらいたくさんの宗教を港で見出すことができる。同じ神が、ユダヤ人、イスラム教徒、異教徒、カトリック、クウェーカー教徒、再洗礼派の人々によってさまざまな形で崇拝されている。これらの人々はお互いに激しく批判し合っているが、自由に、信頼を持ちながら平穏に、取引を行っている。これは、優れた演技者が舞台の上では調子を合わせ、互いに闘い、そして残りの時間を飲みながら共に過ごすのと同じである[19]。

ヴォルテールは、信仰の自由と商業との関係について後に『哲学書簡』の中で詳述することになる。ここで、全く異なる信条を持つ人々、敵同士になりかねない人々が、「取引をしている」とき、つまり商業に携わっているときには、「信頼を持ちながら平穏に」生きていくことができるというスウィフトの主張を、洗練し拡張していくことになる。人々の友好関係は、商業活動のほうが、うわべの宗教的信条よりも彼らにとっては現実のものであるという暗黙の信念に基づいていることをほのめかすくだりが最後の文章にはある。人々にとって信仰告白は、言わば役者のセリフのようなもので、それは面白いフィクションにすぎないことを役者は知っているのだ。

商業と寛容との関係は新しいものではない。ずっと以前に多くの場合、双方を批判した人々が両者を関係づけていた。こうした人々は、政治が安定すると、政府が宗教を画一的に押しつけてくると考えたのである。一六五一年に、アンドリュー・マーヴェルは、海峡を隔てたオランダを見て、このように嘲笑している。

だから、アムステルダムには、トルコ人、キリスト教徒、異教徒、ユダヤ人がいる。主要教派は増大し、教派はますます分裂していく。その良心の貯蔵庫には、奇妙な意見は全くなく、信用と取引があるだけだ[20]。

ヴォルテールはマーヴェルの分析を取り上げ、その道徳的結論を逆転させた。マーヴェルにとっては、アムステルダムの風景は危険な兆候だったが、宗教的寛容の主唱者であるヴォルテールにとっては、商業は賞賛すべきものであった。

ヴォルテールが商業から生じる政治的利益に関する主張の舞台を港から王立取引所に移したのは、重要である。というのは、このロンドンの取引所は金融資本主義の新しい形態を体現しており、これは近代国家の興隆と海を越えた国際貿易と密接にかかわっていたからである。

監督派教会と長老派教会はイギリスでは二大宗派だが、他の宗派も歓迎され、共存している。ところが牧師同士はというと、まるでヤンセン主義者とイエズス会士のような犬猿の仲なのだ。

ロンドンの株式取引所に一度入ってみたまえ。ここは多くの高等法院以上に尊敬に値する場所である。そこには人類の利益のためにあらゆる国の代表者たちが集まっているのを見るであろう。取引所では、ユダヤ教徒、マホメット教徒、キリスト教徒が、同一宗教に属する人間であるかのように、互いに取引を行い、異教徒という名前は破産なんかする連中にしか与えられない。そこでは、長老派教徒は再洗礼派教徒を信用し、国教徒はクウェーカー教徒の約束手形を受け取る。こうした平穏で自由な会合から出て、ある者たちはユダヤ教会堂に行き、ある者たちは一杯飲みに出かける。一人が父と子の聖霊の御名において大桶の中で洗礼をしてもらいに出かけると、別の一人は自分の子どもの包皮を切ってもらい、自分でもわからないヘブライ語の文句をその子どもに向かってもぐもぐ唱えてもらう。また他の者たちは自分らの教会に行って、帽子をかぶったままで神の霊感が下るのを待っている。そして、みんな満足している(第六書簡)【6】。

株式市場の描写に至るまでの部分では、宗教上の差異が感情の主なはけ口となっている場合、不信心と見なされている人々に対して信仰を強制することになるのが多い。これを重ねて注意している。これと対照的に、証券取引所はさまざまな信条の人々を「平和で自由な集会」に呼び集める。人々の礼譲の源は、共通の目的である富の追求ということにある。宗教的熱狂は互いを不信心者と罵倒することになるかもしれないが、富を追い求めることは新たな同意を形成することになる。というのも、すべての人々が、破産した者だけが「不信心」の名に値することに同意していることになるからだ。

ここでは、ヴォルテールは利潤動機の代弁者になる。救済を求めての競争に比べれば、富の追求は人々を「平和」にし、「満足させる」傾向がある。肉体を滅ぼしてでも、隣人の魂を強引に救おうとする利他的な十字軍を強行することに比べれば、富を追求することは、もしかすると、もっと平和な企てかもしれず、隣人も満足させることになるだろう。

こうした商人は何を売買していたのだろうか。「人類の私的なビジネス」にどの程度まで、商人はかかわったのだろうか。

ロンドン証券取引所は主として国債と、いわゆる「貨幣的利害に基づく会社」である東インド会社やイングランド銀行の株式を取引していた。これらの会社は、内外におけるイギリスの通商政策の基軸であった[21]。国債と「貨幣的利害に基づく会社」の株式からなる市場は、政府の力の増大と商業的活動の拡張との相互依存関係を反映していた。

その名が示すとおり、南海会社や東インド会社のような会社は全世界に船を出しては、香料、絹、磁器、砂糖、たばこ、コーヒー、紅茶を積んでヨーロッパに持ち帰っていた。こうした産品は「贅沢品」と見なされ、富裕な人々だけにとってふさわしいものだった。こうした会社では、政治と経済がごっちゃになっていた。会社は、一部王室の投資家が所有していたが、リスクを分担し利潤の分け前を望む民間の株主もいた。会社は政府から特許を得て、指定地域からの輸入については独占権を与えられていた。該当する地域内では、会社は政府機能を委任され、統治費用を補填するために徴税権を与えられていた。海を股にかけた貿易では、リスクを背負う企業に巨額の資本を投資する必要があり、利潤を回収するのに長い時間を要した。

このような状況を考えると、国王から与えられた独占権は、海外貿易で得られるであろう利潤を、資産家なら投資しても見合うと判断できる水準にまで高めるうえで決定的な役割を果たしたことになる[22]。証拠ははっきりしていないものの、ヴォルテール自身、フランス東インド会社に投資していたようだ[23]。つまり、言葉だけではなく、行動によっても自らの信じるところを示したのかもしれない。

一六九四年にイングランド銀行が創設されたことは、一八世紀におけるイギリスの海軍力の増大や経済成長にとって重要な前提条件であった。諸国が資本市場に参入できるようになる前は、戦争はいつも、お金がなくなり、軍隊を維持できなくなった政府が出てくると、そこで終わった。イギリス王室がイングランド銀行に対して認可を与えたのは政治的な理由によるもので、経済的な理由ではなかった。ウィリアム三世治世下の政府は、フランドル地方でフランスを相手に戦争を続けるために資金が必要だった。

当時のヨーロッパの政府のほとんどがそうだったように、歳出はたいてい歳入を上回っていた。一七世紀後半に至るまで、イギリス政府はフランス式のやり方で歳入を増やしていた。つまり、政府の出費をまかなうために民間の金貸しが王室に金を貸したのだ。その後、負債を返すために、政府は「徴税請負人」に、たとえば甘いワインに課す内国税など、一部の税を徴収する権利を売ったのである。既定の額を政府に払った後、それを超えて徴収した分は、徴税請負人の懐に入った。これらの徴税請負人は、銀行家の役割も演じており、短期の赤字を補填するために政府に金銭を貸与した。このように、徴税請負人や銀行家に頼ることは高くついた。政府は民間人と同じ利率で借りていたからだ[24]。

一七世紀の後半になるとイギリス政府は、イタリア人やオランダ人のやり方をまねて政府の負債の手当てをしようと、特許を受けた国立銀行を創設することにした。イングランド銀行がまず政府に一二〇万ポンドを払い込み、これに対して政府は年額一〇万ポンドを永久に支払い、同行が預金を受け入れ、貸与をし、手形を発行することを認める。同行の株主には、ロンドンの金融の中心地、シティの投資家だけではなく、国王や女王、オランダの投資家、そして、ユグノーやユダヤ人も名を連ねていた。やがて、同行は国の負債を補填する利子付き債券の主要な購買者となった。

ロンドン取引所でやり取りされていたのは、イングランド銀行や巨大商事会社の株式のほか、債券、そして他の金融商品であり、後者を通じて政府は民間の金融市場から貸与を受けていたのである。この中には、軍の債務証書、海軍証券、大蔵省証券(大蔵省短期証券)などが含まれていた[25]。

どの場合でも、政府は将来時点である額面価値を支払い、満期が来るまでは一定の固定金利を払う約束をした。政府が借款を受けられるかどうかは、政府の支払能力についての債権者の信任の度合いにかかっていた。政府の支払い能力についての信任は、効率的な租税制度によって保証される。これによって、政府にはかなりの金額が規則的に入ることになり、民間市場での国の負債が担保される[26]。こうして現れた国庫債務についての安定した公的市場は、当時の経済的な革新の中では政治的に最も重要なものであった。国債によって、イギリス政府は金貸しや徴税請負人に借りるよりもずっと低い金利で借款を受けられるようになった。フランスではまだ金貸しや徴税請負人に頼ることが続いていたのである。

イギリスの経済発展における対外的な貿易から生じる利潤の役割は誇張されてきた[27]。逆に、売買、輸送、そして金銭の貸与にかかわる人々や銀行・会社などの諸制度の役割は、資本主義を扱ってきた歴史家に長らく見過ごされてきた。あるいは、生産・分配の「実体経済」に寄生して、成長してきた非生産的なものであるとして扱われてきた。しかし、ロンドンでますます資本が流通するようになると、利率が急速に低下し、これは商業に対するさらなる刺激となった[28]。「安全に資金を移動する方法の開発、政治上の国境を越えた交易を可能にする通貨市場の存在、為替手形を通じた信用の拡大、既存の資本の生産的な目的への誘導——これらはすべてヴォルテールの時代に進行した金融上の発展の帰結であり、自身これに参画したのだった」[29]。

こうした「金融革命」がイギリスの力とその商業にどのような利点をもたらしたかは、今や歴史家に広く認識されている。しかし当時、大衆は新しい金融制度に対しては疑いの目で見たり、場合によって敵意をもって接したりした[30]。

特に疑わしく思われたのが、取引所で売買の一部が投機的な性格を持っているという点だった。というのも、国債の価格はイギリス海軍と大蔵省の命運、あるいは人々がそうだと考える命運とともに、騰落したからだ。会社の株価は、公海上の船の運命とともに、あるいは会社が独占権を更新してもらえないのではないかという可能性とともに変化した[31]。取引所では多くの者が自己名義で取引をする一方で、顧客の委託を受けて売買して手数料を稼ぐブローカーでもあった。一七二〇年代までには、信用取引やストックオプションはすでに開発されていた[32]。このような要素が相まって、未曽有の投機の可能性が生まれた。

一七二〇年には、新しくできた南海会社が、南太平洋での取引の独占と引き換えに国庫債務を引き受けるという提案を行い、政府はこれを受け入れた。同社の株は一〇倍にまで高騰した。これによって、ロンドン取引所で投機的ブームが起きた。アムステルダム、パリ、ダブリンから資金が流入し、取引所では、いよいよ怪しげな目的で続々と生まれた新会社の株式取引も推奨された。

議会では後世、「泡沫法」として知られる法案が通過したが、これはそのような活動を止めさせようというものだった。この法案の効果で予期せぬ形で南海会社の株が暴落し、同時にアムステルダムとパリの投機熱も終焉を迎えた。取引所のにわか景気と破綻によって、人々はこぞって「南海泡沫」とその崩壊について非難しつつ、貪欲や贅沢を好む性向を戒める説法をするようになった[33]。

南海泡沫事件で最高潮に達した投機的活動は、金融革命の波の泡だった。しかし、それは道徳主義者の関心を捉えた泡だった。富が不動産に基づいている人々の代弁者は、シヴィック的共和主義のフィルターを通して一連の出来事を解釈し、新しい「金融業者」を非難した。これらの金融業者の富は、土地という確固とした基礎ではなく「空想」に基づいているとされた[34]。

南海泡沫事件（とパリとアムステルダムにおける同じような出来事）がまだ記憶に新しい時期に書いているということは、ヴォルテールのロンドン取引所の描写が単に資本主義の擁護ということではなく、最も投機的になった金融資本主義の擁護であることを意味する。ヴォルテールは、道徳主義者にとっては金融の新世界のアキレス腱と思われるものを擁護したのだ。観察を港から取引所に移したヴォルテールは、企業家でもなく、よく働く商人でもなく、むしろ、株式、為替手形、国債の取引で利得を得ようとしている者に焦点を当てたのである。

伝統的な富の源である土地の所有者は、取引所でリスクを含んだ経済活動に従事する必要はほとんどなかった。したがって、取引所で最も活動的だった中には、貴族はほとんど含まれず、ユグノー教徒、クウェーカー教徒、非国教徒、ユダヤ人などの不釣り合いなほど多数の宗教上のよそ者が大部分だった[35]。

ユダヤ人は一二九〇年にイギリスを追われ、比較的最近また再入国を許されたばかりだった。ロンドンの小さなユダヤ人コミュニティのかなりの部分が、セファルディからなっていた。セファルディとは一五世紀後半に宗教的迫害から逃れるためにスペインやポルトガルを去ったユダヤ人のことで、多くが当時はスペイン領だったアムステルダムに移り、その後イギリスに渡った。

各国と接触があったため、ロンドンのユダヤ人商人は国際貿易と株取引に専念した。ユダヤ人商人は特に外国為替取引の扱いについては活発だった。これによって、ある国の財の買い手が他国の売り手に対して支払うことができる。このようにして、国際貿易が円滑に行われるのだ。

アディソンは次のように書いている。これらのロンドンのユダヤ人商人は、「大きな建物に打ち込んだ釘や鋲のようなものだ。それ自体は他愛もないものだが、全体の枠組みを保つのには絶対に必要なのだ」[36]。

そのような釘の一つがポルトガル出身の名家であるメンデス・ダ・コスタである。分家がロンドンとオランダにあり、ヴォルテールはイギリス到着後ほどなく彼らと知り合うことになる。一族の長のジョン・メンデス・ダ・コスタは、イングランド銀行と東インド会社の株式をかなりたくさん保有していた[37]。イギリス旅行に備えてヴォルテールは、ジョンの息子のアンソニー・メンデス・ダ・コスタ宛てに振り出された為替手形を購入した。しかし、旅行はロアンの一件で遅れ、ヴォルテールがイギリスに到着したときには、アンソニーは国外に退去し、破産宣告されていた。父親が裁判所に任じられた債権者となっていた。「ロンドンに到着すると、あのいまいましいユダヤ人は破産していた」と、ヴォルテールは友人のティエリオに書いている。ヴォルテールの呪いは、やがて『哲学書簡』という形で公刊されることになる[38]。

取引所の場面全体が、慣れ親しんだ価値の序列をひっくり返すことで読者の予想を裏切るように、書かれている。まず、第一行目でヴォルテールは、しばしば悪意に満ちた軽蔑の対象であった取引所を、既存の社会序列の中では最高位にある裁判所と比較するという好意的な扱いをする。取引所での株の委託売買は利己心の発露の最たるものだとして描かれることが多いが、ヴォルテールは取引に従事する者を「人類の便益」を追求するものと見なしていた。

一般に受け入れられている価値観の序列の逆転の主たるものは、もちろん、ビジネスと宗教、あるいは富の追求と救済の探究にかかわっていた。後者が前者よりも高貴なものであるという著者の見解を、読者は当然予想する。しかし、ヴォルテールの描くところでは、逆に、宗教は馬鹿げていて商業は尊敬に値するというのである。ここに、読者はヴォルテールの傑出した技術を見出すのだ。すなわち、啓蒙運動の主唱者としての技術、あるいは世論を説得する技術である。前提を批判にさらし、拒否されるという可能性をはらんだ、論理的な提示はない。そうではなく、場面全体が一つの主張であり、望ましい解決策があらかじめ問題設定の中に含まれてしまうようなやり方で、構築されている。また、主張にはユーモアが利いているので、心地良く忘れがたい。

スコットランドの批評家であるジェームズ・ビーティはこう述べている。「ヴォルテールの賛美者を納得させるのは難しい。というのは、そうすればユーモアも一緒に失われてしまうことになるので、主張をあきらめるはずがないからである」[39]。

宗教の違いは馬鹿げたものであるという前提は、文学批評家のエーリッヒ・アウエルバッハが「サーチライト装置」と呼ぶものによって暗示されている。それぞれの宗教の伝統が持っている知的なあるいは象徴的な複雑な事情のうち、ヴォルテールが注意を求めているのは、ただ一つの儀式的な習慣だけだ。問題となる儀式、たとえば洗礼、割礼、帽子の着用などに焦点が当てられ、そのような儀式に意味を持たせる思想や慣行の複雑な全体は、わざと闇に包んだままにしておき、そのために儀式は恣意的に見える。宗教上の儀式は、アルコールの摂取という世俗の行為と並べて置かれる。アルコールの摂取と同じものと見なされた儀式は価値を失うのだ[40]。

ヴォルテールの場面は、市場原理が多元主義の、この場合には宗教的多元主義の存在を許容することを示唆しようとするものだ。しかし、市場原理がこれほどうまく作用するのは、市場がすべての宗教文化の価値を、少なくとも相対的には下げる傾向にあるからだ、という当てこすりもある。取引所で富を追求することは、救済の追求よりも現実的だからだ。

ヴォルテールの描写によれば、宗教の儀式は形式的なものとなっていった。これは、三位一体の常套句を間違えるカトリック教徒や、ヘブライ語を理解していないユダヤ人の例で示されている。宗教対立を封じ込め、世俗的な幸せを究極の目標として促進することに心を砕いていたヴォルテールは、このような帰結を賞賛している。富の追求は取引所の人々にとっては救済よりもずっと現実的なものであるという示唆は、初めにノートに書きつけたときよりも、ここではずっと抑えた形になっている。

というのも、ヴォルテールのさまざまな宗派の描写でわかるように、イギリス人は平和に暮らしているが、これは彼らが宗教的信条を真剣に受け取らないからではなく、真剣に受け取っているにもかかわらず、そうだからだ[41]。

ロンドン取引所の場面で問題になっていた二つの考えが、『哲学書簡』の別の箇所でさらに詳細に論じられている。市場は「平和で自由の集会所」、つまり自発的な形のアソシエーションと見なされている。このようにして、商業は平和な共存の基礎として描かれている。

パスカルに対する批判の中でヴォルテールは、利他心に基礎づく社会秩序という常識的な見解をパスカルが再び持ち出したことについて異論を唱えている。「各人は自分に向かう。このことは全体の秩序に反する。私たちは一般的なものに向かうべきである。自分への偏向は、戦争、政治、経済などにおける、あらゆる無秩序の始まりである」とパスカルは記していた。ヴォルテールの反応は、スミスからハイエクに至る後の思想家の主張を前もって示したものだった。個人が自己を尊重する性癖は、キリスト教的な、あるいはシヴィック的な道徳主義者が思っているように社会秩序に対する脅威なのではなく、むしろその基礎なのだというのがその主張となる。

自利心がなければ、社会が形成されることも存続することも不可能である。それは、肉欲がなければ子どもを作ることも、また食欲がなければ身を養おうと思うことなども不可能であるのと同じである。他人への愛を育むのは、私たち自身への愛である。互いに相手を必要とするので、私たちは人類に役立つのである。これがあらゆる商業の土台であり、人間の永遠の絆である。これがなければ、一つの技芸といえども発明されることもなく、一〇人の人間から成る社会一つといえどもできなかったであろう。それぞれの動物が自然から授けられたこの自利心こそ、他人の自利心を尊重するよう私たちに告げるのである。法律がこの自利心を取り締まり、そして宗教がこれを磨き上げる。

なるほど確かに、神がもっぱら他人の幸福のみを心にかける被造物を造ることもできたのである。その場合には、商人は友愛からインドに出かけたであろうし、石工は隣人を喜ばせるために石を切ったことであろう。

しかし、神はそのように物事をお定めにはならなかった。神がお授けになった本能を非難するのはやめ、神の命ぜられるようにそれを用いようではないか（パスカルのパンセについて）【7】。

ヴォルテールは「見えざる手」という用語は使ってはいないものの、考え自体はすでに芽生えている。「商業について」と題された第一〇書簡で、ヴォルテールは、イギリスの国力、商業、自由、これらの関係に立ち戻っている。「イギリスにおいて国民を豊かにした商業は、同時に彼らを自由にすることにも寄与したが、この自由が今度は商業を発展させたのである。そして、それがこの国を偉大にした。……この小さな島国は、それ自体ではわずかな鉛、すず、漂布土、粗悪な毛織物しか産出しないのに、商業によって強国となり、一七二三年には三つの艦隊をそれぞれ同時に遠く世界の果てまで派遣するに至った」。

　大陸の貴族が商人に対して感じている軽蔑と、傑出した若きイギリス貴族が積極的に商業にかかわっていこうとしている姿勢が対比されている。次のような修辞的な問いかけがなされている。「頭に念入りに髪粉を振りまいた貴族は、国王のお目ざめとお休みの正確な時間を知っており、また大臣の控えの間でさえ、さも偉そうな顔をしながら、やっていることは奴隷のような役柄であるのに対して、商人のほうはその国を豊かにし、その事務室からスラットやカイロに指令を送って、世界の幸福に寄与している。この両者のいずれかが国家により有益であるかは、私にはわからない」【8】。

　ここでは、ヴォルテールは思想の商人として振る舞っている。商人は新しいタイプの英雄だという、イギリス文学の間では急速に標準的な主題となりつつあるものをフランスの聴衆に売り込もうとしているのだ[42]。

　ヴォルテールはこのように貴族よりも商人を好んでいるが、このような考えを背景として、彼は法の下の平等の必要性という啓蒙の中心的主題の一つを支持している。「政府について」と題された書簡では、特権としての「自由」という考えが、万人に適用される啓蒙された自由の概念と対比されている。マグナ・カルタが「イギリスの自由民」に言及しているという事実は「自由民でない人間のいたことの情けない証拠である。第三二条によれば、この自由だと言われている人間が、その領主に対しては奉仕の義務があったのがわかる。このような自由では、まだまだ奴隷状態と五十歩百歩である」【9】。

ヴォルテールは、誰も法的な意味では主人に直接従属していないような政治構造を支持した。イギリス政府の描写では、フランスとの対比で、どのような人も課税に服している点が強調されている。「各人はその身分に応じてではなく（それは不合理である）、その収入に応じて税金を払う」【10】。ヴォルテールが旧体制の根本的な不正義だと見なしていた階級による法的特権と課税をなくすのには、フランス革命が必要だった。

▼知的な投機

『哲学書簡』での悪玉は、神父であり、軍人であり、貴族であった。そこでの英雄はといえば、商人であり、また知識人であった。進歩と啓蒙の代理人としての文人は、ヴォルテール、またフィロゾーフ一般のお好みの主題となった[43]。

ヴォルテールや後の多くの啓蒙期の知識人にとっては、知的生活の模範はアイザック・ニュートンだった。ヴォルテールたちは、ちょうどニュートンが自然界の法則を発見したように、社会における法則の発見をめざした。知識人と軍人の価値を比較するために、ヴォルテールはニュートンとクロムウェルを対比している。「まさに私たちが尊敬の念を持たなければならないのは、暴力によって奴隷を作る連中でなく、真理の力で人々の心を支配する人物に対してなのであり、また世界を醜く歪める者ではなく、世界をよく知る者に対してなのである」（第一二書簡）【11】。ベーコン、ロック、ニュートンは『哲学書簡』の真の英雄であり、「人類の教師となるべき哲学者たちである（第一二書簡）」[44]。

フランス人がイギリス人から学んでほしいとヴォルテールが考えた教訓の一つに、「学者」をどのように遇するかということがあった。イギリスでは、知的な才能や長所は単に名誉だけでなく、現金収入で報われる。アレキサンダー・ポープがホメロスの翻訳で二〇万フランを稼いだと、ヴォルテールは記している。「この国民の逸材に対する尊敬の度合は非常なもので、有能な人物はこの国では常に立身出世している」【12】。

彼は、政府関係の高収入の閑職で報酬を得ている傑出した知識人のリストを示している。もし、『哲学書簡』を数十年後に書いていたのであれば、このリストの中には、関税委員のポストを与えられたアダム・スミスも含まれていたかもしれない。

ヴォルテールの『哲学書簡』は、知識人の功績に対してどのように報いたらよいかをフランス人に教える目的で書かれた。しかし、ヴォルテールはただ傍観し、同国人から報酬を与えられるのを待っていたわけではない。「私はあまりに多くの文人が困窮し侮蔑されているありさまを見てきたので、はるか以前から、その数には加わるまいと決心していた」【13】と彼は『回想』に記している。「なんとかして、他人に借金をしないで私人は利得を得ることはできるものだ。そして、蓄財することほど心地良いものはない」[45]【14】。

ヴォルテールはイギリス到着時に比べれば、帰国時にはずっと裕福になっていた。新たな富の一部は『アンリアード』の収益だが、ヴォルテールの金銭的利得の大半は一連の金融投機によるものだった。ヴォルテールは投機についでは人には黙っていたし、交流のあった多くの商人は、これをいかがわしく不誠実だと思っていた。イギリスでヴォルテールと知り合った人々は、彼を銀行券偽造、契約の改竄、債務不履行で訴えた。ヴォルテールがイギリスを去ったときには、多くの人々が敵意を持っていたが、これは主としては金融上の不正によるものだった[46]。後で見るように、二〇年後に、同じような行動でフリードリヒ大王の不興を買って、宮廷を追われることになる。ヴォルテールは、仲間や愛する者からも、ずっと貪欲だと思われてきた[47]。

著作家が「何らかのやり方で」蓄財するのには、どのような方法があるのだろうか。好奇心、非正統性、大胆さなど、ヴォルテールの著作に輝きを与えている特質は、その金融取引にも反映されている。当時使われていた経済的手段で彼が試みなかったものはほとんどない。皇室への取り込み、自著の販売、国際穀物市場、金貸し業、土地開発、そして金融投機などだ。ヴォルテールは蓄財するためにこれらの手段をすべて試みた。ヴォルテールの金融活動は、その著作と同じように、適切かといわれれば、しばしばぎりぎりのところをさまよっている感があった。

富裕層や有力者の引き立てを得るのが、一つのやり方だった。君主ほど富と権力を持った者はいなかったので、ヴォルテールは常に彼らを啓発し続けた。すでに見たように、イギリス滞在に先立ち、ヴォルテールはフランス王室から引き立てられていた。一七二七年初期に、彼はイギリス王に宮廷に迎え入れられている。ヴォルテールはイギリス版『哲学書簡』を女王に献呈している。女王は、そこでは「王座につかれた愛らしい哲学者（第一書簡）」【15】として描かれていて、その引き立てを褒めちぎっている。第二の、そして、より現代的な蓄財の源は、予約購読か書籍商を通じての販売による収益だった。

しかし、ヴォルテールが最初に財を成したのは、君主と商人を結びつける制度、つまり公債によってだった。一八世紀には、政府は公債を補填するための財源を獲得するのに死にもの狂いになり、しばしば富くじに頼った。これは、通常は、金融取引の中では最も投機的なものだと見なされていた。利得の可能性がもっぱら偶然に左右されるからである。ヴォルテールが真の意味での富裕に至ったのは、この富くじによってだった。しかし、それは、合理性に基づいて成功の可能性を最大化した富くじだった。

フランス政府は、国債を発行して国民から資金を調達していた。負債を隠蔽するために、国債は、パリ市庁舎を通して発行された。ヴォルテールはイギリスに旅立つ前に、こうした国債のいくばくかを保有していたようだ。フランスに戻った一七二八年には、すでに政府の財政的逼迫によって債券の価値は失われていた。債券保有者の信任を回復しようとして、政府は毎月富くじを行うことで段階的に債務を償還しようとした。チケットは一フランで入手可能だが、債券保有者のみが購入できた。一〇〇〇フランの債券に対して、一回の抽選のためのチケット一枚が購入できた。月々の賞金である六〇万フランのほとんどが政府自らの負担となった。

ヴォルテールは、ある所定の抽選についてすべてのチケットを買い占め、成功を保証するにはどのくらいの金額が必要なのかを、著名な数学者であったシャルル・ド・ラ・コンダミーヌと協力して計算した。両人は組合を組織して、ある抽選に対してすべてのチケットを買い占め、賞金を分け合った。一七二九年から翌年にかけて、ヴォルテールの組合は六〇〇万～七〇〇〇万フランを勝ち取ったが、ヴォルテールの取り分は五〇万フランだった。数カ月後、ヴォルテールはもう一山当てるために、ロレーヌでの債券発行では、抜け道を利用した[48]。

国の財源をますます増やす必要が生じた。軍を召集し、これを維持しなければならないからだ。それによって、軍に食料、衣服、武器、移動手段を調達するのは、非常に複雑な組織的課題だった。国の官僚制度にはごく基本的なものしか備わっていなかったので、このような任務は個人企業家に委ねられた。こうした調整作業を成し遂げれば、そこから生まれる利潤は大きい。

ヴォルテールの崇拝者の中には商人のパリ兄弟がいたが、彼らは一七三〇年代から四〇年代にかけてフランス軍に対して必要物資を納めた。ヴォルテールは兄弟の企業家としての能力を賞賛し、彼らのほうでは、フィロゾーフのヴォルテールを、物言わぬ、しかしながら、ありがたい共同経営者として加えた[49]。

▼奢侈の擁護

海外取引は、ヴォルテールの時代にあってはフランス経済の中で最も急成長を遂げつつあり、ヨーロッパの資本主義経済が拡大するにあたって鍵となる要因だった。取引の多くが、ヨーロッパ以外のところで栽培されたり製造されたりした「奢侈」財と見なされるものをめぐってなされていた[50]。

ヴォルテールもまた国際通商にかかわっていた。一七三〇年に彼は、北アフリカから穀物を輸入し、これをフランスのマルセイユ港に持ち込み、ここからイタリアやスペインに再輸出していた会社の成員となった。同社は、ココア、たばこ、インディゴもアメリカからフランスに輸入していた。ここでは、ヴォルテールは物言わぬ成員どころではなかった。彼は、国際通商で成功するために必要な、価格、市場、通貨についての情報を常に求めていた[51]。

このようにして、ヴォルテールは「奢侈品」の輸入については経済的利害関係を持っていたが、知的な関心も持っていた。というのも、そのような財が国際通商で非常に重要な役割を果たしていた当時、急速に発達を遂げつつある資本主義の道徳的帰結についての議論では「奢侈」が中心となっていたからである。

一七三四年に公刊された『哲学書簡』では、ヴォルテールは宗教的熱狂に対する解毒剤として市場を弁護していた。これは、市場が自利心に基づく協力という平和的な徳を助長するからだった。数年後に公表された二つの詩では、商業についての二番目の弁護を明らかにしている。すなわち、それが物質的な富と安楽を促進するということだ。

私たちにとっては、物質的な幸福という主張については議論の余地はないように思われるだろう。しかし、一八世紀においては、物質的繁栄はしばしば、宗教的・シヴィック的道徳主義者から「奢侈」として非難されてきた[52]。この言葉は道徳的に中立ではなく、侮蔑的な単語であり、安楽でなく過剰を、つまり、必要のない物を所有することを言外に意味していた。

奢侈という概念は、一般に認められた社会的序列と複雑に絡み合っている。つまり、社会的に地位の高い人にとって必要なものは、地位の低い人にとっては、行き過ぎていると見なされる。奢侈とは、各人がそれぞれの生活上の地位にとってふさわしくない物質的な財を享受することを意味していた。奢侈の批判者は、これを社会的な序列を混乱させるものとして見ていた。

シヴィック的伝統に属する道徳主義者は、奢侈が国の衰退につながると見ていた。イギリスの批評家は、武勇の精神と質素な生活ぶりによって独立を維持できた共和国のモデルとして古代のスパルタを挙げている。フランスでは、古代のローマ共和国がこのような徳の見本だった。

ローマの衰退についてのポリュビオスの説明は、奢侈の腐敗作用について警告を与えたものとして読まれていた。共和国が豊かになればなるほど、個人は公益を犠牲にして個人個人の物質的な満足を追求するようになる。物質的な安楽は、男を柔和に、そして女性的なものとしてしまう、とまで言われた。こうして奢侈を追求する国は、より謹厳で、有徳かつ、好戦的な国によって滅ぼされることになる。

キリスト教の道徳主義者は、救済の追求の妨げになるものとして奢侈を描いている。アウグスティヌスは『神の国』の中で、繁栄は奢侈と貪欲を生み出すと批判していた。これに続くキリスト教の思想家たちは、奢侈は肉体を世俗と悪魔に縛りつけるものとして警告を与えていた[53]。キリスト教には、徳を禁欲主義的な見地から解釈しようとする長い伝統がある。禁欲、窮乏、謙譲は啓発されなければならない特質とされた。

シヴィック的伝統とキリスト教的伝統は物質的な富の追求を非難したが、それぞれ別の理由からだった。シヴィック的伝統では、それは有徳な市民を腐敗させるものだとされた。市民は、国のために自らの私的な関心事を犠牲にする覚悟がなければならないし、また戦時には共和国を守ることによって自らに栄光をもたらさなければならない。キリスト教的伝統では、物質的な富の追求を罪への誘惑として見た。それによって、神をまねることや禁欲、謙譲、愛といった聖なる徳から離れてしまうことになる。シヴィック的な徳とキリスト教的な徳はかなり両立しにくいものではあるが、二つの伝統が一つになって、罪と腐敗に誘うものとして奢侈を非難するくらいのことはできた[54]。

ヴォルテールをはじめ穏健派の啓蒙思想の主要な思想家たちは、男らしさや争い事から生まれた政治風土と、敬虔深さばかりを求める宗教文化に反発したのだった。その代わりに彼らは、生まれつつある世俗的な文化を支持した。社交性という、より優しい関係を重視する文化である。そうした文化では、宗教ではなく、哲学、科学、文学、芸術に導きの糸が求められた。デヴィッド・ヒュームは、いわゆる「抹香臭い徳」、つまり禁欲的な自己否定を馬鹿にした。このような徳は社会の協力態勢の役に立たないからだ[55]。

これに対してヴォルテールは『哲学辞典』の中で「私たちは社会生活を営んでいる。だから、社会にとって良くないものの中で、私たちにとって真の意味で良いものは何もない」と書いている。ヨーロッパの諸国民が文明化すればするほど、このような道徳性を共有するようになると主張している[56]。一八世紀半ばになるまでには、このような一連の新しい価値はイギリスでは「洗練」として、フランスでは「文明」として知られるようになっていた[57]。

見識ある知識人が価値ある政治的目標として幸福の追求を正当化する際の鍵は、「奢侈」の含意をひっくり返すことだった。マンデヴィルの『蜂の寓話』(一七一四年)とヒュームのエッセイ「奢侈について」(一七四二年)の間に位置しているのが、奢侈を道徳的に復権させようとしたヴォルテールの詩だった。

ヴォルテールは「俗物」と題する詩を配布することで、一七三四年にこの論争に加わった。「賢き自然に、この時代に生まれたことの恩恵を感謝したい。みじめな教会の博士たちによってかくも非難されているこの時代に」というのがこの詩の出だしだ。これは、当代の俗物的な享楽の賞賛と、過去の黄金時代におけるキリスト教神話やシヴィック的神話に対する軽蔑を組み合わせたものであり、都会的な奢侈への賛歌と、自己否定というキリスト教的な徳と、節約というシヴィック的な徳に対する攻撃を結びつけたものだった。

詩の偶像破壊的な聖職者批判を考えると、印刷して公刊されればカトリック教会当局の激怒を買うだろうとヴォルテールは恐れた。公刊する代わりに、ヴォルテールはパリにいる友人にいくつか写しを送った。しかし、そのうちの一人が亡くなると、詩が家財の中から発見され、何百部もがヴォルテールの許可なしに公刊された。それはほどなく、悪徳をスキャンダラスに擁護したものとして攻撃されるに至る。

宗教的迫害を恐れたヴォルテールはフランスを出てプロシアに向かった。そこで、彼は「俗物の擁護」と題した第二の詩をものした。その中で、彼は以前の奢侈擁護論を繰り返し、さらに新しい主張も加えた。それは、最近の『蜂の寓話』とジャン＝フランソワ・ムロンの「商業についての政治的エッセイ」（一七三四年）の経済議論に依拠したものだった。本書の目的に供するには、二編の詩とヴォルテールの関連著作は一緒に扱ってもよいだろう。

「豊かさは技芸の母である」とヴォルテールは『俗物』の中で記している[58]。物資的繁栄が高度の文明が発展するための前提条件だとする主張は、それ以降、資本主義的経済発展の主張者ほぼすべてによって繰り返されることになる。ヴォルテールはこの主張を多くの場合、否定的な形で、つまり高貴な時代とされる過去を中傷することで行っている。自然の状態は、エデンの園からは程遠かったと記している。ヴォルテールは、太古の園にいるアダムとイヴを次のように描いている。彼らの顔には太陽が照りつけ、手は汚れている。手入れをしていない爪は長く、ひび割れ、黒く、曲がっている[59]。古代ローマ人の生活は誇らしく描かれているような節倹の徳ではなく、貧困、不便、無知がその特徴であり、賛美すべきところなど何もないと彼は主張している[60]。

このようにして、ヴォルテールは退廃的な奢侈で堕落していない古き良き時代というシヴィック的、あるいはキリスト教的な理想像を嘲笑している。耕したいと考えている園はもはやエデンにはないのだ。彼が最初に出した詩では、「地上の楽園はパリにある」というのが締めくくりである。これは後年「私がいるところが地上の楽園である」と改訂された。より豊かになっているので、現代の都市生活はさらに文明化されるだろう。貧困を高貴なものではなく薄汚れたものに見せるのが、キリスト教的な、あるいはシヴィック的な言説を覆す際のヴォルテールの定番の手法だった。

マンデヴィルやムロンと同じく、ヴォルテールは道徳主義者の批判に対して、奢侈の概念を相対的に扱い、また同時代の人間が必需品だと考えている多くのものが、かつては贅沢品だったということを示すことで、奢侈を擁護した。「シャツを着ていなかった時代にさかのぼってみよう。優雅な素材でできている軽くてきれいなシャツ、雪のように白いシャツを着なさいなどと言えば、『なんという贅沢! なんていう女々しさだ! そのような豪華さは王にとってさえふさわしくない! 道徳を腐敗させ、国を滅ぼそうというのか!』」[61]と言われてしまうだろう。このように、彼は奢侈を過剰として捉える考えを批判しているが、『哲学辞典』の中でさらにこれを展開している。

おそらく最古ではあるまいが、ハサミが発明された頃、最初に爪を切り詰め、鼻先に垂れた頭髪の一部を切り取った人々が、どんな反対を受けなかっただろうか。おそらく彼らは、神の御業を損なうべく高価な虚栄の具を買い込んだ気取者や浪費家と見なされたであろう[62]【16】。

ヴォルテールは、マンデヴィルとムロンが詳細に展開した奢侈についての経済的な主張もいくつか示唆している。伝統的には悪徳として非難されてはきたが、富裕層による物質的な消費は、貧民にとっては労働需要をもたらすことになる。労働者も早晩富の増大から便益を受けることになるのだ。このようにして、富裕層が支出する

ことで、貧者が蓄財することが可能になる。奢侈を好む傾向は、すでにイギリスやフランスの下級階層の市民の間でも増えつつあった[63]。奢侈を求める欲望が、海を越えた通商につながったのであり、それによって地球上の住民がますます強く結ばれていくことになる[64]。

ヴォルテールは、ルイ一四世の財務総監だったコルベールを、奢侈の生産を促進したとして賞賛している。コルベールはこのようにして国を豊かにし、「すべての技芸の源を広げた」[65]。最終的には貧民の分け前を改善し、国を豊かにし、国同士の接触を増やすことで、奢侈を好む傾向は公益にもなるのである。

奢侈を批判する向きは誤っているばかりか偽善者でもあると、ヴォルテールは示唆している。批判者は、他者の快楽を「奢侈」とする一方で、自らの生活では贅沢な装飾品の類を当然のこととしている。「俗物の擁護」は、著者と「カファール先生」、つまり偽善者の先生なのだが、この二人の対話として進められる。後者は、ヴォルテールの引き立て役の神父である。

カファールには、奢侈や安楽についての標準的な宗教的批判を言わせている。ヴォルテールは、カファールがすすっている磁器のカップに入ったコーヒーがどこからやってきたのかを指摘して、これに応えている。

「それは、アラブの畑で人の勤労によって取ってきたものではありませんか。この磁器、中国で上塗りされたほうろうの繊細な美は、何千もの手によって、焼かれ、また焼かれ、色を塗られ、そして装飾を施されたものです。このひだやくぼみがついた純銀ですが、平らなものであっても、容器や受け皿に加工されたものであっても、新世界の中心であるポトサの深い大地から得られたものです。宇宙全体があなたのために仕事をしているわけです。だから、独りよがりな怒り、敬虔な辛辣さで、あなたは、ご自身に快楽をもたらすのに使われた全世界を侮辱していることになります」[66]。ヴォルテールは、上流階級の生活をしている、この奢侈の批判者自身が「俗物」なのだと結んでいる。

ヴォルテールの金銭的利益の追求の一つに金貸しがあった。金銭をそのままの形で貸し付けて利子を取ることは高利貸しとして法的に禁止されていたが、そのような禁止をかいくぐる抜け道はたくさんあった。ヴォルテールは、生涯年金と引き換えに、多額の金銭を王族たちに貸し付けていた。一七五二年には、彼は一五万リーブルをヴュルテンベルクのカール＝オイゲン大公に寄付した。その見返りが一万五七五〇フランの生涯年金であり、死亡時には年額七五〇〇フランが姪と恋人のドゥニス夫人に支払われることになっていた。彼は同様な貸与をプファルツの有権者に対しても行った。

ヴォルテールの有名な心気症は、一つには、このような経済的利得の追求のせいだったのだ。彼は八四歳まで生きたが、後半の四〇年間は病気や死期が差し迫っていることを口の端に乗せていた。元来の債権者が生きている限りにおいて、年金を満額払わなければならないので、債務者はヴォルテールの余命が短いと信じるに足る理由があるのであれば、高額の年金を払うことに同意しがちだった[67]。

富くじ、金融投機、商人としての活動、そして金貸しによって蓄財したヴォルテールは、一七五九年にフェルネーに城を購入し、そこで晩年の二〇年間を過ごした。この二〇年間で、彼は文字どおりの荒野を人でにぎわう村に変えた。ヴォルテール自身、その所有者であり領主でもあった。一七七八年に亡くなったときには、年間賃貸料からの収入で、フランスで上位二〇位に入る地主となっていた[68]。彼は当時の最も尊敬された文人であるだけではなく、ヨーロッパで最も裕福な平民の一人だった。

▼貪欲とユダヤ人——啓蒙の限界

すでに見たように、ヴォルテールはキリスト教的伝統では最も疑わしいと考えられていた商業活動に活発にかかわっていた。すなわち、商人としての活動ならびに金貸し業である。キリスト教に対する反感、富の追求についての信念に基づく弁護、資本主義的な努力の成功にもかかわらず、ヴォルテールは蓄財に関心を持っていることについては守りの姿勢だった。

残っている書簡の中で、最初に金融取引に触れたのは、おそらく一七二二年四月のベルニエール侯爵夫人宛ての書簡においてである。夫人は貴族で、その夫とヴォルテールは会社を設立したばかりだった。ヴォルテールは、「金貸し資本」と一緒にいるくらいならば、あなたと一緒にいたいと、繰り返し夫人にこぼしている[69]。このように、商業とユダヤ人の軽蔑すべき関係を通して、ヴォルテールは商業への関与から距離を置こうとした。これは、後年しばしば彼が用いることになるやり口だった。

ヴォルテールは一七五〇年にフリードリヒ二世の招きでベルリン郊外のポツダムに移った。フランス文化の崇拝者だったプロシャ王フリードリヒ二世は、一七三六年にフランス有数の文人だったヴォルテールと文通を始めた。ヴォルテールの知的影響はフリードリヒの初期の著作である『反マキャベリ論』に明らかに見てとれる。これは、啓蒙主義にのっとって法の支配を主張したものだった。

もっと直接的な影響もある。ヴォルテールは同書の公刊前に校訂をし、たとえば正義の戦争を支持するといったフリードリヒの主張のように、自分が受け入れられない考えは削除することもあった[70]。若きフリードリヒは、法の下での平等や臣民の幸福の増進といった啓蒙思想の目標に同意していたが、統治者としての優先すべきことは、王国の拡大や、官僚制や軍隊組織の合理化、そしてそれらを維持するための経済成長による国力の増大だった[71]。

形式的平等、法の支配、商業の自由、宗教的寛容といった啓蒙思想の理想を実現するために、ヴォルテールをはじめ多くのフィロゾーフは、絶対主義の君主に期待を寄せ、その政策に影響を与えようとした。フィロゾーフたちが君主の主権の拡大を指示した裏には、戦術的な理由があった。これは、王権に対する確固たる信頼に基づくものではなく、ヨーロッパ大陸の社会を構成していた、特権を持つ教会、有力者、そして同業者組合からの啓蒙的立法に対する抵抗に抗する権力を持っているのは強い君主だけだ、という認識によっていた[72]。

フリードリヒとの違いは、ヴォルテールが王の招待を受けてプロシャに落ち着くことになったときには、まだヴォルテール自身にも明らかではなかった。フリードリヒは、当時最も著名だった知識人と交流を持つことで威信を高めようとした。自らの側に世論を誘導できる人がいれば、とても役立つだろう。

しかし、フリードリヒはヴォルテールに政治上の助言を求めたわけではない。王は詩についてのヴォルテールの助言は評価したが、政治に関する助言を評価したわけではなかった。ヴォルテールはといえば、フランスでしつこくつきまとっていた教会の迫害から逃れてポツダムにやってきたところ、同じく「恥ずべきこと」に対する反対者だった王の下に一息つける場を見つけたのだった。彼は君主との親交を通じて自らの威信を高めようとし、「哲学王」と賞賛したフリードリヒに対して影響を及ぼそうとした。知識人と専制君主が相互に利用し合うという関係に入るのは、これ以降もあったことだ。

ヴォルテールが屈辱にまみれてプロシャを去らざるをえなくなった事件の一つが、国債に対する違法な投機だった[73]。彼はこれ以前にもすでに、法律上の変則事例を金儲けの機会にしてしまうことに長けていることを示していた。パリとロレーヌでは、政府の政策を妨害することで、自分と仲間の私腹を肥やした。ポツダムでは公債で利得を得るために法をかいくぐった。

しかし、このたびは、法自体がヴォルテールのホストでありパトロンであるフリードリヒ自身が発令したものだった。いつの間にか、二〇年前にイギリスでそうだったように、ヴォルテールは支持者の間で評判を落としてしまった。

当時のたいていの政府がそうであったように、ザクセン王国の負債の一部は国債によって補填されていた。オーストリア継承戦争中、ザクセン王国はオーストリア側に立って、プロシャと戦った。フリードリヒに敗北を喫したザクセンは、一七四五年に平和条約を締結したが、その条件にはプロシャに対する巨額の支払いが含まれていた。プロシャとの戦争に敗北したことで、ザクセンの国債に対する信任は低落し、その価値は暴落した。ザクセン債券の保有者の中には、プロシャの臣民もいた。王国の富について懸念を持ったフリードリヒは、条約の中に、ザクセン政府に対してプロシャ人保有の債券を元来の額面価値で払い戻すことを求めた条項を入れた。

ポツダム到着後、数カ月も経たないうちにヴォルテールは状況を判断し、もしプロシャ臣民が減価したザクセン債券を近くのザクセン王国内で買い、これを額面価値で償還させることができるのであれば、巨額の利潤をあげる機会があることに気づいた。このような機会に気づいたのはヴォルテールが最初ではない。それより以前に同様な試みがなされたので、フリードリヒはそのような投機を明確に禁止する布告を一七四八年に出した。というのも、ザクセン人がそのような悪用の例を挙げて、条約の金融取引上の規定を反古にするぞと迫ったからだ。

一七五〇年の後半、ヴォルテールは、手先として使えるプロシャ臣民を見つけた。彼らにザクセン証券をヴォルテール自身の名義で買わせ、これを元来の価値で償還させるのだ。ここでいう臣民とはアブラハム・ヘルシェルとその息子であり、二人はフリードリヒの「宮廷ユダヤ人」だった。

たいていのユダヤ人は市民権を剥奪されており、ドイツの諸都市に住むこともできなかったが、宮廷ユダヤ人は宮廷に対する奉仕と引き換えに、特権を与えられていた。その役割はさまざまだった。皇太子にお金を貸したり、徴税を手伝ったり、あるいは宮廷や軍に食料を調達することもした。中世のユダヤ人金貸しがそうだったように、近代初頭の宮廷ユダヤ人も、その経済上の役割を買われて、敵意に満ちた社会にあって、そうした特権だけは与えられていた[74]。

一七五〇年九月、ヴォルテールはヘルシェル親子に対して、ザクセンの国債を彼名義で購入して、それを額面価値で償還するように手はずを整えた。彼はヘルシェルにパリにいる公証人宛ての約四万フランの為替手形を与えた。ヘルシェルは国債を購入すべく、ザクセンの首都であるドレスデンに向かった。そして、多くの仲介者を介して手形をパリに送った。

一一月にヘルシェルがまだドレスデンにいる間に、フリードリヒはヴォルテールの計画について知り、不快感を表した。

一二月、ヴォルテールはこの計画を止めようとして、パリの公証人に対して手形は現金化しないようにと伝えた。ドレスデンから戻ったヘルシェルは、ザクセンの債券を手に入れられなかった旨をヴォルテールに報告した。ヘルシェル親子は、ヴォルテールの手形に対する金額がパリから届き次第、彼に四万フランを返すことに同意していた。その直後、パリの公証人が送金を拒んでいたことをヘルシェルは知ったのだ。

ヴォルテールとしてはフリードリヒに対する汚点を帳消しにしたかったのであり、ヘルシェルに自分のお金を持って行かれないようにしたかった。ヴォルテールは宮廷での芝居のために必要だと言って、宝石を貸してくれるようヘルシェルに頼んだ。王の恩寵を失いたくないヴォルテールは、ヘルシェルに虚偽の契約書を書かせ、これを王に見せてヴォルテールの支払いが国債ではなく、宝石のためであるかのように見せかけようとたくらんだ。その間、手形が戻るまで、ヴォルテールはヘルシェルから借りた宝石をそのまま持っていようと計画していた。

しかし、それを評価してもらうと、評価額はヴォルテールがヘルシェル親子に預けた金額よりもかなり少ないことがわかった。ヘルシェルが一二月遅くにヴォルテールを訪ねて、手形がまだパリから戻っていないと伝えると、ヴォルテールは彼のことをイカサマ師と呼び、指輪をヘルシェルから分捕り、それをずっと持っていた。

金銭を奪われることを恐れたヴォルテールは、ヘルシェルを訴えた。彼はフリードリヒに願い出た。王は、本件の審理をするために特別な委員会を作った。委員長はザミュエル・フォン・コクツェーイだった。プロシャの法典であるフリードリヒ法典を草した著名な法学者だ。

ヴォルテールと謀り、ザクセンの国債を購入し宝石を貸した息子のヘルシェルは収監された。父親が、家と宝石、それに自らのユダヤ人特権の証明書を担保として差し出したおかげで、息子は保釈された。ベルリンでは来るべき裁判が噂の種となった。フリードリヒは姉（妹）に宛てて、「悪党が悪党をだまそうとした事件」[75]だと書いているが、これはヴォルテールについての噂の典型だ。裁判が行われている一月、二月の間、王はヴォルテールとの接触をすべて絶った。

裁判でヴォルテールは、ダイヤモンドや毛皮を買うための金をヘルシェルに与えたと主張した。本来の意図を隠すために、国債を買うためにヘルシェル親子に支払いをしたことが書かれた元来の契約書は破棄したのだろう。そして、彼はヘルシェルの証言は証拠として受け入れられないと主張し、長々しいユダヤ人批判という伝統的手法に訴えた。ユダヤ人が偽証するのは周知のことであると、ヴォルテールは主張した。ユダヤ人の秘密の教義では、キリスト教の権威の下でなされた誓いは良心を拘束しない。というのも、贖罪の日に、ユダヤ人はすべての誓いの束縛から解かれるからだ。

ヴォルテールもヘルシェルも裁判の結果、無傷というわけにはいかなかった。息子のヘルシェルは当初、ヴォルテールとの契約書に署名したことを否定していたが、契約が証拠として提示されると、証言を変えた。評決が出る前に、父は悲嘆に暮れたまま亡くなった。両人とも無罪判決とはならなかった。ヘルシェルは、為替手形（これは今になってパリから戻ってきたものであった）を戻すように命じられ、もっと早くそうしなかったことに対して少額の罰金を払わされた。ヴォルテールは、「借りた」宝石のほとんどを返すように命じられた。

結果について非常に満足しているように見せかけるために、ヴォルテールはフリードリヒに対してすぐに書簡をしたため、自分の「勝利」を報告している。しかし、フリードリヒはだまされなかった。ヴォルテールがベルリンにとどまるのは歓迎するが、これからは「フィロゾーフらしく生活しなければならない」と伝えた。

ベルリン市民の判断は、ゴットホルト・レッシングがこの出来事について一七五三年に書いた詩に表現されている。レッシングは裁判の間はヴォルテールの通訳だったし、重要な文書のほとんどを見ていた。レッシングはヘルシェルを悪漢だとしているが、ヴォルテールのほうがさらに悪漢だとしている。ヴォルテールはパリにいる友人に宛てて、「旧約聖書との取引」にようやくけりをつけたよ、と記している[76]。

ヴォルテールとヘルシェルの対立についてのレッシングとヴォルテール自身の反応は、ヴォルテールと資本主義的活動との関係、また、キリスト教的伝統に内在する交易や富の追求に対する不信との関係を端的に表現するものであり、これは繰り返し現れることになる。

キリスト教の伝統が商業活動から連想する否定的な属性、つまり不正直で貪欲な人間としてしかヴォルテールを見ない人から、彼は幾度となく非難された。イギリスでは、商売のやり方がうさんくさいとして非難され、取引のある銀行家は「ヴォルテールは非常に貪欲で不正直だ」と決めつけている。フリードリヒとレッシングは彼の資金繰りを悪漢のやり口と同じだとしている。愛人のドゥニス夫人はヴォルテールに宛てて「あなたには貪欲が染みついている」と書いている。「あなたの心は最低だが、できる限り悪徳を隠すようにいたしましょう」[77]と。

自分自身が幾度となく非難されてきたのと同じ悪徳の化身としてユダヤ人を糾弾するというのが、ヴォルテールの反応だった。これは自己投影の典型的な例だ。ヴォルテールは頻繁に、書簡や公刊物でこのような反応を示している。

その反ユダヤ的な感情をメンデス・ダ・コスタやヘルシェルのようなユダヤ人と取引したことの結果として見たいという誘惑に駆られるかもしれないが、このような反ユダヤ主義は実際のところ、これらの人々と出会う前から現れている。ヴォルテールが「金貸し資本」に参加して間もない一七二二年のことだが、彼はフランス王の首席大臣だったデュボワ枢機卿に「ユダヤ人は蓄財できるところが祖国なのであり、それ以外にはありません」と書いている。これは、ユダヤ人をさまよえる人、よそ者として見るキリスト教の伝統的な見解を繰り返したものだ[78]。

ヴォルテールは「旧約聖書」とヘルシェルを呼んでいるが、これは彼が著作中でユダヤ人とユダヤ教の特徴を描くときの典型的なやり方だ[79]。歴史をテーマにした著作や著作のあちこちに散見される歴史への言及で、当代のユダヤ人だけが、貪欲な高利貸しとして描かれているのではない。そのようなユダヤ人の特性は、聖書に登場するヘブライ人から始まり、歴史を通して一貫しているとされている。

ヴォルテールによれば、アブラハムは貪欲に過ぎたため、金のために妻に売春をさせたということだった。ダビデがゴリアテを殺したのは人民を守るためではなく、経済的利得のためだった。ヘロデが寺院の再建をまっとうしなかったのは、ユダヤ人は神殿を愛していたものの、金銭のほうをもっと愛していたからだった[80]。このようにユダヤ人の悪徳と高利貸しは、現在も進行中の民族的な特質として現れている。

『哲学辞典』は、ユダヤ人が本質的に持っている高利貸し的性質についての記述で満ちている。聖書に登場するヘブライ人については「古代人の天国」と題された論説の中で、「ユダヤ人の唯一の科学は利権漁りと高利貸しだ」[81]としている。ユダヤ人がスペインから追放されたことについては、ヴォルテールは「慣習についてのエッセイ」の中で次のように記している。「一五世紀の終わり頃、スペインがなぜ困窮したのかを調べる中で、ユダヤ人が商業と高利貸しによってすべての金を吸い取ってしまったことがわかった」[82]。ユダヤ人は貪欲な高利貸しとして描かれている。それだけでなく、ヴォルテールはしばしば彼らを、経済取引をするときに不正直だとも描写している。

このような結論を得るために、ヴォルテールは手に入る限りの典拠を使った。それが反ユダヤ的なものであれば、それを額面どおりに受け取った。そうでなければ、それに反ユダヤ的なひねりを加えた[83]。貪欲な高利貸し、そして経済活動の寄生虫としてのユダヤ人像は、ヴォルテールに従った啓蒙期の思想家の間に繰り返し現れる主題となった[84]。

もちろん、ヴォルテールのユダヤ人やユダヤ教に対する反感には、他の理由もあった。彼がユダヤ教を嫌ったのは、キリスト教の先駆けだったからだ。検閲をかいくぐるために、時々彼は直接ユダヤ教を批判することで、間接的にはキリスト教を批判している。ヴォルテールのキリスト教に対する反感には激しいものがあったが、彼がこれだけは維持したいと考えた数少ないキリスト教の伝統として、商業に着せる汚名とユダヤ人に着せる汚名を一つに結びつけることがあった。これはおそらく、商業に対する昔からの批判が、もっともなこととはいえ、自分自身に向けられるのは避けたい、という心理的要求の表れだった。いずれにしても、経済活動の最も忌まわしい部分はユダヤ人のせいにするという古いパターンを繰り返したものでしかない。

古今のユダヤ人が信仰と彼ら固有のアイデンティティに固執することでも、ヴォルテールはユダヤ人を批判している。もし、理性というものが普遍的で、それを使うことが文明の発達と結びついているのであれば、ユダヤ人が特定の集団として存続を続けることは理性と文明に対する侮辱なのだ。自らをこのような形で認識しているユダヤ人は、コスモポリタン的世界の理想像からは遠ざかることになる[85]。ヴォルテールは、ユダヤ人が自らの独自性を維持していること、そして経済的利益を追求している点で非難している。

しかし、ヴォルテールはこれら二つの罪を結びつけることはしなかった。そして、すでに見たように、経済的利益の追求に対する批判は、ヴォルテールが資本主義を理詰めに弁護していることや、彼自身の経済活動のことを考えると矛盾していた。カール・マルクスは、独自性については、ヴォルテールと同じくコスモポリタン的な嫌悪感を示したが、それをキリスト教においては伝統的な商業に対する不信感と結びつけようとしたのである。

これによって、反ユダヤ主義と反資本主義は、さらに説得力のある形で統合されることになる。

さて、ヴォルテールの性格と後年の知識人に対するその影響はどのようなものだったのか。次のようなアダム・スミスによる最終的な判断に反対することは難しい。彼はヴォルテールを「素晴らしい才能と徳の持ち主」の一人だとしている。こうした優れた人々は、「普通の生活や会話の礼儀すべてを、不適切きわまりなく、傲慢とも呼ぶべき態度で軽蔑することで際立っている。そうすることによって、まねをしたがる人々に対して最悪の手本を見せているのだ。こういった追従者は多くの場合、彼らの愚行をまねするだけで満足してしまい、完成の域に達しようとは試みさえしないのだ」[86]。

第3章 アダム・スミス

Adam Smith: Moral Philosophy and Political Economy

道徳哲学と経済学

「このスミスという男は素晴らしい奴だ」とヴォルテールは、哲学者でもあるこのスコットランド人に会った後に記している。「わが国にはスミスに比肩するものはいない。その点は親愛なる同胞に対して忸怩たるものがある」[1]。

アダム・スミスが一七七六年に公刊した『国富の本質と原因についての研究』(国富論)は資本主義とその帰結について書かれた最も重要な書物である。『国富論』のかなりの部分は商業についてだが、これは実業家や商人のために書かれたものではなく、自利心に突き動かされた市場過程の分析に力点を置いた書物である。著者は、論理学、修辞学、法学、道徳哲学の元教授で、啓蒙時代において最も評価が高かった学者の一人である。

その目的は、政治家に影響を与え、公益を追求するよう誘うことにあった。道徳哲学者として、スミスは道徳的卓越性の本質に関心を持っていたが、他の多くの啓蒙時代の知識人と同様に、人間性を「あるがまま」に描くことから始めようとした。スミスは、人間を実際あるがままに捉えたが、これをまずまずの慎みを持った姿に変え、さらにもっと良くなるようにしていけるような制度を発見することによって、あるべき姿にしようとした。

個人には自己愛やエゴイズム、自利心、自尊心、それに是認などに傾く傾向があり、こうした性向を社会制度が正しく方向づけるならば、社会にとって有意義なものにできるという。スミスは一世紀以上にも及ぶこのよう

Adam Smith
（1723-90）

な考察に依拠している[2]。

アダム・スミス以前の自由貿易の主要な唱導者だった、イギリス国教会の聖職者、ジョサイア・タッカーは、このアプローチについて次のようにまとめている。「主な目的は、自己愛を消し去ったり弱めたりすることではなく、それを追求することによって公益を促進するように方向づけることにある」[3]。

『国富論』の最も重要な主張は、市場経済が大衆の大部分の生活水準を上げるのには最も適している、つまり、市場経済によって、スミスの言う「普遍的な富裕」に導くことができるという議論である。同書は世俗の幸福は善であるという想定に基づいて書かれており、物質的な幸福とは、必ずしもごく限られた上層の人々にしか手の届かない「贅沢品」だけとする必要はないことを示そうとした。それどころか、スミスは消費者の購買力を「国富」の尺度としている。『国富論』では、適切な制度的条件の下では、「商業社会」の普及によって、いっそうの個人的な自由がもたらされ、国家間にはさらなる平和が訪れると述べている。

市場を通じての国富の増進という目標だが、これはスミスのさらに大きな道徳的理想像で占める位置によって、道徳哲学者の注目に値するものとなっている。スミスが商業社会を評価するのは、それが富を産み出すからというだけではなく、商業社会によって育まれる特性にもよっている。彼が市場を評価するのは、それが行動の共同モデルの発展を促し、人をよりいっそう温和にすることにもよる。自己制御ができれば、他者の必要のために自己の反社会的な情熱を抑えることも可能になる。それ自体のやり方で、『国富論』は『道徳感情論』(一七五九年)と同じように、人をただ、より裕福にするというだけでなく、より良き存在にしようとするものだった。

スミスの生涯と境遇

スミスの境遇、そして経歴に注意を払えば、「政治家あるいは立法者の科学」に貢献したいと『国富論』の中で表明している彼の意図がよくわかるようになる[4]。政治哲学者は立法者の師であるという考えは、学識者の考えの中でも最も古いものの一つで、プラトンやアリストテレスにまでさかのぼる[5]。ルネッサンスのイタリア人文主義者やその北部ヨーロッパでの継承者[6]による再生を経て、こうした考えは権力者に影響を及ぼそうとする多くの啓蒙思想家に共通の自分自身についてのイメージだった。スコットランドの一流知識人ほど、このような概念にふさわしい人々はいなかった。彼らはスコットランドやイングランドの支配層エリートに近かったし、出現しつつある官僚制の中でしばしば仕事をしたからだ。

スミスは、一八世紀中葉のイギリスで多くの知的革新を産み出したスコットランドで生涯のほとんどを過ごした。スミスは、財産、庇護、教育、政府のサービスが密接にかかわっていた環境で育ち、これらは以後のスミスの社会的な進路を方向づけていった[7]。

独立した政治的実体としてのスコットランドに終わりを告げた合邦後一六年経った一七二三年にスミスは生まれ、スコットランドの東海岸の小さな港町、カーコーディーで少年時代を過ごした。一七〇七年の合邦の結果、スコットランドは主権と独立を手放した。その代わりに、土地所有者階級はロンドンの国会両院に議席を獲得し、商人や製造業者は関税同盟によってイギリス市場との取引が可能になった。商人や暮らしぶりが良くなりつつある地主たちにはよくわかっていたように、スコットランドの経済発展のきざしは、かなりの部分がイングランドとの自由な取引によるものであった。

スコットランドは全体としては農村社会であって、商業や工業の発展は比較的低いレベルにとどまっていた。カーコーディーの主要な産業である石炭採掘業と塩業は、合法的にある一定期間、仕事場所に拘束された労働者によって行われていた。もう一つの産業が釘製造業であり、一部の釘メーカーが労働者に対する支払いを釘で行っていたのは、商業的な発展がまだ原始的なレベルにとどまっていたことを示している。こうした釘をその地域の店主は通貨の代わりに受領していたのだ。

一四歳になると、スミスはグラスゴー大学に入学した。成績優秀のため、オックスフォード大学への奨学金を得ることができ、そこで六年間を過ごした。一七四八年には、エディンバラでの一連の講義によってその名前は知的世界で知れ渡るようになっていた。学生や町の著名人からなる聴衆に向かって、スミスは修辞学、純文学、法学などの講義をした。

この成功によってスミスはグラスゴー大学の教授職を得た。一七五一年、二八歳のときに、同大学の論理学と修辞学の教授に任ぜられ、後に道徳哲学をも担当するようになった。スミスの倫理学の講義が『道徳感情論』の基礎となっている。同書の完成前にスミスは「法学」の講義をすでに開始しており、この中には法の原理だけではなく、統治や経済学の原理も含まれていた。経済学や防衛について扱った講義の一部分は修正されて『国富論』の中に取り入れられることになる。

スミスは政府や法についての題材を満足がいくように仕上げることができず、そうした主題を扱った本の草稿は、遺言執行人の手によって焼却された。幸いなことに、こうした講義や、修辞学と文学の歴史に関する講義については学生のノートが公刊されており、啓蒙時代の最も影響力があった知識人の人物像を完全にするのに貢献してくれている。

一七五九年に刊行された『道徳感情論』は、スコットランドやイギリス、そしてヨーロッパ大陸でも絶賛された。同書は大物議員のチャールズ・タウンゼントの関心を引くところとなった。彼は一七五五年に、スコットランド最大の所領であるドールキース伯爵領を統治していた未亡人のドールキース夫人と結婚していた[8]。

一七六三年、タウンゼントは、グラスゴーを離れて、義理の息子であるヘンリー・スコット、つまりバックルー公の家庭教師にならないかとスミスを誘った。スミスにはかなりの金額と莫大な生涯年金が提供された。二年間、スミスは若き公爵のヨーロッパ大陸巡遊旅行に付き添い、その折にジュネーブにヴォルテールを訪ね、パリでは多くの指導的なフランスの思想家と話し合うことができた。

また、スミスは経済学の書物を執筆するために、ヨーロッパの関税や税金についての資料を集めた。一七六六年の暮れにイングランドに戻ると、スミスは『国富論』の執筆に着手し、同書は一〇年後に刊行された。

『国富論』を公刊する前から、ロンドンの指導的な政治家たちがスミスの助言を求めていた。タウンゼントやバックルーが高く評価したことで、スミスとイギリスの政界トップとの関係が強められたのだ。一七七六年に『国富論』を刊行すると、スミスの名声はさらに高まった。スミスはスコットランドの関税委員に任命されるが、これは首相や大蔵省の大物がその著作に感銘を受けたことにもよっていた[9]。

スミスは生涯の最後の一〇年間をエディンバラで過ごし、残った時間のほとんどを関税委員としての仕事に費やした。新たな知的プロジェクトに取り組んだが、どれもこれも満足のいく形では完成に至らなかった。こうした日々は貿易と関税による歳入について考えることで過ぎていったが、他方ではスミスの心は再び『道徳感情論』の中心的な問題である倫理の問題や社会による人格の形成に向けられていたようだ。一七九〇年に公刊された『道徳感情論』の第六版はスミスの手によってかなりの改訂が施されている。

スミスの行動は、『道徳感情論』で読者に呼び起こそうとしていた慈愛心によって律せられていたようだ。バックルー公からの年金、関税委員としての給与、そして著書からの印税などで、かなりの収入があったはずだが、生活は質素だった。一七九〇年に没したとき、スミスの資産はささやかなものだったが、これは所得の大部分を慈善にあてていたからだ。スミスは慈善については、それが表に出ないように心がけた[10]。

スコットランドで生まれ、生涯の大部分をそこで過ごしたとはいえ、スミス自身は国際派の思想家だった。彼は自らをスコットランドの思想家としては考えていなかった。スコットランドの経験が主要な考察対象だったわけではないし、また、スコットランド人のために書いたわけでもなかった。スミスはイギリスの読者のために書いたのであり、また、より広くヨーロッパのあるいは、旧大陸を超えた読者に向けて書いたのだった。

スミスは、友人のデヴィッド・ヒュームや他の多くのスコットランド啓蒙思想の偉大な人物らと同じく、イングランドの思想家たちよりもずっと国際派だった。このような地域発信の国際主義によって、スコットランドの知識人たちは自らの制度だけに限定して考えるという制約からは解放されていた。このようにして、社会的・政治的制度の多様性に特に敏感になり、そして制度の起源や効果についての比較研究・歴史研究へと引きつけられていったのだ。

スコットランド内部では、その社会的・経済的発展の度合いは地域によって全くさまざまだった[11]。一八世紀の初めの数十年間は、ゲール語を話す高地地方は中央政府の権力の及ぶところではなく、依然として氏族に依拠していた。中央集権的な政府の制御がなかったので、防衛は氏族の構成員が担った。各氏族の世襲族長は、政治・軍事における最高権力者であり、臣民の生殺与奪の権限を握っていた。

一七四五年には高地の氏族たちはイギリス王室に反旗を翻したジャコバイトに加担し、経済的にはもっと進んでいた英語圏の低地地方を脅かした。反乱が鎮圧された後、高地地方は政府の軍隊が常駐することで鎮定された。氏族は族長の追放によって崩壊した。

氏族体制の崩壊にとってさらに重要だったのは、その地域が徐々に低地地方の市場経済に統合されていったことだ。中央政府の権力の役割や文明の進歩の中での商業の普及については、スミスの著作の中で非常に重要なものとして現れることになる。

市場経済の進んだ低地地方では、市場や法的に自由な労働に基づく社会的関係が、直接的ですべてを包括してしまうような支配形態と併存していた。地主が小作人を政治的・法的に支配する封建的関係は、地方では一七四〇年代になってようやく廃止された。

一八世紀後半になっても、地方の小作人は封建時代と同じように地主に従わなければならなかった。地主はしばしば治安判事の役割をした。地主は賃金率を制御する権限を持たされており、このような力を、賃金を下げるのに使った。スコットランドの南の、国際化や商業の進んだ港とは異なり、奥地では、古くてより直接的な政治的・文化的支配形態が依然として主流を占めていた。ヨーロッパの内でも政治的・経済的な進化を遂げた地域における新しい形態の人間関係をスミスが判断したのは、これらの地域との比較においてであった。

▼消費者革命

スミスの時代、大ブリテン島の多くの人々は、今日の基準では貧しいとされる生活水準にあった。本当にたくさんの人々が、新世界へ脱出するためなら、途上で死ぬかもしれないという危険や長年にわたる奉公を厭わなかった。とはいえ、イギリス国民は、おそらく地球上の他のどの主要国の国民よりも経済的には恵まれた状態にあった。

貧困と富を相対的に知るために、『国富論』の中で語られている勤労貧民の最下層にある普通の日雇い労働者が必要とする衣服を基準にとってみよう。スミスの述べているところでは、イングランドでは男女を問わず、最貧民の日雇い労働者は革靴を履かずに公共の場所に出ることを恥じるという。国富という点ではより低い段階にあるスコットランドでは、この階級の男が靴を履かずに現れることは適切さを欠いているが、女の場合はそうではないという。さらに低い段階にあるフランスでは、男女とも公共の場に靴を履かずに現れてもよいということだ[12]。ヨーロッパではフランス以下の段階の国はたくさんあるし、ヨーロッパ以外ではさらにそれ以下の国がたくさんある。

経済成長という観点からは一八世紀のイギリスは真の意味で成功を収めたが、『国富論』はこれについての思索から生まれた著作である。富裕層だけでなく勤労貧民の生活水準が徐々にではあるが確実に上昇していったことは、見誤ることのない真実だった。スミスの同国人は保護主義的な制限が富の増大の原因だとしたが、スミスの考えでは、むしろこれは阻害要因とされる。そして、一部実現されている市場の自由化を進めることで、さらに富の増大を促進することができると考えた。

商品の価格がギルドによって設定され、賃金率が治安判事によって設定される国内取引の経済的規制といった古い体制は、一八世紀半ばまでには次々と廃止されるようになっていった。ところが、外国貿易の規制は、実は増えていったのだ[13]。『国富論』の大部分は、国内ではすでに主流となっている自由市場を国際的な商業の領域にまで拡張しようという主張に費やされている。

一般的に言って、為政者は他のヨーロッパ列強諸国との貿易を、宣戦布告を伴わない戦争だと考えていた。その目的はイギリスの便益を最大化すると同時にライバル国の便益を最小化することにあった。この戦争における主要な武器は、輸入財に対する関税だった。元来この種の関税は国庫の歳入を増やすためのものだったが、スミスの時代には、関税はますます輸入財の価格を上げることによってイギリス産品を保護するための手段だと考えられるようになっていた。外国からの競争に対してイギリス産業を保護しようとして、議会はある種の外国産品の輸入を完全に禁止するまでに至った。こうした商品の中には、キャラコ、絹、皮製の手袋、長靴下、ビロード、そしてある種の紙までも含まれていた[14]。

新大陸との貿易はイギリス経済のさらに重要な側面となっていたが、これに対する制限はさらに手の込んだ形をとっていた。スミスの時代には、議会の活動の多くが、経済的利権を支持したり、強化したり、あるいは削減することにあてられるようになっていた。商業上の利害関係者によるロビイスト活動は大変組織的なもので、資金を調達したり、委員会を設置したり、下院に代表者を送り込んだり、あるいは議会の現役のメンバーに影響を与えようとした。現に、ある関税を変更しようとすると、それには必ず議会の組織的な反対の壁が立ちはだかるのである。

こうした阻害要因や禁止にもかかわらず、スミスの時代にあって最も重要な経済上の事実というのは、エリートだけではなく勤労大衆も含めて、イギリスが裕福になりつつあるということだった。おそらくは歴史上初めて、最低限の衣食住がほとんど一般化したといえる[15]。当時の評者は、普通の労働者が自らと家族を比較的やすやすと扶養できるという事実に驚いている[16]。

一八世紀のほとんどにわたって賃金率は徐々に上昇していき、スミスが『国富論』を書いていた一七六〇年代から七〇年代にかけて最も急速に上昇していった[17]。製造技術の革新により、女性はおろか子どもでさえ、報酬を支払って雇えるようになった。それ以前は、女性や子どもの働ける場といえば、通常は農場や家庭内に限られていた。結果として、世帯全体の賃金が上昇し、労働者階級のかなりの部分が、かつては高嶺の花だった財を購入できるようになった[18]。

賃金が上昇する一方で、農業や製造業部門の中でも衣料用繊維のような基礎的な必需品を扱う部門では生産費が下落したので、生活水準は上昇した。かつて「贅沢品」と見なされたものは「礼節を保つための品」となり、「礼節を保つための品」は「必需品」となった。そして「必需品」の定義自体が変わったのだ。一八世紀の初めには上流階級の贅沢な飲み物だった紅茶は、世紀半ばには道路建設現場で働く労働者の日常的な飲み物になっていた。一八世紀を通じて、紅茶の一人当たりの消費量は一五倍になった[19]。かつては富裕層のものであった商品が、社会の大多数の人にとって手の届く範囲に入ってきた。

こうしてイギリスの家庭に入ってきた商品としては、新しい毛布、リネン類、枕、じゅうたん、カーテン、白磁の器物、コップ、陶磁器、真鍮製品、銅、金物がある。大小を問わず一八世紀の企業家の財産は、大衆市場にふさわしいような財をもっと安く生産することで得られた。このような財としては、釘、ボタン、ベルトのバックル、ポット、ロウソク立て、ナイフ、フォーク、スプーン、陶器類、深鍋がある。

上述のようなイギリスの消費者革命は、まだ初期の段階にあった産業革命の刺激ともなったし、またその結果でもあった。かつては生涯に一度だけ購入されたような品物が今や何度も購入されるようになった。これは財の持ちが悪くなったためではなく、価格が安くなったためだ。衣服、ビール、ロウソク、ナイフ、フォーク、スプーンなど、あるいは家具のように、かつては手間ひまかけて家庭で生産されたものが、市場で購入されるようになった。

消費者革命の他の側面としては、マーケティングのやり方が変化したということが指摘できる。かつては、週ごとに立つ市場や、時折開かれる市、あるいは各地を歩き回る行商人から買うほかなかったような財が、日曜日を除くどの日にも買えるようになってきたし、その傾向はますます強まっていた。一八世紀にイギリスは、スミスが言うように「商店主の国家」になったのであり、顧客にとってこれは便利だった。新しい産品や新しいファッションの広告が新聞に現れ始め、すぐに紙面のほとんどが広告だらけになった。

この新しい購買力に火をつけ、方向づけたのは社会的競争だった。社会のワンランク上にいる人たちのまねをしたいという願望である。中流階級は、郷紳（ジェントリー）階層の生活様式、道徳、その使っている商品をまねしようとし、メイドは主人のまねを試みた。消費しようとする「願望」が新奇だったわけではない。前例がなかったのは、消費しようとする「能力」であり、これは国富の増大と生産費の下落によって可能になった[20]。

勤労階級の生活水準がはっきりと上昇したことがわかったエリート著作家は、当初しばしば驚きをもってこれを迎えた。「奢侈」は罪であり、シヴィック的な道徳という観点からは有害であるという伝統的な道徳的見地からなる批判に、新たに経済的な主張が加わった。賃金の上昇は勤労意欲を削ぐというのである。つまり、労働者は慣習上必要なものを満たせば、あとは収入の増加よりもむしろ、余暇を欲しがるというのだ[21]。それほど信頼に足るものではないが、一八世紀前半のイギリスにおいてはこのようなパターンが存在していたという証拠もある。

しかし、世紀の後半ともなれば、賃金労働者は長く働いてもっと多くの賃金を得ようとするようになる。これはおそらく、新しい商品が労働者にも購入できる価格で入手可能になったからだろう[22]。経済問題についての著作家は、イギリスの高賃金は製造品の価格を上昇させ、国際市場においてイギリス経済の競争力を喪失させるとの警告も発している[23]。

スミスはまさに正反対の見解をとった。貧困がもたらす効能ということについてスミスが初めて反論を加えたわけではなかったが、『国富論』はそうした反論を決定づけるものだった[24]。スミスによれば、イギリスでは一八世紀を通して持続的に実質賃金が上昇したのであり、これは食物価格の下落、基礎的な生活必需品の質的向上、また、その内実が多様になったことによるものとした。

スミスは高賃金や賃金の上昇を「労働に対する寛大な報酬」と呼び、これを歓迎すべきものと考えた。「それについて不平を鳴らす人は、社会がきわめて繁栄していることの必然的な結果と原因を嘆いているのである」[25]とスミスは述べている。スミスはヴォルテールと同様、貧しいよりも裕福なほうがよいと考えていたが、むしろ万人がそれ相応の生活ができることに力点を置いた。

スミスの立法者の科学は、シヴィック的な共和主義の伝統に基づいたものであり、そこでは有徳の人は共通善にかかわるべきだとされた。しかしながら、スミスの見解はシヴィック的な伝統についての不満から展開されたものでもあった。政治参加の徳を考えるうえで、シヴィック的伝統では、財産を持ち、政治に参加する資質のあるエリートに議論が限定されている。他方、「共同体のすべての成員」に対する政治体制の影響は無視している。

スミスは、政治過程が国家全体の厚生に確実に寄与できるようにすることに関心を抱いていた。ここでいう幸福とは、政界のエリートを越えたもので、主として家族、生産と消費といった私的領域での生活の質を向上させることに力点が置かれていた。このような力点の置き方は「普通の生活」の重要性が高く評価され始めてきたことを反映しているし、またキリスト教的な施しという徳が、実際的な慈善という啓蒙時代にふさわしい徳に変わっていったことも表している。

こうして、スミスは共通善に対するシヴィック共和主義的な関心を持ち続けつつも、彼の考えている善においては、普通の男女の日々の生活における道徳的・物質的幸福に重点が置かれているのだ[26]。

『国富論』の初めのほうで、スミスは「文明的で繁栄している国の、最も普通の工匠または日雇い労働者の」物質的な状況(当時の用語では「暮らし向き」と呼ばれた)に読者の注意を向けている。

確かに、上流階級の贅沢な生活に比べれば、庶民の生活は実に単純だと見える。ヨーロッパの王侯の生活と勤勉で質素な農民の生活との間には、確かに大きな差がある。しかしこの差も、ヨーロッパの農民の生活と、未開の国の国王の最も単純な生活との間にある差に比べて大きいとは限らない。未開の国の王は、何万人もの未開人の生命と自由を完全に支配しているのだが【1】。

スミスは、普通のヨーロッパ人の物質的厚生が高いという理由を、イギリスやオランダのような裕福な国では、平凡な労働者の必要を満たすのにも何千もの人手がかかわっているという事実に求めている。

たとえば労働者が着ている毛織物の上着は、粗末に見えるものであっても、無数の人が働いた結果である。羊飼い、羊毛の選別工、梳き工、染色工、あら梳き工、紡績工、織工、仕上げ工、仕立て工など、多数の職人がそれぞれの立場で働かなければ、上着のようなありふれたものすら生産できない。

それだけではない。これらの職種の人が国内の遠く離れた地域に住んでいることも少なくないのだから、原材料の輸送にどれだけの商人や運送人が働いているだろうか。そして、染色工が使う多数の薬剤は世界各地から運ばれてきているのだから、どれほどの商業と海運が関与し、さらには造船や船の運航、帆の生産、ロープの生産にどれだけの人が働いているだろうか。

これらすべてのそれぞれにどれだけの職種の人が働いているかを考えれば、何千人、何万人もの人が助力し協力しない限り、文明国ではごく下層の庶民の一般的な生活も、大変な誤解によるものだが、この程度に簡素なものだろうという基準によってすら、維持できないことがわかる[27]。

下層労働者が権力を有する族長よりも物質的には恵まれているということ、これが、『国富論』が解こうとした謎だった。

▼市場についての説明

市場についての体系的な説明の中で第一の原理となっているのが、自己の利益に従って財を交換しようとする人間固有の性向だ。第二の原理は分業である。スミスが立法者となるかもしれない人々に示そうとしたのは、制度を適切に構築すれば、これらの平凡でよく知られた原理によって、国家を彼の言う「普遍的な富裕」の状態に導くことができるということだった。

スミスの主張によれば、分業こそが人間の生産性を高め、普遍的な富裕を可能にする優れた機構だという[28]。スミスはその利点をピン工場の事例を用いて説明している。一〇からなるラインで各人が特定の機能に特化すれば、一日で四万八〇〇〇本のピンが生産可能だという。個人が全体を担うことになれば、せいぜい一日で二〇本が最高で、全体としても二〇〇本にしかならない。この事例では、分業によって生産性は二四〇倍になったことになる。

ピン工場の事例は、一八世紀にしばしば引かれる例であるが、スミスは、これを全体の生産工程が一つ屋根の下でなされる工場制度の利点を示すために用いているのではない。工場は単に分業が最も見やすい形で現れているだけであり、スミスはこれを分業が多くの場所に分散しているもっと大きなプロセスを示すために使ったのだ。

スミスによれば、分業によって引き起こされる生産性の著増には、いくつかの要因が作用しているとされる。まず、分業によって労働者は特定の作業に熟達するようになる。また、分業がなければ、ある作業から別の作業へ移るための時間のロスが発生するが、これが節約される。さらに、生産過程を個々の部分に分解することによって、「多数の機器が発明されて仕事が容易になり、時間を節減できるようになって、一人で何人分もの仕事ができるようになる」[29]。スミスは、当時の例として産業革命当時、最も重要な動力源であった火力機関を挙げている。今日では、これは蒸気機関として知られている。

分業は、スミスの説明では、各自の労働、言い換えればそれぞれの労働による生産物を「交換」するという人間の能力によって可能になる。交換が行われるようになればなるほど、さらに分業は進む。労働と労働による生産物の組織的な交換の場をスミスは「市場」と呼んだ。したがって、市場規模が大きければ大きいほど、生産による利得の可能性は大きくなる[30]。

市場を動かし、それを動かし続けるのは、交換によって自己の利益を満たそうとする性向である。このようにして、人間の性向と国富を結ぶリンクというスミスの基本モデルが完成する。すなわち、次のようなリンクだ。「自利心が市場での交換を導き、これによって分業が進む。分業によって、特化や専門化が進行し、労働者は器用になる。また、発明がなされる。このような結果、富が増大する」

スミスは、「物を交換し合う性質」は人間本性に生まれつき固有のものと考えている[31]。しかし、経済関係においてこうしたことが支配的になるのは、ゆっくりとした漸進的な過程だった。こうした過程は意図的なものではなく、また、いまだ不完全なものだ。市場での取引が経済生活の基礎となるにつれて、「全員が交換によって生活するようになり、ある意味で商人になる。社会全体も商業社会と呼べるような」段階に到達する[32]。

古典的共和主義やキリスト教思想の伝統において、商人が不名誉な存在であるとの烙印が押されるのが非常に頻繁であったことを思えば、スミスの主張した価値観の再評価の素晴らしさがよくわかる。スミスにとって進歩とは、社会がさらに商業的になることであり、そうした社会においては、たいていの人間が労働を売って生活することになる。古典的共和主義の伝統では、売買に携わる人は市民の資格に値しないとしている。キリスト教思想の伝統では、自己利益の追求は情念であり、したがって人間の身体的・動物的本性によるものだとされた。

スミスにとっては、人を動物から引き離し、人間固有の威厳を与えるのは、まさに自利心の追求なのだ。「三匹の犬がじっくりと考えたうえ、骨を公平に交換し合うのを見た人はいない」とスミスは言う。「また、動物が仕草や鳴き声を使って、これは自分のもので、それはお前のものだ、これとそれを交換しようと仲間に持ちかけるのを見た人もいない」【2】。

この交換能力によって、ただ人類のみが進歩することができると、スミスは考えた。交換能力が、「各人をそれぞれ一つの仕事に専念させるようになる。そして、どんなものであっても、その仕事の能力や才能を伸ばし、完成させるようになる」【3】。交換の機会がなければ、特化もなく、個人が持つ本来の才能を利用することもできなくなってしまう。交換の可能性こそが、個人間の「相違」を互いに「役に立つ」ものとするのだ[33]。

人間は本質的に他者に依存しており、「文明化された」「商業」社会においては、必要とするもののために非常に多くの「匿名氏」に依存している。もし単に多くの人の利他心に頼るのであれば、必要とするものを充足することは難しい。

> 私たちが食事ができるのは、肉屋や酒屋やパン屋の主人が博愛心を発揮するからではなく、自分の利益を追求するからである。人は相手の善意に訴えるのではなく、自己愛に訴えるのであり、自分が何を必要としているのかではなく、相手にとって何が利益になるのかを説明するのだ。主に他人の善意に頼ろうとするのは物乞いだけだ[34]。

この『国富論』の中ではおそらく最もよく引用される文章の中で、スミスは他者に対する慈愛心、あるいは利他心（博愛心）を不名誉なものとしているわけではない。また、友情というものに対して反対だったわけでもない。それどころかスミスにとって、友情は人間関係においてめったにないような親近感を意味する点で、きわめて高い価値を持っていた。言いたいのは、経済体制は慈愛心に「依拠する」ことができないということだ。慈愛心というのは限界のある感情で、面識のある人々を越えては及ばないからである[35]。広範な分業を伴うような経済体制、したがって何百万もの人々が必要を充足するために他者の生産に依存せざるをえないような体制では、道徳的には褒めるべきではあるが、必然的に限定的になってしまうような感情に依拠することはできない。

スミスの主張の第一の柱は、市場によってもたらされる総生産量の増加だった。第二の柱は、商品を安価に、そして入手可能なものにすることによって、富を普及させるようなやり方で、どのようにして市場が需要と供給とを調和させるかについての説明である。労働、価格、供給の制限がなければ、人間の自然の性向である自利心によって、商品はある一定の経済発展のレベルを前提にすれば、最も安価に売られていくことになることを示そうとしたのだ。

消費者がお金で物を最大限に買えるようになるのは好ましいことなので、こうしたやり方は万人にとって得策となる。商品生産にかかわる者は、労働を提供する労働者であれ、土地を貸与する地主であれ、資本を投下する「企業家」であれ、誰も消費者の幸せを主たる目的として動いているわけではない。彼らはそれぞれ、自らの状態を良くしようとする自己利益を追求しているのだ[36]。

しかしながら、市場を通じて自己利益を追求することで、結果として消費者を利する ことになる。

スミスは社会科学者なので、自己利益の追求が普遍的富裕に転化する機構の論理を説明することもできた。一たび論理が理解されれば、これが政治家によって実行に移されることも可能だ。彼らは今や、自利心によって煽られたものとはいえ、市場機構の有益な社会的効果について予想できる立場にいるのだ。

経済全体の労働の平均価格、利潤の平均レベル、平均的な地代は、経済発展の一般的な水準によって変わる、とスミスは推論している。発展のどの段階においても、商品価格は、労働の平均的費用、資本（投資のために取っておかれた資金）によって得られる平均な利潤、そして土地の利用に際して地主に対して支払われる平均的な費用を反映したものでなければならない。スミスはこれを「自然価格」と呼んでいる。これは、赤字を出すことなく生産できる最低価格であり、したがって長期にわたって可能な最低価格となる[37]。換言すれば、自然価格は消費者にとって最も有利な価格なのだ。そして、商業社会では、他の役割を負っているとしても、すべての男女は消費者なのだ。

実際に商品が売られる価格をスミスは「市場価格」と呼んでいる。市場価格は、生産者が「提供する」量と、支払能力のある人が「求める」量との関係によって定まる。つまり、当該の商品の有効需要と供給によって決まるというわけだ。市場価格は常に自然価格を上回ったり下回ったりする。

しかし、市場価格が自然価格を「下回る」場合には、生産者は自利心に突き動かされて、もっと大きな利潤や高い賃金が得られる他の商品を生産すべく、資本・労働を移動させる。これは元の商品の供給が減ることにつながり、有効需要が変わらなければ、市場価格は上昇する。もし、ある商品の市場価格が自然価格を「上回る」ことになれば、その商品の生産部門では平均以上の利潤もしくは賃金が生じていることになるので、資本や労働力を持つ者は、その商品を生産すべく引き寄せられる。早晩、商品の供給は増加し、有効需要が変わらなければ、市場価格は下落し、消費者にとってその商品は入手しやすくなる。したがって、市場価格は生産者に需要と供給の関係を知らせるシグナルとなる[38]。

スミスの分析から得られる教えは、もし市場がこのモデルのような形で動くのであれば、どんな商品であっても、市場価格は自然価格に連続的に収束していくということである。土地、労働、資本が利用できることを前提とすれば、実際の価格は商品が生産される最も安い価格に落ち着く傾向がある。この意味で、市場はすべての消費者にとって最大の便益をもたらすことになる[39]。これに加えて、最大利潤が期待できるところへ資本を動かすことで市場は、実際の供給よりも需要が上回っているところへ資源を移すのだ。したがって、自利心を国富へと向かわせ、大部分の市民の安寧を促進するには、市場は最も効率的な制度的機構だといえる。

どのような社会でも、大多数は地主や商人ではなく、賃金から所得を得ている「召使い、労働者、さまざまな種類の職人」から成り立っていることは、スミスにはよくわかっていた。こうした人々の厚生が、経済政策の主たる関心事なのだ。「大部分の人が貧しく、みじめであれば、社会が繁栄していたり幸せであったりするはずはない」「それに、社会全体に食糧や衣服や住居を供給する役割を果たしている人が、自分の労働の生産物の中から十分な分け前を受け取って、食糧、衣服、住居をまず確保できるのは当然のことでもある」とスミスは書いている[40]。

スミスの見解では、立法者の主たる経済的関心事は賃金から生じる購買力でなければならなかった。というのも、それこそが人口の大部分の物資的な幸福度の尺度だからである。

市場に導き込まれれば、自利心は分業を生じさせ、また普遍的な富裕社会を可能にする。スミスはこのように意図と究極の帰結との食い違いを強調するのだが、これはキリスト教的伝統や市民的な共和主義の伝統に対する暗黙の批判となっており、道徳主義者を相変わらず不安にした。どちらの伝統も、善と慈愛心に基づく意図を強調していたからだ。スミスは意図と帰結を切り離すことで、説教やプロパガンダによって個人の経済行動を高めていくことの必要性や可能性を問題視したのだ。

スミスはキリスト教的な施しの精神を世俗的な慈愛心の徳に転換したとはいえ、他のレベルでは共通善に対する古典的な共和主義的関心は維持していた。公益を促進するのに専念するように動機づけられるような人は、

「卓越した理性と理解力を必要としている」「それによって、あらゆる活動の遠い将来の帰結を見極め、結果として生じがちな、利益と損失を予見することができる」[41]という。

そうした理解力を育てることが、『国富論』の著者のような知識人の責任だった。同書が読者として想定する立法者とは、公益を促進するよう動機づけられる政治家のことなのだ。スミスが提供しようとした「立法者の科学」は、法や政治の帰結——それが良いものであれ悪いものであれ——を予見する政治家の能力を高めようとするものだった。

人間行動の、意図せざる、そして予見できない帰結は、『国富論』では何度も変奏されて繰り返される主題であり、『道徳感情論』ではさらに変わった形で現れている。スミスは、意図的な行為の帰結が予見したものとは異なっているさまざまな場合を考察している。その帰結は肯定的なものであったり、否定的なものであったりする。また、社会の見地からは肯定的ではあるが、行為者の立場からはそうではなかったりもする。

スミスは、行為者にとっても社会全般にとっても有利な帰結をもたらす行為について説明しているが、これがおそらくはスミスの名を一番高らしめているものだろう。この主題が最も顕著な形で表れているのが、スミスの製造業者に対する批判だ。スミスは、イギリスでも生産できる輸入品に対する関税をよしとする製造業者を批判している。製造業者側は、雇用と経済成長をもたらすので、そのような保護主義的な措置は国全体を利するという。

スミスの分析はこうだ。このような措置は、なるほど特定産業の成長を促すが、それは他の産業に投資していればもっと生産性が上がったかもしれない投資を犠牲にしている。投資を直接しようとする政府の試みは反生産的であるばかりでなく、不必要なのかもしれない、というのである。というのも、全体としていえば、個人は投資に対して目を光らすことのできる手近なものに投資する傾向があるからだ。以下が結論である。

> 人はみな、自分が使える資本で最も有利な使い道を見つけ出そうと、いつも努力している。その際に考えているのは、自分にとって何が有利なのかであって、社会にとって何が有利かではない。しかし、自分に

とって何が有利かを検討すれば自然に、というより必然的に、社会にとって最も有利な使い道を選ぶようになる。

もっとも、各人が社会全体の利益のために努力しようと考えているわけではないし、自分の努力がどれほど社会のためになっているかを知っているわけでもない。外国の産業よりも自国の産業を支えようとするのは、自分が安全に利益をあげられるようにするためにすぎない。生産物の価値が最も高くなるように産業を振り向けるのは、自分の利益を増やすことを意図しているからにすぎない。

しかしそれによって、その他の多くの場合と同じように、見えざる手に導かれて、自分が全く意図していなかった目的を達成する動きを進めることになる。そして、この目的を各人が全く意図していないのは、社会にとって悪いことだとは限らない。自分の利益を追求するほうが、意識して社会の利益を高めようと努力する場合よりも効率的に、社会の利益を高められることが多いからだ[42]。

上記の一節で現れる「見えざる手」(ちなみに、『国富論』の中でこのフレーズが使われているのはここだけだ)の隠喩は、市場という制度がもたらした、社会にとって有益な意図せぬ成果を表している。利潤動機と価格機構によって、個人の自利心が公共的な利益へと導かれるのだ。スミスが意図的な公共的利益の促進の可能性について否定していないことに注意しなければならない。「意図せざる否定的な結果の法則」については、スミスは信じていない。

また、自利心の追求が常に、また不可避的に社会的に肯定的な帰結を導くと信じているわけでもない。主張しているのは、適切な制度的条件の下では、個人の自利心がもとになった行動は、社会にとっても肯定的な帰結をもたらすかもしれないということで、これによって、社会科学者は立法者に説明し、後者の予見を助けることができる。

その機能が社会科学によって明らかにされさえすれば、「見えざる手」について何ら神秘的なところはない。とはいえ、行為者の明らかな意図とその行為の究極的な結果との食い違いのせいで、市場過程の社会的な結果が有益なものであるとの考えは直感に反しているし、また常識にも反していると言わなければならない。顧客は経験上、商人が買ったときよりも高い値段で商品を売ることを知っている。それだけではない。商人はできるだけ安く買おうとして、後でそれをできるだけ高く売ろうとする。

　このような商人に多く囲まれている顧客にとって、なぜ市場が利点を持っているかを説明することは困難だ。立法者は経験上、商人、製造業者、労働者が少なくとも経済的な関係においては、利己的に振る舞うのが常であることを知っている。このような利己的な振る舞いからなる究極的な結果が共通善を促進する、というスミスの主張は、最初は理解しにくい。しかしながら、このすぐ後の段落でスミスは、資源配分を達成するうえでなぜ市場が優れているかについての、最も重要な正当化を与えている。

　国内産業のうちどの部分に資本を使うべきか、どの部門であれば生産物の価値が最も高くなるのかは、明らかに、政治家や立法者に判断してもらうまでもなく、各人がそれぞれの状況に応じてはるかに的確に判断できる。資本をどのように使うべきかを民間人に指示しようとするような政治家は、全く無駄な注意を背負い込むことになる。そればかりか、権限を振るうようにもなる。一人の人に任せることなどできないし、どのような協議会や議会にも安心して任せることができない権限、自分こそがそれを行使する適任者だと思い込むほど、愚かで身のほどを知らない人物が握れば、危険きわまりない権限を引き受ける結果になる[43]。

もしこのとおりだとすれば、立法者は精緻な経済において起こる需要と供給の無数の相互作用について適切な知識を持つ立場にはない。そんな立場にある者などいない。しかしながら、個人はある特定市場でのある商品について、その需要・供給に関する知識を得る（経済的利得からなる）動機も持っているし、またその能力も持っている。したがって一般的には、通常の経済財にかかわる立法者は、その価格や生産についての直接的な支配を避けるべきなのだ。以下で見るように、市場を維持し、完成し、守ること、そして市場の否定的な効果について補償をすることについては、政府の見える手を必要とするとはいえ、価格と生産のコントロールのうち、たいていのことは、市場の「見えざる手」に委ねることによって達成できる。

▼立法者と商人

市場は、スミスが「自由競争」あるいは「完全な自由」と呼んでいる条件下では、消費者にとって可能な限り最善の結果をもたらすことになる。市場が有効に機能するのには、各人ができるだけ制約なく、労働力を売ったり、資本を投下したり、あるいは土地を貸したりすることができなければならない。

しかしながら、『国富論』が示しているように、ヨーロッパ社会では多くの場合、政府はしばしば労働力、資本、土地、商品の自由な移動を阻んできた。このような自由競争を阻む壁は古い制度が原因となることもあるが、第一義的には、それは自利心による。スミスは、社会においては利害が自然に調和していくとは考えていなかった。各人が市場の仕組みに従って自利心を誘導していく場合に、公共の利益が最も遂げられると考えたのだ。

しかしながら、スミスの認識では、個々の生産者、あるいは業界の立場からは、付随するリスクを考えれば、商品を可能な限り高い価格で売るためには、競争市場を避け、あらゆる手段を使って競争を回避することが最も有利だとされる。政治的な影響力を有する者は、市場を回避するために自らの政治力を行使するだろう。

スミスは当時の経済生活から例をとり、それを自由競争下でどのような形で経済が機能するかを示すためのモデルとして一般化した。スミスの考えでは、公益を増すようなやり方で自分自身の経済的利益を追求するほかないように、個々の生産者を仕向ければよいとされた[44]。というのも、生産者、商人、労働者が「不断の警戒と注意を行使する」ように仕向けるのも、市場競争の影響力があればこそだからだ[45]。生産者たちが市場を回避することなく、市場競争から身を守ろうとするための組織的な経済的利害の努力にもかかわらず、市場が全速力で機能することに公共の利害に献身する立法者の絶えることのない努力は、向けられなければならない[46]。

たとえば、労働者も雇用者も労働市場を避けようとする。労働者は自由競争が許す以上のレベルに賃金を上げるために、そして、雇用者はそれ以下に賃金を下げようとしてのことだ。両集団とも、自利心を追求するためにそれぞれ団結しようとするが、与えられた条件下では競争は平等なものではありえない。法律は労働者が賃金を上げるために結託することを禁じているが、雇用者が賃金を下げるために結託することは禁じてはいない。そして、雇用者は労働者よりも政治力を持っている。

スミスは「雇い主と労働者の関係を規制するのを狙った法律が作られるとき、相談を受けるのは常に雇い主側である」【4】と説く。政治力の相違は、一つには「親方」のほとんどが選挙権を持っているのに対し、「労働者」で選挙権を持っているのはほとんどいないという点にある[47]。雇用側には別の強みもある。ストライキに打って出た場合、雇用者は、生活維持のために賃金に依存しなければならない労働者よりも長く持ちこたえることができる。また、雇用者は数が少ないので、見抜かれることなく共謀するのも容易だ[48]。

市場での競争を避けるために最も有効な手段は、商品や労働を売る自由に対して法的な制限をかけることである。合法的な独占によって、個人や貿易会社に対して、ある生産物を売るための排他的な権利を付与することができる。これによって独占業者は供給を需要以下に抑えることができ、したがって市場価格を自然価格以上にしておくことができる[49]。ギルドやそれに関連した同業組合は、特定の職業の労働供給を合法的な形で制限し、賃金を競争的な水準よりも高く保っておくことができる。また、産出量を制限することもでき、自然価格を上回る生産者の利潤が発生する[50]。

自由市場を回避することで、個人や集団が公益を犠牲にして自己の利益を増やせる場合には、彼らはいかなる場合においてもそうする。『国富論』ではこのような試みが巧みにまとめられている[51]。「同業者は楽しみや気晴らしのために集まることも稀だが、そのようなときは、最後にはまず確実に社会に対する陰謀、つまり価格を引き上げる策略の話になるものである」とスミスは書いている[52]。

都市の住人は、田舎の住民を犠牲にして、都市でできた産品の価格を共謀して上げようとする[53]。製造業者は自らの利益を押しつけるのに最も成功しているが、これは議会の成員に対して不釣合いな影響力を持っているからである[54]。商人もまた、自分たちの望むことは一般の利益にも一致しているとして、権力者を説得するのに好都合な立場にあった。商人は数こそ少ないが、大都市において経済的な手段を自由に使えた。これによって、「詭弁や抗議の声」を、競合する集団よりも有効なものとすることができた[55]。

都市での競争を制限するのには慣れていた商人だったが、近年では国際貿易上の競争をも制限するようになっていた[56]。国内の商人や製造業者は輸入財に対する高率関税から利潤を得ているが、これは地主、農業者、労働者にとっては損失となった。

スミスにとっては、外国との取引に関する既存の規制は、たいていの場合、競争を制限しようとする商人や製造業者の集団によって引き起こされたものだった。しばしば、これは輸入禁止か、あるいは外国商品に対する高率の関税をかけることによって行われた[57]。『国富論』の刊行に先立つ数十年の間、関税は上昇し続けた。スミスはこれが公益に反することを示した。消費財の価格が上昇するだけではない。そうした産業での高利潤によって資本や労働がその産業へ流入すると、実際の需要は最も高い産業への資源の流入が妨げられるからだ[58]。

『国富論』第四編の多くは、当時ヨーロッパで支配的だった国際貿易政策に対する批判にあてられている。スミスはこうした政策を「商業の体系」と呼んだ。この用語は論争的なもので、国際貿易や国際関係における既存の政策に対するスミスの批判を要約的に示している。こうした政策は「ゼロサムゲーム」として国際貿易を捉えようとする考え方に基づいている。この考えによると、ある国家の利得は他の国家にとっては損失である。国際貿易はライバル国との暗黙の戦争と考えられており、これは政体間の関係についてのシヴィック共和主義的な概念と親近性を持つ考え方である。このような暗黙の闘争が、貿易上の特権、通商路、植民地の確保をめぐっての実際の軍事的対立になることもしばしばで、そうした論理の帰結は暴力と戦争だった[59]。

スミスは、国家間の経済的・勢力的な関係を、より国際主義的にそして平和主義的に捉えるモデルを提供している。他国がますます繁栄し、そして熟達していくことは、「国民的競争心の適切な対象であっても、国民的偏見や嫉妬の対象ではない。……人類は、そのような出来事から利益を受けるし、人間本性も高められる。それぞれの国民は、そのような改善を通じて隣人の長所を妨害する代わりに、抜きん出るために自ら努力するだけでなく、人類愛に基づいて、それを促進すべく努力するはずである」[60]。知識人の役割は、国家間の偏見や国際的な紛争につながるような経済のあり方を緩和することにあった。

スミスは当時の支配的な経済的教義を説明するために、「商業の体系」という用語を作り出した。これは、商人や製造業者の利益と気質の両方を表したものだ。彼らは独占を求めるあまり、各国の利益は「すべての近隣国を窮乏化させることにある」とする国際貿易上の見解にまで至る。「各国は、貿易相手国の繁栄を妬み、相手国の利益は自国の損失だと考えるように教えられてきた。個人の間の取引がそうであるように、国の間の通商も交流と友情を深める道になるものなのに、逆に不和と敵対心を生み出す最大の源泉になっている」とスミスは嘆いている【5】。

ヨーロッパの通商政策は、「商人や製造業者のような利害関係者の詭弁」によって導かれたものであり、「貿易によって豊かになろうとするのであれば、近隣の各国がすべて豊かで勤勉で商業に熱心であるときに、目標を達成できる可能性が最も高くなる」[61]という認識からは離れていった。これは実際の市場ではなく、もし競争的な自由貿易から生じる相互の利益が完全に理解されたのであればそう考えられる、という意味での市場がもたらす平和主義的な利益の可能性を示したものだった。市場は一国にとっても、あるいは国際的な意味でも便益をもたらす。政策立案者が商人たちの党派的な助言ではなく、スミスや他の知識人によって展開された経済科学によって導かれれば、の話だが。

スミスは植民地についても同じ指摘をしている。植民地は、市場を広げ、よりいっそう生産的な分業のあり方を可能にする限りにおいて、一国にとって便益をもたらす。しかしながら、イギリス商人に植民地貿易の独占権を与えることは、国をないがしろにしてそれらの商人を利することになる。さらに、独占を力で維持するのに必要な軍事的な費用がそれに加わる[62]。

外国との独占交易権という特権を持った会社が国際貿易に携わることは、さらに破壊的だった。ヨーロッパが中国（清）、インド、日本、東インドとの貿易を拡大することは、ヨーロッパの消費者にとって大きな利得となるはずだった、とスミスは言う。ところが、実際の利得は限られたものでしかない。貿易がオランダ、イギリス、フランスの東インド会社のような特権的な会社にもっぱら担われているからだ[63]。こうした会社は自らの貿易上の特権を維持するために、外国を軍事力で支配した。この種の特権的な会社は本国にとっても属国にとっても害をもたらしているというのが、スミスの見解である。本国の消費者はあらゆる不利益をこうむる。独占供給者は競争の力にさらされることなく、市場を過少供給にしておき、輸入財の価格を上昇させることが可能だからだ。

ヨーロッパは、重商主義的な政策のために、大陸を股にかけた貿易から十分な利得を得られなかった程度で済んだものの、一部の植民地の場合は、そうした政策は全く否定的な帰結をもたらした、とスミスは言う。インドの財のヨーロッパへの輸出を制限しようとして、東インド会社は意図的に生産を限定し、もったいないことに過剰な部分を破棄した。東インド会社の官吏はインドからの輸入財に対して私的独占を確保すべく権限を行使したし、またインド内部での財の流れをも制御しようとした。本当の主権者であれば、自らの歳入が国富に依存していることを理解しえたはずであり、自由貿易を通して国富を増やすよう努力すべきはずのものだった。

しかしながら、インドの主権者となった東インド会社の商人には、そのようなことを理解することはできなかったようだ。ただ会社の利潤を増やす目的で、インドの商品を安く買うために政治力を行使したにすぎなかった。こうした会社のルールによって、インド経済の発展は阻害されたと、スミスは結論づけた[64]。同様に、東西両インド諸島でも、二、三世紀にわたるヨーロッパ植民地の拡大は先住民に対して同じようなマイナスの効果をもたらした。

植民地の拡大に関するスミスの分析は、適切な制度がなければ、商業的な自利心がどのような形で巨悪をもたらすかについての顕著な例を提供している。こうした主題は反啓蒙思想の記念碑的な著作の一つである、アベ・レナール、ドゥニ・ディドロ著『両インドでのヨーロッパ人の植民と通商の哲学的政治的歴史』(初版は一七七二年に刊行。後に多くの増補版が刊行される)で詳細に扱われたところである。数年後に、エドマンド・バークもこの主題に立ち返ることになる。

▼商業社会の道徳上のバランスシート

スミスの主要著作に見られる概念的な共通項は、いかにして社会制度が人間の情念に訴えることによって、その特質を形成していくかということについての分析だった。情念には危険なものもあるし、好ましいものもある。また、ある種の情念は単に好ましいというだけではなく、道徳的に高貴なものにつながっていくようなものもある。制度による誘因はさまざまだが、ある場合には人間の情念は道徳的に賞賛すべき、社会的に望ましい行為につながっていく。市場は「普遍的な富裕」という物質的な福祉をもたらす。これに加えて、市場は自己制御を促進し、社会的利益につながるような形で情念を誘導するという意味でも有効な制度的機構である、とスミスは言う。

商業が、より「文明化」された行為を促すということを示唆した論者は、スミス以外にもたくさんいた。これは啓蒙思想ではほとんど常識といってよい[65]。しかし、いかなる形で市場や商業社会が自己制御、勤労、温和さという特質をもたらすのか、ということについてスミスほど注意を寄せた思想家はおそらくいないだろう。こうした特質は、かつての人文主義者からデヴィッド・ヒュームに至るモラリストが評価したものだ。有徳な行為の多くが実は自利心によって促されている。「節約、勤勉、分別、注意力、さらに思考の適用」といった価値ある習慣がそうだし、これと関連した「慎慮、用心深さ、慎重さ、中庸、志操の堅固さ、揺るぎなさ」といった「下級の徳」の場合もそうだ[66]。こうした徳は商業社会において最もよく促進されるのだ。

交換に基づいた商業社会では、万人が「ある程度は商人になる」[67](ただしスミスが、人間がホモ・エコノミクス[経済人]になるとは決して考えてはいなかったことに注意)。市場における自利心の追求、分業とそれに伴う他者への依存、こうしたものによって人々の行為は他者の期待に添うようなものになっていく。したがって、市場それ自体が規律を身につけるためのある種の制度だといってよい。このような規律化の過程は、労働力を売る人々も対象になるし、また、違った形では、有形の財を売る人々の場合も、行為は規律の制御を受ける。

「手工業者に仕事の質を高めるよう、まともに効果的に圧力をかけられるのは、同業組合(ギルド)ではなく顧客である。手工業者がごまかしをやめ、怠惰な仕事を改めるのは、顧客から仕事をもらえなくなると恐れるときだ」[68]とスミスは記している。他者との経済的交換で成功するには、個人はある一定レベルでの自己制御を必要とする。スミスはこうした自己制御を「適宜性」と呼んでいる[69]。慎慮、自利心の制御、短期的な満足ではなく長期的な利得を優先すること、こうした特質が市場によって育まれる[70]。

「自分たちの状態を改善しようとする」試みの根っこにあるのは、「観察され、注目され、同感と……是認をもって存在を認めてもらいたい」という願望だろう、とスミスは考えた。経済的な状態が良く見えれば、それだけ他者から注目され、存在を認められることになる[71]。一たび身体上の基本的必要性が満たされれば、社会的地位に対する著しく理解しにくい欲求が経済活動の支配的な動機となる。「あらゆる時代の道徳学者が」「人類のうちの非常に多くは、富と地位の感嘆者であり崇拝者である」という否定しがたい事実についてこぼしてきた[72]。

スミスが知っているように、こうした人間の問題は商業社会に始まるものではないが、商業社会でも問題として残っている。しかし、スミスにとって、商業社会の道徳的な利点は次のような点にあるとされた。金持ちではなく権力を有しているわけでもなく、また賢明だというわけでもなく、優れた徳を備えているわけでもない、「人生における中流および下流の地位」に属する人々、つまり、たいていの人たちということになるが、これらの人々が社会制度によって、富と栄誉を求める願望を、慎みを持った行動へと否応なく転化させられるという事実である。中流および下流の人々にとって、「徳への道、そして富への道は、幸いなことに多くの場合は、ほとんど同じなのだ」。というのもその成功は、慎み深く公平で、堅実で穏健な性格を持ったうえでの確かな専門的技術や、隣人や同輩の好意や高い評価にかかっているからである。

そして、そうした評価を得るには、それなりの行動が求められる[73]。商業社会における社会制度の見えざる手の一番偉大なところは、それが地位や賞賛を求めての潜在的には高貴ではないような願望を、相対的には有徳な行為へと転化することにある。少なくとも、社会の大多数にとってはそうなのだ。

スミスは、こうした相対的には有徳な形態の行為と、市場に先立つ時代で富や権限の源泉であった「王侯の宮廷」や「地位ある人々の応接室」での行動様式を対比している。そこでは、成功できるかどうかは「理解力があり豊富な知識を持った同輩たちの評価にではなく、無知高慢で誇りの高い上位者たちの、気まぐれで馬鹿げた好意次第なのだ」。中流階層や労働者階層にとっては、昇進は「能力」次第だが、貴族社会、宮廷社会といった上流階層にとっては、昇進はへつらいと「喜ばせる能力」に依存している[74]。

したがって、商業社会の道徳的な利点は、自利心を以前の社会よりも道徳的な意味で腐敗が少ない形態にしていくということにある。封建社会の基礎は直接的な支配であったし、宮廷社会では、成功はおべっかやへつらいや欺瞞に依存していた。これに対し、商業社会での成功は、正直で勤勉であるかどうかや、その人の値打ちや能力にかかっている。このような次第で、道徳主義者が常に問題としてきた道徳的感情の腐敗は起こりにくいといえる[75]。

スミスにとって、勃興しつつある商業社会のもたらす最も解放的な効果は、直接的な、そして際限がないような個人的依存関係を、現金によるつながり、あるいは人を支配する権利を制限する契約関係に置き換えることにあった。各人が、奴隷、使用人、農奴、召使いから商人になっていくのに応じて、社会は相互依存を深めていき、直接的な個人的依存関係は減っていく。商業社会が、先行する社会よりも大きな自由をもたらすことの意味はいろいろあるが、これもその一つである。スミスにとっては、商業社会がさらなる自由をもたらすということは、商業社会を肯定的に考えるもう一つの重要な道徳的主張だった。

スミスは直接的な個人的依存関係を毛嫌いしたので、過去・現在の奴隷についても、これを嫌悪していた。奴隷商人と奴隷所有者は、「ヨーロッパの監獄の屑である……こうした人々は、出てきた国々の徳も行く先の国々の徳をも持たず、その移り気、残酷さ、卑しさは当然のことながら征服された者の軽蔑するところとなる」[76]。スミスは、西インド諸島や北アメリカのようなイギリスの植民地で行われている奴隷制は、実は自由な賃金労働よりも経済的に非効率なのだと主張している。奴隷も最も貧しい賃金労働者も生き続け、子どもを産まなければならない。奴隷を維持するための費用はその主人が管理し、賃金労働者の維持費用は労働者自身が管理する。裕福な奴隷主は、賃金労働者がその逼迫した経済状況から学ばざるをえない費用の節約という習慣を身につける可能性が少ない、とスミスは考えた。したがって、実際のところ、賃金労働者のほうが奴隷よりも費用がかからないのだ。

それにもかかわらず、当時まで奴隷制が続いていた理由をスミスは次のように説明している。「人は高慢である。……このため、法律で禁止されておらず。仕事の性質上、それが可能であれば、自由人を雇うより奴隷を使うのを好むのが一般的だ」[77]。利潤が高いところで奴隷制が見受けられるのは、人間を束縛することがそれ自体として利潤をもたらすからではなく、よほどの利益をあげられる条件の下でなければ、奴隷主はこのように非経済的な耕作の形態を維持していける余裕がないからだ。スミスの経済的見地に基づく奴隷制反対論は、ヨーロッパや植民地の奴隷制廃止論者が主張する際の不可欠な文献になっていった。

このような次第で、スミスにとって、商業社会の道徳上のバランスシートの帳尻は黒字だといってよい。しかしながら、これは、商業社会では誰もが幸福になるという意味ではない。ただ富だけを増やそうとしている者は、個人的な幸福を犠牲にしてそうしているのだ、とスミスは示唆する。そうした者は幸福の真の源がどこにあるかを理解していないのだ、というのだ。

『道徳感情論』では、「富者の状況をうらやましく思っている」貧困な家庭に生まれた野心的な息子についての寓話が例として挙がっている。息子は、宮殿のような邸宅と召使いが幸福と平安をもたらすと想像している。このために、「富と地位の追求に、永遠に自己を捧げる」。この安楽と社会的評価という想像上のゴールをめざすには、疲労するまでに体を酷使し、常に不安に身を任せなければならないと、息子は知る。また、努力して競争者に打ち勝とうとし、憎悪する者にも仕えようとしなければならない。

もし、これがスミスの寓話の結論だとしたなら、その教訓は、現世の富、権力といったものが無価値だとするストア学派の主張の蒸し返しにすぎないだろう。しかし、この寓話にスミスは別の説明を与える。権力と富の実際的な利益は、野心的な息子が想像するのとは違うものかもしれない。スミスによれば、「自然がこのようにして私たちをだますのは、良いことである」。その理由は次のとおりだ。

> 人類の勤労をかき立てて持続的に作動させるのは、このような欺瞞である。人間に土地を最初に耕作させ、家を建てさせ、都市や共和国を設立させ、あらゆる科学や技術を生み出して改良させ、人間生活を高めたり、飾ったりさせた——地球の表面全体を完全に変化させ、手つかずの自然林を快適で肥沃な畑に変え、道もない不毛の大海原を生活の糧の新しい蓄えに変え、それを地球上のさまざまな国民が行き交うために頻繁に利用する幹線路にした——のは、これである。地球は、このような人間の労働によって、その自然の豊穣を倍増させられ、より多数の住民を維持しなければならなくなった[78]。

安楽、富、社会的地位の追求は、おそらくはその究極的な価値についての誤解に動機づけられたものだとはいえ、社会の利益になり、さらに高次の文化的満足はこれにかかっている。さまざまな国家は互いによく知るように仕向けられ、国際主義が促される。大事なことを一つ言い残したが、より多くの人々が「生活必需品」を獲得し、相応の水準で生活することができるようになる。このようにして絶対的貧困という道徳的堕落を避けることができる。

▼国家の見える手

商業社会は、歴史上初めて、ほとんどの人が道徳的見地から見て相応の水準で生活することを可能にした。人々は、適宜性、慎慮、満足の先延ばし、食欲の制御といった一連のルールに従って生活できるようになった。

自らの状況を改善しようとする試みによって、節倹と勤労がもたらされる[79]。スミスの考えでは、商業社会は人々を高度で有徳なものに、そして高貴なものにすることはできない。これは実際のところ、どんな社会でもなしうるところではない。それにもかかわらず、商業社会では、ほとんどの人々がそれ相応の生活を送り、温和、慎慮といった徳を有し、自由になる可能性がある。しかし、このような可能性は、商業社会がその内に抱えた勢力によって脅かされる。

直接的な形での政府の経済への干渉に対して、スミスが非常に説得力のある反論を加えたこともあり、その思想において国家が演じる決定的に重要な役割については、しばしば見過ごされている。確かにスミスは、関税、賃金率、あるいはその他の交易についての規制に関して、国家が直接的な形で役割を果たすことはやめなければならないと確信していた。

だとしても、商業社会の発展に伴って、国家の規模と機能は増大していくだろうと考えていた。「文明国の政府は野蛮国におけるそれよりもずっと高価なものだ」とスミスは学生に語っている。文明国では、集団的な防衛のための陸軍や艦隊、公共の施設、国内の無秩序を防止するための司法、歳出をまかなうための租税、こういったものがすべて必要になるからだ[80]。商業社会の利便は大きな国家を必要とするが、市場経済が首尾良く機能すれば富が生じ、これによって国家の経済的負担を担うことは可能になる。

商業社会が依存している制度の中でも最も重要なもの、スミスにとってはこれが国家だった。民間政府の権威と治安は、「人類の自由、理性、幸福」にとって必要条件であると言う[81]。スミスは、国富がなぜ増加するのかという理由の多くは、法が提供し、法が求める財産の保証にあるとしている。というのも、そのような安全が担保されて初めて、各個人は「生活水準を良くしようとする……自然な努力」を払うようになるからだ[82]。社会の商業化が進むにつれ、司法制度のコストがかさむようになる。

商業社会の進展に伴って増大が避けられない、もう一つの政府の機能が、スミスが「社会の商業を助長するための制度」と呼ぶものであり、現在では「インフラストラクチャー」と称されるものである。インフラストラクチャーは道路、運河、橋、港のように、社会にとっては役立つものではあるが、個人が担うのにはあまりにも高価であるか、利潤を伴わないものである。『国富論』が数百ページを、政府の機能とどのようにその資金を調達したらよいかについての分析にあてているのも怪しむに足らない。

スミスは、近代の商業社会がもたらすと予想できる「好ましからざる」帰結について分析を行い、ここから近代国家の機能についての見解を引き出している。そうした診断は、文明社会の歴史から得られた警告を考慮したものになっている。市場の広がりや、その結果としての分業の強化によって、近代的な文明社会の最良の成果の多くがもたらされた。あるいは、市場の広がりや分業は、そのような成果がもたらされるための前提条件だったともいえる。しかしながら、同時にそれらは種々の内在的危険の源でもあったわけであり、そうしたものを未然に防ぐ役割を担ったのが立法者だった。

経済発展によって、国防の必要性はさらに逼迫していった。社会が富んでくると、貧しい近隣の社会から攻撃されやすいことは、歴史が示すとおりである。また、分業によって国富の増大がもたらされるが、これによって多くの人間が兵士にふさわしくなくなってしまう。歴史の最も発展した段階が商業社会であり、市場経済、都市化、分業の強化がその特徴だ。商業社会では、攻撃される危険は増大するが、戦争遂行の困難度やその費用も増大していく。

さらに、他の人間行為と同様、兵法も分業に応じてさらに複雑なものとなり、他の領域と同様、その習得にも専門性を要するようになる。しかしながら、私人が兵法に献身するのは利にかなっていない。これは、平和時には何ら利益をもたらさないからだ。しかしながら幸いなことに、国防の問題を困難なものにする分業と富裕の増大によって、その解決の可能性も同時にもたらされる。立法者が適切な機能を発動させて、歳出の増加をすればよい。

国家に賢明な政策さえあれば、一部の人々を軍事問題に完全に専念させることは可能である。しかしながら、過去の発展した社会では、こうした賢明な政策はあまり見られなかった[83]。立法者は過去の経験を一般化するという社会科学的な試みをすることができるが、これもそのような事例の一つだ。立法者は、社会の発展がもたらす好ましからざる帰結について、これを予見し阻止することができるのである。裕福な社会では、富の一部を職業軍人から成る軍隊の維持にあてる余裕ができる。近代的な火器の発達によって、戦争状態に備えることはますますもって費用がかかるものとなったが、これによって富める国は貧しい国に対して、戦争に備えるという点でもさらに有利な条件に置かれるようになった。

防衛、司法、インフラストラクチャーの提供によって、政府は市場経済と「最下層の人々にまで達する普遍的富裕」のための前提条件を作り出した[84]。しかしながら、国富の増大につながる過程は、文化的には好ましからざる帰結に満ちており、これを予見するのは知識人の、そして軽減するのは立法者の仕事となる。

このような帰結の中で真っ先に現れたのは、分業が肉体労働者を文化的な意味で駄目にしてしまうという文化的影響だった。スミスは、たいていの人間の知というものは職業によって形成されるところが大きいという前提から出発する。当時は、一般人を対象とした教育もなく、製造業での勤労時間の長さから余暇のための時間もほとんどなかった。スミスは、大部分の大衆が置かれた痛ましい状況について次のように述べている。

いくつかの単純作業を行うことで一生を過ごす人は、……理解力を発揮できる機会がない。……このような仕事をしていると、考え工夫する習慣を自然に失い、人間としてそれ以下にはなりえないほど、愚かになり無知になる。頭を使っていないので、知的な会話を楽しむことも、そうした会話に加わることもできなくなるだけでなく、寛大な気持ち、気高い感情、優しい感情を持てなくなり、私生活でぶつかるごく普通の義務についてすら、多くの場合に適切な判断を下せなくなる。

まして、自国がぶつかっている大きく複雑な問題については、全く判断できない。かなりの努力をして鍛えない限り、戦争の際に自分の国を守るために戦うこともできない。単調で変化に乏しい生活をしているので、自然に勇気がなくなる。……運動能力も衰え、子どもの頃から続けているもの以外の仕事では、活発に根気強く力を発揮することができなくなっている。自分の職業で技能を獲得してきた中で、知的な能力、社会的な能力、兵士として戦う能力を犠牲にしてきたのだろう。そして、文明が発達した社会では、政府が何等かの対策をとらない限り、住民の大部分を占める下層労働者は必ず、このような状態になるのである[85]。

もし、こうしたことが国民の大部分に対して不可避的にもたらされる商業社会の文化的影響だと考えていたとしたら、スミスの資本主義観では、その損失が便益を上回っているということになっていただろう。ただ、このくだりは『国富論』の当該個所から切り離されると誤解を生じやすい。スミスはここで、修辞的な方法を用いているのであり、それによれば人を説得するには「ある方向での主張を誇張し、そして私たちが賛成しようとしている議論に対立する事柄については、議論を弱めたりあるいは隠したりしなければならない」[86]。

こうした暗いイメージをあえて与えた真の目的を理解するには、最後の部分、つまり「政府が何らかの対策をとらない限り」という部分に注目しなければならない。このようにして、スミスは『国富論』で最も広範な、そして最も高額でもある新たな公的支出の必要性について示唆することになる。スミスはまずは読者を驚愕させ、そして、そうしたうえで懸念を払拭する手段について示唆しようとする。

こうした分業に基づく精神的な弱体化を解消するために、スミスは主として政府支出による公教育を推奨している。これによって、社会の下層の人々も、読み書き、計算といった必要最低限を習得することができる。このような示唆はヴォルテールのような啓蒙的知識人の助言とは対立するものであり、また、教育によって服従の感情が損なわれるとしたイギリスの支配者階層が一般に抱いている考えとも全く食い違うものだった[87]。スミスは義務教育を示唆することはしなかったが、教育を利用しやすいように、また有用なものにしようとした。

さらに、両親が子どもを教育するための誘因を与えようとした。こうした誘因は必要だとスミスは考えていた。というのも、分業による製造業の拡大が児童の就業を促し、しばしば幼児でさえも仕事に送り込まれたことを、知っていたからだ[88]。したがって、分業は労働者の視野を狭め、その知的能力を損なうばかりでなく、公教育をないがしろにするような経済的誘因をも与えてしまうことになる[89]。ここから「国民のほぼ全員が基礎教育を受けることを支援し、奨励し、義務づける」必要性が生じるのである[90]。

スミスは、近代に特徴的な堕落である、(文明社会において、すべての下級階層の人々の理解力をしばしば麻痺させている、はなはだしい無知や愚かしさ)を防止するための公的な制度を示唆している。「人間に本来備わっている知的な能力を適切に使っていないような人がいれば、臆病者と比べても軽蔑に値するのであり、人間としてさらに基本的な部分が欠けているのだと思える」。教育の恩恵は「個人」にとってだけではなく、「国家」にとっても主要な政治的関心の対象となると、スミスは主張している。

大衆は教育を受ければ、「熱狂や迷信の惑わし」に引っかかることが少なくなり、司祭や説教者によって宗教的な内乱に導かれるような形で煽動されることもなくなるとスミスは信じた。そして大衆は、「党派や煽動者の利害に基づいた不平を検討し、これを見抜く能力も備わる」[6]ようになり、より良き市民となる。さらに加えて、教育を受けることによって人はさらに礼儀正しく、秩序正しくなっていく。

以上見てきたように、市場は必ずしも思考の働きを促進しないということになる。市場の見えざる手がもたらすマイナスの効果を修正するために、国家の見える手が必要となるのかもしれない。スミスは、誰もが知識人や芸術家になれるかもしれないと考えたわけではないし、あるいは、そうでない社会というのは欠陥を持っているのだとしたわけでもない。スミスは、教育がなければ気づきもしなかったような知識に人々を気づかせ、思考の促進を図ることがまさに重要だと考えていた。学校教育の拡充を主張したのは、万人に基礎的な読み書き、計算の勉強をもたらすためにだけではなく、中・上層の階級に対しては勉学の促進を図るためでもあった。また、知的職業や公職に就きたい者は、科学や哲学の知識を持たなければならないとしている。

▼下級・上級の徳

スミスの描写に従えば、商業社会の偉大な力は、「下級の徳」を促進することにあるとされる。下級の徳は、通常、自利心を慎慮ある形で追求することによって、身分と財産をめざすことと結びつけられて考えられている。「人目につかず、温和な人生で、偉ぶらない行路をたどることに満足している」慎慮の人の徳は、「穏健、上品、謙遜や中庸……勤勉と倹約」である[91]。慎慮の人は商業社会からこそ生まれる。慎慮の人は、個人的な静謐を妨げられずに享受することに主たる関心を持ち、高貴さや偉大な野心の探求は回避し、「公的な任務」は他者によって運営されることを望む[92]。

スミスは慎慮の人を評価したが、これを特別視したわけではなかった。慎慮の人が自らの健康、財産、身分、評判を追求することで「冷めた敬意」に値する人格は生まれるが、それらは非常に熱烈な愛情または感嘆を受ける権利を持つとは思われない[93]。スミスの慎慮の人の中に、後にヨーロッパ文化で批判の対象となる「ブルジョア」を見ることは、わずかに時代錯誤的であるかもしれない[94]。しかし、スミスはブルジョアの特徴を徳なき存在としたわけではない。もしそうだとすると、慎慮、満足の先延ばし、自己制御などの特質が軽視されることになる。こうしたものが、社会関係をよりいっそう温和なものにし、普遍的富裕をもたらすことによって、多くの人間が相応の生活を送れるようになるというのが、スミスの考えだった。シヴィック的な共和主義の伝統と貴族主義的な因襲に特徴的な、上記の徳の軽視こそが、スミスが批判しようとしたものだった。

しかしスミスは、社会の繁栄にとっては市場によっては必ずしも促進されない徳を有した別のタイプの人間も必要だと考えていた。スミスの理解では、知識人のもう一つの役割は、慎慮を超える特性を促進することだった。すなわち、智識、慈愛心、自己犠牲、公共心といった上級の徳である。スミスは、「賢明で徳を持つ人々は」社会の「一部」にすぎないと考えていた[95]。だとしても、そういった成員は国家の道徳的・経済的財産を増やすのに多くの重要な役割を演じるとされている。

啓蒙思想の多くがそうであるように、スミスの著作は単に商業社会が最善の体制だと説得することをめざしたものではなかった。むしろ、そうした体制に抗して育成されなければならない、勇気、愛国心、優雅さといった個人的特質に光を当てたものだった[96]。スミスは幾度となく、社会の維持と繁栄は、そうした上級の徳、少なくとも社会のある成員に見られるそうした徳を育てることに依存していると説いているが、こうした徳がどのようにして制度的に確保されるかについては、ほとんど注意を払っていない。

スミスの著作で想定されているのは、こうした上級の徳が、仮に滋養できるとするのならば、それは、立法者に公益を追求するよう求めている『国富論』や『道徳感情論』のような著作に触れることによって、ということだった。

スミスは、学問が徳の滋養と道徳性の洗練に役立つだろうと考えていた。慎慮ある自利心は下級の徳を促すことにはなるが、これで話が完結するわけではない。『道徳感情論』は、すべての人間行動を自利心に訴えることによって説明しようとする人々に対して批判を加えるところから始まっている。「いかに利己的であるように見えようと、人間本性の中には、他人の運命に関心を持ち、他人の幸福をかけがえのないものにするいくつかの推進力が含まれている。人間がそれから受け取るものは、それを眺めることによって得られる喜びの他には何もない」[7]。

同書では、単に道徳的良心がどのように発達するかについての社会科学的な説明がなされているだけではなく、注意深い読者に対してなぜ徳のある行為が幸福をもたらすかを説明している。それも、解くことができないような形而上学的な、あるいは神学的な前提なしにである。

スミスにとっては、道徳性の源泉は神による、ある特定の啓示(これは証明も不可能だし、際限なき議論や争いをもたらすものだ)によるものではなかった。それはまた、生来の「道徳的感覚」から生じるものでもなく、また哲学的理性の機能でもなかった。そうではなく、スミスは道徳性を普通の経験の分析によって説明しようとしたのだ。どのようにして私たちが道徳的になるのか、というスミスの説明の中心にあるのは、理性でもなく、魂でもなく、是認を求める私たちの願望と結びついた想像だった[97]。利己心を超えることができるのは、他者の立場に自らを置き、さらに、他者に置かれた私たち自身と調和を保ちたいと考えることによる。自分がかかわる人たちから認められたいと思って、私たちは、他者が世界を見るように自らも世界を見ようと想像力をたくましくする。

このようにして、公平な観察者の視点、つまり、自分自身にもそして自らの行動の対象となる人たちにも偏らないような視点を得ることができる。こうした内省の過程によって、通常「良心」と呼ばれるものも説明できるし、また、利己心から来る衝動と相反する方法で行動することもできるようになる。こうした内なる「公平な観察者」によって、男性も女性も、（偏りがないという意味において）公平に、そして慈愛心を持って行動することもできるようになる、とスミスは考えていた。

このように想像によって自分自身を他者の立場に置くことで、私たちは道徳ルールを学んでいく。そのような規則は、規則に伴う効用に端を発していて、社会の変化によって常に修正され再解釈される。また、社会の変化に応じて生き延びるために必要なルールも変わっていく。このようにスミスは考えたのである。

ルールは、他者に認められたいという神から与えられた自然の願望に基づくものであり、それによって、ルールを学習し、それにのっとって行動することが可能になるのだが、こうしたルールは神によるものでも、自然によるものでもない。道徳感覚が発達すれば、他者に認められようとは思わなくなり、よしんば自身の行動が他者に気づかれないとしても、適切な道徳的基準に従って行動しているということからくる自己承認によって行動するようになる。こうして、徳は幸福をもたらすことになる。これは、必ずしも他者の承認という形をとっているわけではなく、また来世の幸福というわけでもない。そうではなく、自分自身が正しいことをしようとしている、という自己承認から来るものだ。

『道徳感情論』のような道徳哲学の著作を読めば、市場による報酬や社会的地位といった形では報われないが、それでも価値ある行動というものが存在しているということがわかる。しかしながら、道徳感覚が発達した人間にとっては、そのような行動は、それ自体報われるものだといえる。科学的知識や芸術的洗練、さらに発達した道徳感覚がもたらす快楽、それに公共の福祉がもたらす快楽などが価値ある行動には含まれる。

スミスにとって、知識人の公的役割の一つが権力者に影響を与えるということ、つまり、権力者の公共心に訴え、政府の行動の帰結が予見できるような概念と情報を提供することだった[98]。『国富論』のメッセージは、そのような人々に対して向けられたものであり、スミスはそのためのレトリックを用いている。

その有効性は、『国富論』公刊一〇〇年の際のウォルター・バジョットの考察で最もよく表現されている。すなわち、スミスは「実際的な事柄を、想像に刻印し、読んだ内容を把握するだけでなくこれを記憶させ、そして爾後ずっと読者の心の一部としてとどまらせるような形でこれを描写」することができた数少ない知識人の一人だったという。このような様式によって、スミスは「抽象的な科学を好んだり、その内容を理解したりすることができる人々という狭い限界をはるかに超えて経済学を普及させた。スミスのなした通俗化は、経済学の内容を損なわずに可能な通俗化としては、類まれである。スミスは、現実主義的な人間の頭にある幅広い結論を吹き込んだが、これは、そうした人々の知る必要のあるすべてであるし、また、たいていの人にとっては好んで知りたいと思うことのすべてでもあった。しかし、そこに吹き込まれた結論は消し去ることのできないものだった」[99]。

しかしながら、スミスの修辞的な戦略によって、『国富論』の影響は歪められ、もしかすると同書の究極的な運命について、著者は二律背反的な感情を抱くことになったかもしれない。同書の圧倒的な説得力は「自然的自由の体系」を発揮した点にあるとするなら、このしばしば繰り返されてきた格言は、読者の多くをスミスの道徳的生活に関する考えの複雑さを見過ごすように導き、自由それ自体が常に善であるとの結論に至らせたからだ。エドマンド・バーク、ヘーゲル、そしてマシュー・アーノルドが批判を加えたのは、まさにこの命題に対してだった。

スミスは、市場機構の意図せざる便益と、見えざる手という隠喩を用いた想像力を使ったが、その際の分析的な洞察力によって、多くの読者がその主張の微妙さを見過ごすことになり、また、市場がすべての経済問題に対する解決策であると考えてしまうようになった。

スミスにとって、国境を越えて開かれた市場を創ることは、希望の源だった。それによって、国家間のより平和な関係がもたらされ、代々続く奴隷制からの解放がなされ、生活水準が向上し、もっと温和な社会がもたらされる。しかし、他のヨーロッパの知識人の中には、望ましいもの、そして、人生を意義あるものとするすべてが、市場の拡大によって破壊されていくと考えた人々もいた。その中の一人が、ドイツにおけるスミスの同時代人であるユストゥス・メーザーだった。

第4章

Justus Möser: The Market as Destroyer of Culture

ユストゥス・メーザー

文化の破壊者としての市場

▼各人の居場所を知ることの徳

『哲学書簡』においてヴォルテールは、市場での交易をさまざまな生き方が共存できるような仕組みとして支持していた。『国富論』でスミスは、国際貿易によって互いに富んでいく国家間のコスモポリタン的な平和の理想像を示している。しかし、他の人々にとっては、市場の広がりは自分たちの文化や社会に対する脅威のように見えた。ユストゥス・メーザーは、市場が地域の文化的特殊性の経済的基礎を狙い撃ちすることで多元主義を壊していくという主張の初期の主唱者だった。メーザーは「グローバリゼーション」の最も初期の批判者だといえるかもしれない。

メーザーはオスナブリュックに生まれ、ここで人生の大半を過ごした。オスナブリュックはドイツ西部に位置する五〇平方マイル足らずの都市で、ここにおよそ一二万五〇〇〇人が住んでいた。オランダとの国境からも遠くない。二四歳のときから一七九四年に没するまでのほとんどの期間、彼はこの小国家の中心的存在だった。メーザーが著作の中で擁護したオスナブリュックの政治的・経済的制度の起源は中世にある。封建時代の考え方が残っており、土地、権力、そして名誉というものが分かちがたく結びついている世界にとどまっていた。このような制度が、市場経済によって不安定なものとなりつつあったのだ[1]。

メーザーの目には、オスナブリュックに特有の文化を

Justus Möser
(1720-94)

壊すという意味で、国際市場は有害だと映っていた。国際市場は第一に、この地域の伝統的経済では満たせないような新しい需要を生み出す。第二には、海外ならもっと安く生産できる商品との競争で、伝統的なギルドに基づく生産様式と、それに結びついている社会的・政治的構造が破壊されつつあった。

このようにして、市場は文化的特殊性を、ひいては多元主義を破壊しつつあったのだ。これ以降の資本主義の発展の中で、より広範な市場によって、地域の文化や社会構造が破壊されるという恐怖（しばしば、根拠がある恐怖だった）は、往々にして繰り返されることになる。町の市場は地域全体の市場に、地域の市場は国内市場に、そして国内市場は国際市場によって破壊されていったのである。

「フィロゾーフ（学者）」は、単に問題関心の広さという意味においてだけでなく、道徳的・政治的思想の中身においてもコスモポリタンだった。ヴォルテールによれば、ヨーロッパは「さまざまな国家に分割されたある種の偉大な共和国」になりつつあり、ある普遍的な原理によって統治されることになるだろうという[2]。隣村の規則では勝てるのに、その村の規則に従えば訴訟に負けてしまうのは馬鹿げていると、ヴォルテールは別の機会で述べている[3]。そのコスモポリタニズムの背後には、どこであれ人というのは基本的には同一なので、普遍的な目標や、そうした目標を追求するための普遍的に有効な制度を見つけ出すことができるに違いないという想定があった。普遍的理性に照らして地域的な制度は改革されることになるので、制度はますます画一的なものになっていく。

このような画一的な標準化された法の探求は、一八世紀の啓蒙絶対主義下の経済政策にとって中心的な主題であり、国富と税収を増大させることを担っていたドイツ語圏の官僚(カメラリスト)が明確に述べたところだった。人々が「自然な」自利心に従うことを許せば、国や市民は富んでいくと、官僚たちは考えた。メーザーの時代のドイツの啓蒙思想家は、市場を、経済成長を促す道具と見なしていた。たとえば、カメラリストの著作家であるヨハン・ハインリッヒ・ゴットロープ・フォン・ユスティは、商人や行商人、金融業者を、社会の生産的集団の創造を調和させるような「交換者」と見なしていた。ユスティの見解では、政府の政策の役割は、このような統合的機能を果たす自由を「交換者」に対して認めることにあった[4]。アダム・スミスや、そのフランスにおける同時代人であるジャック・チュルゴーと同じくユスティは、法の使命は「自然な」自由の条件を作り出すことによって、経済の発展を促すことにあると考えていた。ユスティは「もし、経済的運動の本質を正しく制御したいのであれば、自然な過程を許し、国家の干渉が全くないとしたら、どうなるかを想像しなければならない」と一七六〇年に記している[5]。

こうした条件を作り出すことは、既存の法や習慣の多くを捨て去ることを意味している。すでに存在している交易に対する障壁を取り払うのには、中央官僚の権力増大によるほかなく、これによって最終的には公共の福祉につながると考えられている経済的自由の増大がもたらされる。これこそが、経済政策の領域、あるいは一八世紀には「ポリツァイ学」と呼ばれていた領域における、啓蒙的な絶対主義的理論家の公式だった[6]。

メーザーにとっては、近隣の村々で法が異なっていることは賞賛すべきことで、自然なことでもあったのだが、

「すべてを単純な原則に従って導出したいと考えている」中央官僚にとっては不便であり、また、「国家が、何らかの学術的理論の処方箋に従って統治される」ことを望む者にとっては恥ずべきことだった。

普遍的で標準化された法の要求に応じれば、「自然の本来の計画から離れてしまうことになる。この自然の本来の計画こそが多様性によって富をもたらすものなのに。この計画から外れれば、圧政への道が開かれるし、そうなれば、少数の規則によってすべてを強制し、多様性による富を損なうことになる」とメーザーは論じている。メーザーによれば、中央官僚が公布する経済政策は、たいていの場合、「人間理性に対する傲慢な干渉であり、私的所有を破壊し、自由を侵害している」[7]。「人間理性」「私的所有」「自由」――これらはすべて啓蒙された哲学者や啓蒙を受けた政府の官僚が尊いと考えていた価値観でもあった。しかしながら、メーザーはこれらの用語を攻撃対象である啓蒙的な原則とは全く異なる意味で使っていた。

メーザーが維持したいと考えていた「所有」の概念は、「私的」なものでもなければ、近代的な意味において、厳密に「経済的」なものでもなかった。絶対主義国家が政治的権力を独占する前は、公的なものと私的なもの、そして国家の領域と経済の領域との間に、明確な区分はなかった。所有権自体が権力をもたらすのである[8]。

地主は、領地内に住む農奴の動きを制限する権力を有していた。ギルドの法的特権(法的自由)は、その成員に、ある種の財の生産を制御する権限を与えた。ギルドの成員もまた、市内の所領での決定に際して、間接的な役割を持っていた。メーザーが擁護に乗り出した伝統的な協調主義的身分制社会では、名誉、所有、生計の手段、そして政治参加は結びついていた。当時出現しつつあった法的・経済的な発展によって、所有は「私的なもの」とされ、政治権力とは分離されようとしていたが、こうした動きに対抗してメーザーは、所有を権力と責任を伴うものとする中世的な考えを擁護した。

啓蒙思想最大の武器である、普遍的理性、ヒューマニズム、個人の権利に対して、メーザーは、歴史的発展、地域の特殊性、そして集団的協調制度の権利を対峙させた。メーザーは、各人がその場を知ることや既存の集団に属することの重要性、ひいては、人々に確固たる場の感覚をもたらす、現存する制度に対する忠誠心を育成していくことの必要性を強調している。啓蒙主義が個人の機会や自律を強調するのに対して、メーザーは、そうすることで確固としたアイデンティティの感覚がもたらされるのであれば、個人を制約するような制度も評価している。このような、既存の団体組織の厚生を案じる気遣いは「愛国主義」と呼ばれている[9]。

メーザーのジャーナリスティックな著作の目的は、このような徳の感覚を育成することにあった。自らの小論文集のタイトルを『パトリオティッシェ・ファンタジーエン』としているが、これは「地域的徳のビジョン」とでも訳すのが最もふさわしい。しかしながら、メーザーの時代には、新しい資本主義的経済活動が、このようなビジョンが拠って立つ社会的基盤を崩しつつあったのだ。

彼の社会のビジョンは、協調主義的なものであって、平等主義ではなかった。不平等のゆえんは、主として生まれついた地位によるもので、地位は名誉、所有、そして権力を含んでいた。各人がその居場所を知るには、地位の中での序列によるほかない。ある地位に属するということは、同じ地位の者に対しては、平等の感覚をもたらすし、高い地位の者に対しては恭順の感覚を、低い地位の者に対しては、責任を伴った優越の感覚をもたらす。

メーザーにとっては、市場の拡大はまずは課題であったが、それは啓蒙的絶対主義の拡大と軌を一にし、また、絶対主義によって促進されたものだった。つまり、カメラリスムと資本主義は一緒になって、彼がこれほどまでに評価する既存の団体組織を侵食する恐れがあった。経済生活における市場の役割を限定的な形で認めることについては、やぶさかではなかったが、変わりつつある経済状況の下で、市場を用いて、既存の制度や序列を維持しようとした。メーザーは、後続の多くの保守主義者と同じく、制度的秩序を支えようとした。これは彼の目には、市場経済の拡大による社会的・文化的影響で、すでに侵食されつつあると思われた。

メーザーは、啓蒙それ自体の根拠によって反対している。啓蒙をそれ自体の基準、すなわち幸福と効用という基準に従って批判できたのは、彼の能力があればこそだ。これによって彼は、同時代人の注意を引き、現代保守主義の先駆者としての名声を得ている。メーザーは、ドイツ啓蒙運動の保守的な側面を代表している。ドイツの一流雑誌に寄稿し、公的な問題についての知識を広め、知識に基づく世論を作り出すために、地方新聞を創刊した。幅広い読者層に訴えるために、公共の政策についての問題に関して、意識的に、気取らずわかりやすいスタイルで書き、しばしばキャラクターを作って対話させるという形で自らの見解を披歴した。

一七六六年から八二年にかけて雑誌に書いた論文はメーザーの娘によってまとめられ、一七七四年から八六年にかけて全四巻で公刊された。複数の巻からなる『オスナブリュック史』とともに、これらの論文集は、新たに啓蒙を受けたドイツの大衆、公的な関心事を議論しにクラブや旅館に集ってくる人々に広く読まれた。しかし、たいていの場合、メーザーは自らが「ありとあらゆる一般的な法であふれ返った私たちの世紀」と呼ぶものに抗して、出現しつつある世論を鼓舞しようとしていたのだ[10]。

他とは区別される社会的範疇としての知識人は、メーザーの著作においてはさまざまな形で現れるが、すべては否定的に描かれている。時々、知識人は啓蒙君主に対する助言者として現れる。ラテン語の知識が豊富だが、世事の経験に疎く、「健全な理解力」を欠いているので、ヒューマニズムの落とし穴にはまるほかない[11]。また、別の役どころでは、知識人は学識ある愚か者であり、外国のモデルに依拠した壮大な経済改革案を公にし、過去の知恵を「偏見」として棄却する、教会の聖具保管係のようだ。しかし、現実世界についての知識は非常に乏しいので、教会の日時計の合わせ方も、ほとんど知らない。メーザーは、自分の考えを履行したらどのような帰結を生むかも十分に理解しないまま普遍原理を説く高潔な唱道者として、懐疑的に知識人を描いている。この点で、メーザーは現代保守思想の多くにとっての先駆者となっている[12]。

彼は幾度となく、合理主義的理論の主張と、地域的・歴史的経験に基づくよりいっそう深い意味での合理性とを対比している。もし、知識人が前者の代弁者だとすれば、メーザーは暗に後者を代弁しているといえる。祖国で主流の政治的・社会的制度に深くかかわっているという意味において、彼は「根づいた」知識人の範型だった。

メーザーが批判した一般の立法者というのは、プロシヤやハプスブルク帝国の啓蒙絶対君主制の下での官僚だった。オスナブリュックは独立国ではあったが、実質的にプロシャに包囲されていた。ドイツ人の神聖ローマ帝国にオスナブリュックは属していたが、その政治的構造は緩やかなもので、同国の皇帝による支配は間接的だった。メーザーが成人してから、最終的にオスナブリュックの主権を握っていたのは、ハノーヴァー家だった。同家も中央主権的な官僚制を発展させようと試みたが、メーザーの時代になると、当主はむしろイギリス君主としての役割に関心を持つようになっていた。ドイツ領の統治については地元の貴族出身の行政官に委ねられていた。メーザーもその一人である。

メーザーがほとんど全生涯を過ごし、ペンを執って擁護に乗り出した制度的世界は小さな世界で、彼はその権力の中枢近くにいた。オスナブリュックの政治的・経済的制度の多くがまだ、中世的な構造を残していた。それは、成長途上の大西洋経済の周辺部にあり、絶対主義国家の直接支配の外にあった。しかしながら、両者の勢力によって少しずつ侵食されつつあった。

オスナブリュックという国は、近代初期の宗教闘争の奇妙な産物である「司教領」だった[13]。オスナブリュックの政治的序列のトップには、その統治者がおり、これはカトリックの司教か、あるいはハノーヴァー家の系譜に連なるプロテスタントの監督だった。しかし、これらの名目上の支配者は、司教領にはほとんどいなかった。カトリックの支配下の時代には、主たる意思決定権は、寺院の枢密院にあった。この大部分がカトリックの貴族からなっていた。また、プロテスタントの支配下では、意思決定権は貴族の所領にあったが、権限の付与は、自らの出自を一六の貴族の祖先から示すことができる貴族に限られていた。加えて、都市部にはそれ自体の土地があり、それに関する法を批准する権利もあった。オスナブリュックの上級官僚の息子として、メーザーは一七四四年から亡くなる一七九四年に至るまで、その統治に参加した。晩年の三〇年間は、司教領の上級政府官僚だった。

中世以来、地方住民は一握りの貴族の地主と、多くの農奴や農業で生計を立てている小作人からなっていた。司教領の中で耕作に適した土地の多くを保有していたのは、貴族だった。田園地帯に住んでいて、その所得の多くが、封建制に基づく農奴からの支払いか、あるいは法的には独立していた小作人からの地代からなっていた。

貴族が平民と同じように長時間、勤勉に働く、あるいは平民と同じ報酬で働くのは適切でないというのが当時の慣習的な考えだった。

平民とは異なり、貴族は税も免れていた。貴族の土地は子孫に継承され、それを売買することはできなかった。農奴が土地を保有することはできず、地主の許可なしに移動することもできなかった。小作人は、世襲的に借地権を獲得した。貴族や農奴の地位は世襲に基づいていた。将来、法的に自由な小作人となる見通しは、先祖から継承した土地貸与によって制約を受けていた。貴族、農奴、そして独立した小作人は、市場経済をほとんど意識することなく生活していた。

もちろん、市場、つまり金銭の媒介による財の交換は、オスナブリュックのような伝統的な社会でも、一定の役割を演じてはいた。しかし、ほとんどの地主、農奴、小作人、職人にとって、市場は生計を立てるうえでわずかな重要性しか持たなかった。小作人の世帯は家庭で消費する物はたいてい自分たちで生産したし、また、生産した物のほとんどを消費していた。小作人は時には、町の市場に出向き、卵、バター、家禽、野菜を売ることもあった。そのようにして得た金銭は、税の支払いや町のギルド職人の生産物を買うのに使われた。職人は、生産した物を商人の媒介なしに、自分たちで売った。その土地では生産できないさらに珍しい産品ともなると、年一回開かれるフェアで、時折購入できるにすぎなかった。商人や商品は、オスナブリュックの生活では、伝統的に小さな役割しか演じていなかった。実際、たいていの世界は市場経済によって崩されつつあり、オスナブリュックのような経済的後進地帯も変えつつあった。

オスナブリュックの市民は特権を有しており、所領会や市内の議会が意思を決定した。市議会は、商人、法律家、プロテスタントの聖職者、政府の官僚などの都市部の平民による寡頭制で支配されていた。これらの人々の多くが血族関係にあった。この社会の他の層と同様に、この血縁で結ばれた寡頭制内部でも、職業や経済的地位は、成果ではなく、ほとんど出自によって決まっていた。

都市経済の支柱だった職人もまた市内の所領会に代表を送り込むことができたが、これは個人としてではなく、オスナブリュックのギルドの成員であることがその資格になっていた。鍛冶屋、靴直し、パン屋、なめし皮職人、食肉解体業者、毛皮業者、宝石商、大工、桶屋、カツラ職人、製本業者、外科医、仕立て屋、リネンの織工など、職業ごとに異なるギルドがあった。各ギルドの成員がギルドの頭目を選び、その頭目がギルドを代表して市内所領会に出席し、そこでまた市会議員を選ぶのだ[15]。

こうしてギルドの職人は「ビュルガー」と呼ばれるようになるが、これは「市民」と「都市の住民」という二つの意味を持つ言葉である。このような体制の枠組みにおいて代表を送り込める都市の市民に加えて、市民ではなく、ギルドにも市議会にも代表者を送り込めない「住民」の数は増加しつつあった。すなわち、日雇い労働者、召使い、そして浮浪者のことだ。このように、ギルドの成員になれば、経済的特権とともに政治的参加の権利をも得られるのである。

ギルドとそれが支配する市内所領会の政策は、開業許可を制限し、それぞれの生産物を市内やその周辺の田園地域で独占販売する権利を迫ることにあった。各ギルドは、その地域で生産できる物ならば、市外から持ち込まれた生産物を没収して、独占を強要する権利を持っていた。ギルドの規定は、新しい徒弟の入会条件も定めており、その条件には、性格が善良で生まれに問題がないことも含まれていた。ギルドの親方について何年か働いた徒弟はジャーニーマンとなり、やがては「傑作」を作って技量を証明することで、自分自身が親方になる。オスナブリュック社会の他の部分と同じく、ここでも家柄が、人々の職業の大半を決めていた。新たな徒弟を採るにあたり、親方の息子は優遇された。親方に対する謝金は安く、徒弟としての期間も短かった。

メーザーの人間世界像の中心となるのが、「名誉」の概念だった。これは、後に続く、個人主義的社会にとって尊厳が重要であるのと同様に、協調主義的社会にとって重要なものだった。メーザーの意見では、個人というものは社会の制度的構造の居場所によって自らのアイデンティティを獲得するとされる[16]。

そのような社会では、経済的・社会的・政治的制度は互いに区別されない。ギルドの成員、貴族の地主、農奴、あるいは小屋に住み込みの独立した小作人などといった地位は、生計の立て方を表しているだけではなく、自分自身が誰なのかという感覚、義務の感覚、あるいは誰に対して敬意を払い、誰から敬意を払われるべきなのかという感覚をも決めていく（現代社会学の用語を使えば、メーザーの社会では、ほとんどすべての個人の役割が、一種類の地位づけから導かれることになる）。人が誰であるかは、その祖先が何者だったかの延長上にある。

メーザーにとっては、真の意味での自己は社会的に負荷を担った自己であり、地位、歴史的・地域的特殊性、所有に基づいた自己だった。自己ではあったものの、その主たる徳性は名誉だった。地位とそれに付随する名誉は、もし地位にふさわしくない生き方をすれば失われるものの、継承される。このような相続に基づく、名誉に関する制度的概念は、メーザーの社会観や、啓蒙的絶対主義とそれに基づく市場がもたらす腐食作用についての見解に浸透している。

ギルドは、かつてはオスナブリュック社会の防波堤であり、それを擁護することによってメーザーは、自らの社会思想と、市場の拡大についての懸念を最もはっきりと表明したのだ。

啓蒙的絶対主義の社会・経済政策に対するメーザーの原理原則に基づく反対が、最も耳ざわりな形で表れてくるのが、非嫡出子についての論考だ。プロシャの君主の影響を受けて、ハプスブルクの皇帝は一七三一年に「ギルドにおける悪習を改善するための」法令を公布した。ギルドに対する政府当局の支配を強めるほか、法令はギルドの経済的効率を阻害するようなある種の慣行をやめさせようとした。

たとえば法令は、ギルドの加入希望者の両親の職業が十分に名誉あるものではないときでも、そうした加入を認めるように求めた[17]。法令は、看守、墓掘人、夜警、典礼係、街路清掃人、ドブさらい、牧童、その他社会的に嫌われている人々の子を排除することを禁じた。さらに進んで、法令は「聖職者による婚姻の認定前であっても後であっても、非嫡出子」に対してギルドが差別することを禁じた。

ギルドを志望する者は「名誉ある市民の純粋な婚姻関係から生まれた」者でなければならないという規定は、一七、一八世紀を通じて、ますます一般的なものとなっていった[18]。経済的効率あるいは個人の責任という観点からは、この規定は全く意味をなさない。このような規定の廃止については、多くのギルド成員が死力を尽くして闘った。そして、そのような規則の実施を迫る帝国側の権限が限られていたこともあって、ギルド成員が出自とギルド成員たることとの関係を決定する権限を維持できる場合もあった。

この法令について、メーザーは一七七二年に書かれた二つの小論文で考察している。しばしばそうであるように小論文のタイトルがすでにその結論を端的に表現している。「一七三一年の帝国法令の起草者たちは、実際には不名誉な者たちの多くを名誉ある者としているが、これは正しかったのであろうか」「私たちの時代において、売春婦とその子らの恥が減少してしまったことについて」[19]――メーザーはこの法令を「足が二本あり、羽を持たない生き物」をほとんど受け入れるようギルドに求めているようなものだとしており、「ヒューマニズムの現代版の熱狂」の例としている。仲間に対する愛は高貴な感情だが、それは政府の社会政策の基礎たりえない、などと記している。

「私たちの世紀の非政治的哲学」では、ヒューマニズム、つまり『人類愛』が、市民的感覚つまり『市民愛』よりも上位に置かれていると、メーザーは苦言を呈する。婚姻は重要な政治制度なのだ。世帯というものは、国にとって独身者よりも価値がある。これは、非合法の性的関係よりも結婚のほうがたくさんの子どもをもたらすからだけではなく、家族という制度が悪徳を制御し、徳を育むのに役立つからでもあった。もしその力が衰えるようなことがあれば、悪徳がはびこり、政府が抑止力としてさらに厳しく犯罪を罰する必要も増すことになるだろう。しかしながら、結婚は負担にもなり楽しくないこともあり、独身でいることの魅力というものはある。

したがって、国家が結婚へのプラスの誘因を作り出し、独身や許容されない性的関係に対するマイナスの誘因を作り出すことは、政治的に賢明だ。名誉ある生まれの子と同じ地位を非嫡子に与えることによって、法は許されない性的関係を持った女性とそれに伴う子に対する一般人の嫌悪感を減じている。これによって結婚に対する最大の誘因を失わせているのだ、とメーザーは論じている。放縦な女性とその子が担う不名誉を減じる政策は、市民生活のカギとなる構成要素である婚姻制度を犠牲にしていることになる。

このようにして、啓蒙的な法令は「非政治的」であると、メーザーは主張している。婚姻制度というものはさまざまな政治的機能を果たしているのだが、婚外の性的交渉から生まれた子に対する大衆の偏見によって、この制度は維持されている。法令は、こうした大衆の偏見が果たしている機能を無視していることになる。「私たちの先達は常に、新しい弟子を採る前に、名誉ある出自である証明を求めたが、彼らは理論というよりは経験によって導かれていたのである」とメーザーは記している。メーザーはこのような対比をしばしば繰り返していて、これは後年の保守思想の不可欠な要素となった。

経験は、正義と効率の抽象的な想定から導かれる結論からすれば及びもつかないような知恵を体現している。というのも、経験による知恵は、ギルド、家族などのような既存の制度の機能が互いに結びついていることを考慮しているからだ。また、そのような機能に関連した信念は、たとえば非嫡出子に対する蔑視のように、そう思っている本人さえ必ずしも説明できないような知恵を体現しているからである。メーザーはしばしば、既存の制度や慣習の暗黙知を発見し、それを明らかにすることを自らの役割と考えていた。

非嫡出子がギルドに参入することを無理に認めさせると、ギルドの名誉を貶めることによって、ギルドの成員であることの価値を減じてしまうことになる。そのような加入政策によって一たびギルドの名誉が失われ、もはやギルドへの参入は尊敬の対象ではなくなる。ギルドの地位が切望されることはなくなり、結果としてギルドは衰退し始める。このような法令を公布する啓蒙官僚はこうしてギルドの成員から財産を奪っていることになり、相談することなく彼らの伝統的特権を減じることによって、ギルドの成員の自由をも奪っていることになると、メーザーは論じている。

メーザーにとっては、このような法令は、政府の官僚による、ギルド成員の名誉、自由、所有に対する攻撃だった。官僚は下位にいる者を一般的に見下しているので、そうした政策の帰結を理解できないでいるのだ。非嫡出子を名誉あるものとしようとするこうした試みは、名誉や不名誉の意味についての理解を欠いていることを露見している。名誉というのは、地位、階級、そして身分の序列からなる社会において、地位を同じくする人々から同等に遇される権利である。「不名誉な者」にも社会の伝統的地位の中では最下層に位置づけられているので、地位はあった。

この法令によって、最下層の地位に属することは耐えがたいように思われるようになる。しかしながら、一たびこれが受け入れられれば、各地位の人々も上の地位に属する人々に対して怨恨を感じるようになるのではないだろうかと、メーザーは問う。メーザーにとっては、絶対君主制の官僚は、名誉の概念を弱めることによって、社会が成り立っている原則それ自体を攻撃していることになるのだ。特権、義務、名誉を伴った地位のしっかりした感覚なしに、どうやって人は自分の居場所を知ることができるのだろうか。

メーザーは、農奴が地主の法的財産であるような、伝統的な家父長的地主・農奴関係、つまり農奴制を擁護することによって、啓蒙的な知識人を憤慨させた。農奴には権利、所有というものが全く欠けており、全く主人の意のままという、知識人の多くが抱いている農奴についての概念は、ヴェストファーレンの農奴の現実には対応していないと、メーザーは指摘している。そこでは、歴史的な理由で、地主・農奴関係は、より穏健な形で展開されてきている[20]。

実際のところ、かの地の農奴制は、双方の主体の法的自由に基づいた経済関係よりも優れているとメーザーは主張している。一たび、農奴が現金で自分自身を「買い戻す」ことになれば、地主は農奴やその福祉に対する関心を失うだろうと論じている。農奴は運送用の馬のようなもので、所有者はその手入れをしなければならない。他方、地主から土地を借りている小作人は借りている馬のようなもので、地主は小作人の将来の福祉を考えずに、できるだけ搾取するのだ[21]。

家父長的な経済関係を土地財産に対する資本主義的態度で置き換えることについては、メーザーは警戒している。オスナブリュック周辺の田舎では、地主は、祖先からの土地から生じる負債を払えずにいる法的には自由な小作人を強制退去させ、それを借地人に替えようとしている。この結果、小作人の「祖先からの遺産（父なる大地）」に対する愛着は薄れ、所有権と市民としての責任の関係についての感情も弱まると、警告を発している。メーザーは、負債の上限を法的に定め、債権者が債務者の財産を取り上げにくくすることで、小作人の負債を抑えようとした[22]。

メーザーは市場については懐疑的ではあったが、商業それ自体について反対していたわけではなかった。その代わりに、市場に制約をかけ、自分自身の、本質的には非商業的な社会についての理想像に合わせようとした。メーザーはある種の経済発展を良しとしていて、それが政府によって制御されることを望んでいた。彼にとっては、市場は規制されているほうがよかった。メーザーは、その土地で生産された財を輸出し、それによって国を富裕にする商人を賞賛しており、その点では十分に重商主義者だった。

七年戦争によって経済に打撃を受けた地域の行政官として、メーザーは経済発展を促進するために、国の資金と独占力を利用した。彼は、職人に経済的な支援を与え、オスナブリュックに定住して生活必需品を供給するよう促した。また、両方とも失敗に終わったが、公営の陶磁器工場やかご工場を設立し、地域の銀行がオスナブリュックの個人や政府官僚が預託している資金を有効活用できるような計画も考え出した[23]。ヴォルテールと同じく、メーザー自身も金儲けについては積極的であり、土地の貴族にお金を貸したり、地域の鉱山開発に参加したりした[24]。

市場の便益と実用性に目をつけたメーザーは、折に触れて市場に基づく経済政策を要請することさえあった。一八世紀において最も慎重な対処を要する経済政策の問題、つまり穀物供給の管理を担う政府の役割について、そうしたのだ[25]。不作の際には、政府の倉庫から穀物を供給するという既存の政策に反対した。穀物取引というものは、安価なときには九年間商人が損失をこうむり、不作になって価格が上昇したときに、それが補償されるというようにできているのだと、メーザーは説明している。もし、一〇年目に価格上昇がないということを知っていたならば、商人は九年間、安価な穀物を取引するというリスクをとることを良しとしないだろう、と論じている。

穀物価格を固定しようとする政府は、供給を確保するのに商業に依存できないという事実を計算に入れておかなければならない。政府は自前で穀物を供給しなければならないが、適切に行うことはできない。「この場合、人の持つ食欲に完全に頼ることができる。これはすべての人に備わったものだが、それにはちゃんとした目的があるのだ」[26]とメーザーは記している。

▼地方文化を破壊する

このように商業と妥協することもあるが、メーザーは市場を第一義的には脅威と見なしていた。これは、市場が、田舎での伝統的な家父長的関係の外に出てしまう人々を増やしてしまうからである。市場は、町の職人にとって、伝統的な必要品で満足していた小作人にとって、そして社会の政治的構造にとっての脅威なのだ。当時のオスナブリュックの政治的・経済的傾向についてのメーザーの考えは本質的には悲劇的なもので、これは後年、「ロマン主義的」と呼ばれるようになる。過去の理想化という色合いを持ったものだった[27]。メーザーにとっての英雄は職人であり独立した小作人であり、悪玉は店主や行商人だった。

メーザーが考えていた政治制度の中では、職人は重要な意味を持っていた。というのも、職人は市民であり、国家の土台となる税金を払い、戦時には、軍に召集され、また職業軍人に兵舎を提供できたからだ。職人は、その地域の人々の日常のニーズを満たすべく、伝統的な生産物を提供していた。経済的特権と政治的義務は、変化がない安定した経済において、うまく結びついていたのだ。

今や、職人の地位は国際市場と、地域におけるその代理人である小売店主によって掘り崩されつつあるのだと、メーザーは考えていた[28]。店主はオスナブリュックの外から財を輸入し、それを自らの店で販売した。これらの財は、ロンドン、パリ、そしてドイツの大都市から来たものだった。そこでの生産は、メーザーが「単純化」と呼び、歴史家が「集中化されたマニュファクチャ」と呼ぶようになる分業の過程によって行われていた[29]。数人の徒弟やジャーニーマンと働いていたギルドの親方に代わって、この新しい生産方式においては、三〇人、あるいは四〇人の賃労働者を雇用する親方がかかわっていた。

生産過程は複数の段階に分けられ、各段階はその局面に専念する労働者が担った。メーザーがこの体制を「単純化」と呼んだのは、各労働者は生産過程の中で一つの段階についてしか習熟しないからだ。ジャーニーマンは製品全体の作り方を覚え、最終的には独立した親方になることも可能だったが、「単純化」された産業では、各賃金労働者は、生産工程のごく小さな部分に習熟するにとどまり、したがって、ずっと従属したままとなる。

そのような工程によって、物が安く売れるようになることはメーザーも認識していたが、アダム・スミスとは違って、費用が減少する経済的根拠については気づかなかった。大都市での生産には、他の経済的利点もあり、メーザーは次のように列挙している。原材料は入手しやすい。都市はそれ自体広範な市場を有している。また、新しい工場では、風力、水力による新しい機械を使うことができたが、こうしたことは職人の手には余った。都市でできた製造品をオスナブリュックのような町に持ち込んだのは、小売店主だった。「単純化」による生産物が、しばしば、土地の職人が生産するものより良質で安いことは、メーザーも認めていた。

このように、職人はますます小売店主にとって代わられるようになる。メーザーは、過去一世紀で、オスナブリュックの職人の数は半減し、小売店主の数は三倍になったと見積もっている。このようにして、独立した職人は経済的には衰退し、それとともに協調主義的な社会という都市の制度も衰えていった。

メーザーは、特に下層の人々の間で、新しい輸入品を求める気持ちが強まっていることを折に触れて非難している。今や乞食でさえ、コーヒー、紅茶、砂糖を必需品と考えているのではないかと、メーザーは論争を呼ぶような誇張を交えて述べている[30]。貿易収支についての重商主義者に共通の懸念に関しては彼も同意見で、輸出を促進して地域でできた財の消費を促進する一方で、輸入品に対する嗜好が強まるのを阻止しようとした[31]。

地域で生産されたものをなおざりにして外国産品の消費を促すことで、小売店主は隣人の市民を貧しくする一方で、外国人を富裕にしていると、メーザーは主張している。こうした重商主義的な想定と足並みを揃えて、メーザーは小売店主と商人を区別している。商人は、地域で生産される財を外国市場に売ったり、あるいは原材料を地域で加工し、最終的には輸出したりすることで生計を立てている。商人は国家にとっては恵みだが、小売店主は災いだ。商人の名誉は第一の序列ではあるが、小売店主の地位は職人より下でなければならないと、メーザーは記している[32]。

輸入された外国産品には、メーザーを悩ますもう一つの特質があった。それは新奇さである。大都市では嗜好や様式というものは常に変化しているが、町の職人は伝統的なやり方で財を生産している。小売店主は、流行や贅沢品に対する嗜好を助長し、新しい欲望を刺激することで繁盛する。「私たちを誘惑に導かないでください」と主の祈りは説いている。しかし、メーザーによれば、職人から顧客を奪い、生計の手立てを奪うのは、国際経済の地元代理人である小売店主の役割なのだ。こうして「流行は地方都市の大いなる略奪者となる」[33]。

このようにしてメーザーは、新しいニーズを「作り出して」しまうものとして資本主義を非難している。これにより慣習に基づく予想は覆され、序列に基づいた社会は失われる。これは一八世紀にあっては普通に行われた判断で、後に道徳主義者が何度も蒸し返す判断でもあった[34]。メーザーは、本来備わっている嗜好を国際的な嗜好と置き換えることを非難しているのだ。

メーザーは都市での変化の代理人である都市部の小売店主には疑いの目を向けていたが、田舎での市場経済の代理人である行商人については、強烈な敵意を胸に抱いていた。ヴェストファーレンの田園での原始的な経済においては、たいていの小作人にとって、世界市場やそれが生産する財に接触する機会は限られていた。ひどい道路のせいで旅行は困難で、また危険を伴うものだったので、小作人が町やそこにある店を訪ねることは稀だった。外国の商品が買える市はほとんどなく、市が立つとしても頻度は稀だった[35]。

このような経済的後進地域の場合、外国産品の主な供給元は行商人だった。彼らは背に品物を背負い、小道、横道を通って小作人の家まで行き来していた。小作人たちは物を買うだけの金もなく、訪ねていくのは困難だった。しかしながら、資本もほとんどなく相続による地位もない、自称商人である行商人にとっては、小作人たちは未開拓の市場だった。行商人は、その地域の外で生産された品物を運び、大半が市場経済の外にいるような人々に対して小口で売った[36]。そうした行商人の多くはユダヤ人だった。

メーザーにとっては、行商人の活動は、新たなニーズと欲望を呼び起こすことで、田園に暮らす人々の「良き道徳」を破壊しているのだった。かつては、小作人は地元の生産物で満足し、分不相応な外国産の財を望むことはなかったと、メーザーは主張している。自分では思いもつかなかったような商品を買うように勧めて、小作人を堕落させているのは行商人なのだ。

> 私たちの祖先はこのような田園の小売店主を容赦しなかった。彼らは市場での自由を与えようとはしなかった。また、ユダヤ人を教区から追放した。なぜ、これほどまでに厳しかったのだろうか。もちろん、田園の住民が刺激を受けて誘惑され、堕落し、だまされないようにするためだ。彼らは実用的な規則にこだわった。つまり、目に入らないものは人を堕落に導くことはないという規則である[37]。

行商人は、メーザーの考えでは人が元来「必要」としていない物を買わせる。メーザーの想定では、人々が本当に必要なのは、伝統的に必要としていた物だけである。本当は必要のない生産物を購入したいという誘惑から人々を守ることが、彼自身のような政策立案者の目的だった[38]。

　疑うことを知らない小作人やその妻を誘惑するために行商人が見せた、有害だが誘惑的な財にはどのようなものがあったのだろう。絹のスカーフ、フランドル産のリネン、革手袋、羊毛の長靴下、金属製のボタン、鏡、綿の帽子、ナイフ、針――これらの品物は、普通の意味での消費を擁護する者にとっては贅沢品だった。行商人の多くが外国産品を売って歩く外国人だったために、メーザーは、なおさら行商人に対しては不信の念を抱いていた。重商主義者としてのメーザーの考えでは、彼らは第一に、オスナブリュックから富を引き出す下水管のようなものだった。彼らは税金を払わないし、地域の職人と競合するので、結果として国は貧しくなる。行商人は、経済的には密輸入業者と同じだった[39]。

　メーザーは、市場とその代理人は道徳を損ねるとも見ていた。女性を家庭の制約と夫の監視という庇護された領域から引き出すからだ。彼は、行商人が小作人の妻のもとに現れ、夫の不在中に直接妻に訴えかけることに、当惑していた[40]。また、週ごとに開かれる地域の市場に反対した。家庭の持つ「中産階級の落ち着き」から女性や子どもを引き離して市場に引き込むからだ。女性たちは、おしゃべりや冗談に興じたり市場で軽食にお金を使ったりする一方で、家事を顧みない[41]。ここでもまた、市場は習慣と伝統を破壊するものとして描かれる。

メーザーの穀物取引についての見解を論じた際に見たように、彼は市場のプラスの役割も把握していた。これは、行商人についても当てはまる。メーザーは、行商人がいるおかげで地域の小売店主が法外な値段を吹っかけたりはしないことは認めていた。だから、彼は行商人に対しては寛容であることを求めたが、それは彼らが「必要な」外国産品を売る限りにおいてであり、稀に開かれる市場で、女性客が夫に同伴されている限りにおいてであった[42]。

▼貧民を創出する

しかしながら、オスナブリュックの制度的構造に対する最大の脅威は、新たな資本主義的形態の製造業が田園地帯にも広まっていくことでもたらされた。メーザーの時代には、このような転換は十分に進んでいたので、その破壊的な政治的効果を無視しようとする一方で、彼はこうした転換自体は支持せざるをえなかった。

メーザーは、市民権というものを財産に対する所有権と結びつけて考えていた。メーザーの説明では、古代ゲルマンの部族は、自ら土地を持ち、それを耕す者に対してのみ居住権と市民権を与えることで、その政治的徳と、道徳の純粋さを維持していたとされる[43]。ジョン・ロックと同様、彼も政体は原契約に基づいていると考えていた。

しかし、メーザーの考えでは、このような原契約による持ち分は、所有権に、それも特に土地の所有権に基づくものだった。持ち分の大きさは、全員同じではなかった。貴族の持ち分は大きく、小作人の持ち分は小さかった。また、ある者には全く持ち分がなかった[44]。このような構想においては、賃労働から所得を得ている財産なき者が入る余地はなかった[45]。財産を持たず市民権を有していないものをメーザーは、ネーベンヴォーナー、つまり居住外国人、あるいは滞在者という言葉で表現している。田園で新しい形態の生産が増大するにつれ、市民権の獲得に必要な財産要件を欠いている人の数が増えていったが、彼らはオスナブリュックの伝統的な制度の下では居場所がない。これが、メーザーが直面した本質的なジレンマだった[46]。

このようにしてメーザーは、発展しつつある経済において多くの政策立案者が対峙せざるをえないような窮状に直面していたのだ。すなわち、(栄養状態の変化とともに)経済的機会の変化によって、より多くの人々が扶養されるようになったが、生存レベルかつかつで、という新しい状況にどのように対応するかという問題である。

小作人の家族規模は、伝統的に土地が少ないことから生じる経済的制約による限度があった。典型的な男性の小作人は、家族を扶養できるようになって初めて結婚した。これは、小作人が自分の土地を取得するのは、たいていの場合は父親の死亡によって、ということを意味している。伝統的に、たいていの小作人はだいたい三〇歳になって結婚したが、これはその年齢に達して初めて子どもを扶養することができたからだった。しかし、メーザーの時代には、小作人にとっての機会は、農業労働の季節移動や家内工業によって変化した。

オスナブリュックでは、たいていの小作人は小さな自分の土地を自ら働いて耕作していた。しかし、土壌の質は劣悪で、人口密度は高かった。八〇キロ足らず西に位置するオランダでは、経済が発展しており、独立自営農民は収穫のために労働者を雇う必要があった。こうしたことからメーザーの時代には、ほぼ六万人ものオスナブリュックの人々が毎夏オランダに向かい、農作業に従事した[47]。

新たな経済的機会の第二の源泉は、田園地帯の在宅ベースの製造業だった。このような「家内工業」あるいは「問屋制度」によって、メーザーの司教領の住民の多くが、成長しつつある国際的な市場経済と密接に結びついていった。こうした分散的な手工業の下では、布はたいてい、農業労働の必要があまりない冬に工程ごとに小作人によって自宅で生産された。それぞれの家の中で、ある小作人は糸を紡ぎ、別の者はそれを織り、また別の者は出来上がった布を染色した。

このようなやり方は商人企業家が考案し、維持したもので、彼らは小作人に原材料や、しばしば必要な道具も前貸しした。生産物はさまざまな工程間を移動し、最終生産物として売りに出された[48]。メーザーのオスナブリュックも含めてヨーロッパの一部では、人口の急速な増大は、家内工業の成長によって可能になったのである。

メーザーはこうした新しい経済的機会が経済と社会にどのような衝撃を与えるかについては、はっきりと認識していた。家内制手工業で生産されたリネンは、オスナブリュックの最も重要な輸出品であり、したがって重商主義的な傾きを持つ統治者にとっては大きな関心事だった。というのは、経済が成長して初めて人口増大が可能になるし、また、その成員を公共福祉支出の対象から外せるからだった。多くのリネンは家庭内で生産された。そうした家庭が経済的に破綻しないで済んだのは、男たちが毎夏オランダに移住したからだった。これらの理由から、メーザーはリネン産業を奨励し、発展させようとした。また、夏の間のオランダへの移住を支援した[49]。

しかし、こうした新しい経済様式の社会的結果は、メーザーを不安にさせた。自分が持つ土地からの収入を得ている男の中には、家族の土地を相続する三〇歳近くになるまで結婚しない者もいることに、メーザーは気づいた。しかし、一たび雇われ労働者として生計を立てられるようになると、人々は二〇歳で結婚できるようになる。このようにして、賃労働者(彼らは、家内制工業で所得を補っていた)の人口増加率は、伝統的な小作人のそれよりも三分の一ほど高くなる[50]。全く新しい階級が生まれた。メーザーはこれらの人々を、雇われ人(ホイヤーロイテ)、オランダ通いの人々(ホラントゲンガー)、あるいは寄留民(ネーベンヴォーナー)などと種々の言い方で表現している。彼らは、市民権の前提である財産を持たないからだ。

持たざる者の多くは生存レベルぎりぎりで生活していた。自分の富を蓄積することができないので、自分たちの物とすることができ、子どもたちに受け継がせることができる土地を獲得するために、農奴になることを選ぶ者さえいた[51]。すべての者が、この新しい形の労働の過酷さに適しているわけではないと、メーザーは警告している。多くの者が、窃盗を働いたり乞食になったりすることで、それを避けるようになるだろう。とりわけメーザーは彼らを潜在的には国庫の流失、つまりオスナブリュックの土地階級、持てる市民の資源の消失として認識していた[52]。この新たな人口で司教領があふれないようにするには、厳しさが必要だし、また市民に伝統的に適用されていたような仲間意識を捨て去ることを必要とした。

> そうした手工業者の大群に労働規律を守らせて、成功に導くためには、立法者はいわば鞭をもって臨まねばならない。大群のなかの乞食をワークハウスに入れるといって脅かさねばならない。慈善を禁止しなければならない。立法者は、これらの大衆を、従来土地所有者が見てきたのとはまったく違った尺度で捉えねばならない。一人の無実の者を救済するために、十人の有罪の者を許してはならない。大きな最終の目的のためには大きな犠牲を払わねばならない。……人口の大部分が手工業者からなっている場合、その半分を空腹や苦境によって犠牲にすることなく維持できるのはまれである。一万戸の農家と二十万人の「ホイヤーロイテ」からなる国家は、すべての貧民と病人を平等なやり方で救済することはできない。……
>
> 人を勤勉にさせるのには抑圧しなければならないというのは、しばしば悪用される原則である。しかしその原則の中には真実も含まれているのであって、困窮は最善の教師であり、手工業者において常に見られるように、慈善が新たな怠け者を生む場合、困窮を緩和してやるのは誤りであるというのは、どこまでも真実なのである。困窮の力は法律の力よりも強い[53]。

メーザーは、キリスト教的慈善やヒューマニズムによる政策は、貧民が国庫に頼って生活することを奨励するだけだと主張する。貧困がみじめなものだと認識されて初めて、新しい階級の人々は働こうとする十分な誘因を持つのだという[54]。

メーザーにとっては、財産を持たず、そして政治的な権利もない労働者は、同情ではなく疑いの対象だった。都市部のギルド職人、田園の自由な小作人や従属的な農奴とは異なり、手工業者はメーザーの抱くオスナブリュック社会の理想像には合わなかった。彼の目には、手工業者はまさにその基礎を掘り崩す脅威と映った。彼らを受け入れるのではなく、オスナブリュックの他の階級にとってひどい重荷にならないようにすることが、メーザーのやり方だった。彼らが「厄介者」になる前に、一部の「役立たず者」を追放することを含んだ戦略だ[55]。

ヴォルテールは、その最も有名な物語である『カンディード』を使って、これが可能な世界の中で最良のものであるという見解を風刺している。メーザーは、集団としての苦痛や不幸がもたらす有益な役割について、独自の説明をしているが、これはパングロス博士の説明よりも、ずっと暗い神義論だ。

メーザーにとっては、凶作で食糧価格が高騰するといった窮乏と絶望的な困窮の時期は、普段は眠っている人間の徳を活性化することによって、神意にかなうことになるのだった。貧民にとっては、空腹というムチは勤労意欲を増大させ、富裕な人々にとっては、貧民が貧困にあえいでいるのを見ることは、同情心を喚起する。つまり、両者にとって、飢饉は中庸と倹約の徳を教えることになる[56]。貧者の苦境の根絶は不可能で道徳的には問題ないとして受容するメーザーの態度こそが、アダム・スミスのそれと最も大きく隔てるものだった。

▼商業と徳のかげり

一八世紀の資本主義的文明の文化批評家の中で、メーザーは一つの声にすぎない[57]。金銭的利得の追求により市民的徳が失われつつあるという嘆きは、一八世紀の知識人の中ではありふれた不平だった。メーザーが声をあげた一七七〇年代には、すでにルソーやアダム・ファーガソンの声があがっていた。その後、こうした声は無限に形を変えて、あるいは調子を変えて繰り返された。手近なところにシヴィック的な徳の伝統を主張する人たちがいて、自利心の価値観に支配された政治風土が崩壊の危機に瀕していると警告を発していた。メーザーは、公的な名誉を追求することにとって代わって金銭の追求が大手を振っていると非難している。市場の価値観が、シヴィック的な徳の核となる、共通善のためなら犠牲も厭わない心意気を追い出しているのだ。

迅速に手段を講じなければ、すべてが失われてしまう。人間行動の有力な誘因である名誉は、もはや役に立たないだろう。財産に対する高貴な愛は消滅し、公職の対価はすべて現金で支払われるようになる(これは国家にとっては損失だ)。ローマ市民が最高の報酬と見なしていた月桂冠では、今どき誰も満足しない。もはや、騎士の名誉は騎士らしい振る舞いに結びつかない。貴族自体が怠惰な存在になってしまっている。金銭と報酬を伴った業務がすべてを決めていく。そして、両者は恥ずべきことながら、公的名誉に基づく経済を壊してしまった。この公的名誉こそは、愛国者にとっての金銭によらぬ報酬だというのに。公的名誉の経済によって、確かなそして秩序立ったやり方で、公益がもたらされた。それは罰則ではなく、義務に基づいて機能した。それは、仲間の市民のために喜んで犠牲となる愛国者を生み出し、彼らは、喜んで国と名声のための企てに参加した。

それが今や、金持ちは金ピカの馬車で、平民を砂だまりに追いやり、有給の召使いは、かつては、自発的な偉大なる奉仕に対して、公僕の証したる黒の上着を着るという名誉の他は何も求めない男を笑い飛ばすのだ[58]。

しかしメーザーには、貨幣経済の勢いはあまりに強くて、元に戻ることはできないことはわかっていた。せいぜいその悪影響を緩和することができるだけだ[59]。しかし、どのようにしたらよいかという点についての彼の提案は、あまり確信を伴ったものではなかった。その実現が難しいことを知っていたからだ。たとえば職人と小作人の威信を回復し、彼らを賃金労働者や滞在者と区別するために、前者に武器所持の許可を出すという提案をしている。ドイツ人は、長らく名誉と武器保有の権利とを結びつけて考えることに慣れていたからだ[60]。

メーザーは、民兵をシヴィック的な徳の再生に利用することを提案したが、これまた一八世紀中葉においては、しばしば見られた主題である。また、制服による序列(半分は冗談だが)も提案している。実証できる形で共通善に貢献した者が、名誉ある地位の象徴として着るというものだ。そのような尊敬に値する象徴を身に着けられるという可能性は公的な業務に対する誘因として働くだろうし、制服の権利を失うことを考えれば容易に犯罪に手を染めることもなくなるだろう。

しかし、これらの提案を載せた論文「一般的な国民の制服が持つ利点、市民によっては否定される」は、次のような皮肉っぽい但書きで終わっている。「その男(市民)は話を続けたかった。しかし、彼が女性用の制服について提案しようとしていることを案じた妻は、『お黙りなさい』と言った」[61]。メーザーの皮肉は、「公的な名誉に基づく経済」を再生するのに必要な手段が、大衆に支持される可能性はほとんどないということを示している。

こうしてメーザーは、市場の興隆に伴う文化的影響というジレンマについて述べた多くの批評家の最初の一人となった。名誉や徳をどのようにして回復させたらよいのか。これは、そのような特質を欠いている大衆の中での公益の追求となる。時折、彼の批判は過激なものになっていったものの、その慎重な性格と、既存の制度と深くかかわっていることもあって、過激な解決策を提案するのは嫌がった。後年の知識人たちは、自分たちの社会の政治制度に飽き足らないものを感じ、メーザーの批判を繰り返すことになる。彼らはさらに必死に、そして過激に、解決策を探すことになる。

しかしながら、商業が制度的秩序の土台を掘り崩すということについて恐れを抱いたのは、オスナブリュックのような経済的な後進地域で市場を批判した保守派だけではなかった。ほどなく、このような批判は一八世紀後半の経済の中心だったロンドンでの市場の主張者、エドマンド・バークによって繰り返されることになる。市場が与える文化的影響についての懸念は、保守的な社会・政治思想の中では最も首尾一貫した形で緊張を強いることになっていく。

第5章

エドマンド・バーク

商業、保守主義、知識人

Edmund Burke: Commerce, Conservatism, and the Intellectuals

エドマンド・バークの『フランス革命についての省察』(一七九〇年)は、当時から現在に至るまで出版された保守主義思想の文献の中で、最も影響力があった著作である。それは、保守的感情のすべてに訴えかけ、保守的分析のすべての琴線に触れ、そして、これに続く保守的イデオロギーの主題を実質上すべて明らかにしたものだった[1]。バークは定着した制度の継続が人間の幸福につながるという主張を展開しているが、これと並んで『省察』は、政治生活における知識人の有害な役割についての批判で最もよく知られている。

これとは逆に、「金融関係者」が国家や教会という制度の土台を掘り崩しているという同書の一貫した主張については、あまりよく知られていない。しかし、政治にかかわるようになった文人と金融関係者を罰する者として現れたバークは、一七八八年以前のヨーロッパ政治においては最も重要な知識人の一人であり、実際に政治生活を知識人の観点から合理的に根拠づけようとした。そして、バークはスミスと同じように、初期の公刊物から晩年に至るまで、資本主義的な経済発展を擁護し、経済活動を調整する仕組みとして、利潤動機と市場に頼ることを主張した。しかし、そうなると、政治の世界での最高の知識人、そして市場を擁護する者が、なぜ知識人と企業家を最も痛烈に批判する一人になったのだろうか。

この一見して逆説のように見える主張を解きほぐすと、商業社会における資本主義と保守主義の緊張関係に思い至る。ユストゥス・メーザーのような形の保守主義者は、

Edmund Burke
(1729-97)

資本主義に対して敵対的だった。というのは、メーザーが維持したいと考えているような社会にとって、市場の拡大は脅威であることを正しく認識していたからだ。これとは対照的に、バークが維持しようと考えた社会はすでに商業化が高度に進んでいて、土地持ちの貴族に支配されてはいたが、貴族たち自身がすでに商業指向なのだった[2]。

ヴォルテールやスミスは、商業社会をその他の歴史的段階にある社会よりも優れていると見なしたが、そうした見解をバークも共有していた。しかし、スミスは商業社会の制度的・文化的前提を見逃しているし、ヴォルテールとその継承者は、近代的な商業社会の土台を脅かすような主張をしているというのが、バークの結論だった。バークの考えでは、問題は知識人でも市場でもなかった。法的・文化的ルールに縛られない自利心を持った金融関係者や、理性について誤った考えを持った知識人がいること、これが問題なのである。

バークがどのようにして、こうした立場に到達したかを理解するには、その経歴を訪ねてみる必要があるが、その際、政治における知識人の適切な役割や自他の利潤獲得の経験についての考えに焦点を当てる必要があるだろう。こうした経歴を経ることによって、バークは当時の最大の法人であるイギリス東インド会社を激しく批判する立場に立つことになったし、ここからフランス革命についての分析も予想できることになる。

▼政治における知識人

友人のアダム・スミスがそうだったように、バークはイギリスの辺境でその経歴を始め、才能に恵まれ、支援も受けたことで、イギリスの体制派の中心に躍り出た。体制の外から内に転じた者として、バークは批判的な距離を保ったがために、体制内に生まれた者には理解しにくい、定着した制度の潜在的機能と弱さにも敏感だった。

バークは一七二九年にダブリンで生まれた。ユストゥス・メーザーの九つ年下、スミスの六つ年下ということになる[3]。バークは、アイルランド地方の名門大学、トリニティ・カレッジ(ダブリン大学)で教育を受けた。ここで、地元の慣習の改革をめざした雑誌の編集に取り組む。これは、スミスとヒュームがスコットランドで関与するようになる、改良主義的なクラブを思わせる[4]。しかし、ここでスミスとバークが置かれていた状況は違ってくる。スコットランドは経済発展の最中にあり、暮らし向きが向上しつつある地元の地主階級が率いていた。地主階級は、関税同盟と政治的優先権によってロンドンと結びついていた。

これとは対照的に、バークの故郷のアイルランドは、それほど有利な政治的・経済的状況にはなかった。アイルランドはカトリックの小作人が多く、イギリス人の地主が支配していた。その多くは不在地主だった。アイルランドの大衆は立法措置によって多くの商業や製造業から排除されていたが、これはアイルランド経済をイギリスの必要性に従属させるためだった。

バークの時代のアイルランドには、政界に人脈があって、経済成長に専念できるような地元のエリートがいなかった。最も初期の論考の一つでバークは、アイルランドの経済的後進性を嘆いているが、その責任は地主による支配にあるとしている。地主たちは、経済進歩の手本を見せるのではなく、忌み嫌う土地を不毛にしてしまうことのほうに熱心だった[5]。このように、資本主義経済の発展という主題は、著作家としてのバークの初期の頃からの関心事だった。

若きバークはロンドンに出て、順調に出世の階段を上り、まずは知的舞台に、次に政治的な舞台に躍り出た。まずは、一七五六年に『自然社会の擁護』を公刊したが、これは極端な合理主義に対するパロディでもあり批判でもある。翌年、『崇高と美の観念の起源に関する哲学的研究』が公刊される。これは当時も今も、美学について書かれた一八世紀の文献の中で最も重要なものと考えられている。二年後に公刊されたスミスの『道徳感情論』と同様にバークの著書は、「情念の存在根拠を考察することは、健全で確実な原理に基づいて、それらを生み出そうとするすべての人間にとってきわめて必要な事柄であると思われる」と主張している[6]。

同書はイギリスやドイツでも好意的に受け入れられ、著者は大学教授職に値するとスミスに言わしめた。一七五八年にバークは、前年にヨーロッパで起きた主要な政治・文学・社会・芸術上の出来事について要約した年鑑『アニュアル・レジスター』を開始している。一七六三年まで、彼は多くの部分を自分自身で執筆し、この企画を商業的に成功させた。

三十代半ばともなると、バークは仲間の文人に認められるようになっていた。彼は「ザ・クラブ」の初期の会員だったが、このクラブには、サミュエル・ジョンソンや(ロンドンにいた頃の)スミスのような知的世界の錚々たる著名人が名を連ねていた。クラブの創設者であるジョシュア・レイノルズは、これに続く数十年間、バークを精神的・金銭的に支援した。しかし、このような知的・文化的な舞台はバークをつなぎ留めるほど十分に大きなものとはいえなかった。彼は庇護によって、政界への道をめざした。これは、才能にあふれてはいるが手段が限られている人にとって唯一開かれた入り口だった。

バークの政治への関与は、一七五九年に、議員のウィリアム・ジェラルド・ハミルトンの私設秘書になったときに始まった。ハミルトンはほどなくアイルランドの大蔵大臣に昇進した。これは名誉職であり、彼はバークにアイルランドの国庫から年金を与えた。しかし、間もなくバークはこの年金を放棄して、パトロンとの関係を清算した。ハミルトンがバークを「隷従状態」に置こうとしていると感じたからであり、これは、バークの表現によれば「郷紳、自由市民、教育を受けた者、文人であることを自負する者」[7]にとっては耐えがたいものであった。

一七六五年には、チャールズ・タウンゼントとのコネを通じて、ロッキンガム侯爵の私設秘書となった。タウンゼントは二年前に、スミスをグラスゴーから連れ出して義理の息子の家庭教師をさせた人であり、彼こそは優れた人材をスカウトすることにかけては名人であった。大地主であり、将来有望な政治家だったロッキンガム侯爵は、その年の後半には宰相に任命され、短期間だが政権を取った。侯爵は政治的・財政的な意味において、バークの主なパトロンとなった。一方、バークの側では、ロッキンガムが国会のさまざまな集団をまとめて、政権を取る、あるいは有力野党として活動できるような政党にまとめ上げる際の理想や論理的根拠をまとめた[8]。ロッキンガムが一七八二年に亡くなると、甥であり政治の後継者であるフィッツウィリアム伯爵がバークのパトロンとなった。

バークがその構築を手助けした政党は、土地持ちの貴族が率いる、商業的利益には寛容な政府、イギリスの体制内での庶民院の立場を維持しようとする政府をめざしていた。バークとロッキンガム派ホイッグ党は、王族による侵害からだけではなく、多数の持たざる者の不当な影響からも、議会を守ろうとした。さらなる平等を企図する民主政体だろうと、大衆行動の圧力によるものだろうと、これを排除しようとしたのだ。一七六六年から九四年までの長きにわたる議員時代を通して、バークが議席を確保できたのは、貴族の援助のおかげだった。

イングランドの環境に飛び込み、ダブリンなまりとカトリックの出自(バーク自身は、父親と同様にプロテスタントだったが)に悩まされていた、経済力を持たない文人にとって、政治的影響力を獲得しようとして手段を講じるのは、決して卑劣な方法だとはいえないだろう。国会ではたいてい野党陣営だったが、公の事柄についてかなりの影響力を行使したのはバークの実績だ。彼が政治的影響力を行使したのは知識人としてであり、公的な事柄について影響を与えることは、文人にとって名誉ある職分だと見なしていた。「勉学自体が目標となってしまっては、無駄骨である。人に学ばれるためにだけ学ぼうとするのは、奇妙な循環である」とバークは若者らしい感想をノートに記している。「すべての思考の目的は何らかの実践なのだから、学びの目的は、知識ではなく徳である」[9]。

『現代の不満の原因に関する考察』(一七七〇年)は、政党を知的な意味で正当化したものとして最も有名だが、知識人が政治にかかわることを雄弁に正当化したものでもある。首尾一貫した政党を擁護しようとするバークの主張の核心は、次のようなものだ。「共に行動しない者は、効果的に行動することはできない。信頼を持って行動しない者とは、共に行動することができない。共通の見解、共通の気質、共通の利害によってまとまっていなければ、信頼を持って行動することはできない」[10]。共通の利害、共通の気質が政治的にまとまるための源なのだということは、ジョージ王朝期の政治の常識だった。

バークの『考察』の意義は、政党を知的な意味で正当化しただけではなく、政党の理論を提供したことにあり、それは政治における精神の役割をさらに重視したものだった。というのも、「その連帯した努力により全員の間で一致している、ある『特定の原理』に基づいて、国家の利益を促進しようとする人々の集団」というのが、バークの政党の定義だからだ[11]。そして、「国務の過程において生じる措置の大部分は、ある種の偉大な『統治に関する主導的一般原理』に関連し、それに依拠している」[12]と主張する。共通の原理と共通の意見を重視するのが政党だとする考えは、原理をはっきりと述べ、共通の見解を生み出す者を重んじることになる。

そのような活動は精神を汚していると批判する文人に対して、バークの『考察』は知識人が政治にかかわることを正当化した。「私としては」と彼は記している。「自己の政策を実地に移すべき手段の採用を拒否する人間が、本心からこの政策の正しさを信じ、それを大切なものと考えていると果たして言いうるのか不可解である。政府に対して適切な目的を示してやるのは、思弁的な哲学者の仕事である。そして、これらの目的に対して適切な手段を見つけ、これを効果的に用いるのは、行動する哲学者である政治家の仕事である」[13]。

現実の政治に目を向けず、知的純潔を守ろうとする者をバークは軽蔑した。知的な徳の定義自体が、理想を行動によって実現することと結びついていると、バークは主張する。「私たちの義務と状況に即して、原則を作り上げる必要がある。また、実践的でない徳は、まやかしの徳であるということをよく納得してもらわなければならない。批判も受けず無為に過ごすよりも、効果的・精力的に行動する過程で失敗するリスクを冒したほうがまだよい。公人の生活とは、権力と精力にあふれた状況である。見張りの途中で眠り込んでしまうのは、敵陣に参加するのと同様、義務に反しているのだ」[14]。

国会で十数年を過ごした後も、バークはイギリス人の中でも有数の重要な知識人と見なされていた。一七八三年一一月、彼はグラスゴー大学の学長という名誉職に選出された。まず、エディンバラに滞在してスミスをはじめとするスコットランドの錚々たる啓蒙家たちと歓談した。スミスはバークがグラスゴーで任命されるにあたって同行し、ほどなくして、自分が創設を手伝ったエディンバラ王立学院の会員にバークを指名した[15]。

知識人としての徳によって非常に自然に身についていた性向は、バークの政治的代議制の理論にも影響を与えた。一七七四年の「ブリストルでの投票終了に際しての演説」で、バークは有権者に対して次のように語っている。「国会は、さまざまな敵対的な利益を持ちつつ、代理人としてあるいは主導者としてそのような利益を主張し合う大使の『総会』なのではない。国会とは、全体としての利害を有する国家の熟慮に基づく集会なのだ。……」[16]。

このように、議会を有権者の利害を主張すべく派遣された集団としてではなく、議論によってコンセンサスが生じるような、熟慮に基づく組織だと考えることは、暗黙のうちに演説と理性に高い価値を与えていることになる。これが政界に身を置く知識人の主流の意見となったことは、驚くに値しない。このような主張は、一世紀後にはジョン・スチュアート・ミルの『代議政治論』（一八六一年）において再述され、さらに一世紀後にはユルゲン・ハバーマスの『公共性の構造転換』（一九六二年）の中で復活を見た。

ロッキンガム派の知的原動力としてのバークの役割は、原理を明らかにし、演説と報告書を通じて国会に働きかけ、そして、新聞における彼の演説の報告や自分自身の著作によって、国会の外の世論に影響を及ぼすことにあった。

バークは、しばしば国会ではロッキンガム派の代弁者としての役割を果たし、党のためにまとまった原理を打ち立てるために国会での演説を使った[17]。政界の知識人として、バークが力を発揮できた理由の一つは、その雄弁さにあった。これはつまるところ、学識によるものであり、それは支持派ばかりか批判者にも強い印象を与えた。バークの偉大なる論争的著作は、聖書やギリシャの古典にラテン文学、そしてイギリスの詩や劇の傑作などから選び抜かれた引喩や引用に満ちている。彼はその学識と同時代の情報を、文章表現力と結びつけた。国会議員の大多数がほとんどしゃべらなかった当時、バークの弁論術や相手を論破する才能に、同時代人はいたく感心した[18]。

バークが国会に初めて登院したとき（グレンヴィル政権の印紙法を撤廃しようとしたロッキンガムの動議を支持した一連の演説の中で）、そのデビューはサミュエル・ジョンソンによれば「町中を感嘆させ」、「過去の誰よりも多くの名声を」バークにもたらしたとされる[19]。後にバークは、ウォーレン・ヘイスティングスの弾劾事件を主導し、また立役者ともなった。この事件は、ロンドンの人々の関心をこの一〇年で最も長く国会に引き寄せた政治ショーとなった[20]。

バークの名声は、情報の集約・分析能力にもよっていた。彼はいわば、一人からなるシンクタンクだった。『アニマル・レジスター』に寄稿し[21]、公刊され、党の記録を傷つけた（バークに言わせれば中傷だという）記事に対して、『「国の現在の状況」と題された最近の公刊物についての考察』（一七六九年）において詳細に論駁した。また、インドの政治経済については、本一冊分となるくらいの長さの研究を行った。

▼「知性」と「世論」の市場

しかしながら、バークがその影響力を最大限に振るったのは文化の新しい生産手段を通じてであり、これによって「世論」が形成された。書籍、パンフレット、新聞での意見交換によって国会に関心を持つ教育ある人々の興味が喚起された。バークは、世間の議論にとっても取っつきやすい、新しく優れた政治を実行しているとしてロッキンガム派を紹介した[22]。

政治談議はますます公的なものとなり、そのかなりの部分が新聞を通じて行われた。情報が拡大しつつある時代、あるいは当時の表現によれば「知性」の時代であった[23]。政治にかかわる知識人にとってニッチ市場を作り出したのが、「知性」の市場の拡大だった。バークは、彼の言葉がよりいっそう広範な聞き手に届くことを知っていて庶民院に話しかけたのだった。「密室から解放された」政治国家の誕生である[24]。

国会議員としての役割と文人としてのそれを組み合わせることで、バークは精力の多くを国会演説の公刊にあてることになった。これは世論に影響を与える比較的新しい文学のジャンルである。『現代の不満の原因に関する考察』(一七七〇年)から『フランス革命についての省察』(一七九〇年)に至るまでの二〇年間、バークが書いたほとんどのものはこの形式を取った。

公刊された演説は、注意深い三段階からなる過程の結果だった。バークは、まず演説の準備のために細かなメモを取る。これを国会で使うのだが、その際に書き足したり削除したりして編集する。最後に、公刊のために資料を再加工する際に、演説を筆記したものも用いる[25]。「インドについての特別委員会　第九回報告」は、バークがすべて起草したものだが、国会に提出されてほどなく、デブレット社が出版した。一七八五年の力作「アーコット太守の債務についての演説」は、初期の草稿を事情通に回覧して修正してもらってから、脚注と一連の付録で補った形で公刊された[26]。

このような演説原稿兼書物は、国家の問題について、国会議員と広範な大衆の双方を教育するための重要な資源となった。バークの政治的影響力の少なからぬ部分が、国会の外での演説の効果によるものだ。

一七八〇年代のイギリスでは、政治家や新聞はますます「世論」の力に訴えるようになっていた。世論は人民の声と同一視されており、公の問題についての開かれた議論を保障する報道の自由という徳と結びつけられていた[27]。すでに見たように、フランスでは、啓蒙的知識人が、パンフレット、新聞、書籍のような新しい活字メディアに基づいた「世論」の役割が、判断の根拠としてますますもてはやされるようになっていた。そこでは、公的な政策の問題が合理性と客観性の基準にさらされるのである[28]。

商業メディアという情報の伝達手段によって「世論」

がますます政治において重要な要因になっていること、そして「世論」と考えられているものが知識人から大きな影響を受けていること、こうした事実についてはバークも重々承知していた。彼は、公共的理性の声であり、良識であるとしばしばもてはやされている「世論」というものが、実際は文人の声であることに気づいていた。この点は、バークの主題の扱い方として特徴的なところであり、ヴォルテールと共通している。言い換えれば、「世論」はますます「公刊された意見」を意味するようになり、これによって文人は新たに、おそらくは不吉な重要性を与えられることになる。これは、バークが一七八九年以降の著作において強調したとおりである[29]。フランス革命の起源についての分析においてバークは、主たる登場人物としては「金融関係者」と「文人」がいたと主張することになる。「貨幣が増えて流通するようになり、政治でも文学でもニュースが広まるようになると、こうした貨幣や知性を広めることができる人間がますます重要になっていく」と彼は述べている[30]。

新聞の流通は、「いまだかつてないほど、効率的で広範なものになった。新聞は、一般に考えられているよりもずっと重要な手段なのだ。それは、すべての読者にとって読むことの一部であり、また圧倒的大多数にとっては、読むことのすべてなのだ。誰でもよいからつかまえて、一年の間、朝に晩にストーリーを語らせよう。そうすれば、彼は私たちの主人となるだろう」[31]。

最後の公刊物の一つである「国王殺しの総裁政府との講和についての第二書簡」で、バークは「世論」やそれを作り出す人々の重要性を軽視しがちな実務家に対して答えている。「世論というものは無限の帰結をもたらすものだ」。「それによって、行動様式が作り出される。実際、世論によって法律も立法者も作られるのだ。したがって、諸事の中で、先見の明がある政府はとりわけ世論を、それも初めから注視する必要がある。あとから見ても意味がないかもしれない。だから、戦争というのは見解の闘いなのだと言われれば、それが戦争の中で一番重要だということになる」[32]。

▼抽象的理性の批判

ロンドンの知的世界にバークが初めて現れたのは、一七五六年に『自然社会の擁護』を公刊したときで、見解が激しく対立している最中に言論の闘士として登場した。公人としての経歴が始まったときから最後に至るまで、バークは、知識人が道を踏み外したときにどれほどひどい社会的、政治的帰結がもたらされるかという可能性について警告し続けた。最初の書物で、彼は抽象的合理主義の罠に焦点を当てている。これはいかなる制度も合理的に正当化しようとする考え方のことで、正義に基づく推論によって設定された基準に合わない制度はすべて否定される。人間社会もこのような基準に合うように作り直すべきだとするのだ。

世俗的な事柄についての動機づけや指針としての合理主義の主張について、バークが疑いを持っていたことは、若いときに書いたエッセイを見れば明らかだ。これらはまだ二〇代初期のときに書かれたもので、存命中は公刊されなかった。長い勉学の末にたいていの科学の原理に習熟した人々は、「多くの根拠というものが、いかに脆弱で誤っているか。また、その最良のものでさえ、いかに不確実かがわかるだろう」と記している[33]。「おそらく、たいていの事柄の根底にあるものは理解できないのだ。最も確実な推論でさえ、ある点に至ると、曖昧であるばかりか、矛盾に陥ってしまう」と、バークは考えている[34]。

メーザーと同じく、若きバークにとっては、人間理性の限界を意識することは、慣習に対して信念に基づいた敬意を払うことに通じている。「慣習を作り出す何らかの一般原則があり、これは理論よりも役に立つ指針なのだ。しばしば奇妙な動機づけによって人々は慣習に従うが、だからといって慣習が理性的でないとか役に立たないということにはならない」[35]。慣習や制度が役立つことは、すぐには理解されない、と若きバークは考えていた。加えて、すべての制度を合理的な精査にかけようとする試みは、それ自体として否定的な帰結をもたらすのだ。

「葬式が人間にとって何の役に立つのかは、それほど簡単にはわからないだろう。ささいなことのように思われるかもしれないが、葬式は人間性を滋養し、ある程度は死の過酷さを和らげる。そして葬式は、つつましやかで謹厳な、そして、それにふさわしい思想を育むのだ。それは、弱くて恥ずべき私たちの本質の境遇につつましいベールをかけてくれる。それを赤裸々にしてしまうような哲学に対しては、何と言ったらよいのだろうか。愛や感情、ぞっとするような単なる生殖行為としての両性間のあまたのいちゃつきについて語る者の知恵というものはその程度のものなのだ。自分たちは、大変な発見をしたとうぬぼれているだろう。繊細さを装うことが、馬鹿馬鹿しさに転じてしまっているのだ」[36]。

それがなければ、「弱くて恥ずべき私たちの本質の境遇」と言われている、ベールとしての文化的遺産のイメージは、四〇年後のフランス革命についての省察で、卓越したたとえをもたらすことになる。ベールを剥がそうとする者に対してのバークの批判は、最初の本である『自然社会の擁護――あらゆる種類の人為社会が人類にもたらす悲惨と害悪についての一見解。亡き貴族である著者から×××卿への手紙』に見られる。同書は一七五六年に、二七歳のバークが匿名で公刊したものだ。同書はパロディである。その戦略は、バークが根本的に誤っていると考えていた、一般的になりつつある思考様式に闘いを挑むことだった。論理的帰結を示すことによって、そのような思考様式に対して疑問を投げかけようとしたのだ。

同書は、若き哲学者から年上の貴族への書簡という形をとっている。哲学者は、歴史的、あるいは非合理的な成長を伴わない合理主義的・普遍的な「自然宗教」「自然社会」を擁護する主張をしている。合理主義者の基準から離れた、社会的・政治的・文化的制度をすべて非難している。すべての人類史は、そのような非合理な制度に基づいているのだから、それは絶え間ない悲痛の歴史であると哲学者は主張する。そして、これが正しいということを示すのに、多くの(見かけ倒しの)証拠を挙げている。

バークは、この新種の批判的知識人の考え方にきわめて巧妙に入っていき、思想と議論のこのような特徴的な様式を上手に再現したので、多くの読者が皮肉に富んだ風刺的な意図に気づかなかった。このため、一七五七年の第二版では、新しい序文で始めて、本当の想定と意図を説明しなくてはならなかった。この論考は「理性の乱用」についてのものなのだ、とバークは説明している。「自身の弱さの感覚、被造物の中での従属的な地位についての感覚、あるいは、ある主題について想像を自由にめぐらせることからくる極端な危険についての感覚から解き放たれた精神は、卓越したもの、尊敬すべきもののすべてをもっともらしく攻撃するだろう。これは、編者の確信するところである」[37]、「道徳的義務として普段行っていることすべて、そして社会の土台について、その理由をいちいち明らかにしなくてはならないとしたら、世界はいったいどうなってしまうだろうか」と反語を使って、このように問いかけている。今、現にあって当然のものとされている真実を公然と批判するのは危険だ。というのは、真実というものは往々にして証明が難しく、証明が易しいものは往々にして真実ではない。現にある制度を間違って批判しただけでも否定的な帰結を引き起こしかねないからだ。このようにバークは警告している。

全経歴を通して徹頭徹尾、バークは、認識論的に誤りであり、また社会的に害悪をもたらすと考えられる合理主義的な社会的批判と闘った知識人であった。バークはこれを「哲学のおとぎの国」と呼んでいる[38]。というのは、もし政府が、公刊物にますます強い影響を受けている「世論」にさらに依拠するようになれば、そのような批判は、制度を安定的に維持している習慣や習性を壊すことになりかねないからだ。

▼商業の支持者としてのバーク

バークは、議会の活動が商業化されつつあるときに、政治家としての活躍を始めた。そのような過程に、彼自身とその政党もかかわっていた。ロッキンガムが政権を取っていた一七六六年に、バークは商人を内閣と結びつけるに際して重要な役割を果たし、これによって、商人は政府と談合するようになった[39]。ロッキンガム派のホイッグ党が野党に転じると、バークもロンドンの金融街の銀行家や金融関係者からの支持を取り付けるのに奔走するようになる[40]。さまざまな商業的利害関係者は国会でのロビイスト活動にますます長けるようになり、議会活動の大部分が、競合する商業関係者の相反する要望への対応にあてられるようになる。スミスも批判してきたように、商業への配慮が、国際関係においても支配的な役割を演じるようになった[41]。

経済問題についてのバークの関心は、ダブリンでの学生時代にまでさかのぼる。アイルランドの小作農の道徳的堕落と物質的な貧困化に接した一九歳のバークは、商才に長け、暮らし向きを良くしようとする地主階級がいないことを嘆いている。「国の富は、郷紳層の輝かしい外観や贅沢な生活で評価されるべきではない」とバークは力説する。「均質な豊かさが、人々の間に広まることによって、彼らは幸福になり、国は強大になる。そのような分配には、最も偉大な者も最も卑しい者も加わるのだ」[42]。一七四八年に発露された、こうした初期の心情がスミスの『国富論』の関心事を想起させるとするならば、これに続く経済を主題としたバークの著作の多くも同様である。

晩年に向けて、バークは「一貴族に宛てた書簡」(一七九六年)の中で次のように記している。「私は非常に若いときから議会での職を終えるに至る頃まで、経済学を私のつつましやかな勉学の対象としてきた。しかも、(少なくとも私の知りうる限りでは)この学問がヨーロッパの他の地域における思弁的な人々の思想を使うようになる以前からそうしてきた。偉大な学識者は、私の研究が全く捨て去られたものとは思っておられず、彼らがものした不滅の名著の特定の論点について、折に触れて、おそれ多くも私と意見を交えてくださったのである」[43]。これはスミスその人について語ったものである[44]。スミスの「不滅の名著」の公刊前も後も、バークは、貪欲さが公の観点からも役に立つこと、自由な国際貿易の大切さ、そして経済問題について市場の仕組みに頼ること、これらの諸点について、スミスに実質的に同意していた。

バークは、スミスが「自分たちの状況を改善しようとする願望」と呼んでいるものから社会的便益が生じる可能性があることを強調している。一七六〇年代前半に書かれた「カトリック刑罰法論」で、バークは「賢明な国家ならば、その偉大さの第一原理として大切にしなければならない賛美すべき貪欲」について書いている[45]。後年、イギリス政府がフランス革命政府に対する戦争費用をどのように調達すべきかで、強制公債か、あるいは金融市場を通じての政府の負債によるべきかという問題が生じたが、バークは市場に頼るべきだとして、次のような非常にスミス的な文章を記している。

利益を愛することは、それがしばしば馬鹿げたものに至ったり、しばしば悪しき過剰になったりはするものの、すべての国家が繁栄するための偉大な原因である。この自然でもっともな、力強く豊饒な原理を前にして、風刺家はそれが馬鹿げているという。また、道徳主義者はそれが悪徳であるという。さらに、同情的な者は厳しく残酷なものとして拒否する。そして、判事は、詐欺やゆすり、それに抑圧を非難する。しかし、優れた点も未完成な点もすべて引っくるめて、あるがままにそれを用いるのは政治家の役目である。ここでも他の場合と同じく、自然の一般的なエネルギーを利用する際には、あるがままの状態でそれを受け取るのは政治家の役割である[46]。

　貪欲と利益に対する愛から得られるエネルギーを「利用する」ことは、国内・国際を問わず、そのエネルギーを市場関係に注ぎ込むことを意味すると、バークは考えた。「富がどこででも見出されるようになるのは、商業的世界の利益にかなっている」[47]と彼は書いているが、たいていの人、商人であればまずほとんどが、交易はゼロサムゲームになると想定することは自然だと考えていることは認識していた。「私たちにとって、他人が繁栄するようなことがあれば、『確かに』私たち自身は破滅に至ると考えることは、当然過ぎるほど当然であることは、私も知っている。他人が『得た』ものは私たちから『取り去られた』ものだと考えないようにすることは、難しい……。交易は、相互の需要と消費の対象が私たちの嫉妬を超えて広がらないような、限定的な存在ではない」[48]。

　バークは、帝国の各部分がその資源を最良の形で使えるようにしておくような自由主義的な政策は、帝国全体の福祉を促進すると主張している。バークの故郷であるアイルランドの商業や製造業は、これに対応するイギリスの利益を侵害しないようにと制限されており、イギリス製品と競合するかもしれないような製造品や輸出品は法律によって禁止されている。商業都市であるブリストル選出の議員として国会に出るかたわら、バークはアイルランドの交易に見られるそのような制約を除くために闘った。バークの見解にブリストルの商人は反対し、『ブリストル市の紳士に宛てた、バーク氏からの二通の書簡』(一七七八年)と『トマス・バラへの書簡』(一七八〇年)で、自らの見解を見事に弁明したにもかかわらず、バークは次の選挙で、自由貿易に関与したことで落選を余儀なくされる[49]。

バークは国内の取引においても、市場を経済成長のための最も有効な手段として擁護した。一七七二年、バークは買占めを禁止する法令の撤廃を求める動議を国会に提出した。買い占め、買いだめ、売り控えなど、表現はいろいろだが、いずれも、穀類不足の折に一儲けすることを見込んで、食料を買いだめることをいう。一五年後再び、そのような慣行を禁止しようとする試みがなされると、バークは再度反対に立ち上がった。農業の専門家のアーサー・ヤングに語ったように、農産品の価格を下げようとする法律は、実際にはその価格を上げてしまうと確信していたのだ[50]。

富の分配が最も有効に行われるとして、自由市場を最大限に擁護したのは、最晩年になってからだった。一七九四年と九五年は不作で食料価格が上昇し、地方では不穏な動きがあった。その結果が、食料価格を下げるか労働者賃金を上げるよう政府が介入すべきとの提案だった。バークの故郷のビーコンスフィールドからほど近いスピーナムランドでは、治安判事によって、貧民の市場賃金をその地域での課税による基金によって補おうとする政策が始まっており、必要性はパンの価格と家族規模によって定められていた。サフォークでは治安判事が、労働者の賃金が穀物価格と釣り合うように調整することを決めていた[51]。国会では、雇用者が支払わなければならない最低賃金を法によって定めようとする法案が提案された[52]。

バークが首相のウィリアム・ピットに対する覚書を起草し、後に『穀物不足に関する思索と詳論』として公刊したのは、このような状況下だった[53]。賃金と価格は市場の力で決められるべきだと最も強硬に主張した著作である。

たいていの人間は、日常的な食料品市場がどのように機能しているかを十分に理解しておらず、そのような財の取引にかかわる人々は大いなる偏見の対象となっているというのが、バークの主張だった。このような状況下での政府の役割は、人々に事情を説明することで、それでは事足りないときは、取引業者を守るために、暴力によって穀物取引を阻止しようとする輩に対して、「時宜を得た強制力」を発動することにあると、バークは考えていた[54]。

政界における知識人の役割の一つは、経済問題についての一般の先入観と闘うことであり、また、短期的な政治的・道徳的圧力が長期的な国の経済的利益を脅かしている場合は、これに耐えるように、立法者に助言することにある。このようなバークの確信を『思索と詳論』の主張は伝えている。経験が示唆し、そして経済学の研究によって確証されていることは、穀物市場や労働市場は人々にとっておおむね良い作用を与えているということだ。貧民の食物消費水準は近年上昇しているとバークは主張する。その理由の一部は、スミスがそう予測していたように、労働者がさらに働くようになったからであり、また、実質賃金が上昇したからでもある[55]。

「政治家にとって、資本をどのように使うべきかを民間人に指示しようとすれば、配慮する必要など全くない点に配慮する結果になるだけでなく、一人に任せることなどできないし、どんな協議会や議会であっても安心して任せることのできない権限、自分こそがそれを行使する適任者だと思い込むほど、愚かで身のほどを知らない人物がこれを握れば、危険この上ない権限を引き受けることになる」[56]。

バークは賃金を設定しようとする提案をまさにそのような愚行、厚かましいことと述べている。賃金を労使間の交渉ではなく、治安判事に設定させるのは、農業経済についての重大な決定を知識も関心もないような者の手に委ねることに等しい。政治家が、食料価格を下げるよう政府の介入を求める都市住民の声に耳を傾けるのは馬鹿げている。農業は、商業の共通原則、すなわち関係者すべてが最も高い利潤をめざすという原則に従って動かなければならないと、バークは主張する。「穀物市場の代理人、ブローカー、販売人、投機家」のような仲介者を、農作業者や消費者の無知と嫉妬から守るのは、政府の責務だとされる[57]。

『穀物不足に関する思索と詳論』の中でバークは何度も、提案されたような政府の介入が行われれば、その結果として意図したこととは正反対のことがもたらされることが予想できるとしている。行き過ぎた抽象的理性のもう一つの例だ。国会や地元の治安判事が高賃金を設定しようとすれば、労働需要の減少を招くか、あるいは労働費用の高騰により食料価格が上昇することになると、バークは主張している。どちらに転んでも、最終的な効果は、そのような方策によって貧困者の問題を緩和しようとした人々の意図とは異なってしまう[58]。市場価格を超えて賃金を増やせば、賃金労働者にとって短期的で小幅の利得とはなるだろうが、それは雇用主の利潤を犠牲にしたものだと、バークは主張する。長期的に見れば、賃金の持続的上昇を可能にする資本蓄積の過程を遅らせるか反転させてしまうだろう。その結果は平等化だが、すべての人が一様に貧乏になるという平等化である[59]。

『思索と詳論』は、『国富論』では暗示的に語られていた主題、すなわち、商業社会で生活水準の向上につながる条件が何であるのかを多くの人々が知らないということは、「普遍的富裕」の発展にとって脅威となりうる、ということを明示的に示した。

バークは、競争市場による貪欲さから生じる長期的なプラスの効果は直観に反したものであり、しばしば十分に理解されていないと、警告を発している。何も知らぬ貧者や見当違いをした権力者に影響されて自由市場に介入したがる政治家に対して、警告を与えるのが知識人の役割だとバークは考えた。穀物取引の大規模仲介者に反対する者に対してバークは、大資本を有する者は小さな利ざやで操業できるのだから、最終的には生産者も消費者も利益をあげられるのだと論じている[60]。貧者は、資本蓄積において金持ちが果たす役割について理解していないので、これをうらやみ、妬む。だから、貧者自身の利益に反した行動を起こしてしまうと、バークは訴えている。

「しかし、金持ちののど元をかき切るようなことはしてはならないし、彼らの倉庫も略奪してはならない。というのは、金持ち自身が労働者の管財人であり、金持ちの倉庫は労働者の銀行なのだから。……貧者が金持ちの打倒に立ち上がるということは、パンを安くするために、製粉所を燃やし、穀物を川に流すようなもので、目的に全く合わないのだ」[61]。食料価格を下げるように政府に介入させようとする都会の商人や製造業者は、「どのようにして自分たちが養われているかについて、全く無知の状態にある。……農業に関することで彼らの意見を聞いても無駄だ。他の無知で厚かましい人々の御高説を聴く程度の敬意で聞きおいておけばよいのだ」[62]。バークは覚書の最後を「商業の法、つまりは自然の法、最終的には神の法を破る」ことに対する警告で締めくくっている。功利主義的な主張を神学的な輝きで装うというバークの傾向がここでも表れている[63]。

著作の他の箇所と同じくここでも、バークはスミスよりもさらに保守的であり、経済問題については、政府の介入についてさらに否定的だった。たとえば、『フランス革命についての省察』では、バークは「非常に多くの人が卑屈で、下劣で不作法、そして男らしくない、しばしば不健全で危険な職業に就いている」と嘆いている。また、「社会経済によって、かくも多くの不幸な人々がこのような職業に就く運命にある」ことも嘆いている。しかし、バークは「一般的に見て、物事の自然の成り行きを乱したり、程度のいかんを問わず、このような不幸な人々に奇妙な形で指示された労働によって回されている大いなる循環の輪を妨げたりするのは有害だ」[64]と結論づけている。

市場の仕組みを立法措置によって変えようという試みについては、バークは貪欲や、利益愛の積極的活用や、「恵み深く賢明な万物の支配者」の存在を指摘している。「それによって、人々は、好むと好まざると、自分自身の利己的な利益を追求する過程において、自分たちの個人的な成功と一般的な善とを結びつけるのである」[65]。しかし、バークは当時最大で、最も力があった私企業であるイギリス東インド会社を向こうに回して、非常に長い反論を展開することになる。これは、貪欲と利益愛が、適切に制約されたり方向づけがなされない場合には有害なものとなるという事例となっている。

バークとイギリス東インド会社

著書『自然社会の擁護』においてバークは、知識人の抑制のきかない「空理」の危険性に焦点を当てた。彼は、こうしたことについては、フランスのフィロゾーフや、そのイギリスでの継承者の著作を読みふけることで知識を得ていた。しかし、商業的な投機の誘惑に関してもよく知っており、これは身近な経験によっていた。

バークが国の経済問題について考察できたのは、自分の家計については他の者がこれを請け負ってくれたからということにもよる。その遺言から、一七五七年に結婚してからというもの、妻が経済のやりくりをしてくれていたことがわかるが、おかげでバークは好きなことを自由に追求することができた。ロッキンガムや他の仲間の庇護によって、またジョシュア・レイノルズや俳優のデヴィッド・ギャリックのような友人からの頂き物のおかげで、バークは、バッキンガムシャのビーコンスフィールドの近くにあるグレゴリーズに六〇〇エーカー（約二四〇〇平方キロメートル）の屋敷を取得し、これを維持することができた[66]。

バークは今度は、次の三人と共に住むことになるが、彼らの家計はごたまぜになっていたので、しばしば「同じ財布」などといわれている。すなわち、弟のリチャード・バーク、ロンドンの親しい友人のウィリアム・バーク、そしてバーク自身の息子のリチャードである。一七六〇年代半ばになると、ウィリアム・バークが彼らの商務を担うようになり、バーク家の三人が東インド会社と接触するに至る。

イギリス東インド会社は、イギリス最大の営利事業だった。貿易会社として出発した同社は、一八世紀半ばには、インドで支配権を持つようになっていた。一七四四年から六一年まで、同社はヴォルテールが投資していたと思われるフランスの東インド会社と、南インドの海岸の支配権をめぐって戦ったが、これはイギリス側の完全な勝利に終わった。それ以降、同社は、地元の支配者を軍事面などで援助することで、インドの大半を間接的に支配するようになった。

一七五六年、東インド会社のカルカッタの拠点がベンガルの太守に占領され、略奪された。カルカッタはロバート・クライブ大佐が奪還し、彼は太守を自ら選んだ者に代えて、この土地を支配させた。その一〇年後、他のベンガル人支配者が東インド会社の顧客に対する要求に抵抗すると、クライブは再びインドに送られた。ベンガルの総督として、クライブは「ディワン」を管理するようになる。土地の歳入は、伝統的にムガル帝国皇帝が多数の仲介者を通じて土地の耕作者から徴収していた。クライブは、徴収した歳入を使ってベンガルで秩序を維持しつつ、余った巨額の金をイギリスに送金すればよいと思った[67]。

イギリスでは、クライブの動きは東インド会社株に対する相次ぐ投機を引き起こした。若くて才能はあるが、他の人と比べれば一文無し同然のエドマンドとウィリアムは、ロッキンガムの仲間であるヴァーニー卿の後援で議席を得た。年収一万ポンドのアイルランド人であるヴァーニーは、バッキンガムシャの有力な地主だった。彼は、上り調子にあった東インド会社を、自身がさらに裕福になり、自ら後援しているウィリアムとエドマンドを経済的に独立させるための手段として見ていた。ヴァーニーとウィリアム・バークは一七六六年に共同経営者となり、信用買いで東インド会社の株を大量に購入した。もっとも、ウィリアムの持ち分の多くは、ヴァーニーから借りた資金によるものだった。一七六七年五月、同社は八カ月間で二度目になる増配を行い、株価は上昇し続けた。ウィリアム・バークとエドマンドの弟であるリチャードは、ヴァーニーをはじめ他の二〇名とともに、オランダの投資家から東インド会社株の追加購入をすべく、新たな共同経営者となった[68]。

一七六九年、投機的バブルは弾けた。イスラム教徒の軍総司令官である、マイソール王国のハイダル・アリーが、南インドのカルナティック地方を襲撃しつつあるという知らせが届いた。モーリシャス島沖にフランス艦隊が結集しつつあるという報告も入り、その地域でフランスの勢力が盛り返すのではないかという危惧が広がった。ヴァーニーと二人のバークはロンドンとアムステルダムで、信用取引で購入した株に多額の投資をしたのだが、東インド会社の株価は突然一三%も下落した。

ヴァーニーは破産し、バーク家の人々を道連れにするぞと脅した。ウィリアムとエドマンドのために債務を負ったというのがヴァーニーの理解であり、彼はエドマンドの債務部分について訴えを起こした。エドマンドはといえば、一攫千金をめざしたこうした投機的な試みについては直接的には関与していないようであり、ことの本質をほとんど理解していないようだった[69]。判決が下り、ヴァーニーは敗訴した。しかし、無一文になったウィリアム・バークはインドに行き、その後、東インド諸島に向かった。財産を取り戻し、イギリスの債権者に弁済しようとしたわけだが、これはうまくいかなかった。

エドマンド・バークは、初めて東インド会社とかかわったときに、利潤に対する愛情が経済的には無責任な行動につながりかねないということを痛感した。こうした個人的な経験から、政治や先祖伝来の文化的規律によって貪欲に歯止めをかけなければ、道徳的に有害だと考えるようになり、これに対して一大社会運動を起こすに至る。

東インド会社株の高騰と暴落を受けて、国会が介入するようになった。同社の配当は制限を強いられ、投機的な投資は抑制された。同社はまた、商業的な特権と引き換えに、年に、四〇万ポンドを国庫に入れることも求められた[70]。一七七二年、同社は破産の危機に陥ると政府に融資を求め、その代わりに新しい一七七三年制定の規制法に従うことになった[71]。一七六八年の選挙から始まる同じ時期には、国会では「インド成金」の台頭が見られた。インドで財をなし、イギリスに戻ると土地を購入し、「腐敗選挙区」で議席を買った連中のことだ。これらの地域の有権者数はほんの一握りで、土地を持つ者ならば誰でもこれを支配することができた[72]。王室と国会はますます東インド会社の問題にかかわるようになり[73]、同社を通じて財をなした人々は、今まで以上に国会で自分たちの意見を反映させられるようになった。

イギリスの政治生活の中でインド問題の比重が増大するにつれ、バークの関心も増大していった。同社がインドで何をやってきたかを知るにつけ、バークの憤慨も大きくなっていった。同社の社員は貪欲に突き動かされてインドを搾取するようになり、この結果、インドは貧困に陥っていると考えたからだ。この搾取に歯止めをかけられるのは国会をおいて他にないと、バークは考えた。

バークが見たところでは、東インド会社の本質的な欠陥は、それが利潤動機によって突き動かされている商業的な会社であることではない。問題はむしろ、同社が通常の意味における商業的な会社「ではない」ことにある。利潤はこの会社の活動を動かしている動因ではない。書籍並みの長さの「インドについての特別委員会　第九回報告」やたくさんの公刊された演説の中でバークは、東インド会社はインドを疲弊させる一方で、破産にも向かっていると論じている。これは、利潤動機とは両立しにくい現象であるとも説いている。バークが研究の結果、到達した結論は、インド人民からの搾取によって富むようになったのは、同社の経営者や役員層ということだった。彼らは、株主をだまして金を奪う一方で、インド人を抑圧して財をなした。イギリスに帰ると、自分たちの悪事を隠すために、同社の支配証券を購入した。このようにして、自分たちの富を増大させるような慣行を作り上げていった[74]。

バークの考えるところでは、東インド会社の問題は、それが名目上は営利会社でありながら、需給の法則に従う利潤獲得のための企業としては機能していないという点にあった。その代わりに、東インド会社は、インドで自由市場が機能するのを阻止すべく軍事力を行使した。イギリスとインドとの関係は商業的な関係ではなく、名目上は商業的な協力関係に基づいた力の行使による搾取だった。イギリスに流入するインド産品は、市場での取引によって獲得されたものではないことを、バークは示している。同社は土地の支配者を使ってインド人民から「地方の歳入」を搾り取り、それを使ってインド産品を購入し、イギリスに送った[75]。同社がイギリスからインドに輸入した商品は、第一義的にはインド人民が買う商品ではなかった。それらは、インド在住のヨーロッパ人のための商品であり、また同社の軍隊のための軍用品だったのだ。

利潤を増やすために、同社は、さらにインド領を拡大するために、「際限なき戦争の連鎖」にかかわっていったとバークは批判している。次のように書いている。

「本国では、こうした方策は、あるときは目こぼしされ、あるときは黙認され、またあるときは厳しく批判された。しかし常に、それに伴う利潤については容認されていた」。というのも、政府も同社の経営陣も歳入を増やすことには関心があったからだ[76]。

言い換えれば、東インド会社は、バークの分析によれば、貢物を集めるための手段として運営されていたことになる。「商業機構の主たる源である『損得の原理』は捨てられている」[77]。インドの商人や職人は、同社の独占、価格の固定化、そして繊維産業での強制労働によって、荒廃させられている。東インド会社の政策によって、インドは「激しく、そして取り返しがつかないほど破壊されることになるだろう」とバークは書いている[78]。

しかしながら、暴力を用いてまで貪欲を維持したにもかかわらず、東インド会社は利潤を出せなかったと、バークは批判している。職員が自分たちの商売に会社を利用して私腹を肥やしたとあってはなおさらだった[79]。しかし、こうして得られた富は政治的影響力を得るために使われていったので、富それ自体が、改革を阻むものとなった。「取るに足らない若者として出ていった人間が、数年経つと堂々たる成金として戻ってくる。……こうした紳士の一人が、悪評と富を背負って戻ってきたとしよう。……その者の資産、おそらくは五〇万ポンドになるのだろうが、これは影響力を得る手段となる。……そして、保護のために必要な富の流入は常に起こる。それは両方向に働く。不正者に影響を及ぼし、大臣を腐敗させる」[80]。

バークが挙げた、このような過程を体現した最たるものが、ポール・ベンフィールドだった。彼は、インドで儲けるために腐敗した手段を使う新しいタイプの成金の典型であり、今度は、その富を国会に入るために使って、イギリス政府を腐敗させたのである。

測量技師の息子のベンフィールドは、ほとんど正規の教育を経ないまま、東インド会社の経営陣の一人の援助を受けて、建築家として一七六三年にインドに渡った。二二歳だった。彼は同社の下級官僚のポストである「書記」として働き始めたが、個人商人となり、その後は銀行家となった。銀行家としてタンジョール市の貴族(ラジャ)に融資した。この資金で貴族は、一七七一年に受けた所領に対する攻撃をかわすことができた。

ベンフィールドはラジャと敵対するカルナティック地方の太守にも同様の資金供与を始め、太守はこの資金をタンジョール市の征服に利用した。ベンフィールドは、裕福なインド人商人や、インド駐在のイギリス人の役員、そして東インド会社幹部から資金を集めた。これらの資金は高利で太守に貸し付けられたが、太守のほうでは東インド会社が介入することはないという自信を持っていた。というのは、同社の幹部数名がベンフィールドを通じて彼に金を融通していたからだ。戦いに勝つと、太守はタンジョール市の税収のほとんどをベンフィールドに委託した。領土を征服するために借りた資金を返済するためだ。

新たに、ピゴット卿がマドラス総督として任命され、タンジョールをラジャに返還してやると、ベンフィールドは陰謀の主導者の一人となり、その結果、ピゴットは罷免されて逮捕された。一年後、ピゴットは獄中で死を迎えた。ピゴット事件で果たした役割について答えるようにと、一七七九年に東インド会社の経営陣にイギリスに召還されると、ベンフィールドはインドでの蓄財の一部使って議席を買収し、ノース卿の、そしてそれに続くピットの内閣との関係を築こうとした[81]。

ベンフィールドをどこまでも追い詰めるバークは、一〇〇〇ポンドに相当する東インド会社株を購入するに至った。これは、株主総会での投票に最低限必要な株数である。一七八一年一月の総会でバークは、同社の経営陣の指示に反しているばかりか、同社の収入を減じ、マドラス人民の「商業、繁栄、安全」を脅かしているとして、ベンフィールドを非難した。太守への融資の見返りとして自分に支払われるべきものとベンフィールドが主張する巨額の金は、不法な手段によらない限り得られるはずのないものだと、バークは断じた。東インド会社の取締役会は、ベンフィールドの運命を株主に委ねることにした。ノース卿の内閣は、その支持者に対してベンフィールドに無罪票を投じるよう促した。結果として、大多数の者がベンフィールドの復職を求め、インドに戻すことに賛成票を投じた[82]。

政府と深く関係しつつ、私企業の名目の下に行われる搾取的慣行を取り除こうとする試みに失敗したバークは、改革の手段として国会での喚問に訴えようとした。彼は、新設された庶民院ベンガル特別委員会に加わり、一七八三年一一月の「第一一回報告」ならびに最も重要な文書である有名な「第九回報告」も起草したのである。同じ月に、バークの仲間であるチャールズ・ジェームズ・フォックスが「東インド法案」を提出したが、その原理はバーク自身から来ている[83]。同法案は、国会が任命した委員会に同社に対する権限を委ねようというもので、同社を政府の管理下に置こうとするものだった。

「フォックスのインド法案についての演説」でバークは、同社がもはや通常の意味での投資家による支配下にはないと論じた。配当が一番の関心事であるはずの普通の投資家ならば、会社職員の横領には関心を持つはずだ。「そのような普通の会社であれば、その商売を、貪欲な社員の利権として放置しておくようなことはまずしないだろう。しかし、今や事態は全く逆転しているのだ」と彼は主張している。

会社の株を購入すると、株主や彼らに近い者が、インドに送られ、「そこで汚れた金を儲ける」ことになる。別の場合では、株主がすでにそのような財を成した者から庇護を受けることもある[84]。東インド会社は全く改善の見込みがなく、その権力を剥奪すべきだとバークは結論づけている。バークの立法上の提案は、イギリスとそれが育んだこの地球的規模の企業との関係を見直そうとするもので、商業上の権利よりも人権を上位に置くものだった。法案は庶民院を通過したが、国王からの圧力により貴族院で廃案となった。

一七八四年、ピットは国王に国会を解散するように依頼し、その結果行われた選挙でバークの国会での仲間は惨敗した。東インド会社はバークとその友人に対して激しい落選運動を展開し、ポール・ベンフィールドが大口出資した新聞紙上での運動では、バークの東インド法案は、インドで不正に得た利得を連立与党の手に委ねるのを狙っていると書き立てた[85]。選挙が終わると、少なくとも五〇人の「会社関係者」が当選したことがわかる。そのうちの一七名が、ベンフィールドも含めて初当選組だ[86]。バークは八議席をベンフィールドにしてやられたとしているが、少なくともあと二議席は、直接彼の援助を受けたものだ。こうした影響力は、ピット内閣のインド政策を確立するのに使われた。ベンフィールドが東インド会社の経営陣に加わり、ロンドンの参事会員となった。

インドに話を戻すが、太守はマイソールとの戦争によって領土を荒らされ、ベンフィールドら債権者に対する負債を払えなくなっていた。庶民院の中でのピットの支持者には、太守に対する債権者が一七名いた。ピットの任命者が大半を占める東インド会社管理委員会は、債権者に対する太守の負債は全額、インド人民から同社が徴収した歳入から支払うべしと宣言した。バーク一派が必要な文書を請求したが、この要求は退けられた[87]。このような状況下でバークは立ち上がり、一七八五年に、四時間に及ぶ「アルコート太守の負債に関する演説」を行った。

負債は主として太守と、ベンフィールド率いるヨーロッパ人との間の腐敗した取引によるものであり、負債を東インド会社の資金から支払うという決定は、一七八四年の選挙をピットに勝たせるべく私財を使った債権者とピットとの間の腐敗した取引を表している。さらに、こうした腐敗した習慣のツケは、「土地の歳入」という形で搾り取られているカルナティックの貧しい小作人に回される。これがバークの批判だった。彼は同社の職員が私腹を肥やすために、どのような形で太守と共謀したかを詳細に論じている。東インド会社の規制をかいくぐって、彼らは太守に新たな領土を征服するよう促し、同社が食料を供給する軍隊を召集するための資金を貸与した[88]。バークはこうした計画を「どこにでも見られる略奪行為の壮大な計画であり、策謀を企てた者のとてつもない貪欲と言うにふさわしい」と見なしている[89]。

太守の債務年利は、東インド会社の全年間配当のなんと二倍以上(!)に相当していると、バークは指摘している[90]。太守は貧しい臣民に対する権力の他には資産を持っておらず、彼ら臣民から負債返済のための資金が集められることになるのだ。バークは次のように激しく非難している。「したがって私たちは、国の債権者・債務者という偽りの名の下に、搾取、高利貸し、そして横領を認めようとしているのだが、その金の出所は、宝物庫や鉱山ではない。それは、不払いのままの軍隊だったり、血管から抜き取られた血だったり、あるいは最もみじめな人間の背中を鞭で打つことで得られたものなのだ」[91]。

その結果、バークの言葉によると、「主張の根拠も正当性も検証することもなしに、公的な歳入を東インド会社の某職員の報酬に」移転することになる[92]。政府が情報を提供しようとしないのは、「大革命」が始まった証拠だ。この革命に原則はなく、「腐敗した私利によって動かされており、……国の必要性に全く反している」。ベンフィールドは、ロッキンガム派ホイッグ党が代表する「王国の自然な利益」に対抗して、「国王とイギリスの体制を支持するために」ピットが作りつつある「新しい純粋な貴族制」の典型だ。バークはこのように皮肉を込めて結論づけている[93]。

この種の新しいエリートが大半を占める国会でのバークの演説は、大いなる敵意をもって迎えられた[94]。しかしながら、自分の見解を広報する目的で、彼は裏づけ文書を添えてこの演説を公刊した。ほどなくバークは、ベンガル元総督、ウォーレン・ヘイスティングスを貴族院で弾劾すべく、長きにわたる糾弾運動を開始した。東インド会社の改革がロッキンガム派ホイッグ党にとってさほど重要ではない時期とあって、バークは反対運動によってますます国会の少数派になっていった[95]。弾劾運動は最終的には失敗したが、それはほぼ一〇年間続き、東インド会社の略奪行為を明らかにするための公的な討論の機会をもう一度バークに与えた。このような活動を通じてバークは、東インド会社にインド人民の遇し方について説明を迫り、同社の初期の特徴だった強制取り立てと搾取を終わらせるのに、他の誰よりも貢献したのである[96]。

バークのインド問題についての演説や著作で何度も繰り返し出てくる主題は、偉大で尊敬すべき文明が、金貸しの集団によって駄目にされているということだった。彼らは、政治的・文化的制約がないまま貪欲によって動機づけられているのだ。インドには、「文明化され教養ある人々が長年住んでいる。私たちがまだ森林生活をしていた時期に早々と優雅な生活技術を身につけてきた人々である」と彼は記している。独自の君子を戴き、「古代からの尊敬すべき聖職制度を持ち、積み重ねられた法と学問・歴史、生きている間の人々を導く道しるべ、死の際の慰めを持ち」、それに加えて「太古からの名声を持った貴族制度がある」[97]。

このような文明が、貪欲が文明化された規約によって制限されないイギリス人に貪られているのだ。「そこで統治しているのは、ほとんど少年といってもよいような若い男だ」と、バークは公言している。「その時代の貪欲さと若さゆえの性急さに動かされて、彼らは次から次へとやってくるのだ」[98]。国の文化的遺産になじんでいない新しいエリート。彼らは疑わしい手段で手にした富を基礎に政治力を獲得したのだが、このようなエリートのイメージは、バークのフランス革命についての分析でも繰り返し現れる。

バークは繰り返し、過剰な貪欲とセックスの過剰とを結びつけているが、これはキリスト教に伝統的な貪欲の罪と好色の罪との関係を思わせる連想だ[99]。彼は、東インド会社の職員がアルコートの太守の負債を完済するために公の財布から求めた法外な利子を「抑えのきかない放蕩、そして高利貸しと歪曲の放縦なわいせつさ」として描いた。今や軍事的あるいは政治的実体を失った太守自身は、ベンフィールドやその支持者たちの手中で道具と化し、「強奪と歪曲目的のために、独立した主権として、注意深く生かされているのだ」[100]。

抑えがきかない貪欲がインドの尊敬すべき文明に及ぼす破壊的な影響について一〇年の長きにわたって研究が続けられたが、バークが一七八九年に勃発したフランス革命についての分析を行ったのは、このような背景をもとにしてのことだった。

▼フランス革命についての分析

一七九〇年一一月に、バークは当時論争になっていた問題についての著作を公刊した。『フランス革命についての省察』がこれであり、ほぼ一年がかりの大作である。同書はある若きフランス人との文通という形をとってはいるが、同時にリチャード・プライス牧師の説教に対する反応でもあった。プライスは、ユニテリアン派の聖職者で、哲学・数学・政治をテーマとした本を著しており、フランス革命を称賛する説教をしていた。東インド会社の腐敗的な作用に対して長期にわたる反対運動をしていたことでバークは、イギリスの現政権側からすれば、その擁護者というよりは批判者としてよく知られていた。

フランスにおける革命の勃発とイギリス国内の知識人や党内での革命に対する広範な支持に直面して、バークはフランスの革命家たちの理論と実際を批判するとともに、イギリスの制度については、信念を持ってこれを擁護するようになった。『省察』の最後の部分で、スタンスが変わったのは、状況の変化によって、強調の置き方が変わっただけであって、基本的には首尾一貫していると説明している〔101〕。フランス革命の発端とその展開を批判的に分析し、今後の進展の見込みについて悲観的な予想をすることでバークは、イギリスの世論の作り手の間で支配的な、革命擁護の感情に異議を唱えたのである。

バークはフランス革命の原因は、文人と政府債務を扱う金融関係者との影響が相まったことにあると見ている。彼らは一緒になって、礼儀正しい文明社会の知的、制度的基盤を破壊しようとしている。文化のベールをはぎ取ることで、また、そのようなベールを支えていた貴族社会や教会といった伝統的制度を掘り崩すことで、知識人や金融投機家たちは、フランスを破滅に導こうしていると論じている。その結果、人が「自然な」状態に戻ることをバークは恐れたのだ。つまり、高貴で穏やかな状態ではなく、野卑で野蛮なものになってしまうことを。

革命それ自体の場合と同じように、公的歳入の問題はバークの分析の中でも立ちはだかっている。当初から、革命志向の国民議会はフランスの巨額の債務に直面していた。九月になると、ヌムール選出の代議士で、ジャック・チュルゴーと重農主義者の親しい仲間のデュポン・ド・スムールが、劇的な示唆をした。政府は教会財産に税金をかけ、同時に教会の経費に対して責任を持つべきだと提案したのだ[102]。一七八九年一一月二日に、国民議会は「すべての教会財産は国家の下にあり、国家は適切なやり方で、教会の経費、聖職者の給与、そして貧民に対する救済をここから支出することを宣言する」法案を承認した。こうした財産は、新しい形での政府紙幣である「アシニャ紙幣」を支えることになる。アシニャ紙幣は、革命政府が政府債券の保有者に支払うために使われた。

教会の財産の没収案に対する主たる反対者が、王付きの司祭のモリーだった。「あなた方は信用をもう一度確立するために、資本家を聖職禄の保持者の立場に置き、聖職禄の保持者を資本家の立場に置こうと提案している」と断言した。教会の財産を国家債務の返済に充てることで国民議会は、教会の遺産を国の債権の保有者に移転していると非難している。しかも、聞き手が知っているように、その多くは外国人なのだ[103]。そして、教会の財産を没収することによって国民議会は、基本的な所有権を損ねていると、モリーは主張する。

バークは公刊された国民議会の議事録を参照したように思われるのだが、上記の分析を採用した。これは彼の革命についての描写の中でも中心的な地位を占めるものだ[104]。議会が公債を除いては、古き王国の法すべてを無にしてしまったという事実は、「債務にかかわった人々を描写することによってのみ説明できる」と彼は考えた[105]。

大多数が「国の生まれつきの地主階級」からなっているイギリスの国会とは異なり、フランスの国民議会は、二流の法律家と「株や公債のディーラーが圧倒的多数だが、このディーラーたちはどんな代償を払ってでも、その非現実的な金融資産を、土地という実体を持つ財産に代えたがっている」[106]。取引でアシニャ紙幣を使うことを強いることで議会は、すべてのフランス人に「彼らの略奪品の売却計画に基づく投機の象徴」[107]を受け取るように強制している。教会の土地の売却価格は、アシニャ紙幣の取引価格に影響を与えることになる。こうして、かつては社会的安定性の基盤だった土地は、「貨幣操作と投機の精神」[108]によって、変えられてしまう。

土地価格は新しい紙幣の価値と同様、不安定になり、金融投機の気まぐれに服することになるだろう[109]。彼が書いているように、それは「取引所通りのユダヤ人」が「カンタベリー大主教管区の歳入に対する抵当」を手中に収めたかのようだった[110]。

バークの意図を再構築するにあたって、ここで彼が述べていることを他所での政治的発言と比較する価値はあるだろう。ほぼ六年後に書かれた『国王殺しの総裁政府との講和についての第三書簡』から、高利子(高利貸し)や金融市場を通じて公債の資金調達をすること(株式仲買業)については、原理的な異論はなかったことがわかる[111]。バークはしばしば公債の保持者とユダヤ人を文字どおり結びつけているが、この言葉による同一視は、教会の土地が没収されたことで、社会的・文化的よそ者の力が強まることを示唆しようというものだった。

この同一視はまた、彼の敵対者であるリチャード・プライスが「古きユダヤ人」についてチャペルで説教をし、彼自身が複利の専門家だったという事実によって、さらに明確になる。バークは、フランスでは権力が公債保有者の手中に落ち、これらの人々は統治能力を持っていないことを強調している。

バークの主張は、彼自身の知識社会学に基礎を置くものだった。どの階級の生き方にも固有の気質があり、金融界で成功する気質は、それだけでは政府にとって破壊的に働く、とバークは考えた。「金融的利害にかかわる人々は、本質的には冒険に向いている。そうした気質の持ち主は、何であれ、新しい企てに目を向けがちである。近年の産物なので、それは新奇さというものに自然に同調する。したがって、それは、変化を望む人々すべてによって頼りにされる類の富なのである」[112]。

バークによれば、金融にかかわる人々は、このような革新に傾きがちな性向を「新しいタイプの人間である、政治的文人」と共有している。彼らは同盟関係にあるのだ[113]。政治的文人は、プロシャのフリードリヒ二世のような暴君に教養を施したり(ヴォルテールに対する間接的な言及)、あるいは新しいタイプの金融関係者と連携したりと、さまざまな戦略を用いて、自分たちの影響力を増大させようとした。このような関係を通じて、「彼らは注意深く、世論に至るすべての道を占領したのだ」[114]。

政治にかかわるようになったフランスの知識人は、キリスト教を葬り去ろうという動機によって動かされているのだと、バークは主張している。そして、彼らはほどなく公認された教会を完全に廃絶してしまうだろうと、正鵠を射た見通しを立てていた[115]。以前の政府の全債務の中で、完済されなければならないのは債券保有者だけで、他方、新体制によって国有化されたかもしれなかった財産の源泉の中で、没収されたのは教会の財産である。こうした順位は、金融関係者が前政権に対する債権を回収することの利益と並んで、政界入りした文人のキリスト教に対する敵意を反映しているのだと、バークは主張している。

フランス国民議会の構成バランスとは対照的に、バークは国家の統治機構は二種類の人々を含まなければならないと論じている。すなわち、革新傾向のある能力を有する人々と、これとは逆に保守主義の傾向がある、代々継承された大土地の所有者である。バークは、こうした相続に基づく富を有する人々に政府を代表させるのがよいとしているが、これは彼らが生まれながらに優れた人材であるとか、長所があるからではなく、公益に基づいた判断である。家族の富を異なった世代間で移転しようとする願いは、社会秩序にとって重要だから、所有財産の維持は政府の最も重要な機能の一つであると、彼は結論づけている。「私たちの財産を末永く家族にとどめ置く力は、所有権の維持に属する最も価値があり、興味深い状況の一つである。それは、社会それ自体の永久化に最も貢献する。それは、私たちの弱さを徳に従属させ、貪欲に対してさえ慈愛を植えつける」。

したがって、政府の重要な役割の一つは、財産を、持たざる者の妬みや怒りから守ることにあるとされた。政府を用いて富をこのような形で再分配しようとしないのが、代々継承された広大な土地の所有者だった。こうして、彼らは「さまざまな程度の持たざる者に対しての自然の防護壁」を形成し、「共和国という船の中でこれを安定」させる働きをしてきた[116]。

初期の『自然社会の擁護』でバークは、制度を抽象的な原理によって判断しようとする傾向のある、一部の啓蒙主義的知識人を嘲笑した。そして、そのような判断は、それを上回る制度を作り出すことなしに、既存の制度すべてを否定することになると主張した。フランスで革命が起きたという知らせに対する当初の段階での批判的応答は、このような初期バークの想定を反映したものであり、この想定は分析の中心的思想として役立った。『フランス革命についての省察』は、合理的で抽象的な原則の上に、全く新しい構造を打ち立てようとする革命気質を批判したものであり、バークは、これを既存の歴史的制度に基づいた合法的な改革という彼自身の考え方と対比して、否定的に見ている。

バークの立場からすれば、フランスの知識人は、一七八八、八九年に、彼が三〇年前にしてはいけないと警告したことをすべてやってしまったように思えたのだ。彼らは、主要な制度が拠って立つ想定を丸ごと批判したのであり、また批判は公然となされた。批判はひどく誇張されてはいたが、その効果は批判が正しいかどうかとは無関係だと考えた。というのは、バークが『自然社会の擁護』の中で指摘しているように、既存の制度の誤った批判であっても、脆弱な精神にとっては、そのような制度の権威の失墜につながるので、否定的な帰結を持つことになるからだ。

これからのフランス人は、哲学のおとぎ話の結果と暮らすことになるのだ。そんなことになるとは、彼らには予期できなかったが、バークにはそれがわかっていた。フランスの文人は、大衆の見地から、君主制、貴族制を批判し、そして国の徴税力も非合法なものとして批判した[117]。結果として、権威がない政府が残り、徴税力もなく、商業を行うこともかなわない。不安定な事態が続き、秩序が脅かされるだろうというのが、彼の予想であり、これは大規模な実力行使によってのみ、最終的には軍事的支配によってのみ、制御されるだろう、というのがバークの読みだった[118]。バークがこうした予想をしたのは、ルイ一六世の処刑や恐怖政治、ヴァンデの反乱での何千にも及ぶ市民の大虐殺やナポレオンの台頭のはるか前のことだった。

改革の課題は、人権やそれを保障する制度についての先験的で抽象的な推論に基づくことはできないと、バークは主張した。改革の科学は「経験科学」で、これは経験に基づいて注意深く進めなければならない。バークが改革に際しては注意深く進めるように求めたのは、この文脈においてであり、これによって『フランス革命についての省察』は保守思想の宝庫となった。バークは、特定の改革の帰結を予想することの難しさを指摘している。これは、制度というものは明白ではない機能を持っており、そして、そのような機能は制度が破壊され、その肯定的な機能が失われて初めて明らかになるだけに、なおのことだ[119]。

社会は不十分ながらも、さまざまな必要に応える複雑な存在だとバークは強調している。その制度は互いに結びついているが、その結びつき方は常に明らかなわけではない。おそらく最も重要なことは、革新というものはゆっくりでなければならないということだ。これは、制度がうまく働くということの大部分は、時間をかけて生じた、制度に対する畏敬の念からきているからだ。法律や道徳的慣習に人々が自発的に従うのは、この畏敬の念によっている。これがなければ、合理的な反省か(これは、バークが『自然社会の擁護』で指摘しているように、当てにならない)、あるいは軍事的圧力に頼らなければならない[120]。したがって、受け継がれてきた制度を壊すのは無責任である。特に、いかに巧妙に考え出されたものだとしても、新しい制度には、経験に根差した古い制度ほどの忠誠心と強い傾倒を期待することができないから、なおのことである[121]。

バークにとっては、生を価値あるものとするのは、受け継がれた行動の規範、知識、そして制度といった、そのほとんどが社会によってもたらされるものであった。これらの善は脆弱なもので、結果として、それが壊されたときには人間はみじめなものとなる。「自由と同様に、人に対する制約もまた、人々の権利だと考えなければならない」とバークは書いている。人々の必要の中で最も重要なものの一つとして、「情念に対する十分な制約となるような」社会と政府の必要性が挙げられるとしている[122]。『自然社会の擁護』において早くもバークは、受け継がれた制度や文化的慣行を壊すのは、自然の調和ではなく、むしろ野蛮をもたらすと論じていたのだった。アダム・スミスと同様、バークにとっても、人は優れて社会的存在なのであり、社会の保護の下においてのみ、道徳的に自己実現していくのだ。『道徳感情論』において、スミスは道徳的になっていく過程を社会的過程として描いている[123]。未公刊の『法学講義』で、スミスは道徳的基準が歴史的過程として制度化されるのを説明している[124]。

この間、上記の主題はスコットランドの歴史家であるウィリアム・ロバートソンとジョン・ミラーによって、さらに詳細に追究された。彼らにとって、「騎士道」は封建世界の中での作法の劇的な変化を意味していた。これは野蛮な戦士の、弱者、女性、そして相互に対する意志の行使を抑制するものだった。これは、権力者が部分的にせよ、教会法に表現され、学者によって解釈されてきたキリスト教的な道徳的要請に服するという意味において、革命だった。その結果、権力者の意志が教会に起源を有し、教会に補強されてきた文化的行動規範によって制限される社会となった[125]。バークは、「古い作法と見解の精神」と呼んでいるものを強調する際に、モンテスキューと上記のスコットランド啓蒙の歴史家にその根拠を求めた[126]。

ここで、バークは初期に用いたベールとしての文化という隠喩に戻っている。「ベールは、自然の情念の直接の対象を隠す、理解の素材だ。文化は別の言葉でいえば、昇華の手段であり、情念をもっと高級な目的のために転用する手段であり、また支配欲や自己の欲求を満足させたいという欲望が表れないように制限をかける手段でもある」。『省察』における最も重要な隠喩は、ベールとカーテンであり、これらは当時の言説にあって非常に支配的だった光と透明性の隠喩に対する暗黙の批判として機能している[127]。バークは啓蒙思想の「偉大な光の獲得」「光と理性の新しい勝利の帝国」や「裸の理性」を嘲笑している。最後のものは、おそらくはヴォルテールの裸像を意味したものだろう。これはディドロが提案して、哲学者の集団がピガールに作らせたものだ[128]。

バークから見れば、革命によって教会や貴族制の制度的基盤が攻撃され、それによってまっとうな商業的社会が基づいている「慣習」が壊される危険に瀕していることになる。本国の法や文化的規範の制約を受けない若いイギリス人の貪欲が、インドの大衆に及ぼした影響を一〇年以上にわたって嘆いていたバークだが、今度はフランス革命をこのプリズムを通して解釈した。貴族の権力と教会の制度的影響力の経済基盤を壊せば、貪欲と、自らの快楽のために他者を利用しようとする意志を解き放つことになるだろう、とバークは主張する。すなわち、「強奪（rapine）」と「強姦（rape）」である。二つの単語は、語源的に関係しているというだけではない。バークの時代には、「rape」は財産の奪取と性欲の対象を奪取することの両方を意味していた。

革命を起こした大衆が女王の寝室に押し寄せるところを描いた『省察』の山場も、この文脈で理解しなければならない。

バークの有名な嘆きに隠された意味も、このようにして、よく理解することができるだろう。つまり、女王の寝室への大衆の攻撃は「騎士道の時代が終わり、詭弁家(ソフィスター)や、経済の専門家(エコノミスト)、計算ずくの者の時代が後を継いだこと、ヨーロッパの栄光は永久に失われたこと」の証拠だと言って嘆いているのだ。中世の騎士道に起源を持つ「見解と感情の混合体制」こそが、「力ずくでもなく反対を受けることもなく、自尊心と権力の獰猛さを鎮めたのだ」。そして、これによって「威圧が慣習に服することになった」[129]と、バークは主張している。このような文化的継承こそが、近代ヨーロッパの文明をアジアや古代世界の文明よりも優れたものとするのだ。バークは特に、女性であるということと高位の人であるということから、フランス王妃のマリー・アントワネットの寝室への大衆の乱入に焦点を当てている。フランスの最も傑出した女性でさえ攻撃にさらされるということは、受け継がれた文化的規範の侵食であり、このような侵食は野蛮状態への堕落を示していると、バークは示唆している[130]。

「ソフィスター」というのは、特にヴォルテールやルソーなどの、フランスのフィロゾーフを非難する用語であり、「エコノミスト」はおそらくは重農主義者全般、特にチュルゴーを想起させる。その弟子のデュポンが教会財産の国有化を示唆したのだった。そして、「計算ずくの者」というのはリチャード・プライス牧師についての言及だろう。プライスには保険数理と負債の計算についての著作がある。

バークの特定個人に対する言及よりは、一般的なメッセージのほうが重要である。つまり、商業には文明化作用があると考える者は、商業社会それ自体が、商業の外に源を有する制度と行動様式に依存していることを忘れているというメッセージだ。商業社会以前の制度が伝えたり押しつけたりした文化的行動規範の制約を受けない自利心の気質は、身体的な攻撃や性的な攻撃、すなわち、強奪や強姦に堕してしまうおそれがある。バークにとっては、人間関係をすべて個人の得失で描こうとする「計算高い者」の影響は、個人の行動を抑制していた過去の文化的行動規範の束縛を取り去ろうとするソフィスターの影響と相まって、お互い同士を自己の満足のために使おうとする誘因を生み出すとされる。バークの真意を完全に表している後年の表現を使えば、文化を認めないことによって、フィロゾーフは圧倒的な脱昇華への道を開いたのだ。

バークによれば、フィロゾーフが受け継がれた信念と制度を無情にも批判したことで、既存の政治的権威が損なわれただけではなく、自らを律する文化のベールを引きはがしてしまった。これによって人々は、動物的衝動に従って行動しかねない状態に置かれた。

> 権力を温和なものとし、従順をリベラルなものとする喜ばしき幻想は、光と理性の新しい勝利の帝国によって解体されてしまうだろう。生活のまっとうなカーテンすべてが、荒々しく引き裂かれるのだ。われわれの裸の打ち震える自然の欠陥を隠して、われわれ自身の評価と品位を高めるために必要だと情意が告白し、知性が承認する、この道徳的想像力の衣装部屋から取り出される一切の追加的観念は、馬鹿げて不合理な時代遅れの流行として破棄されなければならない。この配置では、国王はただの男であり、王妃はただの女である。女はただの動物にすぎず、しかも高い序列の動物ではない。女性一般に対して払われる敬意というものは特段の視点がない限りすべて、ロマンスであり馬鹿げたものとして見なされる。……
>
> このような野蛮な哲学が幅を利かす世界では、法を守らせるには、法を破るとどうなるのかという恐怖によるか、また、各個人が法を守ればどういう得があるのかという個人的な関心に訴えるしかないだろう。このような学術の森では、どちらに目を向けてもその見通しの先には絞首台しか見えない。共和国の側には、親愛の情にかかわるものは何も残っていない[131]。

バークは商業と、知識人すなわち「学者」の双方を評価している。フランスの金融関係者と政界の知識人は、現代の商業と学術が依拠している文化的・制度的支持をバラバラにしているというのが、『省察』での主張だった。貴族の庇護と聖職者という職業によって、古典学習は中世においても生き永らえることができたと、彼は論じている。古典学習は近代の文人によって、宗教にとっても政府にとっても有利な形で展開されてきた。「学問は、貴族と聖職者階層から受けた恩を返した。それも、彼らの思想を広げたり、あるいは精神を提供したりということで、利子つきで返したといってもよいほどだ」[132]。バークの見たところでは、新しいタイプの文人は制度的制約を踏み越えてしまっているという点に問題があった。

人を品行方正にしておくためには、宗教もまた不可欠だった。バークの前後の思想家がそうであったように、神による賞罰を信じることは、それが哲学的に支持できるかどうかは別にして、たいていの男女にとっては、道徳的に振る舞うにあたって必要な動機づけとなるというのが、バークの主張だった[133]。貴族の庇護の下を離れ、そして教会に対して知的に反抗することによって、知識人は図らずも、大衆の手で自らを滅ぼす道を切り開いたことになる。「もし、学問というものが野心によって堕しておらず、主人になることを望まず、教師であり続けたのならば、どんなに幸福であったろうか。その自然の擁護者と守護者と同様に、学問は泥沼の中に投げ込まれ、豚のように薄汚い群衆の足によって踏みにじられるだろう」[134]。支配者を教え導くという、知識人の適切な役割は、バークやスミスの役割ともそう異なっているわけではない。

金融関係者も文人と同様に、自分たちが腰かけている枝を切り落としてしまおうとしていると、バークは警告を発している。というのも、貴族と聖職者を滅ぼすことに貢献することで、彼らは図らずも「作法」の制度的源泉である、商業社会の社会的安定性が依拠している自己抑制に導くような文化のベールを奪ってしまっているからだ。「もし、私が考えているように、近代の学芸が、自分たちが望む以上に古代の作法に依存しているのであれば、私たちが評価する他の利益についてもそうだろう。……経済的利益しか関心がないわれらが政治家の神である商業、交易、製造業でさえ、おそらくはそれ自体被造物であるにすぎず、私たちが原動力として信仰することを選んだ結果であるにすぎない。それらは、確かに学芸が繁栄したのと同じ陰の下で成長した。そして、それらも自然の防御原則に従って衰退するのかもしれない」[135]。

教会のように「公的秩序の基盤」を提供する制度の役割を見過ごすのは、金融関係者に特有だと、バークは考えていた[136]。

フランス革命は、バークにとっては、「野心の勝利であり、それが初めて思弁的な精神と結びついたのである」[137]。バークは『省察』で、あるいは後年の著作では、さらにはっきりと、フランス革命でかくも重要な役割を果たした知識人の気質や動機を理解するのには、やはり自分のような知識人が必要だったと示唆している。「高貴な貴族への書簡」(一七九六年)では次のように記している。「高貴な公爵よりも私のほうが、このように描写された人々の性質が見てとれる。彼らは、主に知識と才能に頼って名声と財産を得ようとしている。そうした性格から推測して、何が起こりそうなのかのおおよその見当がつく。健全で自然な性格だろうと、病的で歪んだ性格だろうと同じことだ」[138]。このような共感を伴う理解によって、彼はイギリスの体制派の多くの人たちよりも、ずっとラディカルにその後の展開の推移について予感することができた。貴族や教会の庇護から解き放たれた新しい政界の文人たちは、軽率さにつながるような特殊な気質を持っていると、バークは主張する。

既存の社会秩序に対して利害関係を持たないので(あるいは、社会秩序に対する利害関係の「意識」を持たないので)、権力を持っている知識人は、国を知的実験の対象として扱いがちだ。「この紳士たちには実験のために幼児を傷つけることにおそれを覚えるような、親としての優しい配慮は全くない」[139]と『省察』に記している。この隠喩を「高貴な貴族への書簡」でも続けている。「こうした学者たちは狂信的だ。利害関係さえあれば彼らはもっと扱いやすいのだが、そうしたものを持たないので、彼らは軽率な怒りで、絶望的な試みに突進する。彼らのつまらない実験のために、人類全体がこうして犠牲になる」[140]。

知識人は自分たちの演繹論を証明するのに、人類は格好の実験対象だと考え、実験が長期的には改善に結びつくという理由で、犠牲者の短期的な苦しみを無視しようとした。「完全なる形而上学者の心よりも硬いものは思いつかない」とバークは記している。「こうした学者たちは、実験中の人間のことを、エアポンプの中のネズミ程度にしか案じていない」[141]。

バークの分析では、初期段階での革命が金融関係者と知識人の思惑によって突き動かされていたとするのならば、政界入りした知識人が持てる者を支配するようになるにつれて政治や宗教の秩序が乱れ、これが革命の先鋭化を招いたということになる。まずは土地貴族、そして次には新興金融資産家という重荷を捨てた後、国家は、理論以外には失うもののない文人の手に委ねられた。彼らは初めて、自らの「武装した教義」を広めるために社会全体を動員したのだ。文人は確固とした職業を持たなかったので、特に危険な存在となっていった。

一七九六年にバークは次のように書いている。「フランス政府では、持てる人々は完全に服従させられていて、もっぱら絶望した人々の心によって支配されている。このような政府によってフランスは支配されている。……彼らは失うものは何もなく、獲得するだけだ。彼らは無限の遺産を得られるという希望がある。至高と不名誉な死の間の中間というものはない。これまでみじめな事務職でこき使われていた者が帝位に就けられたら、二度と再び事務机に戻って飢える境遇に甘んじることはできない。音楽をコピーしたり、ページ単位で弁明文を作成したりして金を稼ぐ生活に戻ることもできない」[142]。

バークにとってフランス革命は、一方では、鈍重で慎重な、遺産に基づく土地階層の富と地位、他方では、金融投機や知的思惑に長けた人々によるダイナミックで革新的な影響の均衡を乱したのだ。貴族と既存の教会の制度的基盤を壊すことで、革命政府の資産家や知識人は、持てる者と文化の担い手双方の支持を捨てたのである。

▼商業社会の非契約的基盤

バークは商業社会の非商業的な基盤にこだわっただけでなく、商業的気質では社会的・政治的義務の本質を理解するのには限界があることも強調していた。社会は契約だとする、中心的な隠喩は根本的に誤解を招くと、バークは信じていた。というのも、契約というのは本質的に、自発的な同意であり、意志によって参加するもので、当事者が自発的にやめることによって、契約は破棄されるものだからだ。しかし、私たちの最も深遠な義務や務めの中には、このような類ではないものもある、とバークは主張する。

そして、「国家というものは、胡椒やコーヒー、キャリコやタバコ、あるいは他のささいな物の通商取引と同じに考えるべきではない。ほんのわずかの一時的関心でとりあげて、当事者の気まぐれで破棄するようなものであってはならないのだ」と『省察』に記している。国家は社会秩序の本質的な要素であり、人が自分の能力を高めるには、社会秩序や遺産によって受け継がれた文化を必要とする。「そのような協力関係の目的は、何世代であったとしても達成できるものではない。だから、それは実際に生きている者同士の間の関係だけではなく、生きている者、死んでしまった者、そしてこれから生まれ出る者との間の関係でもあるのだ」[143]。

社会秩序の解体ともなると、人々の情熱を手引きし、抑制し、また完成へと導く社会制度の終焉を意味するものなので、個人は国家との「社会契約」から脱退する権利を持たないことになる。「人は自ら選ぶことなしに、この連合から便益を得る。そうした便益を受けることで生まれる義務に否応なく服する。また、現実的な義務と同じ拘束力を持つ仮想的な義務を果たさなくてはならない」[144]。

他の社会関係に照らしてみても、商業社会が非契約的な基礎を有していることは明らかであると、バークは書いている。結婚は選択の問題だが、それに伴う務めはそうではない。両親と子どもは、非自発的な義務に縛られている[145]。自由主義は社会秩序の自発的基礎を強調することになるが、バークは、義務や務めは自発的同意の結果でしかないという考えをあまり認めず、これは保守主義の特徴的な主題となっていった。

バークの後の世代になると、貴族の実際の慣行と教会の描写が理想的であり過ぎて妥当ではない(実際、これはそうだったわけだが)とする者ですら、過去の文化を守り、現在の指針となるような制度の必要性については賛成することになる。そのような指針には、商業的気質の限界や、選択それ自体を自己目的と見なす危険について注意を喚起することも含まれていた。彼らは、貴族制が知的活動のパトロンとして当てにできないことを認識しており、教会は、自分たちが発信しようとしている文化的メッセージにとっては、神学上の制約があり過ぎると思っていた。サミュエル・テイラー・コールリッジやマシュー・アーノルドのような人々は、文人にとっての制度的な拠り所を提供することを国家自体に期待し、人間の能力や義務をもっぱら商業的な見地からしか見ようとしない見解に対しては、これに抗して均衡を保つ役目も国家に期待することになる[146]。

しかし、人間関係の模範は契約モデルにあるという主張を最も洗練された形で批判し、商業社会の非商業的な前提という制度的防波堤の必要性を最も洗練された形で示したのは、ヘーゲルの著作である。

第6章 ヘーゲル

選択するに値する人生

Hegel: A Life Worth Choosing

▼近代世界で安住の地を見出す

一八二〇年、五〇歳になったゲオルク・ヴィルヘルム・フリードリヒ・ヘーゲルは『法哲学要綱』を刊行した。学生に行った講義録も掲載されており、歴史における市場の地位と、人類にとってのその意義を説明しようとした包括的な試みである。ヘーゲルにとって、市場は近代世界の中心的な、そして最もはっきりした特徴だった。彼はこの世界を肯定し、そして同時代人にそれを説明しようとした。その市場理解は、『国富論』の読解を反映したものであり、本書ですでに見たヴォルテール、メーザー、バークといった人々の一連の分析を結びつけたものだった。

今日の私たちは、ある意味では、ヘーゲルの市場観を理解するのには、かつてないほどの準備が整っているといえる。というのは、この主題を最も直接的に扱った『法哲学』は、多くの点で、彼が学生に対して、余すところなく、正確に、そして理解しやすい形で行った講義で示した考え方を要約したものだからだ。ヘーゲルは本書の主題についての講義を、ハイデルベルク大学の教授であった一八一七〜一八年にかけて始めた。一年後、ベルリンに移るとまた、それに関しての講義を行っている[1]。

一八二〇年の秋に同書は公刊されたが、これは主として、学生が講義を理解する助けとなることをもくろんでのことだった。講義は毎年、一八二五年まで行われてい

Georg Wilhelm Friedrich Hegel
(1770-1831)

る。幸いにしてヘーゲルはゆっくりしゃべったので、学生たちは事実上、一字一句を書き取ることができた。これらの講義ノートの一部については、抜粋とわかりやすく書き換えたものが、没後一〇年にあたる年に公刊されている。しかし、研究者がこれらのノートを完全な形で書き写して公刊したのは最近になってからのことで、これによって今ではヘーゲルの見解をよりいっそう完全な形で知ることができる[2]。

ヘーゲルは市場に非常に関心を寄せ、また、それに対する態度はまずもって肯定的だといってよいが、これは、ヘーゲルといえば哲学的抽象化であり、国家の神格化だと考えている者にとっては驚きかもしれない。彼の言葉はしばしば難解で特異なものだが、その下には制度に関する関心がある。実際のところ、正式な哲学にとって、制度やその歴史的発展の研究が中心になったのは、彼の著作においてなのだ。ヘーゲルは、歴史は哲学的に理解されなければならないと考えていたばかりか、哲学は歴史を通じてのみ理解しうるとも考えていたからである。歴史的ということで、彼は過去の偉大な原典との関係だけを意味しているのではなく、過去の社会・政治制度との関係をも意味していた。

ヘーゲルは国を代表する哲学者として名声があったので、国家と市場との間には必ず敵対的な関係があると思っている者にとっては、ヘーゲルの考える近代世界の中での市場の肯定的な役割について評価するのは難しいだろう[3]。しかし、ヘーゲルを同時代の中に落とし込めば見通しは変わってくる。そうすれば、強い国家でないと、市場と自由社会の前提条件とはならないと考えることに意味があることがわかってくる。ヘーゲルが市場志向社会の欠点をどのように分析しているかを再構築すれば、これらの欠点を正すのに国家が必要だと考えることが妥当だということがわかってくるだろう[4]。

ある意味では、ヘーゲルの『法哲学』は、スミスがものした三冊の書物の関心をすべて統合したものだ。タイトルにある「法」だが、ヘーゲルの使用法では、これは民法に限らず、道徳、制度分析、世界史を包含する概念である[5]。ヘーゲルは、市場経済では、自利心が相互依存の体制を生み出し、公共の福祉をもたらすということを説明する際に、直接『国富論』に頼っている。『道徳感情論』と同様、ヘーゲルはどのような形で人間の特質が制度的環境によって形成されるかに関心を持っていた。そして、『法学講義』におけるスミスのように、ヘーゲルは近代社会の制度的秩序の中で家族や法が演じる役割に大いに関心を持っていた。

しかし、バークの『フランス革命についての省察』と同様、ヘーゲルは人間関係についての契約モデルは、近代世界におけるすべての関係を理解するのには適切ではないことを強調している[6]。近視眼的に「自由（リバティ）」に焦点を当てる者は、その制度的・道徳的前提条件を見失うかもしれない。また、「計算ずくの者」の自利心の気質は、それが生活のすべての領域を覆うことになれば、家族と国家を脅威にさらす。こうした諸点で、ヘーゲルはバークの懸念を共有している[7]。

ヘーゲルは、自ら価値を置く制度を合理的に理解しない限り、そして、その過去との連続性を理解しない限り、現代人はこうした制度に対する忠誠心を欠くことになってしまう、ということをフランス革命は示したと考えている。バークは歴史的に発展した制度に隠された合理性を発見したことで満足し、これらの制度を合理主義が第一という原則に基づいて分析しようとはしなかった。いうなれば、ヘーゲルはベールを持たないバークである。現代の気質にとって特徴的なのは、肯定できる制度に対して承認が与えられるということである。これは彼らが、このような制度が自分たちの幸福を推進する仕組みを理解しているからだ。このようにヘーゲルは考えた。これらの制度は合理的な原則に基づいている場合にだけ、歴史的に合法的なのだとヘーゲルは主張する。これは、ある制度は古臭くなったとして非難する一方、別の制度は自由と個人的な目的を作り出しているからという説明で、肯定することを意味する。

ヘーゲルは、メーザーが一世代前に擁護した伝統的な社会よりも、さらなる個性と多様な選択を許すような社会の到来を望んだ。しかしメーザーと同様に、ヘーゲルもまた、世界において各個人が場の感覚を持つことが何よりも大事だと信じていた。ここからわかるように、彼は家族と国家と並んで、自由化されたギルドと身分がそのような場と目的の感覚をもたらすことを望んでいた。しかしヘーゲルは、選択それ自体を至高のそして唯一の価値であると見なすのは、自由な、市場志向社会の成員に見られる特徴的な誤り、おそらくは唯一の特徴的な誤りだと考えていた。これこそが、自由とは「好きなようにする」ことにすぎないという理解を批判することに、著書の多くの紙幅をあてている理由だ。「普通の人間は、好き勝手に振る舞うことを許されているときに自由だと考える。しかし、この好き勝手の中に、まさに彼が不自由だという事実が表れている」と記している[8]。

ヘーゲルにとっては、近代世界の大きな課題は、私たちに「個性」と「主観性」の感覚をもたらすことだけではなく、私たちを制度に、すなわち、一体感を感じさせ、信頼できる世界に属しているのだという感覚を与えてくれるような、そうした制度に、結びつける点にあるとされる。ヘーゲルの近代世界の解釈では、好き勝手に選択する余地はある、つまり、まっとうな理由なしに選択する余地はあるとされる。しかしヘーゲルは、自分たちが属している家族的・経済的・政治的制度を個人が支持するのには十分な理由があるということも示そうとした。その著作は「調停の企て」だという説明は言いえて妙である[9]。

ヘーゲルにとっては、私たちの社会・政治制度がどのようなものであるべきかは、どのような人間になるのが良いかという哲学的な問題と結びついていた。そして、どのような人間になるのが良いかという問題は、部分的には、歴史的な制度によって作られた人間の発展の可能性に基づいている。ヘーゲルにとって、これが、倫理的な理論が社会・政治理論であり、これら三つが歴史的発展と緊密に結びついている理由である。

ヘーゲルが資本主義的市場を正当化することが必要と考えていたのならば、それは、影響力がある先人や同時代人が、市場の発展が人間の幸福と折り合えないと言い張っていたからだ。こうした批判は三つの非難に要約される。①商業社会では、人々の欲望を満足させる手段よりも欲望のほうが早く増大するので、人々は幸福になれない。②商業社会は、政体のために進んで犠牲になるという市民共和主義的な意味における徳の減退をきたし、私益と公益の分裂をもたらす。③分業は専門化をもたらし、一面的な退化した人格を助長する。

これらの三つのうちで最初のものは、ルソーの『学問芸術論』(一七五〇年)と『人間不平等起源論』(一七五五年)の中で、考察の対象となっている。ルソーは、文明の進歩が実際に人間の幸福を減らすとしている。なぜならば、人工的・社会的に誘発される必需品が、それを満足させる手段よりも早く増えるからであり、人々はこれまで以上に不満を抱いたまま取り残されるからだ[10]。よく知られているように、ルソーは『社会契約論』で、古代共和社会の徳に富んだ「市民」と、利己心に満ちた中産階級(ブルジョワ)の市民とをはっきり区別した[11]。

スミスより年下の同時代人であるアダム・ファーガソンが『市民社会史論』(一七六七年)で述べているように、古代ギリシャ人は「自分自身を共同体の一部だと考える習慣によって動機づけられていた」。そして、「彼らは精神に大いなる情熱を引き起こすような対象については、変わらざる見解を持っていて、それが、常に同胞市民の目にどう映るかを心して行動するよう導く。そして、審議、雄弁、政策、戦争の技術を実行する。こうしたことに、国家や人々、集合体の運命がかかっているのだ」[12]。

このような状況下では、「社会の利益とその成員の利益とは容易に折り合いがつく。もし、個人が公に配慮してもらえれば、そのような配慮をした見返りに、その本性に可能な限りにおいて最大の幸福を受けるし、公がその成員に与えることができる最大の祝福が与えられる。

こうして、成員は共同体への愛着を持ち続ける」[13]。しかしながら、近代における商業文明の成長は、公益についての関心の低下をもたらし、機能の特殊化をもたらす、とファーガソンは主張している[14]。

ヘーゲルと同時代に生きたドイツ人は、今一つの近代資本主義世界批判である、「断片」としての専門化という主題に焦点を当てている。その最もよく知られた表現は、一七九五年に公刊されたフリードリヒ・シラーの『人類の美的教育についての書簡』の第六編で、同書はファーガソンと並んでルソーからも着想を得ている[15]。シラーが主張するには、古代ギリシャでは人々は調和のとれた形で能力を開発したが、現代社会では、

> 個人だけでなく、全階層が自分たちの可能性の一部しか開発しない。他の部分は、発育不全のように、退化した痕跡が残るだけだ。このように活動をある特定領域に制限することによって、私たちはその中では名人になるが、これはしばしば他の可能性を抑圧することに終わる。……楽しみと労働が切り離されている。そして、手段と目的、実行と報酬も互いに切り離されている。いつ果てるとも知れず、全体のごく小さな部分につながれている人は、成長しても一断片にしかなれない。いつ果てるとも知れず、彼の耳には自分が回す単調な車輪の音が聞こえている。彼は、自分という存在の調和性を発展させない。自分の本質に対して人間性を刻印するのではなく、自分自身が、仕事や専門化した知識の刻印以外の何物でもなくなる[16]。

ヘーゲルの友人で詩人のフリードリヒ・ヘルダーリンはこれを詩「多島海」（一八〇〇年）の中で、「各人はその労働へと鋳造される」[17]と要約している。これはスミスの、分業が普通の労働者にもたらす否定的な影響についての辛辣な描写を再述したものだが、多方面に才能を持つ個人の可能性の抑圧という名において、すべての職業に拡大されたものだ。

若いときに、ヘーゲルもまたギリシャ的な全体性という理想像と、近代における断片化と称されるものとの対比に夢中になった。これは、同時代では、ドイツのインテリ層の間で流行っていた考えでもある[18]。

しかし、『法哲学』を書く頃になると、彼の関心事は

同時代人と近代社会の現実との折り合いをつけさせることに向けられるようになっていた。自らの世界に安住し、その制度との一体感を感じられるのは、ギリシャ人だけではないはずだ。近代人も社会制度、とりわけ市場があれば、個人としての自意識を持てるということを理解しさえすれば、同じことが可能なはずだ[19]。ヘーゲルにとって市場は、個人の自尊心の感覚を育てる意味でも、また他者を個人として見なす習慣づけをするためにも鍵となる制度だった。

ヘーゲルは、哲学者の役割は抽象的・永続的な原理ではなく、歴史を通じて進化した社会制度の働きについて考えることにあると思っていた[20]。彼の著書や講義の最終目的は、歴史を通じて進化した制度の合理的内容の説明をする哲学を使って、問いを投げかける個人と現在の制度との折り合いをつけることにあった[21]。人はかつては、政治的・宗教的上位者の権威を信じることで満足していたのかもしれない。しかし近代人の特徴は、自分たちが参加している制度の合理的正当化を求めることにあると、ヘーゲルは考えたのだ。なぜこのような制度が良いかを合理的に説明されて初めて、自分を自律的な存在として、つまり自分自身に法を与える存在として、納得できるのだろう[22]。

▼『法哲学』の背景

ヘーゲルは一七七〇年、人口五〇万のヴュルテンベルク公国の首都、シュツットガルトに生まれた。家庭はルター派で、一六世紀に宗教迫害から逃れてヴュルテンベルクにやって来た。神学者、法律家、そして官僚の家系だった。他の多くのプロテスタントのドイツ諸国のように、ヴュルテンベルクでも牧師と教授は政府から俸給を得ていたので、父方母方いずれの祖先も官僚だった[23]。ヘーゲル家は国家の官僚層に属していた。法律・行政職の官僚や、プロテスタント教会の支配層、国営の学校や大学の教員や教授などが、この階層の成員である。

ヘーゲルは、文化的エリートの一部だと自らを見なしており、その課題は、社会の一般的な厚生を求め、文化的価値をはっきりと表し、伝達することにあった[24]。エリートになるには学業成果が必要で、一八世紀後半のドイツの大学はその訓練の場所だった。指導力は教育と洞察力に基づいたものであるべきだという大学の主張は、それが貴族としての出自や大規模な土地所有に基づくと考えていた人に対する挑戦だった[25]。

ヘーゲルの出身母体である教育ある中流階級は「文芸に通じた大衆」の中心を形成していたが、その精神的視野は地域社会を超えていた。本や雑誌、それに新聞を読めた人々はおそらく人口の五％くらいだっただろう[26]。物理的にも精神的にも、たいていの人々が家を離れたがらない時代にあって、ヘーゲルが属していた教育ある階層は、旅してまわったり、広範な知的視野を持っている点において例外的だった。この階層に属する人々はしばしば大学に通うために故郷を離れたし、また、ふさわしい仕事を求めて動きまわった。

ヘーゲルはこの点で典型的だった。チュービンゲン大学で勉学を修め、スイスのベルンの富裕な家庭の家庭教師になった。それからフランクフルトに、そしてザクセンのイェナに移った。イェナ大学がドイツの知的生活の中心を占めていた時代だ。一八〇六年、ナポレオンの軍隊がイェナに侵攻して、大学生活に支障をきたすようになると、ヘーゲルはバイエルンに移り、まずは新聞の編集者となった。次いで、バンベルクで古典教育を志向していたギムナジウムの校長になった。ハイデルベルクで教授職に空きができると、彼はバーデン大公国に移った。そして、最終的には一八一八年にベルリンに移る。こうして、彼はヨーロッパのドイツ語圏のほとんどの国や地域で生活したことになる。ヘーゲルはまた、ドイツ語圏を超えた展開も追った。フランス革命の展開やイギリスでの商業の発展についても密着して学んだ。

一八世紀の後半ともなると、他のドイツ語諸国と同様、ヴュルテンベルクでも、行政を担う官僚は単なる支配者の財産の管理者から社会的・経済的近代化の担い手となっていった。臣民の課税対象となる富を増やし、彼ら自身の権力を増大させることにしか興味のない支配者は、官僚に頼った。生産的で秩序立った勤勉な社会を実現するためだった[27]。官僚は自らを王のではなく、国家のしもべと見るようになった。国家によって官僚の権威は保障され、国家を通じて官僚は交易を増大しようとした。

スミスの著作を読むことで、改革の指導者がすでに知っていたことがさらに確証され、体系化されるに至る。つまり、利潤動機に裏打ちされた市場は、国富の増進に至る最も有力な道だということである[28]。彼らは力をつけ、社会秩序の転換に熱心に取り組んだ[29]。官僚層は血筋ではなく実績に誇りを持つという点で、問屋制家内工業を用いて、地域間の商業や製造業にかかわる小規模の商人と通じるものがあった。一部の独立都市を除いては商業層が小さく弱かったドイツでは、市場発展の刺激は官僚層からもたらされた。古きヴュルテンベルク公国の行政官僚だったヘーゲルの父は公爵の経済改革に参加した。それはヘーゲル自身の目標でもあった。

しかし、世紀の転換期にヘーゲルが三十代を迎える頃になると、こうした官僚制に指導された近代化の試みはあまり進んでいないということがわかった。というのは、ヴュルテンベルク公爵やプロシャ王の権力が封じ込められていたからだ。田舎では、実権は土地貴族の手中にあった。軍務の提供(農民からなる軍隊を提供することを含む)と租税支払いの見返りとして、土地貴族は土地を借りて耕している農民に対して、政治的・司法的・法的権力を振るうことが許されていた。

町では、ギルドや他の特権的職能組合が日々の生活の大半を支配していた。ギルドや職能組合は、社会的・宗教的よそ者を町の経済から締め出し、町の境界の外に追放することさえあった。そのように締め出された者の中にはユダヤ人がいた。多くの町々で、ユダヤ人は職業に就けなかったし、住むこともできなかった。「代表制の」政治団体である土地所有者は、既存の体制から権益を得ているすでに定着した利害を体現していた。そして、大ざっぱにいえば、彼らは物事を動かして自由で動きのある社会を作ろうとする支配者や啓蒙的な官僚の政策に首尾よく抵抗しえたのである[30]。

官僚層の改革者に新たなチャンスをもたらしたのは、ナポレオンのドイツ諸邦に対する勝利だった。ドイツ人の神聖ローマ帝国を形成している三〇〇もの国のほとんどは、政治的にバラバラで非中央集権的な国家で、フランス革命後に新たにできた大規模な軍に抵抗するのにはあまりに弱体だった。ヨーロッパのドイツ語圏の大半がナポレオンに征服され、多くの従属国がフランスの庇護の下に生まれた。そこでは「ナポレオン法典」が採用されたが、これは史上初めて、宗教や出自にかかわらず人は(つまりは、男性はということだが)法の下で平等であるとうたったものである。

フランス革命の自由主義的理想が初めてドイツ領土内で実現されたのは、こうした形でだった。市民的平等は与えられたが、政治参加は与えられなかった。残されたドイツ諸邦の支配者たちは、ナポレオンに対抗して領土を奪還するには、政体を転換するのに思い切った手段をとらなければならないと考えた。しばしば歴史的に見られるところであるが、外国に征服されるという脅威は、国を守るための近代化を促進させることになるのだ。

対ナポレオン戦争によって、プロシャ王国は大国として滅びる危機に接していた。一八〇六年、最初の大著である『精神現象学』を仕上げつつあったヘーゲルも、目前に見ていたイェナでのドイツの敗戦の直後、窮地に立たされた改革者、フリードリヒ・ハルデンベルクは、思い切った改革案を含んだ覚書をプロシャ王のために草した。ハルデンベルクは「積極的な意味での革命を」主張した。「これは、下からのあるいは外部からの暴力的な衝動によるのではなく、政府の英知によって、人心卑しからぬようにする」ものである[31]。王は、もう一人の改革派官僚であるシュタイン男爵とともに、ハルデンベルクを招き、進歩的な改革者がずっと前から唱えていた主張に沿って国を再組織するよう求めた。課題は、プロシャをフランスの挑戦に耐えうるようにすることだった。

こうした人々の指導の下、かつての絶対的な君主制が官僚制に依拠した君主制に変わっていった。王ではなく、大臣が政策の作成と実行にあたるようになった。任官や昇進は、ますます試験に依存するようになり、官僚の威信は年金受給権と税の優遇措置によって高くなっていった[32]。彼らは、市民的平等、社会的流動性、そして経済的自由を作り出すことによって、プロシャの現実を、自由で生産性の高い社会という自分たちの理念に近づけることに取りかかった。

一八〇七年、世襲に基づく農奴は解放された。小作人は地主に荘園制に基づく支払い部分を弁済しなければならなかったが、地主に対する賦役や現物での支払いも終わった。貴族領の売買にあたって存在していた制約もなくなり、土地を最も効率的に使える人が土地を持てるようにと、農業を商業的な基盤に置こうとする試みもなされた。

すべての職業の機会が、貴族、平民の区別なく開かれるようになった。ヨーロッパのドイツ語圏内にあって、プロシャはこうして封建的な土地制度を解体し、領地と政治支配が切り離された社会に代えるという意味において、先駆者となった。その直後、ハルデンベルク体制は、貴族の免税措置をなくし、ギルドの権力を弱め、その代わりに商業活動に対する制約を緩和するべく、立法措置を講じた。ユダヤ人は「その土地の人間であり市民」でもあるとされ、依然として政治参加や官僚層からは排除されていたが、社会的・経済的活動に対する制約は部分的に取り除かれた[33]。

一八一八年にヘーゲルが招待されたプロシャは、いろいろな意味で新しい国家だった。それは北ドイツに散らばっていた地域を包括したもので、一つの王国として統合されたのは数年前にすぎなかった。その集団としてのアイデンティティは、まだ形成されていなかった。

改革案を実行するに際して、ハルデンベルクとシュタインはドイツ中の行政官と知識人をプロシャに集めた。再生に向けての彼らの努力の一部は、プロシャの首都であるベルリンに新しい大学を創設することに向けられた。それまでベルリンは学術的・文化的というよりは、軍事上・行政上の中心地だった。二人は、ドイツの知的生活における最良で最も聡明な人々に頼ったのだ。フリードリヒ・シュライヤーマッハーの考案した新しい大学は、キャンパス内にすべての学部を統合しており、その中心は哲学部だった。哲学部が知のさまざまな領域を包括的な全体に統合するとされた[34]。哲学の講座を担当させるために、ヘーゲルが採用された。

ハルデンベルクは、プロシャの貴族であるユンカーの地域での支配力を弱めるべく、官僚制国家に権力を集中させようとした。一八一二年に提案した主たる改革案は、地域での司法と行政を、地域の貴族ではなく、国が選んだ行政官の手に委ねようというものだった。彼の案は、個人に自由を与えるために、国家権力、特に官僚の権力を増大させようというものだった。これは矛盾しているように思われるかもしれないが、そうではない。たいていのドイツ人にとっては、市民的自由、つまり引っ越したり、結婚したり、あるいはどんな仕事にでも就けるという自由は、中間的な権力保持者である貴族やギルドの権力を中央政府の権力によって打破して初めて可能になることだった。

プロシャの改革者が描いた壮大な転換も、実現されたのは一部だった。ワーテルロー以降は改革に対する外からの刺激はなくなった。プロシャ内部では、貴族勢力や地方政府からの抵抗は増大した。プロシャの外では、オーストリアの宰相、メッテルニヒが率いる反動勢力が強くなっていった。

最大の反動的思想家の一人として、ロマン主義哲学者のアダム・ミュラーがおり、その『国家学綱要』(一八〇九年)はハルデンベルク改革に対する批判を述べている。ミュラーは、市場社会での法的に自由で平等な参加者ではなく、貴族的家父長主義に基づく政治概念をはっきりと打ち出した。その政治関係のモデルは家族であり、貴族の地主と臣民との関係は、あたかも父と子の関係である。ミュラーは、「貨幣による普遍的な圧政」を人間関係の脱人格化だとして、これに反対している[35]。

もう一人の主要な反動的理論家が、スイスの法律家であるカール・ルートヴィヒ・ハラーで、五巻をあてて「政治学の復興」について書いている。その前提は、改革者が主張する「人工的なブルジョワ」国家は荒唐無稽だというものだった[36]。権力と所有は分離できるという考えを、彼は批判している。ハラーにとっては、社会は私的関係からなる網状組織であり、所有は権力が合法的に行使される領域を作るものだ。家族の長、荘園の地主、そして国家君主は、それぞれが所有する領域を統治するのである。

ミュラー、ハラー、そして彼らの教義に引き寄せられた貴族の地主は、法が国家官僚によって平等に、個人的感情を交えずに適用されるような、そして領地が「私的」なものであり、政治権力と区別されるような、政治領域という考えには反対だった。反対に、政治支配は個人的なものであり、土地財産は政治的権威と不可分の形で結びついていなければならないと、彼らは主張するのである[37]。

ユンカーは、直接、経済的・政治的支配を続けたかったので、それを家父長主義という言葉で覆い隠した。ヘーゲルは政治的・経済的・家族的関係の区別を強調したが、こうした強調が意味を持つのは、そのような家父長的な観点においてである。そして、このような背景を念頭に置いて、ヘーゲルの国家、官僚概念を理解しなければならない。

一八一八年、創設されたばかりのベルリン大学にヘーゲルを引き込んだのは、ハルデンベルクの近しい仲間だったカール・ジグムント・フォン・アルテンシュタインである。彼はプロシャの教育大臣で、万人に義務教育が必要だと主張していた[38]。ヘーゲルは、ベルリンでの哲学教授への就任演説で、理性の要求を制度化することによって世界史的な水準を達成した国家としてプロシャを称賛しているが、これは、プロシャ国の権力を利用して、法の下での普遍的平等を作り出そうとする改革者たちの最近の試みのことを言ったのである[39]。

ヘーゲルのプロシャに対する深い関与は民族的排他主義とは無関係で、ましてやドイツの愛国主義とも関係ない。それは、大いなる権力を有しながら苦戦を続ける官僚層の計画に対する関与だった。ヘーゲルは、官僚は時代を最もよく理解したうえで、社会を再構築すべく最善を尽くしていると考えていた。彼らがその時代をどのように理解したかに目を向けなければならない。

▼個別性と普遍性

ヘーゲルが歴史哲学を強調するようになったのは、フランス革命に促されてのことだ。彼は理念、特に法の下の平等という理念を支持していた。その一方で、同世代の人々の多くがそうであるように、フランス人が合法的だと認める確固とした制度をフランス革命が確立できなかったことに、強い衝撃を受けた。フランスの革命家たちの間に見られる自由の本質についての誤った理解こそが、そのような失敗の原因だとヘーゲルは見ている。あらゆる制度を個人的自由に対する障壁だと見なしてしまった彼らに、制度的秩序を確立することなどできるわけがないのだ[40]。

革命というプロジェクトを過去の文化的遺産から断ち切ることによって、合法性の重要な源が失われた。ヘーゲルが歴史に多くの関心を寄せたとすれば、それは『フランス革命についての省察』におけるバークの観察に賛成したからだろう。イギリス人は「私たちの自由を遺産という見地から考察することで便益を得ている。……このような自由主義的な相続という考えは、習慣に基づく生来の品位を抱かせるのだ……」というのがバークの観察である。

ヘーゲルが同時代人に説明したかったのは、各人を主体として、つまり、自分で意思決定できる者として見るという考えは、啓蒙からまっさらに出てくるわけではないということだった。普遍的に現れるものでもない。それは、ヨーロッパ文化の歴史的発展の帰結であり、根源は古代ギリシャと、精神性というキリスト教の伝統にある。しかし、奴隷制や農奴制がある限り、また、財産と経済的関係が封建的な足枷に縛られている限りにおいて、それはヨーロッパでも現実のものとなっていない。彼の解釈では、宗教改革は、近代的な自由への、なくてはならない里程標だとされる。近代的な世俗国家の出現によって、政体が個人や家族に帰属し、国家は単一の宗教の下にあり、唯一の生き方に専念する、という考えは過去のものとなる。

ヘーゲルにとってフランス革命は、フランスでは失敗したとはいえ、新たな時代の幕開けだった。そこでは、近代的自由と主観性が、まだヨーロッパのごく一部とそこから出てきたものに限られているとはいえ、普遍的なものになると考えられていた[41]。ヘーゲルの歴史哲学は、自分たちが評価する制度は確かに、自由主義の系統に属するのだということを同時代人に示すことにあてられている。

現在ある制度は、一連の暗黙の規範によって可能になっており、規範自体は歴史的発展の所産であると、ヘーゲルは考えていた。マシュー・アーノルドやマックス・ウェーバーよりずっと前に、ヘーゲルは近代的な自由主義的資本主義社会をプロテスタント運動の当然の帰結として解釈していた。しかし、ウェーバーとは異なりヘーゲルは、近代のプロテスタント後の世界は、それ自身の倫理的性質を持っていると考えた。彼が「人倫」と呼んでいる制度に体現されている倫理である。

正しく理解すれば、近代社会の制度はそれ自体の倫理的次元を有しているので肯定するに値することを、ヘーゲルは説明しようとした。習慣という言葉に語源を持つ「人倫」を使うことによって、ヘーゲルは、倫理的生活は、個人が依拠している制度の欠かせない部分としてそれを経験する場合には、世俗的な現実であるにすぎないことを示唆しようとした[42]。「人倫」という用語は、しばしば「倫理」とか「倫理的生活」と訳されるが、むしろ「規範的制度」としたほうがよい。

ヘーゲルにとって、プロテスタント的な人倫は、カトリックが強調する「聖なるもの」に比べれば、精神的なエネルギーを浮世離れした修道院生活から世俗的な制度に向けることによって世界を神聖化するという意味において、格段の進歩だった。カトリックの聖なるものは聖職者エリートという小さな集団の倫理にすぎないが、プロテスタントの人倫は社会全体の倫理だ。カトリック的な純潔の誓いを、プロテスタントは婚姻と家族の礼賛で置き換える。プロテスタント主義はカトリック的な貧困の誓いを「ブルジョワ社会の人倫」で置き換える。「ブルジョワ社会の人倫」とは、つまり「理性と勤労によって自立すること、経済問題についての公平さや自らの財産を使う際の公正さ」についての関与である[43]。最後に、ヘーゲルが「良心の奴隷化」と呼ぶカトリック的な従順の誓いの代わりに、プロテスタントは、法制度に体現された法、つまり「国家の人倫」への従順の徳をよしとする[44]。

ヘーゲルの理解では、哲学者の課題の一つは、制度の合理的・倫理的内実を明らかにして、その隠された倫理を概念化することだ。そうすれば、自意識を持った個人が、自分たちが参加している制度の意味についてもっと自覚できるようになるからだ。これは、制度の下に安住の地を見出すための一歩である。

ヘーゲルはドイツロマン主義の創設者と同じ世代に属している。詩、論争、神学、政治の各分野に共通するドイツロマン主義の嘆きは、近代の世俗的世界は個人を疎外したままでほったらかしにしているということにあった。内部はバラバラで、共同体感覚や超越的な感覚に乏しい。こうした問題に対するロマン主義者の解答は、共通の主題についてのいわば変奏曲である。個人の創造力や独自性が強調される一方で、制度を使うか想像力をたくましくさせて、何らかの、より高次の力に個人を結びつける必要性も強調されている。高次の力は、自然かもしれないし、国家かもしれないし、国民、カトリック教会、あるいは神かもしれない。しかし、個人とそれより大きな「全体」との結びつきは、ロマン主義者にとっては本質的に非合理的である。合理的な自我を高次の力に服属させることこそが人生に意味を与える[45]。

ロマン主義者の中にはヘーゲルの友人といえる人物もいたが、彼らと同じくヘーゲルも、個人はより大きな全体の一部であるという感覚を持つべきだと考えていた。

実際、ヘーゲルにとって、全体あるいは「全体性」は個人の神、あるいは歴史に対する関係を含んでいた。ヘーゲルは官僚の長い系図から出ているとしても、同様に神学者の子孫であり、高等教育は神学生として始めたのだ。その著作は、人間の歴史を人間の可能性が次第に発展し、自由で合理的な存在へと到達するとしたうえで、暗黙のうちに、そして、ときには明示的に、合理的な神義論、つまり神の人間に対するあり方を説明しようとする試みであった。

しかし、ロマン主義者とは異なり、ヘーゲルは個人と個人を内に含む、より大きな制度との関係は、理性によって把握でき、客観的に人に伝えることができると主張する。彼は個人が何か、より大きなものの一部だという感触を持つのは、何か別世界の源に非合理的な形で服属することによってではなく、ヘーゲルが「媒介」と呼ぶ、個人と、いっそう広い世界との一連の制度的関連によるのだ、という。彼の哲学者としての課題は、この関連を説明することにあった。こうした関連がどのように生じたのか、そして、このような感覚によっていかにして、個人に自律した主体としての感覚と、合理的に肯定できる、より大きな計画の一部だという感覚の双方が与えられるのか。

ヘーゲルの哲学的な企図は、人々と、彼らが個人としての主体性や独自性を誇らしげに感じる世界の折り合いをつけさせることにあった。たいての人にとって「自由」とは、制度的制約なしに好きなことをやる可能性を意味していることは、ヘーゲルも知っていた。そう考えると、活動の制限は自由への障壁となる。このように理解された自由は「否定的」な自由である。真剣に捉えれば、すべての制度は耐えられない制約であるので、制度的秩序は何であれ、破壊されることになると、ヘーゲルは述べている[46]。フランス革命を失敗に導いたのはこうした誤った理解だった。

個人にとっての善とは単に、実際に何を求めたり、好んだりするかということで決まり、また、こうした欲望はそれが個人のはっきりした個性を反映しているときに本物であるというのが、今でも当時でも広く受け入れられている信念であるが、ヘーゲルの考え方は、おそらくこうした信念と対比したときに最もよく理解できる。こうしたロマン主義的な概念においては、自由は「それが

『普遍的に認められていて、有効なもの』からどれくらい離れているかによって、そしてどれほどユニークなものを作り出そうとしているか」によって測られる[47]。これと異なる見解は、さまざまな違いはあるものの、私たちの好みを作り、どういうものを求めるかを決めるのは、社会制度の役割だと主張する。制度が情熱を方向づけるべきだとする主張は、スミスの著作の暗黙の前提ではあるが[48]、ヘーゲルはこのような目的を明示的に述べている。

「善」が私たちに特有の願望と一致すると考えている者にとってまず問題なのは、こうした好みがどのようにして生まれたかについての示唆がほとんどないということである。選好の形成過程、言い換えれば、願望の方向づけは、ヘーゲルの社会・政治・倫理・教育思想の中心に位置している。私たちがどのような人になるのかは、大部分、どのような制度の中で生きているか、また、どのような道徳基準の規制を受けているかによって変わってくる[49]。ヘーゲルの生活についての見解全体が教育論の色彩を持っている。良き生活においては、私たちは制度によって自意識を持った個人となり、私たちがよしとする制度の責任ある成員となる。というのも、長期的には制度が、私たち自身が望むような人間になる助けとなることを理解しているからだ。

ヘーゲルにとって、人に関しての根本的事実というのは、自由になる能力があるということだった。これは、人々が生まれもって自由だということではない。全く逆なのだ。人が本能や衝動に従って自発的に行動する限りにおいて、情念の奴隷なので、自由とは対極にある。人々は社会的・文化的制度によって自然の衝動という不自由から解放される。制度によって、個人は自分自身にとって良い方向に動き、その意味で自身の合理的な意志を反映するようになる。

ヘーゲルにとって、倫理的生活には、文化と制度の産物である高次の自我によって自然な形で方向づけを変えることが含意されている。つまり、自然を「第二の自然」によって代替するのである。ヘーゲルは、倫理的振る舞いは習慣的で「ならなければならない」と強調しているが、これこそが彼とカントや他の多くの思想家を分かつ点だ。ヘーゲルにとっては、制度は習慣を形成するものであり、これこそが彼が制度を評価するゆえんだった[50]。

カントにとっては、道徳的行動が自由なのは、それが自然的自我の一部である感情ではなく、理性によって定められているからだった。カントが理性と感情を分離しているのはおかしいとして、ヘーゲルはカントの倫理の捉え方を批判している。ヘーゲルは常に「第二の自然」に焦点を当てていて、この点で際立っている。自然的自我を、歴史が進むにつれて発展した社会・政治制度が転換し、これによって文化的規範が個人に伝えられ、そして個人がこれを吸収する。ヘーゲルの考えでは、倫理的秩序というのは、制度的秩序であり、その成員に、自分たちの感情が義務に対応するように、互いに倫理的に振る舞うような慣習上の性向を作り出すのだ。

しかしヘーゲルは、人を良き習慣になじませる制度だけで良き人々を作り出すことができるとは考えなかった。彼が哲学的思考を重ねた末の論点は、人々が制度によって課せられた義務を合理的に肯定できるように、合理的な「善を見抜く力」を与えることにあった[51]。彼の目的は「理性に基づいた、見抜く力」を与えることにあった[52]。

ヘーゲルは、ロマン主義とある種の自由主義の大きな誤りの一つが、拘束的な義務を真の自我に対する制約としてだけ考えるということにあると信じていた。逆に、自らの義務を知って受け入れることは、個人を自由にすると彼は考えた。制度は潜在的には揺れ動いてしまうかもしれない私たちの精神生活に方向づけの感覚を与える。だから、ヘーゲルは制度を Einrichtungen と呼んでいるのである（これは、ドイツ語で「方向」を意味する Richtung からきている）[53]。

義務によって、私たちは生物的な衝動の奴隷たることをやめる。義務によって、「方向が定まらない主体性」や、常に「何をすべきか」という問いを発することから私たちは解放される。それによって、主観的な物思いにとらわれるのではなく、現実世界に影響を与えられるようになる[54]。徳があるということは、際立っていたり、あるいは何らかの個々の徳の捉え方に固執することだ、という考えを痛烈に批判した。倫理的な社会では、徳があることは、制度的に課された義務に従って生きるということなのだと、ヘーゲルは記している。

「倫理的な社会では、有徳の人になるために、『何を』

すべきか、また『何が』満たすべき義務なのかをいうことは簡単だ。単に与えられた状況下で、指示されたこと、明確に言われたこと、知られていることを行えばよい」[55]。このようなルールによって人々は、家族、職業上の仲間、国家、そして人類のような、自分たちが属している、よりいっそう大きな集団につながっている。この意味において、ルールは個人と普遍的なものとの間の「媒介」となる[56]。

▼市民社会とそれに対する反対論

自分たち自身の利益、内に秘めた主観的生活、そして自分たちの独自性について強い感覚を持った個人は、古代のポリスでは腐敗の兆候だったかもしれない、とヘーゲルは示唆している。しかし、独自性と公益とを調整する制度によって、そのような個人は近代国家に伸縮性に富んだ強さを与えることにもなる[57]。

近代の状況を最も際立たせるのが、ヘーゲルがいうビュルガーリッヘ・ゲゼルシャフトである。これは、「ブルジョワ社会」とも「市民社会」とも訳される。おそらくは、ヘーゲルは両方の意味を持たせたのだろう。「市民社会」はすべての人々を自己充足的な個人として扱うことができる領域だ。その身体と所有は法によって保護されている。人々の間の相互関係は、欲望満足のための市場を通した相互関係に基づく[58]。

伝統的には、英語でいう「市民社会」は、ギリシャ語やラテン語同様、本質的には「政府」を、あるいは政府が存在する類の社会を意味した。ヘーゲルは、そうした領域、あるいは家族と国家の間にある関係一式として、「市民社会」を導入している。その中心的な制度は所有と市場だ。しかし、市民社会は、法を執行する司法や警察制度などの、いくつかの鍵となる政府の機能をも備えている[59]。なぜ、ヘーゲルは法を守る政府機能を市場と並んで「市民社会」の一部と見なしたのだろうか。

ヘーゲルの論点の一つは、「自然的な権利」の概念が、アダム・スミスが身体的自由と所有の自由を語る際に使う言葉である「自然的自由」も含めて、混乱しており、誤解を生みやすいというものだ。多くの一八世紀の著者と同じく、スミスは「自然」という言葉を実際そうなっているという意味と、規範的な意味とで、つまり、あるがままの世界と、あるべき世界という意味の両方で使っている[60]。人の身体と所有を管理する権利は道徳的に望ましいとヘーゲルは主張する。実際、こうした権利は、近代というものをこれほどまでに価値あるものにするうえで欠かせないものだ。

しかし、それらは「自然」ではない。それらは、文化的理解が歴史を通して発展した成果であり、「第二の自然」なのだ。そして、その現実性は近代国家を待って初めて可能となる[61]。彼はそれらを「抽象的な権利」と呼んでいるが、一つには、そのような権利は近代国家が具体的に体現されるようになって初めて現実性を帯びるということをはっきりさせるためだった[62]。というのは、権利を法にする国家がなければ、現実世界での身体や所有の保護もないからだ。しかしながら、近代国家の市民は、彼らの個人的利益が国家という、より普遍的な構造に依存しているという事実を概して見失ってしまう。ヘーゲルは、個人が国に対して税金を払いたがらないのは、市民社会を可能にする現実に対する、この認識不足の証拠だとしている[63]。彼の目的は、仲間の市民にこうした現実を意識させて、国家を何か疎遠で自分たちとは無関係なものとしてではなく、自分たちのゴールと同一視できるような制度として見なすように仕向けることにあった。

ヘーゲルにとっては、私的所有は、近代国家が歴史を通じて発展させてきた所産だ。「私的」所有という考えの裏には、財産を所有するからといって、他の個人に対する政治力をもたらすわけではない、ということがある。これは、ユンカーやその支持者が好んだ家父長的な関係とはまさに対極にある。

所有は、私たちの個性を表現する可能性を作り出すから道徳的に重要なのだと、ヘーゲルは説明する。ヘーゲル哲学で普遍的なのは、心の状態が安定的なのは、それが、物であれ、制度的なルールであれ、人と人との関係のパターンであれ、外的世界に具体化されているときに限られるということである(だから、男女の愛がさらに安定的になるのは、それが婚姻という制度によって公的に認められるときだとヘーゲルは言う)。個人として何らかの自我としての内的感覚を持つのは大いに結構。しかし、そうした感覚は外的現実性に対応していなければならない。外的現実性の一つが所有である。何かが私に属していて、他者には属していないということは、私自身、誰か特定の人であるという自己意識を増大させるというのが、事実である[64]。

ヘーゲルにとっては、そのような個別独自性の感覚は近代的な道徳秩序に固有だとされる[65]。実際、「個人が『それぞれのやり方』で満足を見出す、あるいは別の言葉でいえば、『主体的な自由』の権利は、『古代』と『近代』の枢要かつ基本的な差異である」[66]。他者が私の財産を取らない、他者がそれを「私のもの」だと認めることによって、私は個人として認められる。奴隷や農奴に欠けているのは、まさにこの認識である。私的所有の権利、世界の一部をわがものとする権利は近代国家に普遍的であり、これはヘーゲルにとってはその栄光の一部だった。このような近代性の理解によって、ヘーゲルは、政府の政策の一つの目標は所有権を広範に促進することでなければならないはずだ、という結論に達した。

所有は別の意味でも、私たちの個性を表現し、外部化する。私たちの財産は、私たちが働きかけ、それを私たちの意思に従って転換した自然の一部である[67]。そうした意味で、それは自然の人間化であり、人間精神を世界に注入することだが、これはヘーゲルの歴史的発展の中心的主題の一つでもある。

所有と並んで市場も、市民社会にとっての中心的存在である。表面的にしか理解していない道徳主義者が、市場を気まぐれと偶然による無政府状態として扱うことで、「不満足といら立ちを爆発させ」たのは、市場と経済生活についての議論においてだったと、ヘーゲルは記している[68]。市場をもっと正確に理解してもらうために、ヘーゲルは、英仏におけるスミスの主たる継承者である、デヴィッド・リカードとジャン＝バティスト・セーととともに、『国富論』に注意を向けている[69]。

ヘーゲルの考えでは、こうした人々の長所は、表面的には秩序などないように見えるものが、実際には相互の欲望を満足させるための「体系」になっていることを説明したことにある。しかし、彼らは市場の制度的基礎と哲学的含意を適切に説明できておらず、これが『法哲学』でヘーゲルがやろうとしたことだ[70]。ヘーゲルが説明の労をとっているのは、市場とは、人々が互いに交流し合うようにする社会的制度だという指摘である。個人のニーズは他人が作った物でしか満たされないので、人々は他者に向かわなければならず、他者が何を考えているかに関心を持たなければならない[71]。他者が必要とする物に自分の意思を向けなければならないのだ。

市場は、個人の欲望を満足させる試みから生まれた関係に基づいている。こうした欲望は、ヘーゲルが強調するところだが、「自然的」ではない。過去の道徳主義者は「不自然な」欲望満足を「奢侈」として非難したが、ヘーゲルは非常に異なったやり方をした。だいたいの人間の欲望は、元来固定されたものではなく、想像の結果だとヘーゲルは主張する。この考え方を用いて、欲望の増大を非難するのではなく、想像による生産物を欲する能力こそが人間を動物から分けるのだと説明している。「必需品」という認識は、自然の所産ではなく、歴史的に発展してきた文化による第二の自然の所産なのだ。

文明の発展によって、ますます欲望は差別化されていき、これは主観的には「ニーズ」として経験される[72]。このようなニーズのさらなる洗練の過程には際限がない。社会の粗野な状態（あるいは教養のない人々の間では）では、差異というものはない。文化とは、区別がより細かくされる過程だ[73]。ここでは、ヘーゲルは、物質的拡大の批判者の前提を崩した人間性の解釈によってヴォルテールの奢侈擁護に基礎を与えている。

ヘーゲルは、ドイツの中産階級の間ではすでに展開されていた過程を議論していることになる。一八世紀後半に最も広く読まれていた雑誌の一つが『ジャーナル・オブ・ラグジュアリー・アンド・ファッション』であり、これは「中流市民」に、自分たちやその家族はどのような生活をすべきか、どのような服を着て、家にはどのようなものを揃えるかを教えるものだった。何にでも使える居間が一つあるだけで事足りる時代は終わった、と同誌は助言を与えている。書面による通信や契約、文通が増大する時代には、家庭にもきちんとした事務所が必要になった。これによってかつての居間と違って、家庭の雑事で注意力が散漫になることもなく、仕事に集中できるようになった。そして、仲間が訪れたときに小さな子どもがそばにいるのは望ましくなかったので、遊び部屋も必要となった。年長の子どもたちには、さらに別の部屋が必要で、そこで家庭教師と過ごすことになる[74]。

おそらくヘーゲルは、「生産物需要を生み出すのは生産だ」と示唆しているセーの著作を読んでいたので、スミスとは異なり、企業家が消費者の想像力による欲望の拡大の主たる原動力であることは認識していた。つまり、市場は単に欲望を「満たす」のではなく、それを「作り出す」のだ。欲望は、その出現によって利潤を得ようとする製造業者が生み出す。企業家は消費者に、何か不便なことはないかと呼びかけ、そのうえでその不便の解決策を提供する。そしてその過程で、以前は感じなかった不便さの感覚を呼び起こすのである[75]。

消費によって、個人は認めてもらうよう努めるが、これによって現代的なファッションの循環が起こると、ヘーゲルは説明している。自分たちは他者と同等だと示したいので（つまり、他者は自分たちより優位にあるわけではないことを示すために）、個人は上の階層の消費財を真似して消費するようになる。さらに、自分たちの個性が群衆からは抜きん出ていることを表すのに個性を示したいという願望は、新製品の創出につながる。結果は、尽きることのない模倣と革新の循環である[76]。

競争圧力は、市場経済に外に向かう力を与えると、ヘーゲルは注意している。供給が需要を上回っているような製品に対しては、企業家は、国内であれ国外であれ、経済的後進地域に市場を求めて向かう。実際、海に隔てられていた文化をしばしば触れ合わせ、また互いに学び合えるようになったのは、貿易という刺激だった。この意味において、市民社会の発展は人類の教育過程に寄与するのだと、ヘーゲルは学生に語っている[77]。

ロマン主義的傾向を持つ同時代人は、職業世界や市場活動の世界を、個性を脅かすものとして描いている。これは誤りだとヘーゲルは主張する。生計を立てることと、自立することとは、男性が個人としての感覚を得るための最も重要な方法の一つだ（ここで「男性」という用語は意図的に使われている。女性はヘーゲルの考えでは、市民社会の外部で主として家庭で働くとされている）[78]。労働が法的に自由だという事実は、それに本質的な威厳を与える。これは奴隷制や農奴制の下ではなかったことで、そこでは人々は法的に、あるいは政治的に優位にある者の指揮下にあり、彼らのために働いた[79]。

分業の中で特定の作業ばかりしなければならないことを嘆いている者は、近代世界で個人と普遍性とが関係している条件を誤解している。職業を選択することによって自らの可能性を限定するのは、自我に対する大きな制約だとするのは、若者が犯す誤りだと、ヘーゲルは考えた。というのは、限定が必要であることを受け入れることによってこそ、市民社会での連鎖の有効なリンクになれるからである[80]。

近代的な状況での真の個性というのは、避けることのできない分業体制において自分たちの職業的な地位を確定させることにある。たいていの場合、近代における徳は、市民社会を超えた尋常ならざる政治活動にあるのではなく、職業的な公正さ、職業上の身分に対応した義務に従って行動することにあるのだ[81]。人々は、市民社会での特定の職業に自らを制約することによって、何らかのよりいっそう大きな全体の一部となる。

「主体的な独自性が市民社会を動かす原理である」[82]。市場は、私たちが選択することを通じて、独自性と個性を表す場だ。ヘーゲルによれば、高次や低次の選択の形態があり、私たちが良い合理的な理由で選択している場合は、高次の選択となる。おそらく人々が市民社会でなしうる最も重要な選択が職業選択である[83]（もう一つの重要な選択が配偶者の選択だ[84]）。

しかし、恣意的な選択の可能性、つまり、良き理由によってではなく、単に好みか、気まぐれの結果でさえある選択についても、いくばくかの価値はある、と彼は考えた。三〇種類のフレーバーのアイスクリームから選ぶのは最高度の選択の形態ではないが、それでも、いくばくかは私たちの個性を表している。ヘーゲルにとって問題が起きるのは、これが唯一の選択の形態だと考えてしまう場合である[85]。

すでに見たように、市場は新たな欲望を作り出し、これが個人によって「ニーズ」と認識されるとヘーゲルは見ていた。実際、市場は欲望創出機械なのだ。一方では、市場は消費を通じて個性を表現したり、その普遍性をもたらしたりする可能性を作り出す。しかし、欲望に制約が課されない場合は、個人にとって危険をもたらす。個人が適当な水準での消費の感覚などの生活設計を持っていない場合には、他者の意志に従う玩具となり、気まぐれなファッションの流れと他人の影響を受けた欲望によって翻弄される。結果として、常にもっと多くを求めていくことになり、どれほど多くを手に入れても満足できなくなる。物質的にはあふれかえった中での精神的なみじめさだ[86]。消費財を、合理的な生活設計に合うということではなく、単に新たに刺激された欲望に基づいて選んでいるのであれば、結果はヘーゲルが言う「悪しき無限性」となる。これは、アリストテレスが「貪欲」と呼んだものの最新の形だ。

これから見るように、無制限の欲望についてのヘーゲルの解決策は、家族に、またその一部は国家や職業集団にもある。これらはいずれも、ヘーゲルにとっては市民社会の本質的な要素である。というのは、どの水準の欲望が、個人が選択した職業生活にとってはふさわしいかという感覚を得るのは、職業集団（ヘーゲルはこれをコルポラチオンと呼ぶ）においてだからだ。

メーザーと同じく、個人が社会において居場所を得るという感覚を持つことをヘーゲルも望んでいる。メーザーはそのような居場所の確保を、ギルドや所領に求めた。ヘーゲルはまた、同様の法的に定められた組織を望んだ。これは都市の産業への参入を規制し、職業に必要な技術などを組織の成員に教え込む。しかし、メーザーが擁護したようなギルドや土地（一八二〇年代のドイツでも多く残っていた）とは異なり、こうした職業への参入は、個人の選択と才能に基づく自発的なものでなければならなかった。

ヘーゲルは、このような組織が個人と国家の間にあって重要な媒介となることを望んだ。こうした組織は相互に助け合うためのフォーラムとなり、個人を自分自身のそれよりも広い関心にかかわる事柄に引き込む。実際、ヘーゲルはこうした職業的コルポラチオンを通じて政治的な代表者が選出されることを望んだ。個人は、自らの職業集団の福祉と自分自身を一体視するようになる。そして、個人の側では、職業集団の一員となれた名誉によって、価値観や一体感を得られる。ギルドと同じく、コルポラチオンは、栄誉の感覚と世界の中での居場所を成員に与える。仕事仲間から認められることで、金があることを見せびらかすこともなくなり、無制約の欲望の「悪しき無限性」からも解放されることになる。これがヘーゲルの望むところであった[87]。

ヘーゲルは、これらのコルポラチオンがその成員の集団としての利益を追求することは認めている。彼は、そのようなことが極端に働いて、たとえば価格の固定化というようなことになれば、国家権力が介入するのが役目だと考えた。そのようなコルポラチオンは自由貿易の原理にはそぐわないものだが、ヘーゲルは、コルポラチオンがもたらすかもしれないような社会的安定のためであれば、自由貿易のある種の利点を断念することは厭わなかった[88]。

ヘーゲルが市民社会に固有だと考えたもう一つの問題が、新たな形での貧困だった。しかし、それによって彼が意味したのは、単に物質的な支援の手段を欠いた人々の存在だけではなかった。そういう人々は、市場社会が出現する前にもいた。しかし、今度の貧困には二つの新しい局面があった。技術がないために仕事が得られない人々が規則的に生まれるということ、また、仕事がない人間が持つ、社会全体に対する不平と恨みである。

失業を生み出すのは、市場に固有のダイナミズムだった。市場が作り出した分業は、多くの労働者が仕事に関連した高度に専門化された技術を持ち、したがって狭い範囲の仕事にしか適していないことを意味する。市場は変化を続け、常に洗練の度合いを高めていく欲望で定義されるので、新製品に対する需要は、旧来の製品の市場がなくなることを意味すると、ヘーゲルは推論した。そうなると、古い製品の生産にばかり携わっていた労働者は仕事がなくなり、新しい仕事を見つけるための訓練も受けられない。さらに、生産の機械化によって仕事はなくなる[89]。このようにして市場は失業を生み出していくし、容易に新たな仕事に適応できない人々も職を失ってしまう[90]（ヘーゲルはこの論点を展開することはなかったが、資本主義経済の発展とともに人口は増大するとしている。論点を展開しなかったのは重大なミスだろう）[91]。

市民社会における自尊心は、仕事を持っていることに結びついていて、それによって人は社会での居場所を与えられるのだが、このような事実から第二の問題が生じる。つまり、仕事がない人々でも同じ社会の一部であり、生存権を含めて、その便益にあずかる資格があると感じる。「イギリスでは、最も貧しい者でも自分には権利があると考えている。これは、他の国において貧民を満足させるものとは違っている」[92]とヘーゲルは指摘している。こうしたことから、貧者は市民社会の成員である人々に対して恨みを持つ。市民社会の外にいる者は訓練制度に参加できないので、彼らは仕事にふさわしい性格特性を開発することができない。こうして、彼らは失業しているだけではなく雇用不適格者になってしまう。

近代の貧困はこのように、ヘーゲルが「被救済民」と呼んでいるものを生む危険をはらんでいる。これは、絶対的な物質的不足によるものとは区別される。すべての被救済民が貧しいわけではない。彼らはその心理状態に特徴がある。誇りや信頼性に乏しく、運頼みで、仕事を避け、気まぐれだ。定期的な仕事に慣れておらず、勤勉の習慣を持っていない。それでも、たいていの人々が生存の手段を持っている社会では、彼らは支援してもらう資格があると感じている。「被救済民の困ったところは、仕事を通じて生計を立てようと思うほどの誇りを持っていないのにもかかわらず、生計支援を受ける権利はあると主張している点だ」[93]。被救済民は常に不当に扱われる集団となり、市民社会にとっての危険となる[94]。

まだ被救済民とまではいえない貧民の場合でも、生活支援は市民社会では難しい。ヘーゲルはイギリスの例を挙げている。実際のところ、貧民に仕事を与えると、十分な有効需要がない財の生産が増えるので、それ自体問題である。慈善によって生活の資を与えるのも問題の解決とはならない。失業者は、ブルジョワ社会における自尊心の根本的な前提、つまり仕事がないのだから。慈善は、被救済民に自分たちには生活支援を受ける資格があるという考えを強めさせた。場合によっては、貧民に乞食をさせるのもよい。そうすれば少なくとも働こうという願望は持たせられるからだ。このようにあきらめがちにヘーゲルは記している[95]。

貧困と被救済民についてのヘーゲルのコメントは、ドイツの状況についての観察というよりは、商業社会が最も進んでいたイギリスについて書かれたものを読むことによって、得られたものである。イギリスの貧困が一見したところ手に負えなくなっていることをよく知っていたので、ドイツでは少なくとも貧困問題の一部は政府の施策によって避けられると彼は望んでいた。海外の植民地化も、商業社会での貧者にとっては最善の策かもしれないとも、考えていた[96]。

全体として見れば、ヘーゲルが政府に課した役割は、スミスも述べたものだった。すなわち、法の支配を維持し、所有制度を堅持する。また、橋・道路・公衆衛生のような物理的なインフラ設備や公共財を提供し、子どもを教育する、といったものだ[97]。

しかし、ヘーゲルはこれらの機能を超えた政府、つまり、市場が作り出す固有の問題と思われるものを緩和するような機能を果たす政府が好ましいと考えた。政府当局は、国際貿易の混乱による効果を打ち消すように介入し、市場の変動を緩和し、もし可能ならばそのような変動を短期間に抑えなければならないと指摘している。政府当局は食糧や薬品を検査し、緊急時には実際に基本的な食糧の価格を定めなければならない[98]。ヘーゲルにとっては、彼が「公共政策（ポリツァイ）」、あるいは行政と呼ぶ政府機能は、市場を通じて自利心を追求するのを可能にする枠組みを提供するという意味において、市民社会の一部だと考えなければならない[99]。

▼市民社会を超えて

もし、人々が自由な個人としての感覚を持つのが市民社会においてであるのならば[100]、愛や利他心による関係が見出されるのは、市民社会の領域の上か下においてである。個人が自分を超えた結合体の一部分となるのは、家族や国家の領域においてであり、こうした共同体は重要なので、自分自身をそのために犠牲にすることも厭わない。これらは契約関係を超えた領域であり、そこでは個人の利己心に基づいた計算は通用しない。

ヘーゲルにとって、家族は感情的な利他心に基づいた関係の領域である。そこで私たちは、男女の愛情に基づく関係、親子の愛と従順に基づく関係など、直接的・感情的な形での倫理的存在となることを学ぶ[101]。彼は、婚姻を単なる市民的契約と考える者を批判した[102]。婚姻は当初は契約という観点から始まるが、そのような観点を超えていくというのが、ヘーゲルの考えである[103]。婚姻は「愛、信任、個人の存在全体を分かち合う」ことによる倫理的制度であり、その結果、私たち自身の利害より家族の他の成員の利害のほうが究極的には上に置かれる[104]。

ヘーゲルは、ロマン主義的な、合理的な説明のつかない深い感情の表出としての愛の概念やもっぱら愛に基づいている婚姻という考え方は批判した。彼の説明によれば、婚姻とは自然の衝動が倫理秩序の一部になるような倫理的な制度なのである。愛それ自体は婚姻の一つの要素にすぎない。他にも、富を共有したり、心配事を分かち合ったり、子どもを育てたりというような重要な要素がある[105]。

つまり、家族においては、市民社会の自利心に満ちた役者は、自分が愛着を感じる共同体の成員となるのだ。こうした共同体の利益こそが財産や自利心に全く異なった意味合いを与える。市民社会で継続的に所得を確保するのが必要となるのは、家族を持ちたいという願望からである。「自利心に基づいた願望が、共有しているものの共同利益についての関心となる」[106]。というのは、外から、公の立場で見たときの家族の現実とは、その富であり、家族の財産だからだ。これが家族の成員が生き延びていくための基礎となる。家族の特徴である愛と深い義務感の一つの表れが、市場で生計を立てていくことなのだ。家族の富を追求する中で、自利心と利己心が共有しているものに対する関心事に転化していくと、ヘーゲルは述べている[107]。人々の関心は広がる。「もはや、利己的なあるいは情念に基づく願望を満たすものとしてのニーズの充足ではない。そのようなものは弱められていく。それは、他者とともに自己に関心を持つことであり、自己とともに他者に関心を持つことなのだ。ここでは、自己中心的な考えは消えていく」[108]。

しかし、ブルジョワ社会は人類が繁栄するのに家族を必要とする一方で、家族関係の重要性も変えていく。近代的な政府や市場が現れる前は、義務は主として血縁関係で定まっていた。近代になると、血縁関係はすべてを包括するものではなくなり、職業的な結びつきや友人関係のほうが重要になってくる。家族の成員が、もはやその「家父長的な全体」に服さなくなるのは、ブルジョワ社会が勃興したおかげだ。家族がブルジョワ社会の道徳的健全さにとって重要であるとすれば、家族のアイデンティティとしての主張に制約を課し、個人としてのアイデンティティを許すのは、まさにそのブルジョワ社会の構造によっているのだ[109]。となれば、家族と市民社会には緊張が生まれる。一方では、それは私たちが愛する者の利益に服属させることに向かわせるし、他方では、血や出自を超えて自分自身を個人として主張することに向かわせるからである。

家族の特徴が個人的な自利心を超えた関係だとすれば、ヘーゲルにとっては国家も同様であった。自由主義的な思想では、国家はただ、個人的な権利と財産を自利心の観点から保護する機関にすぎないと見なされているが、これは誤りである。国家は、大衆の集団としてのアイデンティティを体現した制度でもあるのだ。自由主義者が考える国家概念の限界は、租税制度や戦争などの現象において最も明白だとヘーゲルは考えた[110]。というのも、国家が要求する租税は、その支払いが必ずしも個々の納税者の自利心という観点から割に合うわけではないからだ[111]。

また、戦時においては、ナポレオン以降の近代国家では、市民が喜んで生命をも犠牲にすることが求められる。これも、自利心という観点からは割に合わない計算である。市民が税を支払おうとはしない国家は、平和時には繁栄できないだろう。また、加えて、戦時には喜んで戦おうという市民がいない場合には、国家は最終的に消滅するだろう。戦争は通常時には私たちが忘れてしまっていることを思い出させる。つまり、国家がなければ、個人もその財産も何ら保証の限りではないのだ[112]。

近代的な意味における愛国心は、国家と一体化することから来ている。そのような一体化は習慣的なものかもしれないし、感情的なものかもしれない。しかし、ヘーゲルの『法哲学』における最も重要な目的は、近代国家がどのような形で個人の特殊性と普遍性を満たすのに役立っているかを示すことで、そのような一体化は合理的なものであるとすることにあった[113]。

ヘーゲルにとって、代議制政府が非常に重要なのは、市民が多少とも政府を管理することを許すからではなく、それが国家に対してある程度の参加を可能にするからである[114]。これによって国家に対する知識を増やし、それと一体化することを可能にするからだった。その機能は主として教育的なもので、事情に通じ、共同体の政治的な生活の根幹の原理に心を配る、政治的に意識レベルが高い市民を育てることにある。実際、ヘーゲルからすると、代議制政府の機能のほうが意思決定における効率よりも重要であり、この効率のほうには、限界があると考えた[115]。

▼総合的階級と哲学者の役割

ヘーゲルの見解では、市場の力の重要な対抗力であり、また、それを補完するのが官僚だった。というのも、たいていの人が時間のほとんどで自分自身や家族、あるいは職業的な集団の特定利益を念頭に置いているような社会では、社会全般の利益の確保に専念する集団が存在することが重要だからだ。これこそが、ヘーゲルが官僚を「総合的階級」と呼ぶ理由にほかならない。

官僚の登用は、知識と能力が証明されれば、誰にでも開かれていなければならないことを、ヘーゲルは強調している。改革途中のプロシャではまだ実現されていない目標だが、この点に関しては他の地域よりもずっと進んでいた[116]。官僚が市民社会の人々からの影響を受けないようにするには、政府の官僚に十分な給与を支払うことが重要である[117]。官僚とその仕事との関係は「その精神的な格別の存在にとっての主たる関心事」でなければならないと、ヘーゲルは記している。それは仕事ではなく、天職なのだと[118]。

官僚はもちろん、行政上の手続き、経済学、そしてドイツでは「国家学」と呼ばれているその他の領域について、適切な訓練を受けていなければならない[119]。しかしながら、官僚としての訓練や日々の仕事は機械的で退屈なので、ヘーゲルは総合的階級の成員には、哲学の教育を、つまり『法哲学』において展開されている哲学の教育を受けさせることを望んだ。そうすれば、公益の管理者としての役割を適切に理解できるからだ[120]。

ヘーゲルの考えでは、大学の目的の一つは、専門的な知識にとどまらず、現在について歴史的なあるいは文化的な視座を与えることで、そうすれば、総合的階級の成員が社会のさらなるニーズを知ることが可能になる。つまり大学は、市場とは全く異なったタイプの知識や信条が育まれるような場所でなければならなかった。

個人は部分的には、その制度に参加することによって、近代市民社会と折り合いをつけていく。個人は、そうした制度で、規範や何を期待されているかについて学び、責任ある自律的な人間となる。しかし、『法哲学』で示されているように、こうした制度を合理的に把握することを通じて、人々は、さらに意識的に折り合いをつけられる。同書は、同時代人に彼らの世界史、そして究極的には宇宙との関係を説明しようとする、大プロジェクトの一部だった。このプロジェクトでは、哲学、芸術、そして宗教など過去の価値あるものがすべて抽出され、ヘーゲル自身の範疇の中に持ち込まれる。

ヘーゲルの著作は、新世代のドイツの知識人に大きな反響を起こした。これは特にその著作が、世界に対するキリスト教的理解と合理的理解、伝統と革命、個人、市場、国家の間にある、その時代独特の緊張関係の多くを解きほぐそうとしていたからだ[121]。そのプロジェクトは、誇大妄想とまではいかないにしても、傲慢なものではあった。しかし、ヘーゲルの全体的哲学構想に共鳴できない者、それに納得していない者であっても、エーリッヒ・フェーゲルンと同じく「体系的な著作自体が、優れた哲学的、歴史的分析で満ちていて、これらの分析が組み込まれた体系によって影響を受けることなく、それ自体自立している」と結論づけることは可能かもしれない[122]。

後年の知識人に対するヘーゲルの影響には顕著なものがあり、ヨーロッパのドイツ語圏をはるかに超えていた。これから見るように、カール・マルクスは、ヘーゲルが個人と自由主義的資本主義世界との折り合いをつけさせたことには背を向けることになるのだが、最初の哲学修業はヘーゲルから始めている。マシュー・アーノルドのようなイギリスの知識人は、「好きなようにやる」以外の何物でもないといって自由概念を批判したことや、大学を使って教育ある官僚層を育成しようとする彼の構想に引き寄せられた。これによって、ヘーゲルは市場の拡大による道徳的危険の中にあって、国家という船を導こうとしていたのである。

第7章

カール・マルクス

ユダヤ人高利貸しから普遍的搾取に至るまで

Karl Marx: From Jewish Usury to Universal Vampirism

カール・マルクス（一八一八〜八三年）とその共同研究者のフリードリヒ・エンゲルス（一八二〇〜九五年）は後に、市場経済の批判者として最もよく知られるようになる。スミスの「商業社会」、並びにヘーゲルの「市民社会」の同義語である「資本主義」という用語を普及させたのは、この両人の功績である。マルクスやエンゲルスよりもこうした社会に対して好意的だった多くの思想家たちは、「資本主義」という用語そのものを用いることに反対した。基本的には侮蔑的なニュアンスを持つ言葉と考えたからだ。これから見ていくように、資本主義という用語には、実際にそういう意図が込められていた。

しかしながら、政治的な論争の過程で生まれた多くの通称がそうであるように、「資本主義」もまたその出自を超えて、結局は、その不愉快な含意を嫌う者にも使われるようになった。政治運動としてのマルクス主義がその賞味期限を過ぎているとしても、分析の基礎としての、あるいは市場の批評としての魅力が完全に萎えてしまうとは考えにくい。これが、初期からマルクス主義が二重の意味でアピールしたゆえんである。

第一に、物質的欠乏へと追い込まれた貧困な工業労働者層への共感があった。マルクスは著作の中で、貧困や困窮化を描写しただけではなく、その分析では、貧困や困窮化は、市場化を推し進めれば必ず生じ、また、一度起きたら元には戻せない帰結として捉えられた。そして、マルクスは現今の辛苦と将来の救済を結びつけているが、

Karl Marx
(1818-83)

これはキリスト教的伝統の最も深い隠喩の一つなのだ。

このような主張は、労働者階級の経済的・社会的状態が改善されるとアピールに乏しくなってしまう。実際に、労働者階級の状態は改善されたのだ。しかし、それと並んで最終的にはよりいっそうアピールしたのが、第二の主張だった。すなわち、マルクスとエンゲルスの著作を貫いている資本主義に対する文化的な批判である。市場に付きものの競争は道徳的に忌むべきものとされ、人間関係を動物のレベルにまで落とすものだとしている。

その代わりとして、マルクスとエンゲルスは公益と私益との間に差異がないような社会を対置させている。特にマルクスは、資本主義社会になったからといって「物質的」に貧困に追い込まれたわけではないが、市場経済の職業的な習慣や、特定の職業上の特定分野に自らを適合させなくてはならないことに苦しむ者の不満を表現している。

マルクスは、しばしばヘーゲルの門弟と見なされている。過激で批判的な門弟ではあったが、しかしながら、資本主義社会における労働の鈍麻作用に対するマルクスの批判は、社会における自己とその位置づけというロマン主義的な概念を直接継承するものであり、これは円熟期のヘーゲルは受けつけなかったものだ。同様に、マルクスが市場競争に対して抱いた嫌悪感はヘーゲル以前の思考様式に回帰するものだが、これは啓蒙運動の基本的な想定、つまり、潜在的には肯定的に考えられていた人間活動の意図せざる帰結と自利心の合法性とは相容れない。

実際のところ、マルクスの経済分析の基礎理論は、さらに古くさかのぼる。あまり知られていないことだが、マルクスは金儲けに対する伝統的なキリスト教的な批判を鋳直して新しい用語で表現しただけであり、古代に見られた、金銭を使って金儲けをする者に対する猜疑心を再述したものにすぎない。資本主義は「搾取」だという、マルクスの資本主義観は、貨幣は基本的には非生産的だという、まさに古びた考えに立ち戻っており、額に汗して働く人だけが真の意味で生産的であるという考え方に戻っている。そして、利子だけでなく利潤自体もまた、常に不正な手段で得られたものだという。

マルクスが資本主義を描写するのに使った疎外の概念は、多くの人々が暗黙のうちに感じていたことを表現したものである。すなわち、現代社会における個々人の満足は、彼ら自身が制御できそうにない力の犠牲にされているということだ。他方、資本主義と相反する共産主義においては、そのような力を制御できるという約束をちらつかせている。もっとも、後に見るように、マルクス自身はそのような社会がどのように機能するのかという制度的機構に関しては驚くほど何も述べていない。

マルクスの生涯にわたっての理論的発展を強調してきた多くの学術研究は、その思想の最も鋭い分析で明らかにされてきたことを曖昧にする傾向がある。つまり、後年のマルクスの著作はすべて、『共産党宣言』を著したとき、すなわちマルクスが三〇歳のときまでに練り上げた考えを確定し、そして洗練していく試みにほかならないという事実である。実際のところ、マルクスが二六歳になった一八四四年には、すでに考えは固まっていたのだ[1]。

▼マルクスのユダヤ人問題と労働問題

マルクスはラインラントのトリーア市で一八一八年に生まれた。この年は、ヘーゲルがプロシャ改革派の招聘を受けてベルリン大学に赴任した年にあたる。姓であるマルクスの歴史は比較的新しく、カールの祖父の名である「Mordechai」から取ったものだ。カールの父親であるヘッシェル・マルクスは中央ヨーロッパのラビ一門の出身で、この一門から一六世紀以来トリーアのラビが輩出されていた。母親も数世代にわたるラビの出身であった[2]。

カール・マルクスの重要な小論文の一つに『ユダヤ人問題に寄せて』というものがある。マルクスと、そのユダヤ人としての出自との関係の問題は、今まで数多く論じられてきたが、しばしば誤解されてきたところでもある。というのも、カールの生い立ちについて、特にユダヤ的なところはないからだ。また批評家は、マルクスの精神を「タルムード」的として描写しようとするが、ユダヤの律法については、彼は知識を持ち合わせていなかった。というのも、ヘッシェル・マルクスは若いときに家族との、そしてユダヤ教との縁を切っており、それについては子どもたちに何も伝えていなかったからである[3]。

カールが生まれたとき、ヘッシェルはトリーアの高等控訴院の弁護士だった。カールが一〇代になる頃には、父親はラインラントの自由主義運動に積極的に関与していた。この運動は、代議制を伴う立憲君主制を求めるものだった。ブルジョワ社会のメンバーとして尊敬されていたヘッシェルは、トリーアの弁護士協会の会長に選ばれた。

しかしながら、そのような名誉は、わずかに残っていたユダヤ人としての帰属意識を捨て去ることによって得られた。ハルデンベルク政権の下でプロシャのユダヤ人に対しての差別的な法律が緩和されたとはいえ、ユダヤ人は官僚としての地位から排斥されていた。ワーテルローの戦いの後でラインラントがプロシャの支配下に置かれるようになると、プロシャの官僚はこうした法律がラインラントについても適用されるべきだと考えた。ヘッシェル・マルクスはユダヤ人の帰属意識を保ったまま法廷に立つことを求めて訴えた。

しかしながら、そのような訴えが退けられると、ヘッシェルは生計を立てるために一八一七年、キリスト教へ改宗し、プロシャの正式な国教であるルター派のプロテスタントを選んだ。同時に、名前ももっとゲルマン的な

「ハインリッヒ」に変えた。妻は、ラビだった父が亡くなる一八二五年まで、キリスト教の洗礼を延期した。その一年ほど前、子どもたちが学童年齢に達すると、長男だったカールをはじめとするマルクス家の子どもたちは洗礼を受けた。

ユダヤ教の中身については、カール・マルクスはほとんど何も学ばなかった。父親はフランス啓蒙、ドイツ啓蒙の合理主義に深く浸かっていて、その思想は神学的なプロテスタントというよりは、道徳を重んじる理神論者だった。好きな著作家はヴォルテールとルソーであり、ハインリッヒが息子に読んで聞かせたのは聖書ではなくヴォルテールだった[4]。カールは、おじ（ハインリッヒの兄）がラビを務めた町で育った。しかし改宗することによって、ハイリッヒはユダヤ人の親戚との縁を切った。

こうしたことから、カールは自らの家系がユダヤの出自であることは知ってはいたが、ユダヤ人あるいはユダヤ教に対して積極的な愛着を抱くことはなかった[5]。カールのユダヤ人についての知識は、そのほとんどがユダヤ人でない人々からのものだったし、ユダヤ人についての評価はユダヤ人嫌いの者から来たものがほとんどだった。それでも、カールは他人にはユダヤ人と思われていたし、「ムーア人」と呼ばれていた。これは、顔が浅黒かったためで、暗黙裡にユダヤ人であることを示唆したものだった。

マルクスの文化的理念の中で最も重要な源は、ドイツ人の教養ある中産階級（教養市民層）に求められる。こうした人々の間では、一八世紀後半以来、新しい生活様式と自己認識の新しい流行が展開されていたが、これは新しい自尊心の考え方を反映するものだった。親から受け継いだ社会的地位や宗教や社会が求める義務を果たすことよりも、個人個人の独自性に敬意が払われるようになった。哲学、文学、演劇、音楽、そして他の視覚芸術においても、多面的な個性を育成することが新しい理想となった。

文化は、もはや単なる受動的な過程ではなくなった。読書は個人の精神を耕す手段となり、紙上で著者の精神とかかわり合うことでもあった。教養ある市民（ビュルガー）は、詩を書いたり（少なくとも日記をつけたり）、楽器を奏でたり、絵を描くことによって、自己表現をすべきだと考えられていた。芸術は儀礼的な、あるいは装飾的な機能を離れて、それ自体価値を有するものと見なされるようになった。さまざまな文化的領域で審美的な感性を育成することで自己啓発にいそしむことが教育ある人間の特徴とされた。当時の人々はこのような理想を「知的道楽趣味」と呼んでいた[6]。

マルクスは自分の両親からというよりも、ルートヴィヒ・フォン・ヴェストファーレン男爵からこのような文化的理念を吸収した。近隣に住んでいたヴェストファーレンは、高い社会的地位の人で、若いマルクスをかわいがり、ホメロス、シェークスピア、ロマン派の詩に触れさせた[7]。演劇や文学は終生にわたってマルクスの趣味であり続けた(ずっと後になって、マルクス家は破産寸前に追い込まれたが、それでもマルクスは子どもを私立学校にやり、外国語や文学を勉強させた。音楽や歌の先生もつけてやり、娘たちは演劇を愛するあまり、三人とも女優になることを考えていた)。マルクス自身は、大学生のときには、詩人、劇作家、あるいは劇評家として身を立てようかと考えていた。詩の多くが、後に結婚することになった、ヴェストファーレンの娘であるジェニーに捧げられている。

ロマン主義的な色彩が強いマルクスの詩の中には、「俗物」に対する批判が認められる。俗物とは実利的な職に従事し、生活に対して秩序立った合理主義的なアプローチをとる者のことだ。ギムナジウムの最終学年から大学の初期にかけて書かれたマルクスの若書きは、人類の幸福のための自己犠牲という理念と、当時の俗物主義と闘う孤高の天才に対する憧れとの間で揺れ動いている[8]。

マルクスは職業の選択に迷ったが、ここにも知的道楽趣味に陥る危機が表れている。ハインリッヒ・マルクスは、息子に対する大学教育を含めて、家族にブルジョワ的な生活を保証してやることができた。しかし、ハインリッヒは息子をいつまでも支援できるほど、裕福ではなかった。父はカールが経済的に自立できるかどうかを危ぶみ、カールがそのような方向で勉学に励むことを希望していた。一八三七年後半に書かれた書簡で、父は「知のあらゆる領域を散策しよう」としている息子の知的道楽趣味を厳しく叱っている[9]。ハインリッヒは息子を先行き不確かな経歴から引き離し、安定した法曹界の仕事に就かせたかった。カールは哲学への関心が強かったが、父の望みを受け入れ、法学を勉強することにした。

ところが、ハインリッヒの死とともに、カールは法学の勉強をやめ、哲学に転向してしまう。カールの母も息子の生活能力を心配しており、これによって母子の関係はひずんでいった。「カールが資本について書くのをやめて、少しは資本を得ることを考えてくれればいいのに！」とカールは母が叫ぶのを記憶している[10]。

いろいろなことを追求するというのは、確かに結構な理想ではあるが、何事も完成できないという危険をはらんでいる。かつての友の多く（ほとんどいつも喧嘩別れに終わった連中だが）が、カールは何事も最後までやり遂げられなかったとしている。ベルリン大学在学時に、マルクスは包括的な法哲学について書こうとした。三〇〇ページ書いたところで、今度は「新しい形而上学体系」を試みたが、両者とも未完成に終わった[11]。一八四二年から翌年にかけて、宗教芸術の批評史が研究の対象となった。それが完成を見る前に、フランス革命史に方向を転じ、資料こそ集めたものの、これまた実際に書くことはなかった。

一八四四年に、当時の共同研究者だったアーノルド・ルーゲは、マルクスは「常に最近読んだものについて書きたがる。しかし、読書はそのまま続けられ、新しい抜き書きが残されることになる」と述べている[12]。一八四四年から死に至るまでマルクスは、現代の市場経済についての包括的説明に取り組んだが、これも自分が満足できるような形に仕上げるには至らなかった[13]。

このようなマルクスの背景や個性を知ることは、彼の社会理論の基本要素を説明する助けにはなる。マルクスはそれ自体、独立の民族性を有するマイノリティの出身だった。その宗教は汚名を着せられ、彼らの経済上の役割のせいで侮蔑の対象となった。マルクスが、宗教的あるいは民族的差異が消失し、金儲けがなくなるような社会を構想したのは、こうした出自による。マルクスの規範的な人間像は、現実の創造者としての芸術家というロマン主義的エートスから来るもので、これを大衆化、普遍化したものにほかならない。社会主義の将来像の背後にあるのは、新しいブルジョワ的な理念で、創造性や万能性による個人の表現というものだった。

こうしたすべては、ヘーゲルの考えと相容れないものだ。ヘーゲルは、個人と、より大きな全体との間にある、仲介制度、たとえば家族やコルポラチオン（職業集団）などを強調したし、また、分業制度の下で、円熟した個人はその場となんとか折り合いをつけるようになるものだとしていた[14]。マルクスの社会の理想像は、ヘーゲルというよりはフリードリヒ・ヘルダーリンによるものだった。

とはいっても、マルクスが大学で哲学者への道を歩んだきっかけは、やはりヘーゲルを読んだことだった。博士号取得後、マルクスはボン大学で講義を始めた。その一方で、神学部の講師だったブルーノ・バウアーと組んで、『無神論アルヒーフ』と題する予定の雑誌や、ゆうに本一冊分の長さを持つ宗教批判に取り組んだ。プロシャ当局が、無神論者に神学部で講義させるわけにはいかないと考えたのは無理からぬところだ。バウアーはポストを失い、マルクスは自分のような哲学的急進派には大学でキャリアを積み重ねていく見通しはないと考え、ジャーナリズムに転じた。

マルクスは『ライン新聞』に記事を書き始め、やがて自ら編集にあたるようになった。同紙は「政治、商業、工業」を支持するものであり、ラインラントの中産階級や企業家の利益を代弁していた。こうした人々を代表してマルクスは、新たな王であるフリードリヒ・ヴィルヘルム四世の反動的な政策とその統治を批判した。フリードリヒは、プロシャの再キリスト教化を図り、家父長的な国家の構築を企図した。当時のマルクスの観点はヘーゲル的なものであり、国家は「大きな有機体である」と考えていた。「国家においては、司法上、道徳上、政治上の自由が実現されなければならない。各市民が国家の法に従うことは、自身の理性である人間理性の自然的な法に従うことにほかならない」。

このような観点からは、国家を再びキリスト教化し、報道の自由を抑圧しようとする国王の試みは、逆方向の歩みとなる。マルクスの当時の考えでは、報道の役割は官僚を含めて市民を教育することであり、ヘーゲルの近代国家の見地から、政体に欠陥があることを指摘することだった[15]。こうした論点は確かに自由主義的な新聞の社主の興味をひくところとなったが、新聞主や他の中産階級のドイツ人たちは、ますます「社会問題」に関心を持つようになっていった。やがて、マルクスの関心も社会問題へ向かっていった。

▼社会問題への対応

早くも一七八〇年代において、ユストゥス・メーザーは、田舎から都会に働きに出たものの、まだギルドに吸収されないでいる貧困層の波に不安を抱いていた。こうした貧困層は、経済的には他者に従属しており、かつ政治的な権利が剥奪されていた彼らは、社会秩序の安定にとっては脅威だった。その数は増え続け、一八二〇年代になると、本書ですでに見たように、こうした「貧困問題」は見たところ解決困難であるとヘーゲルが指摘している。一八三〇年代を通じて、安定した収入源を持たない層は増大し続け、一八四〇年代前半ともなると、貧困問題は世論の関心事となり、もし改善されなければ革命につながるだろうという危惧が広がっていった[16]。「プロレタリアート」という言葉はフランスから輸入されたものだが、これは資本や土地、そして安定した職業を持たず、暮らしが常に不安定で、既存の社会秩序にとって脅威となる人々を意味するものだった[17]。

貧困層の増加を工業生産の勃興のせいだとした知識人や政治家もいた。保守派の若き政治家だったオットー・フォン・ビスマルクの見解もそうだった。一八四八年にビスマルクは次のように述べている。「工場は確かに個人を裕福にする。しかし、それは同時に栄養が行き届かないプロレタリアートを大量に生み出す。プロレタリアートはそもそもその存在が不安定なため、国家にとっては脅威となる」[18]。

経営者や、より自由主義的な経済政策の支持者も「社会問題」に不安を抱いていたが、なかでもより長期的な観点を有する者は、工業の発展が問題ではなく、それはむしろ失業者の解消に役立つものだと考えていた[19]。しかし、これは少数派の意見だった。

しかし、一八四七年以前においては、工場労働者は全労働者のごくわずかしか占めていなかった。ドイツ関税同盟の領域で工場や鉱山で働いていたのは、一七万人にもならなかった。これは就業可能人口のわずかに二・五%にすぎない[20]。全体として、労働者階級の状態は悲惨だった。稼ぎの良かった熟練労働者でさえ不安定な経済状態に置かれていた。

産業労働者が家族の衣食住をまかなえたのは、妻や子どもも働いていたからだ。事故や病気が襲えば、みんなが働いても十分ではなかったし、そういうことは実際によくあることだった。ある種の産業部門、特に繊維産業においては、婦人労働者は全労働者の半数に達していた。児童労働も一五%に達しており、七歳の子どももいた。ラインラントの工場では、こうした子どもたちは朝の五時から夕刻まで働いていた。もちろん、このような状況は例外だ。工場での児童労働の最盛期ともいえる一八四六年でも、九歳から一四歳までの子どものうちわずか六・五%が工場で働いていたにすぎない。一八三〇年代の後半ともなれば、ドイツ諸邦は児童労働の規制を始め、労働時間が制限され、学校教育が義務化された。

しかし、工場労働の負担は児童に限った話ではない。工場労働のせいで多くの人々が犠牲になった。長時間労働、たとえば一日一二時間労働は珍しいことではなく、一七時間労働も実際の例がある。労働条件も悪く、耳をつんざくような騒音、ものすごい暑さ、そして換気が十分でない工場で埃にむせ返りながら、労働者は働かされた。単調な動きを余儀なくされるので、身体に対する負担はいや増すばかりだった。四〇歳にもなれば、そのような労働条件の下で二〇年以上も働かされた労働者はすでに老人といってよかった。運良く障害や病気につながるような事故に出合わなかったとしても、中年の労働者を待ち受けているものは、所得の減少と貧困に終始する老後だった[21]。

貧困が拡大し、工場労働がゆっくりとしたスピードで増大しつつあったとき、ドイツの農業生産性はプロシャの改革派のおかげで上がりつつあった。また、製造業も上昇傾向にあった。このように、貧困が増大しつつあったとはいえ、社会の富の総額も増大していた[22]。

この逆説の源は人口成長にある。一八世紀中頃から人口は増大しており、その成長スピードは一九世紀の前半にかけて加速化していた。ドイツ諸邦(オーストリア帝国を除く)の人口は、マルクスが生まれた年から革命の年の一八四八年までの三〇年間に五〇%近く増加した。一八一六年には二二〇〇万人だったのが、一八五〇年には三三〇〇万人に増大したのだ[23]。このような人口増は農業革命があってこそ可能で、それによって食料も増産されたし、雇用も増えた。改革の時代における法制度の変更によって、かつての農奴も今や領主の直接的な支配を受けなくなった。結婚の時期も早まり、子どもの数も増えた。

メーザーの時代にはまだ未発達だった家内工業が、古いタイプの職人による生産と並んで主要な生産方法となっていった。家内工業は非常に分散化した市場向けの生産形態で、弱小な家庭であっても採用された。このようにして、土地を持たない人々にも生計を立てる機会が与えられた。栄養が良くなれば死亡率は低下する。ドイツ人の乳幼児死亡率は低下していき、成人に達する者が増えていった[24]。

人口増加がその帰結であり、それは経済が吸収しうる程度を超えていた。職人の数は倍になったが、職人が作り出す生産物に対する需要は倍にはならなかった。結果として、職人の賃金は低下し、失業は増大した。一八四〇年代になると、家内工業の労働者は危機に直面する。紡績工、織工、仕上げ工など繊維産業にかかわる者たちは、工場で生産される財との競争に直面した。工場生産では、蒸気を動力源とする機械を使ってはるかに安価に生産できた。工場生産物の多くがイギリス産だったが、なかにはドイツ諸邦からのものもあった。

競争に打ち勝つために、家内工業を雇う企業家は賃金をカットした。いっさいならず、新しくもっと効率的な生産組織は、古い伝統的な生産形態を犠牲にして台頭していた。家計をやりくりするために、家内工業労働者はさらに長時間働くことを強いられた。これは断末魔の苦しみとなり、一八四四年、プロシャ領シュレージエンのリネン織工は所得水準をほぼ飢餓水準にまで下げた企業家に対して反乱を起こした。これは同時代人に大きな衝撃を与えた[25]。

人口が増加しているのに雇用が伴わないという事態は、経済的苦境を招いた。これは、マルクスやエンゲルスが成人となった頃、ますますドイツや他のヨーロッパ諸国を苦しめるようになっていた。エンゲルスの非常に初期の公刊物の中には、故郷のヴッパータールについて書いた一連の論考がある。エンゲルスがほんの一九歳のときに偽名でものしたこの論考の主題は、後年の著作の中にも反映されている。

新しく造られた工場では、労働者は体力と生命力を奪われていると、エンゲルスは書いている。成人と六歳の幼い子どもたちが、蒸気に満ち、ちりにまみれた、換気が行き届かない部屋で働かされている。「身体も精神もボロボロ」で、衰弱死しかけている。苦痛は一時的にはアルコールか熱狂的な宗教におぼれることで和らげられる。工場経営者や、エンゲルス家もそうだったが、敬虔主義のプロテスタントは偽善者のように見える。信心深さが社会的責任にとって代わり、高次の教養や向上心は失せて金儲けが大切になる[26]。エンゲルスは自らの生まれた地について「敬虔主義と俗物根性に満ち満ちていて、審美的な観点は見出されない」としている[27]。

社会的秩序にかかる圧力は、イギリスとフランス経済が下降を始めた一八四五年から四七年にかけて、極限に達した。まずはジャガイモが害虫で駄目になり、さらに異常に暑く乾燥した夏のせいで、穀物は不作だった。その結果、食糧価格は暴騰した。当時は、たいていの人々が所得の大半を食糧に使っていたので、食糧価格の暴騰によって他の生産物の消費は減少した。つまり、工業製品に対する需要が減退し、価格は下落し、企業家の利潤も減少した。生産は縮小され、労働者は解雇される。

こうした苦境は、銀行に対する不信によってさらに悪化した。何年か不作が続いたので、農民や土地所有者は負債を余儀なくされた。銀行家は債権を回収できないのではないかと恐れていた。経営状態が悪化した経営者に対して、銀行家は貸すのを嫌がったり、あるいは貸せなくなったりした。倒産するものも現れ、さらに多くの労働者が雇用を失った。その結果、苦境と不平がもたらされた[28]。

今日から見れば、これが西ヨーロッパ史上最後の農業大恐慌だったことがわかる。しかし、当時の人々にとっては、失業の増大や食糧価格の高騰に伴う飢餓は、社会秩序が崩壊する予兆だと考えられていた。一八四八年、ラインラントのケルン市では、人口の三分の一が貧民救済を受けていた。さらに四〇%が時折飢餓を経験するという意味で中間的な状態にあった。増大しつつあった都市部の下層階級は生存のための闘いに直面しており、その人数の多さと悲惨さに、事態を見ていた中流の人々は恐怖を感じた[29]。実際、この年にはフランス、そして他のヨーロッパ大陸の各地で革命の勃発を見ることになる。

マルクスが『ユダヤ人問題に寄せて』を、そしてエンゲルスが『国民経済学批判大綱』を著した一八四三年から、二人が共同で『共産党宣言』を執筆した四七年後半にかけては、資本主義的な経済秩序は大衆の貧困化を招くという想定は、全く妥当なもののように思われていた。

「ヨーロッパを幽霊が、共産主義の幽霊が徘徊している」という文言で『共産党宣言』は始まっている。マルクスとエンゲルスが呼び起こした「共産主義」は実際のところ、幽霊といってよかった。ドイツ諸邦では数百人の社会主義者がいた。その中には知識人もいたし、外国に仕事を探しに出かけ、パリ、ブリュッセル、ロンドンで社会主義を学んできた職人もいた。フランスでは社会主義思想が他のどこよりも普及していたが、かの地でも社会主義者は四八年革命前夜で数万を数えるにすぎなかった。たいていが都市部の職人や労働者だった。

したがって、ヨーロッパ全体に実際に存在していたのは「赤の脅威」に対する恐怖だったといってよい。封建領主に対して暴動を起こす農奴、森林の木材を採ってきてしまう農民、ギルドの復興を要求する職人、ストに打って出る職人や労働者。このような行為はすべて共産主義として描かれ、また恐れられた[30]。マルクスとエンゲルスは、本当は工業化以前の秩序が崩れることによる苦悩を、資本主義後の世界が産み落とされる苦しみとして解釈したのだった。

▼ヘーゲル哲学から共産主義へ

近代国家は、市民社会の一員として特定の利益を追求する個人の願望を満たすこともできるし、また、代表的な制度である身分を通じてよりいっそう大きな総体である国家に参加しているのだという意識を持たせることもできると、ヘーゲルは考えていた[31]。しかし、ヘーゲルの考えでは、公益に確実に寄与しうるのは、究極には「普遍的な身分」である官僚だけだ。マルクスは経験上、こうした主張が妥当でないことを知っていた。

マルクスはラインラントでジャーナリストとして働くうちに、経済的な苦境とその緩和を難しくしてしまうような政治的障壁に直面した。一八四二年、マルクスは故郷のトリーアの近くにあるモーゼルの谷で起こった木材窃盗事件を調べていた。今まで、農民は貴族の所有下にある森林から自由に木材を集めることを許されていた。これらの木材は農民が暖を取るための主な燃料として使われていた。農民の数が増えるにつれ、土地所有者は利潤を最大化しようとして、より資本主義的な態度で所有地に臨むようになった。農民の主張する慣習上の権利が、法律に書かれている私有財産という新しい概念と抵触したことになる[32]。当時、木材窃盗はドイツ諸邦において起訴件数が圧倒的に多かった犯罪で、持てる者と持たざる者の間の闘争としては最も端的なものであった。

マルクスには、ヘーゲルの近代国家理論とプロシャ政治の現実との隔たりはすぐに明らかなものとなり、自らの思想の急進さは、いや増すばかりだった。木材窃盗を定義する法律というテーマがラインラントの立法府である領邦議会での議論の的となると、マルクスには、法律の適用だけではなく、何が窃盗であるかという定義それ自体も、財産所有者の利益を反映したものになっているということがわかってきた。慣習法では貧民が森林で木材を拾い集めることは認められていたのだが、領邦議会を支配していた土地所有者は、これを無視した。土地所有者は、公益などということは考えたこともなかった。普遍的な観点はなく、自分自身の利益を計算していたにすぎない[33]。法的に保証された利益の追求に走る土地所有者は、貧民の身体から肉を切り取る現代のシャイロックにほかならないと、マルクスは記している[34]。この隠喩はマルクスのおはこになった。

同じ時期に、フリードリヒ・ヴィルヘルム四世の超保守政治は、官僚の中の自由主義者を弾圧するようになっていた(その多くはヘーゲル派哲学者だった)。また、雑誌や新聞の検閲も強化された。プロシャ全体として、国民的論議や公然とした批判を容認しなくなってきており、マルクスのジャーナリストとしてのキャリアは、学者としてのキャリア同様に短命に終わった。マルクスの新聞がプロシャ政府やその官僚制度をあからさまに批判するようになると、検閲によって同新聞はつぶされた。

自分自身の新聞に書いた記事や一八四三年半ばに新婚旅行の最中に書いた長い論評の中でマルクスは、ヘーゲルの国家や代議制、それに官僚制に関する考えを批判している。普遍的利益を体現して官僚制が国家を導くことはないことがわかった。マルクスはこう結論づけている。むしろ、政府は検閲のような手段を使って自らの利益を守り、批判をかわしている、と[35]。有産階級は公共利益を企図するのではなく、立法府の力を使って自らの経済的利益の実現をたくらんでいる。その犠牲となるのは、代表者を送り込めない大衆だ[36]。官僚制も代議制も、貧民の福祉を目的とはしていない。貧民の数が増加し、その絶望が深まっているにもかかわらずだ。現在のプロシャでは、公益を代表する者はいないと、マルクスは主張した。

表現の自由を求めてマルクスはパリに向かうが、ここにはドイツ人知識人がすでに移住していた。パリでマルクスは、フランスやドイツの社会評論家の書いたものを読んだが、その中には社会主義者の著作もあった。こうした著者たちは、労働者階級の状況の悪化を工場労働という新たな制度の出現という見地から描いていた。労働者と工場所有者との闘争、つまり労働対資本という用語は、マルクスが創ったものではない。

アメリカ南部の奴隷制を擁護するために北部の階級間の関係を批判したジョン・C・カルフーンは、早くも一八二八年に次のように述べている。「私たち（南部の農園主）が疲弊し尽くした後、闘争は資本家と職工〈労働者〉との間で繰り広げられるだろう。というのも、最終的には社会はこれら二つの階級に分裂していくことになるからだ。ここでの階級闘争はヨーロッパのそれと同じようになるだろう。この体制の下では、賃金は生活必需品の価格よりももっと早く低下していく。賃金は、労働者の状態が最悪になるまで、つまり手元に残された生産物では生活を支えられなくなるほどにまで低下する」[37]。

ヨーロッパでは、スイスの経済学者であるジャン・シャルル＝レオナール・シモンド・ド・シスモンディが一八二〇年代に「資本家」と「労働者」の対立を描いており、三七年には労働者を「プロレタリアート」としている。ドイツの改革的保守派の思想家ローレンツ・フォン・シュタインは、広く読まれた一八四二年公刊の著書で、プロレタリア階級を生活にかかわる財を欠いた者として表現している。「しかしながら、それこそがまさに個人個人の個性に価値を与えるものなのだ」。シュタインは、社会君主制がなければ社会的対立によって新しい階級の「独裁」がもたらされるだろうと警告している。

一八四三年にシュタインの同書を読んだマルクスは、こうした警告を未来への希望に変えた[38]。なかでも、マルクスはフランス人ウージェヌ・ビュレが一八四二年に刊行した生々しい著作『イギリスとフランスの労働者階級の悲惨』に依拠していた。資本家は労働者階級の賃金を抑えようとするので、社会の富の増加はプロレタリアートの貧困化を伴うことになると、ビュレは主張している[39]。しかしながら、他の誰よりもマルクスのその後の市場経済批判を方向づけたのは、同じドイツ人で急進派の移民のフリードリヒ・エンゲルスの著作だった。

▼エンゲルスの経済学批判

マルクスがパリで編集していた『独仏年誌』にエンゲルスが投稿してきたので、エンゲルスの作品を最初にマルクスが読んだのは草稿の状態においてであった。『国民経済学批判大綱』と題した論考は、両人が後年展開することになる思想の多くの芽を含んでいた[40]。ここにおいて、資本主義に対する道徳的批判の礎が築かれた。

エンゲルスの経済学批判の本質はわかりやすい。アダム・スミスとその学徒の著作では、エンゲルスにとって道徳的に容認できないという事実、すなわち、資本主義が貪欲と利己心に基づいているという事実が曖昧にされているというのだ。スミスのような啓蒙思想家の基本的な戦略が、従来「貪欲」や「うぬぼれ」とされてきたことが、社会的には便益をもたらすことがあることに注意を喚起することにあったとすれば、これに対するエンゲルスのような社会主義の批判者の戦略は、自利心に対して再び貪欲の烙印を押すことにあった[41]。

商業には人間的な側面があるという点では、スミスは正しかったのかもしれない。商業は人と人との関係を温和なものにするかもしれない。それは、国家間の戦争を減らし、「最果ての地まで文明を行き渡らせる」かもしれない。しかしながら、商業の背後に隠された真の動機は自利心なので、これらはすべて偽善に基づいていると、エンゲルスは記している。

もちろん、安く買い入れることができる人に対して、また、高く売りつけることができる人に対して愛想良く振る舞うことは、商人の利益になる。だから、ある国がその仕入れ先や取引先に敵意を抱かせることは、きわめて愚かな行為となる。友好的であればあるほど、有利だ。これが商業の人間らしいところというものであり、道徳を不道徳な目的に悪用する、この偽善的なやり方が、自由貿易制度のうぬぼれなのだ。……

君たちは諸国民を親睦させたが、それは泥棒の親睦であった。君たちは戦争を少なくしたが、これは平和なときにそれだけ多く儲けるためであった。……純粋に親切心から、また全体の利益と個人の利益との対立は下らないという意識から、君たちが何かやったことがあっただろうか。利益を得ることなくして、また、不道徳で利己的な動機を心の奥底に抱かずに、君たちが道徳的であったことがあるだろうか[42]。

エンゲルスにとっては、商業はまずは、その背後にある動機の不純さで非難されなければならない。道徳性は、定義からして自利心に基づいてはならないのだ。

エンゲルスにとっての資本主義の問題は、それが競争に基づいていることである。競争は「各人をありのままの孤独に追いやり」、隣人と仲違いさせることによって今に至るまでの人類の不道徳性を完成させる[43]。自利心を抱いた人同士を対立させることで、万人の万人に対する戦いが醸成される。そうすれば人類は「貪欲な獣の群れ(競争者はそれ以外の何者だろうか)と化し、互いを貪り食うことになるのだ」[44]。

エンゲルスの第一のステップが啓蒙期以前の自利心の理解に戻ることだとすれば、第二のステップは、さらにさかのぼってルネッサンス以前の、貸付利子が非難されていた時代に戻ることだった。交易による利潤は「利子」とほとんど変わるところがないとエンゲルスは論じている。利潤を利子と分けるには、恐ろしく狡猾な理屈をこねなくてはならない。そして、利子は不道徳なものだ。「金を貸して利子を取ること、つまり働かないで金を得ることが不道徳であることは、長らく認められてきたところである。偏見のない一般的な意識でそう考えられているのであり、人々の一般的な意識はこうした場合にはおおむね正しいのだ」[45]。

エンゲルスはその分析において、商人や製造業者の観点からも産業資本主義を捉えている。すなわち、産業資本主義にあっては、ここかしこに忍び寄っている不確実性の観点である。スミスや他の経済学者が述べているように、価格は需要と供給の関係を反映している。この関係は常に変化しているので、商品価格も上下に変動し、そのありさまをあらかじめ知ることは難しい。しかも価格変動で儲けるためには、各人は最も有利な時点で売買することに専念しなければならない。したがって利潤を得られるかどうかは、どのようにして生産物が作られたかということだけにではなく、生産者とは無関係な要因である偶然にも依存している。商業社会では程度の違いこそあれ、誰でもが商人になるとスミスは考えた。

これに対して、エンゲルスは資本主義社会では誰もが投機をするようになり、しかもその利潤は他人の不運によっているのだとしている。たとえば投機で穀物を買う者は、不作によって穀物価格が上がるだろうと考えている。投機は賭け事とほとんど変わるところがない、とエンゲルスは言う。一八世紀前半から始まる批評家にとってもエンゲルスにとっても、資本主義の悪を典型的に表現しているのが株式市場だと考えられていた。

「不道徳が極まったのが株式市場での投機であり、その市場では、歴史が、それとともに人類が、計算ずくで賭けをする投機家の貪欲を満たす手段と堕している。『神のご加護がなければ……』というパリサイ人のような独善的な文言でもって、正直で『尊敬すべき』商人を株式市場の投機家よりも高く評価してはならない。商人は株式市場の投機家と同じように邪悪だ。投機家と同じように商人も投機をする。これは必然だ。競争がそう強いるからだ。だから、商人の交易活動も投機家の活動と同じく不道徳なものなのだ」[46]。こうして、エンゲルスにとっては、賭けも投機も利潤も利子もすべて貪欲というスペクトラムの一部でしかなかった。

戦争と市場での活動には共通点が多い。両者とも、人を競争状態に置くからからだ。エンゲルスにとっては、競争は敵愾心に代わる美しい言葉にすぎず、敵愾心は野獣の本質だ。つまり、ヴォルテールやスミスが賛美した平和で協力的な関係の背後にあるのは、手段こそ異なるにせよ戦闘行為だということになる。

エンゲルスによると、資本主義下での生産は「無意識的で無思慮なものであり」、偶然に左右される。経済学者の理論によれば、需給は一致することになっているが、実際には、どの商品を見ても需給は一致しない。そして、これは人々にとって悲惨な結果をもたらす。供給過剰の場合、労働者は仕事を失う。あるいは賃金低下をきたす。

手短なところでは、シュレージエンの織布工が劇的な例であり、これについては、エンゲルスがイギリスの急進的な『ノーザン・スター』誌に論考を寄せている。

「労働者階級にとって、工場制度や機械の進歩が、ヨーロッパでもイギリスと同じような帰結をもたらすことは自明である。多数者にとっては、それは抑圧と労苦を、そして少数者にとっては富裕を意味する」と、結論づけている[47]。資本主義競争は私有財産の集中をもたらすと、彼は述べている。大企業が小企業を業界から締め出すからだ。中産階級は消滅し、ついには、世の中は「億万長者と貧民」から成り立つようになる[48]。エンゲルスとマルクスが終生持ち続けた二元論の構図である。

スミスが示し、バークやヘーゲルが受け入れたように、市場は意図せざる形で秩序立った帰結を生み出す。これとは対照的に、エンゲルスにとっては計画されていないものは混沌であり、無政府状態だった。これに代わるものとして示されたのが社会主義で、そこでは経済の生産活動全体が合理主義的に計画され、中央によって組織されている[49]。計画されたものだけが合理的で、意図されたものだけが秩序立っているという想定は、一八世紀以来発展してきた経済学のまさに根本を否定することを意味する。「共同体は、利用可能な手段で何を生産できるかを計算しなければならない。そして、この生産力と消費者大衆の関係に応じて、共同体は生産量を調節する」[50]。マルクスもまたこのような発言を繰り返している。実際のところ、マルクスは社会主義経済がどのように組織されるかについてはほとんど述べていないのだ。

マルクスはエンゲルスの分析のほとんどを受け入れた。フランス社会主義者の著作と併せて、マルクスはエンゲルスの著作によって産業労働者階級の苦境や経済学の批判に関心を寄せるようになった。もっとも、それは自身の哲学的想定や関心によって濾過された形においてだったが。

▼ユダヤ人問題の克服

マルクスの資本主義批判の展開において節目となるのが『ユダヤ人問題に寄せて』であり、これはエンゲルスの経済学批判の書と並んで一八四四年に公刊された。同書は長らく続くドイツのリベラル派と急進派との論争に火をつけたものだが、マルクスはそこで道徳的見地からの資本主義批判を伝統的な反ユダヤ的イメージと結びつけている。もっとも、これは反ユダヤ主義を煽るためではなく、ブルジョワ社会の道徳的立場を貶めるためのものだった。

一九世紀前半のドイツにおいて、ユダヤ人の地位に関する問題は、ドイツ人政治記者の間で頻繁に議論の対象となった。ある試算によれば、この問題について一八一五年から五〇年にかけて二五〇〇もの著作が書かれているとのことで、著者はユダヤ人もいればそうでない人もいる[51]。保守派にとっては、国家とキリスト教との関係は、切っても切れないものだった。国家は信仰心を育み、宗教は政府を合法とするのに役立つ。このような想定によれば、ユダヤ人は国家に容認されはするものの、国内において平等な政治的地位を与えられることはない。そして、ギルドの場合がそうであるように、宗教は社会的・経済的生活の一部として本質的なものであったので、ユダヤ人は民間の職業からも排斥されたままだった。

ユダヤ人の地位についてリベラル派は、ヘーゲルの『法哲学』にあるように、近代国家は宗教問題に関して中立を保つべきだとする理論的な想定から議論を始めている。ヘーゲルにとっては、近代国家は個人的自由の理解を体現するものであり、これはプロテスタント主義の歴史的発展によるものだとされる。しかしながら、国家それ自体は宗教的に中立を保たなければならず、個人が特定宗派を選ぶための基礎を提供しなければならない。これもまた、個性を守るための一つのやり方だった[52]。

しかし、リベラル派の間でさえも、ユダヤ人に対して同等の政治的・市民的権利を付与すべきかについては懸念があった。リベラル派が、ユダヤ教によってユダヤ人は自らを隔離しているのだと主張することもしばしばであった。ユダヤ人が全職種に参入するのではなく、商業と金融に傾きがちなことも、こうした邪悪な性向の証拠と見なされた。したがって、ユダヤ人がキリスト教を信仰するようになれば、平等な権利が与えられてもよいとするリベラル派もいた。また、ユダヤ人が自分たちの宗教が持つ特殊性を根本から改めれば、それでよしとする穏健なリベラル派もいた[53]。

一八四三年、ブルーノ・バウアーの二冊の著書が公刊されると、マルクスの仲間内でユダヤ人問題の議論に火がついた。バウアーは急進的なヘーゲル派哲学者で、マルクスは一緒に『無神論アーカイブ』を出版しようと計画していた。他の急進的ヘーゲル派哲学者、たとえばルートヴィヒ・フォイエルバッハがそうであるように、バウアーもヘーゲルがキリスト教的概念を十分に世俗化できていないと考えていた。つまり、キリスト教自体が無神論によって克服されなければならないのだ。

しかしながら、ユダヤ人問題についての著作の中では、バウアーはキリスト教がユダヤ教を超えた歴史的段階を表しているというヘーゲルの主張を用いている。ユダヤ教は限られた集団のみに適用される特殊な宗教だ。これに対して、キリスト教はすべての人々に適用できる普遍的な宗教概念を持っており、哲学的な意識としては高い段階を表している。現在の段階では、キリスト教の神学的前提を否定するかたわら、キリスト教それ自体を超えて、普遍的な世界観を得ることが求められている。

しかしながら、バウアーの主張では、ユダヤ人が部族的な排他主義を超えていきなり哲学的な普遍主義に至るのは、その途上でキリスト教がもたらす意識変革を経なければ不可能だという。ユダヤ人は普遍的な国家の国民であることを求めるが、その際に自分たちの独自性や個別性を捨て去る準備はないのだと、バウアーは書いている。

バウアーは哲学的見地からユダヤ人に市民的・政治的平等性を与えることを批判したが、これは辛辣に描かれたユダヤ人像と結びつけられていた（後にバウアーは、ユダヤ人に対する反感はそのままで、哲学的急進主義は捨て去ることになる）[54]。ユダヤ教は自己中心的な宗教とされたが、これはドイツの哲学的急進主義者の間ではしばしば繰り返される話題だ[55]。ユダヤ人は、文化、科学、哲学に関心がないと、バウアーは主張する[56]。なかでも、ユダヤ人の排他主義が攻撃の的となった。ユダヤ人がギルドの外にとどまり、高利貸しに従事していることがその証拠だ。マルクスはやがて、この排他主義、利己主義、そして高利貸しとの関係に分析の焦点を合わせることになる。

マルクスの反応は、急進主義と言われているにしては、バウアーの分析はあまり急進的ではないというものだった。バウアーは、ユダヤ人が政治的解放にふさわしいかどうかを論じている。しかし、これは的を外しているとマルクスは言う。ユダヤ人を解放し、十全な市民的・政治的権利を与えるには、宗教から独立した国家を創造しなければならない。つまり、「国家を宗教から解放してやらなければならない」[57]。

しかしながら、リベラルな民主主義国家という意味での政治的解放は、あまり価値がない。そうしたものは真の意味での人間の解放にはつながらないからだ、とマルクスは主張する。宗教は幻覚に基づく治療法であり、アヘンのように痛みを和らげる。急進派哲学者にとっての問題は、この痛みが「どこから来るか」ということだった。痛みは世俗的な経験に基づくものであり、それによってまず宗教が必要になってくる。

マルクスは、リベラルで民主主義的、かつブルジョワ的なアメリカ合衆国の事例を挙げている。かの地では、国家と宗教は完全に分離されているが、そうであるにもかかわらず、宗教は隆盛を極めているのだ。これはマルクスにとっては、ブルジョワ社会と政治的民主主義が実現したあかつきにも、宗教を必要とするような喪失の経験は残るということの証左だった。リベラル派の信条である個人の権利や財産権を保障するような体制実現のための政治改革は、マルクスによれば無意味ということになる。急進派の求める民主主義的な参政権も同じことだ。喫緊の課題は、政治的な改革ではなく社会的・経済的革命である。というのも、人間の不満の本当の源となるのは市場と階級だからだ。

この不満は真の連帯や共同体がないことからきているが、これらは市民社会では不可能だった。民主主義国家では、個人は公益に関心を持つ市民として振る舞うというのが想定だ。しかし、現状では連帯は単なる幻想にすぎない。これは、本当の意思決定領域が市民社会だからだ。市民社会では、人々は「『私人』としてのみ行動できる。そこでは他者は手段として見なされ、自分自身も手段となり、外部からの力にもてあそばれるのだ」[58]。これは私的利益のみの世界であり、公益を追求する者はいない。

バウアーが責めているように、ユダヤ人は利己主義者なのだろうか。そのとおり、とマルクスは答える。しかし、ブルジョワ社会では、「誰も」が利己主義者なのだ。ユダヤ人は排他主義的だろうか。もちろん、そうだ。しかしブルジョワ社会では、特定利益しかない。バウアーはユダヤ人の特徴を「制約された存在」としているが、これは正しいのだろうか。正しい、とマルクスは答える。なぜなら、ブルジョワ社会では、すべての人間が制約されているからだ。ユダヤ人は他の人々との交際を断っているのだろうか。そのとおり。

自由な市場社会では、それこそが「権利」が意味するところだからだ。排他的となる権利、利己主義的に振る舞う権利、制約される権利、没交渉となる権利だ。これらの権利はすべて、自由主義的な権利の中でも最高の権利、つまり私的所有権に由来している。そして、かつてヘーゲルが述べたように、私的所有権は意のままに振る舞う権利にほかならない。マルクスにとっては、これは「他者に対する配慮をしないで」行動することを意味している。

自利心はブルジョワ社会の基本原理である[59]。自利心によって、ブルジョワ社会は道徳的に忌むべきものに、そして、マルクス自身の言葉遣いとは異なるが、本物ではない姿にさせられていると、マルクスは考えた。人間は本来「類的存在」であり、他者と協力することによってのみ自らの真の目的を達成するものなのだ。現代の市民社会は、利他主義に基づく共同体とは反対のものに基礎を置いている。

さらに論調を強めるために、マルクスはドイツ語のJudentumという単語が複数の意味を持つことを利用して言葉遊びをしている。Judentumはユダヤ教を指すこともあるし、集団としてのユダヤ人を指示することもある。また、英語のjewingと同様に、公正でない取引という意で否定的な意味合いで使われることもある。二つ目の言葉Schacherも複数の意味で用いている。これは話し言葉だ。しばしば、交渉を含む小売取引、つまり「値切り」と訳されている。

しかし、この用語がマルクスの同時代人にどのような影響を与えたかを知るには、これでは不十分だ。英語の「押し売り」と同じように、これは比喩的に「どんな商品であっても卑しい姑息な手段で儲けようとする人」を指している[60]。また、「高利貸し」を意味する通俗的な言葉でもある。複数のこうした意味の共通項は、Schacherが実質上、常にユダヤ人と関連づけられているという事実から来ている[61]。単語自体が、ヘブライ語で取引を表すsacherから来ているのだ[62]。

法や慣習によってドイツ経済の大部分から締め出されてしまったユダヤ人は、しばしば各地を売り歩くことで生計を立てた。売買できるものなら何でも取引した。その中には中古品もあったし、金貸しもした〔63〕。特に農村部では商人や銀行の恩恵にあずかる者はほとんどいなかったので、ユダヤ人はこうした機能すべてを請け負った。地主と小作人からなる社会では、個々の物品の相対的価値や、売買による利潤獲得の可能性を計算しようとする者はほとんどいなかった。ユダヤ人がこうした役割を果たしたのだ。Schacher はしたがって、文化的なよそ者で少数派のユダヤ人と典型的に結びついている恥ずべき経済行為という意味合いを持っていた。

ついでながらエンゲルスは、『国民経済学批判大綱』の中で、土地や労働も利得のために売買されるという事実を蔑むために、「自らを押し売りの対象とする」という意味で、Selbstverschacherung という用語を使っている〔64〕。そこでマルクスは、市場社会の批判を展開する際に、Schacher という用語が複数の意味を持つことを利用している。

> ユダヤ人の秘密をその宗教に求めるのではなく、宗教の秘密を現実のユダヤ人に探ってみよう。
>
> ユダヤ人であることの世俗的根拠は何だろうか。実際的な欲求であり、自利心である。
>
> ユダヤ人の世俗的祭祀は何だろうか。値切り交渉(Schacher)だ。ユダヤ人の世俗の神は何か。金銭だ。
>
> よろしい。もしそうならば、値切り交渉や金銭からの解放が、つまり現実的な本物のユダヤ人であることからの解放が、われわれの時代からの自己解放だということになるだろう。
>
> 値切り交渉の前提、交易の可能性を除去するような社会の組織がもしあったなら、ユダヤ人というものの存在もありえなかっただろう。ユダヤ人の宗教的意識もまるで、社会の現実の生の息吹を前にした霞かもやのように、消え去っていくことだろう。他方で、ユダヤ人がこういう自分の「実際的な」本質をきっぱり否認して、これを否定して乗り越えようとするときには、これまでの発展を超えて、一般的な「人間的解放」に取り組み、人間の自己疎外という、最高の実際的表現に対立することになる。

こうしてわれわれはユダヤ的なるものの中に、今日では遍在する反社会的な要素を認めるが、これはユダヤ人がこうした悪辣な関係の中で熱心に取り組んできた邪悪な関係であり、今日の高みにまで駆り立てられてきたものだ。そしてこの頂点においてユダヤ教は、今や必然的に自ら解体せざるをえない。ユダヤ人の解放は、その究極の意味では、ユダヤ的なるものからの人間解放なのだ……。

ユダヤ人がユダヤ人らしいやり方で自らを解放したのは、単に財力をわが物にしたからというだけではない。ユダヤ人がいようがいまいが、とにかく貨幣が世界を支配する力となり、実利的なユダヤ精神がキリスト教徒の実利的精神となったからでもある。ユダヤ人は、キリスト教徒がユダヤ化した限りにおいて、自らを解放したといえるだろう[65]。

マルクスはバウアーが繰り返したユダヤ人の伝統的な否定的特質をすべて取り上げ、いくつかをさらに加えた。しかし、マルクスがそうしたのは、市場活動を恥ずべきものとして非難するためだ。というのも彼の戦略は、キリスト教徒は市場活動の悪い特質すべてをユダヤ人のせいにするが、これを支持しつつ、そうした特質は今やキリスト教徒も含めて社会全体の特徴となっていることを主張することにあったからだ。ユダヤ人や、自分たちが周縁部分にいるのをよいことに従事する経済活動、こうしたものに対する従来のキリスト教徒の批判が、今や矛先を転じてブルジョワ社会それ自体に向かう。マルクスにとっては、ユダヤ人批判の道具がブルジョワジーに対する批判の道具となったわけだ。

ヴォルテールが一世紀以上も前にそうしたように、マルクスもまたユダヤ人の頑迷な排他主義を非難している。しかし、ヴォルテールにとっては排他主義を克服するための道具だった市場は、マルクスにとっては特定利益の一般化を意味していた。資本主義社会ではキリスト教徒もまた利己主義的、排他主義的だとすれば、キリスト教がユダヤ教よりも普遍的であるという事実はたいした重要性を持たなくなる。宗教的な差異を克服しなければならないばかりか、個人であろうと団体であろうと、自利心はすべて排除しなければならないのだ。

論文の後半で、マルクスはユダヤ人が高級文化や哲学、それに人間自体に関心がないというバウアーの主張を取り上げている。事実そのとおりだとマルクスは言う。今日のブルジョワ社会では誰もが金の亡者となり、金銭的に豊かになることにしか関心がない。ユダヤ人は狭量だし閉鎖的ではあるが、ブルジョワ社会では生活全般がそうなのだ[66]。ユダヤ人の国民性は商人の性質と似て、複雑怪奇だ[67]。商業社会では程度の差こそあれ、誰もが商人になるというスミスの命題には賛成するものの、マルクスにとって、こうした見方は全く否定的な含意しか持っていない。

論文の最後でマルクスは、キリスト教はユダヤ教よりも普遍的な宗教であるというバウアーの主張を取り上げ、これに皮肉なひねりを加えている。普遍主義的なキリスト教の庇護の下に、真の意味で普遍主義的なプロセスである市場、すなわちブルジョワ社会の拡大が進む。しかし、集団としての人間の絆はすべて、利己主義や自利心に基づいた欲求に引き裂かれ、原子化した人間が敵対関係を実践する世界へと分解してしまう。ブルジョワ社会が普遍的というのは、このような意味においてにすぎない[68]。

ユダヤ人の真の神は貨幣だと、マルクスは自信を持って読者に対して述べている。聖書に出てくる嫉妬深い神が下位の神々を認めないように、貨幣はその他の関係を認めない。貨幣は、すべての自然物や人間関係を交換可能な商品に変えてしまう。フォイエルバッハのような急進的なヘーゲル派哲学者は、神を人間の本質が疎外された存在として捉えるべきだと主張した。人間の特質である愛と力が、架空の主人に投影されており、この主人に人間は従っている。

貨幣もまさにそうしたものだとマルクスは言う。貨幣は「人間にとっては、その労働からも存在からも疎外されたもの」だ。貨幣は人間を支配する異物であり、人間はこの異物を崇拝する。ヴォルテールは、ロンドン取引所において貨幣を求める行為は社会的には望ましいとした。それによって、人間が神について争うことがなくなるからだ。

これに対して、マルクスの異議申し立ては、人間が今度は貨幣自体を崇拝するようになっているということだった。ここからマルクスの皮肉に満ちた結論が出てくる。「ユダヤ人の『社会的』解放は、『社会を強欲から解放する』ことに等しい」[69]。

『ユダヤ人問題に寄せて』は、ヤヌス神のように二つの顔を持った著作である。注意深く読めば、マルクスの主張は十分に明快だ。伝統的なキリスト教徒や、ヴォルテールやバウアーのような、その後に現れた者の批判では、ユダヤ人に対して否定的な道徳的評価が下されている。こうした批判は実際のところ、資本主義社会全般に妥当する。

しかしマルクス自身、ユダヤ人やその経済的役割についての否定的な評価を繰り返しているので、主張のひねりによって、資本主義をその「ユダヤ的」側面から、そしてユダヤ人自身から救済することが課題であると読めてしまうという側面がある。これがさまざまな変奏を伴ってではあるが、後に続くさまざまな反ユダヤ人著作家たちの主題となっていった。リヒャルト・ワーグナーから、ヴェルナー・ゾンバルト、さらにはナチのイデオローグであるアルフレート・ローゼンベルクに至る系譜がそれである[70]。

『ユダヤ人問題に寄せて』と同じ巻で発表された二論文において、マルクスは初めて、知識人の文化的苦境と市場経済の犠牲者がこうむっている物質的困窮との間の関係を描いた。両者の共通の敵は、「俗物」として描かれている。すなわち、抑圧的で宗教色に染まった政策を行っているプロシャ君主制を支持している無教養で臆病な人々のことだ。自らは隷属的な地位に甘んじ、同国人の多くが陥っている経済的悲惨さは無視している。「工業・商業制度、所有制度、そして人民を搾取することによって、現在の社会には亀裂がもたらされている」と、マルクスは記している。「ものを考えている苦悩する人間存在、また抑圧されていながらも思考する人間存在は、俗物の動物世界の連中にとっては必ずや、理解できず、受け入れがたいものとなる。後者は、ただ受動的にこれといった考えもなしに消費するにすぎない」[71]。

もう一方の論説はもっと具体的だが、上記の三つの勢力はそのままだ。一方には、ドイツ社会の「俗物的な凡庸さ」があり、これが中産階級の臆病さに反映されている。したがって、中産階級が革命を引き起こすことはありえない[72]。しかしながら革命は、マルクス自身のような批判的な哲学者と「プロレタリアート」と称される社会階級とが出会うことで起こるのだ。プロレタリアートが貧しいのは自然の帰結ではない。ヘーゲルが一世代も前に指摘したように、それは作り出された貧困なのだ。ドイツでまさに起こりつつあった工業化への過程は、伝統的で職人芸に依拠していた中産階級を侵食していき、それによって伝統的な社会は「深刻な崩壊」の危機に直面していた[73]。

ユダヤ人問題の論文でマルクスは、個別的利益を私有財産と貨幣経済とに結びつけ、それらをすべて激しく批判した。ところが今や、所有から完全に締め出されていることから個別的利益を持ちえない集団を発見したと主張している。それがプロレタリアートだ。マルクスの見るところでは、この集団は市民社会での地位を得るために必要な財産を欠いているだけではなく、社会への融合が全く不可能なのだ。それは「市民社会の階級でありながら、市民階級に属していない階級。すべての身分の解体でもあるような身分。普遍的な苦しみのゆえに普遍的な性格を持った社会の領域」である。

マルクス自身のようにブルジョワ社会が道徳的にも大きな問題を抱えているとする知識人と、ブルジョワ社会では何一つとして失うものがなく、新しい社会にとって代われば何でも得られるプロレタリアートが適切な形で結びつけば、そこから生じる帰結は革命ということになる[74]。

マルクスの経歴の後半は、この一八四四年に初めて述べられた主張を証明することにあてられたといってもひどい誇張にはならないだろう。というのも、これらの論文は、初期の段階であるにせよ、後にマルクスが展開した資本主義批判の主題を含んでいるからだ。労働価値説、貨幣の力（すなわち資本）、市場の拡大に伴う文化的特性の消失、また商品の物象化などである。一八四五年公刊のエンゲルスの著作『イギリスにおける労働者階級の状態』で、最終的にマルクスの道徳批判と後の著作で使われる社会的・経済的範疇とが概念的に結びつけられた。

同書のほとんどが、マンチェスターのような工業中心地で生まれつつあった新しい労働者階級の状態悪化にあてられている。かの地にエンゲルスは一年間あまり滞在し、研究のために情報収集していた。ところが最終章の「ブルジョワジーのプロレタリアートに対する態度」で、エンゲルスは、すでにマルクスと彼自身によって述べられた道徳的批判と後年の分析の中心的範疇となるものとを結びつけている。

――イギリスのブルジョワジーほどはなはだしく退廃し、

利己心によって取り返しのつかないほど堕落し、内面が腐敗し、およそ進歩のない階級に、私は出会ったことがない。……なぜならば、彼らはただ金儲けのためにだけ生き、手早く儲けること以外には喜びを知らず、金を失う以外には苦しみを知らないからである。このような貪欲や金銭欲を持っていると、汚れを知らない人間関係などはありえない。……

イギリスのブルジョワにとっては、金さえ稼げれば、自分の労働者が餓死しようとしまいと、全くどうでもよいことである。生活事情はすべて金儲けを尺度として測られ、金にならないことは下らないことであり、非実際的で観念的なのだ。だから、金儲けの学問である経済学も、こうしたあくどい商売をするユダヤ人のお気に入りの学問である。ユダヤ人はみな経済学者だ。工場主の労働者に対する関係は人間的なものではなく、純粋に経済的なものだ。工場主は「資本」であり、労働者は「労働」なのだ。このような抽象的な概念に制約されることを拒み、確かに自分たちは労働という特性を備えてはいるが、それは数ある特性の一つにすぎず、自分は「労働」ではなく一人の人間なのだと、労働者が主張したり、あるいは市場の商品のように売買される「労働」である必要はないということに気づくようになったりしても、ブルジョワには全く理解できない[75]。

一八四五年までには、高利貸しに対する伝統的な批判と工業資本主義に対する新たな嫌悪感とが、マルクスやエンゲルスの著作の中で結びつけられるようになっていた。貨幣は本来、非生産的なもので、より多くの貨幣を得るために貨幣を利用することは、不道徳な高利貸しとして長年非難されてきたのだが、これに新たに「資本」という名前が付けられる。

アリストテレスからキリスト教に至る伝統における貨幣がそうであるように、資本もまた本質的に不毛なものである。ブルジョワジーやその指導者、また工場経営者のように、資本によって利潤を得ようとする者は、あざとく儲けようとするユダヤ人と同じように、俗物で計算高い。また、ユダヤ人と同様、道徳的に合法的な共同体には属していない。

現下の課題は、マルクスとエンゲルスが一八四五年に公刊した『聖家族』の中で繰り返し述べているように、「ブルジョワ社会のユダヤ的側面、すなわち、貨幣の中にその最高の表現を見出す現存在の非人間性」を超えることにあるとされた[76]。

マルクスの理想像は前向きだとしても、その想定は奇妙に古めかしい。シヴィック共和主義とキリスト教の伝統の場合と同じように、自利心は社会的団結と道徳性の敵だとされている。この意味において、マルクスの思想はヘーゲル、スミスあるいはヴォルテール以前の時代への先祖返りだ。やがてマルクス自身が、自らの思想が啓蒙思想以前の商業に対する批判と大いに重なり合っていることを認識するに至る。

一八六一年から六三年にかけて書いた『剰余価値学説史』において、マルクスはマンデヴィルの『蜂の寓話』から取引や商業はすべて邪悪なことに基づいているという主張を引いている。「マンデヴィルは、もちろんブルジョワ社会の俗物的な弁護者よりも、ずっと大胆で正直だった」というのがマルクスのコメントだ[77]。ルターの金貸しに対する批判的な弁舌を引用しながら、マルクスはプロテスタント主義の創始者であるルターが「まさに古めかしい高利貸しや資本全体の特質を捉えている」としている[78]。

マルクスとエンゲルスが資本と労働の対立を描いているが、これは伝統的な高利貸しに対する批判を復活させたものだといえる。マルクスの新機軸はそれをロマン派の分業批判と結びつけたことにある。これをマルクスは「疎外された労働」と呼んでいる。資本主義の下では、人々は生活必需品を購入するための貨幣を獲得するべく働か「なければならない」。これが、「疎外された労働」であり、マルクスが特に意図したことだ。人は生存するために自らを費消し尽くすことを強いられている[79]。これはマルクスにとって、それ自体、人間性を奪うことだった。動物は生存のためにのみ、自らを費消し尽くす。人間が動物と違う点は、自由に創造できる能力を持っていることだ。

マルクスにとって労働は、それ自体が自己表現の行為であったときに、最も人間的なものとなる。このような創造的行為によって世界は変わり、その行為には創造者の個性が刻印される。しかも、人々は多面的な存在なので、労働も自分たちの可能性を全面開花させるようなものでなければならない。マルクスの疎外なき労働のモデルは、芸術家と知的道楽を楽しむ者たちだった。自己表現することによって世界を創造していく創造主としての個人というモデルは、ロマン派のものであり、多面的な創造を強調するのは、教育あるブルジョワジーの文化的理念から来ている[80]。

分業の問題点に初めて気がついたのが、マルクスその人だというわけではもちろんない。しかし、マルクスは特に専門化がもたらす人間性の悪化の問題に敏感だった。というのは、労働が労働者の内面的自己を表現しているときに、人間は最も人間的な存在であるはずだというロマン派の想定をマルクスも共有していたからだ。分業がイギリスの労働者階級に与える影響を想起しつつ、ドイツロマン派のアダム・ミュラーは一八一六年に次のように述べている。

> 人が活動するには、多面的なあるいは全面的な領域が必要だ。しかし現在、大都市や製造業や鉱業で展開されている分業においては、自由な人間は車輪、歯車、シリンダー、シャトルに成り果てており、対象への多面的な探求の中で、ある行動の領域に縛りつけられている。バラバラにされた断片が、十全な満たされた生活にふさわしいということが可能だろうか[81]。

こうした主題は工業資本主義の下での労働をマルクスが分析する場合にも繰り返されており、将来の共産主義のイメージにも反映されている。一八四五年、マルクスは疎外を伴った資本主義の現状と、疎外を克服した共産主義下での将来とを対比している。

> 分業は次のことについて最初の例を提示してくれる。すなわち、人間が自然発生的な社会の内にある限り、ということは、特殊な利益と公益との分裂が存在する限り、したがって活動が自由意志的にではなく自然発生的に分割されている限り、人間自身の行為が自分たちにとって疎遠な対抗的な威力となり、人間がそれを支配するのではなく、この威力のほうが逆に人間を支配する、ということだ。分業が行われると、各人は自分に押しつけられる一定の専用の活動領域を持つようになり、そこから抜け出せなくなる。人は、猟師、漁

師、羊飼いあるいは批評家となり、生活の手段を失いたくなければ、その仕事を続けるしかない。

これに引き換え、共産主義社会では、各人は専用の活動領域を持たず、任意の部門で自分を磨くことができる。共産主義社会においては、社会が生産の全般を規制しており、これによって、気の赴くままに、今日はこれを明日はあれをすることができる。朝には狩をし、昼には漁をし、夕方には家畜を追い、夕食後には批評をすることもできる。猟師、漁夫、牧人あるいは批評家になる必要はない。こうした社会活動の固定化、自分たちの作る物を、自分たちの上にある客観的な力に統合すること、こうした力は制御できなくなり、期待を裏切り、計算を無にしてしまう。こうしたことが、今日までの歴史的発展における主要な要素の一つだった[82]。

マルクスはこの主題に何度も立ち返っている。晩年にかけて書かれた『ゴータ綱領批判』(一八七五年)では、将来の共産主義社会の理想像を再述しているが、そこでは「個人が分業へと従属させられること」がなくなるとされている。労働は「生活のための手段だけではなく、生活の主要な欲求」となるのだ。そして生産手段が発展し、それが効率的に組織化されるようになれば、「個人の全面的な発展」が可能になるとされている[83]。

マルクスに大きな思想があるとするならば、それ自体貪欲さの表現である貨幣が、資本主義を支配しているということであった。資本主義の支配は基本的には非道徳的なものであるとされる。資本主義社会で生活する大多数の人々の人間性を奪ってしまうからだ。そこで必要とされる労働は少数の資本家を裕福にする一方、労働者を肉体的にも精神的にも疲弊させる。こうして、人々は自分たちでは制御できない有害な諸力に翻弄されることになる。しかし、「ブルジョワ・イデオロギー」においては、このような勢力は自然で、抗しがたいものだとされている。

マルクスにとって、こうした一連の考えは資本主義経済についての長年にわたる研究の「結論」ではなかった。それは、決して放棄されることのない研究の「前提」だったのだ[84]。一八四〇年代中頃から最後の作品に至るまで、マルクスはこうした考えに劇的な形態を与えるために、多くの概念や隠喩を駆使している。

「疎外」概念は、宗教についてそれを適用していた急進的なヘーゲル派哲学者からマルクスが受け継いだものだ。人間の最善の特質が超自然的な神に投影されており、それによって人間は脆弱で取り返しのつかない欠点を持つものとして理解されるように促されるというのが、『キリスト教の本質』におけるフォイエルバッハの示唆である。結果として、神の地位が高くなればなるほど、人間性は減じていく。

マルクスは、こうした人間が創り出した超自然的な力を、自らを貶めるような形で崇拝するというモデルを取り上げ、これを貨幣の支配に応用している。『経済学・哲学草稿』(一八四四年)では次のように強調している。「労働者が骨身を削って働けば働くほど、自分に対立して創造する疎遠な対象的世界がますます強大となり、労働者自身やその内的世界がいよいよ貧しくなり、自分に属するものがますます少なくなる。このことは宗教においても同じである。神に帰属させるものが多くなればなるほど、自分自身保持するものは少なくなる」[85]。

資本の源は、生活とその快楽を犠牲にすることでなかったら、何だろう。「生活とすべての人間的欲求を断念することが」経済学の主たる教えだ、と彼は書いている。「食べたり、飲んだり、書物を買ったり、劇場や舞踏会や酒場に出かけたり、考えたり、愛したり、理論をまとめたり、歌ったり、絵を描いたり、フェンシングをしたりすることが少なければ少ないほど、それだけ君は節約していることになり、それだけ蛾にも盗っ人にも食い荒らされずに、君の貨幣、君の資本が大きくなる。君の存在が矮小化されればされるほど、君が自身を表現することが少なければ少ないほど、君は多く『所有する』ことになり、君の外化された生命は大きくなり、君の疎外された本質から蓄積されるものは大きくなる」[86]。

マルクスのレトリックは、資本主義の特徴は「物象化」にあるとすることで、常に先延ばしされる満足が、実際には非合理なものだという読者の感覚を高めていく。「物象化」という言葉は、一八世紀にシャルル・ド・ブロスがものした古代エジプトにおける動物崇拝についての本から取られた(マルクスはそれを一八四二年にドイツ語訳で読んだ)。それによれば、古代の人々は小さな偶像を作り、作り手である人間の運命を左右する力を授けるのだという[87]。マルクスはこれを人間と資本との関係の隠喩として利用した。宗教の場合に、人間が自らの思想の産物によって支配されているのと同じように、資本主義下では、人間は自らの努力の産物によって支配されるのだ[88]。

▼特定の帰属意識を超えて――『共産党宣言』

マルクスとエンゲルスは一八四四年から四八年にかけて、自分たちの理論を明確にしようと試み、書物に匹敵する長さの著作を生み出した。これらは、両人と同じドイツのヘーゲル派哲学者や、フランス社会主義者への反論として書かれた。前者を対象にしたのが一八四五年に書かれた『聖家族』と『ドイツ・イデオロギー』であり、後者を対象にしたのが四六年から翌年にかけて書かれた『哲学の貧困』である。このうちマルクスの生前に公刊されたのは初めの一冊だけだ。マルクスとエンゲルスは共産主義者同盟の設立を助けた。これはドイツ人亡命者の小さな集団で、ロンドン、パリ、ブリュッセルに支部があった。主導権を握っていたのは中産階級出身の知識人たちで、メンバーの多くは職人だった。後に『共産党宣言』となった文書は、マルクスとエンゲルスが一八四七年後半から翌年の初めにかけて、共産主義者同盟を代表して書いたものだった。一八四八年三月にロンドンにおいてドイツ語で公刊されたが、『共産党宣言』はその年に勃発した革命には何らの役割も演じなかった[89]。しかしながら、同書は断固とした誇張を含んだ言い回しで、歴史、市場、そして来るべき将来についてのマルクスとエンゲルスの主張を要約したものとなった。

『共産党宣言』の中でも最もよく知られた表現の二つは、フランス社会主義者から借用したものである。「各人にはその必要に応じて、各人からはその能力に応じて」という式文は、エティエンヌ・カベーの『イカリア紀行』(一八四一年)から取られた。また、「各人は能力に応じて生産し、各人はその必要に応じて消費する」という考えはルイ・ブランから来ている[90]。

たいていの社会主義者がそうであるように、マルクスとエンゲルスも、資本主義が人間によって創造されたからには、それに代わりうる社会も熟慮によって合理的に創造することができるという想定を当然視していた。新しい社会では、資本主義の利点はすべて堅持される一方で、その中心的な制度である私有財産と市場競争は破棄される。

『共産党宣言』でマルクスとエンゲルスは、個人の自利心に焚きつけられた市場が、世襲的な地位、国家、宗教など、資本主義に先立つ時期に発展した制度の本質を壊していく次第を歴史的に描いている。しかし、この解放の結果として、多くの人々は商品の地位に落とされていく。また法的自由は、市場の力に翻弄されるという本当の運命を隠蔽するものとなる。こうした状況下での自由は、新しい奴隷制度にほかならず、個人の自らの時間や身体に対する制御はかつてないほど失われる。こうしたことが、やがて『資本論』の主題となっていった。

しかし、マルクスにとっては、このように伝統的な本質が解体されて市場が前面に出てくることは、なおも肯定的な発展過程だった。それによって、宗教的信念や慣習の力といった幻想のベールは引き裂かれ、人々は抑圧された労働者階級、すなわちプロレタリアートのメンバーとして自己を認識するようになる。資本主義によって作り出された富と技術は、人間性を真の意味で解放していく。それによって、人間は自然や希少性による縛りからも解放されていく。

マルクスにとっては、資本の所有者であるブルジョワジーだけが市場から利潤を獲得できるというのは、自明のことだった。資本の所有者としてのブルジョワジーは革命的であり、世界を変革した。これが彼の見識の中では最も持続力があるものだと考えられるのだが、マルクスは資本主義が過去の社会・経済組織とは異なっていることを強調した。資本主義では常に変革がなされているのであり、いわば永久革命だ。二〇年後の『資本論』では次のように述べている。

近代工業は、既存の生産過程を決定的なものとして見たり扱ったりするようなことはしない。したがって、初期の生産様式が本質的に保守的であるのに対し、その技術的基礎は革新的である。機械、化学的過程やその他の方法によって、近代工業は生産の技術的基礎を転換するだけでなく、労働者の機能や労働過程の社会的機能をも変えていく。同時に、それは社会内の分業を革新し、常に大量の資本や労働者を一つの部門から他の部門へと移す。……近代工業は、労働者の生活に関する限り、すべての固定性と確実さをなくしてしまう[91]。

しかし、マルクスにとっては、進行中の生産手段の革命は単に「経済的な」事実として非常に重要というだけではなく、社会的・文化的変質としても、このうえなく重大だった。

ブルジョワジーは、常に生産道具を革新することによってしか存在しえない。生産道具の革新によって、生産関係、それによって総体として社会関係が革新される。これに対して、以前に存在していた勤労階級の主たる生存条件は、古い生産が変わりなく維持されることにあった。生産は常に変動し、社会的条件はすべて不断に攪乱され、常に不確実性と運動がもたらされるという点で、ブルジョワジーの時代は以前の時代と区別される。古い尊敬すべき偏見や意見とともに、固定的な関係は崩壊し、新しい関係は骨化する前に古びてしまう。確固としたすでに確立されたものは雲散霧消し、聖なるものはすべて汚される。人々はついに、自分たちの生活上の地位や自分たち自身の関係をはっきり目を凝らして見ることを強いられるようになる[92]。

言い換えれば、資本主義は、およそこれほど不安定な過程はない、というものだった。資本主義は、生産や消費のあり方、そして生産者や消費者のあり方を急速に不可逆的に転換していく。それによって、伝統的な思考様式は重要でなくなっていく。長きにわたって存続したことから生まれた、制度に対する感情的なこだわりは、バークのような保守派が重視したところだが、こうしたこだわりは資本主義が次から次へともたらす新しい製品に破壊されていく。宗教、民族性、身分、性、職業といったものに根差した伝統的な帰属意識は、市場によって壊されていく。

マルクスにとって、このような見通しは歓迎すべきことではあった。伝統的な帰属意識の源泉はすべて幻想の体系であり、それが人間生活の現実を隠していると考えていたからだ。本当に大事なのは、資本主義がもたらした肉体的・精神的貧困であり、重要なのは、それを克服することである。生産手段の所有者、つまり資本家、もっと広く捉えれば「ブルジョワジー」こそが問題の本質で、資本主義では何も得るところのない人々、つまりプロレタリアートが解決策となる。あるいは、労働者に自分たちが既存のシステムから何も得るものがないということを理解させることこそが、問題の解決となる。現在の支配層であるエリートが、伝統や宗教、あるいは民族帰属意識からくる正統性を失ったときに、共産主義が到来するだろう。

労働者が現実をはっきりと見るようになれば、自分たちの本当の利益は労働者としてのそれであり、それ以外にありえないということがわかるだろう。資本主義の崩壊によって人類は、より高い次元の社会組織に到達できるので、プロレタリアートの利益は人類全体の利益とおおむね一致する。自利心は階級としてのプロレタリアートにとってのみ正当化される。プロレタリアートの利益は公益だからだ。

マルクスの考えによれば、共産主義革命は主として経済的現実の圧力によって引き起こされるという。この現実により、人はプロレタリアートとしての帰属意識しか持たず、しかもプロレタリアートとしては資本主義から得るものは何もないことがわかる。しかし、マルクスのような知識人、つまり、「歴史の運動を総体として理論的に理解できるように努力してきた」ブルジョワ出身の「理論家」にも居場所はある[93]。おそらくは、こうした理論家の役割は、プロレタリアートの悲惨さは資本主義に固有のものであり、資本主義体制そのものをなくすことによってしか、そうした悲惨さは乗り越えられないことを示すことにあるのだろう。

ヘーゲルの「普遍的身分」としての官僚層の利益は、よりいっそう大きな社会の利益と一致するものだったが、マルクスはこれをプロリタリアートと読み替えていった。そうではあったとしても、究極的には、知識人には普遍的な階級の先導者としての役割があるというヘーゲルの想定をマルクスは堅持していた。

ヘーゲルとマルクスの見解が最も異なっていたのは、おそらく個人と人類全体を媒介する制度についての見通しについてだった。ヘーゲルにとっては、各人を直接的な形で全員と、あるいはすべての物と連携させようという試みは、ロマン派的な幻想だった。だから、ヘーゲルの幸福概念にとっては、家族、職業上の団体、代議制、国家、宗教、学問といったものが中心となる。満足は各人が特定の役割を持つことから生じる。特定の利益を持つということは避けられない。時々は、そうした特定利益を乗り越えることが必要だとしてもである。

これに対してマルクスは、このような中間的なあるいは特定の帰属意識は本当の幸福を阻んでいると見なす。幸福は、人類が「類的存在」であり、人類の利益は一つであることを認識することから始まる。マルクスの成熟期の著作には、法的あるいは政治的制度についての議論は見られない。これは、法も政府も私的で特定の利益を保護するものでしかなく、来るべき共産主義ではこれらは乗り越えられることと考えていたからだ[94]。

マルクスが夢見ていた世界では、ユダヤ人に対する差別もなくなる。他の宗教や集団への帰属意識とともにユダヤ教もまた、そこではなくなるからだ。ユダヤ人に帰せられてきた、また、資本主義の中核をなすと考えてられてきた利己主義と排他主義はなくなるので、「ユダヤ的なるもの」も消失する。巨大な富の世界が出現するが、貨幣のない世界だ。なぜなら、貨幣、したがって資本は邪悪なものであり、貨幣を用いて貨幣を獲得することも不正だからだ。

▼高利貸しから吸血行為に至るまで――『資本論』

失敗に終わったドイツの四八年革命においてマルクスとエンゲルスが果たした役割は小さなものだったが、両人は亡命を余儀なくされ、その後の余生の大半をイギリスで過ごすことになる。エンゲルスは、実家の家業である紡績会社、エルメン・アンド・エンゲルス商会のマンチェスター支店で二〇年ほど働いた。

マルクスはエンゲルスからの援助やジャーナリストとしての執筆などによって生計を立てた。一八六四年に設立を手伝った国際労働者協会を通じてメッセージをヨーロッパ中の労働者に届けることに余生は捧げられた。残された時間の大部分は、すでに一八四八年以前に展開していた考えを再定式化することに費やされた。より正確にいえば、マルクスは以前の主張を追加的な分析とデータで補強しようとしたのだ。その結果が『資本論』であり、初期段階の考えは拡張されてはいるものの、本質的な変更はなされていない。

『資本論』の「資本の一般的定式」と銘打った章には、一つ大きな論点がある。つまり、資本はさらなる貨幣を生む貨幣であること、これである。もちろん、資本主義社会では、貨幣は商品を売買する商人や労働を売買する産業資本家といった媒介的な段階を経る。マルクスの生き生きとしたイメージではこうだ。「資本家は、すべての商品が、たとえそれがどんなにみすぼらしく見えようと、どんなに嫌な臭いがしようとも、内心と真実においては貨幣であり、内的に割礼を受けたユダヤ人であり、しかも貨幣をより多くの貨幣にするための奇跡を行う手段であるということを知っているのである」。

ここでは、資本はユダヤ人と同一視されているだけではなく、中世以来キリスト教的ヨーロッパが、ユダヤ人の特質とする「ユダヤ的異臭」を帯びているとされている[95]。高利貸しに対する伝統的な偏見が、こうして工業化時代においては市場経済の批判として再定式化される。

マルクスはしばしば、資本と労働との関係（資本家と労働者との関係）を生者の肉と血で生きている亡者、すなわち吸血鬼のイメージで描いている。死にかかった資本という考えは、一八四四年の「パリ草稿」で初めて現れる。「商品に対する人間の貢献が大きくなればなるほど、死んだ資本の利潤も大きくなる」[96]。『賃労働と資本』（一八四九年四月に公刊されたが、元来四七年一二月に行われた講義に基づいている）では、賃金を労働の財貨的対価として描いている。「この特殊な商品は、人間の肉体と血以外に貯蔵庫を持たない」し、資本家が「搾取できる新鮮な肉体と血に不自由することはない」[97]（レーニンは後年、吸血動物である資本家を取り除かなければならないとしたが、これは単にマルクスの隠喩を強めたものでしかない）。

『資本論』では吸血鬼がまたもや現れ、労働価値説が最も十全な形で展開される。過去の労働者を搾取することによって獲得された貨幣である資本は、まさに「死んだ労働」として表現されている。資本は、利潤をもたらすべく資本家が投資するが、それは「生きた労働」を搾取することによってのみもたらされるのだ。したがって、資本主義的生産様式は、死者の生者への依存に基づくものとされる。「資本家としては、彼はただ人格化された資本でしかない。彼の魂は資本の魂である。ところが、資本にはただ一つの生活衝動があるだけである。すなわち、自分を価値増殖し、剰余価値を創造し、自分の不変部分、生産手段でできるだけ多量の剰余労働を吸収しようとする衝動である。資本はすでに死んだ労働であって、この労働は吸血鬼のように、ただ生きている労働の吸収によってのみ活気づき、そして、それを吸収すればするほど、ますます活気づくのである。労働者が労働する時間は、資本家が自分の買った労働力を消費する時間である」[98]。

マルクスは、資本主義下での労働者の状態を論じるのに、吸血鬼、狼つき[99]、人食いの隠喩を使い続けている。「剰余労働力を求める貪欲な欲望」によって[100]、資本家は常に労働者の労働時間を増やそうとする。こうして「生産手段は、自らの生活のために必要な酵素として労働者を費消することになる」[101]。

マルクスは資本主義の特徴を吸血鬼のような搾取としているが、これは労働価値説を隠喩的に表現したものだろうか。あるいは労働価値説は、吸血行為のイメージで描かれる、まだ反省を経ていない反応を命題用語にしようとする試みなのだろうか。彼が初めて労働価値説に出くわしたときの反応は、「これだ！」というものだった。そして、ほとんどすべての経済学者たちが労働価値説を捨てた後も、マルクスはそれに固執し続けた[102]。

マルクスが自らの資本主義分析の基本的前提として労働価値説を採ったことは、きわめて特徴的である。マルクスがこの説を採用し固執したのは、金儲けが不正であるという前提に即しているからだった。主だった政治経済学者の中で、マルクスほど労働価値説を重視した者はいない。スミスは労働価値説を『国富論』において明確な形で述べてはいるが、労働が唯一の希少な要素であるような原始的な物々交換経済にだけ、それが適用されると考えた[103]。一世代後になると、デヴィッド・リカードが労働は「真の意味ですべてのものの交換価値の基礎である」とした。

しかし、リカードが本当に関心を持っていたのは土地と労働との間の利潤の分配問題であり、労働価値説は自身のモデルを説明しやすくするための類似例として提示したにすぎない[104]。実際のところ『国富論』には二種類の異なった利潤理論があり、リカードに至っては三つか四つの利潤理論があるのだ。ヨゼフ・シュンペーターが述べているように、スミスやリカードには「確たる（利潤）理論は全くなく、両人にとっては、要するにそういう問題はどうでもよかった」からだ[105]。いずれにせよ、一八二〇年代ともなれば、イギリスの経済学者たちが、リカードの労働価値説が妥当ではないことを論証している。労働量が経済価値の主要因であるというのは恣意的な考えだとされた[106]。

しかしながら、マルクスが経済学を勉強するにあたって労働価値説に飛びついたのは、これによって人間の創造性についての自身の哲学的想定と資本主義経済の説明とを結びつけられたからだ。マルクスは『哲学の貧困』において次のように述べている。「リカードの価値理論は、現実の経済生活の科学的解釈である。労働が価値の源泉だ。労働の尺度は時間である。生産物の相対的価値は、生産に要する労働時間で決まる。価格は生産物の相対価値を貨幣で表現したものなのだ」[107]。これこそが、マルクスの経済分析が拠って立つ基礎的な定理だった。

労働価値説（そして、その背後にある創造的個人というロマン派的な考え）は、『資本論』の中心概念となっている。その意味合いに肉づけをするため、マルクスは幾百もの文献に依拠している。その多くがイギリス政府の委員会や監督官によるもので、表紙の色から「青書」として知られている。しかしながら、こうした資料は労働価値説という想定のふるいにかけられた。

市場で交換される財の価格は投下される労働量によって説明できるというのが、『資本論』の想定であり、約束事でもあった。労働価値説は、人間労働のみが経済的価値の真の淵源だと主張する。そして、商品（市場で交換される財）価値は、その生産に要する人間労働の価値に等しいとされる。利潤は第一義的には、商品価値と商品の生産に必要な労働者の労働に対して支払われる額との差異である「剰余価値」の結果だとされる。

マルクスによれば、資本家は商品を売ることによって、それを生産した労働者に対する支払いよりも多くを得るのだから、資本家の労働者に対する関係は「搾取」だということになる。マルクスの言う「搾取」とは雇用者が労働者を酷使するということではなく、二者間の関係の定義そのものから来ていることに注目すべきだ。これは、「高利貸し」は利子を取り過ぎるというわけではなく、金を貸すことによって利潤を得るという事実を述べているのにすぎないのと全く同じなのだ。マルクスの定義によれば、労働の現在の純産出高がすべて労働者のものとなり、それが現在、消費に使われるときに限り、「搾取」はなくなる。したがって、「搾取」はたいていの経済学者が正の純投資と呼ぶものに等しい[108]。

もちろん、雇用者は労働以外の他の費用も支払わなければならない。地代も払わなければならないし、機械に対して支払いをしなければならない。原材料も買うだろうし、借りた貨幣の返済もある。マルクスにはこうしたことはわかっていた。しかし、こうしたものすべては生産に必要な過去の人間労働によって初めて可能になると想定したのだ。投資に使う資金である「資本」自体も、労働者の労働に対して十分に支払いをしていないことから蓄積される過去労働の結果なのだ。資本の源は人間労働に存するので、マルクスはこれを「凝固した労働」あるいは「死んだ労働」と呼んでいる。

資本主義市場における競争の圧力に押されて、資本を有する者は労働者からできるだけ多くの剰余価値を獲得しようとする。まず、労働者はできるだけ長く働かされる。潜在的な労働日の限界日に達すれば、今度はいっそう激しく働かされる。それでも、企業が競争市場で利潤を得るのに十分でなければ、資本家はさらに大きな金額を生産手段に投資する。機械は各労働者の産出高を増やし、労働者の中には余剰人員も出てくる。最も多額の資本を投資できる資本主義企業が最も安価に生産できるようになり、市場競争ではこうした企業だけが生き残る。資本額が小さい企業は倒産する。このようにして、資本と生産手段はますます少数者の手に集中することになる。それ以外はすべて「プロレタリアート」の地位に転落し、プロレタリアートの階層はますます膨張していく。

資本家は、さらに多くの資本を機械に投じるようになるので、労働に向かう資本は小さくなっていく[109]。しかし、労働価値説によれば、労働者の生きた労働だけが実際に価値を生み出すことになる。したがって演繹によって、また実際にもそうであったように、利潤率は低下していくことになる。総資本の中で機械と比べた場合に労働に投じられる部分は、ますます小さくなるからである[110]。

利潤率の低下は利潤が上がらない企業を倒産に追い込み、それによって労働者は解雇され、失業者となる。労働供給は労働需要よりも大きいので、賃金は低下していき、生存水準にまで、またそれ以下の水準にまで落ち込んでいく。労働者は失業しているか、あるいは雇われているにしても、これまでにない低賃金なので、一般に購買力は不足し、消費は減退していくことになる。このようにして資本主義経済の危機が深まる。その結果もたらされる貧困と不安定によって、労働者は革命を引き起こすことになる。

マルクスは生産の機械化の効果を分析しているが、ここに人間労働を個人個人の生命活動として理解しようとするマルクスの想定が最もはっきり表れている。マルクスの焦点は、「産業革命」と呼ばれるようになったものと関連した生産の転換、すなわち、生物体によらないエネルギー、水、特に蒸気を動力源とする機械に基づく一連の技術的革新にあてられている。機械は人間や（動物）の筋力に代わる、またはこれを強化するものなので、経済学者は機械を第一義的には労働を節約する装置であると考えた。これに対してマルクスは、機械が人間の身体と精神に与える負担を強調している。

労働者の観点からすると、機械による生産は質的に新しい経験だといえる。手工業、家内工業、機械化されていない工場では、マルクスが指摘しているように、労働者は道具を使っている。しかし、身体の動きのテンポや方向は、道具を操作する労働者がこれを決める。これに対して、機械による生産では、身体の動きのペースや方向は機械に決められてしまう。労働者は機械の不自然なリズムや動きに適応するよう強いられ、機械の「生きた付属物」と成り果てる[111]。労働はさらに単調になり、分業の心理的負担はかつてないほど増大する[112]。筋力をあまり必要としなくなったことで労働は快適になるのではなく、むしろ「拷問の道具となる。機械は労働者を労働から解放するのではなく、労働からその内実をすべて奪ってしまう」のだ。

他の意味でも、機械は労働者階級の敵だ。生涯にわたって労働者が蓄積してきた道具を使ううえでの特定の技術は、新技術の出現によって、しばしばその価値を失ってしまう。熟練技術の使い道がなくなれば、熟練労働者は未熟練労働者の地位という底辺に落とされることになる[113]。筋力をあまり必要としないような機械の開発により、男性の筋力が持っていた経済的価値が減っただけではなく、婦女子を雇用することも可能になった。男性の賃金が低下したので、家族全員が賃労働にかかわることで補填しなければならなくなった[114]。

『資本論』の「労働日」の章では、資本所有者があらゆる年齢の労働者に耐えがたいほどの長時間労働を強いることによって、利潤増大を図るさまが示されている。青書からの証拠を引用しながらマルクスは、工場所有者が日々の食事や休憩時間から五分、また五分と奪っていき、合計では労働者の時間を何千時間も奪っていることを示している。

奪われるのは時間だけではなく、労働者階級の肉体的・知的活力もそうだ。労働者は若いときには教育を受けさせてもらえず、長じてからは休息、睡眠、刺激を奪われる。ノッティンガムの織物産業についてマルクスは次のように述べている。「朝の二時、三時、四時頃に九〜一〇歳の子どもたちが彼らの汚いベッドから引き離されて、ただ露命をつなぐだけのために夜の一〇時、一一時、一二時まで労働を強制され、その間に彼らの手足はやせ衰え、身体はしなび、顔つきは鈍くなり、彼らの人間性は全く石のような無感覚状態に硬化して、見るも無残なありさまである」[115]。

さらに、ノース・スタフォードシャのある医師が一八六三年に政府の委員会で行った証言も引用している。「一つの階級として陶工は、男も女も、肉体的にも精神的にも退化した住民を代表している。彼らは一般に発育不全で体格が悪く、また胸が奇形になっていることも多い。彼らは早く老けて短命である。遅鈍で活気なく、彼らの体質の虚弱なことは、胃病や肝臓病、そしてリューマチのような疾病にかかることでもわかる。……しかし、彼らが特にかかりやすいのは胸の病気である。……」[116]。当該箇所の『資本論』はどのページも、イギリス政府の報告書や新聞記事からの抜粋を用いながら、過重労働による疾病や死亡の生々しい描写で満ちあふれている。

マルクスは演繹によって、資本主義は本質的に搾取的性格を有するという結論に達していたが、上記の証拠の山はこのような結論を支持するために集められたものだった。しかし実際には、証拠は結論に合うように選ばれている。政府の監督官はその地位を利用して、すでに制定され施行されつつあった法律を悪用している工場に注意を向けさせた。マルクスが利用した証言の多くが、こうした政府の監督官によるものだった。

ひどい例とされたものには、典型的な産業の事例とは言いがたいものが多く見受けられる。たとえば、マルクスがノッティンガムの織物産業に関して依拠した証言者は、こうした状況は「王国の他の地域では知られていない」としている。しかも、引用された証拠の多くが、資本主義的工業化の先端を行くものとはいえないような業種から取られている。まだ十分に資本主義的でない産業、たとえば織物業、そして製パン業などがそうであり、これらはマルクス自身も認めているように、旧態依然とした産業だ[117]。

『資本論』は資本主義的な工業化のコストを痛烈に描いている。しかし、描かれた絵は完全に一面的なもので、バランスがとれた分析というよりは暴露記事である[118]。一八五〇年から六五年の間に工場労働者の実質賃金は一七%上昇したし[119]、フルタイムで働く労働者の週当たりの平均労働時間は実際に減少している[120]。こうしたことは、当時のイギリス労働者階級についてのマルクスの描写からは全く知りえないところだ。資本主義の下でプロレタリアートを待ち受けるのは悲惨さでしかないという自身の分析と相容れないこうした傾向については、マルクスは全く説明をしていない。

『資本論』の終わりでは(『共産党宣言』と同様に)、資本主義的競争によって、ますます所有は少数者の手に帰するようになるだろうと予想している。生産規模は大きくなり、資本主義の発展は地球規模になっていくだろう。「このような転換過程の利点すべてを奪い取り独占してしまう資本家の数が常に減り続けるとともに、大衆の貧困、抑圧、奴隷化、地位下落、そして搾取は増大していく。しかし、それとともに、まさに資本制的生産過程の機構によって、増大し、熟練化し、団結し、組織化する労働者階級の反発は強まっていく」[121]。結果として革命が起こり、私的所有は終わりを告げる。

マルクスの描く悲観的な資本主義像を救うのは、資本主義それ自体によって可能となる輝かしい将来の見通しだけだ。労働がより充実し、労働時間が減少し、よりいっそう多くの時間が人間の創造性を花開かせるのに使われるような社会が潜在的に可能になる。こうした社会をもたらすのは、資本主義の下での機械化によって可能になる飛躍的な生産性の増大だ。生産手段がそうであるように、子孫繁栄の手段である家族もまた転換を余儀なくされる。ここでも、短期的な効果は悲惨だが、長期的な展望は有望だ。資本主義は伝統的な家族を解体に導く。夫や父親が、婦女子を労働の場に押し込むからだ。しかし、これによって将来の進歩が可能になる。

「資本主義体制において古い家族の紐帯が壊されていくのが、どれほど恐ろしく忌まわしく見えようとも、大規模産業は家政経済の外に、社会的に組織化された生産過程の中での重要な役割を、女性や若年層や両性の児童に割り当てることによって、新たな家族形態、新たな男女関係のための新しい経済的基礎を作り出していくことになる。……労働者の集団があらゆる年齢の男女を含むことによって、適切な条件さえあれば、人間として発展していくための源になりうることは、明白な事実である。……」[122]。結果として、より平等主義的な家族が実現し、職場ももっと人間的になるだろう。マルクスはこのように言いたいのだ。

マルクスが資本主義を分析し診断するにあたって、労働価値説が担った役割は、どんなに評価しても過大評価にはならない。晩年の大半を労働価値説の洗練に費やしたマルクスは、中世の天文学者が、太陽は地球の周りを回っているというプトレマイオスの定理を堅持しようとしたのと同じく、基本的に誤っている説明上の前提の上にさらに多くの修正を加えることによって、これを維持しようとした[123]。

マルクスは、労働価値説と剰余価値論によって最終的には、商品が交換される価値についての通常の言い方である価格を説明できることを示したかった。価格とは労働価値を転換したものであり、ある一時点における総利潤は剰余価値の総額に等しいと主張する。これはマルクス経済学者には「転換問題」として知られている問題であり、マルクス以降のマルクス経済学者はこれを解こうとしてきたが、いまだ果たせないでいる[124]。そのような試みがなければ、労働価値説が目的としているような「秘密」は解明されない。

『資本論』の第一巻公刊後の一〇年間、マルクスの経済分析の基本的前提そのものが根本的な批判にさらされるようになった。ヨーロッパ中で、いわゆる「限界革命」派の経済学者たちは、資本主義経済における価格を労働や生産費を基準にして説明するのは誤りであるとの結論に達していた。カール・メンガーの『国民経済学原理』とスタンレー・ジェボンズの『経済学の理論』は一八七一年に、そしてレオン・ワルラスの『純粋経済学要論』は一八七四年に公刊されている。

マルクスは自らの資本主義分析における労働価値説の重要性にこだわった。批判者は労働価値説を説得力に欠けるとし、マルクスの理解者も理解不能だとしてきたが、マルクスはこのような批判に応えて、価値論を練り直し続けた。しかし、傑作である『資本論』は未完成のままにとどまった。これは時間がなかったからではなく、マルクスが自分自身の理論をどうやって救うかを考えつかなかったためだ。『共産党宣言』の悲観的な結論は労働価値説から演繹できることは示すことができる、とマルクスは考えた。しかし、労働価値説で実際に資本主義経済の働きの大半を説明できるということは、マルクスは示せないでいる。

ある時点で、労働価値説が所期の目的である個々の商品の価格の動きを説明できないことをマルクスは認めるに至ったが、価値論が市場全体の動きを説明できるという想定は堅持している[125]。ただ、『資本論』のうち、商品の市場価格全体の動きを労働価値説によって明らかにしようとした箇所は、マルクスの満足のいくものではなかった（それを言うなら、誰にとっても満足のいくものではなかった）。だからこそ、マルクスはこれらの章については、草稿が完成してから二〇年もの間あれこれ試行を重ねたが、公刊しなかった。

結局、これらはエンゲルスによって編まれ、『資本論第三巻』として公刊された。第三巻にあたる部分は「利潤率の傾向的低下の法則」を詳細に扱ったものだが、実際には『資本論』第一巻の最終稿よりも早く書かれたものの[126]、完成されなかったものだ。これは、マルクスが公刊に値するほど理解に資する結果ではないと認めたためである。

マルクスの没後に公刊された『資本論』第二巻・第三巻への序文で、エンゲルスはマルクスが労働価値説から、スミスが一世紀前に示唆した生産費説に転向したとしている[127]。マルクスの批判者は、マルクスが利潤を生産費説によって説明しようとしていることに驚愕した。これでは、何十年も前にマルクスが批判しようとしたまさにその理論を支持していることになるからだ[128]。エンゲルスは最後に公刊した論考で、労働価値説は資本主義に先立つ時代には適用可能だが、一五世紀から始まるとされている本来の資本主義には適用できないと結論づけている。

これは皮肉というしかない。マルクスの経済学的著作の全ドラマは、労働価値説をもって解こうとした神秘的な謎の形をとっているからである。マルクスの経済学については、何百、いや何千もの著書が書かれてきた。しかし、マルクスの経済学は、体系的な試みとしては成功していない。これは明々白々な事実だ。それは労働価値説で武装されていたが、まさにその理論の難点によって掘り崩されたのである。

もう一つのマルクスの経済学上の基本前提も、経験によって否定されている。機械の相対的費用は経済発展に伴って上昇するという考えは、繊維産業や製鉄産業のような初期の工業化の過程では直感的に正しいように思われる。しかし、これは化学や電気産業のような一九世紀後半に起きた第二次工業化についてはあたらない。この場合、技術の進展によって相対的費用は減少していくのである。第三巻では、マルクス自身、(「資本の有機的構成」と称する)労働ではなく、技術に対する資本投下率は低下するが、これには理由があり、したがって利潤率は低下しないかもしれないとしている。これは、「不変資本要素の低廉化」によるものだ。エンゲルスもまた、化学産業や冶金のような新しい生産部門では、機械に充当する費用は技術の進歩とともに下がり、したがって労働に対する費用は相対的に低下しないということを認めている[129]。マルクスもエンゲルスもこうした発展に注意を払ったものの、そうした発展が『共産党宣言』で述べられた資本主義の不可避的崩壊の否定につながるということは、あえて見ようとはしなかった。

▼マルクス後

共産主義革命はマルクスの時代には起こらなかったし、その死後三〇年間も同様だった。そして、共産主義革命が実際に起きたのは資本主義経済が進んだ段階においてではなく、資本主義的な工業化の初期段階にあった主に小作農社会においてであった。典型的にはロシアと中国である。革命が非常にもっともらしく思われたのは、マルクスやエンゲルスが考えていたような資本主義的制度が十分に確立していた地域ではない。むしろ、初期資本主義の社会的・人口統計的効果が一八四〇年代中頃のドイツ社会の脆弱な状態に最もよく似ている地域においてだった。

一八四〇年代中頃というのは、マルクスとエンゲルスが、資本主義は放っておいても自滅するとの結論に到達した時期でもある。その場合も、革命がうまくいったのは政治構造が対外戦争で弱められていたからであり、与えられた機会をうまく利用できた献身的、かつ非情な革命家の中心グループがいたからでもある。

マルクスが切望し、予言した革命が西ヨーロッパに到来しなかったのは、いくつかの要因が見過ごされてきたからだ。なかにはマルクスの目前に突きつけられていたにもかかわらず、気づかなかったものもある。その中でも最も重要な要因は、技術進歩と経済成長によって、資本主義体制にあっても次第に労働者階級の経済状態を改善できるようになってきたという事実である。

工業化が最も進んだイギリスにおいては、一九世紀のどの一〇年間をとっても国内総生産は年率平均二%から二・五%のスピードで成長してきた[130]。世紀の前半においてイギリスの労働者階級の生活水準がどのようなものだったかについては、議論の余地があるだろう。しかし、マルクスが『資本論』を執筆中のまさにその頃については、労働者階級の生活水準が上昇していたことについては疑問の余地がないし、一八六五年から九五年にかけて生活水準はほぼ五〇%上昇している[131]。

平均寿命も上昇している。一八〇〇年に生まれた平均的イギリス人は三十代半ばが平均寿命だったが、これは一九〇〇年までには四十代後半にまで延びた。さらに、生活水準の向上は出生の増大をもたらさなかったが、これはおそらく歴史上初めてのことだ。ゆっくりと、しかし目に見える形で出生率は低下していき、一八三〇年代に一〇〇〇人当たり三五人だったのが、世紀末には三〇人にまで下落し、それ以降も減少が続いた[132]。この世紀の前半には貧困化につながった高い出生率は、世紀末までには少産化に道を譲り、それによって人口成長は制約され、一人頭の消費量は増大していった[133]。さまざまな変化を伴いつつも、同様のパターンが、資本主義的工業化が進んだほとんどすべての地域で見られた[134]。

こうして、マルクスは紛れもなく恐ろしい資本主義発展の負の側面に焦点を絞ったわけだが、そうした否定的な傾向の多くは、マルクスがまさに執筆中の時期に好転し始めたことになる。資本主義的工業化は肉体的な衰退につながるというマルクスの主張は、平均身長(肉体的な意味での福祉という点では、測定可能な尺度の一つであるとはいえる)が実際に一八三〇年代から六〇年代にかけて低下したという事実に裏打ちされているが、これは、その後再び上昇し始めている[135]。

労働時間は、一八世紀中頃から一九世紀中頃にかけて、実際に増大したが、これもその後には減少している。平均的なフルタイムの労働者の労働時間は一八五六年では週六五時間だったが、七三年には五六時間にまで落ち、その数字は世紀の終わりまで同じレベルだった[136]。労働日が短縮されただけではなく、政府の健康・安全査察官の尽力によって労働は安全にもなった。査察制度はマルクスが『資本論』を書いていた時代には未発達だったが、すでに見たように多くの情報がもたらされ、マルクスはしかもそれらから自分の理論に合うものだけを選んで使っている[137]。この数十年間に、政府のこのような活動を遂行できるような専門的な行政サービスが創出され[138]、これによって種々の産業で健康や安全にかかわる基準は改善されていった。

労働者階級の状態を改善しようという政府の施策は、部分的には裕福で教育を受けた階級の道徳的義務感に後押しされたものでもある。特に宗教による社会的良心によることも多く、いずれにしても、こうしたことはマルクスの想像の域を超えていた[139]。労働組合の発達もまた、改革への誘因を与えた。組合は作業現場で賃上げと労働条件の改善を求めて交渉した。また選挙にもかかわっていった。

マルクスは労働組合の成長を促したが、これは組合を通じて労働者階級を資本主義の転覆へと誘うためだ。労働組合が労働条件の改善に成功し生活水準が上がっていけば、革命の必要性も、待望論も弱まるのだが、マルクスはこうしたことには思い至らなかった。一九世紀後半のドイツでは、組織化された労働者階級の圧力が中流・上流階級の道義心と相まって、政府による保険制度を可能にしていった。これによって失業や疾病の脅威が弱まった。

マルクスとエンゲルスの影響は国ごとに異なってはいるが、資本主義批判がいくばくかの反響を持ったという点は多くの国で共通している。祖国であるドイツでは影響力は一番強かった。社会民主党にとってはマルクスとエンゲルスの理念は磁石となって人を引きつけた。急速に工業化が進みつつあった初期の段階では、人々は仕事を求めて都市に群れ、その住居はみじめだった。住むところは、都市生活の基本的設備も欠いた混雑ぶりだ。空気は工場によって汚染されており、長時間働いてももらえるのはスズメの涙ほどだ。こうした状況では、マルクスの描くプロレタリアートの貧困化というシナリオは、労働者にもまた労働者階級の苦境に心動かされた「ブルジョワ・イデオロギーの信奉者」にとっても説得力十分だった。しかし、世紀の転換期には、他の地域でもドイツでも、労働運動が組織化されたことや、労働者階級の生活水準が向上したこともあって、労働者階級の革命熱はますます冷えていった。

二〇世紀初期の数十年間には、マルクス主義の知識人たちは板挟みに遭うことになる。自分たちは、生まれたばかりの労働組合やその意をくんだ代議士の改良主義を受け入れ、資本主義を超えるという望みを捨てなければならないのだろうか。それとも、レーニンやルカーチが言ったように、知識人の優位を信じ、政党を立ち上げるべきなのだろうか。政党を立ち上げて、歴史を望ましい方向へと導くだけの優れた洞察力を持って、労働者階級を、マルクスが描いたような革命のゴールへと誘わなければいけないのだろうか。特に、人種的・民族的に少数派の烙印を押されてしまった知識人の中には、排他主義から脱却したマルクスの共産主義的未来像に魅了された者もいた。また、専門化は意味がないとする、マルクスの分業批判に好意的に応じた者もいた。また、資本主義世界を冷淡で孤立につながると感じ、教えられてきた普遍的な愛の倫理と、市場が立脚する利己心という現実とのギャップに我慢ができない者もいた。

しかし、マルクスだけが市場によってもたらされた文化的狭隘さを批判したわけではないし、マルクスのみが俗物たちによる支配を非難したわけでもない。マルクスより若いが、同時代に生きたイギリス人、マシュー・

アーノルドにとっても、こうした主題は中心的なものだった。しかし、アーノルドの分析は全く異なった方向へと展開されていくことになる。

第8章

マシュー・アーノルド

俗物にビジネスというドラッグを断たせる

Matthew Arnold: Weaning the Philistines from the Drug of Business

マルクスと同様、マシュー・アーノルド(一八二二〜八八年)も、世界が「俗物」化していきそうな見通しに、怒りの眼差しを向けていた。「俗物」とは、ドイツの詩人で文化批評家のハインリッヒ・ハイネから両者が借りた罵り言葉である。マルクスと同じくアーノルドにとっても、「俗物主義」は商業的・産業的な中流階級に対する嘲りの言葉であり、この二人の思想家は、中流階級がますます、政府や社会に影響を与えるようになっていくと見ていた。

二人は、社会の悪弊についても同じ言葉を使ってはいるが、その原因の診断と処方については意見が違っていた。マルクスは、宗教はアヘンで、大衆の心を資本主義に対する不満からそらしていると考えたが、アーノルドは、商業こそがアヘンで、資本家が宗教的・精神的な成長を損ねていると考えていた。マルクスにとっての解決策は、俗物的文化の経済的基盤である資本主義を廃絶することだった。これに対してアーノルドは、資本主義が経済的に達成した成果は、十分本物だとし、これに代わる現実的な経済手段があるとは想像もしなかった。

彼が危惧したのは、商業的な中流階級に特有の気質が文化や政治の領域にも浸透していることだったが、商業を廃絶するのではなく、政府や報道・教育機関を通じて、自分のような知識人が国の文化を改善することで、これに対抗しようとした。アーノルドは、「批判的だが、疎外されてはいない知識人」とでも呼ぶべきものの化身と

Matthew Arnold
(1822-88)

なり、また、そのような社会的役割の形成に手を貸そうとした。

アーノルドによる中流階級の俗物主義批判は、今では非常にありふれたものになってしまったので、私たちはその大胆さを過小に評価しがちだが、彼は進歩に対する礼賛が頂点に達していたときに書いていたのだ。

すでに記したように、物質的な条件は良くなっているという想定は、現実に基づいていた。一九世紀半ばには、イギリスの工業的・金融的覇権は無比のものとなり、土地の様相は工業化によって変わりつつあった。世界中の鉄の半分はイギリスで生産されていた。数十年のうちに、五〇〇〇マイル（八〇〇〇キロメートル）を超える鉄道網が敷かれ、首都と地方の間の移動時間を大幅に減らした。ロンドンからオックスフォードには一時間で行くことができるようになり、これは双方の都市に影響を与えた。

経済の拡大と社会の力強さは至るところに表れた。一八五一年の大博覧会の会場となった、ガラスと鉄でできた巨大な建物である水晶宮ほど多くの人々の口の端に上ったものはなかった。一〇〇万フィート（約三〇〇キロメートル）近いガラスが、三三〇〇本の柱と二二〇〇本の大梁を組み合わせた網に吊り下げられている。これらは、産業の奇跡ともいうべきプレハブ工法によって、たったの一七週間で組み立てられた。この博覧会と水晶宮は、進歩を目に見え、手に触れられる形で表したのだ。「世界史上、人類の産業を促進したという点で、一八五一年の万国工業大博覧会に比肩するものはない」。主なスポンサーの一人であるヘンリー・コールはこのように誇らしげに語っている。

そして、彼の考えではまさしくイギリス的なやり方ということになるのだが、大博覧会は政府の所産でもなく強制によるものでもなかった。「優れた人々が、すべての文明国を祝典に招き、人間の熟練による作品を比較させた。それは、民間の手段で達成された。自らの力によるもので、税金にも頼っていない。また、古代の偉大な作品と違って、奴隷を使って達成したわけでもない」。

大博覧会の公的なトップは、ほかでもないヴィクトリア女王の配偶者のアルバート公だった。「傑出した知識の持ち主であり、哲学的精神を有し、賢明な方である。統率力と実務上の卓越した能力によって、企画の長となり、それを輝かしい成功に導いた」として、コールはアルバート公を讃えている。ある同時代人が述べているように、水晶宮はその時代を反映していた。「それは、イギリスが有する実践的な性質と実務的な傾向とが美しく花開いたものである」[1]。

アーノルドの任務は、そのような実用性の限界を見極めることだった。どのような形で彼が俗物主義を批判するに至ったのか、そして、どのようにして物質的豊かさの最中の精神的な貧困化という、俗物主義がもたらした問題の解決策に至ったのかを説明するのには、その環境と彼個人に収斂していくような制度について見ておかなければならない。

▼俗物とヘブライ人の間での生活

一八二二年生まれのアーノルドは、マルクスよりも四歳年下である。文化批判を扱った最も重要な著作が『教養と無秩序』であり、同書は『資本論』第一巻が公刊されてほどなく、一八六九年に出版された[2]。

マシューの父親のトマス・アーノルドは、新設のラグビー校の校長だった。同校は、キリスト教精神に則って、国を統治する紳士を育成するための教育機関で非常に大きな影響力を持っていた。父は広教会派の主要人物でもあった。これは、正統なイギリス国教会をできるだけ包括的なものとする一方で、それを堅持しようとするものだった。マシュー・アーノルドは、父親の努力をもっと世俗的なやり方で継続した。彼は、宗教界がもはや伝えることができなくなった、精神的指導や道徳の奨励に関して文人に頼ったのである。

一八四一年、マシューはオックスフォード大学に進学し、試験によって、ベリオール・カレッジに入学するための奨学金を得た。こうして、彼は実績による出世という中流階級の理想を自ら実現したのだ。トマスは同年、近代史の教授職に任命されたが、就任後ほどなく亡くなった。ベリオールのカリキュラムのほとんどが、哲学、文学というギリシャ・ラテンの古典学であり、（マルクスと同じく）アーノルドも、ここからさまざまなものを学んだ。ベリオールで築いた人脈は、アーノルドの経歴の中心を成すばかりか、古くからの大学を改革し、政府や国の文化の領域への影響力を拡大しようとする、さらに大きな知的計画にとっても中心的な役割を演じた。彼はオックスフォードをラグビー校のイメージにならって改革しようとしたし、さらには俗物からなる国を変えようとした。

ほぼ一世紀前に、貴族出身の政治家の目を、若くて無一文のエドマンド・バークに向けさせた抜擢制度は、アーノルドの場合にも機能した。二四歳で、彼はホイッグ党の大土地所有者で古参議員であるランズダウン卿の個人秘書となった。ランズダウンは、バーク自身が国会でした演説を聞いたことがあるほどの高齢者だったが、教育審議会の長でもあった。

バークが名声を確立したのは散文の書き手としてだったが、アーノルドは詩人として初めて公衆の関心をひいた。詩人としての才能によって、最終的には一八五七年には教授職に就くに至る。オックスフォード大学の詩学の教授として選出され、その地位を一〇年間維持した。報酬がわずかだっただけに、教授職としての責務も、年に三度、公開講義を行うだけにとどまった。

このように教授職というおまけがついても、詩作は家族を養えるような類いの職業ではなかった。だから、結婚願望と将来、子どもを養う必要性に駆られて、アーノルドは二八の歳に勅任学校監督官の任命を受けた。読書や著作の時間がなくなるというおそれもあったので、不本意ながらといったところである。彼はその後三五年間、監督官の任にあった。監督官の仕事は、なるほど時間のかかるものだったが、アーノルドの精力たるや、すさまじいものがあった。三五年の間に、彼はあまたの論文と書籍を生み出した。これは集めれば、分厚い本一一巻分となった。文学評論から社会・政治批評に至るまでを網羅し、それぞれ単行本に匹敵する長さの教育改革についての評論二本と、やはり単行本に匹敵する宗教的主題に関する評論三本もあった[3]。

プロシャとは違い、アーノルドの時代のイギリスでは、国による学校制度はなく、普通教育は、市場が及ぼす悪影響に対する解毒剤としてアダム・スミスが推奨してから、ほぼ一世紀経っても、はっきりした形を整えていなかった。大陸モデルにならって、画一的、包括的な学校制度を作ろうとする動きは、中央政府に対して反感を持つ貴族的伝統と、非国教徒がいまだに持っている国立の学校制度に対する疑念に阻止されていた。非国教徒は、国による教育でイギリス国教会の信条が吹き込まれるのではないかと懸念していたので、学校は、国ではなく教会や慈善団体が運営していたのだ。

ところが、一八四〇年代を契機に、質の監視のために国が監督官を派遣することを条件として、学校は少額の政府補助金を受け取れるようになった。微妙な宗教的差異の感覚を満たすために、国教会、カトリック、非国教徒のプロテスタントの学校には、別々の監督官が派遣された。アーノルドは、非国教徒として知られる、イギリス国教会の成員たることを拒否したプロテスタントの集団が運営する学校の監督にあたった。

これらのクウェーカー教徒、長老派教会員、会衆派信徒、ユニテリアン派信者、バプティスト派教徒らは、商業・工業の指導権の支柱をかなりの程度、形成していた。イギリスの社会構造はまるでサンドウィッチだった。頂点(貴族と郷紳)と底辺には、国教徒がおり、非国教徒が増大しつつある中間層を形成していた(メソジスト派は、元来はイギリス国教会の中にあったが、アーノルドの時代になると、異なる宗派を形成し、社会的には古い非国教徒のすぐ下の階層だった)。

宗教上の理由で、政府から排除され、貴族の庇護も受けられず、またオックスフォードやケンブリッジのような権威ある大学や陸海軍からも排斥された非国教徒は、商業界、産業界に向かった。その生活様式では、仕事での精勤、実際的な教育、禁酒、そして高いモラルに裏打ちされた行動が良しとされた[4]。清教徒の末裔に植えつけられた特質が経済発展につながるということを述べたのは、マックス・ウェーバーが最初ではない。経験上、政府の権力には懐疑的だった非国教徒は、中流階級の自由主義の有力な選挙基盤を形成した。そして、彼らの階級からジョン・ブライトのような傑出した自由主義者の指導者が出てきた。政府の頂点のポストは主として、ランズダウンのような貴族が依然として占めていたが、一八五〇年代ともなると、中流階級がますます政策の基調を定めるようになっていた。その下の社会階層は労働者階級だが、政治参加権を持たなかっただけではなく、読み書きができないことも珍しくはなかった。

四歳から一三歳までの子どもが通う学校、主としては、バーミンガムのような新興工業地域の学校を視察することで、アーノルドは、中流階級の教育施設と日常的にかかわるようになっていた。彼は、しばしばそこで見たものに愕然とさせられた。このようにして、中流階級の強い影響力に深くかかわることによって、アーノルドの中流階級の文化や政治についての批評が展開されていった。

▼アーノルドの批評

学校視察の結果、社会批評としては最初の主要著作である、「民主主義」と題された評論が、一八六一年に公刊された報告書『フランスの普通教育』の序文という形で現れた。中流階級は、物質的進歩や政治的自由を獲得することに成功したが、これによって、自己満足してしまい、さらに大きく高次の意味での改良の妨げとなっていると、アーノルドは嘆いている。中流階級は勤労と思想の自由を熱心に信じているが、「文化」と「思想」に欠けている。

「私ほど中流階級を評価している者はいないだろう」と、彼は記している。「しかし、中流階級を最も評価し、その能力を最も信じる者は、その難点を指摘し、それが解消されなければ将来が損なわれるだろう、ということを指摘することで、最も中流階級に貢献することができるのである」[5]。彼らの影響力が増加すると、商業的な中流階級は「低い理想と文化の欠如」によって、この国を「悪化させる」だろうと、言うのである。

民主主義は、その特徴として、普通の人々の理想こそを最高の理想として定義する。アリストテレスの主張と重なるが、アーノルドは「民主主義の困難は、どのようにして高次の理想を見出し、そして維持するかということにある」[6]ことを読者に思い起こさせている。イギリスがさらに広く民主的な参政権を国民に与えるに従い、労働者階級は中流階級に追随して、文化的願望についてはイレベルの狭隘な概念を受け入れるだろうと懸念している。

マルクスがブルジョワ社会の「制約性」と呼んだものに関して、アーノルドも同様に不快に感じていた。そして、ここでもマルクスと同様になるが、ハイネが「本物のイギリス的な狭隘さ」と表現したものを捉えられるような論争的な用語をハイネに求めた。その侮蔑的な表現が「俗物主義」であり、これは「光明の子たる選民の対極にいる、頑健、頑固で啓蒙に浴していない人々」の気風を含意している。「このような表現は英語にはない」とアーノルドは冗談めかして述べている。「たぶん、このような単語がないのは、あまりにそれがありふれているからだろう。ソリの町では、誰もソリシズム(文法違反)について語らない。そして、ゴリアテの中心であるここでは、誰も俗物主義について語らない」[7]。

アーノルドが初めて俗物主義と闘ったのは、一八六二年のことであり、それはいうなれば、得意分野である学校教育についてだった。政界では教育局でのアーノルドの先輩にあたる、自由党の議員のロバート・ロウは、学校への政府の財政支援を「結果に基づく支払い」に基づく方法へと改定することを提案した。その計画は「公共教育における国の義務は……読み書き、算数をできるだけたくさん、できるだけ多くの人に」という想定に従っていた[8]。

学校は読み書き・算数についての生徒の出来栄えに基づいて、補助を受けるべきだ。各学校には毎年、監督官が訪れ、生徒全員に国語と算数の試験をする。もし、生徒が試験を受けに来なかったり、成績が悪ければ、政府補助が若干削減されることになる。ロウの改革は一つには、費用削減のためだったが、とりわけ、最も基礎的で実用的なスキルについての測定可能な結果に基づいて学校への補助額を決め、支払いと成果を関係づけることによって、教育と市場志向の原則とを一致させることを意図していた[9]。

少しばかりの勇気あるいは厚かましさを発揮して、アーノルドは政界での先輩に対して「二度改訂された規約」で公開の批判を開始した。この評論は一流の雑誌に掲載されたもので、彼はそれが確実に各議員に配布されるようにした。アーノルドは、ロウの計画の背後にある、狭隘で機械的な教育の概念を攻撃している。

本を読んで理解する能力は、狭義の読書訓練から来るのではなく、もっと一般的な教養によるところが大きい。これは家族から吸収するか、さもなければ、読書欲を生み出すような学校の環境による。したがって学校の目標は、「一般的な知性の育成」でなければならず、それなしには、読み書きのスキルは発達しないだろう[10]。政府は、「自らを高めようとする下層階級の強い願望」には応じることとなく、最も基礎的な教育にだけ補助金を与えようとしている[11]。毎年のテストの際に、貧しい生徒の多くは欠席せざるをえないか、テストに受からないので、提案された改革の正味の効果としては、貧民が通う学校に対する補助金が減らされると、予想されている。人々の教育が「どのようにしてでも経済原則を優先したがるような人々」の犠牲にされているというのが、結論だ[12]。

このような領域で、市場原理は不適切だというのが、アーノルドの主張だった。最終的には、アーノルドは、部分的であるにせよ、俗物に勝利した。成果原則による補助金という原則は、新しい立法では、正式に記されるところとなったが、それは各学校への政府補助の一部にとどまったのだ[13]。

アーノルドにとって、教育とは単に情報を伝達したり、基礎的な読み方や計算の技術を学ぶことではなく、文明化の手段でなければならなかった[14]。アーノルドは、しばしば監督官として学校を訪問した際に、山のように大量の事実と算数を覚えてはいるが、分析能力がなく、洗練された散文や詩を解することが全くできない生徒に出会っている。生徒たちは推論をすることを教わるのではなく、知識をすし詰めにされているだけだ[15]。

「成果に応じた補助」原則の採用以前、そして特にその後に、彼は次のように批判している。つまり、そのような教育は「教養の育成にはほとんど役に立たず、人間的でもない。統治者が価値ある『結果』と考えているもののほとんどが、実際には単なる機械にすぎず」、人材育成的な趣味や感情には無関心である[16]。

俗物と対比される「選民」はユダヤ人でもなければ、非国教徒でもない。これらの人々は道徳的規範を守るのに厳格なので、アーノルドは「ヘブライ学者」と呼んでいる。アーノルドにとっては、「選民」は彼自身のような知識人、「教養」をめざし、「批評」を実践する人々だった。彼は、これらの用語を多少なりとも同じものとして使っている。広く読まれた一八六四年の評論「現在における批評の機能」において、彼は批評を「世の中の思想や言説の中で最良のものを学び、広めようとする無私の努力」として定義している[17]。アーノルドは、誰よりも知識人をイギリス政界に招き入れた人物としてエドマンド・バークを大いに賛美していたが、彼は、イギリス人が合理主義に対するバークの疑いの念を生真面目に取り過ぎていると考えた。イギリス人は、合理主義的な考えは、理想を直接に実現しようとする点で、境界を越えてしまうかもしれないというバークの認識から、ばかばかしい教えを作り出し、中庸という福音を思想や知識人に対する一般的な懐疑の念に変えてしまった。

その結果として、イギリス人は「実践がすべてであり、心の自由な働きは何ものをも意味しない」かのように行動するようになった[18]。市場での活動や勤労を通じて、物質的な富を創造するのには非常に役立った実際的で功利主義の気質は、より高次の、あるいは、より気高い願望には障壁になっていると、アーノルドは考えた。したがって、当代の批評の機能は「妨げとなり俗流的でもある自己満足から人を遠ざけ、精神を、それ自体卓越したもの、そして、ものの絶対的な美しさや適合性に基づかせるようにして、人々を完成の域に導くことにある」とされた[19]。

しかしながら、そうであっても、まさに豊かさの積み重ねによってより高次の願望の段階がやってくるのかもしれないし、資本主義がもたらした物質的安楽が知的な内容に対する需要につながるのかもしれないと、アーノルドは示唆している。

> 情熱的な物資的進歩がもたらす、人を夢中にさせ、人間性を失わせるような影響についてはさまざまなことが言われてきたけれども、確実ではないにしても、おそらくは、このような進歩は最終的に知的生活を出現させることになるのだろう（見えるようにする）。このことは議論の余地はないように思われる。完全に安楽で、次に何をすべきか定めていない人は、自分には精神があり、そして精神は大いなる快楽の源泉たりうることを思い起こすかもしれない。現在、このような目的が、私たちの鉄道、仕事や蓄財に対して持つ意味を認識するのは、信仰の特権であることを、私は認める。
>
> しかし、やがてわかるように、ここでもまた、信仰は究極的には真の預言者ではない。安楽であることが許され、旅ができ、そして、自らの考えによって生じた慣行にできる限り熱心に、また、確実に従う無制限の自由があるとしよう。これらすべてが、このような考えそれ自体と少しばかり自由に付き合い、またその像を描き、本質を少しばかり見てみたいという気持ちを生み出すことにつながることになるだろう[20]。

この評論の公刊で、アーノルドはよりいっそう広範な読者層を獲得した。その書物は鉄道のスタンドで売れ、銀行家、法廷弁護士、国会議員、ビジネスマンが購読する新聞紙上で、彼の考えが議論された[21]。この評論は、当時の主要雑誌で批判論争を呼び起こした。

アーノルドの次の出撃は「同国人」（一八六六年）であり、この評論はさらに怒りの反応を呼んだ。イギリスでのやり方に関して、外国人観察者の声を語りながら、彼は現代精神を満たす生活をもたらすのは何かという問題を提起し、これを一覧にした。

> すなわち、勤労、取引や富に対する愛の増大、そして精神的な事柄に対する愛の増大、さらには、美しいものに対する愛の増大である。この現代生活の三要素の中で、諸君ら中流階級の者たちには、唯一最初の考えしかない。確かに彼らの勤労、取引、富に対する愛には、すさまじいものがある。
>
> しかし、他のものについては、彼らはどのような考えを持っているのだろうか。まず諸君ら、中流階級は

諸君らの国では最悪の学校で教育されている。人々の精神の立派さや度量は、何を楽しむかによって判断できる。諸君ら中流階級はビジネスを楽しんでいる。これは認める。そして、ビジネスで成功し、お金を稼ぐ。

しかし、それ以上のものはあるのか。ビジネスというドラッグにおぼれて、諸君ら中流階級は宗教を別にすれば、それ以外の刺激に鈍くなってしまっている。これ以上狭量で、知的でなく、不快なあの宗教だ。これ以上ぞっとするような、陰鬱な、望ましくない生活というものが想像できるだろうか[22]。

アーノルドの著書『教養と無秩序――政治および社会に関する批評』は、「教養とその敵」と題された講義に端を発している。オックスフォード大学で一八六七年六月に行った講義であり、一カ月後に『カウンシル・マガジン』誌に掲載された。これは、アーノルドが「教養」とその担い手に対して注意を向けるよう求めたものであり、市場とその中流階級の信奉者がそれらと対比されている。

アーノルドにとっての「教養」は、知識のはっきりとした体系というよりは、世界と向き合う姿勢と、精神の使い方を表している。それは「私たちにかかわる事柄すべてについて、過去の思想や言説の中で最良の部分を知ろうとすることによって、私たち自身を全体として卓越したものとしていこうという探究なのだ。こうした知識によって、新鮮で自由な思考を、これまで溜め込んできた概念や習慣に流し込む。私たちはこうした概念や習慣に忠実に、しかし機械的に従っているが、これは、機械的に従うことの問題に忠実に従うことによって解消できると空しく想像しているがためである」。教養は、物あるがままの姿を知りたいという「科学的情熱」と「善行をなすという情熱」とを結びつけたものだった[23]。

教養は、自らの文化的・精神的発達、アーノルドが「精神性」と呼ぶものに注意を払うことを意味している。これを彼は「私たちが評価している機械的・物質的文明」と対比している。分業が特徴の社会では、教養は専門化、つまり「私たちが追求している特定のことに、エネルギーを集中すること」と対比される。そして、競争が不気味なほど大きく立ちはだかる社会では、教養は、共感と「無私」の感情を育成すること、つまり公平に真理を追い求めることを意味している。教養は単に自己啓発を意味するだけではなく、それは利他的な要素も持っていて、「社会のすべての部分を開発しつつ、『全般的な』卓越性の追求を求める」[24]。

したがって、教養とは「あるがままにものを見ようとする努力であり、この世界で意図され企図されていると思われる普遍的秩序についての知識に近づこうとする努力である。それに従うことは人の幸福であり、反することは不幸だ。要するに、神の意志に従うこと」であるという[25]。教養プロジェクトに内在しているのは、少なくともアーノルドの定義に従うところでは、大衆化に向けた力である。つまり、「ここかしこにおける現在の思想や言説の中で最良の部分を利用しようとすることである」[26]。

アーノルドは、イギリスの中流階級の教養が「機械」に焦点を当てているということを繰り返し嘆いている。この場合、機械というのは道具としての機械という意味以上のことを意味している[27]。「機械」はありとあらゆる類いの手段を意味した。手段が増えている社会では、男であれ女であれ、そのような手段が役立つはずの目的を見失ってしまう、というのがアーノルドの不満だった。

実際に彼らは、手段の塊と人生の目的とを混同しているし、物質的な豊かさが増えることと道徳の向上とを取り違えている。人々は、政治的自由がどのような目的に役立つのかを問うことなしに、政治的自由それ自体を善きものとして扱う。そして、彼らは進歩とこの「機械」を同一視しているので、満足している(マルクスと同様、目的を見失う一方で手段を神聖視するのを「物神崇拝」と呼ぶ)[28]。これとは対照的に、教養は自分自身がそうであることと、そうであるべきこととの隔たりを認識することから生じる不満に従うことを意味する。このような不満こそが、個人や集団の向上の始まりにつながる。

アーノルドは、政治的自由も物質的豊かさも軽蔑していない。イギリスの政治制度については評価しているし、著作の中で市場それ自体を攻撃したことはない。自由が道徳的評価について最終的な決定権を持つという想定、そして市場を突き動かす自由貿易、勤労、自利心の原則は、他の生活領域にも適用されなければならないという想定、こういったものに、彼は反対したのだった。

アーノルドの分析では、集団生活には、政府からの自由、つまり「好きなことをする」自由より、重要なことがあるかもしれない、という感覚に欠けているイギリス人が多過ぎるということなのだ。さまざまな点で彼の主張は、気ままに選ぶことと、もっともな理由があって選ぶことを区別すべしというヘーゲルの主張をあまり深刻にならない論調で練り直したものだった。イギリス人の自己満足的な自由の言い回しにおいて失われてしまったのは、重要なのは単に選択の「可能性」ではなく、どのような選択が実際になされるのかということなのだといぅ、まさにその考えだった。自分たちの生活を合理的に、そして反省的にするという願望も失われた[29]。

イギリス国教会から離反することを誇りに思っている者たちの思考習慣では、中流階級自体が支配者層になっていくことは難しいと、アーノルドは主張する。個人の自由を強調すると、非国教徒として反射的に反対意見を持つということとが合わさって、権威に対する信念に基づく反発を引き起こした。制度の権威に対するものだけでなく、「善き理由」――人々が生きるにあたって、別の生き方ではなく、この生き方を取るのには立派な理由があるという原則――の権威に対する反感でもある。

イギリス人は自由と自立心をとりわけ重視するよう教育を受けてきたので、国家については、ほとんど考えるところがなく、また、あまりに小さな役割しか認めていない。国家は、国家を支配する特定集団の利益ではなく、一般的な利益に沿って行動するかもしれないという考えは、たいていのイギリス人にとって無縁である[30]。その結果は、危険でまた悲劇的なものになると、アーノルドは主張している。

危険なのは、最終的に秩序を維持できる唯一の制度が、正統性を失いつつあるからだ。最近まで、政府の正統性は、貴族と君主に対する恭順に基づいていたと、アーノルドは主張している。しかし、今やそのような恭順は消えつつある。国家に対する敬意がなければ、不法状態に陥る危険がある。「思想や服従の習慣もろとも封建制度が死に絶えるにつれ、私たちは無秩序状態に向かう危険がある」と、彼は記している[31]。

その徴候が最近の事件である。ロンドンの群衆が政府に抗議して、労働者階級にも選挙権を与えることを求めて集会を開いた。彼らは柵を壊し、ハイドパークの花壇を踏み荒らした。警察を応援すべく軍隊が召集されたが、彼らは行動しなかった。そして、その後の数日間、何千もの人々が公園の周りを練り歩いた。物的被害はたいしたことはなかったが、一連の事件は群衆による暴力という不安を呼び起こした。

アーノルドによれば、これは「イギリス人に深く根差している精神的な無秩序状態」を反映しているのだ。自由主義者がこれほどまでに評価する自由、政府の干渉を受けずにしたいことをする自由(つまり、アメリカ人が批判されると、「ここは自由の国なんだから」というあれである)は、それ自体が目的となり、権威を共有する必要性について考えることの障壁となっていると、アーノルドは論じている。特定階級の道具以上のものである国家という、人々が共有する権威の感覚が発達しなければ、ハイドパークの騒動は、さらに大きな社会的無秩序の予兆となるかもしれないと、彼は警鐘を鳴らしている。

一般的な利益を追求できる国家という感覚がイギリス人に未発達なのは、悲劇だ。なぜならば、それは、市場や自発的行為によっては実現できないような機能を充足されないままにしておくからである。なかでも教育の質、量が最も重要だが、両者とも悲惨な状態である。これは主に政府に対する疑念、そして需給に基づく市場原則に依存していたためだ。貧民に対する教育は短過ぎて、初等教育以上のものが施されることはめったにない。中流階級に対する教育には確かに中等学校も含まれるが、ここでの問題は、アーノルドの見解では、教科が限定的であり、そのような勉学が反映し、また、もたらしている精神の狭隘さにある。ここでは、市場の法則は成り立たないと、アーノルドは示唆している。

大多数の人々は、良いバターと悪いバターとを、そして腐った肉と新鮮な肉とを見分けることができる。おそらく、需給の原則に従えば、良いバターと傷んでいない肉を得ることができるだろう。しかし、大多数の人々にとって、良い教育や良い訓育と、そうでないものを区別するのは容易ではない。人々は何を求めるべきかを知らない。したがって、需要に頼って、適切に供給させることもできない。仮に、人々が何を求めるべきかを知っていたとしても、それが実際に供給されているかを知るための十分な手段がない。したがって、保証が必要となる。

質の保証は、有効な監督制度と結びついた形での国家による補助金によって提供される[32]。

アーノルドによれば、必要なのは、もっと強い国家なのだ。つまり、公益に基づいた国家、また人々は、個人的なものであれ階級的な利害関心であれ、自利心からではなく公共心によって行動することがある、という想定に基づいた国家だ。しかしながら、まさに、合理的反省と利他的な誘因に働きかけるような「理想の自我」という考え自体が、たいていのイギリス人にとっては無縁なのだと、彼は主張する[33]。

分析を提示するのに、アーノルドは人々を四つの集団に分けて、それぞれについて皮肉っぽい呼称を付けている。すなわち、野蛮人、大衆、俗物、そして部外者である。野蛮人とは貴族のことで、彼らはある種の様式と平穏さを有している。しかし近代社会では、思想は重要だが(ここでも、ヘーゲルの考えが繰り返されている)、イギリスの貴族は思想に生まれつきの反感を持っている。彼らの平穏さは実際、「気を病むような思想を持たないことから来ているようだ」[34]。結果として、彼らが指導権を握った時代は短かった。大衆には、労働者階級が含まれている。物質的な欠乏と生活を取り巻く条件によって、労働者は「過去の思想や言説の中で最良のもの」からは除外されている。したがって、自由な時間と言われても考えつくのは、飲んだり、「楽しんだり」する機会が関の山だ。民主主義が必然となる時代ともなれば、権力は労働者階級にももたらされるが、彼らは公益のために、それを行使する立場にはまだない。労働者階級が中流階級の狭い視野と思想習慣を身につけてしまうのではないかと、アーノルドは危惧している。

実際に権力を行使した階級は中流階級で(ここでも、アーノルドはマルクスに同意している)、彼らは商業化、工業化の結果として勃興した。アーノルドが批判を集中させたのは、この階級だ。というのは、良きにせよ悪しきにせよ、中流階級が歴史的契機を支配していると見なしていたからである。彼が俗物と名づけたのは、この階級の成員である。彼らは「自分たちの偉大さと福祉は富むことによって示されると、強く信じている人々だ。そして、彼らは、富むためなら命と思想を捧げる」。しかし、彼は大げさに問う。その富は何でできているのか、と。

これらの人々を考察したまえ。それから、その生活様式、習慣、作法を、まさにその声の調子を考察したまえ。彼らを注意深く見たまえ。彼らが読んでいる文学、彼らに喜びを与える事柄、その口から出てくる言葉、その精神を形成している思想を見てみたまえ。富を持つことによって、これらの人々のようになってしまうのであれば、どのような量であれ、富というものは持つに値するのだろうか[35]。

俗物たちの宗教は、基礎的な本能を抑えることや、自らが誇りに思っている個人的な道徳レベルを維持することを可能にしている。アーノルドはこの点は認めている。しかし、彼の掲げる光明によれば、それは誇張されたレベルの自己満足をもたらすことになるのだ[36]。アーノルドは、俗物たちの宗教的・経済的生活の裏に共通の要素を見出している。狭隘な精神がこれで、彼らはこれによって、魂の救済と利殖という二つの目的をいずれも追求する。罪を避けて、聖書と天国と地獄についての文字どおりの理解に基づく、「宗教的な義務」の「狭隘で機械的な」概念によって、彼らは「世俗的な義務」についての「狭隘で機械的な」概念に導かれる[37]。

宗教的原理主義と経済的原理主義との間には選択的親和性があると、アーノルドは示唆している。自由主義者は経済学的な教義をそのまま取り上げ、それを機械的に適用する。そして自由貿易がどのような形で個人の幸福や国の福祉と結びついているかを問わずに、物神が宿る対象として、それ自体目的として崇拝している[38]。自由主義者の政策は総人口と富の増大をもたらしたが、富と人口は何のためにあるのかとか、それぞれが増加することが常に望ましいかどうかなどと、立ち止まって考えることはほとんどない。自由主義者は自由貿易と取引の増大がもたらす便益について信じていたので、どんな形であっても政府の計画や介入は邪道だと考えたのだ[39]。

これとは対比的にアーノルドは次のような示唆を与えている。「社会的進歩は、これほど多くがここまで貧しくなかったならば、もっと適切なものになっただろう。そして、貧民と取引の量を機械的に盲目的に増やすのではなく、それらを別のやり方で調整することを考えるのに一生懸命であったならば、もっと適切なものになっただろう」。「他のことと同じく、私たちが自由貿易を追求するやり方も、あまりに機械的であった」。

次のようにも記している。「私たちは、ある対象に固執する。この場合は、それは富の生産だったり、自由貿易を通じた、製造業や人口や商業の増大だったりするが、これらを必要なもの、それ自体目的として、頑固にそして機械的に追求する。それが理解可能な全体の法則や人間卓越性とどのように関係しているかとか、あるいは、理解可能な法則が変われば、それとの関係でも異なった価値を持つようになる機械の一片として扱うということはしない。しかし実際には、こうしたものは手段にすぎないのだ」[40]。

清教徒の子孫による無反省な神学も、意識的に家族計画を行うことによって人生の質を向上することの妨げになっていると、アーノルドは主張している。増える一方の都市部の貧民は、究極の救済のための聖書の教え以上のことを知らなければならない。彼らには、「道徳的生活と成長に公正な機会を与えられるために」、家族の規模を制限しなければならないということを、教えなくてはならない。

子だくさんの男は幸せだと説き続ける「愚かなヘブライ主義」の代わりに、アーノルドは次のことを貧民に告げることを決心した。「実際には、子どもは『贈り物』ではない。これは、壁にかかった絵や厩の馬が贈り物ではないのと同じだ。子どもを養い、自らも含めてきちんとした身なりをさせ、生活を安定しておけないような状態で、子どもを抱えるのは、……決して神の意志の実現でもないし、自然の単純な法則の達成でもない。これは、神の意志に反したことなのだ。それは、余裕もないのに、馬や馬車や絵画を持ったり、養える以上の数を持ったりすることが誤りであり、理性や神の意志に反しているのと同じである……」[41]。費用と便益をもっと計算ずくで勘定すれば、安寧につながると、アーノルドはここでは考えている。

もし、貴族も中流階級も勤労大衆も国家の命運を導くのに適切でないのならば、いったい誰が残っているというのだろうか。アーノルドの回答は、彼が「部外者」と呼ぶ者にある。これはあらゆる階級の人々からなるが、出身階級の精神的境界を越えているので「部外者」なのだ。アーノルドはこれらの各階級からなる人々の特徴を、本質的に「自己の理想像に関心を持ち、事柄をあるがままに捉え、機械から離れ、単純に理性と神の意志とにかかわり、これらが実現されるように最善を尽くす。つまり一言でいえば、卓越を追求しようとする人々」としている。このような「傾向」が、どの程度実現されるかは、彼らに対する励ましにかかっている。彼自身も含めたこうした「部外者」の目的は、「私たちの通常の意味での自我の肯定になるような、その階級の生活が無制限に普及する」ことに対抗して「機械を崇拝している人類を当惑させるべく」教養を広めることにあるのだ[42]。

▼知識人の役割

アーノルドが、すでに存在している集団のために語っていて、また、さらには実現させようと考えている計画について語っているとするのでなければ、批評や文化について語られたことは、砂上の楼閣で実体がないもののように思われるだろう。彼に全くそぐわない用語を使うとすれば、アーノルドは知識人の理念の主張者であり、彼らに集団としての自己意識を植えつけ、彼らに代わって普遍的な主張を試みたのである。

アーノルドは批判的な知的エリートの一部であり、しかも時の権力者から疎外されることはなかった。そうした知的エリートは決して裕福ではなかったが、少なくともある種のビジネスエリートからは歓迎された。アーノルドの計画全体が、政治的・経済的エリートの一部は、彼の唱えているメッセージに対して開かれた心を持っているという前提に拠っていて、このためには、彼自身の経験が証拠としてあがる。アーノルドの友人の中には、偉大な金融ファミリーのロンドン支部長の夫人である、ルイーザ・ドゥ・ロスチャイルドがいて、一八五八年にファミリーの敷地に立つ学校を視察した際に、初めて彼女に会っている。夫人とアーノルドの友情は生涯にわたって続いた[43]。

後年アーノルドは、スコットランドのダンファームリンの小屋から身を起こし、ピッツバーグの鉄鋼王にして、世界一の富豪の一人となったアンドリュー・カーネギーと友人になった。カーネギーは、アーノルド的な意味での文化の文明的作用という理想の本当の信奉者で、それをアメリカ中に広めるために、多くの資産を使い、国中の図書館に補助金を施した。また、アーノルドも政界から疎外されていたわけではなく、義兄は自由党の議員だし、アーノルド自身、ディズレーリもグラッドストーンも知っていた。

思想の世界と政治の世界を容易に行き来していたアーノルドは、ある種の「知的貴族」を構成しているような小規模の家族集団の典型だった[44]。彼らは同じ定期刊行物を読み、同じクラブ(なかでもロンドンの文学者クラブのアシニーアム)に属し、しばしば婚姻関係によって結びついていて、比較的まとまりがある集団を形成していた。時の権力者を批判する一方で、自らのクラブ制度を通じて政府を改善しようとしていた。

初期のロマン主義者はブルジョワ社会を拒絶し、それに代わる社会を求めていたし、後年の世代の審美主義者はブルジョワ社会の外に領域を作ろうとしていた。こうした人々とは異なって、アーノルドは留保つきではあったが、市場を受け入れ、市場を動かす中流階級の商人、店主、そして企業家の徳を実際に評価していた[45]。多くのヴィクトリア期の知的貴族にとってそうであるように、アーノルドにとっても、教養あるエリートの役割は、社会に対して援助の手を差し伸べ、それを向上させ、まとめることにあった。

彼らは、サミュエル・テイラー・コールリッジからヒントを得た。コールリッジは、資本主義的気風の悪影響に対抗するべく、「知識人」を作り出し、国家の権威についての感覚を分かち持つために、イギリス国教会を利用する必要性について書いている。アーノルドはこうした考えをもっと世俗化したのである[46]。

すでに見たように、ヘーゲルもこれと同じように「教養」と「精神」が浸透している「普遍的地位」を擁護していた。アーノルドは、直接的に、あるいはフランスのヘーゲル哲学の解説者を通じて[47]、ヘーゲルの著作を知っていた。そして、皮肉を込めて「精神」の提唱者と自称した[48]。

先達のヘーゲルや後に登場するエミール・デュルケムがそうであるように、アーノルドにとっての知識人の役割は、かつては共通の信仰によって担保されていた社会的まとまりを維持するために、人々が共有する権威の合理的根拠を明確にすることにあった。ヘーゲルと同じく、アーノルドは文化人が官僚制の中でもっと大きな役割を演じることを望み、労働者階級の経済的レベルや安心感を向上させることによって公共の福祉を維持するために、彼らが国を利用すべきだと思っていた[49]。しかし彼は、とりわけ文化人が政府、学校、大学、雑誌のネットワークを通じて、国の文化的・精神的レベルを向上させることを望んだのだ。

一八五〇年代から六〇年代にかけての大学改革の目標は、オックスフォードやケンブリッジのような古い制度をコールリッジが「知識人」、そしてアーノルドが「教養」と呼ぶものの苗床にすることだった。それは、両大学を当時の文化的・政治的潮流にもっと触れさせ、イギリス国教会との密接な関係から解放することを意味していた。一八五〇年代に至るまで、審査法によって非国教徒は両大学では勉強できなかったし、多くのカレッジで、教授はイギリス国教会の牧師に限定されていた。その多くは、修道会に身を置く男性で、独身の誓いの縛りを受けていた。彼らは全教科を教えていたので、神学も含めて教え方のうまい者はほとんどいなかった。宗教上・職業上の理由から排除されていたので、商業階級の子息がいないことが目立った[50]。

こうしたことすべてがアーノルドの時代には変わっていった。両大学は、実力第一主義に基づきつつ、競争的な試験によってフェローを決めることとした。一八五四年と五六年の議会制定法によって、オックスフォードとケンブリッジは、イギリス国教徒以外の者に門戸を開くようになった。教員の地位を得るのには、牧師でなければならないという制約はなくなった。教科の幅は拡大され、教授内容の専門化が奨励された。また、研究は大学生活の一部となっていった。一八七〇年より前は、学生は土地所有者や牧師の子弟が大部分だったが、それ以降は商業階級や専門職階級の子息が大勢を占めるようになった[51]。

特にオックスフォードでは、大学改革の目標は、精神的な意味での知識人を育成することに置かれた。知識人は、トマス・カーライルが「金銭による結びつき」(マルクスとエンゲルスのお気に入りの言葉の一つ)と呼んだものによって支配されている社会をまとめ上げることに貢献するものと考えられていた。大学改革の化身ともいうべき人が、ベンジャン・ジャウエットで、彼はベリオール・カレッジにおけるアーノルドのチューターであり、オックスフォードの古典学の教授となった。コールリッジと同じく、ジャウエットも、商業社会の断片化効果に対抗して、国家が有する精神的・イデオロギー的理念を展開した。これはジャウエットが、プラトンとヘーゲルから学んだ見解であり、この点で、アーノルドと考えを共有していた[52]。

ジャウエットと大学改革派の仲間の考えるところでは、大学教育の役割は二つあった。一つは、学生をアーノルドが呼ぶところの「過去の思想や言説の中で最良のもの」に触れさせることによって、視野を広げ、精神の柔軟性を増すことである。その意味では、大学教育の役割は特定の職業教育からどれだけ離れているかによって定義される[53]。大学、あるいは少なくとも彼らの学部は、ビジネスに従事する中流階級の職業的・実際的な志向に対抗すべく組織されていた。古典学習は、特に将来の政治家、官僚、専門職に就く人々を育成するのにふさわしいと考えられていた。また、ギリシャ語の知識は、第一次世界大戦まではオックスフォードやケンブリッジの入学資格とされていた[54]。商業・産業界への就職のための直接的な準備を望む者は、他の場所、つまり都市部に新たに設立された大学に行った。

しかしながら、職業教育をめざさないオックスブリッジの教育は、非常に実際的な価値が高いと考えられていた。それによって開かれる広い視野と精神習慣によって、卒業生は大英帝国を統治するのにふさわしい能力を身につけるようになるからである。このようにして、彼らはビジネス志向の中流階級やそれに続く勤労階級に特徴的な、狭くて想像力に乏しい人生観に対抗できるのだ。

オックスフォードを改善しようとしていたのと同じ頃に、ジャウエットは官僚業務の改革に深くかかわっていて、官僚たちの地位を開かれたものとし、水準を向上させ、その視野を広げようとしていた。改革は、一八五三〜五四年のノースコート＝トレベリアン委員会から始まったが、これは任命制度を廃し、それを競争的な試験に基づいた体制に変えることによって、官僚業務を改良しようと試みたものだった。その後数十年間に加えられた修正では、官僚の試験をまさに、ジャウエットやアーノルドが良しとするような類いの文学や古典の知識を重視するものに改めた。こうした知識は、オックスフォードやケンブリッジの学部がますますカリキュラムに取り入れるようになっていたのだ[55]。このようにして、ギリシャ語の知識は官僚になるための競争的な試験を受験するのには大きな利点となったし、また、陸軍士官学校を受験する際にも有利だった[56]。

ジャウエットは、教育庁を手始めに、自らの学部と官界との密接な関係を確立した。マシュー・アーノルドはその先駆的な例だった。アーノルドが学校の監督官としての仕事を請け負った際に、彼の上司はベリオールでの指導教官だったし、アーノルドの後任もまたベリオールでの旧友だった。ベリオールから教育庁までの道は、個人的な支援、つまり「官僚を私的な推薦によって雇用する」ことによって敷かれていた[57]。ほどなく私的な支援は侮蔑の対象とはなったが、アーノルドの時代においては、それは効率的な選抜の仕組みとして働いた。ジャウエットから見れば、官職一般、特に教育庁でのそれは、ベリオールの卒業生にとって名誉ある職業的地位だった。ランズオウン卿やその後継者のようなロンドンの政治家から見れば、ベリオールは、広く自由主義的な見解と教条的ではない宗教的信念を持った有能な人々を提供してくれたことになる。要するに、それは非常に有能な卒業生の人脈として機能したのであり、後年、官僚制度改革によって制度化された実力主義に基づく公式の試験の前身となる[58]。

アーノルドの友人や男性血縁者の中で、同様に官職での経歴をめざした者は、かなりの数にのぼる。アーノルドの兄弟の一人、エドワード・ペンローズ・アーノルドも、学校監督官だったし、もう一人の兄弟、トマスは植民省に勤めた。アーノルドの友人であり、詩人仲間のアーサー・ヒュー・クラフは、アーノルドと同じく教育庁の官僚だった。

国家の最も重要な役割の一つは教育の促進だと、アーノルドは信じていた。中流階級の子弟の出席率も良くないが、さらに公的な教育を全く受けていない何百万もの子どもたちがいる。政府が生徒の出席を義務づけない限り、子弟を学校に行かせようとしない親が多いのだ。義務教育については、アーノルドが一八五三年に提唱し始めたところだ[59]。

アーノルドの著作の中では最も大部の『大陸における学校と大学』は、当時のイギリスの状況について新たな光を投げかけようとしたものである。義務教育についてはもちろんのこと、同書はイギリス人が想定しているイギリスの教育の適切さについての判断や、いわれるところの国家の規制や国が運営する学校がもたらす問題点の指摘を和らげようとするものだった。国の教育制度の手本としては、ドイツ、スイス、そしてフランスの制度を支持している。これらの諸国では、学費を払える者だけではなく、万人に教育が提供されている。そして、学生に対する教育の質を高めるために、教師の教育も高めている[60]。

国家が規制する学校制度に対する反対論は、「経済学のある種の格言を知ったかぶりして間違ったところに適用している」のだ[61]。イギリスでは、政府の政策が教育について最も通じている人々の見解を考慮することなく作成されていることを、アーノルドは遺憾としている。ここでも独仏の事例が、そのような事柄をどのように処理すべきかについての代案を、そして、彼の意見ではより望ましい代案を提供しているのだ[62]。

国の保護下での義務教育を求めるアーノルドの運動は、彼の存命中に実を結び始めた。一八七〇年に、最初の義務教育法がイギリス議会を通過した。これは地元の教育委員会に初等教育を提供することを義務づけるもので、数年後、生徒の登校は義務化された[63]。

真の進歩に対する主たる障害は、物質的成功による自己満足と、私たち自身の精力や富に対する高い評価であるとアーノルドは折に触れて主張している。「この見解は正当ではあるが」と彼は続ける。「それに頼ることが長くなり過ぎ、私たちの勢力や富を酷使し過ぎかねない。いずれにしても、私たちの精力や富は、知性が加われば加わるほど、実り豊かで確実なものとなる」[64]。知性、教養、批評。これらはアーノルドの民主主義についての政治理念の主な条件である。あらゆる社会階層から募集され、公職への意欲に燃える文化人が導き、国家当局が主導する民主主義だ。

大学と官僚に加えて、アーノルドは教養と批評のための第三の意見交換の場を持っていた。すなわち、民間のオピニオン誌である。

アーノルドは、中流階級に教養に対する関心があることは知っていた。読んでいるものの程度が高いというわけではないにせよ、貴族や労働者階級よりもずっと、彼らはとにかく多くの読書をしていた。アーノルドは「中流階級の読む文学の絶対的価値は、いくら低く見積もっても低過ぎることはない。将来に残る、あるいは残す価値のある著作とはとてもいえない文学である」としている[65]。難しいのは、アーノルドがその勤勉と道徳的真剣さは認めている中流階級に「教養と知性」を吹き込むことであり、これを「豊かな教養によって解放され、幅広い思想に触れさせ、もっと広範な考えを生活の規範とさせ、その田舎じみたところを克服させ、不寛容を正し、狭量さがなくなった」階級にすることなのである[66]。

したがって、アーノルドの理解では、文化人のもう一つの役割は、「世界の思想や言説の中で最良のこと」を専門以外の人々にも触れさせることになる。それは、知識に「人間的性格を与える」能力を必要とする。また、最良の思想を採用し、がさつで見苦しく、難しく、抽象的で、専門的、かつ排他的なものはすべて捨てることによって、「知識を教養人、学識者という範囲の外においても有効に機能させ」て、普通の人々の興味の領域にもたらせる能力をも必要とする[67]。もちろん、そうした思想の小売の偉大な実践者は、アーノルドが自らの手本と見なしていたヴォルテールだった。

アーノルドの理解では、批評家の役割の一つは、中流階級の読者の視野を広げて、過去の文化的・知的遺産と海外での有望な展開に触れさせることにあった。アーノルドが書評的評論で、ヴィクトリア期の読者に、古代ギリシャの偉大な著作家や聖書、キリスト教の遺産、スピノザのような近代哲学者、そしてフランスやドイツの近代文学の巨匠に触れさせることに、紙幅を費やしたのも不思議ではない。同時に、彼は公共政策や議会での論点についても、同じようにわかりやすく検討した。

公的な場での批評家としての知識人の存在は、アーノルドの時代にあっては、特にふさわしいもののように思われる。一つには、彼のメッセージを受け止めるはっきりとしたメディアと読み手がいたということにある。その読み手というのは中期ヴィクトリア期の雑誌の読者だった。このような雑誌には週刊のものも月刊のものもあり、たとえば、『フレーザーズ・マガジン』『サタデー・レビュー』『フォートナイトリー・レビュー』『クォータリー・レビュー』『マクミランズ・マガジン』『コーンヒル・マガジン』『ポール・モール・ガゼット』などである。今日私たちがヴィクトリア期の社会思想、政治思想の古典として見なしている書籍の多くは、元来、上記の雑誌で公表された論説だった。

こうした雑誌には、小説も掲載されたし、また歴史、文学、政治についての論説も掲載された[68]。それぞれの販売数は一万~二万部で、読者は重複していた。こうした読者層が「教育ある」集団を形成し、特に大学やパブリックスクール(つまり私立校の)の卒業生がそこには含まれていた[69]。営業許可がまだ限定的で、専門誌が支配的になる前の時代だったので、アーノルドは、真の意味でイギリス社会において重要な地位を占める人々は読者層には含まれているだろうということには確信を抱きながら、公刊することができたのだ。専門以外の読者に読んでもらうには、ウィットを備えてなければならず、また上品に書かなければならなかった。専門家にしか通じない書き方や専門用語は避ける必要があった。

マルクスとは異なり、アーノルドは俗物を根絶しようとしたのではなく、改心させようとした。多くの人々がその評論や書物を読み、子息を「過去の思想や言説の中で最良のもの」に触れさせようとして、オックスフォードやケンブリッジに送ろうと切望していたという事実は、アーノルドの希望が妥当であることを示している。

アーノルドは知識人を無私の批評家として捉えているが、これはマルクスともヘーゲルとも違う。マルクスの場合は、知識人本来の役割は、プロレタリアートの擁護者となり、ブルジョワ社会が持つ根本的な構造的抑圧を批判することだった。ヘーゲルにとっての知識人の役割は、特定の集団的利益を超えて、近代の資本主義の倫理的基礎を想起させることにあった。その過程で、政治や文化を導くための基準が作り出されることになる。アーノルドの「部外者」という概念は、明らかにヘーゲル的な知識人の像と親和性がある。しかしながら、「無私であること」はアーノルドにあっては、やや異なった意味を持っていた。それは、党派性から自由になることを意味し、必要とあらば、自ら関与している立場の側を批判できるくらいに距離をとって物事を眺めることができることを意味していた。

「思想に従って生きる」とは、「議論のある側を諸君が真摯に支持していて、すべての感情でそこにかかわっていて、周りの人々の一つの言葉しか聞こえず、仲間が蒸気エンジンのようにその言葉を使っていて、それ以外の言葉を想像できないときに、それでも考えることができて、そうであれば、思想の流れによって不可避的に反対の立場に達しうることを意味している」と、アーノルドは記している[70]。つまり、知識人の役割は、個人が、自分自身の社会的・政治的・経済的環境からいくばくか離れることを可能にし、批判的に考え、真理に心を奪われることを可能にするような精神の質を自ら示し、奨励することにある。

アーノルドの檄文のような評論は、究極の目的を見失いながら手段の増大を促進するような資本主義の文化的傾向について、読者に警鐘を鳴らしたものだった。しかしその主題を、資本主義の文化を理解するのに際して中心的なものとしたのは、次世代のドイツの知識人だった。第一次世界大戦に至ると、そのような理解に習熟していて、中流階級を改心させるのに絶望した若い世代の知識人は、このような文化的板挟みに対してもっと根源的な解決を求めようとすることになる。

第9章 ウェーバー、ジンメル、ゾンバルト

Weber, Simmel, and Sombart: Community, Individuality, and Rationality

共同体、個人、合理性

▼用語を提供する

ちょうどフランス人が「フランス革命とは何だったのか」という主題を持っているように、私たちも「資本主義とは何なのか」という主題を長らく持ち続けることは、国民的な運命である[1]。牧師から政治家に転じたドイツ人、フリードリヒ・ナウマンは一九一一年に、このように記している。

第一次世界大戦に先立つ二〇年前のヴィルヘルム国王時代のドイツほど、資本主義が知的関心事となり光を当てられた時代はおそらくないだろう。こうした議論の中心にいたのが、マックス・ウェーバー（一八六四〜一九二〇年）、ゲオルク・ジンメル（一八五八〜一九一八年）、ヴェルナー・ゾンバルト（一八六三〜一九四一年）という三人の学者だった。三人とも成人したのは、ドイツが統一された一八七一年以降のことであった。国の財政と国の要請による新興資本家たちの寄付の賜物であるドイツの大学、研究機関、博物館が、あまねく世界で最良のものであると認められていた時代だった。ドイツ人教授の威信が頂点に達していた時代でもある[2]。

議論の焦点となったのは、「どのような人間類型が近代資本主義によって促進されるのか」という問いであった[3]。この問いは社会科学の主流を占めていたばかりか、その時代の小説の最高傑作、トマス・マンの『ブッデンブローク家の人々』の中心テーマでもあった[4]（スタンダール、フローベール、ゾラなどが想起されるが、この問

Werner Sombart
(1863-1941)

Georg Simmel
(1858-1918)

Max Weber
(1864-1920)

題を扱ったたいていの小説家がそうであるように、マンの答えもあからさまなものだった）。少なくとも、大物実業家の一人、ヴァルター・ラーテナウも一書を費やして、この論争にかかわらざるをえないと感じた[5]。

論争のために多くの用語を提供したのが、フェルディナント・テニースの『ゲマインシャフトとゲゼルシャフト』だった。初版は一八八七年に出ている[6]。社会生活には二つの基本的な形があると、テニースは主張する。共同体（ゲマインシャフト）においては、各個人は基本的な団結性を共有している。個人はみな「有機的な意思」によって、つまりはとても深いところで共有し、第二の天性ともいうべき文化的な想定によって非常に緊密に結びついていて、意識的な選択の余地はほとんどない。テニースの共同体の手本は家族だが、たとえば部族などといった拡大された家族の共通の成員に基づく場合は、もっと拡大された形でも現れる。テニースは最も広い形での共同体をギルドや村での生活の中に見ており、これは一世紀前にユストゥス・メーザーが擁護したものだ。

共同体のモデルが家族とギルドだとすれば、社会（ゲゼルシャフト）のモデルは、自利心に基づいた市場であり、商品の交換であり、法的・契約的な関係である。社会では、各個人は選択に直面し、たいていの行動のもととなるのは合理的計算で、社会の平和は法によって維持される。テニースの共同体と社会との区分は客観的なものとして意図されているが、その提示の仕方は実際のところ、価値判断に基づくところが大きい。

「共同体では、人々をバラバラにしようと働きかける力があっても、人々は本質的には団結している。他方、社会では、団結させようと働きかける力があっても、人々は本質的には分離している」と、テニースは書いている。同書では、歴史の流れが基本的には悲観的に提示されていて、現代人は、意図と信念を共有する団結の段階から理念を共有しない計算づくの社会に移行したとされる。共同体は共通の目的によって維持されているが、社会は手段の共通性によって維持されているのだ。

テニースは現代社会とその中心的制度である市場を描いているが、これはマルクスの影響を強く受けている。テニースは自らを左翼と見なしていたが、彼の人物像は、ポール・ド・ラガルドの新統一ドイツ・ナショナリズムの偏見に染められている[7]。こうした偏向は、商取引や商人についてのテニースの見解を見れば明らかだ。

テニースは記している。「どんな職業でもそうであるように、商取引は正直で良心的に行うことができる」「しかし、商取引が意図的に行われ、また、規模も拡大していけば、高利潤や損失の埋合せのために、詐欺や嘘が有効な手段として使われるようになる。裕福になりたいという意思によって、商人は破廉恥に利己的に、そして、わがままになっていき、身近な友人以外の人間は自己の目的のための単なる手段として扱うようになる。商人は『社会』の化身となる」[8]。

テニースは、ドイツが再び市場によって変容しつつあるときに、ロマン主義的な反資本主義の包装も新たに登場したのだ。『ゲマインシャフトとゲゼルシャフト』は、概念的な刺激として、また、引き立て役としてウェーバーやジンメルに使われることになる。

▼商業的な転換

ドイツ統一の一八七一年から第一次世界大戦が勃発する一九一四年の間に、ドイツは資本主義的工業化の過程で、後進国から指導的な役割を演じる国になっていった。イギリスの工業生産はこの間二倍になったが、ドイツは六倍になった。ドイツは農業主体の国から都会的な国に生まれ変わった。繊維産業に基づき、蒸気を動力源としたドイツ工業化の第一波は、その初期についてはマルクスとエンゲルスが見てとったところであるが、ウェーバーやジンメルが生まれた頃には最盛期を迎えていた。世紀の転換期には、ドイツは化学や電気産業に基づく第二次工業化の最中だった[9]。化学や薬品では、バイエル、BASF、ヘキストが、電気機械では、シーメンスやAEGが世界で指導的地位を占めていった。

ドイツは、二〇世紀の資本主義経済の最も特徴的な性質である官僚的な法人企業という点でも、発展の最前線にあった。国家統一と国際市場への参入に伴って拡大された市場で競争力を保つには、会社は大量生産と流通の新方式を導入しなければならなかった。生産量を増やすことで製品一つ当たりのコストを減らせる新技術が採用された。コストの削減と新技術を採用する必要性によって、規模の経済がもたらされた。時折、石炭産業のように、同じ産業内で合併が行われたり、カルテルが形成されたりした。「水平統合」として知られる過程だ。原材料の仕入れ先を買収して、「垂直」統合を行う会社もあった[10]。さらに、多様化によって発展した会社もある。(たとえば電化製品のような)同じ技術に基づいて、あるいはまた(石炭やそこからできるもののように)同じ原材料から出発して、また、同じ会社を使って売り込むなど、より広い範囲の製品を生産するようになった[11]。

資本主義の初期の発展段階においては、会社を所有している家族がしばしば会社を経営しており、販売、生産、流通は、しばしば兄弟や従兄の手中にあった。しかし、一九世紀の後半ともなると、企業規模の拡大により、そのような形態は維持できなくなる。家族が会社の業績に関する日々の決定と並んで長期的な戦略決定を行うような、オーナーが運営する企業から、雇われ社長が決定を下すような企業へと徐々に移行していった。

ドイツの電気器具企業であるシーメンスを例にとろう。一八九〇年には三〇〇〇人以上を雇っていたが、それは一九一三年には五万七〇〇〇人になっていた[12]。こうなると、いかに大家族であろうとも、単一の家族の成員にとって、下すべき決定が多過ぎることになる。日々の企業経営は、ますますサラリーマンの序列のトップに座る、雇われ社長の手に委ねられることになる。

かつては主として生産において顕著だった分業は、今や経営においてもその特徴となる。支店間を調整し、上で下された決定が確実に下に流れるように、企業は定型の規則と、機能と責任の固定的分業に基づいた、それ自体の官僚制を発展させた。アメリカ合衆国では、一八七〇年代において、大規模な官僚制は、まずは私企業で作り出され、政府でもそうなったのは、後になってのことにすぎない。ドイツでは逆のパターンだ。ここでは官僚制は、まずは軍隊や政府で発展し、そして民間産業界では、官僚を雇用することで発展させたのである[13]。

企業や政府の規模と範囲の拡大に伴い、さらに多くの会社員、販売員、管理職が必要となった。世紀が変わる頃までには、資本主義が発展した国では、こうした「ホワイトカラー」が最も急速に成長しつつある労働力となっていった。もっとも、マルクス主義者が「プロレタリアート」と呼ぶ都市の工場で働く「ブルーカラー」の労働者は、依然として絶対数では最大の集団ではあった。ホワイトカラーの比率が特に高かったのが、海運、銀行、保険などの成長部門や、小売の新形態であるデパートだった[14]。

たとえば、社会民主党員の代表的な「修正主義者」の理論家である、エドゥアルト・ベルンシュタインのような聡明な社会主義者も、こうした変化の重要性を認識していた。これによって、資本家と労働者という高度に二極化したマルクスの資本主義社会についての像は、ますます妥当性を失った[15]。

産業規模の拡大によって、経営組織の新しい法的形態も必要となった。鉄道、鉱業、鉄鋼業が必要とする資本は、どのような家族でも調達できないようなものだった。伝統的な共同経営制では、共同経営者は分担所有権を所有し、会社の損失に対しては個人的に責任を負った。これは、株式会社に道を譲ることになり、株主の責任の限度は、法的に投資の程度によって決められた。

新しい法的形態によってさらに多くの人々が会社所有に参加できるようになり、これによって会社が依存できる資本のプールも拡大していった。たとえば、仕事で得た金を貯金した医師や弁護士は、株式を購入することができる。会社の破産という最悪の事態に陥っても、投資額以上に失うものがないことを知っているからだ。これらの株式は株式市場で売買される。エンゲルスは一八九四年に、『資本論』の公刊以来、株式市場は「資本主義生産を最も傑出した形で表現するようになった」としている[16]。株式市場は商品市場とともに、大衆の不満を受けることとなり、知的な反省を呼び起こした。

▼ウェーバー――能率と脱魔術化

マックス・ウェーバーはカルヴァン派の企業家の家に生まれたが、彼らはしばしば政治に転じた。ウェーバーは今日では、近代資本主義の起源に関する研究である『プロテスタンティズムの倫理と資本主義の精神』(初版は一九〇六年)と広範な社会学的主題に関する研究によって最もよく知られている[17]。初期にものした株式市場・商品市場についての評論はあまりよく知られていないが、その市場評価を理解するためには欠かせない。これは、エンゲルスが資本主義生産にとっての株式市場がいかに大事かを指摘してから間もなく書かれたものである。

ウェーバーの分析と政策的処方箋は、政治への関与から来ている。彼はリベラルでナショナリストだった。ナショナリストだったのは、近代社会では民族国家が真価を発揮できる最も広い枠組みだという理由だけではなく、最終的にはドイツ人は自らの社会と文化の運命を、他民族のそれよりも上位に置くべきだと感じたからだった。

一八九五年に、フライブルク大学で経済学の教授就任を記念して行った講演で、ウェーバーは経済について考えるときの適切な道徳的基準は、その中で生活している人々の安寧にあるという想定を冷笑している[18]。そうではなく、経済の適切な目標はドイツ国民の幸福にあると主張したのだ。ドイツ国民の幸福を追求することは、しばしば社会の特定集団の利益と衝突する。ウェーバーはやがてそのナショナリズムを緩和させるが、経済を国力増進のための手段として見ることはやめなかった。

一九世紀のほぼ全体を通じて、自由主義者はアダム・スミスにならって、国際貿易の最大の道徳的利点の一つは、国際紛争を減らし、コスモポリタン的な一体感を促進することにあると論じている。一九世紀の終わりになると、これは変わっていく。帝国主義の時代にあって、ドイツ内外の多くの同時代人がそうであるように、ウェーバーも国家間の関係を社会的ダーウィニズムのレンズを通して見ていた[19]。国はお互いに権力を求めて競争するというのが、彼の見解だった。現代の条件下では、権力の前提は経済的近代化であり、それはおおむね世界経済に加わることで促進される。しかし、世界経済での競争に打ち勝つには、政府は動的な資本主義の発展を促進しなければならず、外国との競争に悩む非効率な生産者を保護することは控えなければならない[20]。

ウェーバーの政治批判のいくばくかは、外国産品からの競争から自分たちの経済的地位を守るために、政治的影響力を行使しようとしていたドイツ人の集団に向けられていた[21]。これらの中には、プロシャのユンカーや大手実業家も含まれている。しかしウェーバーは、ドイツ人労働者の間にある「大資本」に対する猜疑心とも戦った。しばしば企業資源の集中投下を要するような、動的な資本主義経済と自らの福祉が密接に結びついていることを労働者は認識すべきだというのが、ウェーバーの考えだった[22]。

ウェーバーのナショナリズムの自由主義的傾向は、ユダヤ人の経済的役割をどう扱うかについてでも明らかだ。これは、同時代人の分析には全くなかったものである。自由主義的なナショナリストは、国境の内側にいるものすべてを平等な市民と見なしていたが、非自由主義的なナショナリストは、宗教的・文化的・生物学的な共通の過去を持つものだけを国家の真の成員だとしていた。フランスやドイツ、それに東ヨーロッパのほとんどの地域では、統合的なナショナリズムでは、農民や職人を国家や文化の中心にあるものとして描いていた[23]。

統合的ナショナリズムの嫌われ者は、商業に従事する者、特に商業の神髄ともいえる株式・商品市場に関与する者だった。ユダヤ人は長らく商取引にかかわっており、これらの市場では非常に活発に動いていた。したがって、取引市場とユダヤ人とを同一視することはたいした飛躍ではなかった。

ウェーバーが証券取引や商品取引について書くようになったのは、一八九〇年代になってからのことである。証券取引や商品取引が世界の資本主義的発展の最先端であり、また、ドイツでは攻撃の的となっていた時代だった。一九世紀を通じて、政府や私企業はますます多くの資本を必要とするようになり、これは債券市場の拡大へとつながった。政府はそれまでは大規模な貸付業者だけから借り入れていたのだが、一九世紀の前半ともなると、小規模な貸付業者から借りれば借入金を拡大できることに気づいた。政府は、小額の債券を発行することで、借入金を拡大していった。

こうした債券は保有者に年々配当をもたらし、債券が「満期を迎えれば」、将来の一定の期日に償還される。しかしその価値は、債券を発行した政府が配当を払い続けることができるか、そして最終的に額面価値で債券を償還できるかの可能性にかかっている。一九世紀の間に、このような債券が取引される交換所が創出された。債券価値は、債券を発行した政府の相対的安定性に比例して、騰落した。

一九世紀の後半ともなると、私企業は鉄道や鉱山、工場を作るために、さらなる資本を必要とするようになる。私企業もまた借入の方法として、債券を発行するようになった。追加資本を調達するために、企業は所有権の持ち分、すなわち株式を売り、そうした株式もまた交換所で取引されることによって、資本の利用可能性を高めていった。また、少額の会社所有権に対する投資によって、広範な人々を取り込むことにもなった。一八九〇年代には、株式市場の発達によって、ほぼ五〇〇〇万人のドイツ人のうち、二〇〇万人もの人々が株式を所有するようになった[24]。

交換所の存在によって、株式や債券はさらに望ましい金融商品となった。というのも、交換所があることで、常に株式や債券に対する買い手と売り手がいることが保証されるようになったからだ。価格が潜在的な買い手が望むより高かったり、あるいは潜在的な売り手が望むより低かったりしても、株式や債券が常に現金に換えられるという事実によって、それらはますます魅力的な投資形態になっていった。

しかし、傾きかけている会社の株式や債券は誰が購入するのだろうか。答えは投機家だ。彼らは株式や債券の需給ギャップから利潤を得ることをめざす。もしそうならば、投機家は交換というものの基本的な過程に巣食う寄生虫ではなく、交換所を動かす潤滑油ということになる。

一八九〇年代ともなれば、商品市場も現れてくる。金融的な意味においては、たとえば、砂糖、小麦、あるいはライ麦のような「商品」は、ある特定の標準に合うように作られた生産物であり、質的、量的に同一のものだ。したがって、こうした商品は産地を気にすることなく交換される。この時期までに、ベルリンの穀物や小麦粉、ハンブルクのコーヒー、ブレーメンの綿、マクデブルクの砂糖というように、ドイツは農業生産物取引の世界的中心となっていた。商品市場では、そのような財は統一化された量で売買されていた。しかし、さらに重要なのが商品の「先物」市場での取引だった。

先物は、ある将来時点で、何らかの生産物の一定量を売買する契約だ。先物契約は、農業者などの生産者が生産物価格を確定させるのに役立つ。これによって、市場価格の予期せぬ変動から生産者を守ることができ、生産者は自らの努力から得られる利潤を確定できるようになる。たとえば、農業者や砂糖を生産する農場主は、春に砂糖きびを植え、次の秋に取れる砂糖を先物で売ることができる。そのようにして、春の時点で、秋に収穫される砂糖きびでどれだけ儲けられるかを知ることができるのだ。砂糖きびを加工して砂糖を売る会社にしても、秋の砂糖を先物買いすることで、砂糖きびにいくら払えばよいかをより正確に知ることができる。そのような基礎に立って、利潤を得るために価格をいくらに設定すればよいかを計算でき、卸売業者も加工された砂糖に対していくら払えばよいかを知ることができる。これらの経済主体にとって、商品先物市場は金融上のリスクの削減を意味している。

株式市場の場合と同じく、そうしたリスクは財の生産者や消費者自身ではなく、商品先物を売買する者が担うことになる。というのも、彼らは価格の動きから利ざやを稼ぐ投機家だからだ。秋になって収穫がもたらされるとき、もし砂糖きびの市場価格が、農業者が砂糖の先物を売った価格よりも高ければ、先物を買った投機家は差額を得ることになる。他方、市場価格が下落し、生産者が先物を売った価格よりも下回れば、投機家は自腹を切って差額を払わなければならない。

この種の商品市場によって、同一の商品が異なる二つの市場で別の価格をつけることから来る差額に基づくサヤ取りを許すことになり、国際貿易もまた促進されることになる。ベルリン先物市場の穀物価格が、南アメリカや北アメリカから輸入される同種の穀物価格より高いことがわかれば、ドイツの商人は、必要とあらばアメリカから穀物を輸入できることがわかっているので、ベルリンで穀物を売ることになるだろう。これが、今度はドイツでの穀物価格を下げることになる[25]。もし、ベルリンの穀物価格が南北両アメリカのそれよりも低い場合には、逆のことが起こる。どちらにしても、国際市場での価格が均一になるというのが、全般的な効果となる。

一八九〇年代を通じて、市場全体―特に商品市場、為替市場―が、地球全体で、オーストラリア、アメリカ合衆国、ロシア、そして西ヨーロッパの多くで、圧倒的な世論の圧力の下にあった。

逆説めくが、農産品の国際取引が、食料品の小売価格を押し下げたということが、その理由だ。たとえばドイツの労働者は、パン、肉、砂糖を安く買えるようになった。というのも、こうした財が、今やオーストラリアや南北アメリカから蒸気船や鉄道を介して輸入できるようになったからだ。財の供給が増えるにつれて、価格は下落していった。小麦価格は、一八六七年から九四年にかけて、三分の一になった。こうしたことから、消費者、特に都市在住の消費者、なかでも都市労働者が便益を得た。

しかし、こうした便益は、しばしば穀物や家畜を育てる農村部の犠牲の下に得られたものだった。生産物の価値が下がると、多くは借金を抱えるようになったり、土地を没収されそうになったりした。生活水準も実際に落ちていった[26]。土地所有者、農業者、小作農、農業労働者は、商品市場が彼らの生計を破壊しているとこぼしていた。ドイツでは、取引所に政府が介入してさらに規制を強めるよう求める声が上がったし、もっと根本的には、商品先物取引の禁止を求める声も上がった。

広範な、取引所に対する反感は、教育を受けた人々と一般大衆の双方に共通していた。取引による利潤は不正であり、商人の活動は基本的には非生産的であると彼らは疑っていた。そのような敵愾心は、対象が取引所になった場合にはひどくなった。外部の人間からすれば、取引にかかわる投機家は、何ら価値を付加することなく、法外な利得を得ているように思われたし、これらの利得は他者の犠牲の下に成り立っていると思われた。

広く人口に膾炙した話では、かつてはしっかりしていた人々が取引に「興じた」結果、家財を失ってしまうということであった。「興じる」というまさにこの言葉が、取引所がまさしくカジノであるという疑いの念を表していた。しかも、そこでのゲームは、「内部」情報や市場を操作する手段を持っている人間が必ず勝つことになっていると思われた[27]。

株式市場や商品市場が暴落すると、政治家は取引所をこっぴどく攻撃した。一八七九年、プロシャの大臣だった、アルベルト・フォン・マイバッハは議会で取引所について「国の生命に対して破壊的な影を落とす害毒を含んだ木」であるとしていた[28]。このような非難をしたのは素人ばかりではない。アルベルト・シェフレやアドルフ・ワーグナーのような指導的経済学者も「取引所から生じる非生産的で不名誉な利得」として、これを非難している[29]。

株式バブルは資本主義には常に見られる特徴である。たとえ正当な理由だったとしても、株価が上がれば、ますます多くの人々が利潤を求めて市場に引き入れられ、より疑わしい価値の会社に投資し始めるようになる。ドイツは、統一に続く好景気の年に、そのようなバブルを経験した。一八七三年の創業者恐慌では、投機の波が株価をさらに高めていった。それによって、不用心な投資家が、非常に危うい基礎の上に立つ新興企業の株式を買うようになる。バブルが弾けると、多くの株主が巨額の損失をこうむることになった。一八九〇年代にウェーバーが取引所についての議論にかかわるようになったとき、こうした破局はまだ人々の記憶に生々しかった[30]。

ユダヤ人はベルリン証券取引所の創設メンバーの中にいたし、取引所での数はひときわ目立った[31]。反ユダヤ主義は、取引所の特徴を一言でいうとユダヤ人支配の道具だとした。一八九〇年代になると、反ユダヤ主義は弱小政党だけではなく、主流をなす保守党の政策としても取り込まれ、農民同盟のような大衆的な支持者を伴った、新興の強力な圧力団体の中でも表明されるようになる[32]。ドイツの第二の州であるザクセンの保守党が公刊したパンフレットのタイトルは、同党のメッセージを「ユダヤ人の覇権と闘い、中間層を維持せんとする保守」と簡潔に表現している[33]。

これに応えて、ドイツ政府は一八九六年六月に取引所に関する新しい法律を制定した。これは、株式取引をより厳しく規制した法的枠組みをもたらすものであり、また、債券を売る銀行と顧客との間の関係を規制するものだった。商品先物の取引は完全に禁止されることになった。マックス・ウェーバーは、ほんの数年前にドイツの大学で取引所論を講じる初めての教授となったばかりだったが、この法案を施行するに際して政府に助言を与える委員会のメンバーに任命された[34]。このような背景から、ウェーバーはもっと広い層に向けて、株式取引所や商品取引所について書くようになった。

ウェーバーが何を書いたかということだけでなく、どこにこれを公表したかということもまた、これらの論考の重要性を増している。というのは、論考はゲッティンゲン労働者文庫に現れたからだ。これは、労働者階級の教育と状況を改善するために、また労働者を社会民主主義者の無神論から引き離すために組織された、プロテスタントの労働運動の双書として公刊された。この双書の編者は牧師のフリードリヒ・ナウマンで、この運動の創始者だった。すでに成員は七万五〇〇〇名を超えていた。ナウマンの組織は、さらに取引所を規制しようとするものであり、特に食料に関する取引を規制しようとするものだった[35]。

ウェーバーは、組織の目的には共感していたし、彼自身、労働者が労働組合を組織する権利の支持者でもあったが、ナウマンの経済的判断力とそれに従った労働者の経済知識については懐疑的だった。ナウマンの国民社会協会の最初の集会で、ウェーバーは、労働組合の結成を阻止しようとする大土地所有者や大規模事業者の政治力に対抗する必要性について話した。しかし彼は、経済的に権力を有するものに対する怒りだけでは経済政策にはならないと警告し、労働者の利益はむしろ「ブルジョワ資本主義の発展」にあると助言している[36]。

すぐ後に公刊されたナウマンの評論に関する書評で、ウェーバーはその経済的処方箋の弱さに注意を促している。ナウマンは技術進歩の梃子としての巨大企業の成長を好意的に見ているが、資本の集中は批判した。したがって、財をなしたユダヤ人の模範としてのロスチャイルドは、不労所得を稼ぐ者の例としてさらしものにする一方で、プロテスタントの実業家であるクルップやシュトゥムは、産業の進歩の手本として描かれている。宗教作家たちが取引から生まれる利潤を不正なものだとするのは、伝統的な高利禁止の古ぼけた遺産だと、ウェーバーは述べている。利子率を下げることによって賃金を上げることができるとするナウマンの非論理的な結論を批判している[37]。ナウマンの経済的見解は、非常に宗教的なひらめきから来る、経済問題に対する夢物語の例だと考えていた。ウェーバーは、当代資本主義の現状を、労働者階級にあってナウマンを支持する者や彼らを教導する聖職者の指導者に説明することに取りかかった。

労働者運動においては、取引所は「立派に働いている者の犠牲の上にあぐらをかく、裏切りと嘘の陰謀クラブ」として見られる傾向にあることを、ウェーバーは知っていた。そのような非難は「非常に表面的」だとウェーバーは主張する。取引所は現代資本主義にとっては余計なものなどではなく、まさにその機能にとってなくてはならないものだからだ[38]。それは、需給を引き合わせる場所である地元市場と同じ目的を果たしていて、しかも規模ははるかに大きいのだ[39]。

五〇〇〇万の人口のうち二〇〇万が株主だとすれば、取引所を単に少数の利子生活者の利益にだけ役立つようなものとして考えるのは馬鹿げている[40]。取引所の外にいる人々は、労働なしに素早く富を獲得できるという点に焦点を当てているが、これは取引所の偶然的な、あるいは付随的な要素と、市場価格を形成する本質的な機能とを取り違えている。市場に賛成ならば取引所にも賛成なはずだし、逆の場合もそうなのだ。

ウェーバーの評論は、労働者に向けて書かれていることもあり、実質的には、現代社会の誰もが依存している国際的な商品交換の体系としての資本主義についての入門書である。紙幅の多くが、株式所有に基づく現代企業の本質について、そして取引所が実際にどのように作用しているかについての、明解な説明に割かれている。

ウェーバーは、商品価格を確実にすることによって、売り手、買い手のリスクを減らすという意味で、商品取引所の役割に焦点を当てている。一般大衆の観点からは、投資家を自らの投機的衝動から守るよりは、大衆を供給と価格の激しい変動から守ることのほうが重要だと、彼は指摘している。ある商品の先物取引を禁止すれば、それは先物取引市場を海外に追いやるだけだ。国家間に経済的競争があるときには、そのような禁止は、一方的な非武装に等しい[41]。ウェーバーの商品投機禁止立法についての批判は鋭く、数年のうちに禁止は解かれた。

生涯を通じてウェーバーは、資本主義が現代の状況下で可能な限り、最も効率的な経済体制だと主張し続けた。その文化的影響については態度を明らかにしなかったが、しばしば行われる資本主義に対する非難に反論することに身を捧げた。経歴の途上で公刊した『プロテスタンティズムの倫理と資本主義の精神』において、節操のない貪欲さと資本主義とを同一視するような人々に反論している。取得の衝動というものは、それ自体では資本主義を定義するものではないと、彼は記している。取得の衝動自体は、常に存在しているものなのだ。

「資本主義についてのこのような幼稚な考えはすぐにでも捨てなければならないことは、文化史の初歩の初歩で教えなければならないことだ。『利得を求めるあくなき貪欲は、資本主義とは、全くもって別物だし、ましてやその精神とも異なっている』」[42]。というのも、実際のところ「金儲けによる自分本位の利益を求める絶対的な不徳が普遍的に支配しているのは、まさにブルジョワ的資本主義が未発達の国々においてだからである」とウェーバーは主張している。現代資本主義の特徴は、他の生活形態よりもさらに欲深い点にあるという考えを彼は「現代ロマン主義者の幻想」と呼んでいる[43]。

初期の取引所論から後年の著作に至るまでウェーバーは、資本主義の特徴は、他のこれまでの経済体制や社会主義よりも、合理性が高い点にあると主張し続けた。法的には自由な労働、合理的な簿記、市場に適合的な産業組織。こうしたものはウェーバーにとっては、資本主義の根源をなすものだった[44]。しかしながら、「合理性」といっても、神に与えられた、あるいは合理的に確かめられる運命に沿った、何らかの高次の目的を意味していたわけではない。彼は、役に立つという意味で合理性という言葉を使っている。すなわち、最も効率の良い手段をできる限り注意深く計算しようとする傾向、そして、自然や社会、それに自分自身を制御するために、その手段を順序立てて履行することだ。

ウェーバーによれば、このような資本主義の手段的な意味における合理性は、現代社会の他の主要制度にも見られるという。現代国家の特徴は、法の支配を官僚が実行に移すことだ。法は私情を交えずに処理しなければならない。どの官僚が法を施行しても、あるいは法の適用対象が誰であっても、その効果を首尾一貫したものにするためだ。現代の法人企業も同じような官僚的手法を利用している[45]。現代の科学や技術は、観察可能な合理的計算を前提としている。

その結果が、世に名高い、ウェーバーの「世界の脱魔術化」だ。つまり、生活のさまざまな領域で魔術と神秘が追放され、すべての事柄が原理的には、因果の仕組みで説明され、「技術的手段と計算」によって支配されるようになる[46]。

ウェーバーは、「合理性」という言葉を手段の目的への適合という意味で使っている。目的自体が、何らかの実質的な目標、価値、あるいは信念に照らして道理にかなっていると言っているわけではない。Xという方法がAからBに至るための最も効率的な手段だからといって、Bが到達するに値するとはならない。実際、ウェーバーは、資本主義というものはあまり大きな意味があるものではなく、それは手段の追求に完全に夢中になるあまり、実質的な目的を見失うような人々を作り出すということをときには示唆している。

人々が世俗的な快楽や個人的な幸福を、志向するようになるというわけではない。人々が、幸福や個人的な福利を犠牲にしてまで、経済的手段である貨幣を追求するということなのだ。人々は、「人生の究極の目的としての貨殖、そして財産の取得によって支配されるようになる。経済的な取得は、彼の物資的な必要を満たすための手段としてもはや人にとって従属的なものではなくなる」[47]。

資本主義と並んで、あるいはそれと結びついているのが、ウェーバーが呼ぶところの「職業中心主義」、すなわち、おのれの職業において頭角を現そうとする意欲だ。ここでも、計算高く体系的な追求が、しばしば追求するに値する目的という感覚と置き換わってしまう、とウェーバーは考えた。

しかし、このような資本主義の限界にもかかわらず、それに代わるような望ましい案はない、とウェーバーは主張する。過去のある時代に戻ることはできない。そして社会主義に関していえば、生産性や活力において資本主義に劣りそうだ[48]。一九二〇年六月に亡くなる前の晩年の時期に、ロシアでボルシェヴィキ革命が起き、中央ヨーロッパで同種の試みが失敗に終わると、社会主義の可能性がますます具体性を帯びるようになり、ウェーバーはその問題に関心を寄せた。

一部の知識人は、社会主義が新しいタイプの共同体を提供するのではないかという望みを持っていたが、ウェーバーは社会主義が資本主義の多くの利点を伴わずに、多くの難点を保持してしまうのではないかと恐れていた。労働者が生産手段の所有から切り離されていることは、社会主義で解決できる問題ではない。専門化は生産性を高め、また、技術の進歩によって避けられないものとなった。労働者の生産手段からの分離は、たとえ民間の工場主が国家の官僚に置き換わったとしても、社会主義下でも続くだろう[49]。工場生活の規律は、社会主義下でも同じように厳しいものだろう、とウェーバーは予測した[50]。

そして、かつてないほど、官僚制によって人々の気力は奪われていくことになるだろう。分業を超えた生活というマルクス的な理想は幻想だ。「ファウスト的な人間の普遍性を放棄して、特殊な仕事に専念することが、現代社会において価値ある仕事をするための条件である」と、ウェーバーは冷静に説明している[51]。

▼ジンメル――貨幣と個性

目的に対する手段の優越性という意味での資本主義の主題は、ウェーバーの同時代人であるゲオルク・ジンメルがさらに練り上げた。ジンメルは一九〇〇年に、資本主義とその文化的影響についての最も実り豊かな著作である『貨幣の哲学』を公刊した。同書や他の著作の中で、ジンメルは、市場経済の発展がいかに個性の新しい可能性を切り開くかを説明している。

ウェーバーと同様、ジンメルも哲学、社会学、経済学、歴史、宗教の間を自由に行き来した学者だった。一八五八年に、商業の中心地であるベルリン近郊に生を受け、五六歳になるまでその地にとどまった。このようにして、ベルリンが成長著しい首都に発展するのを目の当たりにした。ジンメルが生まれてから『貨幣の哲学』公刊に至るまでに、ベルリンの人口は五〇万人から二〇〇万人へと増大した(膨らみつつある郊外を入れれば、さらにその二倍になったことになる)。

ジンメルはユダヤ人商人と貿易商の家系の出身だったが、両親は共に若いときにキリスト教へ改宗していた。そのような家庭の多くがそうであるように、両親はジンメルをプロテスタントとして育てたが、他人からはいつまでもユダヤ人として見られていた。ジンメル自身もそういう意識をある程度持っていた。ジンメルの経歴が、ユダヤ人家系であるということで不利になったのは明らかだ。ドイツの大学で教鞭をとるのに必要な博士号取得後の資格、すなわち教授資格（ハビリタツィオーン）を初めて取得しようとしたときに、品位に欠けるという理由で落第させられるに至った。

教授陣の一人であるヴィルヘルム・ディルタイは、友人である哲学者のパウル・ヨルク・フォン・ヴァルテンブルク伯爵から次のような手紙を受け取っている。「毎回、教授職から、例のずるいユダヤ人たちを遠ざけていらっしゃることについて、慶賀に堪えません。彼らは知的責任の本当の感覚を欠いているし、精神的・肉体的に根っこを欠いている民族なのです」[52]。

家系の起源としては宗教上のよそ者だが、ジンメルは育ちによってインサイダーとなった。上位中流階級の一員としてドイツの文化的・商業的中心で生活し、フランス語に堪能で、国際志向のジンメルは、現代生活の急成長に非常に敏感だった。知識人、芸術家、学生らと交流することで、新しく、すべてを包括するような生き方を求めるさまざまな運動に触れることとなった。すなわち、社会主義、女性解放主義、菜食主義、青年運動、学生運動、プロテスタント、ユダヤ教徒、そして異教徒による宗教革新運動などだ[53]。しばしば対立する複数の選択肢という主題は、ジンメルの著作の中心となっていった。

選択肢は増えていったものの、もちろん、すべての人に平等に開かれていたわけではなかった。しかしジンメルは、所得、教育、そしてアウトサイダーとインサイダーとを兼ね備えていることからくる寛大さによって、これらの新しい可能性を享受できる立場にあった[54]。フェルディナント・テニースやヴェルナー・ゾンバルトのような知識人が共同体の崩壊ということに執着していたときに、ジンメルは社会的な機会が増えることで生まれる可能性を探求した。

マルクス主義者は現代における個人をブルジョワジーあるいはプロレタリアートとして考えていたが、ジンメルは彼らの消費者としての役割に注意を払った。まだウェーバーですら、個人を第一義的には階級、あるいは職業集団の成員として考えていたが、ジンメルは、個人の帰属意識が同時に複数の文化的・社会的集団に属することによって形成されると考えていた[55]。

今日的観点から見ると、ジンメルが世紀末の思想家の中で最も現代的であるように考えられるのは(実際、ルカーチやフライヤーよりも現代的だ)、彼が焦点を当てた諸力がますます高度な資本主義を刻印するものになってきているからだ[56]。しかし、そのような世界の相対的利点が多くのヨーロッパ人に明らかになる前に、ジンメルの世界が提供できないような、閉ざされた共同体や共同目的の共有の感覚を求める運動が引き起こす試練に、ヨーロッパは苦悩することになるのだった。

ジンメルは型破りな学者で、学問的・制度的な境界を越えることができた。マックス・ウェーバーが何度となく主要大学でポストを確保してくれようとしたが、ジンメルが正教授になったのは五六歳になってからであり、それもシュトラースブールという田舎の大学だった。ほどなくして、彼はベルリンから移ったことを後悔し、そして、その後間もなく一九一八年に亡くなった。

彼が学界で味わった苦難は、反ユダヤ主義からによるものだけではない。それは、ジンメルが学問分野の境界というものを守らなかったせいでもある。ジンメルは複数分野でものを書いたが、何か特定の分野でというわけではなかった。『貨幣の哲学』は、一八八九年に「貨幣の心理学」と題した講義で始まり、最後は、歴史、経済学、社会学、社会心理学、そして文化に関する論評のごった煮で終わっている。当時理解されていた哲学という範囲を超えて、貨幣からいちゃつきの本質などといった主題に取り組んだだけではなく、その著作には脚注がなかった。

裕福な後見人の好意を受けていて、しかも具合の良いタイミングで後見人が亡くなったということもあり、彼には潤沢な遺産が残された。これでものを書くこともできたし、有給の終身教授にはなれなくても、ベルリン大学で教えることもできた[57]。経済的に自立できたことで、知的活動においても独立を保てたのである。

ジンメルは、持ち前の型破りな思考方式で、慌ただしい日常生活から共通パターンを抽出して、かけ離れて見える事柄同士の間の関係に注意を向けて、異なった現象間によく似た構造を見出そうとする。『貨幣の哲学』で、ジンメルは資本主義社会で暮らすことが精神にどのような影響を与えるかの考察に取りかかっている。一つの分析系統にとどまらず、さまざまな角度から問題に取り組み、良い点も悪い点も見つけ出す。

ジンメルは、ますます多くの生活領域が金銭で測られるような経済社会で暮らすことから来る心理的な影響に注意を払っている。そのような経済は、ますます抽象的なものの見方をもたらす。というのも、交換手段そのものがますます抽象的なものになっていくからだ。交換は物々交換で始まる。他の物と引き換えにある物を与えるという非常にわかりやすい行為だ。

後に貨幣経済が発達するが、その初期段階では、金、銀、あるいは他の貴金属のような交換手段は、それ自体で固有の価値を持っていた。経済が発達すると、貨幣は金属片や紙券になり、その価値は究極的には中央銀行の権限によってのみ保証されることになる。一マルクは一マルクの価値があり、一ドルには一ドルの価値があるのは、それを発行する政府がそのように言うからであり、経済を破壊するような衝撃に対して、これを防衛する能力を政府が持っているからだ。

信用経済の発展に伴い、貨幣はますます抽象的なものとなり、簿記上の記号でしかなくなる[58]（このような貨幣の抽象化はもちろん、ジンメルの時代を超えてますます進む。一九六〇年代になれば、貨幣はプラスティックのクレジットカードになるし、八〇年代にはコンピュータの画面上の数値になる）。常に抽象的な交換手段を目の当たりにしているので、資本主義下で生活する個人は、世界をますますもって抽象的に考えることに慣らされる。

個人はさらに計算高くなるし、意思決定にあたって、さらに要因をウエイトづけするようになる。食べ物から娯楽、そして医療に至るまで、ほとんどすべての物について市場に依存していれば、生き方の決定は、何を買うべきかの決定になる。より良い暮らしをするための選択は、ある物を得るために、持ち物のうちのどれくらいを差し出すべきかという選択になる。これらの決定は、多かれ少なかれ計算を要することなので、貨幣経済の下で暮らす人々は、数値で考えることに順応していく。もし、Xという品に対しての支払いを増やせば、Yという品を得るために残るものは少なくなるといった具合だ。このような数値による、計算づくの思考スタイルは、ますます個人の決定に波及していく。生活はますます冷厳な計算づくになっていき、衝動的、感情的ではなくなる[59]。

近代の貨幣経済における生活の特徴は、ますますかけ離れていく手段と目的との距離にあると、ジンメルは強調する。どのようにして目的を達成するかを決めるのは、知性の問題だ。そうしたゴールに最も効率的に達するためには、計算し、軽重を考え、さまざまな手段を比較するからだ。

原始的な条件下では、手を伸ばして果実を摘むことで、また、育てた穀物を収穫することで、あるいは、私たちが生産したものを私たちが欲しい別の物と交換することによって、食にありついている。近代資本主義社会では、私たちは欲望をもっと間接的な形で充足している。食べるためには、食物を買わなければならない。

しかし、買うには貨幣が必要で、貨幣を稼ぐには、仕事に就いて働かなくてはならない。ある仕事で認められるのには数々の段階が必要で、まずは教育から始まるが、それ自体、長年の計画と計算が必要になる。食べたいという欲望と、そうした欲望の充足の間には非常に多くの段階があり、長い手段の連鎖がある。このようにして、手段の軽重を計るにあたって必要な知性は、さらに重要な役割を演じるようになる。

資本主義社会での手段のさらなる重要性についての認識を取っかかりにジンメルは、ほぼ二〇〇年前にロンドンの取引所でさまざまな信仰を持った人々がいかに平和裏に協力しているかについてのヴォルテールの描写から示唆を受けて、現象を分析している。ジンメルによれば、手段の軽重を計ることをますます志向するようになった精神は、寛容に、そして融和的になるという。というのは、自らの手段に集中するので、他者の最終的な目的についてはあまり関心を払わなくなるからだ。最終的な救済や熟達について考える時間は少なくなり、手段を獲るのに費やす時間が増えていくので、人々は他者がどのようにして熟達や救済を求めるかについては、次第に無関心になっていく[60]。

ジンメルは時折、資本主義を文化という側面から悲観的に考えたり、批判する人々に同調することもあったが、最も創造的なときには、そのような想定を覆した。資本主義の中心をなす競争過程を、根本的な悪として非難したマルクスやエンゲルスとは異なり、ジンメルは競争が持つ統合的な作用について指摘している。競争は単に競争する人々の間の関係を意味するだけではなく、それは第三者の愛情あるいは貨幣を求めての闘いでもあるからだ。競争に勝つには、競争者はその第三者の欲望を発見することに集中しなければならないと、ジンメルは注記している。

結果として、競争はしばしば「普通は愛のみがなしうることを達成する。すなわち、本人が気づくより前に、他者の最も内面的な願望を探し当てることができるのだ。競争者との敵対的な関係によって、実業家は大衆の傾向に敏感になり、人々の趣味、ファッション、そして関心事の将来の変化については、予知さえもできるようになる……」。そして、顧客や消費者を求めての競争は、高度に民主的な面をも有している。「現代における競争は、しばしば万人に対する万人の闘いとして描かれているが、しかし、それは同時に万人による万人『のための』闘いなのだ」とジンメルは述べている。

こうして、と彼は結論を述べる。競争は「あまたの社会のつながりが織り込まれたものだ。これは、仲間の意思や感情、思考に意識を集中させることや、生産者は消費者の要望に適合することによる。また、好意と愛顧を得るさらに洗練された可能性を発見することによっている」[61]。

トマス・カーライルも、そして後にはマルクスやエンゲルスも「金銭による結びつき」を軽蔑したかもしれないが、ジンメルは貨幣によって結びつけられた近代社会をもっと積極的なやり方で説明した。以前にヴォルテールが、そして後にはハイエクがそうしたように、貨幣が介在しなければ、お互い全く関係を持たなかった個人の間の協力を貨幣が介在することで可能にするということを、彼は読者に想起させている。現代の法人企業の株主は、利益の獲得という以外の共通のゴールを持たない。株主は、全体を包括するゴールを共有することなしに協力しているのだ。さまざまな宗派に役立つ慈善団体に献金する者もそうだと、ジンメルは指摘している。限定されているとはいえ、共通した目的のために献金することで、宗派の違いをくぐり抜けることを可能にしている。

実際のところ、有限責任会社は、発展した資本主義下での、多くの特徴的な形態の共同体の手本であると、ジンメルは示唆している。そこでは、個人は共通ではあるが限定された目的のために協力している。「生活のための共同体」としてのギルドなら、「全人格を社会的にも政治的にも、そして法的にも包摂する」ところだが、近代の生活はもっと緩い一時的な共同体に基づいている。これらは、特定の経済的・文化的・政治的利益を追求するもので、個人に求めるものは、ごく一部であり、時には組合費という形での経済的貢献しか求めないこともあった。

結果として、近代の個人はより広範な集団に属することになるが、これらの集団は緩いもので、全体を包括するという意味合いは弱い。アダム・スミスが指摘していたことは、彼が想像していた以上に真実みを帯びてきたことになる。個人はますます相互依存的になるが、単一の集団や個人に依存することはなくなる。「貨幣は、ロマン主義者が愛してやまない封建的な共同体の時代に存在していたそれとは比較できないほどたくさんの関係を人々の間に確立する」と、ジンメルは結論づけた[62]。共同体の初期の形態とは対照的に、近代の集団では完全に統合されることとなく、組織に参加することが許されている。近代の共同体では、個人がさまざまな関心を持ち、他の方法では不可能なような形で広範な活動にかかわることができる。しかもその際、個人が自分の時間、所得、あるいは帰属意識のすべてを、家族から国家に至るまでの特定の集団に捧げる必要はない[63]。「共同体」が勢いを失ったからといって、ジンメルは昔を懐かしんで嘆くようなことはなかった。この変化により、落とし穴の可能性とともに、新たな可能性ももたらされるのだ。

マルクスとは異なりジンメルは、資本主義の発展の影響で差し引き勘定で、個性が減るとか、階級に対する以外の帰属意識がなくなるとは、思わなかった。それどころかジンメルは、発達した貨幣経済が、どのようにして新しい形の個性を生み出すか、そして一個人の「内部に」生じる新たな対立に、大きな関心を抱いていた。

ジンメルはこのような関心を心に抱きつつ、世紀の転換期に現れた女性解放運動を見つめていた[64]。財産、高等教育、職業上の平等、政治参加などについての女性の権利を求める運動の高まりは、資本主義の発達による文化的力学で最もよく説明できると、彼は考えた[65]。中産階級の女性は、市場の発展による心理的効果によって、家庭という私的な領域から押し出され、公的な領域に入りつつあった。新しい技術は家事の手間を省き、電気器具、既製服、その他の金で買うことのできる製品により家庭での労働が軽くなった、少なくともこうしたものを買える中産階級の女性にとっては、そうなった。そのような女性には時間と活力が残されることになったが、これらは、もはや家庭内で充実した形で発揮できなくなった。伝統的な家庭での女性の活動領域は減っていたし、他の領域はまだ閉ざされたままだった。

結果は、欲求不満、ノイローゼ、そして可能性が浪費されているという感覚、息が詰まるような環境といったところだった。こうしたことによって、それまで男性の領域とされていた専門職、高等教育、政治への参入の要求という形での女性運動の高まりが説明される。ジンメルはこうした展開に喝采を送った。短期的には女性は、男性が男性のために作ったルールに従うことを余儀なくされるだろうが、多くの女性が仕事に参入し、商業や文化にかかわるようになれば、最終的には変化がもたらされ、これらの諸領域にもっと女性的な感性が注入されるだろうと、ジンメルは予告している。

逆説めくが、ジンメルが注意を促しているように、女性は、以前は男性向きの仕事であるとされている領域に参入することを求め、男のようになろうとしていたまさにそのときに、女性としての意識を発展させつつあった。中産階級の女性が家庭と家族という私的な領域に限定されていたときには、女性の社会的役割は、可能な限り男性のそれとは区別されていた。

しかし、他の女性たちとかかわる機会は限られており、また、その注意は夫と子どもに集中していたので、女性がもっぱら自らと同一視したのは家族だった。自らを「女性」として認識することは、資本主義の最近の発展と家事労働の必要が減ったことで生まれた新しい状況の賜物だった。同じような状況にある中産階級の他の女性と出会うことによって、これらの女性たちは自分たち自身を女性として意識するようになり、女性の解放という共通した目的を持つに至ったのだ。

ジンメルは、ドイツの中流階級の女性と労働者階級の女性の地位が異なることからくる、女性運動と労働運動の間に生じた問題含みの関係について説明している。両者に共通なのは、「家庭に閉じこもることからくる女性の社会学的孤立は、どちらの階級においても、家庭から離れることによって改善される」ということだ。労働者階級の女性は、家庭から追い出され、経済的必要性によって工場に出される。そこでは、労働によって肉体的にも心理的にも負担を強いられるので、多くの者が最も望んだのが、妻としてあるいは母としての家族的役割に時間を割くことだった。

このように、中産階級の女性にとって有償労働の世界に入ることは個人的な充実感の増大を約束する恵みだったが、労働者階級の女性にとって、それは災いの種だった。中産階級の女性は家を出たがったが、労働者階級の女性は家に戻りたがった[66]。しかし、どちらにしても女性は、自分を家族と同一視するとともに、公的な領域においては「女性」として共通の利益にもあずかっていることから来る緊張を経験しつつあった。

ジンメルにしてみれば、このような複数の役割を演じることからくる緊張は女性に限ったものではなかった。それは近代社会の特徴だった[67]。彼の著作は、道徳理論は、社会集団のメンバーという複雑な関係から生じる内的な対立の研究を怠ったので、道を誤ることになったという想定から始まっている。いつでも個人が道徳的要求の明確な序列に直面していると想定するのは誤りだと、ジンメルは考えていた。現代人は数々の社会的集団に属していて、それぞれに求められることが違うので、内的葛藤が常に続く状況であったり、相反する要求に挟まれた緊張関係の中で生きていることになる。実際、そうした葛藤は現代人の性格に固有である。「数々の社会的集団に参加し、その岐路に立つ個人は、自分自身の中に矛盾する力を感じている」[68]。

さまざまな社会集団に属するということ自体が、まさに個性の発展を促すとジンメルは主張している。これまでの社会では単一の帰属意識しか持たなかったが、現代人は多くの帰属先を持っており、それぞれの支配力は弱くなっている[69]。「以前は、個性は主として一つの集団に属することによって決定されていたが、今やそれは個人が属するさまざまな集団の『組合せ』によって形成されている。……さまざまな職業的な共同体に属する人もいるかもしれない。科学者集団に属すると同時に、予備役将校であり、市民団体においても役割を果たすといったような具合である。加えて、社会生活において、さまざまな社会階層の人々とも接触する」。

人々は、「ある種の孤独を好むようになり、ますます人々を拘束すると同時に支持を与え、すべてを包括する、家族的な愛着なしにやっていくようになる。しかし、それと引き換えに、さらに多くの新たな集団と共同体が生まれ、それによってどのような興味や傾向を持っていても、支援が得られるようになる」と、ジンメルは説明している[70]。

▼手段と目的の弁証法

ジンメルにとって貨幣は、人とそれが作り出した物との間にある関係に見られる、より大きなパターンを表す例、おそらくは本質的な例となっている。自身の必要を満たすために、人間の精神はさまざまな生産物を創造する。時間が経つと、これらの生産物は本来の創造主から独立した存在になっていく。直近の目的を満たすための一時的な創造物から、固定的で持続的な形をとる文化的な創造物になっていく。人々の超越的な感覚を表すものは宗教になっていく。自然を制御するための創造物は、技術になる。やがて、これらの文化的創造物を発展させ、完成するのに努力が注がれる。

個々のものは、ますます分かれていき、別々の文化的「世界」を形成する。そして、一生を費やしても、これらを理解しマスターするのには十分でなくなる。たとえば、科学の「世界」というものができ、それは生物学、物理学、化学などのそれぞれの世界を含んでいる。そして、それらがさらにそれぞれの小世界に分かれていくのだ。科学の世界と並んで、宗教、さまざまな芸術、スポーツ、軍事の世界などができあがる。これらの世界、すなわち文化的領域のそれぞれは内部が異なっていて、互いの結びつきは薄弱だ。こうして文化的領域が複数になっていくと、首尾一貫した「文化」について語ることは意味がなくなる。

ジンメルはこのような文化的創造物の拡大が個性に与える影響について関心を持っていた。たとえば、良い面でいえば、小説やさまざまなジャンルの音楽、科学のさまざまな分野、そして哲学や宗教的文化に触れることによって、多様な文化的世界は私たちの個性を豊かにしていくと、彼は指摘している。これらのいくつかを吸収することによって、私たちは自分の新しい側面を発展させていく。これは、もしこれらの文化的形態が利用できなかったら、不可能とはいえないにしても、困難だったことだ。

しかし、このことの代償が、ジンメルが呼ぶ「文化の悲劇」である。時間も精力も足りないので、知りたいことは多々あっても知りえないという苛立たしい認識、あるいは文化のある一分野にかかわるには、自分の時間と精力を他のことに使う可能性を犠牲にしなければならないという認識だ。さまざまな文化的領域が、私たちに注目してもらい、精力を傾けてもらおうと競合している。ある手段を選ぶことは他の手段をあきらめるということを意味している。分業がなされ、現代生活がますます複雑になっていけば、文化的生産物が爆発的に増える中、個人はますます専門化しなければならないし、偏向していく[71]。

貨幣経済によって、さらに多くの文化的領域が創造されやすくなる。関心を誘いそうな、さらに多くの領域が出現し、そのおのおのがさらに複雑になっていく。一方で、そうなると、ルソーが『学問芸術論』の中で指摘したように、私たちが持ちうる、知りうる、あるいは、なしうることがたくさんあっても、それを成し遂げるための、時間も精力も、そして、おそらくお金もないことに気づいて、資本主義下では個人の欲求不満は増大していく。

他方で、文化的領域が多様化することによって、自分に一番合うような活動を選べるようになり、個性は発展していく。資本主義の成長によって、文化は非常に多様なものとなり、これによって個性の洗練、差異化、そして自己反省がもたらされる。

しかし、これは可能性の一つにすぎない。購入対象が増えていくと、ある人々はこれらの対象を追い求めることに支配されてしまい、そして商品を実質的に崇拝していくようになる。結果を決めるのは金銭ではなく人だと、ジンメルは結論づけている。資本主義経済の発展は個性の発展の可能性をもたらす一方、「例がないような実利的物質主義」の危険ももたらすことになる[72]。

自由主義的な資本主義国家が作り出した自由は、大きな利便を生む可能性を秘めているが、それ自体は善ではない。先達のヘーゲルやアーノルドと同じくジンメルも、この点を読者に想起させている。自由主義国家は、さまざまな職種での開業や所有の制限などといった古い制約を撤廃し、新しい可能性を開く。しかしながら、新しい自由が方向感覚を欠いているのならば、それは退屈、せわしさや目的の欠如をもたらす。制約のない自由ということだけで自らの価値を決めた人々は、活力、安定、そして目的が貨幣や商品によってもたらされるという幻想に易々と見舞われる。

しかし、貨幣はそれ自体手段であるから、目的を持った人生をもたらすことはできない。新しい商品が満たすとされている欲望は、たいていの場合、単に新しい形をとっているにすぎない[73]。その結果は、終わることのない、喜びを伴わない取得と消費である。

貨幣はそれ自体の目的を持たない、とジンメルは読者に注意を促している。それは手段として機能する。私たちは貨幣を得るために、財や労働力を売る。貨幣を得るのは、何か他のものを買うためなのだ。たとえば満足など、貨幣で買えないものもあるというのは、ありふれた教訓である。しかしながら、貨幣を持つことは実際に、貨幣でもって買えるものを持つよりも、「さらに」満足を与えうるというのは、ジンメルの最も際立った見識の一つだ。

これは、貨幣の価値が、それと交換に得られる対象物の価値を上回るからだ。つまり、貨幣の所有者は、それで購入しうるすべての財を選べることからくる追加的な満足を持っているので、貨幣には「余剰価値」があることになる。こうして「ある一定量の貨幣の価値は、それと交換できる任意の対象物の価値と、数えきれない他の対象物を自由に選べることからくる価値を足し合わせたものに等しい」[74]。

つまり、貨幣は純然たる道具である。しかし、道具を改善することは単に、目下の目的をさらに能率的に満足させるという結果をもたらすだけではないと、ジンメルは注意を促している。新しい道具はしばしば、そのような道具が使えるような新たな目的を考え出すように私たちを挑発する。ジンメルの言葉を借りれば、「ひとたび目的が手段という考えを生み出せば、今度は手段が目的という概念を生み出すこともある」。加えて、手段として始まったものそれ自体が目的になるというのが、人間の心理だ。到達点に対する感情的価値が、それを得るための手段に移されることもあるからだ。ひとたび、新たな手段や道具の開発を始めれば、それをさらに開発することは、ある意味で魅力的なこととなる。ここでもまた、手段はそれ自体が目的となる。

このようにして、貨幣経済では手段と目的の弁証法は強化される。というのも、貨幣は手段の目的への転化の極端な例だからであり、このような転化は、ある程度は人間生活の各領域で起こっている[75]。このような経済において、人々は手段の追求や貨幣の取得、技術の完成にとらわれがちになる。蓄財や技術の完成に夢中になるあまり、究極の目的については見失いがちになる。

したがって、ウェーバーと同様、ジンメルも市場の拡大に伴う文化的影響については態度を明らかにしなかった[76]。時折、彼の主張は、目的に対する手段の勝利として現代社会を描いているという点で、アーノルド的に響く。過去におけるドイツの発展についての考察の中で、ジンメルは外国の聴衆に向けて、次のように記している。

かつてのドイツでは類例がなかったようなやり方で、精神の力は金銭的獲得という目的に奉仕するように強いられている。国内外での、異常に活発な競争に支配されて、物質的利益がすべてに優先し、他の事柄は二の次になっている。

この結果、「技術」は近年、多くの生産者や消費者にとっては唯一の関心事となっていった。それも、国家の内的・精神的発展にとっては非常に懸念されるようなやり方で、である。「技術」が単に目的に対する手段であることは、完全に忘れ去られている。技術に熟達すると、あたかも人類の偉大な目的の一つであるかのように賞賛された。電信や電話はそれ自体が、尋常なるざる価値を持つものとされた。そのような手段を使って伝えられる内容は、過去のあまり迅速でない伝達手段に託されたものと比較して、賢くも、尊くもなっていないし、また、優れたものともなってはいない、というのにである。

また、電気の光は人を完成の段階へと近づけたかのごとくだが、その下でよりはっきりと見られるようになったものは、石油の助けを借りてみたものと同様に、

――どうでもよく、醜く、取るに足らないものだった[77]。

このような懸念にもかかわらず、ジンメルは資本主義に基づいた現代性がもたらす可能性と機会について指摘している[78]。

もし、現代資本主義において、個性が増大して複雑になるのであれば、ジンメルにとっては、それは可能性が否応なしに増加することを意味した。そして、そのような可能性のどれもが人を強制するような類いのものではないのだ。彼は、市場経済によって促進される新しい形態の個人主義、すなわち市場によって創造されるあまたの文化的領域や社会集団からの選択に基づく個人主義に焦点を当てている。ジンメルの資本主義的現代性の分析は、首尾一貫した統一的なものではないが、個性の発展にとっては、いまだかつてない機会を個人に与えるような、活動領域の増大に主眼が置かれている。

しかしながらジンメルは、キリスト教徒、シヴィック的な共和主義的伝統、そして薄められた形ではあるが、ヘーゲルにもあるような想定から全く自由になることはできなかった。つまり、社会は、個人に共通の究極の目的を与えるような、大きな全体にしっくりし「なければならない」という想定であり、最終的にはそれが共同体を形成するという想定だ。このような想定は、さらにはっきりした形でヴェルナー・ゾンバルトによって表現されることになる。

▼ゾンバルト――ユダヤ人のせいにする

ウェーバーとジンメルは態度を明らかにしなかったにせよ、資本主義の見込みについては基本的に肯定的だったが、ヴェルナー・ゾンバルトは絶望視していた。ゾンバルトは一八六三年生まれ、すなわちジンメルの五年後に、そしてウェーバーよりは一年早く生まれているが、当時最も著名な社会科学者だった。

著作は歴史、経済学、社会学という諸分野に及んでいる[79]。「資本主義」という言葉は、彼の『近代資本主義』(一九〇二年)から純理論的な社会科学に入ってきたものだ。『なぜ、アメリカには社会主義はないのか』(一九〇六年)では、消費の重要性について指摘し、ほとんど一世紀の間続いた論争がここから始まった。ウェーバーとともにゾンバルトは、この分野の指導的雑誌である『社会科学・社会政策雑誌』の編集者を務めた三巨頭のうちの一人だった。ゾンバルトの著作は、わかりやすく、しかも先鋭なスタイルで書かれていたので、学者集団を超えた読者層を獲得した。

しかし、ウェーバーやジンメルが、その利点と欠点を勘案しつつ、主観的な価値的選好を抑えて、資本主義の複雑さを浮き彫りにする著作を書いたのに対して、ゾンバルトの著作はますます奔放に、センセーショナルに、そして辛辣になっていった。ゾンバルトによれば、資本主義は文化の名に値するものすべての衰退を意味し、そのような衰退に最も責を負うべきはユダヤ人なのだ。ゾンバルトは、共同体と社会についてのロマン主義的反資本主義と新しい反ユダヤ主義の間の関係をでっち上げた。

ゾンバルトが初めて経済史とロマン主義的反資本主義を結びつけたのは、一九〇三年公刊の『一九世紀におけるドイツ経済』においてだった。著作の中で、資本主義に先立つ、職人や農民中心の経済は「自然」で、近代資本主義経済は「人工的」だとした。ゾンバルトも、古めかしいということと真正のものを同一視するロマン主義的偏見を持っていた。実際には人口の中で近代化の行き届いていない集団は初期の歴史的発展の所産なのだが、彼はそのような集団に特徴的な生活形態を根源的なものとして扱った。

ゾンバルトにとっては、国民の伝統的な生活を崩壊させていく資本主義は、「文化の墓場」へと導いていくものなのだ。資本主義は量的な利得をもたらす。彼は、資本主義の生産性が高く、それがよりいっそう高い物質的な生活水準をもたらすことは認めている。しかし、それは生活の質の喪失であり、人から心の平穏、自然との関係、そして祖先に対する忠誠心を奪っていく。それは現世のものを過大評価するように導く(多くのロマン主義的保守主義者がそうであるように、ゾンバルト自身は宗教を信じなかったが、他人に信仰心がないのを残念だとは思っていた)。

ゾンバルトによれば、資本主義は魂を破壊し、文化的生活の標準化、言い換えれば「大衆化」をもたらす[80]。自分自身は一生を大都市で暮らしていたものの、彼は都市化に肯定的なものは何も見出していない。彼は都市生活に、人工的で本物ではない形態の生活様式との烙印を押している。そして、都市生活はゾンバルトが軽蔑を込めて「アスファルト文化」と呼ぶものを作り出す。

同書で、ゾンバルトはその後一〇年間、彼の著作や講義の中心思想となっていったもの、すなわち資本主義とユダヤ人との関係に注意を向け始めている。ユダヤ人の精神の特徴はエゴイズム、自利心、そして抽象である。これはまさに資本主義に最も適合的な特質だ。彼が資本主義とユダヤ人との選択的親和性の証拠として挙げているのは、他でもないカール・マルクスであり、その『ユダヤ人問題に寄せて』を満足げに引用している。「ユダヤ人たることの世俗的基礎は何か。『実際的』な要求と『自利心』だ。ユダヤ人の世俗的崇拝の対象は何か。それは値切り交渉(シャッハー)だ。ユダヤ人の世俗的神は何か。それは貨幣だ」[81]。

一九一一年、つまりマックス・ウェーバーが『プロテスタンティズムの倫理と資本主義の精神』としてまとめられた評論を出版してから五年後の一九一一年、ゾンバルトはこれに対する回答として『ユダヤ人と経済生活』を公刊した[82]。近代資本主義の勃興にとって決定的だったのはユダヤ人であり、彼らは資本主義の大きな特徴である合理的で打算的な気質に、精神的・文化的に傾倒していたので、非常に大きな役割を演じることができた。ゾンバルトは同書でこうしたことを示そうとした。

ゾンバルトによれば、ユダヤ教自体がユダヤ人を資本主義にふさわしいものとするのだ。というのも、ユダヤ教は根なし草のように放牧する「砂漠の人々」の宗教であり、彼らは、抽象化、神との契約的関係の概念、そして罪の数量的計算に服しているからである[83]。ジンメル的な分析のやり方を採用しつつ、それに反ユダヤ的なひねりを加えたゾンバルトは、ユダヤ人は遠い到達点に向かって目的論的に人生を送るのに慣れていると考えていた。したがって、彼らは物を目的に対する手段として考えるのに慣れていた。貨幣は純然たる手段である、と記している。だから、ユダヤ人はずば抜けて優秀な手段である貨幣に惹かれるのだと、ゾンバルトは結論づけている[84]。

ゾンバルトによれば、ユダヤ人は資本主義の創造的・企業家的側面というよりは、商売の特徴である、打算的に利益を求めることに惹かれる傾向があるとされる。このように計算高く、手段の軽重を計り、抽象的で数値を重んじる精神により、ユダヤ人は「株式市場における完全な投機家」になれるのである[85]。マルクスとテニースとジンメルを総合しつつ、ゾンバルトは資本主義の勝利を、具体的・個別主義的なキリスト教的な共同体（ゲマインシャフト）を、抽象的・普遍的なユダヤ風の社会（ゲゼルシャフト）に置き換えたものとして描いている[86]。

カトリックのリベラルな歴史家であるルヨ・ブレンターノは、聖書をちょっと読んだだけでもヘブライ人たちは遊牧民ではなく、ほんの数十年を砂漠で過ごしたにすぎないことがわかると指摘して、同書を痛烈に批判している。ゾンバルトは自らの偏見と傾向に合うような証拠を選んで拾ったにすぎないとして、真の意味での学識とは正反対にあるものだとブレンターノは結論づけている[87]。ウェーバーも同様に厳しく、ゾンバルトに個人的な書簡をしたため、同書のユダヤ教の部分は「ほとんどすべて誤りである」とした[88]。

ゾンバルトはユダヤ人と彼が最も軽蔑していた資本主義の要素を同一視したが、これはドイツやイギリス、そしてフランスではすでに頻繁に見られた反ユダヤ主義のモチーフに学者的な色合いを加えたものにすぎない。反ユダヤ主義的言説では、ユダヤ人は、資本主義や現代社会の悪のすべてに責任があるのだ、と主張された[89]。今度は、ドイツでの主だった反ユダヤ的著作家たちが、自らの主張を支える証拠を求めてゾンバルトの作品を分捕ることになる。

『反ユダヤ問答』の著者であるテオドール・フリッチュは、後年ナチスに「老師（アルトマイスター）」として讃えられたが、一九一三年公刊の『商業におけるユダヤ人とその成功の秘密』の中で、ゾンバルトをユダヤ人に対してあまりに優し過ぎるとして批判した。それでもフリッチュは、同書においてゾンバルトの主張を数百ページにわたって立て続けにわかりやすく書き直したのであった[90]。

▼転換点としての世界大戦

ヴィルヘルム時代は、一九一四年の戦争勃発とともに終わった。ウェーバーもジンメルも、そしてゾンバルトもこぞって戦争を支持し、また歓迎もしたが、それぞれの反応は、三人がそれまでに行った資本主義分析を反映したものになっている。

ドイツや他のヨーロッパの知識人と同様に、ウェーバーは敵意の噴出を迎え撃った国民的統一に息を呑んだ。それまでの数十年間の政治的分断を考えれば、すべての階級の人々が見たところ積極的に戦争に向かっていったことは予期せぬことであり、ウェーバーは自己犠牲の表出に身震いした。「結果はどうなろうと、この戦争は偉大で素晴らしいものだ」と一九一四年八月下旬にこのように友人宛てに記している。一年後にもまだ「私たち誰もが不可能だと考えていたことを乗り越えるのは、喜びである」と書くことができた。すでに前線に立てる年ではないことを後悔しつつも、戦争関連の行政にウェーバーは身を投じ、住んでいたハイデルベルクで軍事病院を経営した[91]。

西のイギリス、東のロシアに対抗してドイツが大国になるためには、戦争は避けられず、必要ですらあると、ウェーバーは考えた。より過激な国家主義者とは違って、緒戦で占領した領土の併合については反対していた。この反対は、現実的な政治的観点に基づくものだった。併合すれば、ドイツは外交的に孤立することになり、これによって将来国際的に自らを主張していくことは難しくなるだろう、と考えたのである[92]。その反応は長期的にいえばナショナリズムを反映したものではあるが、ユンカー階級や皇帝に対する懐疑心、そしてイデオロギー的な熱狂に対する深い反感によって、抑制されたものだった。

ジンメルの反応は、さらに予想できないものだった。以前の資本主義の文化的影響に対するあやふやな態度は消えたようだ。取って代わったのは、戦前の文化・社会についての悲観的な描写や、戦争の効果についての希望に満ちた評価だ。これは精神的な転換点なのだと、ジンメルは一九一四年一一月に宣言している。ドイツは「偉大なる可能性に満ちているのだ」と。長い平和の時代には、生活の本質的ではない側面と本質的なゴールとを混同する傾向があったと、ジンメルはしている。というのも、本質的なものとそうでないものを分ける必要がなかったからだ[93]。

戦前の数十年間、文化的・技術的手段の急成長によって、よりいっそう広範な目的の感覚が隠されてしまっていたのだと、ジンメルは戦時となった今、主張する。しかしながら、この戦争は、「統一化、単純化、そして集中化の力」として作用しており、そこでは、通常は人生の目的とされている個人の自己保存ですら、よりいっそう高いゴールである国家の維持という目的の前には、明らかに二の次とされる[94]。直近の手段によって究極のゴールの意味が薄れるという近代資本主義文化に特徴的なことが、戦争によって一時中断されたのである。

戦争によって、共同体感覚の衰退が押しとどめられるかもしれないと、ジンメルは信奉者に告げている。平和時には、個人が献身する手段は、全体としての共同体と、それとわかるような関係を持っていない。これに対して戦時には、市民は共同体全体に対する自分の任務の重要さを感じ取る。これは、戦地に赴いている兵士が最もはっきりと経験することだ[95]。

個人的な利害の追益と共同体の目的との折り合いは、戦後にも持ち越せるかもしれないとジンメルは示唆している。戦争の初期に経験した挙国一致の波を、ジンメルや他の多くの知識人たちは、個人的・経済的な戦前の気風を新しく、より集団的な文化、つまり、共同体に転換するための過程の触媒として解釈した。

ジンメルと同様に、ゾンバルトは、戦争によって社会は意味と集団的目的を取り戻したと主張したが、それもさらに大げさな表現とナショナリズムによるものだった。一九一五年の『商人と英雄──ナショナリズム的な省察』においてゾンバルトは、資本主義文化に対する侮蔑を、ドイツとイギリスの「宗教戦争」として鋳直した。ドイツ人は英雄の国として美化して描く一方、イギリスは商人と商店主の国として軽蔑されている。

ゾンバルトによると、商人は「地上における人間の全存在を、誰もが自分にできるだけ有利なように運ぶ商取引の総和として見なしている。……したがって、この生活の概念の中では、物質的価値が非常に重要な地位を占める。……経済的、それも特に商業的活動が名誉と敬意をもたらす。結果として、経済的利益は……次第に生活の他の局面を二の次に追いやるようになる。ひとたび、経済界の代表者が優位に立つと、彼らは自らの職業的態度を容易に生活のすべての局面に移すようになる。……こうして、イギリスにおいて今日そうであるように、商人の世界観と実際的な商業主義が分かちがたく結びつくことになる」[96]。

ドイツもまたこの破滅への道を歩んでいたのだが、ゾンバルトの主張では、戦争によって、「奇跡が起こり」、「古いドイツの英雄精神」が開花し、勇気、従順、自己犠牲といった徳が甦ることになる（さらにそれに、軍事色を加えたシヴィック的共和主義とキリスト教とを結びつけながら、ゾンバルトは「信心深さ」を加えている）[97]。今や、「以前には意味を持たなかった」技術的・経済的成長が「意味と意義を取り戻した。それは、私たちにとっての至高の価値を持つものから導き出される」。その価値とは、二〇世紀の「選ばれた民」であるドイツ国民であり、彼らは「商業主義の泥水交じりの洪水に対する最後のダム」となる[98]。

同書の過激な論調が報道機関に広く批判され、著者が同じ専門分野の同僚の多くから浮いた存在になると、ゾンバルトは不評をユダヤ人のせいにした[99]。

戦時の経験は、中央ヨーロッパの資本主義社会と資本主義解釈にとっての分水嶺となった。特に、ドイツとオーストリア・ハンガリーでは、知識人がウェーバーやジンメルのどっちつかずの自由主義を捨て、左右の政治的急進主義に走るようになると、戦争は政治的二極化を引き起こした。政治的急進主義に至る若者世代の運動は、戦時経験に対する反応であるばかりか、主要な知識人たちが戦時体験をどのように解釈したかということに対する反応でもあった。ジェルジ・ルカーチとハンス・フライヤーは、このような急進派の代表者であり、特に雄弁な主導者でもあった。彼らは、資本主義を改革しようとしたのではなく、それを超克しようとしたのである。

第10章 ルカーチとフライヤー
共同体の探求から、全体性の誘惑に至るまで
Lukács and Freyer: From the Quest for Community to the Temptations of Totality

第一次世界大戦から第二次世界大戦に至る時期は、急進的な反資本主義の時代だった。マックス・ウェーバーとゲオルク・ジンメルは、問題を抱え込んだ自由主義者だったが、両者の資本主義分析は、その学徒によって政治的にさらに急進的な方向へと発展した。ウェーバーとジンメルが市場経済を支持したのは、その経済的優位性を認めたということもさることながら、市場経済がこれに先立つ経済体制よりも、あるいは、考えられるいかなる体制と比べても、より多くの個人的自由を認めているからであって、その意味において、二人とも自由主義者だった。自由主義とナショナリズムが両立可能であると、あるいは実際には補完的であると考えられた時代にあって、両者ともドイツ人ナショナリストだった（ウェーバーの場合は、ジンメルに比べてはっきりとそうだった）。

しかしながら、二人とも、資本主義が集団的な目的といった感覚や、何らかの超越的な意義をもたらすことができないでいるということに、不安を抱えていた。彼らは束の間、第一次世界大戦自体によって、高度に発展した資本主義がもたらした複雑で断片的な文化が、まとまるようになるだろうと夢想した。

ジェルジ・ルカーチとハンス・フライヤーは、ウェーバー、ジンメルと比べて一世代後の世代だが、彼らに深く影響されていた。ルカーチとフライヤーは、市場の文化的影響を分析することで自由主義を完全に拒否してしまった知識人の典型例である。そして、ヨーロッパの知識人のご多分に漏れず、彼らは資本主義が作り出した文

Hans Freyer
(1887-1969)

Georg Lukács
(1885-1971)

化的板挟みに対する解決策として、全体主義的な解決方法をとった。

一八八五年生まれのルカーチは一九一八年には共産主義を信奉するようになり、七一年に亡くなるまで（ときに異論も唱えたものの）忠実な共産党員だった。二歳年下のフライヤーは、第一次世界大戦後に極右派の理論家として登場し、国家社会主義の台頭を歓迎した。しかし、フライヤーの急進的な選択への関与は、ルカーチのそれほどはっきりしたものではなく、最終的にはそれに幻滅を覚えることになる。そして、第三帝国の敗北から一九六九年に亡くなるまでの間に、自由主義的な資本主義下での民主主義と妥協するようになる。両者は戦間期のヨーロッパにあって、資本主義を最もはっきりとした形で厳しく批判した理論家のうちに数えられる。

本章では、それぞれの批評を取り上げて、なぜ、一人は極左派に、そしてもう一人は極右派に転じたかを説明してみたい。

▼知識人から革命家に

ジェルジ・ルカーチは、ジェルジ・ベルナート・レヴィンガーとして、オーストリア・ハンガリー帝国のハンガリー側の首都、ブダペストのユダヤ人家庭に生まれた。ルカーチの家系は、ハンガリー系ユダヤ人の運命に特有な、成功、社会からの疎外、そして天才という独特な組合せを極端な形で反映していた。

母親のアーデル・ヴェルトハイマーは、少なくとも一八世紀まではさかのぼることができる、経済的な成功と、タルムード学と世俗的な学問双方の学識によって知られる傑出した家庭の出身だった。ウィーンで育てられた母は、帝国内で優勢な言語で、ルカーチ家が家庭で使う言語でもあるドイツ語を話した。父親のヨゼフ・レヴィンガーは無名から身を起こし、ハンガリーにおける最も著名な銀行家の一人になった。ハンガリー南部のキルト職人の息子だった父は、一三歳のときに学校を辞めて銀行に入った。二四歳のときには、すでにアングロ・オーストリア銀行のブダペスト支店の支店長になっていた。一九〇六年には、ハンガリーで最も重要な信用機関である、ハンガリー一般信用銀行の取締役に就任している[1]。

ユダヤ人と資本主義を同一視するのは、ヨーロッパのたいていの地域では隠喩であり、また、それ以外の地域では論争的な誇張だが、ハンガリーではかなり正確な同一視だった。東ヨーロッパではしばしばそうであるように、ハンガリーには元来、商業階級を担う固有の民族というものはなかった。マジャール人貴族も小作人も、商業志向ではなかった。商業は、本質的に非道徳的であり、下品であり、マジャール人の精神とは両立しないと考えられる傾向にあった[2]。

一九世紀になると、マジャール人貴族は、近代的な国家を構築するのには経済発展が必要だと考えるようになり、商業にかかわっているユダヤ人がさらに積極的に経済に関与するのを許し、また推奨するようにもなっていた。民族間の分業が進展したのだ。このような棲み分けは非公式のものだったが、マジャール人貴族は政治と政府を支配し(貴族は高官となり、紳士階級は下級の行政職に就いた)、ユダヤ人は経済領域に力を注いだ。商業を促進し、銀行を創設し、農業用地として使われていた貴族の所領を、所得を生み出す資本主義的企業に転換することもあった。

一八六七年からの約一〇年間、ハンガリーほど、ユダヤ人の経済、文化への融合が歓迎された場所は、ヨーロッパにはないだろう。少なくとも、中央ヨーロッパ、東ヨーロッパには全く見当たらない。一八六七年は「和協（アウスグライヒ）」の年だった。これによってハプスブルク帝国はオーストリア側とハンガリー側に分かれ、両国は共通の法体制、軍備、そして皇帝によって結びつけられるようになった。ユダヤ人は、法の下の平等以上のことを達成した。ユダヤ人の融合は、帝国のハンガリー側では支配的なマジャール人によって積極的に推し進められた。マジャール人はハンガリーでは少数派民族で、ハンガリー側での民族的バランスを確保するのに、潜在的にはユダヤ人をマジャール人の数に加えることができるものと見ていた。

世紀の転換点に至ると、ユダヤ人はハンガリーの金融や商業を牛耳るようになっただけではなく、自由業でもはっきりと存在感を示すようになった。一九一〇年の統計によれば、彼らはハンガリーの医者、法律家、ジャーナリストの半数に迫る勢いだった。世紀末のブダペストは活況に沸いていた。八〇万人もの人口を有するブダペストはヨーロッパで六番目の大都市であり、さらに成長を続けていた。二〇万人を越えるユダヤ人を抱え、ヨーロッパでは、ブダペストにはワルシャワに次いで大規模なユダヤ人コミュニティがあった。ハンガリー語と帝国の理念を受け入れることとの引き換えに、キリスト教への改宗という代価を払う必要はあったものの、成功したユダヤ人は貴族の称号を抱くようになり、上位の官職に採用されたり、政府の一員になることもあった[3]。

このような代価を快く払おうと考えた者はかなりいて、レヴィンガー家もそうだった。一八九〇年にヨゼフ・レヴィンガーは姓をマジャール風のルカーチに変えた。かなりの金額を積んで、ハンガリー語では「セゲディ・ルカーチ」、ドイツ語では「フォン・ルカーチ」という名前の貴族となったのだ。ジェルジは初期の著作をこの名前で発表している。

ジェルジは、一九〇七年にルター派に改宗した。これは、文化的融合を進めるうえでユダヤ教が障壁同然だったユダヤの出自の者にとっては、ありふれた足がかりにすぎなかった。家庭では「ヘブライ語の学習さえ、全くこれを重んじることがなかった」ので、ユダヤ教の祭式や儀式は意味を持たなかったと、後年のルカーチは述懐している[4]。「父は、寺院に行くこともなくお祈りもしなかったが、一年に一度、私を秘密の祭式に連れていくことがあった」と、ルカーチの親友のベラ・バラージュは回想している。「そこには私が知らない人々、両親とも付き合いがない人々がいた。彼らは白い布を肩に下げて、うめき声をあげながら胸を叩いていた。しかし、もっと怖かったのは、父もこのような黒い縞で縁取られた白い布を着ていたということだった。父は、彼らと同じような格好をしつつ、この不可思議で秘密めいた仲間に加わっていた。私はこれがユダヤ教の贖罪の日であると聞かされた。つまり、私たちはユダヤ人だから、一年で最も聖なる日だということになる。どうして私たちはユダヤ人なのだろう。これは私には理解できないことだった。それ以来、残りの人生の中で、生活のあれやこれやを考えてみても、私たちがユダヤ人という意識は得られなかった」[5]。

このように、ルカーチとバラージュは、ヴォルテールの描写に出てくるロンドン取引所のユダヤ人、つまり意味も知らずにヘブライ語の文句を唱えるユダヤ人に似ている。両者が、ヴォルテール、そしてマルクスが擁護した普遍主義を受け入れたのも、驚くに値しない。

若き日のルカーチは神童で、青年期にすでに数カ国語でヨーロッパ文学の傑作を読んでいた。マルクスの父は、経済的安定をもたらすような実際的な仕事に息子が就くことに固執したが、ルカーチの父は息子が文化・教養を究める道を勧めた。十分に富裕だったので、息子に引き続き小遣いを与えられただけではなく、世紀の転換期の中央ヨーロッパのユダヤ人にとっては、実入りが良い父親が才能ある息子の教養への興味を満たしてやるのはよくあることだった。

というのは、教養を究めることは、より高い社会的地位に至る道であるばかりではなく、よりいっそう大きな世界に完全に受容される道でもあったからだ[6]。西側の支配的文化をものにすることは、認知されるための道のりであった。ヨゼフ・ルカーチは、ハンガリーでのジェルジの大学教育にお金を出してやっただけではなく、ベルリンやハイデルベルクでの勉学についても面倒をみた。息子が哲学者として大学でのポストを得ることを希望したからだ。ジェルジがハンガリーで新しい哲学雑誌を公刊しようとした際には、父の仕事仲間の多くが同誌を購読した。

ところが、文化的な学識を究めるということで、ルカーチと父は同じ考えを持っていたとしても、文化というものは二つの世代にとって全く異なった意義を持っていた。ルカーチの父にとっては、哲学などの高次の文化は、ヨーロッパのブルジョワ文化への統合という意味では、その頂点をなすものだった。息子にとっては、哲学者としての経歴を積むことはビジネスの世界を拒否することであり、文化の内実は、両親のブルジョワ世界に対する批判を意味していた[7]。

若きルカーチには、両親の生活には意味というものがないように思われたのだ。父の考えている達成の倫理は、ジェルジにとっては、何らかの高次の目的なしに手段を追求することだった。母がうるさく言う作法も空しい慣習にすぎず、ジェルジはそれに反抗した。青年時に、彼はジェームズ・フェニモア・クーパーの『モヒカン族の最後』を読み、そこから、歴史的発展の過程で敗者になったものは、勝者よりも高貴になれるかもしれないというメッセージを受け取った。また、『トム・ソーヤー』と『ハックルベリー・フィン』を読んで、ブルジョワ的な世間体と、個人が真の意味でその人らしくあることとの対立の感覚が、確固なものとなっていった[8]。

ハンガリー人になりたいという切望も、ジェルジ・ルカーチにとっては、両親の世代ほどには、妥当なものとも望ましいものとも思えなかった。ルカーチの父にとっては、ブダペストに来ることは、文化的な辺境の地から大都市への旅を意味した。ジェルジの視野は、ウィーン、ベルリン、パリ、そしてフィレンツェにまで広がっており、ブダペストやハンガリーの文化は田舎じみていて限界があるように見えた。加えて、ハンガリーのナショナリズムが、中央ヨーロッパや東ヨーロッパ全般においてそうであるように、それ自体変化しており、ルカーチ家のような融合したユダヤ人をあまり歓迎しなくなっていた。

父の世代は、ハンガリーのナショナリズムを受け入れていた。このナショナリズムは自由主義的で、経済が資本主義的に発展することに好意的で、ユダヤ人を含めて、マジャール人以外の融合について理解を示した。ジェルジやその世代の者が成人する一九〇〇年以降になると、統合主義的で反ユダヤ的な新しい種類のハンガリーのナショナリズムがその存在を感じさせるようになっていた。新しいナショナリズムは、資本主義的な近代化の過程で失敗した者から、力を引き出していた。

反ユダヤ運動は、所領をうまく経営できなかったためにユダヤ人に土地を取られてしまった郷紳に率いられていた。土地貴族は、経済的・社会的支配が自分の手から新しい商業的ブルジョワジーに移ってしまったことを憤っていたが、反ユダヤ運動の中にはこうした土地貴族も交じっていた。工場生産に脅かされていた職人、土地を持たない小作人、そして婚姻と離婚の脱宗教化に反対していた、低位のカトリックの聖職者。反ユダヤ運動にはこのような人々が多く含まれていた[9]。

経済発展に成功したがために、ユダヤ人とマジャール人との間の非公式の分業関係に緊張がもたらされるようになった。ユダヤ人は経済界を超えて官界や議会に進出していたし、マジャール人はビジネスの世界や専門職の世界に転じるようになった。これによって、ユダヤ人との経済競争が生じた[10]。こうした状況にあって、世紀転換後のハンガリーでは、国民的議論の中心は、ますます「ユダヤ人問題」として知られる問題に占められるようになっていた[11]。

こうした次第であるから、孤立と疎外という主題がジェルジ・ルカーチとブダペストでの仲間の思想の中で非常に大きな地位を占めているのは驚くに当たらない。融合されたユダヤ人としては、ユダヤ人の過去はほとんど完全に疎遠なものだった。彼らは、人口の多くがまだ後進的な状況下で生活しているような、ハンガリーの田舎の社会や文化とは無縁だった。ハプスブルク帝国志向の自由主義者という彼らの両親の自己規定は、ナショナリズムがユダヤ人を国民的共同体の外にいるものとして定義し始めた時代には、あまり妥当ではないように思われたのだ[12]。

ジェルジ・ルカーチはハンガリーで成人したが、彼の知的志向はドイツの哲学と文学だった。一九〇六～〇七年にかけてベルリンのジンメルのところで勉強し、一九〇九～一〇年にも再びその地で勉強した。一九一四年にはハイデルベルクに移り、ウェーバーの社交サークルの一員となった。教授としての経歴を求めていたのだ。その著作には、ドイツ社会思想との出会いが刻印されている。

マルクスが行った現代生活の駆動力としての資本の分析[13]、テニースの「共同体」から「社会」への歴史的発展の描写、そしてウェーバーの手段としての合理性の強化と世界の脱魔術化についての分析。これらは、ルカーチの現代についての分析に際しての手引きとなった。しかしながら、彼が知的な意味で最も大きな影響を受けたのはジンメルだった[14]。

ルカーチは、共産主義に転じる前に三冊の書物を著している。現代劇の発展についての研究(一九〇九年に完成され、ハンガリー語では一九一一年に、そしてドイツ語による部分訳が一九一四年に公刊されている)、現代文学についての評論集である『魂と諸形式』(ハンガリー語では一九一〇年に、ドイツ語では一九一一年に公刊)、そして『小説の理論』(戦時中に書かれ、論説の形では一九一六年に、そして書物の形では一九二〇年に公刊)の三つだ。

これらのすべてが、ジンメルが『貨幣の哲学』や他の論考で追究した社会過程の反映として、芸術作品を解釈したものだった[15]。現代生活では、もはや「総体性」、つまり、すべてが他のすべてのものとつながり、万人が共通の関与を表明しているような、統合された文化というものはない[16]と、ルカーチは書いている。ジンメルは現代社会については曖昧な態度を取っていたが、ルカーチはそれをはっきりと批判した。ルカーチが現代文学を評価するのは、それが時代を根本的に批判している限りにおいてだった[17]。

上記三冊の著作に通底しているのは、意味ある生活は現代の状況では不可能だという主張である。ジンメルが個性についての新しい可能性を見出したところにルカーチが見たのは疎外だけだった。すなわち、社会の絆が弱まり、生産者と生産物の一体感が弱まっている。生活が技術的な意味で合理化されるようになり、個性の表現の余地はますます小さくなる。共同体は弱体化する[18]。

ドイツの哲学者フィヒテの言葉を借りて、彼は現代の資本主義社会の特徴を「絶対的な罪深さの時代」としている。ここでは、人々は「自らが作った環境を家庭ではなく、監獄だ」と感じるのだ[19]。

第一次世界大戦前は、ルカーチは資本主義が精神的に空っぽで、道徳的には不適切だと嘆いている多くの知識人の一人だった。このような嘆きは政治的には左からも右からも聞かれた。しかし彼の著作には、精神的なものであれ政治的なものであれ、解決を示そうとしたものはなかった。戦争で社会が統制され、人々が大量に虐殺されたことで、ことは急を要するといった感覚が生じ、資本主義を続けるのは精神的に苦痛であるばかりか、生命や身体を脅かすことになると、確信するようになった。そして、ロシアにおけるボルシェヴィキ革命によって、ルカーチは資本主義文明に絶望し、新たな始まりについて希望を持つようになった。

すでに記したところだが、一九一四年八月の事態は、ドイツの知識人の多くに歓迎されるところとなった。他国の知識人と同じように、自分たちの国は防衛のために戦っていると信じていたためだ(たとえば、エミール・デュルケムのように正しく事態を認識していた知識人と、政府の主張を簡単に信じてしまったドイツの知識人を区別できないでいる歴史家は非常に多く見受けられる)。

ウェーバー、ジンメル、ゾンバルトとは違い、開戦の当初からルカーチは戦争を嫌っていた。ルカーチは、ハプスブルク帝国を意味のない構成物だと見なしていた。そこでは、封建的貴族が資本主義のブルジョワジーと協力して、他のすべての人々が犠牲にされていた。彼の考えでは、ハプスブルク帝国を維持するのに戦争をすることは意味がなかった。今や帝国は、厳格だが非人間的で軍事化したドイツ帝国の気風によって救われることになる。進歩に対するこうした二つの障壁を維持するのに、人々は兵隊に召集され、「各人は殺人者、犯罪人、あるいは犠牲者」にされるのである。ルカーチにとって、この戦争は資本主義とナショナリズムの根本的な非人間性を示すものだった[20]。このように戦争を激しく拒絶したので、ルカーチはハイデルベルクで孤立し、ウェーバーやジンメルとの関係に緊張が生じた[21]。

戦争が進むと、前線での兵士だけではなく、銃後の守りについている市民にも困難がもたらされた。ドイツとオーストリア・ハンガリーの市民は、イギリスの封鎖作戦に悩まされた。封鎖によって食料輸入が閉ざされたのだ。一九一七年のジャガイモの不作によって悲惨さは増した。その頃になると、平均的な成人のカロリー摂取量は日に一〇〇〇キロカロリーにまで落ちてしまっていた。これは、戦前と比べると三分の一であり、広い範囲で栄養不良が蔓延した[22]。

自国での物資不足の悪化や、前線でさらに戦死者が出るという展望に直面した労働者は、政府の戦争継続策に抵抗した。ロシアでは戦争が社会構造に緊張関係をもたらし、一九一七年三月にロマノフ朝が崩壊し、同年一一月にはボルシェヴィキ革命が起こった。ボルシェヴィキ革命は、資本主義や社会民主主義の改革的・漸進的な政策といった地平を超えた新しい可能性を開くように、ルカーチには思われた[23]。

一九一八年一一月になると、ドイツ帝国とオーストリア・ハンガリーにおけるボルシェヴィキ革命の同調者は、平和を求めて訴えた。戦時中は国の実質的な指導者になっていたドイツの軍事指導者は、自由主義の、あるいは社会民主主義の政治家に政治上の権力を委ね、こうした文官に敗北の汚名を押しつけた。四年間にわたる見たところ意味のない虐殺がなされていたことに激怒した労働者や兵士は、ウィーン、ベルリン、ハンブルク、ミュンヘン、ブダペストなどの中央ヨーロッパの主要都市で革命評議会を立ち上げ、古い統治機関の廃止と政府の民主化を要求した。社会主義を要求したところもあった。

ドイツでは、実権は一時的に、社会主義者と自由主義者をそれぞれ代表する国会議員からなる暫定政府と、労働者と兵士からなる評議会とが共有していた。左派は、政治的選択に直面していた。評議会による直接統治と、普通選挙権を伴った代表者による議会的民主主義のどちらかを選ばなければならなかった。社会民主主義者は、議会による主権と民主的な選挙を良しとしていた。さらに左にはスパルタクス団がいた。新たに共産党を立ち上げて、評議会に従った。これはソビエト・ロシアのドイツ版だった。

一九一八年一一月から一九年春にかけての運命の時期に、議会制民主主義を望んでいた社会民主主義者は、ベルリンとミュンヘンで革命の試みに見舞われた。社会民主党の指導者は、最終的には旧帝国軍と新たにできた民兵からなる「自由団」に呼びかけ、この急進左派の脅威を鎮圧した。

マックス・ウェーバーは終戦のときにミュンヘンにいたが、そこでは、短期革命政権が連続して誕生した。これらは知識人の指導によるものだった。そのうちの何人かをウェーバーは知っていたが、革命の愚かさについて説いて聞かせることはできなかった。

一九一八年一一月七日、独立社会民主党（社会民主党左派の分派）のクルト・アイスナーが、バイエルン共和国を宣言した。ミュンヘンの都市労働者階級は旧体制に反感を持っており、これによって、保守的でカトリックが優勢で、田舎じみた、反ユダヤ的土壌であるバイエルンの地において、ひげを生やした自由奔放なユダヤ人演劇評論家であるアイスナーは権力を得ることができた。

やがて、大量失業と食糧不足が当たり前となった。これは、膨大な数の復員兵と、アイスナーの新生バイエルン共和国が非現実的な社会福祉政策をとったために生じた政府の債務不履行のおそれによるものである。一九一九年一月に選挙が行われると、アイスナーの党はたったの二・五％しか得票できず、二月に辞任を願い出る途上、若い貴族に暗殺された。移行期のゴタゴタを経て、四月七日には左派のユダヤ系知識人を多く含む政府がミュンヘンに成立し、社会主義共和国を宣言した。

一週間後、バイエルンに初めて誕生した社会主義共和国は、共産主義インターナショナルと連携していたさらに急進派の集団にとって代わられ、これが第二バイエルン社会主義共和国を宣言する。選挙で選ばれたバイエルン議会では最大党の社会民主党は、共産党を抑圧すべくベルリンの政府に助けを求めた。やがて中央政府が軍隊を派遣し、それにバイエルン北部の自由団が加わった。彼らは五月にミュンヘンに入り、テロ行為により、バイエルンのソビエト共和国を転覆させた。

ブダペストから、ルカーチはますますワクワクしながら、ロシアとドイツにおける革命を見ていた。著作や友人との議論を見ると、彼が資本主義が生み出す疎外の分析から、それを暴力によって転覆させる倫理についての分析に移行していることがわかる。

一九一八年の後半には、ルカーチはハンガリーの共産主義者からなる小さなグループに入り、『レッドニュース』と題する党機関紙の編者となった。「ブルジョワ的民主主義など、糞くらえだ！」と、その社説は唱えている。「大衆が行動するのを妨げる議会制に基づく共和制や政治など、糞くらえだ。プロレタリア諸君、武器を取りたまえ！」[24]。

共産主義者は、社会民主主義者と激しく衝突した。社会主義者は、議会政治を支持し、自由主義を標榜する首相であるミハーイ・カーロイの内閣に参加していた。しかしカーロイは一九一九年三月、戦勝国によってハンガリーが分割されるよりはと、辞職することを選んだ。そして、共産党との連立政権に権力が移行するのを許した。共産主義者のベラ・クン率いる新政府は、プロレタリアの独裁を宣言した。このハンガリー版ソビエト共和国は一三三日続いたが、内部崩壊によって弱体化し、外国の軍隊に屈した[25]。ルカーチは名目上は、教育に関する人民副委員だったが、これは実際のところ、ソビエト共和国の文化面における独裁者を意味する。

ハンガリー共産党指導層の政策は、資本主義に対する嫌悪と、資本主義をできるだけ早く、徹底的に破壊したいという願いに基づいていたので、急進的で妥協の余地はなかった[26]。急進派の煽動者は田舎に派遣され、家族制度を嘲笑い、教会を映画館にするぞといって威嚇したりした。

レーニンよりも急進的だったハンガリーの共産主義者は、一〇〇エーカー（約四〇万平方キロメートル）以上の土地は小作人に分配しないで、すべて国有化した。一〇人以上の従業員を抱える企業も国営化された。アパート、家具、「日常生活には要らない」金、宝石、コイン、切手のコレクションもすべて国のものとなった。平等主義の原則は厳格に適用された。賃金はすべて均等化された。ブダペストの墓地はすべて同じでなければならず、二区画を販売するのは資本主義的な個人主義の贅沢として禁止された。ブルジョワ的な新聞の多くがまずは検閲され、そして閉鎖された。

たいていのハンガリー系ユダヤ人は、ドイツをはじめとする他国のユダヤ人と同様に、共産党体制に反対していた。信心深い者はその無神論に反対したし、財産を持っていた者は社会主義に反対した。しかしながら、ユダヤの出自の共産主義者は、大部分が労働者階級からなる運動においては、非常に目立っていた。ユダヤ人は教育があったし、理路整然としていたので、指導者の位置につきやすかったからだ。ロシア革命でもドイツ革命でもユダヤ人は非常に目立っていたが、ハンガリーでは実質的に至るところにいたといってよい。四九人の人民委員の中で三一名がユダヤの出自だった[27]。

彼らの行動は、急進的な普遍主義の原則を反映していた。ハンガリー王や国民的英雄の像は解体され、国歌は禁止され、国旗の掲揚も罰すべき不法行為だった。革命派がユダヤ的排他主義に対する反感を忘れることもなかった。伝統主義的なユダヤ人は彼らのテロ活動の標的となった。

共産主義体制では、やがて多くのハンガリー人が疎外されるようになった。賃金が画一的で政府が雇用を保証していたので、労働規律と生産性は急落した。市場に対してイデオロギー的な反感を抱いていたので、共産主義体制では生産費を考慮することなくすべての価格が設定された。財はやがて希少となり、闇市での価格は高騰した。小作人は、ほとんど何も買うことができない貨幣と交換するよりは、農産品の出荷を控えるようになった。新たに集産化した農地を経営するために、しばしばユダヤ人の血を引く革命志向の若い知識人が田舎に送られた。知識人の急進主義の上を行くのは、その無能ぶりで、これによって小作人の反ユダヤ主義は強まった。

体制の反宗教運動は実際のところは聖職を剥奪された牧師が指導していたが、ハンガリーのイエズス会の人々は革命の本質はユダヤ的で反キリスト教的だと解釈していた。ブダペストでも田舎でも、体制に対する反逆は、教会の擁護、反ユダヤ主義と手を携えながら進んだ。

政治的・経済的困難に抗しえず、クン体制は一九一九年八月に崩壊した。ハンガリーでの反体制派に支持されたルーマニア軍によって、体制は最終的に打破された。ルーマニア軍がブダペストから撤退すると、権力はハンガリーの反革命派の指導者である、ホルティ提督に移譲された[28]。革命の赤色テロの後には、反革命の白色テロがやってきた。反革命は、官僚や崩壊した赤い体制のシンパだけではなく、ユダヤ人コミュニティをも標的にした[29]。戦前だったらそのような行動を容認しなかったはずのマジャール人の支配階級は、先行した赤色テロに対する必然的な反動として、白色テロを容認した。

反革命派による報復を避けるために、ルカーチ家は数週間隠れ、その後、父(父は、息子の革命的な行為には愕然とさせられたが、勘当することはなかった)はルカーチをハンガリーからこっそり脱出させ、ウィーンに向かわせる手はずを整えた[30]。

一九一七年のボルシェヴィキ革命とそれに続く、ベルリン、ミュンヘン、ブダペストにおける革命の失敗は、ユダヤ人や政治、経済との関係に対する人々の見方に影響を与えた。一九世紀になるまでは、ヨーロッパの反ユダヤ主義は主として宗教的な性格を帯びていて、福音の教えを受けつけない者に対するキリスト教教会の反感に基づいていた。一九世紀になって資本主義が発達すると、反ユダヤ主義の焦点も変わってきた。今や標的となるのは資本家としてのユダヤ人であり、伝統的社会の破壊者、略奪者として非難された。

このような一九世紀後半の新たな政治的反ユダヤ主義にとっては、ロスチャイルド家やブライヒレーダー家は真の意味で「時代の王」だった。一九一七年から一九年の革命においては、ルカーチ家のような人々の役割は顕著だったので、これによって反ユダヤ主義には新たな勢いがもたらされた。彼らは自分たちはすでにユダヤ人と思ってなかったが、敵対者の目にはユダヤ人だったのだ。神殺し、あるいは資本家としてのユダヤ人に並んで、革命家としてのユダヤ人が台頭しつつあった。

共産主義革命家としてのユダヤ人像を広めるのに貢献した書物の中には、『ユダヤ人が統治するとき』がある。これは、ジャンとジェローム のタロー兄弟が公刊したハンガリー・ソビエト共和国についての証言だ。二人の著者は、長い間フランスでは急進右派と見られてきたが、非ユダヤ人を名ばかりの指導者とした、ユダヤ人による陰謀としてハンガリー革命を描いている。同書は、身の毛がよだつようなやり方で、そしていささか空想的に「レーニン・ボーイ」（紅衛兵）の恐怖や革命家による富の没収、そしてキリスト教徒の教授が若きユダヤ人知識人によってとって代わられる一部始終を描いている。「新しいエルサレムがドナウの両岸に構築されつつある」と著者たちは報告している。「これはカール・マルクスのユダヤ人的発想に端を発するもので、基盤となる古代の考えの上にユダヤ人が築いた」ものだ。

同書はフランスでは五万五〇〇〇部売れ、多くの版を重ね、英語やドイツ語などに翻訳された。ボルシェヴィキとしてのユダヤ人像は、右派の新しい宗教観の中心となった。明晰な分析をすれば、ユダヤ人は確かに指導者層の多くを占め、目立ち過ぎだとはいえ、共産主義者であるユダヤ人は少ないし、たいていの共産主義者はユダヤ人ではない、ということがわかっただろう。

しかし人々は、キリスト教国の不倶戴天の敵としてユダヤ人を見る、という従来からの反ユダヤ的なステレオタイプに色塗られたレンズを通して、ユダヤ人共産主義者を見ていた。ユダヤ人革命家とユダヤ人資本家が、道を隔てて反対側にいながら、実際にはキリスト教文明を征服するために連携している、などといった結論を出すには、よほど歪んだ物の見方をする必要がある。しかし戦間期に、ルカーチや、ロシアやドイツで彼と同じ考えを持つ人々に再び焦点を当てることで、急進右派はユダヤ人問題を鋳直すことに成功した[31]。

▼幻想の体制としての資本主義

ジェルジ・ルカーチを共産主義に向かわせたのは第一次世界大戦だった。ボルシェヴィズムに引き寄せられた他の知識人と同じく、ルカーチも、資本主義が帝国主義的な競争と戦争につながるというレーニンの主張に説得された[32]。しかし、ロシア以外の共産主義革命が繰り返し失敗したのを反省し、ルカーチはマルクスの理論を再定式化するに至る[33]。一九一九年を通じて、ベルリン、ミュンヘン、そしてブダペストで革命は繰り返され、そして失敗した。

一九二一年三月、ドイツの共産主義者は再び反乱を呼びかけたが、その多くが社会民主党支持者だったドイツの労働者階級からは、ほとんど反応がなかった。戦争のトラウマによって、ルカーチやその同類は、戦争が終われば資本主義もなくなるとの啓示を期待するようになった。しかしながら、数年経つと、少なくとも高度に発展した資本主義社会は、革命の可能性をうまく封じ込めて、労働者階級を議会制民主主義に取り込みつつあるように思われるまでになっていた[34]。

このような形で期待を裏切られたルカーチは、一九一九年から二二年にかけて、一連の論評を書いた。『歴史と階級意識』として一九二三年に出版されたものがそれである。ルカーチは、マルクスの資本主義下における「疎外」の分析を書き換えただけでなく、なぜ労働者階級がマルクスの期待を裏切って、資本主義に反抗しないのかを巧みに説明した。

ルカーチの分析で非常に斬新だったのは、資本主義が疎外につながるという主題ではない。これはすでにマルクスにある。一八四四年に若きマルクスが書いて一九三〇年代に公刊された「パリ手稿」に重きが置かれることが多いが、この主題は初期、後期、公刊、未公刊の別を問わず、マルクスの著作には広範に見られるので、わざわざ公刊する必要もなかったほどだ。資本主義が疎外の感覚を生み出すということは、『歴史と階級意識』公刊の数十年前には、すでにドイツの社会思想では浸透していた考えだったし、ルカーチの初期の著作においても見られるところである。

いくらかでもルカーチに新しいところがあるとすれば、それは、ジンメルやウェーバーが分析した文化的板挟みが社会主義によって克服されるという示唆だった。それは、全くの非合理とはいえないにしても、直観に反している。というのも、ウェーバー自身が強調しているように、社会主義は世界の官僚化を加速し、強化していくと見られるからだ。ルカーチはウェーバーの社会主義批判に対しては全く応えていない。また、『歴史と階級意識』をまさに執筆中に、ウィーンの他の知識人たちが述べ立てた経済的な妥当性に対する批判にも応えていない（これらの批判は、後に続くシュンペーターとハイエクの章で取り上げる）。

ついでに言えば、ソビエト連邦に社会主義を導入しようとした試みは全くの失敗であり、ボルシェヴィキ体制が一九二一年に「新経済政策」という形で私有財産と市場を部分的にせよ、復権せざるをえなくなったということについて、ルカーチが反省していた様子も全くなかった[35]。以前、二世代前のマルクスがそうだったのと同じく、ルカーチも社会主義経済の実際の制度については、ほとんど関心を払っていない。他の多くの文化批評家のご多分に漏れず、ルカーチは基本的には経済には関心がなかった。マルクスの資本主義理解は正しく、労働価値論は資本主義の現実を読み解くための秘密であり、社会主義はうまく作用する。これらのことは単に仮定されていたにすぎない。

『歴史と階級意識』の中で、最も斬新で影響力があった部分は、なぜプロレタリアートが革命を支持しなかったのか、そして、資本主義の終焉をもたらすのにルカーチ自身のような知識人の導きを要するのはなぜなのか、という説明だった。

ルカーチは、資本主義下における労働者の状況を分析したマルクスから始めている。マルクスが主張し、ルカーチが再述したように、労働者は自身の労働を管理できず、偏った専門化を強いられている。気づいたときには労働過程から創造性は全く奪われてしまっているのだ。機械労働が人体に与える物理的負担と、心理的負担をマルクスは探っていた。

資本主義下での物理的な意味での労働の負担は大きくなってはいないが、その精神的な作用は、マルクスの時代よりもさらに悪化していると、ルカーチは主張している。とりわけ、組み立てラインにおけるさらに正確な分業と「科学的な時間管理」による労働の制御である「テイラー主義」の到来によって、労働者はますます労働における自分のペースを保てなくなり、また、自分の知的能力を発揮する機会はますます減っていった[36]。ルカーチによれば、この結果は、まさに『国富論』の中ですでに懸念されていた精神の鈍麻ということになる。

しかし、ここからルカーチは、マルクスが決して示唆しなかった結論を導いている。つまり、資本主義下での労働の性質がもたらした精神の鈍麻によって、労働者たちは自分たちの真の利益を認識できなくなり、資本主義自体の転覆を考えなくなってしまうということである。ルカーチの理解では、資本主義によって労働者が愚鈍になってしまうということは問題ではなかった。問題はむしろ、資本主義の下で働くことで、世界に対して受動的な態度を生み出してしまうことなのだ。世界は変えられるということを想像することも不可能になってしまう。

ルカーチは次のように記している。高度に発展した資本主義の下では、労働者は「機械系統に組み込まれた機械の一部になる。彼にとっては、機械はすでに存在していて、自己充足的だ。機械は労働者からは独立に作動し、好むと好まざるとにかかわらず、彼はその法則に従わなければならない。労働がさらに合理化され機械化されると、労働者の意志は、活動が活発でなくなり、『静観的』になるにつれて、ますますなくなっていく。閉ざされたシステム、すなわち、それ自体固定的な法則を有し、個人の意識とは別に展開し、人間の行為には影響されないシステムに対して、このような静観的な態度が採用される……」[37]。

このようにして、資本主義の下での労働過程そのものが、労働者階級を無気力にしていく。労働者は、ルカーチが呼ぶところの物象化(しばしば「具象化」とも訳される)に陥る。これは、資本主義における人間関係が、元来は人間の意志によって変えることのできる特定の歴史的条件の結果であるにもかかわらず、人々が服さなければならない永久に続く不可避的な自然法則であるかのように考えてしまうことを指している。

ルカーチは、なぜ「傑出した鋭敏なブルジョワ思想家たち」が、現在の「世界革命」の時代において、資本主義が社会主義にとって代わられる、という彼の見解を共有していないのかも説明しようとしている[38]。ブルジョワ知識人は、まさにブルジョワ的思考の構造のせいで、そうすることができないでいるのだ、というのがルカーチの答えだった。ブルジョワ的思考のせいで、彼らは資本主義がその内に抱える矛盾に滅ぼされることを受け入れることができないのだ。「こうした傾向が意味しているのは資本主義の廃絶なので」、「ブルジョワジーがこのような傾向を意識することは、自殺に等しい」[39]とルカーチは主張している。

マルクスは、スミスやその継承者の経済学を、有産階級の資本家が知的な形で自己弁護したものだとして、批判している。彼らは、資本主義的市場の法則は永遠で不可避であるかのように思わせた。ルカーチは、このようなイデオロギーとしての知識批判を、経済学を超えて、哲学や社会科学にまで拡大したのである。ルカーチによれば、ブルジョワ(つまり共産主義者ではない)の哲学や社会科学は、それ自体「具象化」に陥っているのである。資本主義的なやり方ではない方法で組織された社会を想像できなくさせてしまうという機能も、それは持っている[40]。

ジンメルはかつて、分業と文化の発展に伴う、知識と教養の専門化の効果について研究した。ルカーチは、このような知識の専門化と断片化の過程それ自体が、ブルジョワ的な自己弁護なのだと主張している。知識を区分することによって、「全体としての像」はすべて破壊され、市場と文化的な不満との相互関係を認識する能力も損なわれてしまう[41]。

結果として、ブルジョワ社会とそれが生み出す知識を基礎としては、「見通しを急激に変えることは不可能になる」[42]。断片的な見通しこそ得られるものの、それでは急激な変革は不可能だ。与えられた「物象化された」世界だけが、唯一可能な世界であるように見えてしまう。こうして物象化のためには、「社会の欲求充足全体が商品流通という形態で行われることが必要である」[43]。

これこそが、ウェーバーのように頭の切れる思想家であっても、資本主義を避けることはできないと見なしていた理由だと、ルカーチは結論づけている。ジンメルは、「文化の悲劇」は文化の発展の本質自体に組み込まれていると考えていた。教養ある個人は、文化の急激な発展と、個人がその文化に溶け込むことができないというギャップに悩まされることになる。そうではないとルカーチは主張する。文化の悲劇は「資本主義的」文化の悲劇であり、これはおそらくは社会主義の到来によって解決される[44]。

そうであるのならば、資本主義というものは大いなる幻想の体制によって生かされていることになる。プロレタリアートが反乱を起こせないのは、問題が唯一、資本主義の力によって引き起こされていることが想像できず、また、それを改革するのではなく廃絶することも想像の外だからだ。共産主義には与しない哲学や社会科学は、資本主義が引き起こした多くの難問を研究はするだろうが、これを全体として認識することができず、また、このような難問が資本主義の廃絶によって解決されるという結論にも達しない。このような結論は確かに希望的観測ではあるが、ルカーチはそれを歴史的理性の本質だとして扱った。

革命の教育者

たいていのマルクス主義者が自らのイデオロギーを、資本主義的生産が発展することで引き起こされた経済過程に焦点を当てた、唯物論的な科学だと見ていたのに対して、ルカーチはこうした過程を認識したり解釈したりする際の「意識」の役割を強調している[45]。これは、ルカーチにはマルクスだけではなく、マルクスのレンズを通して読解したヘーゲルも染み込んでいたからだ。個々の事柄をそれよりも大きな文脈で説明する。歴史に首尾一貫性と関係性を見出す。そして歴史過程それ自体に目的を認める。このような「総体性」の概念をルカーチは、ヘーゲルから継承した。

しかし、ルカーチの「総体性」の概念の使い方はヘーゲルを怒らせただろう。ヘーゲルは、自身の仕事は人を歴史や現在の世界での位置と折り合いをつけさせることにあると見ていたが、ルカーチは自らの役割を、人々が受動的に現在を、つまり資本主義の時代を受け入れることをやめさせることと見ていたからだ。マルクス主義だけが、部分としての個々の事実をより大きな総体の下で理解するという意味で、「弁証法的」だった。別の言葉でいえば、マルクス主義者だけが歴史の真の方向を知っていて、現在をそれに照らして理解できるのだ。「歴史を説明する際の経済的動機の優位が、マルクス主義とブルジョワ的思想との決定的な差異ではない。違いは総体性の視点なのだ」と、彼は記している[46]。

マルクス主義者は、将来の「自由の領域」の視点から現在を理解することもできる[47]。彼らは、現在が疎外と断片化からなる経過的な段階であることがわかっている。こうしたことは、将来の共産主義では克服される。そこでは社会的な対立は廃絶され、各個人は、自らと同一視できる首尾一貫した全体の一部として、おのおのを理解することができる。

「総体性の弁証法的な概念によってのみ、私たちは社会過程としての『現実』を理解することができる……」と、ルカーチは主張している。「資本主義的生産方法によって必然的に生み出される物神的な対象は、必然的なものとして認識される仮象ではある。これは弁証法によってのみ、単なる仮象にすぎないものに解消されることになる」[48]。マルクス主義的理論家は幻想のヴェールに穴をあけることができるので、これによって労働者階級の意識が転換され、世界史的目的についての受動的な感覚麻痺から覚醒する。

マルクス主義、つまり、「史的唯物論」とプロレタリアートの階級闘争とは切り離すことはできない、とルカーチは主張している[49]。しかし、史的唯物論は「階級としてのプロレタリアートに固有なものでもないし、彼らが自然に持っている」ものでもない[50]。それどころか、大半の労働者階級は、マルクス的な歴史観において描かれている革命的な役割から離れて、資本主義を受け入れるようになってしまう。

『歴史と階級意識』の中で最も大胆な主張であるが、ルカーチは階級としての労働者の「真の」意識は、彼らが「客観的に彼らの状況にふさわしいと考えられる」、つまり、「マルクス理論で命じられた革命的意識」に適った思考と感覚を持てたならば、持つであろう信念を含んでいると、主張している。しかし、これは明らかに労働者階級自体の非革命的な感情とは相反するものであり、ルカーチはこれを「虚偽の意識」と呼んでいる[51]。したがって、プロレタリアートの「本当の」階級意識は、労働者たちの実際の信念とはほとんど関係がない。「プロレタリアートの見解」というのは、共産党によって押しつけられた見解のことなのだ[52]。したがって、プロレタリアートの「本当の」利益と意欲は、労働者階級の経験的な願いや意欲とは全くかけ離れていることになる。

ここでルカーチは、レーニンが二〇年前に『何をなすべきか』(一九〇二年)で提示した分析を取り上げ、論理的帰結にまでそれを推し進めている[53]。労働組合やその指導者が、革命家をめざすよりは既存の体制を改革しようとする傾向にあることに衝撃を受けたレーニンは、労働者自身が社会主義をもたらすことはないだろうと主張した。資本主義は労働者階級に不満をもたらすことにはなるものの、よく組織された職業的な革命家の集団がいなければ、そのような不満によって革命が引き起こされることはない。マルクス主義が決定論的な体制であることを繰り返し強調しつつも、レーニンは、それをもっと自発的な方向に転換して職業的な革命家の意志と熟練を強調した。

さて、ルカーチはマルクス主義の用語を使って、なぜ労働者のレンズが、ブルジョワ・イデオロギーや経済体制における自分たちの役割から来る受動的な態度によって、曇らされているかを説明している。これらすべてのことが、労働者が明確な形で全体を見渡すことを妨げているのだ[54]。

レーニンにとってそうだったように、ルカーチにとっても、労働者の間の革命的な階級意識を呼び起こすのにさらなる大きな障害となっているのが、議会制民主主義への参加の意欲を強める社会民主党だった。社会民主党の誤りは、より良い給与、労働条件、そして政治参加を求める労働者階級の経験的な願望に従ったことによる。また、さらなる誤りは、「プロレタリアートの実際の心理的意識をプロレタリアートの階級意識として受け入れてしまった」ことにある。言い換えれば、マルクス主義理論によって深い理解を獲得しながらも、実際の労働者の見解をプロレタリアートの「真の」意識として受け入れてしまったことにある[55]。

レーニンに従いつつルカーチは、労働者の直接的な、あるいは国家的な、職業的な利益を追求しようとする社会民主主義者を「日和見主義者」として非難している。これは、レーニンの悪口のレパートリーの中でも最大級の呪いの言葉だった[56]。

こうして、資本主義は危機に直面しているとはいえ、その危機が資本主義を超えて社会主義に至るためには、マルクス理論の知識によって歴史を総体として見るべく、プロレタリアートの意識を効果的に転換しなければならない[57]。共産党は「プロレタリアートとしての階級意識の担い手であり、その歴史的役割の良心ではあるけれども」[58]、「教育者それ自身が教育されなければならないのだ」[59]。

このように、ヘーゲルの思想の中で、社会全般の利益を与えられている「普遍的地位」としての国家官僚が占めていた地位は、ルカーチの構想では共産党が担うことになる。そして、人々に対する教育によって、新しい普遍的地位に就いた者たちの意識を形成するとヘーゲルが期待していた哲学者に代わって、マルクス主義的な知識人が台頭することになる。

▼共同体としての党

ルカーチにとって、共産党は資本主義が提供できないものを与えてくれるように思えた。これは、自分の一部ではなく、全生涯を捧げる大義とか、受け入れるに値する統制の源泉とか、すべてを包摂する共同体とかを意味している。そして、後年同じような動機から共産主義にひかれたり、あるいはしばしば『歴史と階級意識』を読んだことで共産主義に魅了された知識人もいたわけだが、こうした知識人の場合も事情は同じだった。ルカーチによれば、究極の自由の名の下に個人は党に従わなければならないのだ。「『自覚的に』自由の領域を欲するのであれば、自覚的に、それに至る歩みを進めなければならない」と彼は力説している。

「そして、現代のブルジョワ社会では、個人の自由は不健全でしかないことに気づくべきだ。というのも、それは他人の自由の抑圧に基づいた特権だからである。自由の領域を欲するのであれば、必ずや個人の自由を放棄することにつながる。それは、意識的に自己を、真の自由をもたらす集合的な意志に従わせることを意味している。……この自意識を持った集団的意志が共産党なのだ。……統制によって、党は初めて集団的意識を実行に移すことができる」〔60〕。

党の積極的な活動は、ジンメルが究明していた、多くの内面的な関与が互いに対立してしまうという問題も解決する。「真の意味ですべての事柄に積極的に参加し、組織の全成員が本当の意味で実際に関与することは、全人格的にかかわるにことによって初めて可能になる」とルカーチは主張している。「共同体内部の行動が、参加者一人ひとりにとって、中心的な個人的な関心事となって初めて、権利と義務の分裂、そして、個人を制御している社会的な力による個人の断片化が克服されることになるのである」〔61〕。

ルカーチの考えでは、資本主義によっては得られないと思われる共同体が、共産党によってもたらされるのだった。共産党は、目的と統制だけでなく、知識人に対して特別な役割を約束した。彼らは、マルクス主義の文化を自分のものとしていることから、ハンガリーとドイツでは閉ざされていた精神的な指導者の役割を引き受けられるからだ。彼らが導こうとしている共同体は、国や民族を超えた、普遍的な共同体であり、そこではユダヤ人としての出自は何も意味しないはずだ。したがって、ルカーチにとっては、共産主義運動は資本主義社会で与えられないものすべてを与えられることになる。

ルカーチがトマス・マンの『ブッデンブローク家の人々』のマルクス主義的解釈を公刊した後の一九二〇年代前半に、マンはルカーチに会っている。『魔の山』で、マンはルカーチを、最も印象的なキャラクターであるレオ・ナフタのモデルとして使っている。ナフタは、ユダヤ人からイエズス会士に転じた、共産主義共同体の預言者であり、真正の全体主義的知識人として描かれている。

『歴史と階級意識』の後年にわたる影響は、共産党と運命を共にしようとした知識人や、労働者階級を資本主義爆破の社会的ダイナマイトを提供する社会的集団として見ていた人々に限ったことではない。ルカーチが同書を公刊してから何十年も経ってから、資本主義文化は、イデオロギー的な靄《もや》の下に資本主義以降の将来について想像する力を押し殺してしまう、という彼の構想を拡大しようとした者も出た。彼らは、従順な者たちをなすがままの無感覚から目覚めさせられるかどうかは、歴史的展開の真の可能性を知っている者にかかっている、というルカーチの概念に飛びつくのである。

▼フライヤー——疎外と共同体の探究

ハンス・フライヤーは鏡に映されたルカーチのイデオロギー上の双子の片割れといえる。フライヤーはブルジョワ社会から疎外されているという感覚をルカーチと共有していた。彼もまた、マルクス、テニース、ウェーバー、ジンメル、そしてヘーゲルから深い影響を受けていた。また、ルカーチと同様、資本主義からは共同体や高次の目的が奪われていると考えていて、それに対する急進的な改革案を求めていた。

しかしながら、ルカーチの急進的改革案が普遍的な共産主義という形をとったのに対して、フライヤーの場合は、それは国家社会主義という形での、排他的な急進的右派となって現れた。といっても、彼は人種差別主義者でもなければ反ユダヤ主義者でもなかった。他国の知識人が他の形のファシズムの中に見出したように、彼が国家社会主義の中に見出したと思ったのは、資本主義の道徳的行き詰まりに対する解決策だったのである。

第三帝国の後にやって来た幻滅の中で、ハンス・フライヤーは全体主義的イデオロギーの誘惑にとてももろく、それを信奉しがちな類の知識人を描いているといえる。フライヤーは先代の神学志向をかなり残したタイプの思想構造を有する知識人になりそうではあったが、自分自身は背教者だった。フライヤーが記しているように、「このように、宗教については、その器官は非常に発達しているものの、機能はすでに失われている」のだ[62]。

フライヤーの父は、ドイツ、ザクセン州の中位の官僚だったが、祖父は何世代にもわたるルター派の牧師だった。ヘーゲルがそうだったように、フライヤーも元来聖職者としての経歴をたどる運命にあったが、気づいたときには神学的な拠り所から切り離されていた。ヘーゲルと同じように、彼は自分自身の運命を精神的な指針として受け入れられるような、もっと世俗的な外観を求めていた。

フライヤーが大学時代に主として参照したのが、二〇世紀初頭のドイツにおける最も異常な現象の一つである青年運動だった。「青年運動（ユーゲントベヴェーグンク）」は、その名からも想像がつくように、主として教養ある中産階級、すなわち「教養市民層」の子弟からなる緩やかな連合体だった。青年運動の成員たちは、彼らが見た物質主義的価値の台頭やヴィルヘルム期の文化において富に与えられた威信について、不満を持っていた。彼らは決まり切った愛国主義に対しては批判的であり、社交クラブの快楽主義や反知性主義をやめると誓っていた。また、タバコ、アルコール、肉を遠ざけようとした。まだ初期段階にあった対抗的な制度を通じて、彼らは社交クラブの学生やブルジョワ、そして官僚との接触をできるだけ避けようとした。

彼らのヴィルヘルム期に対する批判はさまざまな源泉によっていたが、自分たちが苦しんでいるということが告発の最終的な根拠だった。彼らは田園を歩き回り、自然との関係を確立しようとした。詩を書き、フォークソングを歌い、夏至を祝うような異教徒の習慣を復活させることも実験的に試みた。現代のドイツには欠けていると考えられていた、目的を持った共同体に対する強い感情的関与に対する憧れについては、フライヤーも共感できた。

ルカーチがジンメルのところで勉強するために、ベルリンにやってきた数年後、フライヤーもジンメルのところへやって来た。先行世代の偉大なドイツの社会学者に触れることによって、フライヤーは、青年運動の仲間たちのいささかはっきりしない不満を、もっと社会科学的なやり方で定式化できるようになった。運動では、何らかの精神的な原則やより大きな全体に、進んで関与することが尊ばれた。しかし、どんな原則、どんな全体だというのだろう。先行世代の文化や、ときには宗教も拒んだものの、青年たちは多くの文化的選択肢に直面していて、そのどれも説得力があるとは言いがたいのだ。フライヤーとその仲間が脅えていたのは、自由がないからではなく、多過ぎるからだった。

戦争が一九一四年に勃発すると、フライヤーは直ちに自発的に兵役に出て、少尉となった。彼は、それからの四年間のほとんどを西部戦線で送ることになる。二度重傷を負い、戦争の英雄となった。フライヤーは下級士官として成功し、後年、軍隊時代を懐かしんでいる。

第一次世界大戦の経験によって、フライヤーと青年運動にかかわっていた同世代の一部には、予期しない形で板挟み状態が解消されることとなった。「民族（フォルク）」のために犠牲になるべきだという呼びかけは、個人が参加できるような高次の目的を欠いた社会を責めていた人々によって、ほとんど安堵をもって迎えられた。戦中、広範に聞かれた「民族共同体」の檄文の中に、青年運動にかかわった人々は、自らの共同体構築に対する呼びかけを聞いたのだ。今や、少なくとも当面は、小さな秘密集会に限定されていた集団についての関心が国家レベルに移植されたように思われたのだ。

「前線の塹壕という共同体」の経験は、長らく、大きな共同体を求めても得られなかった者にとっては、非常に強烈なものがあった。小作農や労働者階級から徴兵された普通の兵士にとっては、戦争は家族を扶養しなければならないという喫緊の義務から、強制的に解放されることだった。戦争の終結は、村、教会、党といった市民的共同体への復帰を意味することになる。

しかし、フライヤーと青年運動での仲間の一部にとっては、戦争がもたらした集団的脅威は、将来の国家共同体の接着剤のように思われた。共産党体験がルカーチにもたらしたもの、これをフライヤーにもたらしたのは軍隊経験だった。これらによって、より高次の集団的目的に服する経験がなされたのである。

▼排他主義者による市場批判

戦後、フライヤーが展開した市場の効果についての批判は排他主義的なものだったが、これはユストゥス・メーザーの分析を直接、継承したものだ。しかし、フライヤーが擁護したのは、もはや、メーザーが愛情をもって守ろうとした地域の特殊性ではなかった。それは、民族的なナショナリズムであり、そこでは「民族」が帰属意識の究極の基礎とされていた。その言葉の魅力の一部は、いろいろな意味を含んでいることにあった。ある国の市民全体という意味で、国家と同じ意味でも使うことができた。一般的な意味では、それは民衆を意味していた。

しかし、フライヤーの時代になると、共通の源、共通の地縁、共通の歴史、つまり、「血と土地」の共通性に基礎づけられた国家を意味するようになっていた。「国粋主義的な」ナショナリストは、このような意味で「民族」という言葉を使った。多くの場合、「民族」の一員にユダヤ人は入っていなかった。ユダヤ人は、民族的に異なっていて、文化的に外部者だと見なされていた。彼らが、まさにドイツ文化の主流になろうとしていた、そのときにおいてすら、そうだったのだ[63]。フライヤーは、このような反ユダヤ的な「民族」概念をナショナリストとは共有してはいなかったが、一般大衆に向けた著作では、「血と土地」の言葉を使っていた。

市民生活に戻るとフライヤーは、再び勉学に身を投じるようになり、一九一九年に教授資格請求論文を公刊した。これは、博士号取得後の著書で、ドイツの大学で教えるためには必要なものである[64]。三年後、三六歳になったフライヤーはキール大学の哲学講座に招聘され、一九二五年にはライプチヒ大学に移り、ドイツで最初の社会学講座の教鞭をとった。一九二〇年代には、哲学者、政治理論家、そして社会学者に向けた双書、評論を書いた。その中でフライヤーは、資本主義の文化的・政治的影響について批判している[65]。彼は、学者が使うような概念的な言葉でも伝えたいことを表現することもできたし、また、「国粋主義的」ナショナリストのやり方、つまり、もっと隠喩的で感情的なやり方でそうすることもできた[66]。

メーザーは、歴史における特殊なもの、独自なものに敬意を払い、一八世紀においてはヨハン・ゴットフリート・ヘルダーが、後にはロマン主義者が明確に述べた、多様性、変化、異質性に感激したが、これらはフライヤーも共有するところだった[67]。啓蒙主義者の、人と歴史についての普遍主義的で合理主義的な見解では、「実際の生活がさまざまであること」を評価できない、とフライヤーは書いている。それでは、啓蒙思想には無縁なものの本質的価値に敬意を払うことができないからである[68]。

フライヤーの見方は、ヘーゲルと同じく、歴史主義者のそれだった。フライヤーは、人間の共同体、価値、そして、人間の本性そのものも歴史の所産であり、常に変化していると確信していた。しかし、ヘーゲルとは違い、歴史がはっきりとした方向づけや内在的価値を持っているとは、もはや考えていなかった。ヘーゲルは、普遍的な道徳的基準が理性から導き出されると信じていたが、フライヤーはこれには同意しなかった。

フライヤーの排他主義的・歴史主義的な見解においては、合理的な基礎に基づく普遍的な倫理体系が見出される可能性は軽視されていた[69]。そのような倫理体系を探すのは無駄だと、彼は主張する。というのは、人間世界というのは、長い時間をかけて共同体が創り出してきた多様な伝統からなるものであり、そうした伝統のそれぞれが倫理的に妥当だからである。理性論者の理念は、これらの特殊な歴史的伝統を根こそぎにしようとするものであり、それらを合理的な基礎を持ち、全人類にとって妥当な単一の倫理で置き換えようとするものだと、フライヤーは記している。

しかしこれは、悲劇的ともいえる誤謬だ。というのも、「一般的な人間性」などというものはないからであり、生まれ合わせというものから切り離された道徳性は、血が通わず、些細で不満足なものになる運命にあるからだ。

彼は、歴史における意味は多様性においてのみ存在すると主張する。「歴史は複数形で考えるものである。個人差に対する解決策は一つではないというのが、その教えである」と、記している[70]。これらの「複数形」は、さまざまに異なった歴史的文化を意味しており、それぞれは、歴史的共同体あるいは「民族」によって創造され、広められる。したがって、新しい適切な倫理を創造するのには、特定の歴史的共同体や文化における成員を確定させる必要がある[71]。

フライヤーは個人的な意味と集団的な目的とを結びつける。後者は、集団的な特殊性に基礎づけるほかないようなものだ。フライヤーによれば、理性論者の普遍主義においては、過去における特定文化との関係はすべて断ち切られる。過去の特定文化こそが現在の文化に深みを加えるのだが、このようにして個人が服属できる共同体との絆はなくなる。歴史的な特殊性がなければ、文化から意味も失われることになるので、個人は生まれ出た「民族」を受け入れざるをえないのだ、とフライヤーは主張する。

集団的な精神、あるいは祖国の文化である「民族精神」は、何らかの普遍的な合理的な基準によって、他国の文化より優れていると判断され、肯定されるのではない。そのような基準はない。そうではなく、「民族精神」

こそが継続する特殊性の歴史的基礎だからだ。こうして、特定の民族に生まれることが、意識的に肯定される運命にまで高められることになる。

数年後、マルティン・ハイデッガーは『存在と時間』(一九二七年)の中で多くの同じ論点を指摘している。それから六年後、ハイデッガーも国家社会主義者が権力掌握を歓迎するようになる[72]。

フライヤーが集団としての特殊性を肯定する根拠としては、「民族」と同一視できる限定的な共同体があるという想定があった。民族の文化的伝統は相対的には同質的だ。こうした考えは、ドイツの思想史においては長い系譜があり、当時、広範な政治的反響があった。しかし、このような想定は体系的な歴史の精査に耐えうるものではない。このことは、フライヤーは少なくともある程度は、ほとんど確実に意識していたと思われる。

というのも、彼の師の一人であるリベラル派の歴史家、ヴァルター・ゲッツは、ドイツ民族という何らかの変わらない本質があるという考えについて、広範な批判を展開していたからだ。ゲッツは、現代のドイツ人は複数の民族の混血である、と注意を促している。彼は、地域的差異と宗教的な分裂についての相も変わらぬ重要性を指摘し、ドイツ文化の発展に対して外国が影響を及ぼし続けていることを強調した。ゲッツはドイツ文化の多様性を強調し、単一の「民族」あるいは「民族精神」という考えに見られる概念的な混乱について指摘している[73]。

もう一人の同僚である、哲学者のテオドール・リットは、集団的文化の歴史的「原因」である形而上学的な「民族精神」の考えを明確に退けている[74]。だから、フライヤーが「民族」や「民族精神」といった概念を使っているのは、意図的にこうした批判を忘れるようにしたことの表れである。つまり、このような考えに対して、合理的・批判的に精査するということはしない、という暗黙の決定を行ったということになる。社会統合の基礎としての集団的特殊性を重視したフライヤーは、このようにして、「民族精神」の起源と内容を霧の中に放置したのである。

集団としての共通の目的がない社会というものは、その成員の生活から意味を奪ってしまうと、フライヤーは信じていた。個人が自らの利益や仕事を追求するのは自由かもしれないが、何らかのより大きな集合的目標がなければ、個人の目的追求は恣意的になってしまうかもしれない。排他性を有する社会だけが、個人に目的感覚を与えることができる。

一九二〇年代に近代ドイツを批判したフライヤーの根底にあったのは、この見方だった。「私たちは、自分たちの時代について良心の呵責を感じている」と、記している。「私たちは、確定されていないと感じる。意味も奪われ、満たされないでいる。また、義務の感覚さえない」[75]。彼は「果てしなく混沌とした時代」を嫌悪している[76]。フライヤーにとっては、開かれた社会というのは意味なき社会でもあった。彼は、資本主義を開かれた社会の背後にある第一の要因だと考えていて、どのようにしたら社会をまた閉ざされたものとすることができるかを探っていた。

フライヤーはジンメルの資本主義と技術についての考察を取り上げ、文化的特殊性を擁護するという立場からその含意を検討している。彼は、発達した資本主義では、文化の各領域はそれ自体独自の形をとるようになるというジンメルの考えを採用したが、同時に、各領域がそれ自体の論理に従って発展するにつれて、特定の人間集団や、特定の歴史的文化に対する関係を失ってしまうことを強調している。文化のさまざまな領域は、何らかの意味を持つ総体性としてまとまることがなくなり、もはや「民族」の視野を共有する閉ざされた社会はなくなるのである。

フライヤーはジンメルよりも、資本主義社会が目的なき社会であることに不安を抱いていた。フライヤーの観点からすれば、個人は「民族」の一部として、その特定の文化から、意味や目的の感覚を見出すのである。

しかしながら、メーザーやヘーゲル、マルクスが認めていたように、市場の拡大は、普遍的な推進力を持っている。売買の対象となる新商品を求める動きは当然のことながら国境を超え、国境を超えた関係性に個人を巻き込んでいく。外国の製品や文化に対する選好が生み出される。同様に、技術も、自然の国境を意に介さない。市場経済と技術とに共通しているのは、ともに国を超え文化を超えるということだ。国家間の障壁を崩す方向に向かい、国を超えて共通の利益が生み出されることになる。

技術と同じように、資本主義経済にも、さらなる完成へと向かう、さらに良いもっと効率的な手段の発達へと向かう本質的傾向がある。政治的支配を取っ払い、本来備えている論理に委ねられれば、技術と結びついた資本主義は、政治的・文化的障壁を壊していく[77]。意味は文化的特殊性によってしかもたらされないというフライヤーの前提からすれば、このような見通しは普遍的な無意味化が進むことに等しい。

フライヤーの文学的イメージは、地元の特殊な制度は、その源が遠いところにある制度よりは、いささかなりとも自然で真正なものだという、検証されていない想定を伝えている。技術というものは、制御されなければ、地表を人工的に「覆う」ことになると、フライヤーは記している。技術は、これといって特定の集団的文化と歴史的・有機的な関係を持たない「第二の体制」となる。人類は、究極的にはすべて「客観的な関係による合理的秩序、いわば、経済的な取引を行う会社」に吸収されていく[78]。

それにもかかわらず、フライヤーは、意味なき時代が始まったという自分の見通しは、技術進歩の必然的な帰結ではないと主張している。技術には本質的な意味や目的はないかもしれないが、一般的な無目的性と「総体性」の欠如が現代社会を脅かしているのは、それが技術に支配されているからではなく、資本主義に支配されているからなのだ。現在に至るまで、現代ヨーロッパでは、技術は資本主義と手を携えて発展してきた。それは、個々の利潤の極大化に基づく体制だった。現代社会で共通の目標がないのは資本主義のせいであって、技術ではない。現代人が直面している課題は、技術と資本主義との関係を断ち切ることであると、フライヤーは考えていた。目下の政治課題は、技術を「ヨーロッパ諸国の生活全体」に統合することであるとされる[79]。

その際に必要とされるのが、集団としての目的を再構築することで、これによって人々は私事から脱することになる。目的は、再び「民族」の力を主張することであり、強大な国家を作り出すことだった。それによって、ドイツは世界史の舞台に躍り出て、第一次世界大戦の勝者とそれによって作り出された国際貿易体制に抗して、自らの文化的特殊性を擁護できるほど強力な国家となる。

▼戦争、国家、そして文化的特殊性の維持

「民族」を維持することは、すべての文化的側面や経済、技術が従属するような超越的な目標として機能することになるだろう。このような関係を保証し、制御する機関が国家なのだ。当時の状況では、「民族」の文化的特殊性を維持しながら文化生活が意識レベルで複数化してしまうのを克服するのには、フライヤーと他のワイマール期の右派が「全体国家」と呼んでいるものを必要としていた。このようにして、フライヤーは高度に洗練された形でファシズム、その一般的な意味で理解されたファシズムを正当化するようになった。

戦争に対して備えることは、フライヤーの政治哲学においては決定的な要素だった。というのも、戦争に対して皆で備えることによって意識が転換されて初めて、その政治計画の究極の目的でもある、すべてを包括するような形での生活の政治化が達成されるからだ。

世紀の転換期において、アメリカ人の哲学者ウィリアム・ジェームズは、戦争に代わる道徳的行為を求めていた。自分自身の戦争体験と、戦後の文化的空白期間を比較して、フライヤーは、戦争に代わる道徳的行為などというものはないと結論づけている。一九二〇年代に展開した彼の政治理論は、現実の戦争だけが、あるいはそれに対する準備だけが、フライヤーがドイツ国民に求める首尾一貫した政治的関与を作り出すことができるという信念を証拠立てるものとなった。

ヘラクレイトスの格言を引用しつつ、彼は次のように記している。「戦争はすべての父である。……文字どおりの意味ではないにしても、戦争は万物の中での物、すべての被造物の中での被造物である国家にとっての父である。国家においては、精神の創造性が、世俗的な目標を達成することになる。国家は、被造物の中で最も困難で、最も客観的であり、すべてを包括する」。

国家の生涯にとって、それは例外的な出来事だとはいえ、戦争によって実際に国家の歴史的本質が明らかにされる。戦争はできるだけ早く忘れなければならない恐怖なのではなく、むしろ新たな時代の予兆なのだ[80]。

フライヤーにとって、戦争は政治の本質だった。「国家は戦争によって国家になる。そして、国家は戦争に対する準備によって常に再構築される」と、彼は記している。国家間に当然存在するお互いの違いや、何らかの高次の裁決機関によって対立する主張を調停することが不可能であることを考えると、国と国とは公然たるものであろうと、隠然たる形のものであろうと、交戦状態にあり続けるだろうと、フライヤーは考える。戦争を嫌う国家というものは歴史の舞台で主権を有する行為者ではなくなり、他者の行為の対象となるだけだろう。

他に考えられることといえば、常に戦争に備えておくことよりほかにない。このような観点からすれば、外交政策というものはすべて、他国に対する公然と、あるいは隠然とした形での戦争の脅威に基づいている。それは、単に「別のやり方で戦争を続けること」でしかない[81]。

さらに重要な意味で、戦争は決定的な役割を果たした。常に戦争に対して備えることによって、政治の特徴だとフライヤーが考える、感情的な関与が高められていくことになる。これによって、公的なものが特定利益に優先するということが常に想起されることになる。このようにして、国家は、社会契約によってではなく、外敵に対する戦いによって、作り出されたり維持されたりするものだとされる。このような脅威が弱まったり、戦いが膠着したり、政治的関与の程度が低下したりしないようにと、フライヤーが提供する国際関係のモデルでは、国家は常に外部の敵と戦うことになる。

国家は民族の利益を擁護するために存在している。そして、それをもっと効果的に推し進めるには、国家は常に国外の支配領域を拡大しなければならないし、周辺国をそのニーズに対応するような方向に仕向けなければならない。となれば、帝国主義が国家の本質だということになる。「国家は存続するためには、征服しなければならない」[82]。

ルカーチが『歴史と階級意識』の中で社会民主主義を批判したように、そのまま放置されれば、自然的・歴史的過程は決して新しい総体性を生み出すようなことはないことをフライヤーは強調している。「民族」は言語や歴史や自然にも、その基礎を持ってはいるものの、こうした条件は、集団としての政治の再生にとっては不十分だとフライヤーは考えた。一緒に行動するという意思を通じて国民的な特殊性の意識が高められて初めて、「民族」は政治化された集団となる[83]。歴史の歩みを前に進める責任は、ルカーチの言葉では「総体性の視点」を体現した者に降りかかってくるし、フライヤーの言い方では、「『精神』の真の方向を知っている者だけが、歴史的行動をとる資格を有している」ということになる[84]。これは、ルカーチの場合もフライヤーの場合も同じであった。

そのような総体性の必要性が認識されて初めて、大衆は革命に導かれる。したがって、フライヤーの著作の一つの役割は、既存の制度について同国人が感じている疎外感を増幅させ、ワイマール共和国の民主的・資本主義的な福祉国家に取って代わるものについて体系的に考えるよすがとすることにあった。

フライヤーが予見した代案は、ヘーゲルのものよりもずっと強力な国家、閉ざされた自足的で自己肯定的な共同体を再構築するような国家だった[85]。「この自ら生まれた世界は、完全に徹底的に、また客観的に特定集団を封じ込めなければならない。外部からの影響がその領域に浸透しないようにしなければならない」[86]。そうなれば、人間の探究はすべて再び、意味を持つようになるし、そこでは「意義を伴わないもの、孤立したものは、なくなる」[87]。

国家は、個々の人間の努力が「全体に関して」有する相対的ウエイトを決定する[88]。とりわけ、技術と経済の領域は、個人の効用の最大化に基づいた体系から解放され、代わりに「民族」の目的に向けて方向づけを変えていかなければならない[89]。どのような法的・制度的手段を用いてこうした目的が達成されるのかという点は、フライヤーには基本的にはどうでもよく、関心をひかないことだった。

▼右からの革命？

一九三一年にフライヤーは『右からの革命』を公刊した。喫緊の政治課題に対して影響を与えようとした論説だった。国家社会主義ドイツ労働者党（ナチス党）の名こそ出していないものの、一九三〇年九月の選挙で勝ったことでドイツ政治が変わっていく可能性が出てきたことは、この論説を書く直接的なきっかけとなった。

政治不安と景気低迷が、世界恐慌によりさらに悪化するずっと前から、ワイマール共和国を苦しめていた。一九一九年から二八年にかけて、内閣は平均して一五カ月しか続かなかった。失業率は戦前水準よりも高く、経済成長は沈滞していた。政府委員会による高賃金率とワイマール共和国が福祉国家になったことによる需要によって、国内の資本形成不足は補われていたが、外国からの投資はすでに敬遠されていたし、ニューヨーク株式市場の暴落が起こるずっと前からドイツ経済の低落は始まっていた[90]。

一九二九年の夏になると、すでに不況は見紛うことがなかった。失業率は一〇%を超え、在庫は増え、主要企業の倒産も始まっていた。一九三〇年三月には、議会の多数派に基づくワイマール共和国最後の内閣が解散した。一九三〇年九月、ワイマール帝国の歴史の中で最も重要な選挙が執り行われた。三〇〇万人もの失業者、そして政府のデフレ的政策によって福祉給付が削られる中での出来事だった。国家社会主義ドイツ労働者党の躍進には目覚ましいものがあった。一九二八年には八〇万票、そして議席は一二だったのが、六四〇万票を獲得し、議席数は一〇七となった(総議席数は五七七)。一般投票の一八・三%を得て、同党は社会民主党に次いでドイツ第二の政党となった。同党と同じく、民主主義共和国という観点からすれば確固たる敵である共産党は、三三〇万から四六〇万と票を伸ばし、議席数は七七となり、第三の政党となった。治安が悪化するという懸念や、国家社会主義ドイツ労働者党の反資本主義的な喧伝の経済的帰結についての懸念によって、ドイツ大蔵省証券は海外市場で暴落し、国内資本は海外に逃避した。これによって、ドイツの経済的病はさらに悪化するに至った。

フライヤーが『右からの革命』を書いたのは、このような状況下においてだった。その主張の中心にあったのは、ドイツが新しい政治現象に直面しているということだった。このような運動は、当時の政治の解釈にあたって支配的だった既存の社会経済的範疇では、説明できないのだ。フライヤーはこのような運動を「右からの革命」と名づけ、ナチスの選挙実績をこのような現象の一部として扱った。その際、ナチズムをその最終形態と見なしたり、ヒットラー(ヒットラーについては、意識的に言及を避けている)をその究極の指導者と見なしたりすることはしなかった。

これは、リベラルな民主主義的資本主義に取り込まれることのない最初の現代的運動だった。というのも、福祉国家的な資本主義は、左からの挑戦を鎮めることに成功していたからである[91]。国家主義的な右派による革命的運動によってのみ、こうした体制を真の意味で変革することができるのだ。

ルカーチと同じくフライヤーも、資本主義を克服するための最大の障害は気質、つまり、資本主義自体が生み出している意識だと考えていた。それは、集団としての自利心に基づいた功利主義的な気質で、市民社会の各階級は、経済活動の利益の分け前をできるだけ多く分捕りたいという願望に突き動かされている。フライヤーの遺憾とするところだが、このような状況では、国家は経済の前に立ちはだかることはできず、公益に奉仕することができない。政治は、経済的資源を何らかの集団にもたらすために国を利用する闘争となっていた。

もちろん、アダム・スミスはすでに、商業社会では各集団が政治力を使ってその目的を達成しようと試みていることに気づいている。これは、その時代では、主として商人の力によって引き起こされる問題だった。ヘーゲルは、このような政治力を使った特定利益の追求に抗するものとしての官僚の役割を予見していた。

平等な選挙権や議会制民主主義の時代の著述家であるフライヤーにとっては、問題は、ある階級が他のすべての階級を犠牲にして政治力を行使するという類のことではなかった。問題は、公益を犠牲にして、すべての階級が政治力を用いて自分たちの利益を追求しようとする点にあった。つまり、国際的な資本主義から「民族」を守ることが主題だった[92]。

フライヤーの分析では、右からの新しい革命的動きの見通しは、経済的利益を目的とした政治行動を取ることを拒否することにかかっていた。資本主義の福祉国家では、社会的・経済的利益に基づく異議申し立ては吸収されてしまうので、そのような利益を拒否できる運動だけが革命の挑戦状を突きつけることができる[93]。

右からの革命は、社会的・経済的利益によって自らを定義するような革命ではないので、既存の体制に取り込まれることはない。左派や旧右派とは異なり、それは社会的便益を求めて国家を掌握しようとはしない。むしろ、社会的利益を追求する意見交換の場として悪化した状況から国家を救い出そうとする[94]。資本主義的社会では、個人は単なる生産者か消費者として扱われるので、個人がより大きな全体に属しているという感覚はない。資本主義はその成員に、より高次の意味や集団的な目的を提供することができず、これによって人々は鬱々とした不満を持っていた。これは、フライヤーにとってはまさに、右からの新しい革命の源泉だった[95]。

資本主義的な福祉国家に抗するために、フライヤーは「民族」に頼った。彼の使うこの言葉は、自然と歴史の所産ということ以上を意味している。それは、社会階級や経済的な自利心の観点から自らを定義することを拒む人々すべてを指している。それは、意識の変化を指し示している。ナチに対する投票に表れている不満の中に、フライヤーは、大衆による資本主義の文化批判——これは、彼とその仲間の知識人が明言したものだ——が政治行動となって表れていること、そして、フライヤー自身が長らく主張してきた全体主義国家を実現できるかもしれない可能性を見た。

新しい国家が真の歴史に関与するためには、利己的な社会階級の要求から「解放され」なければならない。つまり「民族」を、集団としての自己主張や一時的な権力の獲得のために、統合しなければならない。利潤のための生産という論理を持った資本主義経済は、国家社会主義によってとって代わられなければならない[96]。

『右からの革命』の公刊から二年足らずで国家社会主義者がドイツで政権に就くと、ハンス・フライヤーは他の多くの知識人たちと同じように、新体制を支持しただけでなく、それを自分たちのイメージに合わせて方向づけようとした。ライプチヒ大学やドイツ社会学者連合の「強制的同一化」に加わり、大学の政治化計画やナチ国家による社会調査の利用計画を発表した。

しかしフライヤーは、自らがその確立に貢献した体制に次第に幻滅するようになってきた。一九四四年七月に、ある集団が陰謀を企ててヒットラーの暗殺を試みたが、これは失敗に終わった。その集団の多くは、フライヤーと同じ過激な保守系一派の出身だった。もし、この企てが成功していたならば、フライヤーは教育大臣になったはずだったが、中心的役割を果たしていたわけではないので、ゲシュタポによる陰謀者の残忍な迫害は逃れることができた。第二次世界大戦後、過激さが影を潜めたハンス・フライヤーは自らの社会思想の方向づけを変えた。依然として、資本主義では人生の意味と目的を提供できないと確信してはいたが、家族、宗教的伝統や職業的帰属意識などの、民族や国家以外の制度に、そうした意味を提供することを求めるようになった[97]。

ルカーチは、共産主義に賭けたことについては、フライヤーと同じ程度の幻滅を経験することはなかった。少なくとも、それを決して認めようとはしなかった。しかし一九五六年に、改革志向の共産主義者が、スターリン主義に支配されていたハンガリーで短期間、権力を握るようになると、ルカーチはそれに加わった。成功していれば、ルカーチもまた教育大臣になっていたのだが、政府はソビエトの戦車に転覆された。それでも、スターリンの恐怖政治の絶頂期にソビエト連邦で生活したり、最初の妻が強制労働収容所で失踪したり、あるいは自分の継息子が収容所で何年も過ごしたり、という事実にもかかわらず、ルカーチは最期の日々に至るまで「最悪の形態の社会主義でも、最善の資本主義で生きるよりはよい」と主張し続けた[98]。

ルカーチとフライヤーは、戦間期のヨーロッパにあって資本主義に背を向けた、左派系知識人と右派系知識人の代表だった。しかし、資本主義には擁護者もいた。なかでも最も傑出した一人であるヨゼフ・シュンペーターは、なぜ資本主義は堅持するのに値するのか、なぜルカーチやフライヤーのような知識人たちがそれを嫌悪するのかを説明しようとした。

第11章 シュンペーター
技術革新と怨恨
Schumpeter: Innovation and Resentment

ヨゼフ・シュンペーターの著作の中でも最もよく知られている『資本主義・社会主義・民主主義』は一九四二年に公刊された。著者はハーバード大学の経済学教授で、一〇年ほど前にドイツから移住して以来、学部の常任教授だった。当時、アメリカは未曽有の不況の最中にあった。この不況によって、ドイツではナチスの支配へと道が開かれたし、左派の人々の多くは、これを資本主義の最終的危機に関するマルクスの予言を証明するものだと見ていた。

そんな中にあって、シュンペーターの主張は驚くべきものだった。シュンペーターは、資本主義が大多数の人間にとっては経済的改善の源であり、現今の不況にもかかわらず、それが物質的耐乏を緩和するということについては十分な理由があると、論じている。しかし、その逆説的な結論は「資本主義はその成功によって死を迎える」というものだった[1]。同書の魅力の大部分が、そこでの明白な命題が持つ意図的な皮肉にある。マルクスが予言したように、資本主義は社会主義に取って代わられる。しかし、それは資本主義が経済的に不適切だからではなく、資本主義の崩壊につながるような社会的・文化的力を生み出してしまうからだ。資本主義を歴史上、最も創造的で力強い経済体制としたまさにその力が、それを崩壊させるような社会的・心理的反動を生み出してしまうのである。

シュンペーターは、本当に創造の才に恵まれた知識人は、その先見の明を三〇歳になるまでに獲得してしまう

Joseph Alois Schumpeter
(1883-1950)

と考えていた。これが、一般的にどの程度妥当するものかはわからないが、シュンペーター自身はその生きた証となっている。というのも、六〇歳になろうとするときに公刊された『資本主義・社会主義・民主主義』の驚くべき命題は、三〇年間もの間、温めてきたものだからだ。その起こりは、第一次世界大戦に先立つ最も初期の著作の中にすでに見られる。しかし、同書に余すところなく表れている皮肉に満ちた表現様式は、オーストリア・ハンガリー帝国の崩壊と、それに続く一連の社会主義革命の挫折の結果によるところが大きい。

初期の著作に見られる創造性と怨恨

シュンペーターは、マルクスの没年でもある一八八三年、当時オーストリア・ハンガリー帝国に属していたモラヴィアで生まれた。彼は、数世代からなる企業家の家系の末裔だった[2]。父親はシュンペーターが少年のときに亡くなった。母親はウィーンに移り、そこで貴族出身の陸軍将校と再婚した。母親は一人っ子のシュンペーターをウィーン一の名門高等学校に通わせた。ここで、シュンペーターは帝国の貴族や上流ブルジョワジーの子弟と交わった。こうした背景から、(実際に信奉しているわけではないにしても)生まれとしてはカトリックで、宗教的多数派だという事実と相まって、ウィーンの上層階級と交流しても違和感を覚えることはなかった。

ウィーン大学、そしてベルリン大学においてシュンペーターは、歴史、社会学、経済学、法学を学んだ。一九〇五年から翌年にかけてシュンペーターは、経済学者でオーストリアの大蔵大臣を務めたこともあるオイゲン・フォン・ベーム゠バヴェルクが主宰するマルクス経済学についてのセミナーに加わった。ベームは、すでにマルクスの経済理論について痛烈な批判を加えていた。セミナーのメンバーには、のちにオーストリアとドイツの社会民主党で政界の実力者にして知識人であるオットー・バウアーとルドルフ・ヒルファーディングなどもいた。また、後に、市場経済における価格の役割についての分析によって、ハイエクが新自由主義的な見解を形成するのに貢献したルートヴィヒ・フォン・ミーゼスも参加していた。

シュンペーターはその後、ロンドン・スクール・オブ・エコノミクスに行き、民族学を学んだ。フランシス・ゴルトンやカール・ピアソンのようなイギリスの優生学者の著作に関心を抱き、それによって成果を説明することが社会科学の課題であるとの認識が育まれた。ウィーン大学で法学の学位を取得後、シュンペーターはカイロに移った。そこで、イタリアの法律事務所の弁護士となり、エジプト王女の財務の管理をし、また、自身も財をなした。余暇に経済理論の本質についての書籍を著し、これによってオーストリアの大学で教授する資格を得た。

一九一一年、シュンペーターが二六歳のときに、ブコヴィナのチェルノヴィッツ大学の教授に任命された。ここは、ウィーンから東に四〇〇マイル(約六四〇キロ)も離れており、経済も発展途上で、非識字率も帝国内で二番目に高かった。これによって、帝国が地理的・文化的にいかに広範囲を覆っているかがわかるというものだ。シュンペーターは魔法の年である三〇になるまでには、すでに四冊の著書を公刊していた。そのうち、少なくとも三つは「独創的」という称賛に値するものだ。

また、ウェーバーが編集し、当時のドイツ語圏で最も重要な社会科学系の雑誌だった『社会科学・社会政策アルヒーフ』へ寄稿し始めていた。一九二一年、同誌はウェーバーの死によってその編集委員会を組織替えしなければならなくなったが、シュンペーターは三人の編者の一人となった[3]。

一八九〇年代から一九一〇年代にかけてのヨーロッパの思想について最も特筆に値するのは、新たにエリートの役割の重大さが強調されるようになってきたということである。一九世紀の大半を通じてエリートの役割は、自由主義者たちの間では重要な主題だった。自由主義者たちは、優れた能力や創造性を有する者の地位が向上し、影響力を行使できるような法的条件を考え出そうとしていた。一部の思想家にとっては、一九世紀の最後の一〇年間に見られた男性の選挙権の拡大は、このような過程を損なうように思われた。

民主主義の発展によって、より平等主義的な教義、最もはっきりしているのは社会主義だが、そのような教義を説く大衆政党が成長していった。エリートや卓越した個人の必要性を訴えるというのが、その際の知識人の反応の一つだった。フリードリヒ・ニーチェはそのようなエリート理論の開祖の一人として考えられるかもしれない。こうしたエリートの理論家たちは、現代社会主義を説明するのに、ニーチェの「怨恨」についての心理的な分析に大いに依拠したからである[4]。

シュンペーターの著作に見られる最も普及した主題の二つは、ニーチェ的だ。すなわち、創造性の源としての優れた少数者の役割、そして、こうした人々に対して多数者が持つ怨恨の鈍麻化作用のことである。『道徳の系譜学』(一八八七年)やその他の著作でニーチェは、柔和さや謙遜といったキリスト教的な道徳は、弱者や劣等者に対して心理的な満足を与えるものとして、最もよく理解できると論じている。これによって、弱者や劣等者は、強き者、活力ある者、そして創造力のある者に対して、道徳的に優位にあると感じることができる。僧侶の権威というものは、劣等者の怨恨を本当の強者に対して向けることから来ると、ニーチェは考えたのである。

初めての試みではないが、シュンペーターは、創造的なリーダーシップを自身の資本主義概念の中心に据えようとした。しかし、彼は先行者よりもはるかに巧妙に創造的なリーダーシップの含意を展開しようとし、それを既存の経済学に統合しようとした。

一九世紀後半のイギリスの保守的な評論家、W・H・マロックは多くの著書の中で、大多数の人間の物質的な進歩は、一握りの才能あるエリートに依存していると論じた。経済の進歩は不均等な貢献によるのであり、このような貢献の差異は、合法的な報酬の結果として経済的不平等をもたらす、とマロックは言う。不平等は避けられないものでもあり、また望ましくもある。それによって、才能ある人々が自らの才知によって経済的な状況を改善しようとする誘因がもたらされるからである。マロックはこうした見解を一八八二年に公刊された『社会的平等』で初めて披瀝し、さらにこれを『貴族と進化』(一八九四年)で発展させた。

シュンペーターはマロックの著書の崇拝者であり、後年マロックを優れた分析者と評して、「経済学者によっては認められることなく、今や完全に忘れ去られた存在である。これも、不人気な真実をあえて語るという勇気を持っていたからだろう」としている[5]。身近なところでいえば、ウィーンの経済学者、フリードリヒ・フォン・ヴィーザーが講義や著書で社会科学的な説明の基本的な範疇としてのリーダーシップの重要性について強調している[6]。これはまた、ウェーバーの現代民主政治の理解にとっても中心的な論点となる。

その経歴の当初から、シュンペーターは創造性、進化、優れた個人といった事柄が社会科学的な説明における中心的な論点だと考えていた。その含意を経済学で、また後になると、それ以外の分野でも、詳細に探究することになる[7]。

創造力豊かなエリートの主題は、処女作である『理論経済学の本質と主要内容』(一九〇八年)においては、明らかにニーチェ的な用語を使って、その輪郭が示されている[8]。六〇〇ページという紙幅を費やして、資本主義の安定的で静的な要素について説明した後で、シュンペーターは、実際の資本主義は動的で、それ自体科学的な取扱いを必要とするとしている。そのダイナミズムを表現するために、「努力」「権力への意志」「支配への意志」といった用語がしばしば使われている[9]。

経済過程における創造力豊かなエリートの役割は、シュンペーターの第二の主要著作である『経済発展の理論』(一九一一年)の主題であり、同書では企業家精神の理論が明確に示されている。シュンペーターによれば、スミスは過度に平等主義的な前提に惑わされて、優れた個人の役割を過小評価してしまったという[10]。スミス以来の経済学の焦点である需給の法則は、資本主義の本質である動的変換を見過ごしている。その源は企業家であり、これは一九世紀の経済思想では無視されてきたとシュンペーターは言う[11]。

シュンペーターは、企業家を資本家、発明家、経営者と峻別している。これらの役割は、しばしば企業家のそれと混同されている。企業家の機能は経済革新を導入することにあるとシュンペーターは考えていた。そのような革新はさまざまな形態をとる。新商品の導入、既存の商品の質的な改善、新市場や、生産・流通の新しい方法の発見、既存の商品の新しい供給源の発見、新形態の経済組織の導入などである[12]。企業家の役割は経済生活の慣例化したルーティーンを打破することにあり、これは稀有で並外れた精神的創造性と精力を要する[13]。それは、シュンペーターの言葉を借りれば、「リーダーの創造力と支配力を要するのだ」[14]。

革新の一つの形態は、ある産業でそれまでは知られていなかったような大企業を作り出し、生産要素のさらに効率的な利用方法をもたらすことである。シュンペーターが注意しているように、これは特殊な才能を要する困難な仕事だ。というのも、かなりの社会的・政治的抵抗を克服しなければならないからである[15]。斬新なアイディアによって当初は市場を独占する革新者に、途方もない利潤がもたらされることになる。やがて、他者もこのようなアイディアをまねることになり、競争によって初期の過大な利潤は侵食されていく。結果として利潤は減少し、正常で静的な経済生活の「循環的流れ」に戻る。革新をうまくやってのけた企業家は、巨額の利潤を手に入れることになるだろう。

「しかし、これは他者にとっての勝利でもある。後進に道が開かれ、手本が作られることになるからだ。先駆者についていくことが可能になるし、実際そのようになる。まずは個人が、そして、やがては群れ全体が先駆者に従うのだ」[16]。景気循環を形成する好況、不況は、その多くが、革新的な企業家集団の導入、模倣、そして吸収によって説明することができるとシュンペーターは示唆している。

企業家は経済的な機能を果たすだけではなく、ある心理的なタイプも表している。その心理は、経済学者が通常用いる動機づけ、つまり幸福の慎重な最大化という快楽主義的な計算によっては説明できない。というのも企業家は典型的には、しばしば何世代にもわたる「私的な帝国を築こうとする夢」と、自分が他人よりも優れていることを示そうとする意図、そして「創造や物事を達成することの喜び、あるいは単に自らの精力と独創性を示すことから来る喜び」によって突き動かされていることが多いからだ。そうした場合の金銭的な利得は、「成功の指標と勝利の兆候にすぎない」[17]。

シュンペーターが取り戻そうとしたのは、まさに資本家活動の非功利主義的な要素だった。シュンペーターが後に述べたところでは、資本主義の発展を説く場合には「功利主義はただただ全面的に失敗であったと述べてもよいであろう。なぜなら、個人の行動や社会制度に関するその合理主義的な考え方は、明らかに、かつ根本的に間違っているからである」[18]。

『経済発展の理論』で描かれている革新の過程は、生活の他の領域にも適用可能だ[19]。先導者と模倣者の区別、すなわち新しいやり方を考案する者と、基本的には同じやり方を続ける者との区別は、経済だけでなく、生活のあらゆる領域について当てはまるからである[20]。

エリートの役割の社会科学的な理解に関するシュンペーターの主張に隠された、より広い意味については、「民族的に同質な環境における社会諸階級」の中で述べている。この評論は、第一次世界大戦以前の講義での主題に基づいたものだったが、公刊されたのは戦後になってである[21]。シュンペーターは、階級構造を決める際の適性の役割について指摘している。これは、遺伝による適性と、社会的地位による可能性によって得られた適性に分かれる[22]。ある程度は、社会における上昇志向を導く特定の適性は、社会の技術的・経済的・政治的・文化的構造に依存している。

しかし、シュンペーターが示唆している「一般的な能力」というものもあり、これは心理学者のチャールズ・スピアマンが一九〇四年の有名な論文で「中枢因子」と名づけたものだ。シュンペーターは、同質的な民族を仮定すれば中枢因子はベル型曲線に沿って分布し、民族が著しく異なれば不均等に分布するとしている[23]。

マルクス主義者は社会階級の重要性を指摘しているという点で正しい。しかし、どのように階級が生成するかということについてのマルクス主義者の理解には欠陥があるし、また、階級「間」の移動性の現実を軽視していると、シュンペーターは記している。現代のブルジョワジーという階級の中でも、あるいは階級間にも、通常で考えられているよりは、はるかに大きな移動性が存在する。そして、その動きは個人や家系の適性や振る舞いに依存している。一九世紀のヨーロッパの資本家ブルジョワジーにとって、社会的移動性は、貯蓄と投資、技術的・商業的な熟達、家族企業の運営上の指導力といった、能力次第だ。これはマルクスの「蓄積の自動装置」という想定とは相容れない。この想定によれば、巨大企業はますます大きくなっていき、小規模企業は消滅することになるからだ。

マルクス主義者は（だけではないが）、競争的資本主義の条件下での「自動的な衰退」という事実を見過ごしている。革新を試みずに、実証済みのやり方で投資を続ければ、家族企業は衰退する。「既存の資源を節約しながら使い続けるだけでは、いかに細心の注意を払っても、地位の低下を意味している」。近代的な法人企業でも、社会的移動性は振る舞いや適性次第だ。企業家に求められるのと同じ特質、すなわち、精力、知性、見解が新しいエリートへの上昇にも必要となる。

その一方で、法人企業での指導力は、管理能力やいつまでも続くような会議で頭脳明晰であり続けるといった、異なった特質をも必要とする。現在進行中の資本主義の転換によって、エリートの必要性がなくなるわけではない。単にエリートになるための特質のいくつかが変わったにすぎない。

シュンペーターの著作に一貫する第二のニーチェ的主題は、「怨恨」だ。多くの劣った者は優れた少数者に対して心理的な反感を抱き、怨恨を持った大多数は、創造力のある成功者の業績を低く評価しようとする[24]。一九一一年公刊の『経済発展の理論』でシュンペーターは早くも、資本主義社会に内在する反企業家的な感情を描いている。自ら資本主義社会に注入した動的側面によって、企業家は反感を買うことになる。新しい企業家の「興隆」とそれに伴う新しい生産方法や組織の登場は必然的に、現状に安住していた者の相対的な経済的「衰退」を意味しているからだ。経済発展の過程で損失をこうむった農民や職人は企業家を非難する。また、資本主義発展の初期の段階で頂点に立った者の末裔は、革新者を成り上がり者として軽蔑する。

このような下方への相対的な社会的移動性は、資本主義の動的側面において避けられないものだとシュンペーターは強調し、後にこれを「創造的破壊」と呼ぶことになる[25]。マルクスと同じくシュンペーターもまた、資本主義はその反対者を生み出すとしている。しかしシュンペーターによれば、そのような反対は物質的窮乏から生じるのではなく、企業家の動的側面に対する心理的な怨恨によるものだという。

シュンペーターは終生にわたって、社会主義がなぜ魅力を持つのかという説明に関心を抱いていたが、そこには上記のような想定が背景としてあった。シュンペーターが思想家としての生活を始めた頃、オーストリアやドイツの社会主義諸政党が結党されつつあった。学者としての経歴のかなり初期に、彼はその当時の最も傑出した社会主義者の知識人に出会っており、終生こうした人々との交際があった。したがって、社会主義が勤労大衆だけにではなく、最良にして最も聡明な人々にとっても魅力的であることは、よくわかっていた。

社会主義の魅力を説明する際に、シュンペーターはニーチェだけではなく、イタリアの政治理論家、ヴィルフレド・パレートからも考えを取り入れている[26]。傑出した自由主義的経済学者であるパレートは、社会主義が経済的には非合理であると見なしており、それにもかかわらず、なぜそれが勤労大衆にとっても知識人にとっても魅力的であるかを説明しようとしている。一九〇一年のパレートの評論「エリートの周流」は、シュンペーターがしばしば立ち戻ることになる二つの主題を伝えている。すなわち、エリートの不可避性と、社会行為を説明する際の非合理的・非論理的な動因の重要性である。パレートは、社会主義の勝利は「非常にありそうなことで、ほとんど必然である」と示唆している。教義としては勝利を収めたとしても、エリートの現実は変わらないのだ、とパレートは予示している[27]。

社会主義者にその教義の誤りを納得させるのはほとんど不可能だと、パレートは断言する。これは、社会主義者がいわば代用宗教の信奉者だからだ。そのような状況では、事実が精査される前に、非合理的な動因による行為を正当化する主張が作り出されてしまう〔28〕。このような主題はシュンペーターの著作で、再び表れることになる。

▼破局からの皮肉の誕生

第一次世界大戦中とその直後の出来事は、シュンペーター個人にとっては興味深いことではあったが、彼が愛したハプスブルク帝国にとっては苦難の日々だった。人生で最初で最後だったが、シュンペーターは直接的な形で政府と政治の世界に引き込まれた〔29〕。戦争中、しばしばウィーンに旅し、皇帝と貴族の上層部へ経済・政治問題についての覚書を届けた。シュンペーターは、オーストリアの軍事同盟国だったドイツ帝国との関税同盟には反対だった。そうすることによって、ドイツのナショナリズムが強められ、ハプスブルク帝国の多民族国家としての独自性が損なわれるからだった。シュンペーターは、もっと徹底した平和の追求を推奨し、はっきりとした君主制を良しとした。そうなれば、連邦制を通じて帝国に対する共通基盤が生み出され、ドイツ人、ハンガリー人の地位の優遇が終わる〔30〕。

同じ環境の出自である他の人々にとってもそうだったように、シュンペーターにとっても一九一八年の帝国の崩壊は衝撃だった。帝国の崩壊は、そのような人々が文化的活力を引き出している世界が終焉したことを意味していた。シュンペーターが属していた、教養があってドイツ語を話すオーストリア人の階級は世俗的な集団で、経済的自由主義と法の支配に帰依していた。この集団のコスモポリタニズムは、複数の言語集団を含む帝国を統合する君主制に愛着を抱いていた〔31〕。貴族の反資本主義的な傾向や下層中産階級のキリスト教社会党、社会民主党、あるいはスラブ少数派の民族主義的主張とは、そりが合わなかった。

逆説めくが、この経済的・文化的にハプスブルク社会では最も進んでいた集団は、自分たちの地位を守り、近代化の計画を推進するために、「時代遅れ」の皇室に頼った。帝国は、近代的なナショナリズムや民主主義的な自己決定の教義からすれば、「擁護しがたい」ものだ。

しかし、多くの人々にとっては、実際のところ政治的構造としては最も「合理的な」もので、そこに生活するすべての民族の経済的・文化的発展にとって最もふさわしいものであると考えられていた。

また、暗黙のうちに考えられていたことは、それが経済的な発展を最も必要とする非ドイツ系の少数派にとって最も望ましいということだった。これは帝国だけがもたらすことができるもので、帝国を継承した多くの諸国では、全くのところ経済は停滞してしまった[32]。「啓蒙的」な見解にとって合理的であると思われるものは全くの誤謬であるという考えは、しばしばシュンペーターの後の著作に繰り返し表れるところである[33]。

帝国の崩壊には、シュンペーターにとっては、いま一つの良からぬ考えである社会主義の辛勝が続いた。すでに見たように、一九一八年から翌年にかけて、革命の期待とそれに対する恐怖とが中央ヨーロッパに押し寄せた。しかし、ロシアやハンガリー、ミュンヘンでの社会主義の革命政権は経済的に悪い帰結をもたらしただけで、一九一九年以降も続いた革命政権はロシアだけだった。オットー・バウアーやルドルフ・ヒルファーディングなどのドイツやオーストリアの社会主義陣営の中でも傑出した経済学者でさえ、一九一七年時点において社会主義がほどなく実現されるとは考えていなかったし、社会主義経済の青写真についても、ほとんど考察を加えてはいなかった。

しかし、その年末に労働者階級が急進化すると、資本主義経済の後の経済について、具体的な計画を考える必要に迫られた。戦争の終結時、ウィーンもまた労働者と兵士による評議会によって統治された。こうした評議会を社会主義政党の指導者は疑いの眼差しで見ていた。ボルシェヴィキのような政権転覆が起こるのを懸念したからだ。

急進派の労働者は、社会化（共同所有）が自らの経済状況を改善するものと考え、経済の社会化が十分ではないことに抗議して暴動を起こした。一九一九年四月と六月、共産主義者はウィーンのビルを占拠しようとしたが、これは警察によって鎮圧された。一九一九年から翌年にかけて、しばしば評議会の煽動で、ウィーンの労働者は激しい抗議行動を行い、市の中心街にある店の品を略奪したりカフェを破壊したりした。ウィーンの中流階級とその政治的スポークスマンは、このような暴動を文明の崩壊だと見ていた[34]。

シュンペーターが入閣したのは、このようにロマノフ、ハプスブルク、ホーエンツォレルンなどの帝国が倒れ、ロシア、ブダペスト、ミュンヘンで共産主義革命が進行中のときだった。初めに、シュンペーターはマックス・ウェーバーとともに、石炭産業の国営化を検討するドイツ政府の委員会に入った。国営化には、両人とも反対だった。そして、一九一九年三月、シュンペーターは社会民主党と(カトリックの)キリスト教社会党からなる新しいオーストリア政府に大蔵大臣として入閣した。

動乱の六カ月が過ぎ、結局は辞職する羽目に追い込まれた。一部の者は、社会民主党が支持していた産業の国営化を妨げようとする、シュンペーターの経済政策に反対した。また、社会民主党もキリスト教社会党も、両党がめざしていたドイツとの統合に反対するシュンペーターに憤慨していた[35]。

第9章で見たように、政治家が民主的な、あるいは革命的な手段によって、実際に社会主義を実現しようとしているという見通しを持ったウェーバーは、社会主義についての知的な反論を書くことになった[36]。ウィーンでのシュンペーターの同時代人であるルートヴィヒ・フォン・ミーゼスは、当代屈指の先見性を見せた評論を書いて、社会主義は経済的に実行不可能であることを、合理的な形で証明しようとした[37]。シュンペーターも、市場経済を志向する経済政策を独断的ではないながらも断固として支持する姿勢を保った。

しかし、一九一八年の評論『租税国家の危機』を手始めに、社会主義を食い止めるために、別の論法を用いるようになっていった。皮肉屋になったのだ。目的に適うときには、当時の政治家や知識人の意図と、その行動の帰結とのギャップについて思いを馳せる観察者としてのポーズをとるようになった。こうした役者の善意ある計画は、意図しなかった否定的な帰結を導くのだが、この賢くて皮肉屋の社会科学者の観察者は、すべてお見通しなのだ。しかし、ここでシュンペーターが二つ目の皮肉混じりのひねりで示唆しているのは、このような計画の意図せざる否定的な帰結を合理的に示せたとしても、それは役者がこのような行動をとることを阻止できないということである。これは、役者の行動が非合理的な動機に突き動かされているからにほかならない。

なぜ、このように読者を怒らせかねないスタンスを取るのだろうか。シュンペーターの皮肉は戦略に基づいたものだ。読者を挑発して自己を認識するように仕向け、受け入れがたいような主張に対して心を開かせるのである[38]。破局に向かっているのだが、それ以外の決定は不可能だと言われれば、誰でもそうした運命に反発したくなるだろう。戦後のウィーンであっても、後のニューディール期のアメリカであっても、直接正面から社会主義を批判しても知識人に対してほとんど効果はない、ということをシュンペーターは感じていた。

その代わりに、社会主義が現下の状況でなぜ望ましくないかについての一連の主張を提示している。社会主義にふさわしい時代は将来で、資本主義は現在こそふさわしいとシュンペーターは主張する。そして、社会主義は社会主義者の目標や期待をほとんど実現できないと説明している。おしなべて言えば、社会主義の実現は、望ましさを減じて初めて可能になるような類のものだ。

シュンペーターの最初の皮肉を込めた著作である、「今日における社会主義の可能性」と題した一九二〇年の長文の評論は、後年のもっとよく知られている『資本主義・社会主義・民主主義』の主題の多くを予示したものとなっている[39]。シュンペーターは、スミス以来の経済学者の主張を繰り返すことで同書を始めている。大衆の多くは資本主義がどのような仕組みになっているかをほとんど理解していないので、いくつかの自明な真実をもう一度述べておく必要がある、とシュンペーターは記している。

生産手段を社会化し、意識的な経済計画を制度化するという目標は、「無秩序な自由競争」を終わらせるものではない。というのも、競争的な市場経済は実のところ、無秩序ではないからだ。それどころか、「経済主体の個々の利己心の全体的な帰結は、集権的な機関に導かれた社会主義的な経済社会がそうであるように、外から見れば意識的な計画があるかのような印象を与えるであろう」とシュンペーターは論じている。

社会主義的な経済組織と資本主義的なそれとの相違は、一方が公益に、そして他方が個人的利益のみに貢献することにあるというのも正しくない。競争経済で生産過程を動かしている利潤動機もまた、社会主義経済と同様、メンバー全員の利益に貢献するからだ、とシュンペーターは主張している[40]。

社会主義についての大衆の理解も、資本主義についての理解と同程度のものだ。社会主義政党を支持する大衆の念頭にあるのは、消費財の没収と再分配だと、シュンペーターは言う。「快適な生活と十分な所得を伴った社会化、このような既存の富の利用による富裕化という子どもじみた理想は、政治的には魅力的なものだが、ナンセンスである」[41]。そのような方策の結果として、経済生活を停止させ、「教養ある私生活」を破壊することになるからだ[42]。

社会化は生産の縮小をもたらし、すでにかなり悪化しているほとんどすべての人々の経済状況をさらに悪化させる。責任ある立場の社会主義者は、このようなことを認める勇気を欠いている。そして、社会主義化を成功させるためには、労働階級に対してかつてないほど厳しい規律を課さなければならない。

それにもかかわらず、資本主義経済の発展は、長期的には社会主義へと向かうだろうと、シュンペーターは続ける。競争の激しい資本主義市場は伝統的な、そして非経済的な生産形態を破壊し、経済は合理化される。このようにして、資本主義は「社会主義への必要な準備作業」をなすことになる。この過程が十分に進めば、資本主義による「自動的な」合理化を、より計画的な経済政策に代えていくことは可能だろう。

加えて長期的には、企業家の古典的な機能の必要性は減り、伝達可能な方法として体系化されるだろう、としている。そうなれば、企業家と資本家の社会的重要性は弱まり、その機能が本質的でなくなれば、騎士道精神が失われた貴族階級と同じ道を歩むことになるのだ。さらに、企業の一族による所有・経営は、株式所有に取って代わり、企業の実際の経営権は雇われ経営者の手に移る。

このようにして、私的所有の感覚は弱くなる。資本主義の過程はそれ自体として、合理化の進んだ経済へと移行し、生産手段の私的所有を放棄する準備が整う[43]。したがって、社会主義者は現在進行中の資本主義の発展を歓迎しなければならないのである。

社会主義者には、資本主義の発展を進めるべき他の理由もある、とシュンペーターは言う。社会主義者は、経済活動の必要性が人生の第一義的な課題であることを終わらせたいと考えている。もっとも、それが可能になるのは、巨大な資本蓄積が行われてからの話だ。しかし、投資は現在の消費を代償にして行われるのであり、社会主義の政治家は、将来の投資のために消費者の現在の所得を抑えるのは難しいと考えた。となれば、経済的生産水準が高いときに社会主義を始めるのが最善の選択となり、この点でも資本主義は適している。貯蓄や投資は難しくなるので、社会主義では人口停滞が要請される。ここでも、資本主義は非合理的な衝動を抑え出生率を落とせるという意味で、社会主義への道を開くことになると、シュンペーターは主張している[44]。

社会主義は経済発展を遅らせるが、これは人間の精力を経済的目的から解放してやるという目的とは合致していると、シュンペーターは説明する。しかし、このような見通しは、あくまで将来のものだ。現下のところ、生産手段の社会主義化は悲惨な結果をもたらす。最も生産的な市民を疎外し、生活水準の低下をもたらし、社会的闘争を招いてしまうからだ。したがって、現在のところ、合理的な社会主義者の政策は、資本主義の発展を促すことでなければならない[45]。

資本主義の持続的発展について理論的な賛意を表明した後に、シュンペーターは次のように追加している。「もちろん、こうした主張は確信を持った社会主義者に対しては何ら影響を及ぼさないであろう」。というのも、社会主義者は「社会主義に対して神秘的、宗教的、あるいは、ほとんど宗教的な非合理的な信念を抱いているので、いかなる主張によっても、証明、または事実によっても改心されないのである」[46]。社会主義者と議論するには皮肉だけが頼りだと、シュンペーターは感じていたようだ。

シュンペーターは、一九二〇年代後半の著作で、こうした主題にしばしば立ち返っており、資本主義と比べた社会主義の経済的非効率性についての自らの信念を繰り返し述べている[47]。ここでも、次のような点について確認している。「資本主義は経済的には安定しており、また安定性の度合いを増しつつあるが、人間精神を合理化することによって、その基礎的条件、動機づけ、社会制度と両立しないような気質と生活様式を生み出していく。それは、経済的必然性によってではなく、おそらくはいくばくかの経済的福利を代償にして、新しい社会秩序に変わっていく。これを社会主義と呼ぶかどうかは、もはや好みと用語法の問題である」[48]。

▼繁栄から不況へ

短期間オーストリアの大蔵大臣を務めた後、シュンペーターはある小さな銀行の頭取となった。その地位は、実質的なものというよりは名目的なものであり、自分の銀行から借りた資金を使って、多くの時間を個人的な投資に充てることができた。投資は、一九二四年にはうまくいかなくなった。ドイツやオーストリアを襲った超インフレのせいで市場が破綻し、シュンペーターは資産の多くを失った。銀行からの負債を返すために友人から借金をせざるをえなくなり、次の一〇年間は負債を返すのに費やされた[49]。

学界に復帰すると、ボン大学の教授に就任し、しばしば金融専門誌に寄稿した。ワイマール共和国の経済問題の分析専門家としてシュンペーターは、政府が経済過程に関与し過ぎることに警告を発し、労働組合が過大な賃上げ要求をしたことが投下資本の欠如につながり、経済成長を鈍化させたと考えた。このような分析は、最近の歴史家によっても繰り返し採用されている[50]。

シュンペーターは一九一三年から翌年にかけて、さらに二七年から翌年にかけて、それぞれ一年間、コロンビア大学とハーバード大学において客員教授として過ごしている。アメリカであれば資本主義の発展はやまないだろうし、また、社会主義の誘惑からも逃れられるだろうと、期待したのだ[51]。一九三二年にはドイツを去り、ハーバード大学経済学部への異動によって、アメリカに永住することになる。この時期は、ルーズベルトが大不況に対してどのように対応するかを見るには適切な時期だったといえる。

一九世紀後半から一九二九年にかけてのアメリカは、すさまじい経済成長の時期だったといえるだろう。世紀の初めと比較して、農業生産物は一九二九年には五〇%増となっていたが、農業部門の収益は工業部門のそれと比べれば小さかった。産業組織の効率化によって、また、電動の機械を工場に導入したおかげで、同時期のアメリカの工業生産は四倍になった。

世紀の転換期にはまだ富裕層の道楽だった自動車は、

一九二九年には、中産階級の、いや労働者層の生活にとってでも必需品になっていた。年々、何百万台もの自動車を売れるようになったのは、技術上、あるいは組織上の革新による生産費の低下のおかげだった。一九一三年には一台のT型フォードを組み立てるのに一四時間かかっていたが、一九二五年までには、ミシガン州のハイランド・パークにあるヘンリー・フォードの工場では、一〇秒ごとに一台できあがるようになっていた。

大衆消費社会は、消費者信用（すなわち、「分割払い」による購入）と大衆広告という二つの経済的な革新によって機能していた。アメリカの地方はまだ貧しいままだったが、大半が最近のヨーロッパからの移民からなる都市部の労働者は、缶詰食品、洗濯機、冷蔵庫、電話、ラジオなど多種多様な新しい生産物を享受できるようになった[52]。西ヨーロッパや中部ヨーロッパではアメリカよりも経済成長は遅かったが、それでも成長はしていた。

アメリカでもドイツでも、企業規模の拡大や、よりいっそう大きなユニットへの集中について、指摘がなされてきた[53]。アメリカでは、ルイス・ブランダイスのような「独占禁止法取締官」は、規模の大きさは独占につながり、少なくとも寡占状態になると考えていた。そうなれば、特定の製品について、少数の企業が市場を支配することになる。独禁法取締官は、独占、すなわち悪だという考え方をアダム・スミスから学んだと考えていた。もっともスミス自身が、「独占」という言葉で意味したのは明らかに、生産物を製造し販売するための唯一の法的許可を与えることであって、少数の会社が市場を支配することではない。

独禁法取締官の考える政府の責務は、経済力の集中を打破し、より競争的な市場を創造することにあった。他のアメリカ人、たとえば『集中とコントロール』（一九一二年）――アメリカ合衆国におけるトラスト問題の解決』の著者であるチャールズ・ヴァン・ハイスのような人は、経済の集中は避けられず、また望ましいものだと見ていた。しかし、そのような法人企業を政府の規制によって管理するために、もっと行動的で、権限を持つ国家が必要だと考えたのである[54]。

資本主義の発展によって、家族も変わりつつあった。子どもは農民にとっては経済的な手助けとなり、農家の家庭は児童労働に依存したわけだが、都市生活者にとっては次第にその負担は重くなっていった。都市での仕事に適するように子どもを教育するのは、ますます費用がかかるようになったし、また、両親は子どもが社会の階梯を上ることを望むので、夫婦が欲しがる子どもの数は減ることになる。

マーガレット・サンガーのような急進的な産児制限論者は、女性の性的解放を説いた。より穏健で中流階級の女性によりいっそうアピールしたのが、サンガーのイギリス版ともいえるマリー・ストープスだった。その著書『結婚愛』の初版は一九一八年に刊行されたが、後に多くの版を重ねた。そこでストープスは、友愛感情に基づいた婚姻という範囲内での女性の性的満足を主張している。後の世代にとっては驚くべきことだが、結婚したカップルは、中絶と並んで禁欲や膣外射精によって出生を制限すべきだというのだ。しかし、ここでもまた新商品が重要な役割を演じる。改良されたコンドームや殺精子ゼリー、そしてメンジンガのペッサリー、それに、さほど有効ではないが使いやすい膣洗浄剤などである。人工避妊により、あるいは、しばしばそれがなくとも、多くの西ヨーロッパ諸国やアメリカでは、出生率は下がっていった。最初は上流・中流層の出生率が低下し、さらに労働者階級のそれも低下していった[55]。

シュンペーターもその一人だが、文化面に関心のある論評者は、所得が上がる中での出生率の低下について、その原因や帰結について考えをめぐらせていた。しばしば、これは生活の合理化、あるいは文化的な衰退、またはその両者の証拠と見なされた[56]。

ここで、大繁栄列車はギーッといって止まり、崖から転落しそうになる。一般的には一九二九年一〇月のニューヨークの証券取引所の暴落が始まりとされているが、大恐慌はもっと深く、そして、より複雑な要因によるものだった。農産品の長期にわたる価格低下は、農業従事者の購買力を大幅に減らしたし、中部ヨーロッパの銀行の破産は、大西洋を越えた帰結をもたらした。アメリカの旧式で不安定な銀行制度は、銀行の倒産を引き起こし、これはドミノ効果を生んだ。

恐慌の原因ははっきりしていないが、その結果には、はなはだしいものがあった。ドイツでは、失業者はすさまじいスピードで急増し、一九三〇年年頭には三〇〇万人に達し、さらに年末には四三八万人に、そして一九三一年の年末には五六一万五〇〇〇人に達した。経済的な苦境が政治体制を圧迫し、多くのドイツ人は政治体制が自分たちの経済的利益に適う限りにおいて、それを受け入れているにすぎなかった。民主主義の最大の敵である国家社会主義者や共産主義者は、経済が衰退する中、選挙運が全面開花するのを見ていた。

シュンペーターがハーバードに発った一九三二年後半には、議会制民主主義が二年間も停止していて、何らかのより急進的な独裁制が差し迫りつつあった。アメリカでは民主主義の根がもっと深かったので、大恐慌の嵐をなんとかして耐え忍ぶことができた。しかし、彼の地でも経済状況は悲惨だった。シュンペーターの到着時には、一〇〇〇万人以上の人が失業していたが、これは労働人口の五分の一に近かった。大きな打撃を受けた鉄鋼産業や自動車産業の本拠地のシカゴやデトロイトのような大都市では、労働力人口の半分が失業していた[57]。フランクリン・デラノ・ルーズベルトが大統領となった一九三三年には、国民総生産は一九二九年の水準の半分にまで落ち込み、四人に一人が職を失っていた[58]。

今や動きの激しい資本主義の時代は終わりを告げ、アメリカなどの「成熟した経済」は長期停滞の時期に入ったのだ。政治的な傾向は全くさまざまながら、分析者はこのように結論づけた。ある者は、消費者の目に留まるような技術の革新がなくなったからだと論じた。また他の者は、天然資源が枯渇しかかっており、また人口成長の鈍化が消費者需要の減退につながったのでは、と懸念した[59]。このような想定が、一九三二年にルーズベルトがサンフランシスコ・コモンウェルス・クラブで行ったキャンペーン演説の背景にあり、この演説がニューディールの根拠づけとなった。

自由な土地があり、人口がとんとん拍子に増加し、工場が私たちの必要を満たすのに十分ではない場合は、社会は野心家に自由に行動させ、無制限の報酬を与えてもよいのです。その野心家が必要とされる経済の工場を建設する限りにおいてです。この拡張の時期には、誰にも平等な機会があり、政府の仕事は介入することではなく、産業の発展を手助けすることにあります。

しかし、今や工場は建設済みであります。現今の状況下で工場が多過ぎやしないか。これがまさに焦眉の問題です。アメリカの最後のフロンティアはとうの昔に到達されつつあるのです……。

明らかにこうしたことは、価値観の再評価を必要としています。もっと多くの工場を建設したり、もっと多くの鉄道網を建設したり、あるいはもっと多くの企業を組織したりということは、危険につながる可能性が高いのです。偉大な興行主、あるいは金融界の大物……の時代は終わりを告げました。今や、発見をしたり、天然資源を利用したり、あるいはもっと多くの生産物を作ったり、ということは課題ではありえません。もっと冷静に、既存の資源と工場を粛々と管理していかなければなりません。……つまり、生産を消費に適応させるわけであります[60]。

ルーズベルトの演説は、レックスフォード・タグウェル、ラクリン・カリー、そしてシュンペーターのハーバードでの同僚、アルビン・ハンセンらのようなニューディールにかかわった専門家集団の知識人たちとのコンセンサスの共有を示している。こうした人々は、民間部門が放置されれば、過去数十年間にわたる経済成長を再生することは不可能だという点で、意見を共にしていた。実際、経済水準は一九二〇年代の繁栄の時期には戻ることすらかなわなかった[61]。

イギリス人経済学者、ジョン・メイナード・ケインズの主張の援用であるが、政府による大規模な介入がなければ、失業率は受け入れられないほどの高水準にとどまると主張された。全体としていえば、ニューディール政策の立案者は、資本主義的制度の安定化に乗り出したといえるだろう。それが作り出した組織のいくつか、たとえば連邦預金保険公社や証券取引委員会はそのような効果を持っている。しかし、競争市場の基本的ルールを変更するようなもっと根本的な一連の施策にも、ニューディーラーはかかわった。

まずは、競争を制限することで、安定性を高めようとした。たとえば、一九三三年に創設された全国復興庁は計画的なカルテル化の政策を考案し、これによって特定部門の全企業に価格維持協定を結ばせ、雇用を増進して賃金を上昇させようとした。これは、勝ち組と負け組とを作り出す競争経済とは違う。全国復興庁は倒産する会社を出さないようにしたのだが[62]、それによってアメリカ経済がもっと力強いものとなることはなかった。

ニューディールは失業問題や現今の悲惨な状況を解決できなかったので、民衆煽動家からもニューディーラー自身の中からも、もっと過激な反資本主義的感情を持つ者が出てきた。北部の工業地域では、デトロイト郊外のローマ・カトリック教会の司祭、チャールズ・エドワード・コグリン師が新たなメディアであるラジオを用いて、多くの崇拝者を生み出した。

コグリンは、ウォール街の金融的な権力には反対した。それが、国際的な金融界と結びついており、不吉なユダヤ人たちに動かされているというのである。こうした説教は『シオン賢者の議定書』に依拠したものだったが、同書は一時ヘンリー・フォードその人にも信奉されていた偽書なのだ。コグリンは一九三二年の選挙ではルーズベルトを支持し、「ニューディールは神の政策である」と公言したが、その後一九三四年には大統領に反対し、自身で社会正義全国連合を結成した。南部のポピュリストであるヒュイ・ロングも、ルーズベルトが金融的な権力や巨大企業とつるんでいるといって非難した。一九三四年にロングは「富の共有運動」を始めた。これは、没収や課税によって富者の財産を押さえて各世帯に再分配することによって、いわば「各人を王様」にしようとするものだった。

ルーズベルトは、反資本主義の民衆煽動家による政治的脅威に対して、そうした連中自身の理屈や政策的処方箋を取り上げることで対応した。ルーズベルトは、一九三六年の大統領選挙戦では、富裕税法の支持を明らかにした[63]。高額所得者には「非常に高額の税」(最高額所得者には七九%まで増税)が課され、相続税はさらに厳しくなり、企業利潤に対しては新税の導入が検討されていた。金持ちから吸い取れという政府の立法議案には、それにふさわしい理屈が用いられた。富者は圧制者であり、「経済的守旧派」であり、「自らには権力を、そして、一般大衆に対しては奴隷制」を求める「貴族」なのだ。ルーズベルトは一九三六年の一般教書演説でこのように述べている[64]。

当然のことながら財界は反発したが、ルーズベルトの理屈はさらに鋭くなっていった。選挙運動が終わる頃までには、「組織化された貨幣」が批判の対象となり、ニューヨークのマディソン・スクウェア・ガーデンでの大衆を前にした演説では、激烈な形で「財界・金融界の独占者、投機家、向こう見ずな銀行家、階級対立者、戦争で不当利益をあげた者」を敵として名指しした[65]。

ニューディールによって大恐慌が「解決された」わけではなかった。特に、その最悪の表れである失業は解決していない。一九三三年から三七年にかけてアメリカ経済は回復したが、それでも失業率は一四％という高さだった。ルーズベルトは一九三六年の選挙に勝ったが、翌年に経済はまたしても停滞に陥った。これは、当時そういわれていたように、あるいは後の歴史家が述べたように、ルーズベルトの理屈と政策によって投資意欲が損なわれたせいではない。反資本主義的な批判を好き勝手にさせるというのが、大統領の対応だった。

内務長官のハロルド・イッキーズは、アメリカ経済を牛耳っている「六〇家」を激しく非難した。こうした者たちが、「大企業によるファシズムをアメリカにもたらし、アメリカを奴隷化している」というのである[66]。もし、ニューディールのさまざまな政策立案者が揃って同意する、何か核になる信条があったとするのならば、それは企業人に対する不信感、それも特に大企業に対する不信感だった[67]。

大恐慌とニューディールについての分析

シュンペーターが初めて主だった著作という形で、アメリカの大恐慌に対して反応したのが、一九三九年公刊の大著『景気循環論――資本主義的過程の理論的・歴史的・統計的分析』だ[68]。シュンペーターは、循環的な好不況は資本主義発展の過程と歴史の避けられない部分であることを示そうとしている。もっとも、シュンペーターは、景気循環の振れは、それが企業や政府にもっとよく理解されるようになれば、緩和できると考えてはいる。巻末では、現今の恐慌についての分析を示し、そこから脱出する可能性について語っている。

多くの人々が、急激で長期化しつつあった経済の停滞はマルクスが予見した資本主義の究極的危機を論証するものだと考えていた時代にあって、シュンペーターは終末論的ではない診断を下した。アメリカの恐慌は、長期と短期の循環的要因の両者が合わさって作用したものだと、主張している。一九三三年に兆しを見せ始めた景気回復は、政府の政策によるものではなく景気循環の「自然的な」効果だという[69]。

しかし、このような景気回復も、一九三三年の全国産業復興法のような政府の政策によって遅れてしまっている。このような施策は、経済的に立ち行かなくなってしまった企業を衰退するに任せるよりは、既存の企業を安定化させようとするものである。これにより、ある企業での技術革新が不可避的に他の企業の消滅につながるというような、市場の活力が、意図せざる形で弱められてしまう[70]。賃金上昇を図る政府の試みは必ずしも有害とはいえないだろうが、現今の状況では、経済の拡張や雇用水準の増進に対してマイナスの影響を与える[71]。

大恐慌についてケインズ的な分析をすれば、現代資本主義は投資機会の枯渇に悩まされているということになるだろう。シュンペーターは同意するが、ケインズ学派が与える理由によって賛成するのではない。シュンペーターの見るところ、問題は、経済的なエリートに対する大衆や政府の反感によって、最も顕著な技術革新を伴った投資を実行できたはずの者が、そうしにくくなってしまっているということなのだ。最高額納税者に対する高額の所得税と遺産税、さらに配当されない企業利潤に対する特別付加税、こうしたものが、ニューディール政策の立案者が反資本主義的だという一般認識と相まって、新たな投資と技術革新の不足を招いている[72]。

このような措置は、巨大企業と富裕層を狙い撃ちしている。しかし、「この国の経済の『進歩』は主として、最高でも三〇〇~四〇〇を超えない数の企業によってもたらされてきたので、こうした企業が深刻な危機に陥ると、経済的有機体を麻痺させることになるだろう」とシュンペーターは書いている。問題は、投資のために利用可能な資本が少なくなっていることで悪化している。三万~四万人もの最も富裕な層に高額の税が課せられているからである[73]。

シュンペーターは政府の反トラストへの取組みについては懐疑的だった。大企業を擁護しているが、これは創造力に優れた者には敬意を払うというシュンペーターの終生変わらない姿勢によるものだろう。ニューディール時代の「独占」に対する攻撃は、成功者に対する平等主義的な怨恨によるものだとシュンペーターは考えた[74]。しばしば独占者として攻撃される企業は、「より良い知性の影響が及ぶ範囲を拡大させている」のだ[75]。

最初に技術革新に成功した者に対して高い「独占的な」利潤を与えるのは、まさに活力あふれる資本主義の本性にほかならない。自由競争の名の下において独占を批判する者は、このことを理解できない。しかし、潜在的な新しい技術革新に対して、優越者は自らを守らなければならない。つまり、大企業は技術革新を続けなければ滅びるのである。

アメリカでも反エリート的な怨恨によって、資本主義という金の卵を産むはずだったガチョウが殺されてしまった。その結果、「資本主義もまた、それに代わる体制も機能しない状況」が生まれている。これは、シュンペーターがほとんど三〇年来関心を持ってきた過程の帰結である。「資本主義は機能し続けることによって、ある種の社会的雰囲気を生み出す。あるいは読者が好むならば、道徳律といってもよい。これは資本主義に敵対するもので、このような雰囲気によって、資本主義が機能しないような政策が立案される」[76]。

一九三〇年代の初期、大恐慌のショックとそれに対する知識人の支配的な「解釈」によって、アメリカ「国民は過激化していった」。これによって、資本主義の自由を奪うような政策が生み出されるに至った。攻撃されていると感じた「産業ブルジョワジー」は投資と技術革新を控えることで、これに応えた。そして、景気循環の回復も、こうしたことが起こらなかったと想定した場合に比べて相当脆弱なものになっていった[77]。そうした回復の弱さは、さらに、資本主義は過去のものだと主張する人々の後ろ盾にもなっていく。

▼『資本主義・社会主義・民主主義』

このような状況下で、シュンペーターは何十年も温めてきた考えの集大成として『資本主義・社会主義・民主主義』をまとめた[78]。『景気循環論』での主張を繰り返してはいるが、今やそれを非常に皮肉な枠組みで提示している。なぜ、社会科学者が皮肉な論調で著作をなすのか。おそらく、影響を与えたいと考えている若い知識人たちは、正面切った社会主義批判は馬耳東風に受け流すだろう、とシュンペーターが考えるに足る理由があったのだろう。ハーバードでシュンペーターが接した大学院生は、そのうちの一人の言を借りれば「ケインズ、マルクス、ヴェブレンに完全にイカレていた」のだ[79]。『資本主義・社会主義・民主主義』では、皮肉は人々の心をこじ開ける楔として機能している。

資本主義の時代は終焉を迎えつつある。資本主義は今や社会主義に道を譲らなければならない。これが、ヨーロッパとアメリカの知識人が広範に共有している想定だった[80]。シュンペーターが戦略としてとった社会主義への移行論についての表面上の同意は、エサなのだ。このエサによって、公然たる資本主義擁護の書物には全く見向きもしなかったような左派系知識人が『資本主義・社会主義・民主主義』と向き合うようになる。一度読者がエサに引っかかれば、あとは資本主義、社会主義について皮肉を込めた評価を提示し、読者に自らの想定を再検討させるように仕向ければよい[81]。皮肉の書である以上、同書の表面上の主張と意図されたメッセージとは正反対になる。

『資本主義・社会主義・民主主義』の明白なテーゼは、マルクスが予言したように、資本主義は社会主義に取って代わられるというものだ。しかし、マルクスが予想した理由によってではない。資本主義は経済的な破局によって駄目になるのではなく、その経済的な成功にもかかわらず破綻するというのである。

シュンペーターには、大恐慌によってマルクス主義がかつてないほど魅力的に、特に知識人にとって魅力的になっていたことがわかっていた。おそらくこうしたことから、その著作は、まずはマルクス主義の魅力について語り、そして後に、マルクスの貢献と失敗について分析するという展開になっている。マルクスは宗教を大衆にとってのアヘンだとして非難する。しかし、マルクス主義は救済計画や地上に楽園をもたらす理想像を提示しているので、それ自体宗教だといってよいと、シュンペーターは主張する。

マルクスが成功した本当の理由は、「不運な大衆の自癒的な態度である、邪魔され不当に扱われたという感情を比類ない力で定式化したことにあった」のだ[82]。マルクスは「他の人々ではなく、ある人々が資本家となり、また日を追うごとにそうなり続けているのは、その人たちが卓越した知性を有しており、また労働においても貯蓄においても他の人々よりもはるかに精力的だからだとするブルジョワジーのおとぎ話」を嘲笑している。マルクスは賢明だった。というのも、「笑い飛ばすことは、あらゆる政治家がその重要なことを知っているように、不愉快な事実をあっさり片づけるにはもってこいの方法だからである」。実際、自らの初期の著作に言及しながら、「産業的成功、特に産業的な地位を確立させたのは、十中八九、卓越した聡明さと精力による」とシュンペーターはしている[83]。つまりマルクス主義は、弱者や創造性に欠ける者の怨恨を強者や創造力豊かな者に向けさせる最新の、そして最も強力な手段だといってよいのだ。

マルクス主義が魅力的だったのは、それが少数の原則に基づいてすべての事柄を説明できると主張したことにもよる[84]。大企業や大金融資本の外交政策に対する影響によって、帝国主義が引き起こされたとするマルクス主義者の説明を例にとってみよう。世界が実際にどのように動いているかについて直接的な知識を有していない者にとっては、これはかなり妥当な説明のように思われる。

「自国の政策に対する資本家集団の態度は、今日では、かつてないほど能動的であるというよりむしろ、著しく受動的になってきている。しかも、資本家集団は驚くほど短期的な考慮に依存しており、それは何らかの深く工夫された計画からも明確な『客観的な』階級利益からもはなはだ遠い。この点においては、マルクス主義は通俗的な迷信をただ定式化しているにすぎない」。必ずや左派の読者の胸に突き刺さり、おそらくは反発を買うようなやり方で、シュンペーターは帝国主義のこの解釈を「比類なく賢明で邪悪なユダヤ人の委員会がどこかにあって国際政治、あるいはすべての政治を裏から支配しているとの仮定」で現代史を説明するのと五十歩百歩だとして非難している[85]。

正しい問題を提起しているという点で、マルクスはしばしば称賛の対象となってはいるが、上述のような概念的な欠陥は詳細に分析されている。しかしながら、資本主義の発展が資本主義社会を破壊するという点で、シュンペーターはマルクスに同意する。しかし、マルクスの主張のように、労働階級の貧困化によって資本主義が崩壊するわけではない。それどころか、資本主義は未曽有の経済成長をもたらしたのであり、これによって勤労階級が最も恩恵を受けたというのがシュンペーターの主張である。

「資本主義の成果の典型的な事例とは、女王により多くのシルクの靴下を用意することではなく、必要労働量の減少の対価として、それを女性労働者の手の届く範囲にもたらすことにあるのだ」[86]。

資本主義を嫌悪したり、あるいは、理解できなかったりしたニューディール政策の立案者とは異なり、シュンペーターは、資本主義は経済成長と生活水準の上昇をもたらすと主張した。資本主義の成長は、投資機会の喪失、天然資源の枯渇、独占や寡占に伴う技術革新の抑制によって永久に損なわれるとした主張は当時人気があったが、シュンペーターはこれを直ちに棄却した。投資機会や天然資源が喪失したとの考えは、企業家が新たなフロンティアを開拓し、地中深く埋蔵されている石油のように、かつては無駄で回収に値しないと考えられていた原料を「資源」にするという事実を見逃している。シュンペーターが示唆しているように、「空の征服はインドの征服よりもはるかに重要であるといえる」[87]。さらに、食料の増産のように、技術革新によって実際に「もっと多くの」原材料が生産されてもいるのだ[88]。

目立った技術革新がないので技術的な可能性が枯渇してしまった、とする人口に膾炙している見解は、資本主義体制の下では「技術的可能性は海図に載っていない海に等しい」ということを見失っている。現在の地平を越えた向こうには可能性があり、世紀の転換期に電力がそうだったように生産性を急変させるだろう[89]。

独占についていえば、確かに少数の大企業が産業を支配するということは完全競争概念とは合致しないが、それが技術革新を損なうことで消費者の不利益になるということはない。市場で支配的な地位を占める大企業も、しばしば技術革新を強いられる。これは、他の企業が安く生産するかもしれないという不安からくるものではなく、他企業が新製品を携えて現れ、それによって元の製品が完全に取って代わられる可能性があるからだ。

資本主義が過去において非常に生産的であり、また、将来、富を増やす見通しがあることは、偶然ではないと、シュンペーターは考えた。これは、資本主義が単純で力強い動機の体系に訴えかけ、そのような体系を作り出すのに貢献するからだ。資本主義は成功に対しては富で報い、同じく重要なことは、失敗者は貧困に脅かされる。

さらに、資本主義は最も有能で最も精力に富んでいる者を市場に関連した活動へと誘う。資本主義的な価値観が支配的になるにつれて、「卓越した頭脳を持つ者」の多くが、軍事的、行政的、文化的、あるいは神学的な目的追求ではなく、ビジネスに向かうようになる[90]。

シュンペーターの説明では、資本主義経済における報酬は「能力、精力、その仕事に関する卓越した才能」と正確に相関しているわけではない。偶然というものは、個人の手の届かないところにある。そうだとしても、能力と精力はかなり重要な役割を果たすのであり、資本主義という「ゲームは、ルーレットというよりもポーカーに近い」。

資本主義体制は、巨額の利潤を得られるかもしれないという誘惑で、さらに能力ある者の精力と能力を引き出すことができる。こうした「目覚ましい賞品」は、実際にはごく少数にしかいかないが、それが得られるかもしれないということで、「大多数のビジネスマンが、ごくわずかの報酬をもらうか、ぜんぜん何ももらえないか、あるいは、かえって損をするかのいずれかであるが、それでも自分たちの目前には大きな賞品がぶら下がっており、それを獲得するチャンスは各人に全く平等にあると思い込んでいるので、自己の最善を尽くしてやまないのである」。

同様に、失敗すれば一文なしになるとわかれば、「多くの能力ある人々を脅かしたり、実際に恐怖が襲いかかったりするので、これより平等で『公正な』罰則よりもはるかに効果的に『あらゆる人』を鞭打つことになる」。大事なことを一つ言い忘れたが、ビジネスは成功への道への探求を促す。これは、「ビジネスにおいては、成功と失敗はともに恐ろしくはっきりしているからである。どちらも話をして気を紛らわすというわけにはいかないのだ」。

資本主義は能力と精力のある者をビジネスに引き寄せるだけでなく、経済活動に集中させる。ビジネスの特徴が、技術革新の探求にあることは、裏を返せば成功した人でも自らの企業や家族が世代を超えてトップに君臨し続けられるかどうかは確信が持てないことになる。このようにして、シュンペーターは最も鮮やかなイメージで、資本主義は経済的生産性を上げるという「仕事にブルジョワ階級を縛りつける」と述べている[91]。

しかしながら、資本主義の長所は経済的なものにとどまらない。シュンペーターによれば、近代に特徴的なことのほとんどは、基本的には資本主義の拡大と、それが助長する思考パターンに帰せられるという。「合理主義的資本主義」の気質である。事柄を当然のこととしては受け取らず、何が自分自身にとって最良かを計算するために、人間の理性を使って損得の軽重を計る傾向のことである。それは、市場活動の特徴である思考習慣、つまり日々の得失を量的・数字的に勘案するという習慣からこぼれ出たものだ[92]。

さらに、伝統や超自然的な権威ではなく、世俗的な経験による結論に基づいて自ら判断する必要があると信じるようになる[93]。こうした思考習慣が今度は、女性解放や平和主義といった現代の傾向へとつながっていく[94]。個人の世俗的な幸福が重視され、社会は改良可能で、貧困は必ずしも不可避の状態ではないという考えを持つに至る。

このようにして、人道主義、すなわち「人類の向上についての功利主義的な思想」に触発された義務感が育成される。結果として、資本主義以前の社会と比べて「近代資本主義におけるほど、多くの心身の自由が『すべての人』に保証された時代は、いまだかつてなかった。支配階級が不倶戴天の敵対者と妥協し、あまつさえ、それに資金の融通をなすことにこれほど抵抗しなかった時代もかつてなかった。真実のあるいは作られた受難に対してこれほど積極的な同情が寄せられた時代もなかった。その負担をこれほど快く引き受けた時代もなかった」[95]。つまり、まともに考えれば望ましいとされる事柄の多くが資本主義によってもたらされるというわけだ。

シュンペーターは、見事な皮肉が込められた次の一節で資本主義の評価を締めくくっている。

読者が予想するような形で要約しようとは思わない。すなわち、まだ試されてもいない人の勧める未知の代案を信じる前に、資本主義秩序の素晴らしい経済的成果といっそう素晴らしい文化的成果、並びにその二つが約束する広範な見通しをもう一度よく見なさいと読者に勧めようとするわけではないのである。その成果や見込みだけで、資本主義が続くことを正当化したり、安易にそう言われるように、資本主義が人類の肩から

――貧困の重荷を取り去ったりするに足るであろう、と主張するつもりはない[96]。

ここから、シュンペーターは話題を社会主義に転じる。まずは、社会主義経済は妥当なものであるという話から始まる[97]。このような主張は、正統派の(あるいは、あまり皮肉っぽくない)資本主義の擁護者の怒りを買うに違いないが、おそらくは社会主義的傾向のある読者の関心をひきつけておくための言葉の上の戦略だったと考えられる。しかし、社会主義が資本主義よりも経済面で優れているのは、資本主義が反資本主義的な怨恨にとらわれている限りにおいてのことだ[98]。社会主義が経済的に成功するのは、知的に優れた能力を有する者を取り入れ、さまざまな名声という形で応分の報酬を与える場合に限られる。

このようにして、社会主義が経済的に成功するには、それが持つ平等主義的な目標を犠牲にすることが必要となる。またさらに、生産手段の私的所有がなくなるとともに政府に対する制約も緩くなるので、社会主義体制下では、労働者に対する政治的締めつけも厳しくなる。

「社会主義が、正統派社会主義者たちの夢見ている文明の出現を意味すると信じるべき理由はほとんどない」とシュンペーターは結論づけている。「むしろ、ファシストの特徴が表れる可能性のほうが大きい。それはマルクスの信奉者にとつては予想外の解答となるだろう。しかし、歴史は時々質の悪い戯れに耽るものなのである」[99]。

しかしながら、資本主義それ自体がもたらす社会的、そして特に文化的過程によって、経済的には成功したにもかかわらず、資本主義は消滅するかもしれない。資本主義の文化的影響については、シュンペーターは判断をぼかしている。合理主義的な思考方法、すなわち各個人が制度を費用対効果分析にかけるべきだとする信念を促すことで、資本主義は社会の政治・経済制度を疑問視するようになるからだ[100]。

シュンペーターがほのめかしているように、この「合理主義」はしばしば間違いであると判明するものの、それによって制度の権威は大いに損なわれる。これが特に危険なのは、資本主義擁護論はたいていの人々にとって理解するのが困難で、資本主義を信用しなくなれば、その本当の長所を理解できなくなるからだ。いずれにせよ、資本主義擁護論は長期的な全体としての利益に基づくものであり、そうした主張は「創造的破壊」の過程で失業した者にとってはあまり魅力的なものではない。しかし、まさに「創造的破壊」は資本主義にとって中心的なもので、企業家の技術革新によって既存の生産形態とそれにかかわる人たちを時代遅れにする過程そのものなのだ。

エドマンド・バークやそれに続く保守派の議論を繰返しながら、シュンペーターは、資本主義社会の安定性は前資本主義社会に負っているが、その力は資本主義それ自体によって浸食されていくとしている。ニューディールのアメリカというよりは、ハプスブルク帝国やホーエンツォレルン帝国での経験を反映しているかのように思われる分析において、シュンペーターは、政治的に脆弱なブルジョワ階級は精神的にもっと力強い貴族階級によって政治的に守られてきたと示唆している。

第一次世界大戦の結果、貴族層は政治的には決定的に衰退し、これによって資本家階層は政治的な保護を失った。商人や製造業階層と並んで、かつては多くの小農民、職人、店主たちが私的所有の支持層を形成していた。このような人々は自ら資産を持っており、それに対して感情的な思い入れもあった。

巨大法人企業による経済統合の過程によって、こうしたプチブル階級はなくなっていき、それとともに資本主義が拠って立つ基盤である私的所有権に対する広範な支持も失われていった。現代の法人企業ではオーナー経営者が、雇われ経営者に取って代わられているので、小企業からなる社会では一般的だった所有に対する思い入れはさらに弱まっていった。雇われ経営者は、財産に対してもはや強い愛着を持たないからである[101]。

資本主義によって助長される個人主義的あるいは功利主義的気質は、家族生活をも変えていくが、それは資本主義の将来にとって恐るべき帰結をもたらす。ブルジョワの家族は崩壊してゆき、それとともに企業家的活動の誘因も減退する。男が、あるいは特に女が個人主義的な費用対効果分析を家族の領域に適用すれば、子どもの数は少なくてよいか、あるいは全く子どもはいらないという結論に至る。費用対効果の合理主義的な分析によれば、子どもを生み育てる犠牲はそれがもたらす快楽を上回るからだ。

子どもを作ろうかと悩む多くの夫婦にとっての意味の

ある問いは、次のようになる。「年老いれば、馬鹿にされ、見下されるというのに、なぜ自分たちの夢を捨てなければならないか。子どもができれば、経済的にも大変になるし」。シュンペーターによれば、これも一見「合理的」だと思われる判断が実は誤っているケースだという。判断を下す者が、適切な情報を持たずにそうしているからだ。このケースでは、夫婦は両親になることの真の価値を評価し損なっているという。「親子関係は、肉体的・精神的健康、『正常性』といってもよいようなものを両親に与える。特に女性の場合、これは重要である」という。このような考慮は「現代人の合理主義のサーチライトでは照らされないことが多い。現代人は、公私にわたって直近の功利主義関連性を持つ確実にかかっている些事については注意を払うが、人間本性あるいは社会的有機体の隠された必然性という考えについては鼻で笑うのである」と、シュンペーターは嘆いている。

このような「子孫に対する配慮の衰退」は、世代をまたがって帝国を構築できるような所得の探求の終焉を意味している。消費する以上に稼ぐという誘因がなくなり、企業家をめざす人々は創造的な技術革新へと身を投じる心理的な動機づけも失われると、シュンペーターは主張する。自らに対する関心の増大と同時に将来世代に対する関心は低下していき、金銭的な必要が満たされれば、それ以上に働く誘因がなくなっていく[102]。

資本主義も本来の魅力を失うかもしれないとシュンペーターは主張するが、その理由づけはウェーバー、ジンメル、ルカーチ、フライヤーの分析と同じだ。合理主義的かつ手段重視の気質によって、「全般的な価値の喪失」がもたらされ、個人はより大きな目的に関与する感覚がなくなる。資本主義的な活動は、尋常ならざる人間活動の成果である伝統的な形態に比べれば、ありふれたもののように思われる。金儲けは英雄的な行為とはいえない。この意味で、株式市場は聖杯の代わりにはなりえない[103]。

資本主義が悲運の審判を迎えるのは、資本主義的発展がもたらす意図せざる結果によって、資本主義を支持する社会的なあるいは文化的な源泉が損なわれるからだ。ここでは、シュンペーターは過去の保守派の議論を繰り返している。変化は衰退として誤って認識される。また、ある種の動機は、たとえば私的所有の願望が、かつては特定の歴史的制度と結びついていたことから、そうした制度と結びついてしか存在しえない、もはや新しい形態はとりえないと、考えられている。このような点で、シュンペーターの分析はかつての保守派の主張と同様の難点を持っているのかもしれない。

知識人の役割

もし、資本主義が自らの墓掘り人を作り出すのであれば、それは知識人階級にほかならないと、シュンペーターは皮肉を込めて示唆している。これは、かつてマルクスがブルジョワ出身の「イデオローグ」とし、マシュー・アーノルドが「部外者」と名づけ、ジェルジ・ルカーチやハンス・フライヤーが例示した類の人間だ。知識人の力は、他の人々の精神を形成するという役割から来ている。教育、著作、政府の官僚に対する影響力の行使によって、知識人は社会の文化的雰囲気を醸し出していく。

知識人が資本主義に対する不満を「作り出す」というわけではない。知識人の重要性は、資本主義がもたらす創造的破壊につきものの失望や怨恨——これらは元来、散らばっていた——を明確にし、方向づけることにある。言い換えれば、資本主義が生み出す不満に明確な形を与えるのが知識人であり、その解決策は、まさに資本主義それ自体を転覆することにあると説明することで、不満の意味合いを変えていくのだ[104]。

たとえば労働組合は、カルテルを作って自分たちの経済的な機会を改善しようとする、資本主義のゲームに登場する役者の典型的な試みだ。彼らは特に急進的なわけではない。たいていの労働組合員は、自ら行動するとなれば、自分たちの生活水準を上げ、プチブルになるにすぎない。知識人たちこそが、マルクスに従って、労働組合を過激化し、反資本主義的な闘争に誘うのだ[105]。「怨恨を激昂させ、これを組織化し、育み、言語に表し、そして先導する」のは、まさに、知識人たちなのだ[106]。

ニーチェはキリスト教の由来を尋ねて、それが奴隷の怨恨を方向づけることで影響力を手にした司祭の権力への意志によるものと明らかにしたが、シュンペーターは、社会主義を知識人が資本主義社会における不満を方向づけようとした表現として見た。これによって、擬似的な宗教が生まれ、失敗した者もその宿命を合理化することが可能になる。

シュンペーターが、「知識人」という言葉で高等教育を受けた者すべて、あるいは、そのほとんどを意味しているわけではないのは明らかである。むしろ、念頭に置いているのは、「実践的な事柄には直接の責任を」持たずに「話し言葉や書き言葉で力を発揮する人々」のことだ。結果として、知識人は「実際の経験からのみ得られる、生の知識が欠ける傾向がある」[107]。こうしたことは、一世紀前のユストゥス・メーザーが特定した特徴であり、また、さまざまな変化を伴いつつ、エドマンド・バークやアレクシ・ド・トクヴィルらも特定した特徴でもある。

書き言葉や話し言葉で系統立てて述べようとする者の影響力は、新しいコミュニケーション手段が普及するにつれて、増大していった。まずは、出版物が安価となっていき、もっと後になるとラジオが登場してくる。このようにして、「世論」が定式化される。したがって、知識人階級の興隆それ自体も、資本主義の発展の産物だといえる。資本主義によって可処分所得が増大し、余暇の時間が増えると、さらに多くの人々が新しいメディアと、その中身を提供する知識人たちの影響を受けるようになる。

ジャーナリズムと並ぶ、批判的知識人のもう一つの進出先は、教職である。政治家にアイディアやスピーチを提供する、政党や同好会のスタッフも、知識人から選ばれる。学業に基づく専門職の公務員の台頭は、ヘーゲル的、アーノルド的理念といえるが、これは政府の官僚や政策立案者が知識人階層の気質や感覚を共有するようになったことを意味している。また実際、ますます多くの人間が知識人層からリクルートされるようになる[108]。

しかし、知識人はなぜ資本主義に対して批判的になるのだろうか。シュンペーターによれば、一つの理由は、批判が知識人の自利心に役立っているのだという。シュンペーターによれば、知識人が「自己主張をする絶好のチャンスは、その現実的ないし潜在的な嫌がらせ効果にかかっているので」、批判自体が知識人の自利心の充足に貢献しているのだという。また、「知識人集団は……批判で生計を立てており、その地位はすべて、批判の鋭さに依存している」[109]。

資本主義に対する反感は、また、教育ある男女が周期的に過剰生産されることによってでも助長される。アーノルドらが人文主義的な教育の利点を称揚し、大学教育はますます拡充されていった。その結果、経済が吸収できる以上の人文科学専攻者が卒業していくことになった。しかし、シュンペーターが注意しているように、人文主義的教育の結果は必ずしも良いものばかりとは限らなかった。「大卒の人間は、たとえば専門職に就けるとは限らないのに、肉体を酷使する仕事には心情的に就きにくいのだ」。

このように、大学教育は予期せぬ効果をもたらすことになる。つまり、卒業生の多くが資本主義的世界での仕事に対して不適格となる。あるいは適格となるのは、自分たちの基準では自身にふさわしくないか、または賃金が自身にふさわしくないという仕事だけである。このようにして、彼らの感覚では資本主義体制では自分たちは十分に報いられていないのだ。「不満は怨恨の母となる。しかも、それはしばしば社会批判という形をとって合理化させるのであるが、この社会批判こそ、人間や階級や制度、ことに合理主義的・功利主義的文明の制度に対する知的傍観者の典型的な態度なのである」[110]。そうしたことの結論が反資本主義的な怨恨である。

こうした怨恨が、多くの知識人たちの資本主義に対する敵意の背景にあり、それによって合理的な主張が通じなくなっている。「合理主義的文化の中で、知識人の見解表明はだいたいにおいて、なんとか合理化されるであろう。……資本主義は、今やポケットの中に死刑の判決を忍ばせている裁判官の前で審理されることになる。裁判官たちは、どのような弁護を聞こうとも、それにはお構いなく死刑の判決を下そうとしている。したがって、弁護がうまくいったとしても、それはおそらくは起訴状の内容をたかだか変えるにすぎないであろう」[111]。

しかし、生産手段の所有者は、なぜ資本主義とその制度に対する批判を押さえ込もうとしないのだろうか。シュンペーターの考えでは、これは生産手段の所有者もまたこうした批判的な態度を一部共有しているからだという。そしてこれは、資本主義自身によって助長された功利主義的な合理主義の一部である。さらに、ビジネスマンは一方では批判的な知識人が潰されるのを望むが、他方ではブルジョワジー全体としては政府がそうするのは嫌う。これは、表現手段に対する攻撃が、やがては他の所有形態に対する批判に及ぶのを恐れてのことである。

全体として見れば、シュンペーターの判断では、ブルジョワジーは知識人擁護に向かうことになる。これは、「自分たちが認めない自由を粉砕することは、つまるところ、自分たちが認めている自由をも粉砕することになるからである」。このように、短期的には抵抗があるものの、長期的な傾向としては資本主義批判に対する制約はなくなっていく[112]。

知識人好みの趣味はブルジョワ叩きであり、資本家的理念が合法的ではないと言い立てることだ。これが長期的には、ブルジョワに打撃を与え、資本家階級が自らの生活様式に対して持っていた信念を喪失させることになる[113]。このような主張にもかかわらず、知識人のこうした傾向は変わらないだろう、とシュンペーター自身もほのめかしている。「集団を動かす誘因としては、功利主義的な理由づけはいずれにしても弱い」。ニーチェやパレートの主張を繰り返しながら、シュンペーターは次のように言う。「それは、合理主義を越えたところで行為を規定していくものには、匹敵しえない」。

第二次世界大戦後の数十年で、西ヨーロッパとアメリカの資本主義経済は、シュンペーターの予想どおり、歴史的な発展を遂げた。一九六〇年代には、西側世界での貧困は著しく減少し、他方伝統的な意味での「プロレタリアート」は消滅へと向かい、中間層の生活パターンに同化しつつあった。

資本主義世界も変容したが、それを告発するやり方も変化していった。これを最もよく表しているのがヘルベルト・マルクーゼの著作だが、その先駆けをなしたのがジョン・メイナード・ケインズだった。

第12章

ケインズからマルクーゼへ

豊かさとそれに対する不満

From Keynes to Marcuse: Affluence and Its Discontents

▼ケインズの逆説

ジョン・メイナード・ケインズ(一八八三~一九四六年)は、しばしば戦後の福祉国家的資本主義の知的開祖と見なされており、ヘルベルト・マルクーゼはそれに対する主たる批判者の一員として見なされている。しかしながら、両者は驚くほどよく似ている。

深刻で手に負えそうもない大恐慌に直面して、ケインズは自由放任政策についての一連の批判を公刊した。その頂点が『雇用・利子および貨幣の一般理論』(一九三六年)である。スミス的伝統として見られるようになっていた、自己制御的な経済という概念に狙いを定めたケインズは、この恐慌を、市場はそれ自体として完全雇用をもたらすという誤った想定の所産として解釈した。彼は、政府が支出を増やして積極的に失業と戦う際の経済学上の根拠を提供した。民間投資と消費があまりに低いときには、政府が介入して経済活動を活性化する。ケインズは、財政支出が人々を仕事に就かせるのだという。そして、財政支出が財に対する需要を増やし、高利潤の見込みが生まれ、資本家は投資するように誘われる。失業はなくなり、再び経済は成長を始める。

ケインズは一九三〇年代から七〇年代にかけて、西側では最も影響力ある経済学者となった。一つには、政治家がやりたかったことについて、科学的な根拠と思われるものを提供したからであり、また、技術的な権威と高次の道徳的目的を併せ持ったのが経済学者であるという

Herbert Marcuse
(1898-1979)

John Maynard Keynes
(1883-1946)

イメージを広めたからでもある。さらにまた、ケインズ固有の政策的処方箋に賛成しない人々に対しても不可欠な経済的な概念の宝庫を創ったからでもある。

さまざまな点で、ジョン・メイナード・ケインズは、スミス、ヘーゲル、そしてアーノルドたちがみな作り上げようとしていた公僕としての知識人そのものだった。政治に積極的な学究派の両親の間に生まれ、経済学に転じる前は数学と哲学を学んでいた。ケインズは大学で教育を受けた行政エリートの鑑となり、ケンブリッジで経済学を教えるかたわら、官界でさまざまな経済関係のポストにも就いた。また、芸術文化の人でもあり、時間とお金のかなりの部分を芸術の財政的支援に当てていた。

ケインズは、その明晰な頭脳によって、イギリスを(そして、聞く耳を持つ国ならどこでも)恐慌の煽りを受けて長引く失業から救うことに専念した。ドイツで起きたように、失業によって自由主義的な民主主義に対する支持が損なわれることを恐れたのである。

ケインズは資本主義の道徳的・社会的・文化的帰結についてよく考えてはいたが、それについて体系的に書くことはしなかった。この主題について述べたことは、体系としてまとまっておらず、一章を費やして議論するにしても矛盾点が目立つ。しかしながら、体系立っていないコメントであっても一瞥を投げかける価値はあるだろう。特に、資本主義が生み出した経済成長に対する鋭い鑑識眼と、その成長の源泉に対する極端な反感が併存できることを示しているとあっては、なおのことだ。スミスやアーノルドにおいては耐えられる程度の緊張だったものが、ケインズにとっては、すぐにでも逃げ出したくなるような道徳的重荷となっていった。

ケインズの頭を占めていたのがケンブリッジの数学と経済学だとすれば、その心はロンドン近郊のブルームズベリーのことでいっぱいだった[1]。彼の文化感覚は、この名だたる華やかな芸術家や音楽家、著作家たちとの交流によって育まれた。ケインズの良き生活の理想像は、美しいものを見る目を養うことと教養ある人々との友情を深めることであり、それに公務員としての務めが加わっている。ブルームズベリーの高みから、ロンドンのシティを見下ろしていたのだ。

早い時期から、彼は経済的進歩の対価として、自ら忌々しげに「ブルジョワ的金利生活者」と呼んだ者たちの、文化的荒廃を挙げている[2]。これは、「享楽のアート」を犠牲にして「複利」を求めた者たちを指している。『一般理論』では収益を最低限に抑えるような資本の増大をもたらす政策を求めた。これが「金利生活者の安楽死」をもたらすことになる[3]。このように、ケインズはスミス的な衣装をまとったアーノルド派だとしても、その奥深くに抱く感情はマルクスやエンゲルスに近いものがあった。

こうした感情は、何度も再版された衝撃的な講義「わが孫たちの経済的可能性」で示されている。これは一九三〇年に初めて公刊された。シュンペーターと同様に、ケインズは経済成長の原動力としての過去における資本主義の顕著な成果について記している。もし、戦争や国内の不安定要素が避けられるのであれば、その将来の成果もまた素晴らしいものになるだろうと、ケインズは予言している。人類は今や「経済問題」を解決しつつあるのだ。数世代のうちに、人類の「絶対的な必要性」を満足させるのに十分なものがあるようになるだろうと述べている。

もっとも、「満足することで同胞の上位に立ち、それよりも優れているのだという感覚を持ったときに初めて感じるという意味で相対的な」必要性については、この限りではない[4]。なすべき労働はほとんどなく、問題は各人が余暇の時間をどのように過ごすかにあるような、そのような社会がもう到来しつつあるのだと、ケインズは考えた。

市場活動とは、自らの世界での立ち位置を良くしたいという願望に突き動かされたものだと、アダム・スミスは述べている。大望を持った貧民の息子の場合のように、最も直接的にかかわる者の幸福につながらない場合もあるけれども、スミスにとっては、そのような動機は悪ではなかった。本書で取り上げた後続の思想家の多くも、手段だけを、特に究極の手段である貨幣だけを追い求めることによる、モラルハザードや個人的な失望についてじっくりと考えるようになった。ケインズの将来の見通しは、もっと敵対的な感覚を表している古い言い回しに戻っている。

> 富の蓄積がもはや社会的な重要性をあまり持たなくなると、道徳の規範は非常に大きく変わる。私たちを二〇〇〇年もの間支配してきた道徳原則まがいのものの多くは、なくなるだろう。それによって、私たちは人間の性質の中で最も悪趣味なものを至高の徳の地位に高めてしまったのだ。私たちは、貨幣的誘因をその真の価値において評価することができるようになるだろう。生活の享楽、現実への手段としての貨幣愛と区別されたものとしての所有物としての貨幣愛は、実体に即して認められることになるだろう。つまり、嫌悪すべき病気として、半ば犯罪的、半ば病理的な性質として、身震いしつつ精神疾患の専門家に委ねられるべきものとして、認められることになるだろう[5]。

若きマルクスの場合と同様に、ケインズにとっての問題は、彼が「目的性」と呼ぶ享楽の引き延ばしだった。これは、つまるところ「私たちの行動がその質や私たち自身の環境に対して与える即時的な効果ではなく、それが及ぼす遠い将来の帰結にかかわる」ということだ。現在よりも将来を重く評価するこの見方に対して、ケインズは「偽物の欺瞞的な不死を確保するため」の試みであるとして、これを軽蔑している[6]。

マルクスやゾンバルトを思わせるような派手な表現で、ケインズは享楽の引き延ばしを不死の追求や、高利貸し、そしてユダヤ人と同一視している[7]。「不死の約束を私たちの宗教の精神と本質に持ち込むのに非常に貢献した民族が、複利の原則にやはり大いに貢献し、この人間制度の中でも最も目的性を持つものを愛したのは、おそらく偶然ではないだろう」とケインズは断言している。もっと豊かな将来になれば、

私たちは最も確かで確実な宗教的・伝統的徳に戻ることになるだろう。貪欲は悪徳であり、高利の取立ては犯罪であり、貨幣愛は嫌悪すべきものであり、心から、徳と聖なる知の小道を歩くものは、明日のことをほとんど考えに入れない、となるだろう。私たちは、いま一度目的を手段より高く評価し、功利よりも善を選ぶようになる。私たちは、どのように有徳にそして上手に日々を過ごしたらよいかを教えてくれる者、事柄自体に直接の快楽を感じることができる喜ばしい人々、そして労働もしないで、ただじっとしている野の百合を、尊敬できるようになるだろう[8]。

これが、二世代後の見通しだった。醜いユダヤ的特質を剥奪された個人主義は繁栄するだろう[9]。しかし当面は、資本主義社会の背後にある根本的な道徳欺瞞は続くのである。「公正なものは汚れていて、汚れているのは公正であると偽り続けなければならない。というのも、汚れているものは役に立つが、公正なものはそうでないからである。貪欲、高利貸し、そして先慮は、今しばらくは私たちの神でなければならない。というのも、それらこそが、私たちを経済的必要性のトンネルから昼の明かりに導いてくれるからだ」。

その一方で、ケインズのブルームズベリーでの友人たちこそが、教養に満ちた将来の種子となるべき人たちだった。「目的性を持った精力的な貨幣利殖者が、私たちを経済的に豊かな世界に連れて行く。しかし、生き永らえて、完全なる卓越性に至り、生活それ自体のアートにまで達した人々、生活の手段のために自らを売り飛ばすことがない人々、こうした人々こそが、実際に豊かな世界が現れたときに、それを享受することができるのである」とケインズは書いている[10]。

数年後、『一般理論』の最終章では、ケインズはこれよりは抑制して書いている。利殖の誘因は現在よりも「ずっと低い賭け金でも」機能するだろうと考えてはいたが、次のように読者に注意を喚起している。「価値ある人間行動が全面的な結実を見るのには、貨幣利殖の誘因と私有財産制度の環境が必要な場合がある」[11]。

ケインズは首尾一貫している人ではないので、『一般理論』での持って回ったコメントが熟慮の末のものなのか、あるいは「わが孫たちの経済的可能性」は単なる言葉の遊びにすぎないのかを判断するのは難しい。ケインズの優れた伝記を著したロバート・スキデルスキーは、上記のよりいっそう過激な見解について「形式的な扱いの必要がないときには、直観的には常にその上をケインズの精神は行き来していたのである」という判断を下している[12]。

享楽を引き延ばすことについてのケインズの文化的反発は、その経済分析と経済的処方箋に決定的な影響を与えた[13]。世紀の転換点において、ジンメルは、なぜ貨幣を所有することが、それで購入できるものを所有するよりも人を満足させるのかについての分析を提供した。貨幣価値は、それで交換できる対象の価値を上回っているとジンメルは考えた。というのも、貨幣所有者は、貨幣で買うことができるすべての財を選択できることから来る精神的満足も合わせて享受するからだ[14]。

ケインズはこの現象に焦点を当てて、それに限界貯蓄性向という科学的名称を与えた。そして、それを古代からの高利貸し批判に結びつけ、これこそが大恐慌の主たる責を負うべきものだとした。彼は、高金利が現在の不況の責を負うべきだと主張している。貨幣所有者の流動性選好(投資よりも現金を選好すること)によって高金利になり過ぎて、完全雇用が実現できなくなってしまっている。

ケインズはまた、現在の状況では、享楽の引き延ばしの具体例である節約は、消費水準を低く抑えてしまうので、すでに古ぼけた徳であり、非生産的な性向であるとさえいえる、と考えた。貯蓄性向が高いことと相まって、それは十分な投資に対する障壁であり、十分な雇用と経済成長に対する障壁ともなる。ここに「節約のパラドックス」が生じる。「現在の状況では、富の成長は、通常考えられていることとは違って、富者の節倹によっているのでは全くなく、むしろそれによって妨げられているのである」[15]。ケインズは、したがって「消費性向と投資誘因を調整するように、中央からの制御が」必要だと結論づけるのである[16]。

しかしながら、そのような「中央からの制御」は経済の社会主義化を意図したものではない。というのは、ケインズは自由主義者だったからであり、ジョン・スチュアート・ミル的な意味で、そしてフリードリヒ・ハイエクによって後年再び主張されるような意味で、広範な個人的自由を支持していたからである。

> 個人主義は、もしその欠点がなく、乱用されないのであれば、個人的選択の領域を著しく広げるという意味で、他の体制と比べて、個人的自由の最善の防御であるといえる。それは生活の多様さという意味でも、最善の防御となる。これは、まさに個人的選択が可能な領域が拡大することによってもたらされるものであり、それが失われることは、同質的な国家であれ、全体主義国家であれ、最大の損失となる。こうした多様性によって、前の世代の最も確実で成功をもたらした選択を体現した伝統が維持されるのだ。それは、現在を空想の多様性によって彩る。それは、伝統や空想とともに実験の苗床となる。そして、将来を改善するための最も強力な道具となる。

ケインズは政府の役割の増大を「現在の経済組織がそっくりそのまま破壊されるのを回避するための唯一の実行可能な手段として、そして個人の創意が首尾良く作動するための条件」として擁護していた[17]。ケインズの『一般理論』は、スミスが実際に書いたものに対してというよりも、それを自由放任の教義に還元しようとすることに対しての攻撃だった。ケインズは、市場の見えざる手がすべての経済問題に対する解決策であるとする、あまりに硬直的な経済政策担当者の気質を解放しようとしたのだ。実のところ、スミス自身はこうした信念は持っていなかった。

スミスと同様にケインズもまた、政府の政策担当者は経済学者の言うことを聞くべきだと考えていた。しかし、ケインズとしては、政府は貪欲、高利貸し、そして文化程度の低下によって引き起こされた誤りに対して埋め合わせをしなければならなかった。こうしたものによって、個人は節約し過ぎるようになり、享楽の引き延ばしをするようになるからだ。経験豊かな経済学者が、政府の経済管理を適切に行えば、もっと多くの男女が芸術や教養を高めることに時間をさくようになる。「経済問題は、たとえば歯医者のように、専門家の問題となる」[18]とケインズは書いている。

これは短期の話である。しかし、そう遠くない将来に、貪欲は抑制されるのでなく根絶され、文化的享楽の引き延ばしによる需要の制約は、経済成長によって不要となると、ケインズは希望的観測を述べている。数年が経ち、マルクーゼはそのようなときが実際に到来したと論じるに至る。

この二人の思想家を組み合わせるのは、異例であるか、あるいは、ひねくれているように思えるかもしれない。しかし、いくつかの観点においてマルクーゼの考えは、経済学なしのケインズのように読めるのだ。

▼新たな豊かさとイデオロギーの終焉

シュンペーターはそのような機会があるかどうかは疑ってはいたものの、彼とケインズは、うまくいけば、資本主義は巨大な生産性を享受しうると予告していた。それにもかかわらず、第二次世界大戦の二〇年後、紆余曲折はあったものの、実際に資本主義では巨大な生産性が実現された。両者が予測したように、経済は成長し、それとともに、西ヨーロッパとアメリカの大多数の人々の生活水準は向上した。アメリカでは、成長は戦時においてすでに始まり、一九七〇年代前半まで持続した。西ヨーロッパでは経済成長は四〇年代後半に始まり、それからはアメリカを上回るペースで進んだ。最も驚異的だったのが西ドイツで、五〇年から六〇年にかけて年率八・六%で成長した。これは、一〇年間に国民総生産が倍になったことを意味する。フランスとイタリアも同様に好調だった。イギリスでは、ヨーロッパほど目覚ましくはなかったものの、やはり経済は急成長した。

西ヨーロッパ中に、新たな豊かさが浸透していった。それはイギリスでは五〇年代半ばに明白に見てとれるものだったし、六〇年代になるとイタリアにまで浸透していった。実際、西ヨーロッパ経済は非常に急速に成長したので、六〇年代になると失業率は一・五％までに低下していた。西ヨーロッパやアメリカといった先進資本主義国においては、衣食住そして教育の欠如といった絶対的な意味における貧困は、社会の底辺部でしか見られないようになった[19]。

一九五〇年代後半ともなれば、評者はアメリカを「豊かな社会」として形容するようになった（これは、一九五八年公刊の書物における、アメリカのリベラル派経済学者、ジョン・ケネス・ガルブレイスによる表現で、同書のタイトルにもなっている）。この表現はほどなく西ヨーロッパ諸国についても使えるほどになった。

第二次世界大戦前にはぜいたく品だったものが必需品となっていった。たとえば、冷蔵庫、洗濯機、電話、レコードプレーヤーなどだ。アメリカでは一九二〇年代に大衆の自動車保有が始まったが、これが五〇年代、六〇年代になると西ヨーロッパに波及した。西ヨーロッパでの自動車生産は一九四七年には年間五〇万台だったが、六七年になると、これが九〇〇万台を超えるまでになった[20]。

西ヨーロッパとアメリカでは衣食住はかつてないほど改善された。歴史上初めて「余暇」が問題となった。両親の時代には富裕層にだけ可能だった生活が、今や平均的な市民にも可能になった（ただし、富裕層の家庭では、お手伝いさんを雇って家事をさせていたが、これが電気器具に代わったという点だけが違う）。

消費財の範囲はますます拡大していったが、これらの製造業者やマーケティング担当者は市場調査という新しい学問に頼るようになり、需要を拡大し、それに焦点を合わせるために心理学を応用するようになった[21]。

以前イギリスで鉱山労働者だった者が、アメリカのジャーナリストに次のように説明している。「人々の栄養状態が悪く、着ているものはボロボロ、家には家具もほとんどなかった。そんなに昔のことじゃない。それが今じゃ、着る物も食べる物も上等品ばかり。家に行けば装飾品、ピアノ、カーペット、ラジオがあり、テレビがある家だってある。すべて変わったんだよ」[22]。

第二次世界大戦前、大学教育はまだエリートだけのものだったが、ますます多くの人々に手の届くものになっていった。アメリカでは、復員兵援護法が社会における道しるべとなった。これは、経済的機会を広げるという意味で、一九世紀における西部の自由な土地の現代版だ。西ヨーロッパでもまた、高等教育は戦後の数十年で急成長を遂げた。たとえばフランスでは、戦争終了時には一〇万人足らずの大学生しかいなかったが、一九六〇年になると学生数は二倍になり、さらに一〇年後には六五万一〇〇〇人となった。西ドイツでもイタリアでもイギリスでも、大学生数は同様な増大を見た。大学教育は、かつては贅沢だったが、ますます必要なものと見なされるようになってきた。

大恐慌の間、資本主義はさらなる拡張のために必要な技術的可能性をすでに使い果たしてしまったと広く主張された。また、原材料の不足によって過去の経済成長の再現はありそうもないとも言われた。シュンペーターは双方ともに近視眼的な誤りだとして棄却したが、ここでもその正しさが示された。

戦後数十年間の目覚ましい成長は、さらなる工業技術の革新に支えられていた。多くは戦前にあるいは戦中に開発されていたが、「プラスティック」と呼ばれる多くの新素材が、今や消費財に応用されるようになり、台所やその他の部屋をも変えていった。核分裂が電力の新しい供給源になった。トランジスターによってまずはラジオが、次にその他の多くのものが持ち運べるようになった。ビニール製のレコード、のちにはテープ、とりわけテレビというような新しい娯楽の源も出てきた。ペニシリンをはじめとする抗生物質のような新しい薬品によって、健康状態は改善され、細菌感染による死の恐怖から人々は解放された。農業もまた転換期を迎え、消費者が所得のうちで食料に費やす比率はますます小さくなっていった。世紀の半ばと終わりで比較すると、世界の食糧価格は半減した。新たな耕作によって耐久性や栄養分のある米、トウモロコシ、小麦が生産されるようになり、「緑の革命」が到来すると、特にアジアでは、今までは想像できなかったような人口がそれで、しかも少ない数量で扶養されるようになった。

このような農業生産性の向上は、かなりの部分がロックフェラーやフォードの遺産からなる基金による研究機関の国際的ネットワークによって、つまり市場とは関係のないところからもたらされた。おそらくこれは、元来は巨額の利潤によって設立された非営利機関の最も目覚ましい例だろう[23]。これらの技術革新すべてに共通しているのは、必要とされる原材料が減ったことであり、シュンペーターが予測していたように、その相対的な経済的重要性は低下したことになる。

生活水準の目覚ましい向上の背後にあったのは、国際的な制度的取決めであった。これは、自由貿易に基づいた国際的な分業による利点を説明するのに労を要したアダム・スミスの知的遺産によるものである。現代のマルクス主義歴史家の第一人者であるエリック・ホブズボームは次のように記している。実際には、戦後の経済成長の「黄金時代」は「自由貿易、自由な資本移動、安定的な通貨の時代であった」[24]。戦後体制を計画していたアメリカ人は、戦前の経済的保護主義、まさに戦争の勃発に導いたような経済的保護主義を嫌っていた。アメリカ人は国際貿易を促進するために貿易上の障壁を慎重に除去しようとした。また、西ヨーロッパの同盟国並びにその支持国に対して、関税の障壁を低めるようにも働きかけた。一九五三年から二〇年経つと、工業製品の世界貿易は一〇倍以上に増大していった。

豊かな時代を招いた経済の黄金時代は市場の時代ではあったが、それは政府が誘導し、駆り立て、資金供与してきた市場だった。どの資本主義国でも、政府は経済の舵を取るのによりいっそう大きな役割を演じるようになった。フランスにおいてそうだったように、たいていの計画が政府の特定産業に対する信用割当てのように柔軟な形態をとったとはいえ、さまざまな経済計画の理屈があった。

ある場合には、経済活動が停滞すると、ケインズの影響によって、政府は、需要レベルを増やして失業を減らすために、支出を増やすことによって、景気循環をならそうと試みた。政府は労働組合と大企業の経営者との間の協議と妥協を推奨したが、これはドイツやフランスのように公的な機関によって行われる場合もあり、アメリカのように非公式な形で行われる場合もあった。政府はこれまで以上に個人を疾病や失業の危険や老齢から守るようになった。これは政府の保険による場合もあったし、ドイツの場合のように拠出制の保険基金による場合もあった。直接的にあるいは税制上の優遇措置によって、政府は住居費や養育費を補助した。

時々は社会主義的イデオロギーによって、しかし、それよりも斜陽産業が閉鎖されるのを阻止したいという実際的な望みによって、戦争直後の短期間国有化が実行されたが、それでも五〇年代はおおむね「新自由主義(ネオリベラリズム)」の時代だった。市場は経済的生産の原動力として扱われ、それによって生み出された富の一部は福祉国家によって再分配された[25]。

主として当時のアメリカが戦後作り出した政治的・軍事的・経済的条件の下で、資本主義は予想外の立ち直りを見せた。資本主義はよりいっそう多くの人々にさらに多くのものを提供した。資本家に対しては、稼得した金額の多くは税金という形で社会保障制度の拡張のために使われたとはいえ、利潤をもたらした。政治情勢の評者は、西側の民主主義国家では左派右派ともに、主要政党が著しく収束してきたことに間もなく気づき始めた[26]。それは、一つには古い急進右派がファシズムの経験によって信頼をなくしたからであり、他方で急進左派、つまり共産党は、西ドイツやアメリカの場合のように非合法と見なされたか、あるいはイタリアやフランスでそうであったように、主流派の民主連立政権から距離を置かれたからである。あるいは繁栄に接して大きな支持を得ることができなかったことによる。

穏健右派と穏健左派との綱領の収束もまた顕著だった。前者は再分配政策を取る政府に対する批判を弱めたし、後者は、西ドイツのようにはっきりとした形であれ、イギリス、フランス、イタリアのように暗黙のうちであれ、社会主義イデオロギーの重要な柱である生産手段の国有化論を断念した(アメリカでは、社会主義が中道左派政党である民主党の支配的な政治イデオロギーだったことはない)。早くも一九五五年になると、ヨーロッパとアメリカの事情通は、「イデオロギーの終焉」と考えられるものに気づき始めていた[27]。

社会保障制度に基づいた資本主義が貧困、不潔、大量失業、体系的な不安定性を減らすのに成功すると、シュンペーターが描いたような、知識人の破壊的な役割は終わりつつあるように思われた。そうした評者は、両親の世代の貧乏について全く知らず、経済成長を当たり前だと考えていた大学生などの若い世代の反応については考慮に入れていなかった。

シュンペーターは次のように述べている。「資本主義は、今やポケットの中に死刑の判決を忍ばせている裁判官の前で審理されることになる。裁判官たちは、どのような弁護を聞こうとも、それにはお構いなく死刑の判決を下そうとしている。したがって、弁護がうまくいったとしても、それはおそらくは起訴状の内容をたかだか変えるにすぎないであろう」[28]。

新たな起訴状の中で最も鋭いのが、ナチスから逃れてアメリカにやって来たドイツ人哲学者のヘルベルト・マルクーゼ(一八九八～一九七九年)だった。マルクーゼは、ルカーチが復活させたマルクスによる資本主義の文化批判を、かつてないほどの豊かさの中で成人して、フロイトの自我の経済が染み込んだ世代向けに、定式化し直したのだ。

▼マルクーゼ思想のヨーロッパ的源泉

マルクーゼは、シュンペーターよりも一五歳、ルカーチよりも一三歳、そして、フライヤーよりも一一歳年少だったので、成長期の経験はこうした人々とは異なっている。マルクーゼは、ビジネスマンの子として一八九八年にベルリンで生まれている。父は、織物貿易から始め、不動産で富を築いた[29]。ユダヤ人の家系だったが、そのユダヤ的要素は薄められたものだった。マルクーゼ家は年に二回シナゴーグを訪れ、家庭ではキリスト教的色彩を弱めた形でクリスマスを祝った。マルクーゼ家における真の宗教は、ハイカルチャーだった。

フライヤー同様、マルクーゼも一〇代のときに青年運動に加わっている。彼は一九一六年に徴兵され、非戦闘員として任務に就いた。ルカーチと同様にマルクーゼの思想も、戦争によって過激なものとなっていった。二〇歳のときに、戦争終了の際に作られた評議会の一つに参加し、ドイツの労働者階級がいかに革命からかけ離れているかを眼前に見た。なぜ労働者階級は、マルクス理論が課している歴史的役割を果たしえないのかという問題は、円熟期のマルクーゼの中心思想となるものだった。

しかし、ルカーチとは違ってマルクーゼは、国家社会主義の台頭と第二次世界大戦後数十年間の経済成長に現れた資本主義の回復という二つの重要な経験に照らして、問題と回答を定式化し直さなければならなかった。

マルクーゼは、ジェルジ・ルカーチとマルティン・ハイデッガーが代表するような左派と右派の批評家の交錯するワイマール共和国で過ごした。マルクーゼは、芸術家とその社会からの疎外に焦点を当てた小説のジャンルである芸術家小説についての博士論文を一九二二年にものしたが、これはルカーチの初期の著作『小説の理論』で開拓された文学史に対する批判的接近方法と呼応している[30]。マルクーゼはルカーチに会い、その『歴史と階級意識』を読んだが、これは唯一、最大の影響をマルクーゼの業績に対して与えた著作である[31]。マルクーゼは最期まで、歴史的発展の真の可能性を知っている者が、従順な者たちを受動性と無感覚性から呼び覚ます責を負うべきなのだというルカーチの信条には忠実だった。

マルクーゼ自身の短い市場経験は、父親がベルリン古書商の共同経営権を買ってくれた一九二〇年代半ばにやってきた。しかし、この経験が典型的だとはいえない。彼自身の説明によれば、マルクーゼは多くの時間をフリードリヒ・シラーの書誌に費やしていたという。シラーは偉大なドイツの劇作家兼批評家であり、その『美的教育についての書簡』は、出現しつつある資本主義秩序に対する批判の一里塚だった[32]。マルクーゼは、市場活動は自分の領分ではないとすぐに確信した。フライブルク大学に進学し、そこでハイデッガーに学んだ。ハイデッガーの急進的な哲学・文化批判はルカーチとフライヤーの主題の多くと呼応するものだが、社会学的・歴史的詳細を欠いた高度に抽象的な語彙を用いたものだった。フライヤーが社会学理論についての主要著作を公刊すると、マルクーゼはそれをハイデッガー的な「決断」の必要性の主題を社会学的研究に持ち込んだものとして歓迎した。

政治的関与は社会分析に先行しなければならないと想定する点で、マルクーゼはフライヤーと同じ意見だった[33]。彼は筋金入りの急進派の姿勢を崩さず、社会主義的な新聞にものを書いた。しかし、社会民主党にも共産党にも入党しなかった。前者についてはその非革命的な修正主義を軽蔑していたし、後者についてはその権威主義的なスターリン的組織を侮蔑していた。マルクーゼは、若きマルクスの「哲学草稿」が一九三二年に公刊されると、ルカーチやハイデッガーの著作にとって非常に中心的な疎外の主題を先取りしたものとして、その意義についていち早く注意を喚起した[34]。

マルクーゼの希望は、哲学教授としてのキャリアを切り開くことであった。ハイデッガーの指導の下、大学で教える資格を得るための教授資格請求論文を書いた。しかし、学業を終える一九三二年頃には、急進右派への政治情勢の転換によって、ユダヤ人左派の人間がドイツの大学では職を得られそうもないことが、次第にわかってきた。その代わりに、マルクス主義の研究機関であるフランクフルト社会研究所に向かった。これは、一〇年ほど前にアルゼンチンからの牛肉輸入で財産をなしたユダヤ系の企業家の息子が設立した研究所である。その息子、フェリックス・ヴァイルは「ボルシェヴィキ・サロン」と自称していたが、左派知識人のパトロンとなった。彼は出版社に対して財政支援をし、それがルカーチの『歴史と階級意識』の公刊につながった。さらには、父が主要な寄付者である、フランクフルト大学と関係のある社会研究所を設立した[35]。

マルクーゼが研究所のメンバーになる頃には、所長となって間もないマックス・ホルクハイマーは、国家社会主義がほどなくドイツで権力を握るだろうということ、そして研究所の寄付財産をスイスに移すのが賢明だろう、ということを確信するようになっていた。海外逃避の準備として、ホルクハイマーはジュネーブに支所を開設し、マルクーゼをそのトップに据えた。さらにロンドン・スクール・オブ・エコノミクス（LSE）とニューヨークのコロンビア大学に打診し、かつてフランクフルト大学とそのような関係があったように、研究所をそのどちらかと関係づけようとした。

LSEとの協議が重要な局面に差しかかったときに、もう一人の中央ヨーロッパからの移住者であるフリードリヒ・ハイエクの介入により、断念を余儀なくされた。ハイエクは自由主義者であり、彼にとってはホルクハイマーとその仲間のマルクス主義は受け入れがたいものだったからだ[36]。コロンビア大学当局は寛容だったか、あるいは研究所の政治的関与についてあまり知らなかったかのどちらかだろう[37]。こうして、一九三四年七月四日、マルクーゼはニューヨーク市に到着し、即座に帰化に関する書類を受け取った。そして、ホルクハイマーと一握りの研究所の他のメンバーとともに、コロンビア大学近くの新しい研究所本部に移った。

研究所の亡命マルクス派知識人たちは、祖国で新たに確立した国家社会主義体制の本質を記録し理解することに没頭した。アメリカが日本と開戦し、ヒットラーがアメリカに宣戦布告すると、アメリカ政府は、敵ナチスについて研究し分析ができるドイツ問題の専門家、あるいはアメリカ兵がドイツに到着した際に起こりうる状況についての専門家を必要とするようになった。社会研究所のメンバーが何人も新たにできたアメリカの諜報機関である戦略諜報局に採用されたのは、驚くにあたらない。

ヘルベルト・マルクーゼもその一人だった。彼が政府に移った背景には、研究所がもはや彼を雇用できないという事実もあった。研究所の基金はマルクス派の経済学者、フリードリヒ・ポロックの投資感覚によって減少してしまったからだ[38]。

「第三帝国」は「ファシズム」のドイツ的形態として見なすべきであり、ファシズムは、民間企業の経済需要がもはや自由政体と両立しない場合に独占資本主義がとる形態だという点については、研究所のほとんどのメンバーにとって自明だった[39]。しかし、そのような体制がなぜ実際に大衆から支持を受けたかは明らかではなかった。

ヒットラーが権力を握る前から、研究所のメンバーの一部は、マルクス主義者たちが政治を理解するのに用いていた、動機づけについての合理的・功利主義的な理論は、なぜ労働者階級が反乱を起こさなかったかという説明には不適当だと認めていた。ドイツでの労働者階級の世論についての実証的な調査によって、ヒットラーが権力を奪取する前から、多くの労働者がナチズムのような独裁的な運動に魅了されていたことは、研究所のメンバーにはわかっていた。

行為の非合理的な源泉を解明する手助けとなるような理論を探す過程で、多くの研究所のメンバーはジークムント・フロイトの仕事に関心を向け始めた[40]。マルクーゼとホルクハイマーは、フロイトの考えの臨床的な応用に関心を持っていたわけではなく、フロイトが社会的・政治的行動を促すうえで非合理な誘因に焦点を当てていたことに関心を持った。マルクーゼによるナチス体制の解釈の特徴は、このような非合理的な誘因を強調することにあり、これが戦後の資本主義社会の分析をす方向づけることになる。

当時、国家社会主義体制の分析の多くがその抑圧的な性質、つまり実力行使によって諸個人の秩序を保ったことを強調していた。たとえばヴィルヘルム・ライヒのように精神分析に傾斜していた観察者は、本能的な誘因を内的に抑圧するという意味において、体制がフロイト的な意味においても「抑圧的」だったとしていた。つまり、欲動の内的な抑圧に基づいているという意味で、である。

これに対してマルクーゼは、ドイツの大衆がいかに自発的に、また熱狂的に体制に従っていったかに、衝撃を受けていた。そして彼は、そのような盲従は一つには、体制側が根本的な衝動を抑圧するのではなく解放することに成功したからだとしている。「『絶対に認められないタブーを打ち破った』ということが、大衆支配についての、国家社会主義の最も大胆な企てであった」と、マルクーゼは主張している。「逆説的に思えるかもしれないが、このような打破に含意されていたような自由・容認は、諸個人が国家社会主義体制に強制的同一化（グライヒシャルトゥンク＝統合）されるのに、大いに貢献したのだ」。

彼は次のように指摘している。体制は「婚外子に対する差別をやめさせ、婚外関係を奨励し、芸術や娯楽でのヌードの礼賛を引き起こし、家族の保護的・教育的な機能を崩壊させた」。性的な衝動を満たしたことは、なぜこんなにも多くのドイツ人が人間の可能性を抑圧するような体制に愛着心を感じたのかを説明するのに役立つだろう[41]。性生活は「解放され」、「自由化」されたが、それは体制がそれ自体の目的に役立つように性衝動をより効率的に管理できるという限りにおいてのことだった。体制は交配、繁殖を管理しようとして、子育てという、かつては私的な領域を政治化した。「性を政治的に利用することによって、それはわがままな自由がまかり通る保護された私的な領域から、盲従的な免許の領域に移されたことになる」と、彼は記している[42]。

性的な衝動だけではなく、攻撃的な衝動も、体制は自らの目的のために誘導した。「体制は人々を抑圧などしていない。むしろ人々を最も邪悪な本能や側面において解き放ったのだ」と、マルクーゼはまとめている。「新秩序は非常に肯定的な内容を有している。近代がかつて経験したことのないような、最も攻撃的で破壊的な帝国主義を組織しようとしたのだ」[43]。本能的な衝動を解放することが抑圧に役立つということは、マルクーゼが後に、資本主義が第二次世界大戦後に予期しない形で回復したことの説明に転用するようになる。

マルクーゼは戦後五年間、政府の公務に携わった。その間、戦略諜報局（のちに解体され、中央情報局となった）から国務省に移り、そこで中欧問題についての一流の分析官になった。戦略諜報局でマルクーゼと一緒に仕事をした、ハーバード大学の歴史家、スチュアート・ヒューズが正論を述べているように、「一九四〇年代の終わりには、左派あるいは左派だと疑わしい者の公式なパージが猛威を振るった一方で、中欧についての国務省の第一人者が冷戦とそれにかかわる事業をすべて嫌った革命的社会主義者だったのは、馬鹿げているほど首尾一貫していないと」感じられる[44]。

マルクーゼは政府を去ったが、これは解雇されたからではなく、昔から学者の世界に入りたかったからであり、最初にやってきた機会を捉えたからだ。一時的な研究補助金を受けて、数年間コロンビア大学とハーバード大学にいたが、一九五四年にブランダイス大学の学部メンバーとなり、そこで一九六五年まで思想史を教授した。教え子の中には、それ以降の新左翼のスターが何人もいて、その中にはイッピーの指導者であるアビー・ホフマンや共産主義の活動家であるアンジェラ・デイヴィスも含まれている。一九六五年にブランダイス大学を退任すると、カリフォルニア大学サンディエゴ校に移った。『一次元的人間』を公刊した一九六四年から『解放論の試み』を公刊した一九六九年にかけて、マルクーゼの国際的名声は頂点に達し、それは新左翼の興亡を追ったものでもあった。一九七九年に亡くなった頃には名声はすでに失われていた。ペーパーバックのマルクーゼの書物が古書店の棚を占め、売れ残るようになった。

▼抑圧として圧政を再定義する

第二次世界大戦が終焉に向かう中、マルクーゼの心はルカーチや社会問題研究所の同僚を悩ませていた問題に戻っていた。一九四六年に、彼はホルクハイマーに「決して起こらなかった革命の問題に的を絞った」新しい書物に取りかかっていると伝えている[45]。一年後に書かれた未公刊の文書は分析の種を含んでいて、それが『一次元的人間』で完全に開花することになる[46]。すでに一九四七年にマルクーゼは、西側世界の「大多数のプロレタリアート」は、ちょうど第三帝国においてそうだったように政治・経済体制の中に取り込まれていて、革命志向ではないという事実に強い衝撃を受けていた。マルクーゼは、民主的な資本主義国家に何が起こっているかを描写するために、ナチスの用語である「強制的同一化」という言葉さえ使っている[47]。

なぜ、彼らが表向きは満足するようになったかの理由の一つとして、彼は現代資本主義の下では生産性の増大によって労働者の取り分が目に見える形で増加したことを挙げている[48]。したがってマルクーゼは、体制にますます満足するようになった人々に、「決して起こらなかった革命」を引き起こすのには断じて満足してはならないのだと説明する必要があった。これが一九五五年に公刊された『エロス的文明』の目的だった。

「フロイトについての哲学的研究」という副題を持つ同書は変わった書物だ。アメリカでマルクス主義が共産主義との関連で疑わしく思われていた時期に、マルクーゼはマルクスには言及していない『歴史と階級意識』の続編を書こうとしていた。マルクスへの言及に代えて、一九五〇年代にアメリカの文化的エリートが好んだ精神分析の用語を使って急進的な資本主義批判を書き直したのである。宗教からは遠ざかり、マルクス主義には失望していた、多くのアメリカの知識人は、個人的葛藤に対する答えを求めてフロイトに向かった。

フロイトとその文化的意義に関しては、その一〇年間で書かれた最も鋭い書物の中で、短期間ブランダイスでマルクーゼの同僚だったフィリップ・リーフは次のように述べている。「人間社会を真の意味で、そして持続的に変えようとした急進派、リベラル派の制度改革は、外的な事象のテストには耐えられなかったようだ。厄介な事象に直面して、リベラル派が援護を求めた見解の中では、精神分析が、一番影響力があっただけではなく、理解するのが一番容易だった」[49]。

アメリカの学究生活の頂点では、政治的・文化的対立はフロイトの解釈をめぐって演じられた。エーリッヒ・フロムは社会主義的な人道主義者としてのフロイト像を浮き彫りにし[50]、ライオネル・トリリングは誤解を解かれたリベラルのフロイトを[51]、そしてリーフはもっと保守的なフロイトを、といった具合である。

マルクーゼは、フロイト思想の経験的妥当性や技術としての精神分析には、全くといってよいほど関心がなかった。むしろ、もっと古い根源を持ついくつかのフロイト的考え方に依拠し、それを、現代資本主義を痛烈に批判するのに用いた。フロイトは、天才、つまり創造的表現を求める力強い精神的衝動を持った想像力豊かな個人、といったロマン主義的な考えを大衆化した[52]。フロイトにとっては、このような隠された衝動はすべての人々に見出されるものだった。

マルクーゼは、ロマン主義者にとっては選ばれたごく一部の人々のものだった、表現上の創造性に伴う興奮は、すべての人々がこれを経験することができると結論づけた。マルクーゼの書物の大きな主題は、現代資本主義社会が不必要に「抑圧的」であるということだった。彼はその言葉を広い一般的な意味で用いており、「意識的・無意識的を問わず、制約、制限、抑制の外的・内的な過程」を意味している[53]。そこから、彼は資本主義的な分業による創造性の抑制というシラー的な主題に戻り、これをエロスの可能性の抑制というフロイト的な用語で再述する。

フロイトにとっては、性的衝動は人間心理にとって根本的なものだった。フロイト理論の多くが、性的衝動の表現、方向づけ、誘導、そして抑圧にかかわっている。文明は性的衝動(リビドー)の「昇華」、他の目的へと方向を変えることに基づいていると、フロイトは主張する。バークの場合と同様に、フロイトにとっても、文明は情欲を抑制し、それを方向転換させることに基づいている。円熟という過程のほとんどは、より確実で持続的な長期的な満足のために、直近の快楽を遅らせたり抑えたりすることを学ぶことにある[54]。

マルクスは、資本主義的市場が作り出した歴史的パターンをブルジョワ経済学者が実体化して永遠の法則としたと主張したが、これと同じようにフロイトも、快楽を抑圧、抑制するという歴史的必要性を永久化し不変のものとしたと、マルクーゼは論じている。ある程度本能を抑えるのは、種の保存と文明の維持にとって必要だが、資本主義の下では、実際に必要以上に快楽は抑えられていると、主張している。実際に必要以上に快楽が抑圧されているのを、彼はマルクスの「剰余価値」をもじって「剰余抑圧(行き過ぎた抑圧)」と名づけている。

マルクーゼは、資本主義社会（マルクーゼの言葉では「強欲で敵対的な社会」）では、生産は「分業が特化すればするほど、疎遠のものとなる」というマルクスの主張を復活させた[55]。「実際には成人の全存在に等しい仕事時間では、快楽は『停止され』、苦痛が勝る」[56]。しかし、もっと快楽に満ちた存在が資本主義の中で生まれつつあり、マルクーゼはその助産師役になろうとした。

マルクーゼにとっては、ケインズが予告した将来が今や到来しつつあるのだった。現在の技術水準なら、疎外をもたらす労苦によってしか、生存を確保できないような希少性を超えることが可能だと、主張している。現在では、つまらない労働はほとんど行わなくても、基礎的なニーズをすべて満たすことができるのだ。仕事を合理化し機械化したことで、本能的な精力を、疎外された労働に傾注する必要はなくなってきている。

こうして、そのような精力が「個人の才能を自由に働かせることによって、設定された目的を達成するのに」解放される[57]。光明を見出しさえすれば、もっと喜びに満ちた生活を送ることができるということがわかるだろう。仕事自体ももっと創造的になり、もっと充実感を得られるものとなる。狭義に、性的エネルギーを、一夫一婦制の下での異性間の交わりという、生殖のための性行為として解するのではなく、今や身体全体が快楽の対象となるのだ[58]。

一見したところ、マルクーゼの分析と用語法は、より良い、あるいは多様なオーガズムのための主張のように聞こえるだろう（実際に、特にドイツでは六〇年代の、急進派はこのようにマルクーゼを読んだ。彼の業績は、フロイト・マルクス主義者であり、性解放論者であるヴィルヘルム・ライヒと同一線上で考えられていた）。しかし、彼が考えていたことは違う。マルクーゼは「セックス狂」の社会ではなく、「エロスの衝動を仕事のそれを含めたもっと大きな秩序に統合することによって、単なる性衝動の表出を最小化できるような」社会を唱えたのである[59]。性衝動は昇華されると、マルクーゼは主張している。しかし、それは抑圧されるのではなく、昇華の結果は、喜ばしい創造的な活動として理解される「エロス」となるのだ。

分業は「機能を交換する」ことによって、いささかなりとも克服される[60]。仕事を苦痛と考えるのではなく、マルクーゼは「仕事は遊び」になるような将来を想起している。資本主義的な生産性に労働が向けられる代わりに、人々はもっと「瞑想」にかかわるようになる[61]。存在はもっと快楽をもたらすようになる。仕事によってさらに創造性がもたらされ、自分自身の種々の側面を追求するさらなる機会が与えられるようになるからである。マルクーゼは、シラーの嘆きを引き継ぎ、現下の状況で、次のようだと言う。

享楽は労働から、手段は目的から、実行は報酬から切り離されている。いつ果てるとも知れず、全体のごく小さな部分につながれている人は、一断片としてしか成長しない。いつ果てるとも知れず、彼の耳には自分が担う単調な車輪の音が聞こえている。彼は、自分の調和性を発展させない。自分の本質に対してヒューマニティを刻印するのではなく、自分自身は、仕事や専門化した知識の刻印されたもの以外のものではなくなる[62]。

しかし今や、このような断片的な疎外された状況はついに過去のものとなりうるのだと、マルクーゼは主張している。彼は、多面的な創造的個性というマルクス主義の揺籃期にあった文化的理念を引き合いに出している。もっとオーガズムをではなく、もっと教養をというのがマルクーゼの理想だ。そこでは「精神的な領域はエロスの『直接的な』対象となり、リビドーの対象としてとどまる」[63]。

資本主義体制下では、エロティックなエネルギーは生殖のための性衝動という狭い制約に押し込まれ、体の他の部分は喜びを伴わない苦痛のために残される[64]。マルクーゼが想起している社会主義の将来においては、エロティックなエネルギーは一夫一婦制に基づく家族を超えて、真の意味での「共同体」を創造するのに貢献するのだ[65]。

このようにして、『エロス的文明』は資本主義批判のための新たな基礎を提供する。資本主義が克服されなければならないのは、それが「財を提供」できないからではない。それは、すでに地平線に現れているような、文化的に豊かな形での生き方を閉ざしてしまうような形で、財を提供するからだ。マルクーゼの書物は、何をもって成功と言うのか、と人々に問うことによって、「黄金期」

の資本主義的秩序の成功に対して反乱を企てる新たな理由を与えたのである。

▼セックスと豊かさによる支配

しかし、資本主義体制下での生活に非常に不満足な人々がこれほどまでに少ないのは、なぜなのだろうか。資本主義経済の地平線のかなたに、新しくてより良い可能性が現れているという事実を、なぜ人々は忘れてしまったのか。大衆の頭はマスメディアを通じて資本主義下の生産諸力によって管理されてしまっていたからだ、というのがマルクーゼの答えである。マスメディアは人々を「楽しませるだけ楽しませ」、真に破壊的な考えは排除されている[66]。

さらに危険なことには、彼らの意識は消費財、無数の小物の中から選ぶように制御されているが、マルクーゼによれば、これらは皆似たり寄ったりのものなのだ。頭の中はこのようなことでいっぱいなので、真の問題である、人々が労働を減らし、自らのニーズと満足を決定できるという意識からは離れていく[67]。

ルカーチの場合と同じく、マルクーゼにとっても決定的だと思われるのは、経験的な、人々のすでに知られている望みや意識ではなく、彼らが何を望み考えるべきか、ということなのである。人々が幸福に「感じている」という事実は、問題にとって最悪の兆候だ。というのは、「幸福は単に満足しているという感覚にあるのではなく、自由と満足の現実性にあるものだからだ」[68]。仕事は満足いくものではなく、目的は市場諸力に押しつけられたものなので、人々が幸福で満足だと「感じている」としても、真の意味では幸福だとも満足しているともいえない。

このような分析を、マルクーゼは、その最も有名で影響力のある著書『一次元的人間』でさらに展開することになる。一九一八年に起こらなかった革命は、マルクスが『資本論』を書いてから一世紀経ってもまだ起こっていない。同書は、これを説明しようとする。革命が起きなかったのは、豊かで福祉国家を指向する資本主義、自由な民主政体は全体主義的で、大衆は奴隷化しているからだというのが、マルクーゼの主張である。しかし、これは恐怖を伴わない全体主義であり、奴隷は幸福のあまり拘束されていることを忘れているのだ。彼の目的は『一次元的な思想と行為』のパターンを追跡することにある。そこでは、確立された言説と行動の世界を超え出るような思想、願望、そして目的は、追放されるか、あるいは、この世界の表現に還元されるかのどちらかである」[69]。

「全体主義的」あるいは「奴隷」といった言葉を使って、資本主義の特徴を描いているが、これはマルクーゼが意図的にこれらの鍵となる言葉の政治的含意を修辞的にひっくり返したものだ。「全体主義的」というのは、普通は、ナチスドイツやソビエト連邦を説明するときに使う表現である。バークが啓蒙的な読者に対して「偏見」を擁護することでショックを与えたのと同様に、マルクーゼも故意に、このような単語を使ってアメリカや西ヨーロッパの実情を描写し、読者にショックを与えた。

しかし、バークの場合もそうであるように、これは単なる言葉の遊びではない。事実、マルクーゼは重要な点で西側民主主義国家はナチスドイツに似ていると考えていたのだ。どちらの場合でも、生活は、実際には自分のものではなく自分自身の本来の利益にはならない主観的なニーズに誘導されているという意味において、たいていの人々は奴隷化されていると、彼は考えていた。ナチスドイツでは、このようなニーズは、ヒットラー・ユーゲント、国家社会主義女性同盟、ドイツ労働戦線から宣伝省に至るまでの、一連の組織によって植えつけられた。

現代の西欧社会にはこうした組織はないが、マルクーゼによれば「西欧社会も、生産組織が社会的に必要な仕事、技能、態度を決めるだけではなく、個人のニーズや願望も決めてしまうので」、やはり全体主義的だと考えなければなるまい[70]。個人が感じるニーズは、自分たちのものではなく外部の「既得権益」から来ているもので、個人は真の意味で自由だとはいえない。ナチスドイツの場合と同じくらい効率的に、しかし、もっと巧妙に人々は操作され教化され、商品の生産と消費をめぐる生活スタイルに順応させられている[71]。

マルクーゼの目的は、商業の力によって麻酔をかけられて意識をなくしてしまった大衆を覚醒させることにあった。現代資本主義社会は、「必要が満たされるのとまさに同じ程度において、抑圧的であるといわなければならない。必要を満たすためには、仲間に追いつこうと競争を続けなければならない。……脳は使わないですむのだ」。マルクーゼは何度もむき出しの嫌悪感で、資本主義体制下の大衆文化が知的な意味で人を無能にさせてしまうということの説明に戻っていて、このような過程を「痴呆化」や「白痴化」と描写している[72]。

マルクーゼが「批判理論」と呼ぶものの機能は、既存の社会を、可能性としては社会に内在しているが使われていない可能性と考えられることに照らして判断したり、非難したりすることにあった。物質的な享楽という観点から、資本主義が社会主義に勝るという懸念があるのならば、今度は、そうした目標自体を変えてしまうことがマルクス主義的批判者の課題となる[73]。

近代技術のおかげで、マルクーゼが呼ぶところの「生存競争については平和条約」を結ぶという展望が生まれ、懸念と恐れが少ない生活がもたらされる。社会が、病人、虚弱の者、老人には備えをする。そのような社会では「抑圧を伴わない昇華」、マルクーゼが『エロス的文明』の中で描いた多面的な人間の発展が可能となる[74]。ハンス・フライヤーの場合と同じく、マルクーゼにとってその問題は技術を資本主義から切り離すことにあった。

「抑圧を伴わない昇華」の社会は、競争と私有財産、労苦と剰余抑圧の体制を持続させている欲望とは異なったニーズの概念を必要とする。まさに偽りの意識と真の意識の区分が『歴史と階級意識』において中心的な問題であったように、偽りのニーズと真のニーズの区別は『一次元的人間』の鍵となっている。偽りのニーズというのは、たいていの人間が実際に感じているニーズのことだ。これは、人々は資本主義制度によって洗脳されてしまっているからである。真のニーズとは、資本主義を超えたところで彼らを待っている、より良い、より幸福な、抑圧から解放された、より文化的な生活というマルクーゼのメッセージを聞き入れたときに、人々が感じなければならない、また、感じるであろうニーズである。

真のニーズの体制では「経済的自由というのは、経済『からの』自由を意味することになる。経済的諸力や関係の制御から自由になり、日々の存在をかけての闘争から自由になり、また、生計を立てることから自由になる」と、マルクーゼは説明している[75]。

これに対して、偽りのニーズとは「個人を抑圧することに特定の社会的利益を持つ人々によって課せられたものである。これらのニーズは、労苦、攻撃性、悲惨さ、不公正を持続させる」。現代資本主義におけるほとんどすべての人々と同様に、労働者階級は、「既得権益によってニーズを操作される」ことによってなだめられてしまっている。資本主義的な広告は（ここで、マルクーゼは、ジャーナリスト、ヴァンス・パッカードの著書『隠れた説得者』から借りている）、新製品に対する新たな欲望を植えつけるだけではなく、選択の幻想をも生み出す。さまざまな「ブランドや製品」が選択肢となる。ヘーゲルの主張を繰り返しながら、つまり、もし、それらが労苦や恐怖を伴っているのならば、すなわち「疎外を支えるようなものであるのならば」、「さまざまな財やサービスから自由に選択することは自由を意味しない」ことを読者に思い出させている[76]。

一八世紀にルソーは、文明は物欲をかき立てるが、それを満たすことはできないので、欲求不満の感覚が生じると主張した。ヘーゲルはこれを「悪しき無限性」として再定式化した。これは、消費財が合理的な生涯計画に適合するからではなく、むしろ市場によって創造された新たな欲望に基づいて選ばれているにすぎない、ということから来る空虚な感覚のことだ。ルカーチはこの主題を取り上げ、資本主義は個人を不幸なままにしておくような生活方法を作り出してしまうが、人々が代替案を考えることもできないようにしてしまうと示唆している。

マルクーゼが新しいのは、現代資本主義が有害なのは、新しいニーズを「創造」し「充足」させるので、個人は幸福に満たされていると感じてしまうからだということにこだわった点にある。個人は物欲の奴隷になるのだが、そのような物欲は、新商品に対してニーズを創出し、マスメディア、広告、娯楽の手段でこれを教え込むことによって利潤を獲得したいという人々によって、形にはめられ、誘導されたものなのである[77]。

人々を幸福で従順な状態にしておく最も有効な方法の一つが、彼が「抑圧的な脱昇華」と呼ぶものを通じて行われる、とマルクーゼは考えた。過去の多くの社会とは違って、現代資本主義は禁欲を求めない。逆に、性の自由は市場価値を持つようになる。性は仕事場に、公的な関係に、そしてもちろん広告に取り込まれる。マルクーゼにとって、これは直接的な性的刺激に頼る道を開くことになり、セックスは問題の一部となる。現代社会の許容性それ自体が、大衆を制御するための道具となる。それは満足を与えるし、面白い。人々を従順にし、さらに豊かな生活によってもたらされる、よりいっそう深い満足の可能性からは引き離されていく。性的エネルギーをじかに解放することによって直接的な満足が得られるが、エロスの真の展開がもたらす創造的な仕事や共同体によるいっそう深い満足は得られない。性的エネルギーの直接的な表出によって、性的衝動を他の目的のために誘導する必然性はなくなる。

これは、文化的な存在としての人間にとっては大いなる代償だ。「昇華は高い程度での自律と理解を求めている」とマルクーゼは述べている。セックスに満ちあふれた資本主義社会の「脱昇華」的な特徴によって、自己を方向づけることや理解することは不必要となってしまい、自己充足的な適応がもたらされることになる[78]。結果として、性衝動は既存の秩序の支配力を強めてしまうことになる、というのがマルクーゼの結論である。

マルクス主義的観点から見た場合、最も異端的なのは、労働者階級が資本主義社会に革命を起こす勢力ではなくなってしまうというマルクーゼの命題である。なぜならば、労働者人口の大多数の生活水準を向上させることで、また、さらに多くを約束し、分配することで、資本主義体制は労働者階級の革命的な感情を鎮めてしまうからである[79]。革命の可能性の「封じ込め」には、つぎ込める「財、サービス、労働、余暇の単なる『量』そのもの」が相当程度ものを言っていると、マルクーゼは強調している[80]。社会保障制度の発達によっても、革命の脅威の棘は抜かれてしまう[81]。

しかし、社会保障制度とその物質的利益は、戦争国家によってのみ可能になるのだ。経済を刺激し、高水準の雇用を提供し、生活水準を維持しているのは、巨額の防衛支出だと、マルクーゼは主張する。ソ連邦と国際的共産主義という冷戦下の「敵」のイメージは、資本家の利益によって作り出される。彼の主張の中で最も影響力があったのは、「体制」が人々を従属させるのは、偽りのニーズを創造してからこれを満たすことによってだけではなく、海外に偽りの敵を創造することにもよっているという主張だった。それを使って体制を維持すべく、大衆が動員されるのだ。冷戦下の反共産主義を、マルクーゼは、西側の大衆の関心を自分たちの社会からの解放の可能性から逸らすための、社会的・心理的仕組みとして解釈した。

(ただし、それ以前にはマルクーゼは、ソ連邦の実験効果について別のもっと悲観的な分析を与えていた。「初めて成功した社会主義革命が、まだより自由で幸福な社会をもたらしてはいないということから、資本主義との和解の必要性が大いに増し、客観的には社会主義革命についての信用を失わせることにもなった。こうした展開によって、既存の社会は新たな光の下で見られるようになり、また、既存の社会はどのようにして、これを自らの利点とすべきかを理解していた」[82]。このような分析を短縮された形で『一次元的人間』の中でも繰り返している。「現体制の目に見える利点は援護するに値するように思える。歴史的代替案になると思われた共産主義、現在の共産主義に対する反発を考慮したら、なおのことである」[83])。

労働者階級と資本家階級とは、はっきりとした形で反発し合うものだ、というマルクス主義の基本的前提がますます妥当性を失うことを、マルクーゼは示している。生産技術の変化によって、物理的にきつく過酷な労働は徐々になくなっていき、人間が機械の奴隷であることは隠蔽される[84]。生産組織の変化により、肉体労働とそうでない労働の差、あるいは「労働者」と「経営者」の違いは、はっきりしなくなり、すべてがますます行政的な序列の一部となって、明確な二分法はなくなる[85]。労働者と経営者の対立という古い関係は協力関係の拡大に道を譲る。いずれにしても、組織された労働者の力は、「生産過程における人間労働の比率が減少するにつれて」弱体化する[86]。

さらにマルクーゼは、教育程度が高い人々であっても、なぜ資本主義に対して反抗しないかということを説明している。『一次元的人間』のかなりの部分が、マルクスが始め、ルカーチが継承したイデオロギー批判を現代化することにあてられている。

性衝動と同じように、ハイカルチャーも市場に対する代案をかつては提供していたが、これまた資本主義の現状に対して不満の声を上げる力は失っていた。文化は性衝動と同様に、広く市場に販売されるようになっていったが、その際に批判の棘は抜かれていった。「大ブルジョワの芸術」は、かつては資本主義的実存を超えた美と幸福の可能性を志向し、そうすることによって資本主義を超えるという願望を強めていった[87]。ハイカルチャーの多くが「商業と産業の全領域から、また、計算による利潤追求のための秩序から、意識的に方法的に離れることを表明している」[88]。高等教育、そしてレコードやペーパーバックの書物のような新技術が普及すると、ハイカルチャーはさらに広範に普及するようになる。

しかし結果は、マルクーゼの見立てでは、アーノルドの予想とは全く異なったものとなる。というのは、ハイカルチャーが少数者のものでなくなると、破壊的な力ではなくなってしまうからだ。過去の偉大なる思想家や芸術家の作品が大衆文化の対象となると、これらの作品と現状との緊張関係は失われてしまう。大量生産、大量消費によって、偉大な芸術は資本主義の文化に取り込まれる[89]。

実際、まさに現代資本主義の文化的多元主義が思想というものの破壊性を減じてしまう、とマルクーゼは論じている。「両立しえないような作品や真実が平和裏に共存している場では」、その結果は調和と「無関心」となる[90]。そのような無関心は二世紀前にヴォルーテルがめざしたものであり、ジンメルが世紀の転換期に記していたものだった。マルクーゼはそれを、資本主義それ自体を乗り越えるかもしれない不満の醸成には、障害だとして嘆いている。

アーノルドからジンメル、そしてウェーバーに至る知識人たちは、資本主義文化の中で、ますます手段が目的に対して優位となっていくさまを追跡した。ケインズもそうだった。マルクーゼの師であったマルティン・ハイデッガーは、『存在と時間』(一九二七年)の中でこのような分析をさらに追究し、現代人固有の世界に対する技術的態度は、人生にはもっと別のものがあるはずだという意識の輝きを奪ってしまうと主張した。

『一次元的人間』の中で、マルクーゼはこのような嘆きをマルクス主義の用語で再述している。技術的理性は、有効だと認められた唯一の合理性の形態になってしまったと、マルクーゼは主張する。しかし、それは手段と目的の関係を扱う、純粋に道具的な理性だ。それは、目的それ自体を疑問視することはしない。道具的理性は価値という観点からは中立だと自らを見なしているが、それが合法的だと見なされる唯一のタイプの理性だということから、社会の支配的価値観は疑問視を免れていると、マルクーゼは記している[91]。

『資本論』や『歴史と階級意識』がそうであるように、『一次元的人間』は資本主義の欠点についての書物ではあるが、それに代わる体制の組織の仕組みについての書物ではない。マルクスやルカーチと同様、マルクーゼにとっては、経済を中央集権的に制御することが、市場にとって代わるだろうということは当然のことだった。「生産手段が組織化され、基本的ニーズを満たすために方向づけられれば、制御は中央集権的にできる。そのような制御は個人の自主性を妨げるのではなく、むしろそれを可能にするのである」と、マルクーゼは軽率にも読者に請け合っている[92]。

彼は基本的には経済学には無関心だった。そして、ウェーバーやハイエクがこうした前提を覆したということがなかったかのように、あるいはソビエト経済の経験によってこれらの想定が問題視されることがなかったかのように書いている。それどころか、マルクーゼはソビエトの工業化は「浪費と陳腐化を伴わずに、そして私的利潤に求められる生産性に対する制限なしに進んだ」と想定している[93]。しかしマルクーゼは、巨大な生産性が望ましいかどうかを問題視することで、生産性の観点からすれば社会主義のほうが資本主義よりも優位に立つかどうかということに、保険をかけているのだ。西側の資本主義社会の特徴を「発展し過ぎだ」とし、読者には、人々が資本家の手で制御できなくなるほど欲望を膨らませるようなことはもはやないので、将来社会はもっと低い物質的な生活水準で機能しうると、請け合っている[94]。

また、「将来人口の減少」も視野に入れていて、それによって現在の窮屈な状況は緩和されるという。人口成長は人間の幸福という観点からは非合理的なものだが、さらなる顧客と軍備を必要とする経済界の必要から人口増大を余儀なくされていると、示唆されている[95]。

『一次元的人間』は完全に自己充足的な社会について悲観的な像を描いている。大衆は制御された欲望に浸されている。また、有効な知的批判がないので、変革は不可能である。同書で描かれている抑圧がない将来の見通しは、信じがたいとしても魅力的だ。しかし、現在についての見方はあくまでも否定的である。「社会の批判理論は、現在と将来を橋渡しする概念を有していない」と結論づけている。「批判理論は、約束もしないし、成功も示さない。それは否定的であり続ける」[96]。

しかし、同書の最後では、わずかな望みを抱かせている。彼は特に「所与の必然性を耐えがたい苦痛だと考え、必然性に乏しいと考えている者」に期待している[97]。四〇年ほど前のルカーチがそうであったように、一九六四年にマルクーゼは、社会主義革命は、他の可能性があるかもしれない、という「意識」が知識人の間に広まるかどうかにかかっていると考えた。

生産・消費という資本主義体制の「外に」いる人々、つまり「追放された人々やよそ者の層、他民族、肌の色の違う人種といった搾取され迫害されている人々、失業者、雇用できない人々」に期待がかけられている[98]。その期待は、急進派の知識人たちと、労働者階級の下に位置している、マルクスが「ルンペン・プロレタリアート（ぼろを着たプロレタリアート）」と呼んだ人々との結託にあったように思われる。彼らは現代資本主義の主流から外された人々だからこそ、まだ資本主義に対抗して立ち上がる能力を有しているのである。

マルクーゼが『一次元的人間』を公刊したときには、それが一〇年前に公刊されて同様の論点を多く含んでいる『エロス的文明』より広く読まれるだろう、という期待は著者にはなかった。しかし、同書はドイツ、フランス、そしてアメリカではまさに新左翼の聖書となり、マルクーゼは偶像となった。多くの偶像がそうであるように、真の意味での熟考の対象というよりはしばしば崇拝の対象だった。

一九六八年のパリで起きた学生闘争では、マルクスや毛沢東と並んで引用された。ベルリン、フランクフルト、そしてカリフォルニア州バークレーから、ケンブリッジ、マサチューセッツに至るまで、敬意を持って迎えられた。ドイツの主導的な新左翼系知識人は、マルクーゼの思想についての論文集を公刊し、アメリカの新左翼も、それほど高名ではなかったが、同様の企画を立てた[99]。

学生からなる新左翼は（ゲットーの黒人や、ベトコンのような農民による共産主義運動と一緒になって）資本主義を超えていく可能性をはらむ諸力の一つだというのが、マルクーゼの回答だった。『解放論の試み』の中で、若い中産階級のインテリゲンチャを新たな意識と「新たな感覚」の担い手として称賛した。この新たな感覚はマルクス主義とシュールレアリズムの要素とを結びつけ、「完全な不服従」をもたらす[100]。マルクーゼはこうした人々に、搾取されている人々の意識を発展させ、「現代社会の批判的分析」を大学のカリキュラムの中に取り込むことによって、「急進的な啓蒙」にかかわるよう、働きかけた[101]。

大学生や、近年ではカレッジで教育を受けた人々が、反資本主義的反乱の先頭に立つことは、ありそうもないように思われるが、一九六〇年代後半には、それ以前以降と比べて、妥当性を持ちえた。これはある程度は人口動態による。六〇年代半ばから後半にかけて、大学入学年齢に達した年齢集団は、その前の年齢集団よりも大きかったのだ。たいていの西側社会では、出生率は一九世紀後半に減少し始め、二〇世紀を通じて同じ状態が続いた。特に一九三〇年代から四〇年代前半にかけては、不況と戦争の影響で激減している。

大きな例外が第二次世界大戦後の一〇年間で、この間の出産は、特にアメリカが際立っているが、西ヨーロッパでもまた増加している。これは繰り延べ需要と経済拡大の見通しによるものだろう。その膨れ上がった世代が一九六〇年代半ばに青年期を迎え、『若者』向けのかつてなかったほどの文化製品の市場を作り出し、彼らの世代意識は強められた。さらに重要なことは、この膨れ上がった年齢集団のうち、かつてなかったほどの比率が、西側政府の高等教育拡大の姿勢によって、大学に行ったという事実である。大社会集団と見なしてよいほどの、多くの学生の集団が初めて出現した。

たいていの学生は過激ではなかったが、新左翼の学生のうちの過激派が、その時代の論調と論争の用語を定めていった。戦後の繁栄期に成人した彼らにとって豊かさは自明だった。そして、豊かさの精神的な限界をもっと意識するようになっていった。アメリカでは、ベトナム戦争と徴兵に取られるかもしれないという可能性が大学生、少なくとも男子学生にとっては、政府の英知というものを疑うだけの直接的な喫緊の要因となった。アメリカは技術的には洗練された野蛮さでベトナム戦争を戦っているというのが、ヨーロッパでは広く共有された認識であったが、これはアメリカ側の動機と技術双方を問題視することにつながる。他方、ベトコンや他の東南アジアの共産主義運動の、技術的に遅れた野蛮さは無視されるか美化された。

ドイツ人学生に向けたスピーチの中でマルクーゼは、暴力的なベトナム戦争にかかわっているアメリカは現代版のナチズムだと示唆しつつ、反ファシズムと反アメリカ主義を結びつけた。どちらのケースでも、独占資本主義が帝国主義的な暴力を招いたのである[102]。

マルクーゼの見解と、社会研究所で同僚だったホルクハイマーの見解とを比較するのは、得るところが多い。戦後、ホルクハイマーは西ドイツに戻って研究所を再興したが、マルクス主義の要素はなくなっていた。ホルクハイマーは資本主義文明の批判者であり続けたが、同時に、民主主義の下での西側の資本主義的な社会福祉制度は、東側ブロックの全体主義的共産主義社会よりも、格段に優れていると信じていた。共産主義の脅威に面している西ドイツの安全を保障しているアメリカについては、大いにこれを擁護した。彼は、かつての協力者であるマルクーゼがベトコンを擁護する過激派の学生と一緒に行進しているのを見て、愕然とした[103]。共通の友人であるフリードリヒ・ポロックへの書簡で、彼は西ドイツの左派の間では、反アメリカ主義は「主として反ユダヤ的な機能を担っていて」、攻撃的で心無い罪の転嫁の言い訳になっているとしている[104]。

マルクーゼの遺産

マルクーゼの名声は、上がるのも早かったが落ちるのも早かった。その名声は新左翼の軌跡と並行している。一九六四年に始まり、六八年に頂点に達する。そして、一九七三年には完全に尽きていた。アメリカがベトナムから撤退して徴兵がなくなると、学生抗議運動という帆船を動かしていた風がなくなったようだ。サイゴンが陥落しホーチミン市と名前を変えると、膨大な数のベトナム人が共産主義の征服者から逃れるためにボートで海に出た。戦争に反対した人々も、ベトコンをまつり上げることをためらうようになった。

戦後数十年間の経済成長は衰え始め、見たところ収縮する可能性をはらんだ時代がやって来たことも、同じくらい重要である。生計を立てることのほうが問題となり始め、消費や創造性を欠いた労働の問題は陰に隠れていった。

しかし、マルクーゼの遺産は一九六〇年代を通じて生き延び、その批判はさまざまに普及した形で高度資本主義社会の中に取り込まれた。新左翼とかかわった知識人としてはおそらく最も傑出した人物として、マルクーゼは若き知識人の模範としての機能を果たした。彼らが学術界の序列を上がっていくと、大学内の知識人という彼の概念を制度化した。

こうした理解においては、学問というものは客観性をめぐるものではなく、ましてや「役に立つ教師の第一の任務は、学生に『都合の悪い』事実、つまり自分たちの党派にとって都合の悪い事実を認めることを教え込むことにある」という信念にかかわるものでもない。むしろ、人文・社会科学の学者の多くが、「すべての選択は政治的選択であり、すべての知的興味は何らかの社会目的に貢献している」と考えるようになった。

アーノルド的な知識人の概念では徳と考えられていた「無私無欲」というのは蜃気楼のような幻影として扱われた。「学識それ自体が、社会改革の最も重要な手段であると考える学者は、一九七〇年代半ばを契機に、大学内の見解としては主流になっていった……」[105]。聴衆をあれやこれやの偽りの意識から解放してやる批判的知識人としての教授の手本は、いくつかの学問体系、特に文学研究や社会学では制度化された[106]。

新左翼運動の頂点でもあったマルクーゼの『解放論の試み』が公刊されてから三〇年後、たとえばアメリカ社会学協会の年次総会の主題は「抑圧、支配と解放」であった。その焦点は、「階級的な搾取や性、民族、出身国、性的選好、身体障害や年齢などに基づく抑圧などの社会的不平等の他の兆候」とともに、人種差別にあてられている[107]。アカデミックなポストの一部では、資本主義に対する曖昧ではあるが基本的な反発を前提とする「批判理論」が、市場性の高い商品となった。「批判理論」を専門に研究することは、文学や社会学、それに急成長しつつあった「文化研究」のポストを得るために、必須のものとされた。

マルクーゼの感覚が高度資本主義社会に取り込まれたのは、学問の世界だけではなかった。マルクーゼとその主張に共鳴していた新左翼は、資本主義が不平等を作り出すという伝統的な社会主義者の批判を繰り返したが、彼らの不満の核心は、資本主義が自我というものを区画してしまい、それを融通の利かない組織の序列に閉じ込め、とりわけ仕事を創造性から、労働を遊びから切り離しているという点にあった。

「批判理論」がアカデミズムの市場で商品となっていく一方で、資本主義体制下での労働批判は、ビジネス層の教育と文化に取り込まれつつあった。一九九〇年代ともなれば、経営者のための書籍がたくさん出版され、「序列的なあるいは権威主義的な伝統を捨て去り、主たる任務が労働ではなく、学習組織と呼ばれる創造的な遊びの形態にあるような自生的な作業グループを、（管理するのではなく）促す」ようにアドバイスしていた[108]。

確かに、その多くは進行中の科学的経営の最新の流行の波にすぎず、最新の心理学理論を使って作業能率を改善し、最終的には純利益を上げていくためのものだった。しかしながら、自己表現と労働の場での創造性という価値は、管理職にある技術者だけではなく、生産手段の所有者にも深く浸透していった。

『一次元的人間』の公刊後数十年経って成人した、高等教育を受けた実力主義的な新しい上流層にとっては、成果はますます労働の場での創造性や多面的な発展ということと結びつけられるようになった。特に情報産業や娯楽産業のような成長しつつある部門では、創造性を表現しているような労働様式をとっている人々には、高い地位がもたらされた[109]。

シュンペーターは、企業家をその気にさせるものは、快楽というよりは、「創造の楽しみ、仕事を為し遂げることの楽しみ、あるいは単に自身の精力と創意工夫を行使する楽しみ」にあることを強調した[110]。そのようなロマン主義的な、あるいはニーチェ的な価値は、エリート企業家という狭い枠を超えて普及し、マルクーゼやその心酔者ならば「体制」と呼んでいただろうものに取り入れられながらも、資本主義を変容させていく。

マルクーゼは、社会保障制度の確立した資本主義的民主体制の下で経済的には潤っている人々が、ますます強く感じるようになった曖昧な不満を明確にすることには貢献したものの、彼の業績は、ケインズのそれとは異なり、目に見えるような制度的解決案を提供するという点では全く役に立たなかった。経済的なものであれ政治的なものであれ、マルクーゼは制度というものには基本的に関心を持っていなかったからである。

実際、現代におけるマルクーゼの最も厳しい批判者であるアラスデア・マッキンタイアが指摘しているように、マルクーゼの批判では経験は将来の可能性を想像する場合の制約でしかなく、過去の経験が「ある状況の組合せは可能だが、他のものはそうではない」ということを示すことを無視している[111]。

『一次元的人間』は、マルクーゼの夢見る社会の経済組織である、広範な分業がない自己表現的な労働は、中央集権的な「全体のための計画」に基づいており、これは既存の「技術的合理性」によって容易に達成されるという想定に基づいているように思われる[112]。そのような経済では、「意味ある自己決定」が可能であるとマルクーゼは請け合うが、誰がそのような計画をするのか、あるいは、さまざまな個人が異なった善の概念を持っているのをどのように調和させるのかという問題についは考えたこともなかったようである。また、好意的な話し相手に促されても、政治的組織の最も基本的な問題である、政治組織は利益や価値観の真の相違にどのように対処すべきかについて、これといって言うべきものがあったわけでもなかった[113]。

マルクーゼは、このような現代の政治・経済生活の根本的な問題が無視できるかのように主張した[114]。同時代人のフリードリヒ・ハイエクは、これとは対照的に、さまざまな個人や集団の対立する願望を調整し、折り合いをつけさせることを市場の理想像の中心に置いた。二〇世紀最後の一〇年に向けてますます魅力的になっていった理想像である。

第13章

フリードリヒ・ハイエク

Friedrich Hayek: Untimely Liberal

早過ぎた自由主義者

フリードリヒ・アウグスト・フォン・ハイエクは、マルクーゼよりも一年年下である。ハイエクは、まだオーストリア・ハンガリー帝国の首都だったウィーンで一八九九年に生まれ、共産主義とファシズムが影を落とす中、非常に反自由主義的だった一九二〇年代のウィーンで知識人として成人した。ハイエクは、最も体系的で包括的な著書である『自由の条件』をアメリカ滞在時に書き、「アメリカで成長しつつある未知の文明に」献呈してはいるが、同書は自身のヨーロッパ体験から生まれたものだ[1]。「私の人間性は、故郷オーストリアで過ごした青年時代と、イギリスにおける中年期の二〇年間によって育まれてきた」とハイエクは注記している[2]。

ハイエクの重要な著作は、一九三〇年代中頃から七〇年代にかけて公刊されているが、これは国家の役割と政府支出の拡張がともに望ましく、また避けられないと広く考えられていた時代だった。ちょうど長い間学界の片隅で無名の存在だったマルクーゼが一九六〇年代の新左翼運動の師となっていったように、忘れ去られた存在だったハイエクは、アメリカ人の盟友ミルトン・フリードマンとともに、一九七〇年代から九〇年代にかけて学界と政界に再浮上した新自由主義に対して最も大きな影響力を行使するようになった。

ハイエクの自由主義は保守主義的なもので、個人の自由と政府の制限に焦点を当てたものだった。この点、ケインズや多くのアメリカ人のリベラルのように、公平性の確保に力点を置いたものではない。ハイエクは、一九

Friedrich August von Hayek
(1899-1992)

四四年の『隷従への道』で初めて広い範囲の公衆にお目見えした。「集産主義」と呼ばれる左派、右派それぞれの立場を持つ敵に対して、ハイエクは個人の成果を尊ぶ気風を擁護した。左派では、集産主義は社会民主主義、社会主義、そしてもっと急進的な形態としては共産主義の形をとった。そして右派では、民族的・国家主義的排他主義、あるいは、さらに急進的な場合にはファシズムやナチズムの形態をとった。

一八世紀においてスミスは、熟慮の末、国際貿易の展望を当時の愛国主義に対する代替案として提出した。ハイエクもまた、左右からなる圧倒的な排他主義や集団の利益に対して、市場を対置している。ハイエクの著作は特定の利益を守るために政府の権限を行使しようとする試みに対する飽くことなき批判であり、保護対象は民族、階級、宗教、人種の別を問わなかった。

自由主義者の成長過程

ハイエクは、ウィーンという環境から二つの教訓を学び、それはその後の人生に長く影響を及ぼした。一つは、現代の自由主義社会は、主として共通の文化的信念とは別の要因によって束ねられなければならないということと[3]、もう一つは、民主主義は自由主義の政治秩序にとって脅威となる可能性があるということだ。

若きハイエクの社会科学に対する関心は、第一次世界大戦中のハプスブルク帝国の兵士としての経験によって火がついた。民族の個別的利益が民族を超えた国家的利益の上位にあるとされ、帝国は民族主義によって破壊された[4]。復員後、ハイエクは法学、心理学、経済学をウィーン大学で学んだ。その後、経済学に力点を置くことになるのだが、後でわかるように、これはあくまで一時的には、ということである。

同大学で最も深い影響を受けたのはフリードリヒ・フライヘア・フォン・ヴィーザーだった。戦時中、商務大臣だったヴィーザーは、幅広い社会科学的関心の持ち主だった。限界効用理論の開拓者の一人だったヴィーザーは、商品それ自体には客観的な価値というものはないと主張した。商品価値は、供給と個々の消費者の選好によって変化する需要との関係によって、すなわち市場過程によってのみ得られるとされた。

一九二一年から二三年にかけて、そして二四年にアメリカ留学から帰国してからも、ハイエクはルートヴィヒ・フォン・ミーゼスに雇われていた。シュンペーターの同時代人であり、ユダヤ系だったミーゼスは、その社会主義に対する歯に衣着せぬ批判と市場過程についての独創的な分析によって、名声を博しつつあった。

自らの証言によれば、ハイエクは他の誰よりもミーゼスから学んだということになっている[5]。しかしながら、最初の師であるヴィーザーと第二の師であるミーゼスは、学問的にも政治的にも緊張関係にあった。ミーゼスは妥協のない市場志向の自由主義を代表していたが、ヴィーザーは全く違っていた。

ハイエクが自由主義を選択したのは意識的なものであり、戦間期ウィーンにあっては時ならぬ選択だった。それはヴィーザーの影響からの自明な帰結などではなかった。ヴィーザーはさまざまな点で反自由主義だったからだ。ハイエクを指導していた頃には、ヴィーザーは反ユダヤ的な感情を持っていたばかりか、金融資本家の支配に対して偏執症的な見解を持っていた。こうした金融資本家が、アメリカを対オーストリアの第一次世界大戦に駆り立てたというのである[6]。ミーゼスはヴィーザーを軽蔑するようになっていた[7]。

ハイエクがミーゼスの個人的な市場志向の自由主義を受け入れたことの重要性を評価するためには、戦間期ウィーンの政治と社会に向かわなければならない。

▼ウィーンの自由主義、ユダヤ人、そして創造的な少数派の擁護

ハイエクの自由主義は、典型的なウィーンの所産ではない。「ウィーン的な文化」と考えられるものの、ご多分に漏れず、それはウィーンの環境に「抗して」生まれた[8]。ハイエクはユダヤ人ではなく、彼自身ユダヤ人について書いたものはほとんどないと言ってもよい。

しかし、ハイエクの自由主義はウィーンのユダヤ人との密接なかかわりから影響を受けている。ハイエクの階層の多くの人間も、ハイエク自身の家族や指導教員も、ユダヤ系を経済的・文化的・政治的生活から排斥しようとする試みを支持していた時代だった。ハイエクにとっては、ユダヤ人は、その才能によって経済的には成功するが、その成功が大衆に恨まれる存在の典型だった。

ハイエクの家系の源を訪ねれば、オーストリア・ハンガリー帝国の教育ある官僚層であり、その家系は学者と官僚からなっている。彼らは、その功績から帝国によって貴族に挙げられており、その地位は高かった。母方の祖父であるフランツ・フォン・ユラシェックは、法と統計学の教授でシュンペーターを教えたこともあった。ハイエクの両親は形式上カトリックだったが、世紀の変わり目における世俗的・科学志向の文化を共有していた[9]。

後期ハプスブルク帝国のオーストリアの自由主義者たちは、民族、階級、そして宗教によって分裂した帝国を統治し、また、その統合性を維持しようとした。法の支配、所有権の保護、市場での取引、さらに、出自ではなく当該個人の能力や業績による昇進に重きが置かれていた。自由主義者たちの政治的支配は短命に終わったが、それ自体は制限選挙の所産だった。選挙権は、かなりの資産家に限られていた。

選挙権の拡大に伴って自由主義者の影響力は損なわれるようになり、一九〇七年にはすべての成人男子に選挙権が与えられるまでになった。民主主義の拡大によって、まずは選挙で勝ったのが反自由主義的なキリスト教社会

党であり、後にはやはり反自由主義的な社会民主党だった。政治が民族・階級闘争によってバラバラになっていった帝国最後の一〇年においては、政府はしばしば緊急勅令に頼ったし、議会の政策は密室で議論されるようにもなっていた。したがって、自由主義的な立憲政治は民主主義によって維持されていたというよりは、民主主義にもかかわらず維持されていたというべきなのだ[10]。

民主主義の拡大によって、階級、宗教、あるいは民族的な利益の名の下に自由主義的な政治秩序を破壊しようとした集団の影響力は強まっていった。したがって、ウィーンの自由主義者が民主主義に対して懐疑的になっていったのも無理はない。自由主義者の忠誠心は皇帝に向かっていったのであり、皇帝こそが文化的にバラバラになった帝国をまとめようとしていたのである[11]。

ハプスブルク帝国の自由主義の時代は、一八六七年に始まった。新しい憲法の採用とともに、人民の権利が拡大され、宗教に基づく法的な制限が除去された。このような自由主義の時代は一九一八年に終わりを告げることになる。ユダヤ人ほどこうした自由主義の時代から便益を受けた集団はいない。また、ユダヤ人ほど密接な形で自由主義と結びついていた集団もいない。ルカーチを扱った第10章で見たように、帝国の半分であるハンガリーではユダヤ人が経済の近代化に主導的な役割を演じたし、また、華々しく成功した者は貴族の称号を与えられた。オーストリア側でもユダヤ人は成功した。ただ、ハンガリーほど目覚ましいものではなかっただけにすぎない。

以前は保護されたギルド経済から排除されていたユダヤ人だったが、一八六七年からは、自由主義的立法によって経済的な機会が開かれるようになった。キリスト教徒と法的に平等な立場に立てるようになったのだ。階梯を登れるようになったユダヤ人は、快楽と「ちゃらんぽらん」に人々が慣れ切っていた都会において、ブルジョワ的な価値観である、勤労、秩序、成果といった価値観を支持した[12]。教育や自己啓発といった自由主義的な価値も受け入れた。

法的な条件が平等になると、ユダヤ人は成功を収めたし、ブルジョワ階級上層部では、その存在が非常に目立つようになっていった。帝国の終焉のときには、ウィーン大学の学生の四分の一から三分の一くらいがユダヤ人となっていた[13]。

ユダヤ人は医療、法曹界といった自由業でも支配的になった。オーストリアの主要銀行や国の最も重要な新聞だった『ノイエ・フライエ・プレッセ』紙も、所有主はユダヤ人だった[14]。一九世紀後半になると、ユダヤ人の著作家は誇りを持って自分たちの商業的・職業的な成功について語るようになっていた。これは、宗教的・民族的な出自にかかわらず法の下の平等を保証する、という自由主義的な原則の制定によるのである[15]。

ユダヤ人の運命が自由主義の運命と結びついていただけではなく、自由主義の運命もまたユダヤ人の運命と絡むようになってきた。ハイエクが生まれた後期ハプスブルク帝国の「深刻な皮肉」は、次の点にあると、最も鋭い分析者の一人であるエルンスト・ゲルナーは述べている。「かつては中世の王朝に基づいていたこの権威主義的な帝国は、反宗教改革の教条的なイデオロギーと深く結びついていた。しかしながら、最終的には、民族的・愛国的な、しかし帝国をバラバラにしてしまうような煽動にさらされた。帝国の最も熱心な支持者は個人主義的な自由主義者たちであったが、こうした人々も元来は賤民（パーリア）階層の出自であり、国家の理念というものの『外側』にいた人たちなのだ。……しかしながら、状況の論理によって、今やハプスブルク家が多様で寛容な社会の支持者となるに至った」。

ハプスブルク帝国の最後の数十年間ともなると、諸民族が次々と帝国に背を向けるようになり、ついには、ドイツ人に国家的なあるいは民族的な帰属意識を求めるオーストリアのドイツ人も例外ではなくなった。結局、ハプスブルク帝国の体制にとって最も忠実な支持者は、「新しいタイプの人間だった。商業、産業、学界、専門職の世界で、実力で成功した人たちで、彼らは財、人間、思想の開かれた市場や普遍的な開かれた社会の維持に関心を持つ人たちであった」。このような新たな実力者こそが、オーストリア自由主義の枠組みを作っていったのであり、その多くがユダヤの出自を持つものだった[16]。

こうしたことの結果をゲルナーは「パーリア的自由主義」と呼んだ。文化的なよそ者に作り上げられた自由主義であり、こうした人々は文化的な意味での内部・外部という区分けに嫌悪感を持っていた。こうした自由主義者たちは、民族的なものであれ経済的なものであれ、閉じられた共同体よりも、文化的にオープンであることや個人主義を好んだ。祖先が不名誉な扱いを受けてきた文化において、自由主義者は、社会主義や国家主義に代表されるようなロマン主義的な共同体主義よりも、抽象的で普遍的な個人主義を選んだのである[17]。

オーストリア共和国の戦後の見通しは、決して明るくなかった[18]。二〇〇万都市のウィーンは、五〇〇〇万人もの人口を擁する帝国の金融上・行政上の要だったが、今や、人口六〇〇万人の小国家の首都となってしまったのだ。かつてはウィーンが産業の中心であったが、そのような中心は国境を越えてチェコスロバキアに移ってしまった。かつてはハプスブルク帝国の一部だったハンガリー、ルーマニア、ユーゴスラビア、チェコスロバキアがそれぞれ国家として独立した経済政策をとったので、戦前の帝国内の分業関係は損なわれ、この地域全体の経済が駄目になった[19]。実際、戦間期のオーストリアの工業生産は戦前の水準に到達しなかったのである。

後期のハプスブルク帝国で自由主義者が戦いを挑んでいたとするのならば、戦後の新しい共和国では、少なくとも政治勢力としては敗退したことになる。オーストリア共和国の政治風土は、三つの政治陣営に分裂した。すなわち、カトリックのキリスト教社会党、マルクス主義者率いる社会民主主義、そして国民主義的なドイツ国民派の三つである。これらの三派に共通していたのは、単に自由主義が嫌いだということだけだった。

ハイエクは大学生のときに短命に終わった民主党に所属していた。これは、マックス・ウェーバーが戦後その創設を援助したドイツ民主党に対応した党だった[20]。このオーストリアの民主党が議会での議席を得るに十分な票をとれなかったのは、意味ありげである。民族主義的なドイツ人の党である「大ドイツ国民党」は、非ユダヤ系の官僚、自由業の人々、そして大学生からの支持があった。一九二〇年代前半の大インフレーションで一番多くを失ったのも、この専門職を中心とする中間層だった。社会主義に対する恐怖、そして彼らの社会的地位を約束していた相続財産を吹っ飛ばしてしまったインフレーションの効果によって、多くの者が自らの運命をユダヤ人のせいにするようになっていた[21]。

一九三〇年代前半において、オーストリアのナチはドイツのそれと同じく、急速に支持を増やしつつあった。

ウィーンで、ナチは最終的にはホワイトカラーの中間層、官僚、非ユダヤ的な専門職集団、そして知識人の支持を取りつけるのに成功したのである[22]。

キリスト教社会党、社会主義者、ドイツ国民党に共通していたのは、政治的意味でも経済的意味でも、自由主義に対して反発していたということだった。出発点は異なっていたが、これらの政治集団はいずれも、自由主義的資本主義、個人の権利を尊重する文化、そして、自由主義によって個人の成果が異なってくることに反対だった。ドイツ国民派は、ドイツ民族の純潔と支配の名の下に、民族的な侵入者を排除しようとした。彼らは定数を決めて、ユダヤ人やスラブ人の政治的、教育的、職業的権利を制限しようとした[23]。

オーストリアの政治の中で最も反資本主義的だったのは、社会民主主義者で、一九一八年からはウィーンの市政府を牛耳っていた。キリスト教社会党の支配がウィーンを超えて連邦議会にまで達していたのに対し、社会民主党はウィーンをキリスト教社会党の海に浮かぶ社会主義の島とするために、市政府の権限を利用しようとしていた。原理的には資本主義には反対だったが、民主的な手段でそれを転覆するのは不可能だったので、社会民主主義者は状況が許す限りにおいて、ウィーンを社会主義的な方向に持って行こうとしていた。

キリスト教社会党の経済的イデオロギーは、党の社会的基盤である小作人、職人、そして商店主の生活を守ることに向けられていた[24]。一九世紀後半になると、どの集団も、自身の所得や生活様式を脅かすような資本主義的な近代化に憤りを感じるようになっていた。

戦間期に至ると、キリスト教社会党の支持者は、自由主義の後に、資本主義の後に、そして民主主義の後にやって来る社会の理想像に魅了されるようになった。この新しい社会では、生産や代議制は「身分」や「協調組合」によって組織されることになるが、これはユストゥス・メーザーのような人が一五〇年ほど前に擁護した社会的秩序を再建しようというのに等しい。

こうしたイデオロギーは、一九世紀末にカール・フォン・フォーゲルザンクによって再生された。フォーゲルザンクはカトリックに改宗したプロシャ人貴族で、オーストリアのキリスト教社会党においては大きなイデオロギー的影響力を持っていた。オーストリアのカトリック司教による経済的声明も、同じ源に端を発している。

一九二五年の降臨節の司教教書では、「拝金主義的な資本主義」が現代の大いなる悪であると非難され、「人から強奪し、高利を課することによって貧困を招く金融力を有する人々」がとがめられた[25]。キリスト教社会党の協調主義は、市場での競争によって所得が脅かされている農民や小商店の経営者や職人の経済的地位を守るべく、政府の権限を行使することを求めた。

ウィーンにおいては、反資本主義的な理屈と反ユダヤ的な理屈は、しばしば密接に関連し合っていた。三大政治集団は資本主義とユダヤ人を結びつけようと互いに競っていたし、そのやり方はいつでも不当なものだった。社会民主主義者も、公式には反ユダヤ主義を非難し、それを「馬鹿者の社会主義」と呼んではいたが、それでも反資本主義的な煽動において反ユダヤ的なイメージに頼っていた。

他方、キリスト教社会党はキリスト教の伝統の中でも最も反ユダヤ的な伝統に依拠していた。同党の発展はカール・ルエーガーによるもので、党の綱領には反ユダヤ主義とユダヤ人の競争からカトリックの下層中産階級を守ることが盛り込まれていた[26]。

一九一九年、ほどなくキリスト教社会党の党首となり、したがって首相となるイグナツ・ザイペルが、「ユダヤ人問題」は宗教的寛容の問題ではないと主張した。ゾンバルトにならいつつ、ザイペルはそれを動産や商人気質に対する階級闘争とし、こうしたものが政治にも新聞界にも学者の中にも、そして文学や芸術の領域にも浸透しつつあるとした[27]。

しかし、反ユダヤ的だったのはキリスト教社会党やドイツ国民派だけではない。社会民主党のプロパガンダもしばしば反ユダヤ的だった。これは、同党の指導者の非常に多くがユダヤ系であったことを考えると、驚くべきことである。公式には反ユダヤ主義に反対であったにもかかわらず、党の機関紙『労働者新聞』では、「資本家」「シーバー」(闇市場で財を売って利潤を貪る者)、「投機家」はユダヤ人の典型的なイメージと考えられていた鉤鼻をした姿で描かれた[28]。

このような社会民主党のメッセージの意味は、キリスト教社会党やドイツ国民派の反ユダヤ主義は偽善であり、社会民主党こそが、「ユダヤ人の大資本家」「搾取するユダヤ人」「金持ちのユダヤ人」の真の敵だというものだった。同党にとってこうした標的が異議の対象となるのは、彼らがユダヤ人だからではなく、彼らが資本家だからだ。しかし、このようなイメージと理屈は、資本家とユダヤ人を不当な形で結びつけるということに貢献したにすぎない[29]。

ドイツ国民派は、スラブ人と、特にユダヤ人から党の民族的な基盤であるドイツ人を守るべく、政府の権限を利用しようとした。ドイツ国民派は、「ユダヤ人」という呼称を宗教的のみならず民族的な呼称としても扱った。東ヨーロッパから中央ヨーロッパにかけても、同じような動きがあった。ここでも、帝国崩壊後の各国の経済的停滞によって、官僚や専門職に就くための戦いは厳しいものとなった。ドイツ国民派の運動においては、多数派民族の専門職や官僚を経済的に守るために、文化的な主張が使われた[30]。

オーストリアでは自由主義の擁護者は少なく、いたとしてもユダヤ人系ばかりだった。一九二〇年代のウィーンにおいては、こうした特徴によってユダヤ人は際立っていた。自分自身ユダヤ人でもなければユダヤ的な背景も持たなかったが、ハイエクが感情移入したのは、こうしたユダヤ系の自由主義者に対してだった。こうした感情移入は何を意味するのだろうか。

ハイエクの階層の非ユダヤ系ドイツ・オーストリア人が自由主義者からどの程度民族的な国家主義者となっていったかの例として、ウィーン大学におけるハイエクの指導教官だったフリードリヒ・フォン・ヴィーザーがいる。ハプスブルク帝国時代には、ヴィーザーは政府による家父長主義と、ドイツ文化を守り普及するための「文化国家」という概念に傾斜していた。一九二六年に刊行された遺作は、概念的に混乱した、そして冗長な『勢力の法則』という書物だった(シュンペーターが述べているように、ヴィーザーには「主張を効果的に展開する才能が生まれつき欠けている」)[31]。

この最後の著作では、近代史は、力が穏当な形による権力に取って代わられる世界へ向けたゆっくりとした展開として扱われており、自由主義的な主題をいくらか含んでいるとはいえる。しかしながら、その論調は次第に反自由主義的なものとなっていく。同書に含まれている「ユダヤ人」に関する長い補注を読むことは有益である。

ユダヤ人は近代世界での成功の歴史を運命づけられていたと、ヴィーザーは記している。宗教的な遺産や歴史的経験によって、ユダヤ人は抽象的思考、辛辣な言語的表現、そして計算の能力を高めてきた。抑圧された少数派だったので、すべての階級の人々とうまくやっていく必要があった。勤勉でもあった。こうした資質のすべてが役に立った。近代の資本主義経済とユダヤ人が法的に解放されたことが相まって、こうした文化的特性によってユダヤ人は商業、工業、そして、世論をリードする学識ある専門職集団を支配していった[32]。こうしたことが、ヴィーザーの言う「アーリア人」の間での、もっともで健全な反動につながったとされる。

権力を獲得したユダヤ人は……、民族的に結合した力を形成し、閉ざされた序列の中で上昇しようとした。ユダヤ人がすべてを支配することはなかったにしても、これはノルマン人がかつてサクソン人の中に入っていったのと似ている。

だとすれば、アーリア人が権力闘争のために団結しようと考えたのも無理からぬことだった。利益を追求する個人としてそうする権利を有していたし、また民族意識としてもそうせざるをえなかった。アーリア人は、ユダヤ人の指導力によって、遺産や歴史が失われてしまうと確信したのだった[33]。

ハイエクがユダヤ人の自由主義者に感情移入したのは、彼らがユダヤ人だからではなく、自由主義者だからだった。しかし、これはハイエクにとって、ユダヤ人の運命は自由主義の運命と密接にかかわっており、自由主義の運命は資本主義の運命と解きがたく結びついていることを意味した。

「一九二〇年代、三〇年代のウィーンはユダヤ人問題なしには理解できない」と、ハイエクは回想している。ウィーンの中流階級でますます色濃くなった反ユダヤ的な基準によれば、「ユダヤ人たること」は宗教の問題でも自己確認の問題でもなく、血筋の問題となっていった。ユダヤ教からキリスト教に改宗した者、そして婚姻によってユダヤの血が混ざった子孫は、ユダヤ人からも非ユダヤ人からも「ユダヤ人」であると考えられがちだった[34]。

大学の友愛協会は、キリスト教徒に改宗したユダヤ人であっても、ユダヤ人の祖先を持つ者は排除した。ウィーン大学のドイツ学生協会はキャンパス内の政治を支配していたが、排外主義的だった。ユダヤ人やスラブ人の排除が求められ、ユダヤ人学生と教員について割当制(入学許可定員制)を適用するよう、キャンペーンが展開された。教職員の多くも、こうした感情を共有していた。一九三〇年には、ウィーン大学長が人口比に合わせてユダヤ人の人数を制限する法を支援している[35]。

教職員の中ではオトマール・シュパンが指導的な人物だった。シュパンは経済学の教授で急進的な右派として知られていたが、ユダヤ人であるか、あるいは社会主義的傾向を持っているかによって昇進を拒絶しようと考えている大学院生・教職員のリストを持っていた[36]。ハイエクは短い期間シュパンのセミナーに出席しているが、あまりに批判的であり、他の出席者を「混乱させる」との理由で追放されている[37]。

民族についての意識がはっきりしていた戦間期のウィーンでは、純粋にキリスト教徒から成り立っている集まり、純粋にユダヤ人だけから成り立っている仲間など、交友関係がいくつかに分類できた。そして、「この間にとても大きな中間的な集団があった。これは洗礼を受けたユダヤ人、そしてユダヤ人と友人関係にあるキリスト教徒から成り立っていた」[38]。

自身の出自は「全くのキリスト教徒」であったが、ハイエクはこの「中間的な集団」に親近感を持ち、この集団の視点から世界を見ていた。回想録の中で、ハイエクは次のように強調している。「私が大学生になったばかりの頃から、ウィーンでも最高のユダヤ系知識人とかかわってきたことでどれほど助けられたかは、言葉に尽くせない」。ユダヤ人たちは、ハイエク自身の家族よりも世界主義的であり、自由主義的な価値観に信頼を置いていたが、反ユダヤ主義という差別に直面していた[39]。

ハイエクがウィーンにおけるユダヤ人による反ユダヤ主義について語る際には、彼には自分自身何を物語っているかはよくわかっていた。回想録の中では、こうしたことに触れるのをそつなく避けてはいるが、ハイエクの父はドイツ人医師協会ウィーン支部の支部長だった。ここで「ドイツ人」というのは「アーリア人」の意味である[40]。また、弟のハインリヒは最終的にはナチ党に入党するが、これは本人の第二次世界大戦後の主張では、大学教授職への道を容易にするためだったという[41]。

ハイエクの師であるルートヴィヒ・ミーゼスは、ウィーンにおける最も優れた経済学者の一人だったが、教授職からは排斥されていた。ユダヤ人だからということもあるが、厳格な「古典的自由主義者」であることも響いた。さらに別の理由として、能力がないと見なした人間に対して容赦しなかったということがある[42]。終身在職権を持つポストに就職することができず、ミーゼスはウィーン商工会議所の顧問となった。これは官吏としての職であり、研究を行い、かつ政府に対する助言者として行動することができた。

ミーゼスは一九二一年にハイエクを助手として採用し、さらに二七年には新婚のハイエクに対して適切な額の給与を払えるように、民間の景気循環研究所を設立した。この研究所は、ヨーロッパで社会科学の領域で実証的な研究を推進したいと考えていたロックフェラー財団の資金的援助も受けていた[43]。

大学が学問的に退屈きわまりないものになっていったので、創造的な議論は、学外に無数にあるセミナーやサークルで行われるようになっていた。そこで若き知識人たちは意見を交わし、完成途上の論考を交換した。商工会議所のミーゼスの執務所で毎週開かれたセミナーは、戦間期ウィーンの高度な経済学研究の中心だった。二九名の参加者のうち、二三名がユダヤ系だった[44]。

現代のウィーンのガイドブックの一つである『旅行案内書（ベーデッカー）には書かれていないウィーン』は、「あいつはユダヤ人か」という問いが一九二〇年代のウィーンではここかしこで聞かれたという問いだったことを読者に伝えている。これに比べれば、「他のすべての問いは、二次的な重要性しか持たない」のだ。問題となっているのは、成果についての説明である。「ウィーン滞在中、ご自身をあまりに興味深くあるいは印象深く思わせてはなりません」「そうなさると、ユダヤ人だと思われてしまうかもしれませんので」と、この案内書は注意を与えている[45]。ハイエクの仲間内でも、誰がユダヤ系なのかということは、常に推測の的となっていた。ハイエクは自身の家系図を調査したが、ユダヤ人の祖先には至らなかった[46]。

ハイエクにとっては、反資本主義と反ユダヤ主義との間には密接な関係があったが、これはユダヤ人が資本主義の進展にとってまさに本質的な特徴を備えていたからではない。『隷従への道』では、次のように書いている。

ドイツやオーストリアでは、ユダヤ人は資本主義の代表者として見なされていた。それは、国民の多くの階級が伝統的に商業を嫌っていたため、より高く評価される職業から実際に排除されていたユダヤ人が、それらにたやすく参入することができたからであった。こういった経緯は、在住異邦人が社会的に低い仕事に就くことしか許されず、さらにそういう職に従事していることでますます人々から嫌われるようになるという、昔から繰り返されてきた物語の一つである。

ドイツにおいて反ユダヤ主義や反資本主義が、この商業活動への軽蔑という同じ根源から生まれてきたという事実は、現在までそこで何が起こってきたかを理解するうえできわめて重要な点であり、外国の観察者にはほとんど認識されていないことなのである。……ドイツにおいて……ユダヤ人が敵とされていたという事態は、ロシアにおいて富農が敵とされたのと同様、それらの運動すべてが、資本を持つ者に対する恨みに立脚するものであったことの結果である[47]。

はっきりと名指しこそしていないが、ハイエクはユダヤ人の運命について『自由の条件』の中では、次のように主張を展開している。

人の能力をうまく利用する方法、すなわち人の才能の最も効果的な利用法を発見する技術は、社会の見地からすれば、おそらく最も有効なものであることに間違いない。しかし、この種のことをあまり機略縦横にし過ぎると、人から嫌われるのはよくあることであるし、また具体的な事情を人よりうまく利用して同じ一般的な能力を持っている人々よりも利益を手に入れるのは不正だと見られるのである。

多くの社会では、「貴族主義」の伝統がある。……それは特権を持った人々がしばしば発達させた伝統で、彼らは他人が欲するものをその人たちに与えるという必要を感じることがないので、人の才能は他人によって発見されるまで待つのが上品なことと見なされる。

これに対して宗教的に、あるいは人種的に少数派の人々のみが、出世のための激しい闘いの中で、この種の如才なさ（ドイツ語のFindigkeitが最もよく当てはまる）を慎重に育てていったのである。そしてそのために、少数派は一般に嫌われている。

しかし、いうまでもなく、事物なり人間自身の能力なりのより上手な利用方法を発見することは、一個人がその仲間の福祉のために私たちの社会でなしうる最大の貢献の一つであり、また、そのために最大限の機会を与えることが自由社会を他の社会よりも、はるかに豊かにするに違いない。

この企業家的な能力（私たちの才能の最善の利用方法を発見するという点では、私たちはみな企業家である）をうまく利用することは、自由社会において、最も報われることの多い活動である。これに対し、自分の能力を利用するある有用な方法の発見の仕事を他人に任せる者は、誰でも、より少ない報酬に甘んじなければならない[48]。

アダム・スミスは、商業社会では各人が交換によって生計を立てているという意味で、「ある程度は商人となる」としている。ハイエクにとっては、資本主義社会では誰もがある程度は、資源の効果的な利用をめざす企業家となるのである[49]。もちろん、どのくらい資源を持っているかは集団によって異なる。ハイエクの自由主義の中心的な主題は、歴史的な進歩をもたらす少数の革新者ということだった。

この概念は、自由主義の中では完璧な系譜を有している。これは、ジョン・スチュアート・ミルの歴史的進歩という概念にとって基本的なものだった[50]。すでに見たように、一九〇九年にシュンペーターが企業家の役割を説明するために、よりニーチェ的な用語を使って、類似の理論を展開していた。ヴィーザーは数々の論説で同じ点を指摘しており、これらの一部は一九二六年に著者が没してからハイエクを編者として公刊された[51]。

ミーゼスは、この主題を一九二二年の『社会主義』で再述しているが、同書はハイエクが自らの思想の発展にとって転換点だとしている著作だ。「大衆は、経済生活においては交換を除いては普遍的なものは存在しない、ということを理解しえないでいる」とミーゼスは記している。「新しい方法をとるべく、予見したり前もって行動したりするのは、常に少数の先導者だけの関心事にとどまるのである。……」[52]。

しかしながら、資源を有する少数者による進歩は、長期的には社会全体に便益をもたらすとはいえ、確立された社会集団にとってはマイナスとして働くことがある。ハイエクによれば、ファシズムとナチズムは、資本主義の発展過程で社会的に損失を受けた者たちが、市場で否定された報酬を力ずくと手前勝手なイデオロギー理論によって取り戻そうとする絶望的な試みなのだ。『隷従への道』でハイエクは、まさにマルクーゼの解釈がそうだったように、国家社会主義はまずは資本主義擁護の形態として理解すべきであるという、当時の知識人の間で広まっていた見解に対して異論を唱えた[53]。

これとは対照的に、ハイエクはファシズムとナチズムは中産階級の集産主義であると考えた。インフレーションによって資産をなくし、雇用者と労働者側との交渉の過程の外に取り残され、衰退しつつある「下層中産階級の憤り」から、こうした人々は自らの地位を確保するために全体主義的な運動を擁護するに至った[54]。ハイエクによれば、社会主義、ファシズム、国家社会主義は、国家は「各人に社会におけるふさわしい地位を割り当てなくてはならない」という思想を共有していた。ファシズムとナチズムがこんなにも成功したのは、「支持者に対して与えると約束した特権を正当化するような『世界観』を提供したからである」[55]。シュンペーターは社会主義を、ニーチェが怨恨と呼んだものの表現として理解した。ハイエクは、同じような社会心理的な過程がファシズムについても見られると考えていた。

ハイエクが政治的・経済的自由主義を選んだのは、ヴィーザーではなくミーゼスを選択したことを意味している[56]。こうした選択はユダヤ人との交流によるものでもあったし、また、ウィーンでの反市場主義的な政府の方針の効果を見たことの結果でもあった。

▼賃貸料の統制と国家介入の危険

市場を統制しようとする政府の試みに対してハイエクが懐疑的になったのは、一九二〇年代に賃貸料の統制を自ら経験したことによる。これはウィーン時代にハイエクが行った研究の中では、最も綿密に調べられた主題の一つであり、三〇年後に『自由の条件』の中でこの主題に立ち戻ることになる。ハイエクは同書で次のように記している。

すなわち、賃貸料の制限というのは、「インフレーションだけを除く、他のどんな施策よりも自由と繁栄の制限におそらく役立ってきたのである。……住宅条件の累積的な衰退やパリ、ウィーン、あるいはロンドンにおいてすら、人々の一般的な生活態度にまでも与えた影響を見てきた者は誰でも、この一つの手段が経済の全性格に、そして国民の全性格にさえ、与える致命的な影響を認めるであろう」[57]。

賃貸料の統制は、戦間期ウィーンにおいて経済的に最も影響力が大きくかつ政治的に最も論議を呼んだ問題で、あわや内戦に至りそうになったほどだ。ウィーンの住宅問題は第一次世界大戦に先立つ。急速な都市化が進んだ都市のご多分に漏れず、大戦前のウィーンも常に住宅危機を抱えていた。難民が東方からウィーンに押し寄せると、大戦中の賃貸料の統制が解決策として提示されるようになった。家主は住宅需要の増大に乗じて儲けようとしたが、帝国政府はこれを阻止しようとした。一連の法令によって、家主が賃借人を立ち退かせたり賃貸料を上げたりすることが困難になった。大戦は終わったが、家主に課された制限は終わらなかった。

一九二一年から二二年にかけての大インフレーションによってオーストリア通貨の価値は暴落し、戦前の水準の一万四四〇〇分の一となった。一九二二年に、社会民主党は戦前の四倍の水準に賃貸料を固定するという法律を公布して対応したが、これでは、賃貸料はほとんど無きに等しいということになる。翌年に通過した新法は、維持費用の一部を含む形で賃貸料を上げることを許すものであり、適切な費用を算定するための事務的手続きは洗練されたものになった。

しかしながら、こうした賃貸料のわずかな増加も、ウィーンの勤労階級には恨まれた。実質的に賃貸料がただという状態に慣れてしまったからだ。戦時においてこのような賃借人に対する保護措置は、多くのヨーロッパの都市で制度化されたが、他のどこよりも長く、そして思い切った形で維持されたのがウィーンにおいてだった。社会民主党の指導者は、賃貸料の統制が勤労階級の福祉の増大に貢献したことに、誇りを持っていた[58]。

家主は、維持費や所有財産に対する税金を支払うことで金銭的に損を出し、建物を整備することをやめた。新しいアパートを建てる経済的誘因はなくなった。また、金銭的な価値を喪失しつつある建物でもよいとする銀行などありはしないので、建物を担保物権として使うこともできなくなった。これによって、新たな建物を建設するための資金を調達することもできなくなった。

この結果、戦前の住宅危機がさらに悪化してしまった。かつては賃貸料を払う足しにするために、又借り人を住まわせていた賃借人は、賃貸料の負担が軽減されたため、又借り人を追い出すようになったので、状況はさらに悪くなった。家屋が人でいっぱいになることもなくなったが、その代わり外に住む場所を見つけるのは難しくなった。一九二〇年代に列車でウィーン旅行をした者は誰でも、線路際にたくさんの馬車があるのを見ただろう。馬車は、住む場所がない人々の避難所となっていた[59]。

一九二三年の選挙で、キリスト教社会党の党首のイグナツ・ザイペルは、賃貸料統制の弊害とその緩和措置について言及した。社会民主党は従来どおり賃借人保護という政策を主張し続け、その成果を繕った。民間の住宅建設が麻痺してしまったので、社会民主党率いる市政府は、公共資金を投入して数千ものアパート建設に乗り出した。

一九二八年になると、賃貸料統制の問題で国はほとんど内乱状態となった。キリスト教社会党率いる連邦政府が賃貸料を上げる法制度の改変を提案すると、社会民主党はこれに激しく抵抗した。数年にわたって収奪されたことに欲求不満を覚えた家主は、右派で準軍事的組織である護国団(ハイムヴェア)に対して物質的な支持を与え、またこれを喧伝した。これによって、勢力のバランスを変え、そして所有権を取り戻そうとしたのである[60]。

一九二八年にハイエクは、この問題に立ち返る[61]。賃貸料の統制は、はっきりとした即時的な便益をもたらすものの、意図せざる否定的な帰結を伴う、政策の典型例として挙げられている。経済学者ならば、この弊害を指摘すべきである。そして、賃貸料を統制しようとする政府の試みは家主や賃借人という直接の当事者を越えて影響を及ぼすと、ハイエクは主張している。

賃貸料が統制されている建物の住民は、部屋の大小や自分自身に合っているかということとは無関係に、そこに固執するものだという。他の部屋へ移ると、移った先のほうが狭くても、家賃が大幅に上がることになるからだ。結果として賃貸市場は適応力を失うことになる。たとえば、子どもが独立してからも、両親は大き目の部屋を出て行こうとはしない。このような部屋は必要でもなければ、望むところでもないわけだが、両親はそこにとどまる。逆に、子どもがいる家庭では適当なサイズの部屋を探すことが非常に難しい。したがって、子どもがいない場合よりも、小さく狭苦しい住居に住むことを余儀なくされるのだ。

もっと悪いことに、賃貸料の統制によって間接的ながら失業が生じる。被雇用者はウィーンの外で仕事があったとしても、そこで働こうとはしない。安いアパートを出たくないからだ。ウィーンで自宅から遠いところで仕事を持っている者には、職場に近いところで住まいを探す余裕はない。こうした人々は長距離通勤し、高い交通費を払うことになる。ウィーン市外から有能な人材を雇用することは難しい。雇っても首都で生活の場を見つけるのが困難だからである。

こうした労働市場に対する弊害と並んで、賃貸料の統制は資本の利用可能性にも影響を及ぼす、とハイエクは主張している。新しいビジネスの投資に充てる資本の多くは、通常、家主の賃貸収入からのものなのだ。賃貸料が入らなくなると、家主が建物の維持や新しい建物の建築のために投資できなくなるばかりではない。株も買えなくなり、経済成長に必要な資本が限られてしまう。

これに加えて、ハイエクの計算では、ウィーンで税金の中から公共住宅に使われる費用は、ウィーン株式取引所全体の株式時価総額に等しいのだという。こうした理由によって、ハイエクは賃貸料の統制は徐々にやめていくよう助言している。

賃貸料の統制は、資本主義市場に対する限定的な介入であるように思われるかもしれないが、実際には経済全体を歪めるほどの効果がある。ハイエクの賃貸料統制についての分析は、国有といった手段ほどではないにしても、市場の価格設定機構に政府が介入することの危険性を述べた自由主義者の論点を痛感させるには十分なものとなっている。

▼社会主義、計画、市場の機能

賃貸料統制についての見解をドイツ語圏の社会科学者の主だった会議で報告してほどなく、ハイエクはウィーンを発つこととなった。そして結局、これ以降ウィーンに住まうことはなかった。一九三一年、三二歳のときには、ウィーンの経済学者の強い影響下にあったイギリスの経済学者のライオネル・ロビンズによって、ロンドン・スクール・オブ・エコノミクスに招聘された。この後すぐ、ハイエクは同大学の教授に任命されている〔62〕。こうして、ハイエクはミーゼスのゼミナールに出席した多くの者の中で、オーストリア共和国という沈める船を脱出して西ヨーロッパやアメリカでのより良い見通しを求めた最初の人物となった。

「資本主義制度の時代、資本主義的自由経済秩序の時代は過去のものとなった」と、キリスト教社会党出身の首相、エンゲルベルト・ドルフースは一九三三年三月に宣言している。一九三四年、キリスト教社会党はオーストリア共和国を権威主義的体制に変えた。新憲法は施行されることはなかったものの、自由主義的民主制を協調主義的な国家によって変えようとするものだった。そこでは、代議制は経済的な身分に基づくものとされた。キリスト教社会党は、より急進的で民族主義的な右派からの圧力をさらに受けるようになった。一九三八年にヒットラーがオーストリアに侵攻した際には、当地での反応はかなり熱狂的なものだったので、ただちにオーストリア併合を決めたほどだった。

自身をイギリス的な自由の継承者だと考えていたハイエクは、一九三六年にイギリス国籍を取得した。ところが、ハイエクがイギリスに到着して数年と経たないうちに、多くの指導的な知識人は、大恐慌が伝統的自由主義の限界を明らかにしたという点でケインズと意思を同じくするようになり、代替案を模索するようになった。左派のみならず、中道右派の知識人や政治家も、一九三〇年代半ばに流行となった計画という考えに魅せられるようになった。評者は（人的ならびに物資的なロスをよく考慮することなく）ソビエトの五カ年計画に強い感銘を受け、これがロシアを素晴らしいスピードで工業化に導いていると考えた。西側諸国も同様に政府の経済計画によって利するに違いないと思い込むようになった。

一九三一年、『プランニング』誌が「政治的・経済的計画」と名乗るビジネスマン、専門職の人間、そして学者集団の援助の下に隔週で公刊され始めた。「自由・民主リーダーシップグループ」は、国民労働党やハロルド・マクミランのような中道保守の人々も含んでおり、一九三四年に「長期的かつ遠大な秩序の科学的計画」を形成するためのリーダーシップを求める声明書を発表した[63]。

イギリス到着後、この計画は経済合理性と政治的自由を脅かすものではないかと不安を覚えたハイエクは、こうした問題に注意を向けるようになった。ハイエクの経済学に対する関心は、一九二〇年代初期に行われた社会主義の経済的可能性について行われた非常に活発な論争から影響を受けたものだった[64]。

ハイエクの思想の形成に影響を与えたのが、ミーゼスの一九二〇年の論文「社会主義国家における経済計算」である。イギリス到着後ほどなく、ハイエクはミーゼスの論文を喧伝し、一九三五年公刊の『集産主義計画経済の理論――社会主義の可能性に関する批判的研究』で、さらに詳しく述べた[65]。こうした論争の過程で、市場の経済的・政治的理解を深めていった。

ボルシェヴィキ革命、そして一九一八年の革命の挫折に至るまで、社会主義者は資本主義経済の後に到来する制度についてほとんど関心を払ってこなかった。ボルシェヴィキ革命の前夜においても、レーニンは社会主義経済について、あたかも国全体が単一の企業であるかのように考えていた。「社会全体が単一の工場となり、労働と支払いは平等になる」というのだ。

レーニンにとって、経済学は本質的には運営の問題であり、「会計と統制」の問題だった。これらの方法は「資本主義の下で著しく単純化され、きわめて単純な操作に還元された。これは、読み書きのできる人間ならば誰でもできる類のことで、監督すること、記録すること、算術の四つのルール、そして適切なレシートを発行することなどである」[66]。多くのマルクス主義者同様、レーニンもまた、貨幣を諸悪の根源ではないにしても、搾取を具体化したものと考えていたので、レーニン率いるボルシェヴィキは、貨幣経済の完全排除に乗り出した[67]。

社会主義者はおしなべて、社会主義とは貨幣や市場を廃棄して「現物での計算」によって取って代えることだと、なんとなく考えていた。これは、短命に終わったバイエルン社会主義共和国の社会主義化担当大臣だったウィーンの知識人、オットー・ノイラートなどもそうだった[68]。

私的所有や市場がなければ効率的な経済活動の協調は不可能だと、ミーゼスは述べている[69]。市場経済における価格というものは、財の供給と有効需要との関係を表現するものである。自由な交換によって定まる価格がなければ、うまく計画することができなくなる。価格がないと、理論上は同じ生産物を産出するはずの物理的・人的資源のさまざまな組合せの可能性の中から、相対的に効率的なものを選べなくなってしまうからだ。

企業家体験のない他の多くの人々と同様に、レーニンも経済学の本質を根本的に誤解していると、ミーゼスは言う。簿記や統計のように、一定の目標に合うように、断片的な情報を探し出せばよいというわけではない[70]。抽象的なモデルを別にすれば、経済生活では変化は避けられないもので、これが全体の経済的決定を不確実なものとする。労働価値論で示唆するような、操作可能な標準単位があるわけでもない[71]。貨幣のみが財の相対的希少性を比較する共通分母を提供できる。市場のみが、価格という形で、高度な経済の下で数千もの商品の相対的な利用可能性について評価できるのだ[72]。

「自由市場がなければ、価格決定機構もない」とミーゼスは言う。価格決定機構がなければ、特定の経済目標を達成するためにどれが最も効率的な方法なのかを計算することもできない。「社会主義とは、合理的な経済を廃棄することである」とミーゼスは結論づける[73]。

私的所有の不在によって、社会主義にはもう一つの重大な障害が生じる。すなわち、自発性の問題である。技術革新のための私的な誘因を与え、流転する経済生活に対する適応を可能にし、何を生産し、そのための最も効率的な方法は何かを発見する。こうしたことは私的所有なくてはなしえない。社会主義企業の経営者には、自発的に行動する権限もなければ、技術革新の誘因もない。また、誤った決定をした場合は責任を取らなくてはならないという自覚から来る責任の感覚もない。このようにミーゼスは主張する[74]。

一九三五年に英語圏の人々に対してミーゼスの業績を紹介するのに際し、ハイエクは、ソビエト経済は非常に非効率的だが、これはすでに一五年も前にミーゼスが予見したところなのだ、と指摘している[75]。そして、資本主義を理解するためにも「社会主義計算論争」は重要な意義を持つのだとしている。

資本主義経済では、経済活動は調整されるが、そのやり方は多くの人には理解されていない。だから、スミスの「見えざる手」という表現が出てくるわけだ。意図せざる方法で、経済主体の目的が調整される。それは、市場の調整機構によって起こる[76]。このようにして、社会主義に関する論争から始まって、ハイエクは資本主義社会での市場の機能について研究し、これを解明するようになった。

スミスは市場を、分業を可能にして人的な生産性を向上させるものとして描いている。ハイエクは、市場によって社会における知識の分割がますます進むようになり、その知識も、情報を伝えるシグナルである価格によって市場が調整していくという[77]。利用可能な資源についての知識は、社会に広く分散している。どこにこうした資源を投下したら最も価値があるかを伝えるのが、市場価格なのだ。利潤動機によって、各自の知識を市場で耐えうるものとするような誘因がもたらされる。商品をどこで買ったら安いかとか、あるいは、どのようにしたらもっと安く生産できるか、という知識を持っていれば、その知識を利用して、より大きな利潤をあげることができる[78]。

効率的に資源を利用できるかどうかは、いつ、どこで、どんな知識を持っているかにかかっているのであって、政府の計画者なら手に入れられるような総統計などではない[79]。また、他の者が見過ごしてしまうような機会を認識し、いつそれを利用するかを知っているという能力も必要だ。これは、官僚ではなく企業者にかかわる特質である。

その後の著作でハイエクは、情報伝達ということだけではなく、新たな知識を生み出す市場の役割についても述べている。完備情報の下で基本的には同じサービスを提供するという完全競争概念に立脚した抽象的な市場モデルは、根本的な誤解を生むとハイエクは主張する。必ずしも同一ではない生産物あるいはサービスについてより良い情報を得るということが、市場でしばしば起ることであり、これは比較という経験を要する。「入手可能な財とサービスについての不完全な知識は、これらの財、サービスを供給する人々あるいは企業と接した私たちの経験によって補われる。……すなわち、競争の機能は、どの食料品店もしくは旅行代理店が、あるいは、どのデパートもしくはホテルが、はたまた、どの医師あるいは弁護士が、私たちの要求によく応じてくれるかを、つまり『誰が』私たちの要求によく応じてくれるかを、教えてくれることに存する」[80]。

知識を生成するという市場の役割についてのハイエクの研究は続き、競争の最も価値ある効果は、あらかじめ決められた目標について、いかに効率的に到達するかを示すということではなく、「その帰結は予告できず、全体として見て、誰かが熟慮の末達成しようとしたこととも異なっている」と結論づけている[81]。

競争市場では、情報が交換されるだけではなく、資源の潜在的な利用についての新たな知識も、そこで生み出される。どんな財が社会の他の成員にとって「価値ある」ものであるか、そして、そこにどんな価値が帰属するかは、前もって確実に知りうるものではない。それは、いわば当てずっぽうであり、推測に基づいたものであり、仮説でもある。それが正しいか誤っているかは、市場での競争の過程を通じてしかわからない[82]。

ハイエクの考えでは、資本主義は本質的に変化に富んだものであり、その活力は、新たな必要の発見と、それを「機略」に長けた企業者が充足していくということによっているという。こうした分析はシュンペーターに依拠するものであり、また、ヘーゲルの分析とも一致するものだった。

そうした経済的な活気は社会的・文化的な活力を生み出し、古い思考や行動は修正を余儀なくされる。活力にあふれ機略に富む少数者のせいで、機略に乏しい多数は成功者を真似ることによって行動を合理化するよう余儀なくされる[83]。ハイエクも知っているように、こうした過程は、しばしば痛みを伴う。また、確立された生活様式という古い型をできれば続けたいと考えている人々には恨まれるものでもある。だから、新しい過程は妨害されることにもなるのだ。競争はそれ自体「非情な強制」を伴うのであり、それは政府の命令なしになされる。個人は適応するか、さもなければ所得を失う[84]。

競争は常に……少数者が多数者に後者が好まないことを余儀なくさせる過程である。勤勉に働かざるをえなくなるし、習慣は変えていかなければならない。さらに注意を払い、絶えず熱心に、そして規則正しく仕事をしなければならなくなる。これらは、競争がなければ必要なかったことなのだ[85]。

注意し努力し、一生懸命働くことは、本質的にはなぜ望ましいのだろうか。これはマルクスやマルクーゼの描く疎外された労働に恐ろしくよく似ている特質だ。そして、ハイエクが決して対処しなかった問題でもある[86]。政府によって、もっと高次の人間的目的や可能性を達成できるように、経済を構築することはできないだろうか。

それは不可能だとハイエクは主張する。そうすることは、自由社会において市場が果たす他の主要な機能を損なうからだ。市場は、分散している経済「情報」を調整するだけではなく、多様な各人の「目的」をも調整する機構でもある。ハイエクはこうした主題を一九三〇年代後半の著作で示唆し、四四年の『隷従への道』では、もっとはっきり述べている。これは後の著作では、さらに展開されることになる。

市場価格というものは何らかの客観的な質あるいは量ではなく、個人の主観的な評価を表しているのだとするヴィーザーの考えによりながら、ハイエクは、市場は単に経済的価値を調整するだけのものではないとする。それは「『経済的価値』なるものは存在しない」からだ。「経済的考慮というものは、単に私たちの持つ異なった目的を調和させ、調整するものにすぎない。これらの目的の中で、究極的にも経済的なものというものは存在しない」[87]と説明している。このように、市場は経済学が説く以上のものなのだ。

市場は通常の意味での「自利心」以上の問題でもある。市場活動が自利心に依拠しているというのは、もちろん真理だが、これは非常に事実を歪曲するものだとハイエクは言う。そうだとすると、すべての経済活動が自利心によって突き動かされているということになるし、また、利己的なゴールだけが市場での活動を要求しているということにもなるからだ。

私たちは市場で自らの利を追求するが、ハイエクはウェーバーに従いつつ、これは理念的なものでもありうるし、また物資的なものでもありうるとしている。したがって、「自利心」を「目的」から分離するのは分析的には誤っている。これは、すべての目的が究極的には利己的なものであるからというわけではなく、私たちの自利心の概念が利己的なものであろうと、利他的なものであろうと、それは市場を通じて追求されるからだ。

子育てをする者も、神の栄光のために教会を建築しようとする者も、お金を稼ぐために市場に参加しなければならない。これは、女性を魅了するために見てくれの良い車を買おうとしている男が、そうしなければならないのと何ら変わるところがない。両親や信者が自らの利益によって動かされているのは、自称プレイボーイがそうであるのと同じなのだ。ただし、利害関心や目的に対する考え方が異なっているだけなのである。

ハイエクは、スミスの自由の定義は正しいが、誤解を招きやすいものだと考えていた。スミスは自由の特徴を次のような状況として述べている。すなわち、そこでは「誰でも、正義の法を犯さない限り、自分自身のやり方で自分の利益を追求することは、完全な自由に委ねられる」。スミスの定義が問題を含んでいるのは、それが「個人的自由とエゴイズムやわがままとの関係」をうかつにも示唆してしまうからだと、ハイエクは述べる。ハイエクは、自由を「各人がその知識を自身の目的のために使える状態」として定義したほうが、よりいっそう正確であると考えている[88]。

ヴォルテールは自利心を宗教的・イデオロギー的な目的に「代わるもの」として描いた。ハイエクはこれに対し、両者は区別できないとし、すべては市場を通じて追求できるとした。

もし人生の目的全部が経済的なことにかかわりを持つのだとすれば、「経済」を計画しようとする試みは、人生全体を計画することに等しくなるだろう。政治や宗教や文化とは異なった経済的な領域というものがあるわけではないので、「経済計画」とは別のところで個人が自らの目的を自由に追求することができる、ということにはならない。

ハイエクはこの点を『隷従への道』で強調し、後の著作においても、この論点に立ち返っている。「経済統制が、人間生活の独立したある部分だけを統制するのにとどまらないのは、それがあるゆる目的達成のための手段を統制することになるからである。そして、手段の独裁的な統制権を握る者は、どの目的が達成されるべきか、どういった価値が高いか低いかを決定することになる。結局のところ、その者は、人々が何を信奉し、何に向けて努力すべきかをも決定するのである」[89]。

ハイエクは、近代の資本主義社会は、戦争のような国家の危機の時期を除いては、「目的の一致」というものがない点が特徴だと考えていた。一九三〇年代の計画の流行に抗して、ハイエクは経済計画というものは自由な社会と民主主義の政体を犠牲にしないと不可能だと論じている。経済計画は、さまざまな財の正確な相対的価値についての社会的コンセンサスを必要とするが、これは自由社会では不可能だからである[90]。

自由社会では国家は道徳的制度では「ない」。それは、「個人がその人格の最も十全な形で展開するのを助けるような功利的な組織である」[91]。国家が教育的な機能を持つべきであるとしたヘーゲル的なあるいはアーノルド的な概念はここにはない。まさにこうした考えは、ナチズムや共産主義によって信用を貶められたものと見られたのだ。

「自由社会の利点は、必要な同意が最低限で済むということである。これならば、自由社会での個人の選択の多様性と両立できる」と論じている。民主主義が生き永らえるのは、市民が同意の形成が限定的であるという事実を受け入れたときに限られる。ということは、政府が役立ちうる目的というものも、やはり限定的であるということを意味している。「民主主義の対価は、同意が可能な範囲に政府の行動が制限されているということである」と、ハイエクは述べている。資本主義は民主主義を可能にする一方で、「もし人々が反資本主義的な信条にさらされることになれば、民主主義はそれ自体を不可避的に破壊することになる」[92]。

これが『隷従への道』の主要命題だ。同書の反論のポイントは、ドイツでナチズムの勃興につながった過程は、イギリスでも力を得ているということだった。中央計画経済に傾倒する政治家は、うかつにも非効率な経済の創出を担うことになる。また、政府の計画に合うように市民の趣向や価値観を鋳直そうとする、大きな干渉的かつ恣意的な政府の創出を担うことになる。社会主義は、それが民主主義的な意図で追求されたとしても、生活のさまざまな側面を政府が統制することになり、最終的には全体主義につながる、とハイエクは主張している。

マルクスとエンゲルスの『共産党宣言』がそうであるように、ハイエクの『隷従への道』も、以前に公刊された著作を要約したものである。そしてマルクスが、最もよく知られていた『共産党宣言』の想定や含意を詳述し、これを喧伝することに後半生を費やしたように、ハイエクもまた『隷従への道』の分析を深め、その主張内容を知識人、政治家、そして政策立案者に伝えることに後半生を費やした。これに続く著作は、資本主義、自由、進歩の関係についてハイエクの理解を明らかにし、戦後世界に適用しようとする試みだった。

▼「社会的正義」に対する批判と福祉国家の危険

『隷従への道』の公刊により、ハイエクは多少なりともイギリスやアメリカで一般的にも有名になった。アメリカでは、その縮約版(かつては社会主義者だったマックス・イーストマンが編集した)が大部数を誇る『リーダーズ・ダイジェスト』に掲載された。同書はイギリス保守派の一部に受け入れられ、アメリカのニューディール政策に反対する保守派の間でさらに大きな反響を呼んだ。

しかし大衆の喝采は、学界での名声をやや損なうことにもなった。左派の学者は当然のことながら、ハイエクの主張に対して猛烈な反感を持った。ハイエクに同情的な者でさえも、イギリス社会主義とドイツの国家社会主義との関係についての示唆は不自然で不当なものであり、その主張は誇張されていると感じた。また、ハイエクは社会科学と論争との境界を踏み越えてしまったと感じた。

戦後、ハイエクはウィーンを再訪し、妻と知り合う前に恋仲だったヘレーネ・ヴァルハネックとの関係を復活させた。ハイエクとヴァルハネックはそれぞれの相手と別れて再婚する決心をした。ヘレーネは離婚に踏み切らずとも、ほどなく夫は亡くなった[93]。ハイエクは離婚し、かつての恋人と再婚した。これにより、ハイエクは多くのイギリス人の親友を失うことになり、海外にポストを求めるに至った。

『隷従への道』の悪評によるものか、あるいは、その貨幣理論はもはや古いと経済学者が考えたからかはわからないが、アメリカの主だった大学の経済学部で雇用先を見つけるのは難しかった[94]。多くの大学で断られた後、シカゴ大学の社会思想委員会の議長が、ハイエクをかの地の社会科学・道徳科学の教授にするべく特別な算段をしてくれた。給与は、民間財団であるヴォルカー慈善財団が支払うことになった[95]。

ハイエクは一九五〇年から六二年にかけてシカゴで教えたが、心はヨーロッパにとどまったままであり、しばしば戻っている。ハイエクは最期までイギリス国民としての地位を保ち、イギリスを母国と見なしていた[96]。イギリス以外の国でも生活したことは、個人的な機会の問題であり、傾倒を意味するものではない。

一九六二年、ハイエクはドイツのフライブルク大学に移った。ここは、「オルド自由主義」として知られる、政治的には保守のドイツ版経済的自由主義の中心だった。同大学への赴任は、基本的には年金を保証するための仕事を見つけたいということによるものだった。ハイエクの資力は限られたものだったし、退職年齢に近づいていたにもかかわらず、退職金を期待できないでいた。

ハイエクは後半生の大部分をドイツとオーストリアで過ごすことになったが、その影響力は英語圏において最も発揮された。一九六〇年の『自由の条件』、一九七三年から七九年にかけて公刊された『法と立法と自由』三部作は、その政治思想を表す双璧ともいうべき著書だが、いずれも英語で書かれている。

『自由の条件』と『法と立法と自由』は、「福祉国家」として知られるようになったものについての、全面否定ではないものの、批判的な検討である。マルクーゼの主張がしばしば支持者によって、さらなる絶頂への誘いとして誤解されたように、ハイエクもしばしば自由放任論者や福祉国家の敵対者によって引用されてきた。実際には、ハイエクの位置はこのような支持が示唆するより、ずっと微妙で柔軟である。

ハイエクは、自由と福祉国家との緊張関係に懸念を抱いていた。自由は、国家の強制力の制約であるというのがその定義である。そうした「社会では、ある人が他人によって強制されることができる限り少なくなる」[97]。しかしハイエクにとって、自由が国家による保護によって初めて存在するということは明らかだった。国家によって法の支配がもたらされ、万人に平等に適用され、各個人に「あらかじめ定められた侵害されない領域」があることを保証する一連の法が施行される。その中には、「私的秘密の権利、人の家は彼にとっての城であるという考え方、そして、誰も城の中での個人の行動を知るだけの権利を持っていないことが」含まれている[98]。

またその中には、所有権も含まれているが、これは永遠で不変的なものではなく、社会的な必要に応じて再定義を必要とするようなものだと考えられている[99]。「ある定められた範囲で自分の行動を決することができるということは、それによって個人が有する知識を最大限利用することが可能になるという意味において、合理的根拠を持っている」とハイエクは繰り返している[100]。

ハイエクは福祉国家のゴールのうちのいくつかについてはこれを認め、それらの一部は実現可能だと考えていた。「集団的行動によってのみ満たしうる共通のニーズがある」ことは認めている。また、社会が豊かになるにつれて、「自分で自分の面倒をみることのできない人々に共同社会が常に提供してきた生存の最低限度、これは市場の外で提供されるわけであるが、このような最低限度の給付の大きさは次第に増大する。そして、政府は有効にかつ何らの弊害をもたらさずに、そのような努力を援助することができるし、また、率先して行うこともできる。政府が、保険や教育の分野で、何らかの役割を果たしてはならない。あるいは主導権をとってはならない。このように信じるべき理由はほとんどない」[101]。

また、労働条件や建築などについての政府の規制に関しても、原則、反対ではない[102]。福祉国家の提案に対するハイエクの批判は、その目的というよりも、政府の活動の方法にかかわるものだった[103]。とりわけ、社会的サービス、医療サービス、教育サービスの政府独占については、懐疑的だ。政府独占は競争過程を損ない、それによって新たな、より良い手段の発見が不可能になってしまうからである。ハイエクは、広い意味での社会保障が、個人的自由や社会での技術革新を損ねずに提供可能だということを示そうとした[104]。

何らかの社会的理念や政治的便宜のために、政府が賃金、賃貸料、商品価格を設定することになれば、市場の情報システムは歪められる。ハイエクが反対したのは、こうした方策に対してだった。その結果は、非効率的な経済と不自由な社会だとハイエクは考えた。そうであるにもかかわらず、政治的・知的傾向はそちらの方向に向かっているとハイエクは確信していた。

一九五〇年代後期までには、伝統的な社会主義者の綱領である、生産手段の共有、利潤動機の廃絶、平等主義的な所得の再分配などは、西側のほとんどすべての社会主義政党が、理論的にはともかく、実際には放棄していた[105]。ハイエクにとって、自由や進歩に対する脅威は、もはや伝統的社会主義者や包括的な計画論者から来るものではなかった。それは、資本主義をあれやこれやの「社会的正義」の概念にふさわしい形で作り変える試みによるのだ。民主政治による集団的な自利心に端を発するもので、両者の悪しき相互作用による。

平等という社会主義者の理想は、全体として実行不可能なものだとして放棄されたが、それに代わって登場したのが「社会的正義」という理念である。この用語は、故意に市場機構を破壊しようとするわけではないが、「自らの考えるところに従って所得分配がなされるように、経済を操作しようと」する人々に好まれてきた[106]。

ハイエクは、この用語を用いる者は、自ら何について語っているかを知らないでいる、しかも二重の意味でそうなのだ、と主張している。第一に、この用語は明確な区分けがつくような意味を持たない。第二に、何らかの「社会的正義」という概念に即して経済を構築できるという考えは、自由な資本主義社会を完全に誤解したものだという。

この「社会的正義」という言葉は、道徳主義者のお題目となっていった。それは、さらにローマ・カトリック教会の正式な教義となり、特に「キリスト教会各派の聖職者に歓迎された。彼らは一方で、超自然的な啓示への信仰を次第に失いつつ、正義の天上での約束を現世の約束に代える新しい『社会的』宗教に逃避と慰めを求めようとしたかのように思われる」。実際、「社会的正義」への傾倒は、道徳的な良心を持っていることの証左となっていた。

しかし、ハイエクは辛辣にも次のような注記を加えている。「しかし、一つの信念がほぼ普遍的に受け入れられているということは、魔女や幽霊が存在するという一般の考えが、それらの妥当性を証明しないということと同様、それが妥当であることも、あるいは意味を持つことすら証明しない」。こうして、社会的正義の概念は「ほとんど宗教的な迷信」となっていった[107]。

「社会的正義」に合致させるべく市場経済を再構築する必要性を説く者は、その用語が実際に何を意味しているかをほとんど理解していない、とハイエクは批判する。だからこそ、それは自利心を持った集団によって採用され、操作されるのだ。所得水準は社会的正義が要求するところに合致していない。したがって政府は、元来の生活様式を守るために、あるいは、当事者が享受するのが当然だと考えている生活水準を保証するために、賃金やサービス・生産物の対価を上げるべく介入しなければならない、とされる。

このような社会的正義の概念は、ハイエクの言う克服困難な障壁にぶち当たった。すなわち、社会的正義は資本主義社会では不可能ではあるが、それはハイエク的な立場からは、良いことなのだ。すでに見たように、市場とそれを支える自由国家がもたらす文化的影響について分析した近代の一連の著作家たちは、これを目的に対する手段の優位として批判していた。テニースは、近代人が目的や信念の共有に基づいた「共同体」から、理想を分かち合うことのない打算づくの「社会」に移行したとしている。「共同体」は共通の目的の下にまとまり、「社会」は、共通の手段の下にまとまるのである。貨幣はそれ自体としての目的を持たないが、一連の目的の中にあって媒介物として機能すると、ジンメルは述べている。

ハイエクはこうした分析に賛成するが、非常に前向きな評価をする。自由な資本主義制度によって、全く異なった信念を持つ男女が平和に暮らせるようになる、とハイエクは主張する。人々が協力できるのは、取引が貨幣によって媒介されているからであり、また、共通の基本的ルールに基づいているからなのだ。両者とも目的ではなく手段である。図らずもマシュー・アーノルドの主張を繰り返すことになったハイエクは、自由な国家と資本主義経済の特徴を「功利主義的機構」としている。この機構は、人生いかに生きるべきかについては意見を異にする人々にとって、役に立つし、また、利用可能なものなのだ。

自由な国家と自由経済は、共通善という共有された首尾一貫したビジョンに基づいていないので、共通の価値的尺度によって個人に対して経済的に報いることは不可能だと、ハイエクは論じている。社会全体に及ぶような価値観の一致は「ない」。これは、個人が高次の価値や究極的な目的を持たないという意味で、不道徳な社会であることを意味するのではない。大きな社会では、さまざまな個人や集団は同じ目的や価値観を共有できない、ということを意味するにすぎない。個人や集団は自分のためであろうと、他人のためであろうと、その貨幣を自らの目的のために使うことができる。しかし国家が、賃金、賃貸料、価格を設定することで、政府の力で他の人々に自らの目的を強制するよう主張することはできない。

スミスにならって、ハイエクは現代の自由社会を「偉大な社会」と呼んでいる。これは、たいていはお互いに知ることのない多くの人々が、さまざまな目的を持っており、そうした人々から成り立っている社会であるということをはっきりさせるために使われた用語である。

正義は偉大な社会においても存在するが、これは個人、財産、契約などを守るという意味においてのみ使われる。これは、伝統的には「配分的正義」に対して「交換的正義」として知られてきたものだ。このような正義のルールは、まずは個人がそれぞれの私利を達成するのに役立つ。ハイエクは、偉大な社会のルールが持つ抽象的で非個人的な性質と、初期の「部族社会」における個別主義的で利他主義的な道徳規範とを対比しているのだ[108]。

ハイエクによれば、「社会的正義」という要請は、倫理的な義務という概念に端を発するものだという。これは、小さな、お互いの顔が見える集団の中では意味を持つが、今となっては時代遅れで、実は危険なものだという[109]。偉大な社会では、共有する価値や徳に基づいて個人に報酬を与えるふりはしない。そのためには価値観の共有が必要になるのだが、そんなものは存在しないからだ。

ロックスターの報酬が教師の報酬よりもはるかに良いのは、「社会」なるものがロックスターを教師よりも価値あるものと見なしているからではない。これは単に有効需要と供給の関係の問題であり、特定のロックスターのチケットに対して教師の給与よりも、もっと支払ってもよいと人々が考えるからである[110]。ハイエクの見解では、資本主義は、何らかの道徳的な意味で価値に報いるものではない。保守派の人々があたかもそうであるかのように論じるのは危険だと言う[111]。

共通の目的ではなく市場によって調整される社会の論理を受け入れなければならないということは、多くの伝統的な道徳観を持つ人々にとってはショックだろう。これはハイエクも認めるところだ。こうした人々の道徳観は、歴史の初期の段階での必要性、つまり、共通の目的によって結びつけられた「部族社会」の必要性を反映したものだからだ。

しかし、このような道徳感覚は今や古臭く有害なものだと言わなければならない。こうした道徳観の主張者は、政治的な強制が交換的正義に基づくルールの施行だけに限定されていることで初めて、偉大な社会が可能になるということがわかっていないのである[112]。

ハイエクによれば、市場は自由な国家の法体系と相まって多元主義を可能にするという。しかし、これは宗教的・人種的・経済的集団が、自ら考えるところの正義の概念や良き生活を可能にすべく、政府に対して働きかけるということをやめることが前提である。このような社会でも小さな集団は存在するが、そうした集団も、自らのルールを施行するように政治的な権限を使ってはならない。そのような集団に入るも入らないも自由であり、個人は集団の間を自由に移動することができる。「そこでのルールに従えば、個人は集団で受け入れられる」[113]。たとえ人種的・宗教的・文化的なよそ者だったとしても、機略に富む少数者を保護しなければならないという問題がある。しかし、こうした問題は、国家の文化的・道徳的な要請を最小化することによって、つまり、国家が文化的インサイダーを保護しなければならないという考えを放棄することによって解決される。ハイエクには、これもまた多くの人々にとっては受け入れがたい考えであることがわかっていた。

しかしながら、よりいっそう大きな集団の中で自発的な協力がなされることの対価として、小さな集団の結束を援助しようとする道徳的な要請が制限されることになる。現代の資本主義社会は、意識革命の上に依拠している。そこでは、家族や文化的集団の外にいる者、すなわち外国人や見知らぬ人も、もはや敵視されることはない。ただし、道徳的義務の外にあると考えられているだけだ。これによって、社会の他者に対する道徳的義務は、資本主義社会以前の過去と比べると、小さくならざるをえない[114]。

ハイエクはまた、「機会の均等」をすべての人に対して実現するために、政府を利用することにも危険がつきまとうと示唆している。実際のところ、知的な両親、あるいは感性的にも文化的にも子どもを育てることに熱心な家庭、こういったものはかけがえのないものだ。そのような家庭の出身でない者は不利益をこうむるだろう。しかしながら、そのような不利益は、子どもが養育される環境を制御するといったもっと根本的な政府の試みがなければ、取り除くことはできない。

さらに、ハイエクはバークやヘーゲル同様、多くの人々が市場活動に参加する主要な動機の一つが、住環境、教育、その他の機会のために必要な資金を提供することで、子どもが優位に立てるようにしてやることなのだと指摘している。機会を均等化しようとして「特権的な」背景を持つ子どもに対しては不利益な扱いをし、逆に「不利な」背景を持つ子どもに対して報いるようにすれば、勤労意欲や市場で自らの独創性を行使しようとする最も根本的な誘因をなくしてしまうことになる[115]。

競争的な市場によって普遍的な富を実現しようとするのを妨げるのは、政治的な力によって市場機構を迂回した形で自利心を追求しようとする集団であるとアダム・スミスは考えていた。特にそうするのに適していたのが、スミスの時代にあっては、集団としての商人であるとされる。商人は、人数も限定されているし、都市に住んでいて容易に政治家に訴えることができたからだ。彼らは、スミスが「重商主義」と名づけた歪められた国益の思想を利用し、貿易に対する政治的な制限に賛成した。それによって、究極的には、他の多くの社会成員を犠牲にして商人自身が得をする。

ほぼ二世紀後、ハイエクは、市場や自由社会の発展にとっての同様の脅威を見ることになった。特定の目的のために政治的影響力を行使しやすい立場にある者たちだ。しかしながら、現代の大衆民主主義の時代においては、このような脅威は第一義的には商人(商人は、人数的には常に少数派だ)によるものではなく、むしろ組織化された利益団体、特に労働組合によってもたらされると、ハイエクは主張している。労働組合は、民主制では投票数という形で意味を持つ人数を誇っているし、また、よく組織された制度がもたらす利点をも有しているからだ。さらに、社会的正義という概念の曖昧さによって、集団的な自利心を追求するのに適当な柔軟なイデオロギー的装置がもたらされる[116]。そして組合は、自由な資本主義社会に今なお潜んでいる、古い、団結への願いに対して、合理ではなく感情に訴えることができるのである[117]。

ハイエクは、労働組合を自利心に導かれた独占体だとは考えない進歩主義的な人々の間に見られる傾向について注意を払っている。こうした人々は、組合員が多数からなるので、組合は公益に通じると想定する[118]。しかし、これは誤りだというのがハイエクの考えだ。なるほど、組合が職場をめぐる環境を形成するうえで価値ある役割を果たしているのは事実だ。社会の他の集団と同じように、労働組合も合法的に自利心を追求する。組合がピケを張るなど物理的な強制力を行使したり、あるいは非組合員の雇用を阻止できるような独占権を法的に与えられたりするようになれば危険である。他の独占体と同様に、組合員も賃金という形での自身の収益を増やそうとする。しかしそれは、組合の外にいる者は低い給与での雇用に甘んじるという犠牲によっている、とハイエクは論じている[119]。

組合が、会社が労働者を雇用しても利益が出る点を越えて賃金費用を上昇させれば、失業がもたらされる。企業はレイオフをするか、倒産するしかなく、また労働費用が高過ぎて新たに開業しても収益が上がらないからだ。一九六〇年にハイエクは予言している。「現在の組合の地位は長くは続かないだろう。組合は、市場経済においてのみ機能しうるのだが、それを彼らは何としてもつぶそうとしているからである」[120]。

特にハイエクが懸念したのは、西側の政治家の間で強まっていた、政府は完全雇用を維持する責務を負っているとするコンセンサスだった。これは、ケインズ経済学では重視された信念だった。失業を減らそうとする政府は、貨幣供給あるいは信用の増加に頼るほかない。これによってインフレーションがもたらされ、組合が獲得した賃金の実質的な価値は低下する。一時的に企業の収益は回復する。製品を高く売り、他方で賃金をインフレ前の水準にしておけば、企業収益は回復する。この間、被雇用者の実質賃金は下落している。

しかし、これも一時的なことにすぎない。インフレに追いつこうとして、誰も彼もが高い賃金を要求するようになるからだ。結果、賃金と価格のイタチごっことなり、インフレ期待はさらなる高賃金への要求と導く。政府がさらに貨幣を経済に注入し、インフレはもっと昂進する。

実際に賃金・価格を設定することによってこの過程をコントロールせよ、という圧力が政府にかかる。これは政府による経済の統制に等しく、市場の情報システムは破壊するとまではいかなくとも歪めることになる[121]。

危険なのは、加速化するインフレである。通貨価値は減じ、しかも減少率は不確定なのだ。貨幣は、市場参加者がどのようにしたら経済的に行動できるかを計算するための単位である。したがって、情報システムはますます歪められることになる。これは、温度を測ろうとしているときに単位が変化してしまう温度計のようなものだ[122]。

ハイエクは民主主義に反対ではなかった。民主主義は権力の平和的な移行を可能にすることがその最大の利点だが、ハイエクの考えでは市場や自由な国家ということに比べてその意義は過大評価されていた。民主主義に基づく立法措置に対して何らかの制度的な歯止めがなければ、政治的・イデオロギー的誘因に動かされて、経済的な利益団体が次から次へと社会的正義の名の下に民主的に選出された政治家に対して要求を突きつけることになる、というのだ。結果、賃金・価格を設定するという形でますます国家の介入が増大することになる。国民所得の中に国家が占める部分はさらに大きくなり、経済的な技術革新にかかわる自由がさらに奪われる。言い換えれば、民主主義は自由主義を破壊することになる。

これは一九世紀の自由主義者が常々考えていたことであり、ハイエクはこうした考えを甦らせたのである。機会があれば、たいていの者は「創造的破壊」から、既存の生き方や自分たちの所得を守るべく政府に保護を求めるだろう。しかし、「創造的破壊」によってこそ、資本主義に新たな社会的・物質的可能性がもたらされるのである。したがって、経済問題を多数決で決することは経済的な停滞を意味している[123]。長期的には、自由な民主政体は、政治過程によって決められる範囲に制限を課すことによってのみ、持続可能である[124]。

「選出された代表者には無制限の力が与えられる。代表者の決定は交渉過程によって導かれ、残余の代表者に勝てるだけの代表者数を確保するために、十分な数の投票者が買収される。民主主義的な政府を維持するのには、本当にこれ以外の方法はないのだろうか」とハイエクはレトリックを駆使して問いかけた[125]。

ハイエクは一九七〇年代の後の著作で、立憲的な仕組みによって、こうした問題に答えようとしている。これは、特定個人あるいは集団の利益を助長するような法律を政治家が容易に通すことができないようにしようとするものだった[126]。

資本主義経済の情報システムにおいて貨幣が果たす中心的役割、そして民主的に選ばれた政治家のインフレ志向に鑑み、ハイエクは貨幣発行の民営化という過激な提言も行っている。政府の手から貨幣発行の独占権を奪えば、通貨の国際的な競争が生まれ、価値が安定した通貨が選択されるだろう、という[127]。

多くの読者にとっては、こうした提言は、バークの『フランス革命についての省察』が一七九〇年にそうだったように、一九六〇年、あるいは七〇年においても、極端で警句的であるように思われるに違いない。しかし一〇年を経ずして、ハイエクの予示には非常に先見の明があることがわかった。政治家や政策立案者は、その著作に新たな注意を向けるようになった。以下で見るように、これは世界がハイエクの予示した方向に向かうように思われたということにもよる。しかし他方では、ハイエクの思想が他の知識人に取り上げられ、普及されたことにもよる。

再び知識人について

ヴォルテールから始まる本書で取り上げた他の思想家たちの多くがそうだったように、ハイエクも、世論に対して長期的な影響を与える知識人の力を信じていた。ハイエクは二段階に思想家を区別している。第一のグループは独創的な少数者で、第二のグループは本来の意味での「知識人」からなる。後者は、「思想の中古品業者」で「知識を理解させる技術の専門家」だ。彼らは、独創的な思想家の考えを取り上げ、これを濾過し、広範囲の公衆に提示する。「いわばこうした人々の確信や見解は濾し器であり、これを通って新しい概念は大衆に到達する」[128]。知識人、少なくとも「何人かの」知識人が思想の妥当性を確信し、その確信を伝える。こうして初めて、思想は政治的に有効なものとなりうるのである。

知識人が形成するところが非常に大きい世論の域を超えて、政治家が新しい方向を打ち出すことを期待するのは虚しいとハイエクは考えた。「成功した政治家が権力を得るのは、政治家が受け入れられている思想的枠組みの中でだけ動き、慣例に従って考えて論じるという事実によっている。思想の領域で指導者であろうとする政治家などというのは、ほとんど用語の矛盾だろう。民主主義における政治家の役割は、大多数の人間が抱いている見解が何かを見出すことであって、遠い将来に多数派の見解になるような新しい見解を普及させることではない」[129]。

政治が可能な事柄についてのすべてであるのに対し、政治哲学は一見したところ政治的に不可能なことを現実に可能にするためのすべなのだ[130]。ハイエクのような政治哲学者の役割は、「多数者が不便で厄介だと考える原則を掲げて、多くの人が考慮に入れたがらない事柄を考慮するよう主張することで」、多数者の見解に異を唱えることにあるとされる[131]。

当初、体系立った形で抽象的に述べられた思想は、政治的な議論の場に下りてくる。そして、世代交代とともに、あるいはもっと時間がかかることもあるが、しばしば影響力を発揮するようになる。このようにハイエクは考えた[132]。シュンペーターはふざけ半分に、自著の『資本主義・社会主義・民主主義』の読者である知識人は非合理的な怨恨に突き動かされているので、市場に賛成する主張には動じないでいると、主張している。これとは対照的に、ハイエクは皮肉を控えている。すなわち、時間が経てば、知識人も思想の力によって影響を受けるという考えに傾いているのである[133]。

これは自身の経験によっている。『隷従への道』が刊行されてから一〇年あまり、同書は自由主義という点では基本的にハイエクと同調する学者からも厳しく批判されてきた。それは政府の強制からの自由ということ以外の価値観をハイエクが一方的に軽視したと見られたからである[134]。

しかしながら、その著作は知識人の生活を変えつつあった。一九五四年、ハーバード大学の歴史家で穏健な左派知識人のH・スチュアート・ヒューズは次のように述べた。「一〇年前に、F・A・ハイエクの『隷従への道』が刊行されたが、これはアメリカの思想史における重要な出来事であった。……それは、研究者集団においても一般的な公衆においても、感情がゆっくりと変化し始めたことを示している。この一〇年間、人々は資本主義体系をもっと肯定的に評価するようになった」[135]。

ハイエクは、知識人が媒介した場合には、民主制下でも、思想は力を行使することができると信じていた。こうしたところから、彼は「古典的自由主義」の視点を育成すべく、アカデミズムを超えた組織作りにかなりの精力を費やすことになった。『隷従への道』公刊後、ほどなくして、ハイエクは議論と相互援助のために、自由主義的な知識人の国際的組織を創設した。この組織は、一九四七年に最初に会合が持たれたスイスのリゾート地にちなんで、モンペルラン協会と名づけられた。

同協会は、政府に対してなすべき課題を訴えることによってではなく、新自由主義的な思想を育成し、普及することで影響力を行使した。成員の多くは経済学者だったが、ナチの崩壊後、市場をベースに西ドイツ経済を再出発させることに最も貢献したルートヴィヒ・エアハルトも成員の一人だった。同協会は、もっと具体的な公共政策に影響を及ぼすことを志向した全国的な組織を生み出すのにも役立った[136]。

ハイエクはイギリスのフェビアン協会をモデルとした「シンクタンク」についても、示唆を与え、また、その知的な基礎づけをなした。第一に挙げるべきは、一九五七年にロンドンで創立された経済問題研究所で、これはハイエクとシカゴ大学で同僚だったミルトン・フリードマンの思想的立場を志向する研究を行った。そして同研究所は、政策研究センター創設のきっかけを生み、後者は保守党をよりハイエク的な方向に転換させることに貢献した。研究所のトップはキース・ジョセフで、副所長はマーガレット・サッチャーだった。

一九七四年、サッチャーは保守党の党首となり、ジョセフを政策調査の責任者とした。ジョセフのスピーチや小論説の主要な主題は、「富を創造する企業家」の必要性やコーポラティズムの危険、そしてインフレ政策の害悪といったものだったが、こうした主題はハイエクが数十年にわたって書いてきたことの大衆化だった[137]。ハイエクの『自由の条件』こそが「私たちの信条だ」と、サッチャーは党の研究部門に語っている[138]。アメリカでも研究を行い、政策を立案し、ハイエクの言葉を広めるために、新たにシンクタンクが創設された。

しかし、言うならばハイエクという株の値が上がったのは、その手で創設した組織やその福音を伝えようとするシンクタンクの存在に主たる原因があるのではない。それはむしろ、一九七〇年代に至ると、共産主義や西側諸国の福祉国家の発展についてのハイエクの不吉な仮説が、現実のデータと一致するようになったからだ。スウェーデンのノーベル賞委員会は一九七四年、ハイエクにノーベル経済学賞を授与したが、これ以降さらにハイエクの認知度は上がることになる。

ハイエク的契機

多くの西側諸国で、一九五〇年代、そして六〇年代が経済成長、そして政府サービスの拡張の時代だったとするのならば、七〇年代は経済成長の鈍化と停滞の時代だといえるだろう。一九五〇年代、六〇年代においては、労使の間に、組合の要求は利潤を食い尽くさない限りにおいてのことである、ということについて暗黙の同意があった。労働組合は定期的に昇給を獲得し、組合員に対して会社負担の給付金を与えた。労働組合はその政治的影響力を使って、社会保障制度を拡大させた。ところが、一九六〇年代も後半となると、多くの西側諸国では政治的重心が左寄りにシフトしていった。労働力不足と、さらに急進的な政治的土壌が加わって、労働組合の要求激化につながるような雰囲気が醸成された。

これが最もはっきりした形をとったのが、イギリスだった。賃金上昇は利潤の上昇よりも早く、結果として資本投資のための資金は制限された[139]。同時に、税額は上昇し、所得の維持、教育や医療のための政府支出も増大していった[140]。経済成長の鈍化は、政府の福祉的施策はさらに増加していくだろうという予想と合わさって、ほどなくその影響が表れた。国民所得の中に占める政府の割合は上昇し、財政赤字は膨張した。

ハイエクは一九六〇年、『自由の条件』においてインフレ懸念を表明した。その年、インフレは西ヨーロッパではまだ年率平均一％にすぎなかったが、一九六一年から六九年にかけては三・七％に上昇した。これが、一九六九年から七三年にかけて年率六・四％に跳ね上がり、一九七三年から七九年にかけては年率一〇％以上に達した[141]。

インフレの昂進に伴い、各国政府はイギリス労働党が

「所得政策」と呼ぶ施策のさまざまな形態によって対応するようになった。政治家は、立法的な手段か、あるいは労働組合や財界のリーダーとの交渉により産業ごとに賃金を設定しようとした。アメリカでは共和党選出のリチャード・ニクソン大統領が一九七一年、政府の命令による物価・賃金の一時凍結によって、昂進するインフレに対抗した。一九七三年にも同じ施策がとられた[142]。イギリスでは、保守党出身のエドワード・ヒース首相が賃金・配当の包括的統制を行った[143]。ニクソンの後任のジェラルド・フォードの在任時には、失業率は九・二%に達し、これは第二次世界大戦後最悪だった。その後のジミー・カーター民主党政権では、インフレも失業もさらに悪化した。

事情通を当惑させ、また驚かせたのは、ケインズ的な経済政策の手段が今や利かなくなってしまったということだった。政府支出を増やすか、あるいは、貨幣供給量や信用を増加させることによって、需要を喚起し雇用を増やす。このようにして各国政府は戦後、失業と戦ってきた。こうした政策がインフレを誘発することはわかっていたが、その危険性は制御可能なものだと考えられていた。インフレが手に負えなくなりそうなときは、政府は貨幣供給量を減らし、失業増加という代価を払ってインフレを抑制することができる。

しかしながら、一九七〇年代後半になると、こうした手段ではもはや目的を達成できなくなっていた。失業は増加しインフレは悪化、経済成長はほとんど止まった。これは経済停滞（スタグネーション）とインフレとの同時発生であり、「スタグフレーション」と呼ばれた。西ヨーロッパ、北アメリカのOECD（経済協力開発機構）加盟諸国では、一九七三年から七九年にかけての失業率とインフレ率を組み合わせた統計が一五%を超えた[144]。

公共支出は増え続け、国民総生産のさらに大きな部分を消費した。一九七〇年代後半には、OECD諸国の政府支出は国民総生産の四八・五%にのぼった[145]。福祉国家の模範ともいえるスウェーデンでは、一九八〇年には、公的支出の合計は国内総生産の六六%にも達した[146]。こうしたことすべてが納税者の反逆につながった。稼得した所得のあまりに多くを持って行かれてしまうことに納得できなかったのである。

西側の福祉国家の経済危機によって、政策にかかわる知識人、次には政治家、そして最後には有権者も、もっとハイエクの酷評に沿うような形で、自らの想定を再検討し、政策を考えるようになっていった。

最初の進展は、福祉国家の問題性が最もはっきりしていたイギリスで起こった。一九七〇年代後半には、イギリス政府は公共支出を制御できなくなっているかのようだった。インフレは激しく年率二四%に及び、経済成長率は低かった。政府の歳入のかなりの部分が、衰退産業である鉄鋼業や石炭業での雇用を確保するのに使われた。こうした産業は戦後、もはや利潤が上がらなくなったプラントや鉱山を維持するために国営化されていた。

一九七四年に保守党政権が炭鉱労働者の賃金要求に抵抗しようとすると、労働者はストライキに打って出た。そのため、イギリスの夜は真っ暗闇になった。この結果、エドワード・ヒース率いる保守政権は崩壊した。一九七八年から七九年にかけての冬、労働党政権は非常事態宣言発令の一歩手前まで来ていた。公共セクターの組合の相次ぐストライキのせいで、街にゴミは積み上がり、病院でのサービスは削減され、墓掘り人のストライキによって、遺体が埋葬されないままに放置されたからだった。トラック運転手のストライキを支持するためのピケにより、必需品を除くすべての物流が止まった[147]。

この「不満の冬」を受けて、有権者は新しい保守党の党首であるマーガレット・サッチャーに頼ることになった。保守党は一九七九年の選挙に勝利した。サッチャーは、ハイエク的な政策研究センターの成員であるキース・ジョセフを産業大臣として任用した。

サッチャーはジョセフとともに政府の経済政策を再考した。新法はピケを張る権利を制限し、また、地元組合の行動について、全国組合組織が財政的な支持をしていると責を負わせることによって、労働組合の力を封じ込めようとした。

サッチャーは、インフレにつながったケインズの政策を拒絶した。政府は、もはや経済の活性化のために貨幣供給量を増やすようなことはしない。失業は、短期的な必要悪として受け入れられた。国営産業は売却し、経済への政府の直接介入は減った。また、企業家精神は促進され、所得税は減税となった[148]。サッチャーは一九八三年、そして八七年に再選されている。一九九〇年に首相を辞すると、経済の構造的転換がもたらされていたことがわかった。「サッチャリズム」の圧倒的な勝利によって、イギリスの政治的展望は変化し、その政策の多くや弁舌の一部は、トニー・ブレア率いる労働党政権によっても用いられた。

ハイエク志向を持つ政府の長がイギリス経済を変えようとしている頃、同様の改革がアメリカでも試みられていた。ハイエクはミーゼスと並んで、ロナルド・レーガンが最も頻繁に引用した経済学者だった[149]。一九八〇年の大統領選での経済顧問七六名のうち、二二名がモンペルラン協会の成員だった[150]。

サッチャーと同じく、レーガンも労働組合の力を弱めようとした。レーガンが就任当初に行ったことの一つとして、ストを行った航空管制官の解雇がある。レーガンもまた、企業家精神を促し、減税を行い、政府による規制を減らそうとした。サッチャーと同様にレーガンも、ハイエクが分析した賃金・物価の悪循環から脱出すべく、かなりの失業も甘受しようとした。

一九八六年に関税と貿易に関する国際的な一般協定であるウルグアイ・ラウンドを始めるにあたって、サッチャーとレーガンは国際貿易を促進するために関税を削減するというスミス的な政策を追求した。こうした政策は、その後の労働党政権でも民主党政権でも続けられ、また強化された。国内的には規制緩和を図り、外国の生産者と競争する。

こうしたことによって、国民経済に新たな力強さがもたらされた。企業は、外国の生産者と競争するために従来からの慣行を変えざるをえなくなったのだ。鉄鋼業や自動車産業のような部門では、少数の大企業とその労働組合との間の馴れ合い的な関係で、その半ば独占的な地位を利用することができた。今や、こうした関係は放棄せざるをえなくなった[151]。アメリカでもイギリスでも、ハイエク的な思想の最大の勝利として考えられるのは、左派政党までもがサッチャーやレーガンのような立場に変わっていったということである。

サッチャー政権やレーガン政権は、ある種の「ハイエク的契機」を表している。これは、一九七〇年代のシンクタンクで始まり、一九八〇年代になると政府の政策に影響を及ぼすようになった。しかし、もう一つのハイエク的契機は、ヨーロッパの別の場所、すなわち旧ソビエト圏で見てとることができる。

もし、資本主義体制における福祉国家の苦悩が、ハイエクの『自由の条件』での予言を裏打ちしているのだとすれば、ソビエト連邦と東ヨーロッパにおけるその同盟国の経済的な運命は、ミーゼスやハイエクによる社会主義下での経済計画に対する批判を確証しているように思われる。共産主義体制が情報や誘因の問題で瓦解したというのは単純化した言い方ではあるが、決して歪曲ではない[152]。

西ヨーロッパ諸国の市場経済と比べるとみじめなほど遅れた経済は、部分的には統計の操作によって取り繕われていた。しかし重要なことは、この種の統計が、東側ブロックの計画経済によって生産された財の質、適切さ、持続性、入手可能性についてほとんど何も語っていないということなのだ。共産圏の経済成長は、資源の効率的な利用によってではなく、主として土地、労働、資本の投入量を増やすことによってもたらされた。早くも一九六〇年代において、この戦略は行き詰まりつつあった。土地や労働力を投入すること、そして消費を繰り延べて資本を供給することが限界に達してしまったからだ。共産圏の経済は一九七〇年代には停滞し、八〇年代になると実際に縮小し始めている。

一九五〇年代後半から八〇年代にかけて、東ヨーロッパ諸国は一連の改革を企てたが、いずれも失敗に終わった。意思決定を分権化し、市場価格に近いものを導入しようとしたのである。しかし、生産手段は私的に所有されてはいなかったので、工場経営者や社会主義的「企業」経営者にとって、消費者の需要を充足し、効率的に生産し、技術革新しようとする誘因は働かなかったのである[153]。

東ヨーロッパの知識人をハイエクに向かわせたのは、こうした社会主義下での生産が難しいことと、共産主義体制下では自由がないことに対する強い不満だった。西側の大学生はマルクーゼやフランクフルト学派の「批判理論」を教え込まれていたが、共産主義下の東ヨーロッパの知識人にとっては、本当の意味での批判理論はハイエクの理論だった。その著作は、ポーランドでは広く普及し、また読まれていた[154]。

チェコのヴァーツラフ・クラウスは共産主義体制下での経済学者だったが、「敵を知る」ためにハイエクやミルトン・フリードマンの著作を読むように、との任務を課された。しかし、クラウスは「敵」のほうが正しいのだと確信するようになり、自身、共産主義体制の下でのハイエクやフリードマンの思想の主唱者となっていった。ベルリンの壁の崩壊後、クラウスはチェコスロバキアの新しい自由主義的な政権下で大蔵大臣となり、一九九二年にチェコがスロバキアから分離すると、新しく生まれたチェコ共和国の首相となった。首相としてクラウスは、国営産業の売却や兌換通貨の創設などの経済の自由化政策を進めた[155]。一時的には痛みを伴ったものの、結果としてチェコは国際的な資本主義経済に向けて大きな一歩を踏み出した。旧ソビエト圏の各国政府も同様の試みをなしたが、その成功の度合いはさまざまだった。

一九九二年にハイエクが亡くなった頃には、多くの国が他の側面でもハイエク的な方向に動きつつあるようだった。民主的に選出された立法府の経済的権限を弱めようとするハイエクの設計図を採用した国はなかったが、他の方法で立法府の権限は弱められた。アメリカでは、均衡予算を命ずる修正条項によって、憲法上のルールを変えようとする目論見は失敗したものの、議会と大統領は均衡予算に同意し、これが厳格に守られれば、立法府の支出に歯止めがかかるはずだった。西ヨーロッパでは、通貨統合に加わろうとする諸国は、その財政赤字を国内総生産の三％までに制限することを求められた。これも、立法府の支出を制限するルールを作り出そうとするもう一つのやり方だった。

通貨に対する民主主義的な影響力もまた削減された。アメリカではこれは、連邦準備制度理事会（ＦＲＢ）がインフレと戦うために独立性を維持するということについての同意となって表れた。アルゼンチンを筆頭に、いくつかのラテンアメリカ諸国は公式に米ドルを法貨として採用した。これも、民主主義的に選ばれた政治家のコントロールを減らそうとするもう一つのやり方だ。ヨーロッパではユーロが統一通貨として採用され、これによって民主的に選出された立法府の経済的権限が削減された。これらのどの事例でも、民主主義的な立法府が、政府支出の拡大とインフレの誘惑に負けないように、自らの手を縛ることになるのである。

総じていえば、一九八〇、九〇年代は、ハイエク的契機の時代であった。かつては時宜に合わないように見えた自由主義が、時代にかなっていると思われるようになった。国内外での競争の激化によって、技術革新が促され、資本主義の活力も助長された。これによって、すでに見たような、一八世紀からくすぶってきた嘆き節がまたもや聞かれることにもなる。いわく、共同体の分解、伝統的な生活様式の消失、帰属意識の危機、団結の低下、エゴイズムの解放、新たな不平等の中での富の誇示、俗物根性の勝利など。

しかし同時に、それによって、新たな集団や国が富を持つようになり、国家間に平和的な交流関係がもたらされるようになった。新たな文化的結合が生まれ、ジンメルが触れていたように、個人の展開の新しい可能性が生まれたのである。

▼ハイエク思想の緊張と限界

もっぱら差し迫った敵に対抗して、自らの見解を定式化しなければならなかった多くの思想家の場合と同じく、ハイエクの著作には一面的な傾向があり、また誇張も含まれている。また、全く異なる知的伝統を自らの著作で統合しようとすることから来る緊張もある。

ハイエクによれば、社会全体をある望ましい価値観に合うように構築できるという考えは、資本主義社会の本質を誤解していることを露呈することになる。資本主義社会は彼のいう「自発的秩序」の例だ。この概念は、二つのことを意味している(ハイエクはこれらを一つのものとして考えがちだが、実際には異なる二つの事柄なのだ)。市場秩序が「自発的」なのは、それが、慎重な計画によって行動を調整するのではなく、すでにある自利心に訴えることによって、人間の目的を調整するからである[156]。

「自発的」秩序と呼ぶもう一つの理由は、市場秩序がある理念に合致した熟慮の結果としての計画によって生成したのではないからである。市場秩序は時間の経過とともに試行錯誤を通じて「自発的に」発展したものであり、それが維持されているのは、広範囲の個人にとってそれが役に立っているからである。この意味において、市場秩序が発展してきたのは、あるいは今でも発展しているのは、文化的進化の過程によっている[157]。

それは、人間に作られたものであるという意味では、「人工的な」制度からなっている。しかし、だからといって、市場秩序を意図的にこしらえたり、あるいは何らかの理念に沿うように再構築したりできるわけではない。ハイエクに見えていないのは、多くの場所において市場が、しばしば一国の富や国家の歳入を増やす目的のために、統治者が意図的に導入したという事実である。

「自発的秩序」という概念を研究する際に、ハイエクはアダム・ファーガソン、デヴィッド・ヒューム、アダム・スミスといった人々から主題を拾い出している。しかし、ハイエクが自らの知的系譜図に取り込もうとした、こうしたスコットランド人たちよりも、ずっと保守的な解釈をしている[158]。一九三〇年代のハイエクの論考において伏線としてあった保守的傾向は、後の著作ではもっとはっきりしたものとなっていった[159]。自由市場やそれを可能にする法的構造のような、ハイエクが堅持したいと考える主要な制度は、合理的な熟慮の産物ではなく、人間の行為の思わぬ結果だということを、ますます強調するようになったからだ。

ハイエクは、市場秩序が人間の福祉を増大させるものだということを確信はしているものの、それを特定の基準によって判断することについては躊躇していた。ハイエクがしばしばそうしたように、極端な考え方をすれば、市場秩序を完全には理解できないということを強調することは、諦めてそれを受け入れるに等しい[160]。ハイエクは市場や法の支配といった制度の発展を説明するために、文化的進化という考え方を用いている。そして、変化を続ける人間の必要に対して他の制度よりも適応してきたから、それらがこれまで採用され続けてきた、と示唆している[161]。

しかし、他の進化論的な思想家と同様に、ハイエクにもまた、制度が生き残ったことそれ自体を適合性と優越性の証と考えているふしがある。時折ハイエクにとっては、進化的発展自体が目的となっていて、支持する理由もない目的のない運動なのではないか、というように思われることもある[162]。

晩年の一〇年、ハイエクのトーンは別の意味でも保守的になっていった。世俗主義者ではあったが、ハイエクは宗教的伝統が真実でなかったり、神秘的であったりしても、市場や法の支配といった制度を補完する有用な様式だと考えた[163]。しかし、このような伝統に対して言葉の綾とはいえ、好意的な評価を下すことは、他者の手本となる立場にある社会的・経済的革新者の進歩的役割について強調することとは相容れないように思われる。

ハイエクが見過ごしたもう一つのジレンマは、彼が擁護した近代西洋の伝統が、自身が「部族的」と名づけた古い伝統的な生活様式の代案として機能するということだ[164]。ハイエクがそれらに帰している積極的な機能を失う前に、どの程度そうした古い伝統は再構築可能なのだろうか、と問われるかもしれない。結局のところ、こうしたことは、ハイエクがその力強いスミス＝シュンペーター的側面と保守的な側面とを完全には折り合いをつけられないことから来ている。しかし、これはバークもまた、なしえなかったところである。これは、ハイエクのような保守的な自由主義者も含めて、すべての保守的な資本主義の擁護者に妥当する緊張関係である。

ハイエクの思想家としての弱さは、自己の洞察の及ぶ範囲を誇張しがちなところから来ている。ハイエクはきわめて明快な見通しを持ってはいたが、その見える範囲は狭かった。政府は特定の文化を擁護するために存在するということ、これはウィーンのパーリア自由主義の遺産だが、ハイエクはこのような考えを嫌っていた。その結果として、気風の共有、つまりヘーゲルが「人倫」と呼んだものについての必要性を、限定的であるにしても評価するということにはならなかった。

反自由主義的なウィーン、そして共産主義やナチズムを経験したハイエクにとって、市場という制度が適切に機能しうるための道徳的な同意の役割について体系的に考えることは難しかった。伝統の共有ということについての理解が不十分だったというわけではない。むしろ、そうした意識をより広い個人主義的な社会理論と折り合いをつけさせることができなかったということなのだ。

ハイエクが共同体的ロマン主義によって特定の利益を擁護することに猜疑心を持っていたことには十分な理由があるが、それによって、いかに緩いものであったとしても、社会的連帯についての価値観を過小評価することになってしまった。ハイエクは、まずは第三帝国に対して、次にはソビエト連邦に対して、そして、後のフォークランド紛争に際してはアルゼンチンに対しての態度に示されるように、タカ派的な姿勢を好んだとはいえ、敵対勢力に対しての自衛についても自己犠牲を要することは、ハイエクの理論的地平を超えた問題である[165]。

政府による強制に対する激しい反発から、ハイエクは自由を政府の権力からの自由と定義している。しかし、被雇用者が雇用者の私的な権力によって強制を感じていることや、そのような私的権力は政府の権力によって緩和されるかもしれないということには、気づかない[166]。

ハイエクが自らの洞察力を強調することによって、自己矛盾がもたらされることがしばしばである。人間の知識の限界、あるいは無知の程度を強調するあまり、あらゆる合理的な制度設計を信用しなくなってしまうのだ。しかしこれは、現代民主主義制度の病理についての合理的な分析に基づく制度的改革という自身の提案とは両立しえない[167]。

ハイエクは政府が特定の文化を擁護することに反対なので、市場に制限を加えなければならないような共通の文化的基準の存在も否定することになる。結果として、ハイエクの場合、市場の悪影響を評価するすべも、それを正さなければいけないという原理的な理由を示すすべもない。ハイエクは、敬愛する先行者であるアダム・スミスよりはずっと一面的になってしまっている。

バークは次のように戒めている。「欲することは何でもできるというのが個々人にとっての自由の効果ですが、その人々を祝福するという危険に踏み切るに先立って、彼らはいったい何をしたいのかを見る必要があります」。こうした警句は決してハイエクの心には浮かばなかったようだ。アーノルド的な理想では、利害関係者ではない知識人は一方の立場を批判し、また逆の立場をも批判することによって、バランスをとり、熱狂を招くような一面性を緩和することが求められている。このような考え方は、マルクーゼの場合と同じく、ハイエクにとっても無縁だった。ハイエクを新たな知的洞察に導いたのが党派性だったとすれば、バランスのとれた円満な哲学からハイエクを遠ざけたのも、やはり党派性だった。

おそらく、市場についての「最良の言説」に親しむことによって、さらに公平で十分な知識に基づいた展望を持つことができるだろう。そのような展望をハイエクの洞察から始めるのは良いが、そこで終わるものであってはならない。

結論 Conclusion

▼市場の重要性

本書で特に示したのは、市場が近代の思想史において有している重要性である。市場の問題、その道徳的意義、社会・政治的・文化的・経済的効果は、近代ヨーロッパの思想の焦点であり続けた。その重要性は、たとえば、スミス、シュンペーター、ハイエクのような、通常、経済学者と見なされている人々に限ったことではない。また、バーク、ヘーゲル、アーノルドのような思想家の熱心な関心のほどを、市場が彼らにとって何を意味しているのかということに注意を払わないで理解するのはほとんど不可能である。

ここでの物語のかなりの部分が、現代の学問分野の境界やその歴史的展開を超えている。現代経済学は配分上の効率に焦点を当てているし、政治学は政府権力の制度に、政治理論は正義の問題に、社会学は市場の外での相互作用によって定義される社会集団に焦点を当てている。知的労働の分業はある程度は生産的であるし、それぞれの分野での概念を通して見ることで、そうしなければ認識されなかった現実の一側面を見ることができるようになる。

しかし、現代社会で自己批判的な人間なら誰でも、市場の持つ道徳的含意と効果に関心を持つだろうが、現実をただ一つの概念を通して見るならば、非常に歪んだ像しか見られない。ここで扱われた思想家が提供する見通しを持って市場を見れば、もっと豊かでバランスが取れた見解を持つことができるだろう。

▼知識人の役割

さまざまな機会に知識人たちは、資本主義的秩序において自分たちがどのような役割を演じることができるか、ということを考えてきた。もちろん、一つの役割は資本主義の反対者として、そして、それを転覆させる指南役としてだ。しかしながら、それは考えられてきた役割の一つにすぎず、最も頻繁に考えられてきた役割でもなく、最も重要な役割というわけでもない。

本書で解消しなければならない神話の一つは、知識人はすべて反資本主義的であるというものである。この神話が非常に広範に普及したことは、シュンペーターによる。他の多くの社会についての神話がそうであるように、これも多少の真実は含んではいるものの、それ以上のものではない。確かに、マルクス、ルカーチ、マルクーゼのような左派知識人は、実際に根本において反資本主義的知識人であったし、ゾンバルトやフライヤーのような右派知識人もそうだった。

しかし、ヴォルテール、スミス、バーク、ヘーゲル、アーノルド、ウェーバー、ジンメル、シュンペーター、ケインズ、それにハイエクのような市場を擁護した人々を知識人ではないというのは、馬鹿げているだろう。それどころか、こうした人々はヨーロッパ思想の中でも最も傑出した群像なのだ。時と場所によっては、資本主義に反感を示すことが知識人のしるしであると考えられていたこともあるが、これは「世界の中での最良の言説」に無知だからであって、そのような言説のためではない。

知識人は資本主義的秩序における自分たちの役割について、さまざまなやり方で考えてきた。立法者のアドバイザーとして、市場の潜在的利益を最大化し、市場に内在する問題を最小化しようとする。哲学者として、資本主義の暗黙の道徳的前提を意識にのぼらせる。あるいは、批評家として、嗜好や選好を変えようと、おそらくは無駄な闘いをする、といったことである。

多くの偉大な知識人が、資本主義に対して基本的に冷淡だったわけではないからといって、もちろん、これらの知識人が無批判な支援者だったわけでもない。これまで挙げた知識人の中では、ハイエクだけがこの分類に近いが、このような一面性は、四面楚歌だったハイエクのイデオロギー的なスタンスのしるしでもあった。ある問題を見出すことは、必ずしもそれを破壊する理由にはならないのと全く同じで、利点を見出すことは誤りを見過ごす理由にはならないし、可能ならば、そうした問題を改善することにもなる。

▼分析上の緊張関係

市場についての知識人の分析は、ただ一つの道徳を提供するのではなく、一連の緊張関係をもたらす。洞察力や知性を有していた思想家は、市場については、それ自体はもっともだが対立する主張を述べている。

論争を解決するのに、ラビのところにやって来た二人の男についての冗談を、人は思い起こすかもしれない。ラビは最初の中立人の言い分を聞き、こう言う。「あなたは正しい」と。そして、論争のもう片方の主張を聞き、宣言する。「あなたも正しい」と。「両方が正しいということは、ありえない」と見物人が言う。それに対してラビは答える。「あなたの言うことも正しい」と。

ある鍵となる論争点については、スミスとマルクス、そしてマルクーゼとハイエク、これらの両方が正しいということはありえない。しばしば、彼らの見解は相反している。しかしながら、異なる見解が緊張関係にあるだけという場合もある。これから見るように、市場を良いものだと受け入れる人々の分析の間にも、緊張関係がある場合がある。そして、そのような緊張関係は、論者が描写したいと考えている現実を反映しているだけなのだ。ある種の緊張関係は決定的な対立になりうるし、それが生産的なこともある。しばしば、資本主義の歴史においては、厳しくはあるが生産的な緊張関係が誤って決定的な対立と見なされてきた。

▼自利心とその限界

今まで検討してきたように、知識人の間の見解の相違にもかかわらず、意見を同じくするような領域も広範に見られる。

最初の論点は、資本主義の生産性にかかわるものである。ヴォルテールからハイエクに至るまですべての専門家が、資本主義がもたらした生産性の上昇について述べている。多くの者にとって、これは資本主義を支持する場合の最もはっきりした論点だった。

メーザーのように市場以前の体制を擁護する保守派に

とっては、資本主義の高い生産性は最も脅威を感じる側面だった。まさに物の値段が安くなることによって、既存の生産・分配形態の存続可能性と、それに伴う生活スタイルが崩されかねないのだ。

マルクスやエンゲルスもまた、資本主義が持つ素晴らしい生産力に圧倒された。『共産党宣言』には次のように記している。「人間の活動というものが何をもたらしうるかを示したのは、ブルジョワジーが初めてだった」、そして、「ブルジョワジーは、エジプトのピラミッド、ローマの水道橋、そしてゴチック様式の大聖堂をはるかに超える奇跡を達成したのだ」。しかし、それにもかかわらず、彼らは、市場は「無秩序状態」であり、社会主義は、分配上の不平等や道徳的な問題を伴わずに、資本主義で達成された生産性を維持することができると、主張している。

ウェーバー、ミーゼス、シュンペーター、ハイエクは、社会主義がなぜ生産性において劣るかを理論的に説明している。また、共産主義国の歴史がそのことを実際に証明している。

時折、市場の創造的な力は終焉しつつあるのではないかという批判もなされた。つまり、利用すべき機会はもうないのではないか。技術分野は開拓し尽くされ、天然資源は枯渇してしまったのではないかという批判だ。これは一九三〇年代には一般的な主張であり、ローマクラブの一九七二年の報告、「成長の限界」でも繰り返された論点である。

これは、シュンペーターが指摘しているように幻想である。天然資源が資本主義の行く末に対して客観的な限界を画しているという考えは、誤りであることがわかっている。というのも、シュンペーターが見てとったように、資本主義の歴史は、今までは重要ではないと考えられていた資源を利用する新しい方法を見出す歴史でもあるからだ。第一次産業革命の際にはそれは石炭だったし、第二次産業革命のときは石油だった。第三次の産業革命の際には、原子力に使うウランがそれであり、シリコンチップに使う砂がそうだった。私たちは、ことによると、生命工学革命という、資本主義における第四次産業革命の始まりに立ち会っているのかもしれない。どの場合でも、資本主義の歴史には、今まではほとんど価値がなかった物質の新しい利用法の発見があった。

すべての専門家が、資本主義における巨大な生産性の原動力のすべて、あるいは、その一部は自利心に富んだ性癖を動員する能力にあるとしていた、と言ってもよいくらいである。これは、強欲（マルクス）、貪欲（バークやケインズ）、あるいは自利心とさまざまな形で呼ばれてきた。ハイエクは、情報を伝達し、新しい知識の創造を容易にするものとしての市場に焦点を当てている。しかしハイエクも、これらの機能を果たすうえで市場を効率的なものとするのは、自利心であると考えていた。

しかしながら、事実上すべての専門家が資本主義での巨大な生産性の源は、自利心の利用にあるとしているものの、市場に好感を抱いている者であっても、自利心を追求することで、必然的あるいは自動的に社会的に望ましい帰結が得られるとは限らない、という点には同意していた。

とりわけ、国家が施行する法の支配の重要性については、同意がある。法の支配があればこそ個人は、欲得に駆られて法を無視する者、他者を支配しようとする者による略奪から守られるのだ。ヘーゲルにとってもスミスにとっても、市場の拡大と国家権力の増大による奴隷制の弱体化は、個人による支配に対して制約をかけるという意味で、道徳的に重要だった。

すでに見たように、スミスは新世界での奴隷制については最大の怒りを示している。そこでは、法的制約がないために、スミスが「ヨーロッパの監獄の屑」と呼んでいる人々の勝利を許してしまっている。バークにとっては、東インド会社の新人類がインドの文明を破壊してしまったことになる。新人類には継承された道徳的規律もないし、また、法による制約も受けていない。

共産主義とファシズムを個人的自由の抑圧ということで嫌悪しているハイエクは、後半生を、どのような条件下で法の支配が維持できるかを明確化するのに捧げた。政府の権力については大いに疑っていたとしても、ハイエクは、発展した社会で政府なくして意味ある自由が可能だとは決して考えていなかった。

ここで扱った思想家の多くは、市場が文明社会になるのには、法の支配が不可欠だと気づいていたが、加えて彼らは、政府にもたのむところがあった。政府は少なくとも多少は、市場がもたらすと考えられる予期しない悪影響を「打ち消す」ことができるからである。分業の弊害、そして、もし対策を取らなければ、もたらされる災禍についてのスミスの説得力ある分析は、その嚆矢にすぎない。政府にできることには、インフラ、博物館のような公共財の提供、外敵に対する防衛、失業の緩和、貧民への食糧供給、教育機会の拡大などがある。後の思想家たちは、市場を補完するものとして、こうした点の援助を政府に求めた。

▼市場に対抗する制度の必要性

資本主義に賛成の立場の知識人は、市場に対抗する制度の必要性を強調する傾向があった。アダム・スミス以来、すべてとは言わないまでも、多くの論者が、市場それ自体が、勤勉、節倹、満足の先延ばし、そして正直といったような、市場の機能自体に必要な望ましい特質を生み出す制度的誘因を提供する傾向があると主張してきた(実際に富を獲得してしまえば、怠惰、浪費、そして、向う見ずな行為に対する誘因が生じる。しかし、こうした悪い習慣に染まったとしても、まだ財産をなそうとして努力している者のほうが圧倒的に多いので、まだ十分にお釣りが来るのだ)。

そのことは、すでに見たように、スミス以来、道徳的観点からの市場擁護論には含まれていたのだが、マルクスやケインズ、マルクーゼは節倹と満足の先延ばしは、人生の喜びを抑圧し過ぎたものとして、これを市場に対する反論として挙げている。

社会政治上の秩序というものは、その支配的な制度によって育まれない性癖や徳を必要とするという考えは、少なくともアリストテレスまでさかのぼることができる。この伝統的思想に準拠しつつ、市場賛成派は、市場に対抗する制度の必要性を強調していた。賛成派は、市場が促進する性癖、特質、徳、経験は、人類の繁栄には十分ではないことを、あるときははっきりと主張し、また、あるときはそれとなくほのめかした[1]。

市場関係というものはほとんど定義上、契約関係であり、自利心に基づく動機で参入し、自利心がなくなれば解消できるものではあるものの、人生には契約関係以上のものがある。正確を期すならば、人生には契約関係以上のものがなければならない、と市場擁護派も信じていた。その中には、利他心を伴う友情や愛情に基づく関係も含まれていた。その場合、個人的利益よりも他人の利益を優先しなければならない。家族は、そのような関係の最たるものだ。この点は、特にヘーゲルにとって、いや、スミス、バークらにとっても重要な論点だった。

家族

多くの人々にとって、家族は市場の外にあって最も重要な制度だった。これによって、自利心は何か全く違うものへと転化する。「財産を家族内に永久に保存する力は、それに属する最も価値があり、最も興味深い状況の一つであり、それも、多くのものを社会それ自体の永久化に向かわせるものだ」とバークは記している。「それは、貪欲に対しても慈愛の心をつぎ木する」[2]。

ヘーゲルは、市場で生計の糧を得ることは、家族の生活に対する愛情と深い義務感が如実に表れる最も重要なやり方の一つであると指摘している。シュンペーターは、世代を超えて家族の財産を形成しようとする欲求を、企業家活動にとっての重要な動機だとしていたし、ハイエクは、自らの子どもに機会を与えたいという親の願いは、資本主義社会の人生行路でのさまざまな決定にとって重要だとしている。

国家

市場に対抗するもう一つの制度が国家だ。確かに、スミスからハイエクに至る多くの専門家が、自利心に基づいた行動は、市場だけではなく政治的領域においても起こるということを強調してきた。なるほど、そのような自利心による行動は市場が有効に機能するうえでの主たる障害になりうる。しかし、まさに国家が市場の存続にとって不可欠であり、また、同時に集団的利害関心によって脅かされていることから、知識人の専門家は、少なくとも一部の人々に対しては、公益に真剣に取り組む姿勢を育むことが必要だと考えていた。

だからこそ『道徳感情論』では、抜け目ないビジネスマンよりも、立法者や将官に対してこそ最大の賞賛がなされたのである。ヘーゲルとアーノルドは、公共心を持った官僚の役割を擁護し、ケインズはそのような理念の生きた見本だった。公共心がある立法者と官僚を揃えることが枢要である。政府の権限を無制限に拡大しようとする圧力に抗すること、これは、代議制民主制の報酬体系に、そして自らの権限と統制の範囲を拡大したいと考える官僚の自然の性向に組み込まれた誘惑に抵抗できることを意味するが、このような立法者と官僚を揃えることが重要だったし、これは今でもそうだ。これが、政府の権力に対する制度的歯止めに加えて、スミスからハイエクに至る知識人たちが、これから立法者や官僚になる人々に、政府の権力を制限しつつも、公共心を持つように訴えかける著作をものしたゆえんなのだ。

資本主義に対する過激な反対派は、資本主義をなくせば人間は解放されると想定することが、しばしばだった。したがって、マルクスには社会主義下における国家の将来像についての理論はないし、ルカーチやマルクーゼにもない。個人と人類全体の間に位置するこのような制度に、何らかの重要性があるとは考えられていなかった。

民族

私たちが検討した知識人の中には、それがはっきりした民族としての統一体なのか、文化を基準としたものか、あるいは政治を基準とした統一体なのかはともかくとして、民族に対する関心を市場に対するもう一つの対抗力と見なしていた者もいた。それは、忠誠の対象であり、自利心を超えた義務でもあった。ヘーゲルらにとっては、民族は、個人と人類全般との間の必要な仲介点であり、帰属意識の中間点だった。

ウェーバーは、世界の資本主義市場に参加することは、国力にとって必要な前提であるとして擁護した。ゾンバルトは「民族(フォルク)」を市場のアンチテーゼと見なし、フライヤーは、民族の文化的一貫性に対して資本主義がもたらした脅威に対抗できるのは、全体主義国家だけだと考えていた。

しかし、すべての国家主義者や民族的特性の擁護者が、このように過激だったわけではない。ヘーゲルやウェーバーのように、多くの者が、民族意識を市場を補うもの、また、国家という欠かせない制度と一体化するためのさらなる基礎づけとして見なしていた[3]。

文化的制度

知識人は、市場によって育まれない感性、嗜好、特質を促進するようなさまざまな文化的制度についても示唆している。バークにとっては教会がそのようなものであり、とりわけアーノルドは、まだ教会はそのような役割を果たしうるかもしれないと考えていた。アーノルドは、ヘーゲルや多くの後続の思想家たちと同様に、市場が最もたやすく促進するのとは違った類の文化的理念や態度の供給源として大学に期待していた。

そして、ヴォルテールを嚆矢として、知識人たちは、アーノルドが「批評」と呼ぶものの意見交換の場として、ジャーナリズム、つまり思想の市場を使おうとした。「世界での最良の言説」を使うことによって、「新鮮で自由な思想を蓄積された考えや習慣に対して向けよう」としたのである。

職能団体

労働組合や職業集団のような職能団体によって、意味や方向づけがもたらされると主張した思想家も、多く見られた。たとえば、ヘーゲルは閉ざされた世襲に基づくギルドを過去のものとすることについてはやぶさかではなかったが、同時にギルドの統合的な役割を評価し、それをもっと開かれた形で維持できればと望んでいた。大西洋の両側の国々での労働運動の支持者たちがそうしたように、エミール・デュルケム、そして、カトリックやファシズムの思想家の多くは、そのような職能団体が帰属意識と団結性を与えるうえでの望ましい形での中軸になると、期待していた[4]。

多くの思想家はそのような仲介的制度を重要だと考えていたが、スミス以来のさまざまなタイプの自由主義者は、そのような制度がはっきりとした権力の源泉になるということで疑いの目を向けていた。

たとえばハイエクが、自発的なものに限り、職能団体を望ましいとしたのは、このような理由による。自由主義者は、職能団体が政治権力を与えられるようになった場合については、特に警戒した。こうした団体が国家権力を使って、自らの特定利益を守るために市場を歪めてしまうことを恐れたのだ。経済学者は、今ではこれを「特殊利益追求論(レントシーキング)」と呼んでいる。

▼意味を欠いた選択

知識人の懸念の中でもおそらく最も変わらないのが、市場は(時に、科学や技術のような、現代社会の他の力と結びついて)選択の機会に恵まれた生活をもたらすが、その選択には意味が欠けているということだ。上記の市場に対抗的な制度の重要性は、この点に結びついている〔5〕。

いくつかの心配の種は、今でも続いている。すでに見たように、ヘーゲルは貪欲（プレオネクシア）というアリストテレス的な主題を復活させた。これは、限界なしに、そして無反省的に取得を欲する危険を意味している。アリストテレスにとって、貪欲はほとんどの場合、商人と結びつけて連想される心理的な性癖だった。商業社会では、スミスが書いているように、「すべての者がある程度は商人となる」ので、無制限の貪欲による危険性は、制度上は限られるかもしれないが、消滅してしまうわけでは決してない。

ヘーゲルは「否定的無限」という危険性について警告を発している。ヘーゲルが恐れていたのは、個人が、市場という欲望製造機のおもちゃになってしまうのではないか、ということだった。家族や職能団体といった制度において確固とした形で居場所を確保していなければ、そして、適切な欲望という独立した考えをもたらすような文化的枠組みに導かれなければ、個人は次から次へと商品に魅了され、享楽なき消費が無限に続くことになる。ヘーゲルと同様、アーノルドも「好きなようにする」のが最高の格言だという自由主義的信念には批判的だった。そのような信念は、どんなことが行うに値するのかとか、どんなものが買うに値するのかとか、あるいは何を求めて働くのか、というようなことを曖昧にする傾向にあるからだ。

手段の目的に対する優越という関連する主題について、ジンメルは説明している。これは、人々が手段を求めるあまりに、これらの手段は何のためだったかについての感覚を失うことであり、究極の手段である貨幣に内在する危険を意味している。マルクーゼはさらに過激で、市場を、本当の幸福を犠牲にした、欲望操作の機械にすぎないと見ていた。

ルソーとメーザー、そしてマルクーゼを除いた他の思想家は、新しいニーズの成長それ自体を有害だとは見なさなかった。ヴォルテールは、発展しつつあるニーズの歴史的な性質や、そこから生じる享楽について指摘しており、スミスなどたいていの啓蒙思想家は、嗜好の洗練による新しい欲望を歓迎していた。すべての思想家がそれぞれのやり方で懸念していたのは、新商品、新しい欲望、新しい手段、新しい選択の成長は、個人の反省によって選ばれた、そして、個人が属する制度についての愛着と結びついた形で、何らかのより大きな計画に適合していなければ、不満足なものになってしまうということだった。ルカーチやフライヤーのように、資本主義の下では、そのような意味深い生活は不可能であることを見てとった知識人は、全体主義的な解決策を採用することになる。

▼波及効果の恐れ

少なくともバーク以降では、しばしば再燃する主題の一つが、波及効果の恐れということだった。つまり、市場に適合する価値観や志向が他の人間関係にも波及するという考えだ。ヘーゲルやアーノルドと同様に、バークは国家もまた契約関係の一つだとすることについては警鐘を鳴らしている。また、市場の特徴だと考えられている、現在行われている費用・便益計算の類が、婚姻関係にも波及して、安定した関係を脅かすのではないかという懸念もあった。シュンペーターが考えたように、婚姻に費用・便益計算を持ち込むと、子どもを産まないようになってしまう。というのは、子どもを産もうかと考えているカップルが子持ち家庭の効用をしばしば誤って計算し、産むのを断念するという決定に至るからだ。

もちろん、マルクスにとっては、市場や工場で最もはっきりとした形で見てとれる支配と搾取の関係が家族関係にもやはり表れていて、国家というものは単に「支配階級の執行委員会」にすぎない、ということは公理のように自明のことだった。

メーザーからバーク、そして現代のユルゲン・ハバーマスに至る、少なく見積もっても二〇〇年にわたって、知識人は、市場において特徴的な思想や行動様式が人間すべてに浸透してしまうと、繰り返し懸念を表明してきた[6]。彼らの見立てでは、まさに人間の繁栄が依拠している当の制度が、結果として、衰退したり使えなくなってしまうことになる。

▼「市場価値」なるものはあるのか

このような由緒ある分析の系譜とは一見したところ矛

盾しているようだが、フリードリヒ・ハイエクは市場価値なるものの「存在」を挑発的な形で否定しているが、これはこれで、やはり説得力はある。個人は、市場でさまざまな目的を果たすべく行動し、市場が提供するもの、つまり貨幣の獲得をめざす。

これは、非貨幣的な目標を欠いているからではなく、貨幣がさまざまな目的を達成するための手段を提供するからである。このような状況を理解しつつ、個人は市場以外の制度で生じた目的を市場にもたらす。もちろん、ここで検討した思想家の多くが説明しているように、資本主義市場それ自体が常に新しい製品やサービスを生み出している。

これらのうちのいくつかは新しいニーズとして認識されるようになる。こうした製品やサービスは、市場以外のところで生じた目的や愛着とは相反するものかもしれないし、あるいは、それを補完するものであるかもしれない。たとえば、子どもに教育を受けさせたいという願いは、その市場が何を提供できるかによって、書籍の購入や家庭教師の雇用、コンピュータの購入、そして両親が教育にかける時間などに形を変えて現れるかもしれない。

そうであるならば、「市場価値」という言葉はしばしば、それが何か特定のものを指すかのように使われてはいるものの、さまざまな異なった現象を含んでいることがわかる。それを物の取得を通しての社会的地位に対する願望と同義に用いている分析も確かにある。これは、スミスが市場での活動の主要な動機としたものだ。他の者は、慎重かつ、計算高く得失の軽重を計るという意味で使っている。これは、ウェーバーが「合理化」、シュンペーターが「功利主義的気質」と呼んだものである。

また、さらに別の者は職業面での栄達という意味で、これを使っている。それは社会的地位のためであるかもしれないし、ウェーバーが強調しているように、職業上の帰属意識が近代の帰属意識の中では最も特徴的な形態だからかもしれない。マルクスからマルクーゼに至る批判者たちは、創造的なエネルギーに対するはけ口を提供しないという点で、資本主義社会を非難してきた。しかしながら、シュンペーターが指摘しているように、創造性の表現は市場での活動のもう一つの主要な動機だった。しかも、その重要性は増している。

ヴォルテールからヘーゲル、そして現代に至るまで理論家が強調してきたように、爪を切るハサミをはじめとして、私たちが文化や教養と見なしてきたものは、たいてい市場を通じて入手したものである。文化や教養を持つことは、嗜好を持つということだ。そして、その嗜好を充足するにはたいていの場合、市場を必要とする。過去や現代の音楽を聞くためのCD、最良の言説に接するための書籍、そして自然の魅力に触れるためのエコツーリズムも、みなそうだ。

簡単に言えば、市場は、どこか別のところで創造されたものを「反映する」ものであったとしても、ニーズや欲望を「生み出す」（現代経済学の用語でいえば、選好は市場にとって外生的であると同時に内生的なものだといえる）。目覚ましいのは、驚くほど広い範囲の選好、傾向、嗜好、帰属意識を選んで取り込むことのできる、この能力のすごさだ。

ナチスドイツでは、コカ・コーラの宣伝で、突撃隊員がのどをカラカラにして集会から戻り、コークに手を伸ばすというシーンが描かれている。逆に、一九六〇年代後半には、「人民服」が、短期間だったが西側諸国では注目商品だった。スポーツカーから教会の財産、アフリカの民族服から聖餐用聖餅、縁なし帽からポルノに至るまで、需要があるところでは市場は供給を作り出す。

慎重に費用と便益を計算することが問題なのではない。費用や便益の概念があまりに制約的で誤りを含んでいることが問題なのだ。個人にとっての難問は、市場が提供する可能性の中から、何か生活のもっと大きな計画の一部となるようなものを思慮深く選ぶことだ。

そうでなければ、個人の安寧には関心を持たない者によって願望を操作され、これになすすべもなく反応することになる。ヘーゲルはそのような可能性があると見ていたし、マルクーゼはこれが現実だと考えていた。思慮深い選択をし、それに固執できるような個人を産み出す能力は、市場ではない制度、市場の外にある制度の力を反映しているのかもしれない。こうした制度によって、個人は教育され、単に市場の商人が魅力的に見せることに成功した商品ばかりをたくさん持つというよりは、価値ある人間となるのはどういうことなのかという視点から、確かな形で自分たちの選好を形作っていくことになる。

▼市場でない制度というものはあるのだろうか

しかし、スミスとマルクスの両人だったら賛成していただろうが、多くの点で、家族、国家、大学、あるいはその他の「市場ではない」制度が商業の世界からは切り離されていると考えることは誤りである。というのは、市場はこうした組織のそれぞれに手を伸ばしていくからだ。この過程は新しいものでは全くない。

メーザーは、行商人が家に入っていき、小作人の妻に新製品に対する嗜好を作り出してしまう、とこぼしている。印刷術、ラジオ、テレビ、インターネットの到来によって、市場の家庭内への、そして、おそらくは自我への到達の度合いは激しくなった。子どもを産むということに関する最も個人的な決定も、その一部は、子どもをもうけ育てることの、機会費用を含めたコストによって決定されるようになった。もし、家族の中に十分に市場が浸透してしまえば、その成員は、家族関係の構成要素だと思われる、個人的利益よりも家族の利益を優先させるという感覚を失ってしまう[7]。

教育もまた、ある面からすれば、それが市場に何をもたらすかで求められるようになる。国家も、すでに見たように市場と結びついているのだ。スミスが示唆し、ハイエクが検証したように、実質的にはあらゆる集団が自らの経済的利益のために政治力を用いるから、なおのことである。

もう一つの緊張関係がここに生じる。人間が資本主義社会で繁栄するのに非市場的な制度が不可欠だとするのならば、そうした制度は同時に、常に市場によって変化を余儀なくされることになる。出生率が低下し、女性がさらに賃金労働に入っていくようになれば、家族の形態も変わっていく。職能団体や労働組合も新しい製品や市場、生産の新しい形態によって対応を余儀なくされ、その経済基盤は掘り崩されていく。余暇の価値が認識されるようになれば、ボランティア団体が興隆し、また衰退していく。資本主義の活力それ自体が、常にそのような制度を脅かし、また崩していくようだ。そして、少なくともそのような認識はしばしば正しい。

しかしながら、非常にしばしば起こるのは、古い制度が市場に壊されるのではなく、新たに作り変えられるということなのである。おそらく、家族がそのような例だろう。あるいは、ギルドが労働組合や職能団体に道を譲ったように、古い制度が衰退した後に新しい制度が興隆する。

しかしながら、ジンメルが指摘しているように、すべてを包摂してしまうような形態の団体に対する愛着が、たくさんの組織に個々に参加するという形に代わるのが、一般的な傾向であるように思われる。したがって、それぞれの組織が自己を拘束する度合いは減っていくことになる。

それでも、歴史のそれぞれの時点においては、一部の人々にとっては、新しい制度が古いものに取って替わったり、あるいは、新制度が旧制度に比べて優れているかもしれないと考えたりすることは、想像を超えていたように思われる。メーザーがギルドやその政治的役割を擁護したときから、ピエール・ブルデューが現代フランスの労働組合とその政治的影響力を擁護するに至るまで、嘆き節は変わってきたが[8]、その調子には聞き覚えがある。

▼共同体と個性

資本主義が共同体を壊していく、というしばしば聞かれる主張については、どう考えたらよいのだろうか。もし、共同体の定義を、すべてを包括する団体とするのならば、この主張は確かに正しい。これは、メーザー、マルクス、ジンメルからハイエクに至るまでの、さまざまな背景を持つ分析者が同意するところだろう。

しかし、この過程には良い点もあり、これは批判者が見過ごしがちである。ハイエクは、自らが「偉大な社会」と呼ぶ緩やかな社会組織の形態によって、志向が大いに異なる人々が共存できるようになり、制約的な基盤の下に協力できるようになると指摘し、それぞれの違いから便益が生じる、とも指摘している。そのような社会について成員が、親戚を含めた単一の拡大家族か、ギリシャのポリスの拡大版か、伝統的な村か、あるいは信条を共にする共同体であるかのように考える者は、当然のことながら、より複雑な現実という暗礁に乗り上げることになる。

ジンメルは、資本主義の発展によって、もっと複雑な形の個性が作り出されると指摘している。というのは、個人は互いに無関係な広範の関心を追求できるし、どれか特定のものによって定義づけられたり、あるいは飲み込まれたりすることなく、複数の団体に属することができるからだ。こうした団体は、しばしば境界を越えた結びつきを生み出す。つまり、たとえば、一人はアメリカのイリノイ州ピオリア、もう一人は南アフリカのプレトリアにいる室内楽の愛好家同士が、近隣の者同士よりも、多くを共有するということだ。そのような状況下では、個人としての帰属意識は自らの関心と団体の組合せからなる。組合せは少なくとも理論的には個人個人によって異なり、まさに自発的に選ばれたものだからこそ、正確に価値づけされることになる。現代の哲学者、ジョン・グレイは次のように述べている。

> 単一の共同体によって、あるいは単一の道徳的生活の形態によって、私たち自身が定義づけられるということは全くない。私たちは、多くの異なった、しばしば対立する、知的・道徳的伝統を……継承しているのだ。……文化的遺産が複雑で相互に矛盾していることは、私たちのアイデンティティに複雑な様相や多元性の様相さえもたらすことになる。これは、偶然ではなく、もはやアイデンティティにとって本質的である。
>
> いずれにしても、私たちにとっては、自らをさまざまな方法で認識したり、相容れない計画や見通しを抱いたり、あるいは私たちの考えや生活について異なった範疇や概念を用いて伝えたりすることは、思慮深い存在としての私たちのアイデンティティにとってなくてはならないものとなる[9]。

このようなアイデンティティは、責任を伴わないような一連の選択に退化してしまうという危険をはらんでいて、ヘーゲルが警告したように納得のいかない「否定的無限」につながるおそれがある。あるいは、市場によって容易になった選択と偶発性の論理を避けようとするあまり、個人が、性、民族、宗教、国籍などのような単一の属性や関心によって自らを定義づけ、他者もそうでなければいけないと主張することによって、逆の帰結を生んでしまう可能性もある。

▼多元主義と多様性

資本主義は時々、人種差別、性差別、熱狂的愛国主義につながると批判されてはいるが、最も洗練された分析では（左派、右派を問わず）、市場はさまざまな集団の間の障壁を壊していくとされている。資本主義は、雇用者、被雇用者、顧客のいずれの立場にある人に対しても、異なった集団の成員に互いに手を差し伸べようとする誘因を作り出す。

ジンメルが述べているように、資本主義的競争は共感に対する誘因を生み出し、こうして「通常は愛のみがなしうることを達成できる。すなわち、当人がそれと意識する前に、他者の根源的な願いを占うことができるのだ」[10]。

市場は、外国文化の物品をもたらし、さらにそうした物品が魅力的な場合もあるので、特定の文化にとっては脅威として現れる。一八世紀にあってはイギリス製品、そして、今日にあってはたいていの場合、アメリカ産品がそうだ。しかしながら、そのような文化交流は、たいてい両方向からである。さまざまな文化の要素が、販売可能な商品となり、世界中に輸送される。ボストン郊外に住み、仕事には日本車で行き、タイ料理を食べ、オーストリア人が作曲し、韓国人の名手が演奏するクラシック音楽を聴き、鍼灸院に行き、フィリピン人が答える顧客サービスセンターに電話をする。これこそが、アメリカ的生活というものだ。

もし、文化というものは統合された全体でなければいけない、とする懐疑的な前提から出発するのならば、このような文化的重層構造、あるいは個々人が、市場が提供する多くの可能性に依存することから生じる統合は、偽物かあるいは退廃的に映るかもしれない。

しかし、たいていの人々にとっては、歴史的記録としては、商業が地球上に広範に散在している果実を楽しむことを可能にするという、アンティオキアのリバニウスの命題を支持しているように思われるだろう。これは、ヴォルテールが奢侈を擁護したときに復活させた考えであり、アダム・スミスが貧民のコートがいかに遠方からの原料で成っているかを説明する際にも使った考えである。

しかし、ここにおいてもまた緊張関係がある。つまり、同じ商品がどこででも売買される世界は、文化や社会の多様性が失われた世界でもあるからだ。これは、必ずしも悪いことではない。どんな文化や社会でも同じように尊いもので、他の文化や社会的慣行の挑戦を受けることなく生き延びなければならないという想定は、合理的に正当化するのが困難な信念である。

しかしながら、地元特有の、地域的な、民族的な、あるいは国家的な色合いというものがなくなった世界というものは、貧しい世界だろう。文化を国際競争から守ろうというのがファシズムの一つの目標であり、これはハンス・フライヤーのような知識人が、はっきり述べたところだ。

しかし、その費用は便益よりも大きかった。ファシズムが人間の自由を抑圧したからだけではなく、集団としての限界を決めようという試みだったからだ。これは、実際には流動的な集団としての生活の現実を、あたかも安定的で首尾一貫した全体であるかのように扱おうとする考えに基づいている（二一世紀への転換期には、ヨーロッパを超えた新しい統合運動が、特にイスラム世界では同じような目標がうたわれた。これは、国家権力を用いて、他者のものよりも価値があると称する自らの文化の想像上の純粋性を取り戻し、それらを西側の資本主義社会の影響から守ろうとするものだった）。

他の国や地域では、より穏便にあるいは効果的に法を用いて、自らの国民としてのアイデンティティに本来備わっていると考えられる商品や生活様式を市場競争の力から守ろうとした。たとえば、フランスは、国民（と他のEU諸国）に税を課して農民に補助金を交付することで、カマンベールチーズのような「典型的な」フランス産品を生産させ、また、田園風景の素晴らしさを維持できるようにした[11]。

最近では、一部の左翼知識人、たとえばユルゲン・ハバーマスなどは、福祉国家はヨーロッパ的アイデンティティの決定的な特徴となっているので、国際競争の脅威から守られなければならないと、主張している[12]。さまざまな国が、間違いなく、市場と国家のさまざまな取決めの中で決定を続けていくことになるだろう[13]。

▼資本主義と平等性

資本主義に賛成する主な理由は、それが平等をもたらすからだと言った者は、ほとんどいない。本書で紹介した著者に限って言えば皆無である。ルソーから始まる平等を非常に気にかけていた者たちは、資本主義を毛嫌いする傾向がある。資本主義はしばしば出生に基づく古い不平等の源泉の重大性を減らすが、少なくともスミス以降の市場擁護者の主張は、資本主義が不平等を減らすということではなく、不平等を社会全体にとって益あるものとしているということだった。

特に、大衆向け市場用に生産された安価な財が手に入ることで利便を享受する大多数の大衆にとってはそうだ。富んではいるが不平等な分配よりも、貧困者の平等を好む文化は、あまり市場志向性を持たない傾向がある。歴史的に見て、資本主義的工業化の初期段階にある社会では、不平等化が進む時期を経てから平等化が進むということについては、ある程度の証拠はある[14]。

すでに見たように、そうした傾向の一部は人口動態によって説明できる。市場の拡大もあってもたらされた改良によって生じた人口増加においては、雇用の増加よりも人口増加のほうが早いのだ。それに続いて起こる不平等の減少は、したがって、最終的には起こる出生率の減少に結びついているのかもしれない(一九世紀のヨーロッパでは数世代かけて起こった、この「人口転換」の過程は、今日の途上国諸国では、はるかに速いペースで進んでいる)。このように、不平等の拡大の後に平等化が進むというパターンは、資本主義的革新の波が起こるたびに、繰り返されるものなのだろう。

しかしながら、シュンペーターとハイエクは資本主義と不平等の問題の別の側面に注意を向けるように促している。これは、一向に流行らないし、タブーでさえある。経済成長がどの程度、革新性、才能、創造性、そして、企業家精神に満ちた人々の貢献にばらつきがあるかに依存しているかということである。

このような資質は、経済学者の用語でいえば「人的資本」だが、そのような言い方では、この資質の一部しか理解できない。民主主義社会では(あるいは、おそらく平等性の探究という強迫観念に憑りつかれた学者集団の間では)、集団としての繁栄が、駆り立てられた才能がある人々に活動の自由を与えることに依存しているという主張は、あまり声高にはできないことが多い。

▼資本主義は人々にとって良い制度なのか

資本主義は人々にとって良い制度なのか。ここでは、「何に比べてということなのか」と問わなければならないだろう。スミスやヘーゲルは、資本主義はそれに先行する直接的な支配関係という世界よりも望ましいと考えていた。一九世紀から二〇世紀にかけての歴史のかなりの部分が、資本主義に実際に取って代われる制度の探究にあてられた。特に、さまざまな形の共産主義とファシズムがそうだった。マルクーゼが認めたように、資本主義が人気を博したことの一部は、上記のような代替案が試され、信頼を失ったことによる。

しかし、もちろん、これが答えのすべてではない。時間とともに、スミスにとって商業社会の潜在的な便益である「普遍的な富裕」は、ますますはっきりとしてきた。物質的な手段と機会の増大は、人々を良きものとしたり、幸福にしたりしたかもしれないし、しなかったかもしれない（そのどちらに対しても十分な主張がある）が、以前よりは良くなったことは確かなところだ。

『国富論』の約束は、物質的な意味で西欧ではおおむね果たされたが、不均衡ながらも今それが非西欧社会へ広がっているのは、多くの点で、現代の素晴らしい物語だ。国際資本主義は人々を貧しくすると主張する一般向けの論文が立て続けに出ているものの、このような命題は経験的な精査に耐えうるものではないし、かつての共産圏や第三世界の多くの国々は、国際的な資本主義経済に参画しようとしている[15]。

「裕福は技芸の母である」とヴォルテールは『世俗人』の中で記している。物質的な繁栄が高次の文明の展開にとっての前提であるという主張は、経済成長の擁護者ほとんどすべてが繰り返した。マルクーゼは言うに及ばず、アーノルドからケインズに至る思想家は、繁栄がブルジョワの俗物主義や、ブルジョワが作り出した文化に浪費されていないかを問うている。

先進資本主義国での議論の多くが、時間が経つと、どのようにして人々を貧困から解放するかという問題から、繁栄とどのようにしてつきあっていったらよいか、という問題に移っていったことは、資本主義の誉むべき功績だ。ここでは、現代の分析家や批評家は、今では長い伝統を持っている、経済成長は何のためなのか、そして、それは国民総生産以外のものによってもっと適切に測定されるのではないか、という問いに依拠することができる。こうした問いは、一世紀も前にアーノルドが提起したところであり、近年ではアマルティア・センが復権させている[16]。

資本主義の繁栄は、それを作り出した制度的基礎そのものを壊していくという主題は、資本主義それ自体とほとんど同じくらい古い。消費の場での革命が新たに起きたときはいつも、危険が差し迫っているという同じ警告が発せられた。

一八世紀においては、ジョン・ウェズリーは次のように警告している。「宗教は必然的に勤労と節約を生み出す。そして、これらは金持ちを生み出さずにはおかない。しかし、金持ちが増えれば、あらゆる世界で、高慢、怒り、愛が増大していくのだ」[17]。

シュンペーターは基礎の崩壊という主題を二〇世紀の半ばに再び取り上げた。これは、新たな変奏を伴ってダニエル・ベルが『資本主義の文化的矛盾』(一九七六年)において繰り返すところとなった。

そして、さらにこれをごく最近、ピエール・ブルデューが取り上げるに至った。資本主義は、現在の安定に一役買っている過去の遺産を壊していくというのが、その主張である。私たちの文献的調査から推測できることとは、資本主義は既存の道徳、権威、信任、まとまりの源泉を掘り崩していくというのも確かだが、同時に新しい源泉を作り出しているようにも考えられる、というものだった。この場合でも、破壊のみに焦点を当て、創造に目を閉ざすのは近視眼的であるといえる。

資本主義とユダヤ人

資本主義とユダヤ人を同一視するのは、しばしば誇張だとはいえ、すでに見たように、近代ヨーロッパの一部では妥当なこともあった。たとえばハイエクの場合がそうであるように、そのような同一視は肯定的なものとしても見られることもあるが、それ以上に、長きにわたって汚名を着せられていた少数派と同一視することで、資本主義の名を貶める役を果たした。実際に、資本主義の近代性自体に対する不満を表明する手段として、しばしば使われた。

二〇世紀の終わりには、そのような関係は、少なくとも西欧社会においては薄らいでいたように思われる。これは、少なくとも一時的には、ホロコーストの意識が深まることで、西側世界のほとんどでは、反ユダヤ的感情が減退していったということもさることながら、資本主義が唯一の選択肢となり、多くの者が利得を得られるものという意識が増大していったからでもあった。

しかし、二一世紀も近くなったときに、資本主義とユダヤ人を否定的な形で同一視する見方が、イスラム世界の一部に流れ着いたのは、多くの人々の驚きだった。一九九七年夏に、マレーシアのマハティール首相が長口舌を振るって、ユダヤ人（ヘッジファンド・マネージャーのジョージ・ソロスを標的にしたものでもあるが）がマレーシア経済を駄目にしようと陰謀を企てていると批判した。これは、かつてヨーロッパで長い間主題となっていたものを長い時を経て繰り返したものだろう[18]。

四年後、世界貿易センターへの攻撃の後、イスラム世界の一部では、ユダヤ人を国際資本主義の悪と同一視しようとする言い回しはひきも切らなかった。自由主義の西洋資本主義国の成功に対する怨恨や、そうした成功に代表される、より開放的な社会モデルへの反感が表出される際には、ユダヤ人は最も危惧すべき過程の化身として再び捉えられるようになった。

一般的に、大衆の場合も、知識人の場合も、市場を受け入れることは、反ユダヤ主義や他の排他的イデオロギーの衰退と結びついているように思われる。というのは、ハイエクが指摘しているように、資本主義社会においては、人種・宗教・民族的な意味での「身内」と「よそ者」との違いはますます定義しにくくなり、擁護しにくくなるからだ。身内に対して好意的な扱いをするという考えは、受け入れにくくなる。内部者と一体化することが難しくなるという代償は、ある人々にとっては団結性の減少として見られるが、他の人々にとっては人的交流の境界が健全な形で拡大しているとして見られる。

肉屋、パン屋、ビール醸造業者が異なっているように見えれば見えるほど、私たちは、利害関係の一致をめざすよりも、彼らの自利心に訴えるようになる。しかし、私たちにとって、肉屋、パン屋、ビール醸造業者の人種、民族、宗教、国籍が自らの自利心にとって重要ではないということになれば、ますます彼らを商売上の付き合いの相手に含めて考えるようになるのだ。

▼決定的な緊張関係

資本主義の時代には、現生と来世との間にあった古い緊張関係が、新たな精神世界の緊張関係に置き換えられて(ある人々にとっては重なり合って)いく、といえるかもしれない。選択と目的、個性を滋養することと、人生に意味を与える愛着の感覚を維持することと、独立と団結、集団的特殊性とコスモポリタン的な利益、生産性と平等性、これらの間に緊張関係があることは、資本主義に特有である。こうした緊張関係とともに私たちは将来も生きていかなければならない。

人や社会によって、これらの経験はさまざまである。緊張関係は解消されたりされなかったりで、そのあり方も千差万別である。こうした緊張関係がどのようにして生じたのか。また、なぜそれらは市場での人間の状況に内在しているのか。こうした意識は過去における最良の言説に依拠している。このような点を意識することによって、批判は強められたり、あるいは調停が進められたりするかもしれない。

しかし、どちらの場合でも、過去の最良の言説は、私たちはどこにいたのか、どこにいるのか、そして、どこに行こうとしているのか、ということについての豊かな概念的な道筋をもたらしてくれるだろう。

謝辞
Acknowledgments

ありがたいことに、多くの学者が本書の個々の章や草稿のかなりの部分を読み、コメントしてくれた。次の方々の助力に感謝したい。イェホシュア・アリエリ、スティーブン・ベラー、ピーター・ベッキ、デヴィッド・ブロムウィッチ、ジョン・パトリック・ディギンズ、ダニエル・ゴードン、ジェフリー・ハーフ、マーク・リラ、ジェームズ・ファン・ホーン・メルトン、ロバート・シュナイダー、フリッツ・スターン、マック・ウォーカー、エリーゼ・キマリング・ヴィルトシャフター、ミヒャエル・ツェラーの各氏。スティーブン・ウィットフィールドは、草稿全体を読んでくれただけでなく、ほとんどすべてのページにあるような長談義を明確な文章にしてくれた。このような学者間の友情に対して、私は特に感謝している。イーライ・ミューラーは草稿のほとんどの部分を読み、また、適切な編集上の助言を与えてくれた。

　スティーブン・アシュハイム、ピーター・L・バーガー、ピーター・バーコヴィッツ、デヴィッド・ランデス、ライナー・レプシウス、ヴァージル・ネモヤヌ、メルヴィン・リヒター、ジェームズ・シーハン、ノーム・ツィオンの各氏からは、この企画全体を通じて激励を受けた。プリンストン大学出版局のピーター・ドアティーからの変わらぬ助言、激励、友情は、銘記したい。友人のエリオット・コーエンには相談相手になっていただき、また広範な主題について知的な示唆を授けていただく源となった。

　ラリー・ポースは、人口史の世界に私を誘った。感謝したい。さらに、カトリック大学歴史学部の学部長として研究を促進してくださったことについてもお礼申し上げる。学部の同僚たちには、知的な探求を支えるような環境を用意し、研究と教育の両方にプラスになるような形で両者を結びつけることを可能にしていただいた。もう三〇年も前に、知性史の世界に私を誘ったのはジェラルド・アイゼンバーグであり、いつも恩義に感じているところである。

この研究企画についての資金援助をアメリカ・カトリック大学、リンド・ハリー・ブラッドレー基金、ジョン・M・オリーン基金から受けた。草稿の主要部分は、二〇〇一年夏に、イタリアのベラジオにあるロックフェラー基金研究センターの素晴らしい環境の下で改訂された。そこでは、フィリップ・マニエール、マニュエル・パスター、ピーター・シュック、アラン・テイラーの助言から恩恵を受けた。

アルフレッド・A・クノップ社のキャロル・ブラウン・ジェーンウエイには、この企画を受けてくれたことに対して、そして企画を草稿の形から書物にしていただいたことに対して、また、私の関心を市場に向けてくれたことに対して感謝したい。

ジェーンウエイの同僚、特にステファニー・コーヴン・カッツ、そして、本書の製作担当者であるキャスリーン・フリデッラに対して感謝する。スザンナ・スタージスの原稿編集はきわめて優れたものであり、恩義を感じている。

本書は、著者の子どもである、イーライ、サラ、そしてセフィに捧げたい。資本主義世界でやっていくための何らかの指針を子どもたちに与えたいというのが、本書を執筆する動機の一つだった。完成にかなりの時間を要してしまったが、良かったことの一つが、子どもたちが成長して本書を読めるようになったということだ。子どもたちは経済学者がいうところの「耐久消費財」であり、お金で買えるよりもさらに長続きする喜びをもたらしてくれたが、本書の完成局面では生産要素としても働いてくれた。成長に必要な悩みを与えることによって、子どもたちの道徳的・知的資本形成に貢献してくれたことに対して、友人であるロイ・ピンショーに感謝している。

そして、祖母、両親、子ども、そして兄弟姉妹、特に兄マイケルに対して、変わらぬ感謝をささげたい。兄は、著者が馬鹿げたことを考えているときに、目的こそが重要だと気づかせてくれた。妻のシャロンは、本書の献呈者である子どもたちについての著者のパートナーであっただけではなく、最初の読者であり、また本書のほとんどすべての章の編集者でもあった。以上、妻のすべての貢献に感謝しているが、妻に対する恩義はさらにこれを超えるものである。

著者は、次のような機会に報告を行うことができたことについて、恩恵を受けた。アメリカ・カトリック大学の歴史学部コロキウム、ジョンズ・ホプキンズ大学ヨーロッパ史セミナー、ジョージタウン大学ドイツ史セミナー、ジョージ・メイソン大学の公共選択センターと政治経済学キャプランセミナー、メリーランド大学のヨーロッパ史セミナー、ワシントン・エリア・ドイツ史セミナー、ボストン大学歴史学会の第一会議、ポルトガルのアラビダでのジョアン・カルロス・エスパダによって組織された「多元主義と相対主義」についての会議。招待されたことについて、また各機会に示唆と批判をいただいたことについて感謝したい。

この企画は長期に及ぶものであったので、私の既刊の書物や多くの論説からアイディアを得ており、それについては直接的な形ではお断りはしていない。ここでは、私はリトアニア、ヴィリニュスのラビ、メイヤーの格言に従った。「著者は自分自身から借用できないとすれば、誰から借用できるのか」（ピーター・L・バーガーの『笑いを取り戻すこと』で引用または作り出された章句）。

本書では特に、私が執筆した以下の論文にも負っていることをお断りしておきたい。

・"Communism, Anti-Semitism, and the Jews," *Commentary* (August 1988), pp. 28-39.
・"Justus Möser and the Conservative Critique of Early Modern Capitalism," *Central European History* 23: 2/3 (June/Sept. 1990), pp. 153-178.
・"Capitalism, Socialism, and Irony: Understanding Schumpeter in Context," *Critical Review: An Interdisciplinary Journal of Politics and Society* 13: 3/4 (1999), pp. 239-268.
・"Pluralism and the Market," *Society* 37:5 (July/August 2000), pp. 47-54.

訳者解題

ジェリー・ミュラー著『資本主義の思想史――市場をめぐる近代ヨーロッパ300年の知の系譜』（*The Mind and the Market: Capitalism in Modern European Thought*）は、主として一般向けの経済思想の展開、発展を扱った好著である。翻訳に際しては、二〇〇二年刊行のアルフレッド・A・クノップ社刊の原典を用いた。

著者のミュラーは、アメリカ・カトリック大学の歴史学部の教授であり、すでに著書『ユダヤ人の成功と悲劇』が日本語に訳出されている。ブランダイス大学を卒業後、コロンビア大学で学位を取得。一九九六年、上記のアメリカ・カトリック大学教授に就任している。

本書は専門家というよりは一般読者に向けて平易に書かれているものの、ラインアップの選定に独創的な点があり、また、以下に紹介するような独自の論点も提示されていて、味読にたえる書物となっている。

改めて述べるまでもなく、経済思想をめぐるあまたの主題の中に、市場とそれを取り囲む言説がある。市場の拡大によって、人々の考えや行動にはどのような変化がもたらされるのか。そして、経済学者たちは市場の拡大に対して肯定的に反応したのか、あるいは否定的に反応したのか。後者の場合は、どのような対応策を提起しているのか。本書はこのような課題を扱った書物である。

ある意味で、経済思想は常にこのような問題に自覚的であったといえる。その意味で、本書の課題設定は特に珍しいものではない。しかしながら、いくつかの点で、本書の特徴は際立っている。以下、具体的に指摘したいが、その前に本書の内容を著者の論述に沿いながら、紹介しよう。

序論的な章である第1章を除けば、本書はヴォルテールを扱った第2章で始まる。フランス啓蒙思想の代表選手であるヴォルテールは、宗教的な寛容を強調した論客としても知られており、本書での扱いもそのような点が強調されている。さまざまな宗教の信者が平和裡に取引をしているさまにヴォルテールは目を見張っている。

市場は人々の気質を温和なものにするといったのはモンテスキューだが、ヴォルテールの市場観もそのような考えに沿ったものであった。一七世紀を血なまぐさいものとしている大きな要因が宗教戦争であったが、新しい世代もまだそのような記憶を完全に消し去ってはいない。むしろ、宗教的対立を知っていた世代であったからこそ、市場がそのような対立を弱めていったことに大きな感動を覚えたのである。

第3章はアダム・スミスを扱う。本書のような主題で通史を書く場合に、市場に対する姿勢がプロであってもコンであっても、スミスを逸するのは困難である。ミュラーもスミスを取り上げる。著者のスミス理解について特段指摘すべき点はないが、章を閉じるにあたって、スミスの実際にはニュアンスに富む経済的自由主義が後世において通俗的な形で理解されるに至ったと指摘しているのは重要であろう。著者が本章で『道徳感情論』についてもしかるべき配慮をしているのは、そのような著者のスミス理解を反映している。

第4章からは、市場の批判者がしばらく登場する。その手始めとして、著者はユストゥス・メーザーを取り上げる。メーザーは近年になって研究者の手による翻訳も公刊されたが、一般によく知られた思想家であるとはいえないだろう。本書のような比較的一般的な主題を取り上げる場合の著者のオリジナリティは取り上げる論客にあるが、メーザーを取り上げたのは、著者の着眼のユニークさを示している。

著者は、メーザーをグローバリゼーションのもたらす弊害を早い段階で指摘した論客として紹介している。他の地域や外国から入ってきた新しい産品に踊らされる人々。メーザーによれば、このような傾向は旧来の文化や秩序を突き崩していくとしている。

今日、グローバリゼーションについての賛否がかしましいが、どのような立場に立つにしても、メーザーの見解は取り上げるに足る内容を含んでいると考えられる。特に、グローバリゼーションに対立する立場からはメーザーは熟読に価する。残念ながら、まだこの風変わりな思想家を旗印に反グローバリゼーションを叫ぶ現代人はいないようだ。このようなメーザーの見解は、著者も指摘しているように、欧州全体を一つの共和国として考えようとする、前章で扱ったヴォルテールの見解とは鋭く対立することになる。

第5章は保守派の思想家として知られるエドマンド・バークを分析の俎上に載せる。バークは問題含みの思想家だが、本書の主題からは逸することのできない論客である。穀物問題などにかかわるバークの発言は、端的に市場に対して好意的だと判断するのが素直である。さらに、東インド会社の乱脈経営については批判的なバークではあるが、市場原理との関係でいえば、著者も言及しているように、同社の活動は市場原理に基づいているから問題なのではなく、むしろ市場原理、健全な投資の原理に反しているから問題なのである。

利潤動機についてのバークの判断は成熟したもので、政治の立場からは、その良い面も悪い面もすべて含めて受け入れるべきだという。イギリス帝国主義の問題をどのように考えるかは、イギリスの政治経済思想を研究するすべての者にとって看過できない問題だが、バークのインド人民に対する眼差しは温かい。

第6章は、ドイツの哲学者、ヘーゲルを扱う。ヘーゲルは第4章のメーザーと同じくドイツの思想家だが、市場化に対する考えや対処は二人の間でずいぶんと異なっていた。著者の考えでは、ヘーゲルはドイツ・ロマン主義的な問題設定と近代性の容認の中で揺れ動いており、それらを止揚する試みとしてヘーゲルの思想を理解すべきだという。

ヘーゲルの分業理解は興味深い。先行する章で扱ったスミスでさえ、一面では分業による労働者の愚鈍化について厳しい批判と懸念を露わにしているが、ヘーゲルにとって分業は職業による自立であり、一個人として立つための重要な条件となる。その意味で、ある職業に従事すること、すなわち社会的分業の展開は肯定的に評価されることになる。

また、本書全体からすればやや付随的な点だが、第5、6章を通底する論点としては、契約モデルの是非ということが指摘できる。契約モデルは、経済学などでは一般的な考えであるだけではなく、社会思想史の中でも重要な話題である社会契約論も名前が示しているように、契約モデルである。バークのように契約モデルが良くないということであれば、経済学のモデルや社会契約論は原理的な破綻をきたすことになる。

第7章はカール・マルクスである。本書の主題である、市場経済とその批判者たちという観点からは外せない、いわば真打ち。まごうことのない市場経済の批判者。ただし、「資本主義」という用語を普及させたのはマルクスとエンゲルスの貢献であるという著者の言明には注意が必要である。

いくつかの研究で明らかにされているように、この二人は「資本主義」という用語は使っていない。したがって、著者の冒頭でのコメントは、用語の使用、不使用にかかわらず、そのような概念を研究対象として措定したのが、マルクスとエンゲルスであると解するほうがよい。そうであれば、著者のコメントは適切である。

この章について指摘すべき点は多いが、二点にとどめる。まずは、マルクスのプロジェクトが未完であることが強調されている。マルクスについては、しばしば彼のリサーチ上の「プラン」が問題になる。

これは、どのようなリサーチ上の計画をマルクスが持っていたかという問題で、しばしば研究者の中ではプラン問題として指摘されるところである。したがって、マルクスのプロジェクトが未完であること自体はよく知られた事実だ。そして、一九世紀の人々は、レオン・ワルラスにせよ、アルフレッド・マーシャルにせよ、みな壮大な未完のプロジェクトを抱えて死んだことも、周知のことだろう。特にマルクスについてこの点を強調したのは、著者の独自な着眼点かもしれない。そのとき読んだものの関数としてものを考え、書き残したマルクスであった。

もう一つは、ユダヤ人問題の思想家としてマルクスを捉えようとする視点である。初期のマルクスにユダヤ人問題についての著作があることはやはりよく知られているだろうが、本書全体を流れる指導動機の一つがユダヤ人問題であり、その一環としてマルクスのユダヤ人観も扱われ、興味深い論述がなされている。全体として著者はマルクスに批判的であり、近代性を重視したヘーゲルと比しても、その後ろ向きの側面が強調されている。マルクスにも「資本の文明化作用」という考えは厳然としてあるので、著者に対する反批判は可能だが、一つの解釈として聞くべきところはあるだろう。

第8章では再びイギリスに戻り、マシュー・アーノルドが扱われている。本書で頻繁に出てくる「過去の思想や言説の中で最良のもの」という表現は、アーノルドからの引用である。彼の考えのベースはやはり教養主義であり、たんなる読み書きにとどまらず、優れた思想や言説に触れることによって、人は賢明になっていくというのが、そのビジョンである。

この章の一つの論点が、選択の自由とその適宜性の問題である。『選択の自由』はミルトン・フリードマンのベストセラーだが、一般に経済学では消費者の選好が分析の起点とされ、それ自体の源や適切さが問われることは少ない。アーノルドの論点はこの点にかかわっている。著者は、ヘーゲルと並んでアーノルドがこの点について自覚的であったとする。人が適切な、つまり特定の選好を持つことを社会科学は果たして推奨できるのか。特に、経済学の見地からこの点について何かを言いうるのか。いずれも重要な未解決問題である。

今日、日本のみならず世界中で旧タイプの教養教育や教養主義は崩壊の危機に瀕しているが、その点に鑑みてもアーノルドは重要であろう。もとより、アーノルドを甦らせてこと終わりというわけではない。この点は後述したい。

第9章は、マックス・ウェーバー、ゲオルク・ジンメル、ヴェルナー・ゾンバルトの三人を扱うという盛りだくさんの章。この三人、いずれもドイツ人だが、本章の冒頭で、ドイツ人にとって資本主義論が持つ重要性が強調されている。第7章からの連続性は明らかである。その三人の資本主義観は相互に関連しながらも、独自の展開を見せる。

ウェーバーに関していえば、初期の取引所論が重要である。取引所論はウェーバー研究者はともかくとして、一般に周知であるとはいえないだろう。当時しばしば聞かれた、投機によって儲ける悪徳投資家というイメージは間違っているというのが当該問題についてのウェーバーの理解だった。資本主義を認めるのであれば、取引所は容認せざるをえないし、投機も含めて取引所を否定するのであれば、それは資本主義そのもののエンジンを止めることになる。後者はウェーバーにとってはありえない選択肢である。端的にいえば、ウェーバーの立場は資本主義容認論なのだ。

そして、ジンメルが登場する。ジンメルは、先行章で扱われた何人かの思想家とは異なり、もはや共同体の崩壊それ自体を嘆き悲しむことはない。貨幣経済の浸透は、今までなかったような多様な人間関係を可能にするというのがジンメルの立場だ。そして、現代人は特定の組織にその人格すべてが包摂されることはなく、複数の組織にさまざまな程度で属するのが普通だとされる。まさに、この点において、ジンメルの今日的重要性が求められるというのが著者の立場である。

最後に扱われるのが、ゾンバルトである。往年のゾンバルトの名声を今日、想像するのは難しい。しかし、一九世紀における最も影響力があった思想家の一人であることは事実である。ゾンバルトは、ユダヤ人と資本主義を最もわかりやすい形で結びつける。ユダヤ人の持つ強欲性は、資本主義そのものだというわけだ。あまりにわかりやすい形であったためか、特に歴史叙述やユダヤ教についての記載は多くの誤りを含むというのが、同僚学者であるルヨ・ブレンターノやウェーバーの判断だった。ゾンバルトの「ユダヤ人＝資本主義的メンタリティの担い手」という図式はかなり一般的に流布しているものであり、現在でも払拭されたとはいえない。このあたりは著者ならでは論述の運びであり、マルクスの章と併せて読むと、興味が尽きない。

第10章はジェルジ・ルカーチとハンス・フライヤーという異色の組合せである。著者の考えはこうだ。両者は全く異なった政治的イデオロギーを持ってはいるものの、共同体への帰依――それはルカーチにあっては共産党への帰依となって表れるものだが――は、両者にあって全く共通していると。したがって両者は、いってみれば、互いに点対称の位置にある同形の図形のようなものだ。ルカーチは著者も述べているように、社会主義、共産主義への移行に際して、マルクスその人とは異なり、意識レベルでのコミットメントを重視している。これがマルクス主義陣営の中での彼の位置づけをユニークなものとしている。また、総体性の認識という観点も紹介されている。諸科学の進展による知識の断片化、分業に伴う認識の部分化という事態を考えると、ルカーチの指摘の意義は大きい。

著者のルカーチについての論述がどの程度新奇な論点を含んでいるのかは私には判断できない。しかし、ルカーチ親子を中心としたハプスブルク帝国、あるいはオーストリア・ハンガリー二重帝国の中のユダヤ人という主題は、それだけでも同国の歴史に関心を寄せている訳者としては面白く読めた。著者はマルクス主義陣営に対しては全体としては厳しく、それはルカーチについても妥当する。将来社会像、特に経済的なプランニングについて具体的な提案がないことは厳しく批判されている。フライヤーはこの種の書物で登場する機会はほとんどない。取り上げたこと自体、著者独自の判断である。

第11章は、ヨゼフ・シュンペーターを取り上げる。シュンペーターは日本でもとりわけ人気のある経済学者であり、本書の主題からしても逸することのできない思想家である。本書は一般向けではあるが、歴史的背景の説明には優れたものがあり、本章での叙述が、シュンペーターの母国であるオーストリア・ハンガリー二重帝国と、後年移住したアメリカを中心とした背景説明のいずれをも含んでいるのは適切な対処である。

シュンペーターのニューディール的な反独占に対する皮肉まじりのコメントは、よく知られているだろう。巨大独占的企業が企業家精神を全く欠くわけではなく、反独占的思想に表れているのは、弱者の強者に対する怨恨なのだ。著者も重視しているシュンペーターの著作に表れている、知識人の過剰供給に基づく、資本主義に対する批判の高まりだが、確かにこれは戦後盛り上がりを見せた学生運動に対する説明としては妥当なものを含んでいる。

しかし、シュンペーター没後も大学進学率の上昇はやまないわけだから、知識人の過剰供給が続いているとすれば、この仮説が正しければ、反資本主義的なムードはやはり醸成されるはずである。一九六八年以降の学生運動の沈静化を見るにつけ、時代の変化を考えざるをえない。仮説自体が妥当しなくなったか、あるいは、しばしば言われるように、教養主義の退行によって、「学生＝知識人」という等式が成立しなくなった、かのいずれかである。

第12章は、ジョン・メイナード・ケインズとヘルベルト・マルクーゼをカップリングした章。ここでも、著者のラインアップのユニークさが光る。しかも、分量的に力点は明らかにマルクーゼに置かれている。マルクーゼは、訳者の世代においても、歴史的存在である。そういう人が昔いて、特にアメリカで反体制派の学生に非常に読まれたことは知っている。しかし、それはあくまで知識として知っているということで、「へえー、そうなんだ」という域は出ない。そういう意味では、個人的には啓かれた章である。

まず、ケインズについてはしばしば取り上げられる論文「わが孫たちの経済的可能性」が分析の対象となる。これは貨幣愛をめぐって書かれており、ケインズは当面は、彼を含めた文芸人から見たら、汚れているかもしれない経済的動機によって経済成長を図らなければならないという妥協的な態度を示している。本書の課題からすれば、この論考が取り上げられたのは当然であろう。

かつての英雄、マルクーゼについては歴史的背景を含めて、たっぷりと紹介される。ルカーチの場合と同様に、マルクーゼにとって重要なのは、消費者が自分のものであると観念している欲望ではなく、そうあるべきだと観察者が考える規範的なそれであった。その意味で、アメリカを含めたあるいは代表とする資本主義社会の消費者は、操作されているのである。マルクーゼは典型的な批判理論なので、先行章と同じく、ここでも、著者はマルクーゼに将来の社会像がない点を厳しく批判している。

第13章は、一般には市場賛美者としてよく知られるフリードリヒ・ハイエクを扱う。「結論」部分を除けば、最後の章となる。本章でも、歴史的背景をふまえて論者の見解を精査しようとする著者のやり方は際立っている。アングロサクソンを中心とするハイエク研究においては必ずしも重視されていないが、ハプスブルク帝国史の政治史、イデオロギー史などの系譜上に、ハイエクを位置づけようとする著者のやり方は鮮やかである。ハイエクのイデオロギーの展開にとっての重要性に鑑み、キリスト教徒、ユダヤ人、いずれとも距離があった中間的な集団に著者が関心を寄せているのは興味が尽きない。歴史的研究の素材として、面白い論点である。ここでも、ユダヤ人問題に通じている著者のメリットは発揮されている。

また、ハイエク自体の位置づけについても、一定の範囲内で政府の介入は認めていた点は正しく指摘されていて、適切である。著者は、ハイエクの分析は出発点であっても、到達点ではないとして、新自由主義的イデオロギーに対しても、一定の距離を保っている。

以上、第1章以外の著者の考えをたどってきたが、ここで「結論」に記されたことをふまえて、本書の独自性をまとめてみよう。

ユダヤ人問題は、何度も触れたように、本書では繰り返し現れる論点であった。「結論」でも、再びこの問題に言及がなされ、第二次世界大戦後は、ユダヤ人に対する根拠を欠いた批判や嫌悪感は弱まったとはいえ、国際資本主義とユダヤ人との同一視は、9・11以降は逆に強められているという警告がなされている。重要な指摘であろう。

すでに述べたように、著者には先行する著作『ユダヤ人の成功と悲劇』があり、本書は明らかにその系譜上にある著作である。著者のユダヤ人論には凡百のユダヤ人論の追随を許さないところがあり、経済思想史の一研究者として経済思想に表れたユダヤ人という主題には常々関心を持ちながらも、なかなか立ち入った理解に至らない訳者にとっては、学ぶべき点が少なくなかった。ヴォルテールを扱った第2章、マルクスのユダヤ人論を含む第7章、ドイツの思想を中心的な考察とした第9章、第10章。そして、ハイエクを扱った第13章。これらの章のいずれもユダヤ人が重要な主題となっている。

一般に、私ども日本人のユダヤ人理解は深いとはいえない。本書を読むことによって、私を含めた読者が、通り一遍のユダヤ人観を超えた、皮膚感覚にまで迫ったユダヤ人観を持つことが望まれる。

本書は、読者が現代社会を理解するうえでも、重要な鍵をいくつも提供している。その一つが、共同体の問題とさまざまな社会集団への帰属である。現代社会を特徴づける用語はいくつもあるが、著者はすでに述べたように、ジンメルの主張する複数組織への帰属という論点を重視している。これは、確かに現代社会を特徴づける重要な特質であろう。すべてを包括する共同体はないし、これからも復活するきざしはない。

しかし、ＩＣＴ技術の著しい発展によって、現代人は遠隔地にいる人間とも容易にコンタクトできるし、ＳＮＳなどに見られるように、さまざまな主義、主張、関心、趣味などを共有するバーチャルな共同体を構築するのも得意だ。こうした側面は、技術的発展については知るところはなかったものの、ジンメルが予見したものであり、著者はそこに注目するのである。入るのも自由、抜けるのも自由というのが、現代の組織だが、そこを鋭く突いたのはジンメルの貢献であろう。

市場に対する思想家たちの対応は、以上のサマリーでもわかるように、しばしば鋭く対立しているかのように見える。しかしながら、同一の陣営の中でも対立はあるし、また、一人の著者においても緊張関係は存在するというのが、著者の立場である。その意味で、過去の思想から依然として学ぶところは大きいというのが著者の姿勢であり、最後に再び、過去の最良の言説から学ぶ、というアーノルドからの引用が登場して、本書は閉じられている。

なお、本書の本文ならびに注記は、原典のとおりだが、明らかな誤りと考えられる箇所は、特に断わりなく修正した。また、第2章と第3章については、訳書ページの指示の目的で若干の訳注を設けた。

すでに邦訳があるものは、参照、利用させていただいたが、多くの場合、本書全体の統一性や訳者自身の訳語の好みから、引用に際しては、一部あるいは全体を書き直して利用したケースが多い。ご海容をお願いしたい。また本書では、できるだけ日本語として読みやすくという点を重視したので、必ずしも逐語的な翻訳は目的とはしていない。

「訳者解題」を草する段取りとなり、安堵している。多人数による翻訳作業を忌避している私は簡単に「一人でやります」と引き受けたものの、遅々として進まず、編集担当の佐藤敬氏には非常に長期にわたりお付き合いいただいた。この間のご尽力に深謝する次第である。

本書の歴史的広がりは大きいので、いくつかの章は、訳者にとっては不案内な時期や対象を扱っている。特にそうした章の訳出に誤りがないかは、読者のご指摘を待ちたい。なかでも、バークを扱った第5章については、中澤信彦氏の懇切なご指導を賜ったことを記しておく。『国富論』の訳者としても知られる山岡洋一氏のような簡明な文体に憧れながら、やはりブッキッシュなそれになってしまったことを恐れる。ともあれ、読者が本書をきっかけに、市場やそれをめぐる諸問題に思いをめぐらすことになれば、訳者としてはこれに勝る幸せはない。

三田山上にて記す

池田幸弘

【著者紹介】
ジェリー・Z・ミュラー（Jerry Z. Muller）
アメリカ・カトリック大学歴史学部教授。1977年ブランダイス大学卒業、1984年コロンビア大学にてPh.D. 取得。1996年より現職。専門は近代ヨーロッパの知性史、資本主義の歴史。主な著書に、*Adam Smith in His Time and Ours*（Free Press）、*The Other God that Failed: Hans Freyer and the Deradicalization of German Conservatism*、*Conservatism: An Anthology of Social and Political Thought from David Hume to the Present*、*Capitalism and the Jews*（いずれもPrinceton University Press）などのほか、『ウォール・ストリート・ジャーナル』紙や『フォーリン・アフェアーズ』誌などへの寄稿も多数。

【訳者紹介】
池田幸弘（いけだ　ゆきひろ）
慶應義塾大学経済学部教授。1959年東京都生まれ。82年慶應義塾大学経済学部卒業、89年同大学大学院経済学研究科博士課程単位取得退学。94年ホーエンハイム大学経済・社会科学部にて経済学博士号（Dr. oec.）取得。2004年より現職、17年10月より同学部長。専門は、経済学史・経済思想史。主な著書に *Die Entstehungsgeschichte der "Grundsätze" Carl Mengers*（Scripta Mercaturae）、*War in the History of Economic Thought*（共編著、Routledge）、『経済思想にみる貨幣と金融』（共編著、三嶺書房）、『近代日本と経済学』（共編著、慶應義塾大学出版会）、『オーストリア学派の経済学』（共著、日本経済評論社）、翻訳書に『貨幣論集（ハイエク全集）』（共訳、春秋社）、『ゴッセン人間交易論』（日本経済評論社）などがある。

資本主義の思想史
市場をめぐる近代ヨーロッパ300年の知の系譜

2018年1月25日発行

著　者――ジェリー・Z・ミュラー
訳　者――池田幸弘
発行者――駒橋憲一
発行所――東洋経済新報社
〒103-8345　東京都中央区日本橋本石町1-2-1
電話＝東洋経済コールセンター　03(5605)7021
http://toyokeizai.net/

装　丁…………橋爪朋世
本文デザイン……米谷　豪（orange_noiz）
ＤＴＰ…………鈴木康弘（群企画）
編集協力………宮本俊夫（くすのき舎）
印刷・製本……丸井工文社
編集担当………佐藤　敬
Printed in Japan　　ISBN 978-4-492-37117-6

本書のコピー、スキャン、デジタル化等の無断複製は、著作権法上での例外である私的利用を除き禁じられています。本書を代行業者等の第三者に依頼してコピー、スキャンやデジタル化することは、たとえ個人や家庭内での利用であっても一切認められておりません。
落丁・乱丁本はお取替えいたします。

索引

▸ア行◂

▸カ行◂

▸サ行◂

▸タ行◂

▸ナ行◂

▸ハ行◂

▸マ行◂

▸ヤ行◂

▸ラ行◂

▸ワ行◂

注

▸ 序章 ◂

1 Jürgen Habermas, *Legitimationsprobleme im Spätkapitalismus* (Frankfurt, 1973), translated by Thomas McCarthy as *Legitimation Crisis* (Boston, 1975); Daniel Bell, *The Cultural Contradictions of Capitalism* (New York, 1976); Irving Kristol, *Two Cheers for Capitalism* (New York, 1978); Christopher Lasch, *The Culture of Narcissism: American Life in an Age of Diminishing Expectations* (New York, 1979); Alasdair MacIntyre, *After Virtue* (Notre Dame, Ind., 1981).

2 Hans Freyer, *Die Bewertung der Wirtschaft im philosophischen Denken des 19. Jahrhunderts* (Leipzig, 1921); Raymond Williams, *Culture and Society, 1780-1950* (New York, 1958), and *Keywords: A Vocabulary of Culture and Society* (New York, 1976).

3 Jerry Z. Muller, "Capitalism: The Wave of the Future," *Commentary* (December 1988), pp. 21-26を見よ.

4 Michael Oakeshott, review of Q. R. D. Skinner, *The Foundations of Modern Political Thought*, in *The Historical Journal*, vol. 23, no. 2 (1980), pp. 449-453, at p. 451.

5 これらの問題を周到に探求したものとしては，Dominick LaCapra, "Rethinking Intellectual History and Reading Texts," in Dominick LaCapra and Steven Kaplan (eds.) *Modern European Intellectual History* (Ithaca, N.Y., 1982), pp. 47-85を見よ．クエンティン・スキナーと批判者の間の意見交換については，James Tully (ed.), *Meaning and Context: Quentin Skinner and His Critics* (Princeton, N. J., 1988)にまとめられている．

6 この点は，Steven Lukes, "The Singular and the Plural: On the Distinctive Liberalism of Isaiah Berlin," *Social Research*, vol. 61, no. 3 (Fall 1994), pp. 686-717, at p. 692によって指摘されているとおりである．

7 Karl Polanyi, *The Great Transformation* (Boston, 1957), pp. 42, 69-70. 重大な欠点とかなりの誇張を含んではいるものの，同書は，この特定の点をはっきりと指摘している．

▸ 第1章 ◂

1 Thomassin, *Traité du Négoce et de l'Usure* (1697), p. 96以下．引用は，Bernard Groethuysen, *The Bourgeois: Catholicism vs. Capitalism in Eighteenth-Century France* (New York, 1968), pp. 191-192による．

2 Charles Davenant, "Essay upon the Probable Methods of Making a People Gainers in the Balance of Trade" (1699), in *Works*, vol. 2, p. 275. 引用は，J. G. A. Pocock, *The Machiavellian Moment* (Princeton, N. J., 1975), p. 443による．

3　ギリシャの都市国家のエートスを呼び起こして分析したのは，Paul Rahe, *Republics Ancient and Modern: Classical Republicanism and the American Revolution* (Chapel Hill, N. C., 1992), book 1である．

4　Plato, *Republic*, 550.

5　Richard Mulgan, "Liberty in Ancient Greece," in Zbigniew Pelczynski and John Gray (eds.), *Conceptions of Liberty in Political Philosophy* (London, 1984), pp. 7-26. 特にpp. 8-10; Joseph Schumpeter, *History of Economic Analysis* (New York, 1954), p. 60を見よ．

6　Aristotle, *Politics*, ed. Carnes Lord (Chicago, 1994), book 1, chapter 9, and book 7, chapter 9. また，Thomas L. Lewis, "Acquisition and Anxiety: Aristotle's Case Against the Market," *Canadian Journal of Economics*, vol. 11, no. 1, pp. 69-90. そして，Rahe, *Republics*, p. 57以下や特にp. 88以下も参照.

7　S. C. Humphreys, *Anthropology and the Greeks* (London, 1976), pp. 139-150. そして，Rahe, *Republics*, chapter 3, "The Political Economy of Hellas" を見よ．

8　Rahe, *Republics*, pp. 72以下を見よ．

9　Paul Millett, *Lending and Borrowing in Ancient Athens* (Cambridge, 1991), pp. 206-207, 218-221.

10　Aristotle, *Politics*, book 1, chapter 9. そして，David Harris Sacks, "The Greed of Judas: Avarice, Monopoly, and the Moral Economy in England, ca. 1350-ca. 1600," *Journal of Medieval and Early Modern Studies*, vol. 28, no. 2 (spring 1998), pp. 263-307が有用な議論を提供している．

11　Aristotle, *Politics*, book 1, chapter 10.

12　John W. Baldwin, *The Medieval Theories of the Just Price: Romanists, Canonists, and Theologians in the Twelfth and Thirteenth Centuries* (Philadelphia, 1959), pp. 12-16を見よ．商業と経済問題に関するラビ風のユダヤ人的態度とキリスト教的態度を簡潔に，しかし教唆的に比較したものとしては，Derek J. Penslar, *Shylock's Children: Economics and Jewish Identity in Modern Europe* (Berkeley, Calif., 2001), p. 52以下を見よ．

13　引用は，Raymond de Roover, "The Scholastic Attitude Toward Trade and Entrepreneurship," *Explorations in Entrepreneurial History*, second series, vol. 1, no. 1 (fall 1963), pp. 76-87, at p. 76による．

14　John Gilchrist, *The Church and Economic Activity in the Middle Ages* (New York, 1969), pp. 52-53; Baldwin, *Medieval Theories*, p. 35.

15　Gratian, *Decretum*, pt. 1, dist. 88, cap. 11.

16　Lester K. Little, *Religious Poverty and the Profit Economy in Medieval Europe* (Ithaca, N. Y., 1978), p. 53.

17　引用は，Jacob Viner, *Religious Thought and Economic Society* (Durham, N. C., 1978), pp. 35-36による．

18　Viner, *Religious Thought*, pp. 37-38. アンティオキアのリバニウスとその影響については，Jacob Viner, *The Role of Providence in the Social Order* (Princeton, N. J., 1972), pp. 36-37を見よ．グラティアヌスによるリバニウスの教義の復権については，Douglas A. Irwin, *Against the Tide: An Intellectual History of Free Trade* (Princeton, N. J., 1996), pp. 15-17を見よ．

19　Baldwin, *Medieval Theories*, p. 8.

20　洞察に富む要約と分析については，Ernst Troeltsch, *Die Soziallehren der christlichen Kirchen und Gruppen* (Tübingen, 1922), volume 1 of his *Gesammelte Schriften* (reprinted 1965), pp. 334-348を見よ．

21　Schumpeter, *History of Economic Analysis*, pp. 91-94; de Roover, "Scholastic Attitude," pp. 76-79; John F. McGovern, "The Rise of New Economic Attitudes—Economic Humanism, Economic Nationalism—During the Later Middle Ages and the Renaissance, A. D. 1200-1500," *Traditio*, vol. 26 (1970), pp. 217-254, at p. 230; Little, *Religious Poverty*, p. 176 ff; Julius Kirshner, "Raymond de Roover on Scholastic Economic Thought," in Julius Kirshner (ed.), *Business, Banking, and Economic*

Thought in Late Medieval and Early Modern Europe (Chicago, 1974), p. 19を見よ．キルシュナーの序文は，スコラ経済思想の学識についての有益な検討であり，また，ド・ルーヴァーの業績に対してバランスのとれた批判にもなっている．

22　De Roover, "Scholastic Attitude," passim; McGovern, "Rise of New Economic Attitudes," p. 230; R. H. Tawney, *Religion and the Rise of Capitalism* (London, 1926), pp. 30 ff; Little, *Religious Poverty*, p. 181では，彼らの商業擁護の程度については誇張が見られる．

23　Alasdair MacIntyre, *Whose Justice? Which Rationality?* (Notre Dame, Ind., 1988), p. 157を見よ．

24　MacIntyre, *Whose Justice?* pp. 162, 199では，Aquinas, *Summa*, IIa-IIae, pp. 61-66が引用されている．

25　De Roover, "Scholastic Attitude," p. 80.

26　トマス・アクィナスの『神学大全』にある，大罪の根本にある貪欲については，Morton Bloomfield, *The Seven Deadly Sins* (East Lansing, Mich., 1952), pp. 87-88を見よ．

27　De Roover, "Scholastic Attitude," p. 80で引用されている．また，Viner, *Religious Thought*, pp. 35-38およびSchumpeter, *History of Economic Analysis*, pp. 60, 92, 99も見よ．

28　たとえば，Simon Schama, *The Embarrassment of Riches: An Interpretation of Dutch Culture in the Golden Age* (New York, 1987), pp. 329 ff; J. H. Hexter, "The Historical Method of Christopher Hill," にある彼の *On Historians* (Cambridge, Mass., 1986), pp. 234-236を見よ．

29　Stephen Innes, *Creating the Commonwealth: The Economic Culture of Puritan New England* (New York, 1995), p. 26で引用されている．

30　Max Weber, *The Protestant Ethic and the Spirit of Capitalism* (New York, 1958), p. 175. Southey, *Life of Wesley* (2nd U. S. ed., vol. 2, p. 308)の引用による．

31　Benjamin Nelson, *The Idea of Usury: From Tribal Brotherhood to Universal Otherhood*, 2nd ed. (Chicago, 1969), chapter 1.

32　Baldwin, *Medieval Theories*, pp. 33-37.

33　Tawney, *Religion*, pp. 36-37. 中世イギリスからの例については，Dante, *Inferno*, cantos XI, XVIIを見よ．

34　Little, *Religious Poverty*, pp. 178-180. この時期において，教会の高利概念が変化していったことについては，Jacques Le Goff, *Your Money or Your Life: Economy and Religion in the Middle Ages* (New York, 1988) も見よ．

35　18世紀フランスの高利についての決疑論については，Emma Rothschild, *Economic Sentiments: Adam Smith, Condorcet, and the Enlightenment* (Cambridge, Mass., 2001), p. 42を見よ．

36　Kirshner, *Business, Banking, and Economic Thought*, pp. 27-29; de Roover, "Money Theory prior to Adam Smith: A Revision," in Kirshner, *Business, Banking, and Economic Thought*, pp. 317-320.

37　Robert S. Lopez, *The Commercial Revolution of the Middle Ages, 950-1350* (New York, 1976)の第2章と第3章を見よ．そして，さらに広い範囲での描写については，R. W. Southern, *Western Society and the Church in the Middle Ages* (Harmondsworth, England, 1970), pp. 34-44.

38　Hans-Jörg Gilomen, "Wucher und Wirtschaft im Mittelalter," *Historische Zeitschrift*, vol. 250, no. 2 (1990), pp. 265-301, at p. 265で引用されている．金貸しに対する神学的見地からなる非難と実際の慣行とのギャップについて扱った最近の歴史学の文献をめぐって，本稿は有用な概観を与えている．

39　Salo W. Baron, *A Social and Religious History of the Jews*, 18 volumes to date (New York and Philadelphia, 1952-), vol. 4, p. 203, and vol. 9, p. 50; Le Goff, *Your Money*, pp. 9-10. ユダヤ人の金貸しについての中世における神学的見解についての有用な概観を与えているのが，Léon Poliakov, *Jewish Bankers and the Holy See from the Thirteenth to the Seventeenth Century* (London, 1977), pp.

13-35である．ユダヤ人が高利にかかわることを許されるかどうかは，教会内部で議論された．これについては，Gilomen, “Wucher und Wirtschaft im Mittelalter” を見よ．

40 Little, *Religious Poverty*, pp. 34, 53.

41 Baron, *History of the Jews*, vol. 11, p. 144; Joshua Trachtenberg, *The Devil and the Jews* (New Haven, Conn., 1943), p. 193.

42 Baron, *History of the Jews*, vol. 4, pp. 120-121; Little, *Religious Poverty*, p. 56.

43 Little, *Religious Poverty*, p. 57.

44 Trachtenberg, Devil the Jews, p. 191; R. Po-chia Hsia, “The Usurious Jew: Economic Structure and Religious Representations in Anti-Semitic Discourse,” pp. 161-176, in R. Po-chia Hsia and Hartmut Lehmann (eds.), *In and Out of the Ghetto: Jewish-Gentile Relations in Late Medieval and Early Modern Germany* (Cambridge, England, 1995), pp. 165 ff.

45 Baron, *History of the Jews*, vol. 4, pp. 150-156, 170-174, 223 ff.

46 Baron, *History of the Jews*, vol. 4, pp. 202-207; vol. 9, pp. 50 ff.

47 Fernand Braudel, *The Wheels of Commerce*, (New York, 1982), pp. 559-563; Charles P. Kindelberger, *A Financial History of Western Europe*, (London, 1984), pp. 41-43; R. H. Helmholz, “Usury and the Medieval English Church Courts,” *Speculum* vol. 61/2 (1986), pp. 364-380; *Encyclical Letter of Our Holy Father by Divine Providence Pope Leo XIII on the Condition of Labor*, in Oswald von Nell-Breuning, S. J., *Reorganization of Social Economy: The Social Encyclical Developed and Explained* (New York, 1936), p. 367; Herbert Lüthy, “Lending at Interest or the Competence of Theology in Economic Matters,” pp. 71-104, in Herbert Lüthy, *From Calvin to Rousseau: Tradition and Modernity from the Reformation to the French Revolution* (New York, 1970); John T. Noonan, Jr., *The Scholastic Analysis of Usury* (Cambridge, Mass., 1957), p. 382. ノーナンの著作はこの主題を最も詳細に，そして正確に扱ったもので，1950年代にまで及んでいる．

48 Tawney, *Religion*, pp. 92-95.

49 Lüthy, “Lending,” pp. 74-79; Tawney, *Religion*, pp. 102-119.

50 Schama, *Embarrassment*, pp. 337, 330.

51 Helmholz, “Usury,” p. 380; Kindelberger, *Financial History*, p. 41.

52 Trachtenberg, *Devil and the Jews*, pp. 191-192を見よ．Steven E. Aschheim, “‘The Jew Within’: The Myth of ‘Judaization’ in Germany,” in his *Culture and Catastrophe* (New York, 1996), pp. 45-68も見よ．

53 たとえば，カルヴァン派，ピューリタン，長老派が高利貸しだという批判に対しては，Tawney, *Religion*, pp. 209, 232-233, 252を見よ．

54 Werner Sombart, *The Jews and Modern Capitalism* (New Brunswick, N. J., 1982), pp. 250-251で引用されている．

55 Tawney, *Religion*, pp. 152-153; Jean-Christophe Agnew, *Worlds Apart: The Market and the Theater in Anglo-American Thought, 1550-1750* (Cambridge, 1986), p. 121.

56 James Harrington, *Oceana*, p. 159, 引用はSteve Pincus, “Neither Machiavellian Moment nor Possessive Individualism: Commercial Society and the Defenders of the English Commonwealth,” *American Historical Review* (June 1998), pp. 705-736による．

57 とりわけ，Paul A. Rahe, *Republic*の第1編を見よ．また，Stephen Holmes, *Benjamin Constant and the Making of Modern Liberalism* (New Haven, Conn., 1984), pp. 1, 179も見よ．

58 MacIntyre, *Whose Justice?* p. 163.

59 ここでのシヴィック的伝統についての簡単な要約は，Jeff A. Weintraub, “Virtue, Community, and the Sociology of Liberty: The Notion of Republican Virtue and Its Impact on Modern Western Social Thought” (Ph. D. diss., Berkeley, Calif., 1979), chapter 1によっている．簡単な説明は，J. G. A.

Pocock, "Cambridge Paradigms and Scotch Philosophers," pp. 235-252, at pp. 235-236とJohn Robertson, "The Scottish Enlightenment at the Limits of the Civic Tradition," pp. 137-178, at pp. 138-140(いずれもIstvan Hont and Michael Ignatieff [eds.], *Wealth and Virtue: The Shaping of Political Economy in the Scottish Enlightenment* [Cambridge, 1983] 所収), そして, Forrest McDonald, *Novus Ordo Seclorum: The Intellectual Origins of the Constitution* (Lawrence, Kans., 1985), pp. 70-71にある.

60 スパルタ像については, Elizabeth Rawson, *The Spartan Tradition in European Thought* (Oxford, England, 1969), 特にpp. 5-8を見よ. 再構築可能な限りにおいてのスパルタ体制の現実については, Rahe, *Republics*, chapter 5を見よ.

61 James Harrington, *Oceana*, p. 295, Pincus, p. 717において引用されている.

62 イギリスについては, Pincus, "Neither Machiavellian Moment nor Possessive Individualism," pp. 705-736, 特にpp. 720-724とDavid Harris Sacks, "The Greed of Judas," pp. 263-307, 特にその結論を見よ. オランダについては, 特に当初1662年にオランダ語で公刊されたJohn de Witt [Pieter de la Court], *The True Interest and Political Maxims of the Republic of Holland*, published in English translation in London, 1746, and reprinted New York, 1972を, そして宮廷については, Eco Haitsma Mulier, "The Language of Seventeenth-Century Republicanism in the United Provinces," in Anthony Pagden (ed.), *The Languages of Political Theory in Early-Modern Europe* (Cambridge, 1987), pp. 179-195を見よ. しばしば見られたフィレンツェ人文主義者の商業についての肯定的な見解については, Mark Jurdjevic, "Virtue, Commerce, and the Enduring Florentine Republican Moment: Reintegrating Italy into the Atlantic Republican Debate," *Journal of the History of Ideas*, vol. 62, no. 4 (2001), pp. 721-743を見よ. これは, J. G. A. Pocock's *The Machiavellian Moment* (Princeton, N. J., 1975)とそれによって生み出された文献についての重要な批判である.

63 Pocock, *The Machiavellian Moment*を見よ.

64 Baldwin, *Medieval Theories*, p. 17.

65 J. H. Hexter, "Republic, Virtue, Liberty, and the Political Universe of J. G. A. Pocock," in his *On Historians* (Cambridge, Mass., 1979), pp. 255-303, at pp. 294-303; Pocock, "Cambridge Paradigms," pp. 240-250.

66 中世ヨーロッパにおける神学の規範的役割と市民法の実際的役割との対立については, Baldwin, *Medieval Theories*, pp. 59-63を見よ.

67 J. G. A. Pocock, "Virtues, Rights, and Manners: A Model for Historians of Political Thought," in Pocock, *Virtue, Commerce, and History* (Cambridge, 1985), pp. 43-45を見よ.

68 16～17世紀の闘争が政治理論家に何を提起したかという問題についての簡単な概説については, F. J. C. Hearnshaw, "Introductory: The Social and Political Problems of the Sixteenth and Seventeenth Centuries," in F. J. C. Hearnshaw (ed.), *The Social and Political Ideas of Some Great Thinkers of the Sixteenth and Seventeenth Centuries* (New York, 1967), pp. 9-41を見よ.

69 レオ・シュトラウスの業績は, クエンティン・スキナーの知性史研究の「文脈主義」宣言によって批判されたが ("Meaning and Understanding in the History of Ideas," *History and Theory*, vol. 8 [1969], pp. 3-53), スキナーは最近では, シュトラウスの17世紀思想理解についての手がかりである, 政治的アソシエーションの基礎としての善き生活の貴族的・宗教的概念の否定については, これを再発見するに至っている. たとえば, Leo Strauss, *Spinoza's Critique of Religion* (New York, 1965; reprinted Chicago, 1997 [German original, 1930]), chapter 4, "Thomas Hobbes"; Leo Strauss, *The Political Philosophy of Hobbes* (Oxford, 1936)やLeo Strauss, *Natural Right and History*, chapter on Hobbes and LockeとQuentin Skinner, *Reason and Rhetoric in the Philosophy of Hobbes* (Cambridge, 1996), pp. 284-293 ("The Attack on the *Vir Civilis*") and pp. 316-326 ("The Science of Virtue and Vice")を比較せよ.

70　この主題については，とりわけ Pierre Manent, *An Intellectual History of Liberalism* (Princeton, N. J., 1995; French original 1987) を見よ．

71　Richard Tuck, "The 'Modern' Theory of Natural Law," in Anthony Pagden (ed.), *The Languages of Political Theory in Early-Modern Europe* (Cambridge, 1987), pp. 99-119, at pp. 114-119.

72　Grotius, *The Rights of War and Peace*, p. 64, Tuck, "The 'Modern' Theory of Natural Law," p. 117から引用.

73　Richard F. Teichgraeber III, *"Free Trade" and Moral Philosophy: Rethinking the Sources of Adam Smith's Wealth of Nations* (Durham, N.C., 1986), p. 177におけるグロティウスとその影響についての議論を見よ．

74　グロティウスの思想とホッブズの関係については，Richard Tuck, *Philosophy and Government, 1572-1651* (Cambridge, 1993) を見よ．ホッブズが持っているラディカルな独創性を強調したものとしては，Perez Zagorin, "Hobbes Without Grotius," *History of Political Thought*, vol. 21, no. 1 (spring 2000), pp. 16-40を見よ．

75　Hobbes, *Leviathan*, books 3 and 4, 特に chapter 38.

76　『レヴァイアサン』第6章における「勇気」の議論，第11章における名誉と命令の過少評価，そして洞察に富む議論がなされている Strauss, *The Political Philosophy of Hobbes*, pp. 113-116を見よ．

77　*Leviathan*, ed. Richard Tuck (Cambridge, 1991), chapter 46, pp. 470-471.

78　*Leviathan*, chapter 30, p. 231.

79　*Leviathan*, chapter 6, p. 42.

80　*Leviathan*, chapter 9, pp. 70-73.

81　*Leviathan*, chapter 16, p. 111.

82　Skinner, *Reason and Rhetoric*, pp. 163 ff. ホッブズの時代の修辞において婉曲法が占める位置について啓発的な議論をしているスキナーだが，ホッブズ自身がこの技術をしばしば積極的な意味で使っていることについては気づいていない．

83　マンデヴィルについては，M. M. Goldsmith, *Private Vices, Public Benefits: Bernard Mandeville's Social and Political Thought* (Cambridge, 1985) を，そして，価値ある論考である Russell Nieli, "Commercial Society and Christian Virtue: The Mandeville-Law Dispute," *Review of Politics*, vol. 51, no. 4 (Fall 1989), pp. 581-611を見よ．マンデヴィルの影響については，E. J. Hundert, *The Enlightenment's Fable: Bernard Mandeville and the Discovery of Society* (Cambridge, 1994) を見よ．

▸ 第2章 ◂

1　Jeremy Popkin, "Recent West German Work on the French Revolution," *Journal of Modern History*, vol. 59 (December 1987), pp. 737-750, at p. 749を見よ．ヴォルテールの人生と思想を最も有益な形で概観したのが，Peter Gay, *Voltaire's Politics: The Poet as Realist* (New York, 1964); Theodore Besterman, *Voltaire*, 3rd ed. (Chicago, 1976); Haydn Mason, *Voltaire: A Biography* (Baltimore, 1981), そして，初期段階の研究を乗り越えた伝記の René Pomeau, *D'Arouet à Voltaire* (Oxford, 1985) である．最後のものは，今では完成した5巻本 *Voltaire et son temps* (Oxford, 1985-1994) の第1巻目にあたる．しかしながら，これらの著者たちはヴォルテールの賛美者であるので，彼の精神と特徴の弱点を過少評価することにもなっている．Maurice Cranston, *Philosophers and Pamphleteers: Political Theorists of the Enlightenment* (Oxford, 1986) のヴォルテールに関する章は，簡潔な入門である．

2　Keith Michael Baker, "On the Problem of the Ideological Origins of the French Revolution," in

Dominick LaCapra and Steven Kaplan (eds.), *Modern European Intellectual History* (Ithaca, N. Y., 1982), pp. 197–219, at p. 217を見よ．

3 C. B. A. Behrens, *Society, Government, and the Enlightenment: The Experiences of Eighteenth-Century France and Prussia* (New York, 1985), p. 153での引用による．「知識人」という用語のフランスでの用例は，ドレフュス事件の際にドレフュス派の「知識人宣言」が1898年に公刊されたことによる．Dietz Bering, *Die Intellektuellen* (Frankfurt, 1978), p. 38を見よ．

4 Voltaire to d'Alembert, 1765, Peter Gay, *Voltaire's Politics*, p. 34の引用による．

5 B. Faujas de Saint Fond, *A Journey through England and Scotland to the Hebrides in 1784*, 2 vols. (Glasgow, 1907), vol. 2, pp. 245–246.

6 バークが1790年前半に某氏に書いた書簡．Harvey C. Mansfield, Jr. (ed.), *Selected Letters of Edmund Burke* (Chicago, 1984) 所収，p. 268.

7 パトロンによる庇護から市場への移行を概観したものとしては，Priscilla P. Clark, *Literary France: The Making of a Culture* (Berkeley, 1987), pp. 39–52を見よ．18世紀フランスにおける出版業の発展については，Robert Darnton, *The Business of Enlightenment: A Publishing History of the* Encyclopédie*, 1775–1800* (Cambridge, Mass., 1979) および*The Literary Underground of the Old Regime* (Cambridge, Mass., 1982)を見よ．

8 こうした新しい文化的施設は，近時の研究主題であるが，Isser Woloch, *Eighteenth-Century Europe: Tradition and Progress, 1715–1789* (New York, 1982), pp. 183–197が有益な要約を与えている．言説が商品に転じていったことについて鋭いコメントを加えているJ. G. A. Pocock, "Transformations in British Political Thought," *Political Science* (July 1988), pp. 160–178, at pp. 174–178も見よ．フランス啓蒙の社会的基盤について，素晴らしい概観を与えているHans Ulrich Gumbrecht, Rolf Reichardt, and Thomas Schleich, "Für eine Sozialgeschichte der Französischen Aufklärung," in Gumbrecht et al., *Sozialgeschichte der Aufklärung in Frankreich. Teil I* (Munich, 1981), pp. 3–54を見よ．

9 Keith Michael Baker, "Politics and Public Opinion under the Old Regime: Some Reflections," in Jack R. Censer and Jeremy D. Popkin (eds.), *Press and Politics in Pre-revolutionary France* (Berkeley, Calif., 1988), pp. 204–246, at pp. 208–214 and 230–231.「世論」や「公共的空間」の起源や発展については，Jürgen Habermas, *Strukturwandel der Öffentlichkeit* (Darmstadt, 1962), translated as *The Structural Transformation of the Public Sphere* (Cambridge, Mass., 1982); Ernst Manheim, *Aufklärung und öffentliche Meinung: Studien zur Soziologie der Öffentlichkeit im 18. Jahrhundert* (Munich, 1979) を見よ．

10 ロハンとの激論の結果，ヴォルテールがイギリスに逃げたという見解は，Pomeau, *D'Arouet à Voltaire*, pp. 201–202で修正されている．

11 Quentin Skinner, *The Foundations of Modern Political Thought*, 2 vols. (Cambridge, 1978), vol. 2, p. 250.

12 Skinner, *Foundations*, vol. 2, pp. 241–254, 352.

13 Besterman, *Voltaire*, p. 125で引用されている．

14 André Michel Rousseau, *L'Angleterre et Voltaire*, 3 vols. 通しページで（Oxford, 1976），*Studies on Voltaire and the Eighteenth Century*, vol. 145–147, pp. 109–111. フォークナーについては，Pomeau, *D'Arouet à Voltaire*, pp. 215–217を見よ．

15 本書は最初，ロンドンで『イギリス国に関する書簡』として公刊され，テキストのほとんどがヴォルテール自身の英語によるもののように思われる．フランス版は1734年にロンドンで公刊された．タイトル・ページでは検閲をかいくぐるために，バーゼルを公刊地としている．Harcourt Brown, "The Composition of the *Letters Concerning the English Nation*," in W. H. Barber et al. (eds.), *The Age of Enlightenment: Studies Presented to Theodore Besterman* (Edinburgh, 1967), pp. 15–34を見

よ．近代フランステキスト協会による傑出したクリティカル・エディションがある．これはギュスターヴ・ランソンが編んでコメントを加えたもので，アンドレ・M・ルソーによって校訂され，現代化された．Voltaire, *Lettres Philosophiques* (Paris, 1964)．本書の内容と文章を最近有益な形で議論したのが，Dennis Fletcher, *Voltaire: Lettres Philosophiques* (London, 1986) である．英語での引用は，そのほとんどが英訳，Leonard Tancock in the Penguin Classics edition, Voltaire, *Letters on England* (New York, 1980) によっている．

16　近代自由主義思想において，自利心をイデオロギー的熱狂を阻止するものとして使う戦略については，Stephen Holmes, *Benjamin Constant and the Making of Modern Liberalism* (New Haven, Conn., 1984), p. 252以下を見よ．利害関心が野心と政治的権力の探究を抑えるために使えるかもしれない，という古い議論については，Albert O. Hirschman, *The Passions and the Interests: Political Arguments for Capitalism Before its Triumph* (Princeton, N. J., 1976), part 1を見よ．

17　*Spectator*, no. 69, May 19, 1711．1722年のフランス版は，Lanson (ed.), *Lettres Philosophiques*, p. 76, n11で引用されている．

18　Letter of Oct. 7, 1722, to Marquise de Bernieres, D128, p. 138, in *The Complete Works of Voltaire* (*Oeuvres complètes de Voltaire*), ed. Theodore Besterman, vol. 85 (Geneva, 1968).

19　Theodore Besterman (ed.), *Voltaire's Notebooks*, 2 vols. (Geneva, 1952)．引用はp. 43から，1つ前の引用はp. 31から．

20　Andrew Marvell, "The Character of Holland," in *Poetical Works* (Boston, 1857), pp. 171–177．引用はSimon Schama, *The Embarrassment of Riches: An Interpretation of Dutch Culture in the Golden Age* (New York, 1987), p. 267による．この詩は1651年に初めて公刊され，以後何度も再版された．

21　P. G. M. Dickson, *The Financial Revolution in England: A Study in the Development of Public Credit, 1688–1756* (London, 1967), p. 514; Paul Mantoux, *The Industrial Revolution in the Eighteenth Century* (Chicago, 1983), p. 98.

22　Douglass C. North and Robert Paul Thomas, *The Rise of the Western World: A New Economic History* (Cambridge, 1973), p. 153.

23　Jacques Donvez, *De quoi vivait Voltaire?* (Paris, 1949), p. 62.

24　Carolyn Webber and Aaron Wildavsky, *A History of Taxation and Expenditure in the Western World* (New York, 1986), chapter 5; Fernand Braudel, *The Wheels of Commerce* (New York, 1982), pp. 521 ff; Charles P. Kindelberger, *A Financial History of Western Europe* (London, 1984), pp. 151–153.

25　Dickson, *Financial Revolution*, p. 514; Ranald C. Michie, *The London Stock Exchange: A History* (Oxford, 1999).

26　John Brewer, *The Sinews of Power: War, Money, and the English State, 1688–1783* (New York, 1989), chapter 4を見よ．

27　産業革命に必要な資本にとって，このような植民地からの利潤の占める役割が限定的だったことについては，Patrick O'Brien, "European Economic Development: The Contribution of the Periphery," *Economic History Review*, 2nd series, vol. 35, no. 1 (February, 1982), pp. 1–18を見よ．

28　ヴォルテールが1722年の通貨的投機にかかわっていたことの証拠については，Donvez, *De quoi*, p. 22を見よ．

29　Mantoux, *Industrial Revolution*, p. 96.

30　Dickson, *Financial Revolution*, pp. 17 ff.

31　Dickson, *Financial Revolution*, p. 495.

32　Dickson, *Financial Revolution*, p. 514.

33　Dickson, *Financial Revolution*, p. 156.

34　J. G. A. Pocock, *The Machiavellian Moment: Florentine Political Thought and the Atlantic Republican*

Tradition (Princeton, N. J., 1975), pp. 446-461, 467-475を見よ.

35 Dickson, *Financial Revolution*, p. 515.

36 Gedalia Yogev, *Diamonds and Coral: Anglo-Dutch Jews and Eighteenth Century Trade* (New York, 1978), pp. 17-21, 55. アディソンのこの文はp. 21ページで引用されている. Harold Pollins, *Economic History of the Jews in England* (Rutherford, 1982), pp. 54-60.

37 Yogev, *Diamonds*, pp. 50, 58; Dickson, *Financial Revolution*, pp. 263, 278-279, 498.

38 ティエリオ宛の書簡は, Theodore Besterman (ed.), *Voltaire's Correspondence* (Geneva, 1953), vol. 2, pp. 36-39にある. 現在のところ, 最も優れた説明を与えているのが, Pomeau, *D'Arouet*, pp. 201-202, 212, 220である. メンデス・ダ・コスタの家族について, また一族とヴォルテールとの関係については, Norma Perry, "La chute d'une famille séfardie: les Mendes da Costa de Londres," *Dixhuitième siècle*, vol. 13(1981), pp. 11-25を見よ.

39 ヘイルズ卿宛の書簡. Rousseau, *L'Angleterre et Voltaire*, pp. 688-9nでの引用による.

40 ここでの分析は, Erich Auerbach, *Mimesis: The Representation of Reality in Western Literature* (Princeton, N. J., 1953), p. 401以下の素晴らしい文体分析によっている. しかしながら, ヴォルテールは「生産的勤労の恵み」を示したかったのだとするアウエルバッハの主張は, ヴォルテールが港ではなく取引所に場面を設定したことを理解していない.

41 ずっと後になって, *Examen important de milord Bolingbroke* (1767) の中で, ヴォルテールは「現在では, ローマでもロンドンでもパリでも, 大都市では, 神は1つしかない. キリスト教徒もユダヤ人も他の信徒も同じような情熱で, この神, つまり貨幣を崇拝しているのだ」と記している. Voltaire, *Oeuvres complètes*, L. Moland (ed.) (Paris, 1879), vol. 26, p. 306.

42 18世紀前半のイギリスで, 詩や演劇の中で商人が英雄として扱われてきたことについては, John McVeagh, *Tradefull Merchants: The Portrayal of the Capitalist in Literature* (London, 1981), chapter 3を見よ. 簡潔な記述としては, Neil McKendrick, "'Gentlemen and Players' Revisited: The Gentlemanly Ideal, the Business Ideal, and the Professional Ideal in English Literary Culture," in Neil McKendrick and R. B. Outhwaite (eds.); *Business Life and Public Policy* (Cambridge, 1986), pp. 98-136, at pp. 108-110. 後にフランスのフィロゾーフが商人の地位を向上させようとしたが, こうした試みについては,『百科全書』中のJoncourt, D'Alembert, Diderot筆の記事を見よ. John Lough, *The Encyclopédie* (New York, 1971), pp. 357-359に引用がある.

43 ヴォルテールがこの主題を後年どのようにして展開していったかについては,『百科全書』中の論説「文人」と, Robert Darnton, "Philosophers Trim the Tree of Knowledge," in Robert Darnton, *The Great Cat Massacre and Other Episodes in French Cultural History* (New York, 1984), pp. 205-208での議論を見よ. 特に文学に表現された, 18世紀フランスにおける自ら意識していた集団の理想としての「文人」の発展については, Paul Bénichou, *Le sacre de l'écrivain, 1750-1830: Essai sur l'avènement d'un pouvoir spirituel laique dans la France moderne* (Paris, 1973), pp. 25-36を見よ.

44 ロックの名声を大陸に広めるのに際して,『哲学書簡』が果たした役割については, Jonathan I. Israel, *Radical Enlightenment: Philosophy and the Making of Modernity* (New York, 2001), p. 527を見よ.

45 Besterman, *Voltaire*, p. 167に引用されている.

46 Rousseau, *L'Angleterre et Voltaire*, pp. 137-138, 153-155.

47 他の例については, Pomeau, *D'Arouet à Voltaire*, p. 146; Donvez, *De quoi*, p. 83を見よ.

48 ここでの説明は, Donvez, *De quoi*, pp. 39-55; Pomeau, *D'Arouet à Voltaire*, p. 259以下による. 18世紀のヨーロッパにおけるくじの役割とこの制度に対する道徳主義からの批判については, Lorraine Daston, *Classical Probability in the Enlightenment* (Princeton, N. J., 1988), pp. 141-163を見よ.

49 Donvez, *De quoi*, pp. 71-74.

50　Ernst Labrousse et al., *Histoire économique et sociale de la France*, vol. 2, (Paris, 1970), pp. 503–509; Werner Sombart, *Luxury and Capitalism* (1913; reprint, Ann Arbor, Mich., 1967), p. 127; Fernand Braudel, *Capitalism and Material Life*, 1400–1800 (New York, 1973), pp. 156–191, 236–239を見よ．

51　Donvez, *De quoi*, pp. 57–69.

52　新しい富に対して繰り返し疑いが持たれることについての鋭い観察は，Albert O. Hirshman, *Shifting Involvements: Private Interest and Public Action* (Princeton, N. J., 1982), chapter 3を見よ．18世紀思想における「奢侈」の概念を最も有益な形で考察したものとしては，Ellen Ross, "The Debate on Luxury in Eighteenth-Century France: A Study of the Language of Opposition to Change" (unpub. Ph. D. diss., University of Chicago, 1975); Simeon M. Wade, Jr., "The Idea of Luxury in Eighteenth-Century England," (unpub. Ph. D. diss., Harvard University, 1968); John Sekora, *Luxury: The Concept in Western Thought, Eden to Smollett* (Baltimore, 1977). および，André Morize, *L'Apologie du Luxe au XVIIIe Siècle et "Le Mondain" de Voltaire: Étude critique sur "Le Mondain" et ses Sources* (1909; reprint, Geneva, 1970) がある．"Le Mondain" と "Défense de Mondain" の行数の指示は，この版による．

53　Sekora, *Luxury*, pp. 39–44.

54　M. M. Goldsmith, "Liberty, Luxury, and the Pursuit of Happiness," in Anthony Pagden (ed.), *The Languages of Political Theory in Early-Modern Europe* (Cambridge, I987), pp. 225–252, at p. 236; M. M. Goldsmith, *Private Vices, Public Benefits: Bernard Mandeville's Social and Political Thought* (Cambridge, 1985), p. 26.

55　David Hume, *An Enquiry Concerning the Principles of Morals* (1751), ed. J. B. Schneewind (Indianapolis, Ind., 1983), pp. 73–74; Voltaire, *Philosophical Dictionary*, article "Virtue."

56　Voltaire, *Philosophical Dictionary*, article "Morality"; Voltaire, *Philosophie de l'histoire* (1740). 引用は Lucien Febvre, "*Civilization*: Evolution of a Word and a Group of Ideas," in Peter Burke (ed.), *A New Kind of History: From the Writings of Febvre* (New York, 1973), p. 229による．

57　Febvre, "*Civilization*," pp. 219–257.

58　"Mondain," line 14.

59　"Mondain," lines 46–59.

60　"Mondain," lines 40 ff; "Defense," lines 73 ff.

61　Voltaire, "Observations sur Mm. Jean Lass" (1738), in Moland ed., *Oeuvres complètes*, vol. 20, p. 363, 引用はRoss, *Debate*, p. 64による．

62　*Philosophical Dictionary* (Gay translation), article "Luxury."

63　"Défense," lines 55–72. この議論が同時代の18世紀にどのように変奏されたかについては，*Sombart, Luxury and Capitalism*, pp. 113–115を見よ．

64　"Mondain," lines 19–24.

65　"Défense," lines 99–111.

66　"Défense," lines 35–45. ここでの訳は，Besterman, *Voltaire*, p. 244 n. 4による．

67　Donvez, *De quoi*, pp. 131–140. 生涯年金という制度とそれがどのようなごまかしにつながりうるかについては，Kindelberger, *Financial History*, pp. 217–218を見よ．

68　Donvez, *De quoi*, p. 175.

69　D104, April 1722, in *Complete Works of Voltaire*, vol. 85, pp. 116–117. ヴォルテールは，塩税を徴収する特権について，その斡旋にかかわっていたように思われる．それに対して，彼は新しく設立された会社から手数料を取っていた．Pomeau, *D'Arouet à Voltaire*, pp. 146–147.

70　Theodore Schieder, *Friedrich der Große: Ein Königtum der Widersprüche* (Frankfurt am Main, 1983), pp. 285, 442.

71　Schieder, *Friedrich*, pp. 303–307, 458. 同様の結論として，Charles Morazé, "Finance et Despotisme:

Essai sur les Despostes éclairés," *Annales: Économies, Sociétés, Civilisations*, vol. 3, no. 3 (1948), pp. 279–296を見よ.

72 フィロゾーフが戦略的に君主制の拡大を支持したことについては, Cranston, *Philosophers and Pamphleteers*, pp. 1–6, 49–50; Gay, *Voltaire's Politics*, chapters 3, 4, 7; Holmes, *Benjamin Constant*, pp. 9, 67–68; Leonard Krieger, *Kings and Philosophers*, 1689–1789 (New York, 1970), pp. 189–204; Leonard Krieger, *An Essay on the Theory of Enlightened Despotism* (Chicago, 1975) を見よ.

73 これに続く説明は, 重要文書を分析した以下の文献ならびに, そこに付せられている文書に基づいている. Wilhelm Mangold in his *Voltaires Rechtsstreit mit dem königlichen Schutzjuden Hirschel 1751: Prozeßakten des königlich Preußischen Hausarchivs* (Berlin, 1905), pp. i–xxxiii.

74 古典的な研究は, Selma Stern, *The Court Jew* (Philadelphia, 1950) である. Jonathan Israel, *European Jewry in the Age of Mercantilism, 1550–1750*, 2nd ed. (Oxford, 1989), chapter 6も見よ.

75 D4359, 引用はMason, *Voltaire*, p. 60による.

76 Voltaire to Darget, Feb. 20, 1751; D4389, *Complete Works of Voltaire* (Geneva, 1971), pp. 124–125.

77 D5714, March 10, 1754. *Voltaire*, p. 350の引用による.

78 D104, *Correspondence*, vol. 1, pp. 146–147. 文脈については, Pomeau, *D'Arouet à Voltaire*, pp. 148–149を見よ. ヴォルテールは1773年に新世界のユダヤ人について同様の特徴づけを行っている. *Correspondence*, vol. 86, p. 166を見よ.

79 公刊された著作において, ヴォルテールがユダヤ人をどのように描いたかを徹底的に検証したのが, Hanna Emmrich, *Das Judentum bei Voltaire* (Breslau, 1930). ヴォルテールの反ユダヤ主義については, 次のものを見よ。Peter Gay, "Voltaire's Anti-Semitism," in his *The Party of Humanity* (New York, 1971), pp. 97–108; Arthur Hertzberg, *The French Enlightenment and the Jews* (New York, 1968), 特にpp. 280–308. ゲイは, ヴォルテールがしばしば, あくどく高利を貪る存在としてのユダヤ人に言及していることに気づいているが, 彼の反ユダヤ主義を説明する場合には, その点にあまり注意していない. ゲイは, ヴォルテールの反ユダヤ主義を一般的な偏見の残り滓だと見なしている. ゲイに比べればハーツバーグは, ヴォルテールがユダヤ人を経済的な意味では否定的に捉えていることに注意を払っているが, これを主として, ダ・コスタとヘルシェルとの金融取引で不愉快な思いをしたことに対する反応だとしている.

80 Voltaire, *La Bible enfin expliquée* (1776), *Oeuvres complètes*, vol. 30, Emmerich, *Judentum*, p. 142の引用による.

81 *Philosophical Dictionary*, Besterman translation, p. 144. 高利貸しとしての古代ヘブライ人にさらに言及した論考としては, "États, Gouvernements" および "Des Loix," section 1, pp. 193, 281を見よ.

82 *Essai sur les moeurs, Oeuvres complètes*, vol. 12, p. 159.

83 Emmerich, *Judentum*, pp. 139, 249 ff.

84 Isaac Eisenstein Barzilay, "The Jew in the Literature of the Enlightenment," *Jewish Social Studies*, vol. 18, no. 4 (October 1956), pp. 243–261を見よ. 本論考はまだその価値を失っていない.

85 Emmerich, *Judentum*, p. 257; Hertzberg, *French Enlightenment*, pp. 279–280, 299 ff, 312–313. 啓蒙思想にあるコスモポリタン的な理想については, Thomas J. Schlereth, *The Cosmopolitan Ideal in Enlightenment Thought* (London, 1977); Gerd van den Heuvel, "Cosmopolite, Cosmopoli(ti)sme," in Rolf Reichardt et al., *Handbuch politisch-sozialer Grundbegriffe in Frankreich, 1680–1820* (Munich, 1986), vol. 6, pp. 41–47; Tzetvan Todorov, *On Human Diversity: Nationalism, Racism, and Exoticism in French Thought* (Cambridge, Mass., 1993) を見よ.

86 Adam Smith, *The Theory of Moral Sentiments*, ed. A. L. Macfie and D. D. Raphael (Indianapolis, Ind., 1982), VI. i. 10, pp. 214–215.

1 Voltaire, *Oeuvres complètes*, ed. Beaumarchais, 70 vols. (Kehl, 1784–89), 21: 1–71. 引用はDeidre Dawson, "Is Sympathy So Surprising? Adam Smith and French Fictions of Sympathy," *Eighteenth-Century Life*, vol. 15, nos. 1 and 2 (1991), pp. 147–162, at p. 147による. 本章は, Jerry Z. Muller, *Adam Smith in His Time and Ours: Designing the Decent Society* (Princeton, N. J., 1995) によっている. ただし, 強調や解釈の違いはある.

2 この主題についての英語での有益なサーヴェイとしては, Milton L. Myers, *The Soul of Modern Economic Man: Ideas of Self-Interest, Thomas Hobbes to Adam Smith* (Chicago, 1983)を見よ. 他言語で書かれた典拠については, Muller, *Adam Smith*, pp. 48–54を見よ.

3 Josiah Tucker, *The Elements of Commerce and Theory of Taxes* (1755). 引用はT. W. Hutchison, *Before Adam Smith: The Emergence of Political Economy, 1662–1776* (Oxford, 1988), p. 230による.

4 Adam Smith, *An Inquiry into the Nature and Causes of the Wealth of Nations*, ed. R. H. Campbell and A. S. Skinner, 2 vols. (The Glasgow Edition of the Works of Adam Smith, Oxford, 1976; cited hereafter as *WN*) Introduction, 1, p. 428. 現在時点での標準的な伝記は, Ian Simpson Ross, *The Life of Adam Smith* (Oxford, 1995) である. スミスの思想や個性についての扱いとして今なお価値を保っているのは, 弟子による以下の文献である. Dugald Stewart, "Account of the Life and Writings of Adam Smith, L. L. D.," first published in 1794 and reprinted in Adam Smith, *Essays on Philosophical Subjects*, edited by W. P. D. Wightman and J. C. Bryce (Oxford, 1980).

5 Leo Strauss, "On Classical Political Philosophy," in Thomas Pangle (ed.), *The Rebirth of Classical Political Rationalism: An Introduction to the Thought of Leo Strauss* (Chicago, 1989), pp. 49–62, at p. 54を見よ.

6 Quentin Skinner, *The Foundations of Modern Political Thought*, vol. 1, *The Renaissance* (Cambridge, 1978), pp. 213 ffを見よ.

7 スミスの時代のスコットランドにおける, 教育, パトロンによる庇護, 政府サービスの関係については, Robert Wuthnow, *Communities of Discourse: Ideology and Social Structure in the Reformation, the Enlightenment, and European Socialism* (Cambridge, Mass., 1989), pp. 254–264を見よ. 本書には, この主題に関する最新の研究の多くが要約されている.

8 Lewis Namier and John Brooke, *Charles Townshend* (London, 1964), p. 34.

9 たとえば, Sir Grey Cooper to Smith, Nov. 7, 1777, in *The Correspondence of Adam Smith*, ed. E. C. Mossner and L. S. Ross (Oxford, 1977), pp. 227–228を見よ.

10 John Rae, *Life of Adam Smith* (1895; reprint, New York, 1965), p. 437.

11 Duncan Forbes, "Scientific Whiggism: Adam Smith and John Millar," *Cambridge Journal*, vol. 7 (1953–54).

12 *WN*, V. ii. k, p. 870.

13 16世紀から18世紀中葉までのイギリス市場経済の発展を分析的に描いたものとしては, Keith Wrightson, *Earthly Necessities: Economic Lives in Early Modern Britain* (New Haven, Conn., 2000) を見よ.

14 Paul Langford, *A Polite and Commercial People: England, 1727–1783* (Oxford, 1989), pp. 174–176; R. P. Thomas and D. N. McCloskey, "Overseas Trade and Empire, 1700–1860," in Roderick Floud and Donald McCloskey (eds.), *Economic History of Britain Since 1700*, vol. 1 (Cambridge, 1981), p. 93; Ralph Davis, "The Rise of Protection in England, 1689–1786," *Economic History Review*, 2nd ser.

(1966), pp. 306–317, at pp. 313–314.

15 D. E. C. Eversley, "The Home Market and Economic Growth in England, 1750–1780," in E. L. Jones and G. E. Mingay (eds.), *Land, Labour, and Population in the Industrial Revolution* (London, 1967), p. 255. もっと一般的には，Daniel Baugh, "Poverty, Protestantism, and Political Economy: English Attitudes Toward the Poor, 1660–1800," in Stephen B. Baxter (ed.), *England's Rise to Greatness, 1660–1763* (Berkeley, Calif., 1983), pp. 63–108, at pp. 81–90の優れたサーヴェイを見よ．

16 Langford, *Polite*, p. 150; Neil McKendrick, "Introduction," in Neil McKendrick, John Brewer, and J. H. Plumb, *The Birth of a Consumer Society: The Commercialization of Eighteenth-Century England* (Bloomington, Ind., 1982), pp. 9 ff.

17 Neil McKendrick, "Commercialization and the Economy," in McKendrick, Brewer, and Plumb, *Birth of a Consumer Society*, p. 23.

18 Neil McKendrick, "Home Demand and Economic Growth: A New View of the Role of Women and Children in the Industrial Revolution," in Neil McKendrick (ed.), *Historical Perspectives: Studies in English Thought and Society* (London, 1974); Jan de Vries, "The Industrial Revolution and the Industrious Revolution," *Journal of Economic History*, vol. 54, no. 2 (June, 1994), pp. 249–270.

19 McKendrick, "Commercialization and the Economy," pp. 28–29.

20 Neil McKendrick, "Introduction," pp. 1–2; Langford, *Polite*, pp. 67 ff.

21 Nathan Rosenberg, "Adam Smith on Profits—Paradox Lost and Regained," in Andrew S. Skinner and Thomas Wilson (eds.), *Essays on Adam Smith* (Oxford, 1975), pp. 377–389, at pp. 388–389を見よ．

22 W. A. Cole, "Factors in Demand 1700–80," in Floud and McCloskey (eds.), *Economic History of Britain*, p. 58; David S. Landes, *The Unbound Prometheus: Technological Change and Industrial Development in Western Europe, from 1750 to the Present* (Cambridge, 1969), pp. 58–59.

23 たとえば，Istvan Hont and Michael Ignatieff, "Needs and Justice in the 'Wealth of Nations,'" in Istvan Hont and Michael Ignatieff (eds.), *Wealth and Virtue: The Shaping of Political Economy in the Scottish Enlightenment* (Cambridge, 1983), p. 5; Langford, *Polite*, p. 150を見よ．

24 Baugh, "Poverty," pp. 85–86. また，Rosenberg, "Adam Smith on Profits," pp. 378–379での議論も見よ．

25 *WN*, I. viii. 35–42, pp. 95–99［山岡洋一訳『国富論――国の豊かさの本質と原因についての研究』日本経済新聞出版社，2007年，上巻，p. 85］．

26 Stewart, "Account," p. 310. この主題については，Duncan Forbes, "Sceptical Whiggism, Commerce, and Liberty," in Skinner and Wilson (eds.), *Essays on Adam Smith*, pp. 179–201も見よ．初期近代思想における「普通の生活」を積極的に評価したものとしては，Charles Taylor, *Sources of the Self* (Cambridge, Mass., 1989), pp. 211–218を見よ．キリスト教的な施しが実際的な慈善に変わっていくことについては，同書のpp. 84–85, 258, 281を参照のこと．

27 *WN*, I. i. 11, p. 22–24［山岡訳，上巻，pp. 15–16］．

28 「分業の結果，どの産業でも生産量が増加している．政府がしっかりしている社会で国民の最下層まで豊かさが行き渡るのはこのためだ」．*WN*, I. i. 19, p. 22［山岡訳，上巻，p. 13］．

29 *WN*, I. i. 5, p. 17［山岡訳，上巻，p. 10］．生産性の向上について，機械の発展がもたらす重要性については*WN*, II 3–4, p. 277も見よ．

30 *WN*, I. iii. 1, p. 31.

31 *WN*, I. ii. 1–2, pp. 25–26［山岡訳，上巻，p. 16］．

32 *WN*, I. iv. 1, p. 37［山岡訳，上巻，p. 25］．

33 *WN*, I. ii. 4–5, pp. 28–30.

34 *WN*, I. ii. 2, p. 27［山岡訳，上巻，p. 17］．

35　Adam Smith, *The Theory of Moral Sentiments*, ed. A. L. Macfie and D. D. Raphael (The Glasgow Edition of the Works and Correspondence of Adam Smith, Oxford, 1976; rep. Indianapolis, Ind., 1982; これ以降は *TMS* として引用する). VI. ii. intro. 2, p. 218; VII. ii. 3. 18, p. 305.

36　*WN*, II. iii. 28, p. 341.

37　*WN*, I. vii. 1-6, pp. 72-73.

38　*WN*, I. vii.; I. x. a. 1, p. 116.

39　*WN*, I. vii. 15, p. 75.

40　*WN*, I. viii 36, p. 96［山岡訳，上巻，pp. 82-83］.

41　*TMS*, IV. 2. 6, p. 189［高哲男訳『道徳感情論』講談社学術文庫，2013年，p. 346］.

42　*WN*, IV. ii. 4, p. 454; *WN*, IV. ii. 9, p. 456［山岡訳，下巻，p. 29，pp. 31-32］.

43　*WN*, IV. ii. 10, p. 456［山岡訳，下巻，p. 32］.

44　これは，Nathan Rosenberg, "Some Institutional Aspects of the Wealth of Nations," *Journal of Political Economy*, vol. 18, no. 6 (1960), pp. 557-570; George Stigler, "Smith's Travels on the Ship of State," in Skinner and Wilson (eds.), *Essays on Adam Smith*, pp. 237-246; Lionel Robbins, *The Theory of Economic Policy in English Classical Political Economy* (London, 1953), p. 56 によって認められてきた.

45　*WN*, V. i. e., p.755.

46.　*WN*, IV. ii. 43, pp. 471-472

47　*WN*, I. x. c. 61, pp. 157-158.

48　*WN*, I. viii. 11-13, pp. 83-85.

49　*WN*, I. vii. 26-27, pp. 78-79.

50　*WN*, I. vii. 28, p. 79; I. x. c. 3-17, pp. 135-140.

51　Stigler, "Smith's Travels," は，このようなスミスの試みについての有益な見通しを含んでいる. pp. 248-249.

52　*WN*, I. x. c. 27, p. 145［山岡訳，上巻，p. 135］.

53　*WN*, I. x. c. 18-24, pp. 141-144.

54　*WN*, IV. ii. 43, p. 471.

55　*WN*, I. x. c. 25, p. 144.

56　*WN*, IV. ii. 21, p. 462.

57　*WN*, IV. ii. 1, p. 452.

58　*WN*, IV. ii. 2-3, p. 453.

59　Charles Wilson, "Trade, Society, and the State," in *The Cambridge Economic History of Europe*, vol. 4 (Cambridge, 1967), pp. 487-575, at pp. 573-574を見よ. 重商主義的な思想，そして重商主義という用語の使用の歴史については，Jacob Viner, "Economic Thought: Mercantilist Thought," in the *International Encyclopedia of the Social Sciences*を見よ.

60　*TMS*, VI. ii. 2. 3, p. 229［高訳，p. 423］.

61　*WN*, IV. iii. c. 9-11, pp. 493-495［山岡訳，下巻，p. 73］.

62　*WN*, IV. iii. c. 特に pp. 60-66, pp. 612-617; *WN*, V. iii, 92, pp. 946-947.

63　*WN*, IV. i. 33, pp. 448-449.

64　*WN*, IV. vii. c. 91-108, pp. 631-641.

65　商業は，人々をもっと「温和」にするという近代初期の概念については，Albert O. Hirschman, *The Passions and the Interests: Political Arguments for Capitalism before its Triumph* (Princeton, N. J., 1977), passim. 特に pp. 56-66; Albert O. Hirschman, *Rival Views of Market Society and Other Recent Essays* (New York, 1986), pp. 106-109を見よ.

66　*TMS*, VII. ii. 3. 15-16, p. 304［高訳，pp. 560-561］.

67 *WN*, I. iv. 1, p. 37.
68 *WN*, I. x. c. 31, p. 146［山岡訳，上巻，p. 137］.
69 徳と適宜性の違いについては，*TMS*, I. i. 5. pp. 6-7を見よ.
70 *TMS*, VI. I, pp. 212-217.
71 *TMS*, I. iii. 2. 1, p. 50［高訳，p. 105］.
72 *TMS*, I. iii. 3. 1, p. 62.
73 *TMS*, I. iii. 3. 5, p. 63.
74 *TMS*, I. iii. 3. 6, p. 63.
75 この点については，Allan Silver, "Friendship in Commercial Society: Eighteenth-Century Social Theory and Modern Sociology," *American Journal of Sociology*, vol. 95, no. 6 (1990), pp. 1474-1504, 特にp. 1493を見よ.
76 *TMS*, V.2. 9, pp. 206-207.
77 *WN*, III. ii. 10, p. 388. *WN*. I. vii. 41, pp. 98-99も見よ［山岡訳，上巻，p. 400］.
78 *TMS*, IV. i. 8-9, pp. 181-183［高訳，p. 338］. 富を作り出す際の精神的なコストについての同様なコメントについては，*TMS*, I. iii. 2. 1, p. 51を見よ.
79 *TMS*, IV. 2. 6-8, pp. 189-190; III. 5. 8, pp. 166-167 and VI. i. 1-14, pp. 212-216も同様.
80 Adam Smith, *Lectures on Jurisprudence*, ed. R. L. Meek, D. D. Raphael, and P. G. Stein (The Glasgow Edition of the Works and Correspondence of Adam Smith, Oxford, 1978; rep. Indianapolis, Indiana, 1982), p. 239.
81 *WN*, V. i. g. 24, pp. 802-803.
82 *WN*, IV. v. b. 44, p. 540.
83 *WN*, V. i. a. 14, p. 697.
84 *WN*, I. i. 19, p. 22.
85 *WN*, V. i. f. 50, p. 782［山岡訳，下巻，p. 368］.
86 Adam Smith, *Lectures on Rhetoric and Belles Lettres*, ed. J. C. Bryce (The Glasgow Edition of the Works and Correspondence of Adam Smith, Oxford, 1983; rep. Indianapolis, Indiana, 1985), p. 62.
87 イギリスの上流階級の大衆教育に対する姿勢については，Jacob Viner, "Man's Economic Status," in his *Essays on the Intellectual History of Economics*, ed. Douglas Irwin (Princeton, N. J., 1991), pp. 286-287を見よ．ヴォルテールからの引用については，p. 283を見よ.
88 児童労働を用いる経済的誘因については，McKendrick, "Home Demand and Economic Growth," およびde Vries, "The Industrial Revolution and the Industrious Revolution," pp. 249-270を見よ.
89 Smith, *Lectures on Jurisprudence*, pp. 539-540.
90 *WN*, V. i. f. 54, p. 785［山岡訳，下巻，p. 371］.
91 *TMS*, VI. iii. 13, p. 242［高訳，pp. 446-447］.
92 *TMS*, VI. 1. 13, p. 216［高訳，p. 397］.
93 *TMS*, VI. 1. 14, p. 216［高訳，p. 398］.
94 このような批判の起源やそれが嘆きを伴って繰り返されるさまを見事に描写したものとして，Allan Bloom, "Commerce and 'Culture,'" in his *Giants and Dwarfs: Essays, 1960-1990* (New York, 1990), pp. 277-294を見よ.
95 *TMS*, I. ii. 2, p. 62.
96 Daniel Gordon, "On the Supposed Obsolescence of the French Enlightenment," in Daniel Gordon (ed.), *Postmodernism and the Enlightenment: New Perspectives in Eighteenth-Century French Intellectual History* (New York, 2001), pp. 201-221, at p. 204.
97 『道徳感情論』についての最良のコンメンタールが，Charles L. Griswold, Jr., *Adam Smith and the*

Virtues of Enlightenment (Cambridge, 1999) である．また，スミスの第1編についての私の理解は，ニコラス・フィリップソンとサミュエル・フライシャッカーとの議論に負っている．

98 *WN*, IV. ii. 39, p. 468.

99 Walter Bagehot, "Adam Smith as a Person" (1876), reprinted in *The Works of Walter Bagehot*, 5 vols., vol. 3, (Hartford, Conn., 1889), pp. 269-306, at p. 303.

▸ 第4章 ◂

1 メーザーの著作についての言及は，すべて標準的な現代版である *Justus Mösers Sämtliche Werke. Historisch-kritische Ausgabe in 14 Bänden* (Gerhard Stalling Verlag, Oldenburg/Berlin, 1943-1990) による（以下，*SW*）．翻訳はすべて私自身のものである．最もうまくメーザーの思想を描いているのは，おそらく Klaus Epstein, *The Genesis of German Conservatism* (Princeton, N. J., 1966), chapter 6 であろう．ただし，以前にはカール・マンハイムがそうだったように，エプシュタインは，メーザーがオスナブリュックの現状に満足していなかったことを過小評価する傾向がある (in Karl Mannheim, *Conservatism: A Contribution to the Sociology of Knowledge*, ed. David Kettler, Volker Meja, and Nico Stehr [London, 1987])．メーザーの思想の中でギルドと関係する局面については，Mack Walker, *German Home Towns: Community, State, and General Estate, 1648-1871* (Ithaca, N. Y., 1971) を見よ．本書は，都市とそれが国家や資本主義経済の圧力で崩壊するさまを概念化したものとして，大きな価値を持っている．Jonathan Knudsen, *Justus Möser and the German Enlightenment* (Cambridge, 1986) は，メーザーの社会的・経済的・政治的環境ならびに，その思想についての非常に貴重なよりどころである．メーザーの経済環境についての重要な典拠は，Joachim Runge, *Justus Mösers Gewerbetheorie und Gewerbepolitik im Fürstbistum Osnabrück in der zweiten Hälfte des 18 Jahrhunderts* (Berlin, 1966)．メーザーの政治思想についての概観としては，Frederick C. Beiser, *Enlightenment, Revolution, and Romanticism: The Genesis of Modern German Political Thought, 1790-1800* (Cambridge, Mass., 1992), pp. 288-302 を見よ．

2 Voltaire, Introduction to chapter 2 of *Siècle de Louis XIV*.

3 In Voltaire's *Dictionnaire philosophique*, "Des Loix, section 1." この部分は，Justus Möser, "Der jetzige Hang zu allgemeinen Gesetzen und Verordnungen ist der gemeinen Freiheit gefährlich"（普遍的な法律や法令を求める現今の傾向は，民衆の自由にとって危険である）(1772) で引用されている (*SW* 5, pp. 22-27, at p. 22)［肥前栄一・山崎彰・原田哲史・柴田英樹訳『郷土愛の夢』京都大学学術出版会，2009年，p. 89］．

4 Mack Walker, "Rights and Functions: The Social Categories of Eighteenth-Century German Jurists and Cameralists," *Journal of Modern History* 50 (June 1978), pp. 234-251, at p. 243. ユスティの思想を素描したものとして，Walker, *German Home Towns*, p. 161 以下を見よ．

5 Johann Gottlob Justi, *Die Grundfeste zu der Macht und Glückseligkeit der Staaten* (Königsberg, 1760), vol. 1, pp. 555-558, 636, 引用は Walker, *German Home Towns*, p. 169 による．

6 政府活動という考えが勃興してきたことについては，Marc Raeff, *The Well-Ordered Police State: Social and Institutional Change Through Law in the Germanies and Russia, 1600-1800* (New Haven, Conn., 1983), chapter 1. 特に pp. 39-42 および David F. Lindenfeld, *The Practical Imagination: The German Sciences of the State in the Nineteenth Century* (Chicago, 1997), chapter 1 を見よ．

7 Justus Möser, "Der jetzige Hang"（現今の傾向），pp. 22-27, at pp. 23-24［肥前ほか訳，pp. 89, 90, 92］．

8　この主題については，Otto Brunner, *Land und Herrschaft*, 5th ed. (Vienna, 1965), pp. 111-120を見よ．プロシャ貴族の配下の者に対する支配を描いたものとしては，Robert M. Berdahl, *The Politics of the Prussian Nobility: The Development of a Conservative Ideology, 1770-1848* (Princeton, N. J., 1988), chapters 2-3を見よ．

9　メーザーの時代には，「愛国心」という用語はしばしばこの意味で，つまり地域的な意味で定義された公共の福祉に対する関与を示すものとして使われていた．Rudolf Vierhaus, "'Patriotismus'—Begriff und Realität einer moralisch-politischen Haltung," in his *Deutschland im 18. Jahrhundert: Politische Verfassung, soziales Gefüge, geistige Bewegungen* (Göttingen, 1987), pp. 96-109, 特にpp. 97, 100を見よ．

10　*SW*, vol. 5, p. 22［肥前ほか訳，p. 95］．

11　Möser, "Die Vorteile einer allgemeinen Landesuniforme, deklamiert von einem Bürger,"（一国で画一化がなされていることの利点，一市民の演説），*SW*, vol. 5: 58-66, at p. 64．そして，"Über die zu unsern Zeiten verminderte Schande der Huren und Hurkinder"（われわれの時代に少なくなってしまった，売春婦ならびにその子であることの恥辱について），*SW*, vol. 5: pp. 142-145, at p. 142. 後者のエッセイの英訳については，Jerry Z. Muller (ed.), *Conservatism: An Anthology of Social and Political Thought from David Hume to the Present* (Princeton, N. J., 1997), pp. 70-73を見よ．

12　Muller, *Conservatism*, pp. 14-17.

13　以下，メーザーの時代のオスナブリュックに関する描写については，その大半をKnudsen, *Justus Möser*, chapters 2-5に負う．

14　Fernand Braudel, *The Wheels of Commerce* (New York, 1982), pp. 81-93を見よ．

15　Runge, *Justus Mösers Gewerbetheorie*, p. 45.

16　この区分の優れた分析については，Peter Berger, Brigitte Berger, and Hansfried Kellner, *The Homeless Mind: Modernization and Consciousness* (New York, 1973), pp. 83-96を見よ．名誉の概念については，Friedrich Zunkel, "Ehre," in Otto Brunner and Werner Conze (eds.), *Geschichtliche Grundbegriffe*, 2 (Stuttgart, 1975). pp. 1-63; Hans Reiner, *Die Ehre: Sichtung einer abendländischen Lebens-und Sittlichkeitsform* (Darmstadt, 1956)をも見よ．

17　この文書の翻訳は，Walker, *German Home Towns*の付録にある．ここでは，p. 440を見よ．

18　Walker, *German Home Towns*, p. 91.

19　Möser, "Haben die Verfasser des Reichsabschiedes von 1731 wohl getan, dass sie viele Leute ehrlich gemacht haben, die es nicht waren?"（1731年の帝国最終議決の起草者は，実際にそうではない多くの人々に栄誉を与えるという善行を行ったことになるのだろうか），*SW*, pp. 4, 240-244; Möser, "Über die zu unsern Zeiten verminderte Schande"（私たちの時代に少なくなってしまった恥辱について）．

20　Möser, "Gedanken über den westfälischen Leibeigentum"（ヴェストファリアの農奴についての意見），*SW*, vol. 6, pp. 224-249, at p. 227.

21　Möser, "Was ist bei Verwandelung der bisherigen Erbesbesetzung mit Leibeignen in eine freie Erbpacht zu beachten?"（従来の農奴を伴った相続から自由な永小作権への転換に際しては，何に注意すべきか？），*SW*, vol. 7, pp. 263-273.

22　たとえば，Möser, "Nichts ist schädlicher als die überhandnehmende Ausheurung der Bauerhöfe"（農民農場の過度な小作化［アウスホイエリング］ほど有害なものはない），*SW* 6, pp. 238-255; Knudsen, *Justus Möser*, pp. 136-137を見よ．

23　Knudsen, *Justus Möser*, p. 117; Möser, "Vorschlag zu einer Zettelbank"（発券銀行の提案），*SW*, vol. 5, pp. 278-281.

24　Knudsen, *Justus Möser*, pp. 50-51.

25　この問題が18世紀の経済政策において占めている重要性については，Steven L. Kaplan, *Bread, Politics, and Political Economy in the Reign of Louis XV*, 2 vols. (The Hague, 1976) を見よ．

26　Möser, "Vorschlag, wie die Teurung des Korns am besten auszuweichen"（穀物の高騰は，どのような形で避けるのが一番良いのかについての提案），*SW*, vol. 5, pp. 27–35. 同じような論調のものとして，"Den Verkauf der Frucht auf dem Halme ist eher zu begünstigen als einzuschränken"（果物の青田売りは，制限するよりも促進すべし），*SW*, vol. 5, pp. 103–106を見よ．

27　メーザーのプロト・ロマン主義は，Friedrich Meinecke, *Historism: The Rise of a New Historical Outlook* (New York, 1972), p. 276以下で強調されている．

28　Möser, "Gedanken"（意見），pp. 15–28. そして，"Von dem Verfall des Handwerks in kleinen Städten"（小都市における手工業者の没落について），*SW*, vol. 4, pp. 155–177.

29　Braudel, *Wheels*, pp. 297–349.

30　たとえば，Möser, "Ein sichers Mittel, das gar zu häufige Kaffeetrinken abzuschaffen"（コーヒーの飲みすぎを避ける確実な方法），*SW*, vol. 6, pp. 146–147を見よ．

31　コーヒー，紅茶の消費に抗した重商主義者の闘いについては，Henri Brunschwig, *Enlightenment and Romanticism in Eighteenth-Century Prussia* (Chicago, 1974), pp. 75–77を見よ．

32　Möser, "Der notwendige Unterschied zwischen dem Kaufmann und Krämer"（商人と小商人との区別が必要不可欠であること），*SW*, vol. 5, pp. 150–154.

33　Möser, "Die Vorteile einer allgemeinen Landesuniforme, deklamiert von einem Bürger"（一国で画一化がなされていることの利点，一市民の演説），*SW*, vol. 5, pp. 58–66, at p. 61.

34　この主題を検討したものとして，Christopher J. Berry, *The Idea of Luxury* (Cambridge, 1994), and Albert O. Hirschman, *Shifting Involvements: Private Interest and Public Action* (Princeton, N. J., 1982), pp. 46–62を見よ．

35　Möser, "Klage wider die Packenträger"（荷運び人に対する苦情），*SW*, vol. 4, pp. 185–188, at p. 187.

36　行商人については，Braudel, *Wheels*, p. 75以下を見よ．

37　Möser, "Klage"（苦情），p. 188.

38　Möser, "Noch etwas gegen die Packen oder Bundträger,"（荷運び人に対する再反論），*SW*, vol. 8, pp. 113–119, at p. 117.

39　Möser, "Noch etwas"（再反論），p. 117.

40　Möser, "Klage"（苦情），p. 188. ほとんど2世紀後，それも別の大陸の話ではあるが，行商人や旅商人が国内に侵入することについての同様の不満に関しては，Timothy Burke, *Lifebuoy Men, Lux Women: Commodification, Consumption, and Cleanliness in Modern Zimbabwe* (Durham, N. C., 1996), pp. 70–71を見よ．

41　Möser, "Das *Pro* und *Contra* der Wochenmärkte"（週市場についての賛否），*SW*, vol. 5, pp. 218–221.

42　Möser, "Urteil über die Packenträger"（荷運び人に対する判断），*SW*, vol. 4, pp. 194–197.

43　これは，メーザーの複数巻からなる『オスナブリュック史』の中心的主題であった.「古代体制」のドイツ版であり，これをフランスとイギリスについて検討したのが，J. G. A. Pocock, *The Ancient Constitution and the Feudal Law* (Cambridge, 1957, 1987), chapters 1 and 2である．

44　Möser, "Der Bauerhof als eine Aktie betrachtet"（農民農場を株式として考察する），*SW*, vol. 6, pp. 255–270.

45　Möser, "Von dem Einflusse der Bevölkerung durch Nebenwohner auf die Gesetzgebung"（隣国の住民による人口が，立法に与える影響について），*SW*, vol. 5, pp. 11–22.

46　伝統的な社会・政治構造の外に大衆人口が生み出されることについて一般に関しては，Peter

Kriedte, *Peasants, Landlords, and Merchant Capital: Europe and the World Economy, 1500-1800* (Cambridge, 1983), p. 148以下を見よ．それが中央ヨーロッパの政策立案者に与えた警戒の念については，James van Horn Melton, *Absolutism and the Eighteenth-Century Origins of Compulsory Schooling in Prussia and Austria* (Cambridge, 1988), chapters 5-6. 特にpp. 119, 123以下を見よ．

47 Runge, *Justus Mösers Gewerbetheorie*, p. 23.

48 分散した製造業全般を見事に描いたものとしては，Max Weber, *General Economic History* (New Brunswick, N. J., 1981), pp. 158-161; David S. Landes, *The Unbound Prometheus: Technological Change and Industrial Development in Western Europe from 1750 to the Present* (Cambridge, 1969), pp. 44-45; Braudel, *Wheels*, p. 287以下を見よ．

49 Möser, "Die Frage: Ist es gut, dass die Untertanen jährlich nach Holland gehen? wird bejahet"（『臣民が毎年オランダへ行くのは良いことか』という問いに然りと答える），*SW*, vol. 4, pp. 84-97.

50 Möser, "Die Frage: 1st es gut"（良いことか）．また，Knudsen, *Justus Möser*, chapter 5も見よ．メーザーが主張した農村製造業と人口成長との因果の連鎖は，ハンス・メディックがPeter Kriedte, Hans Medick, and Jürgen Schlumbohm, *Industrialization Before Industrialization: Rural Industry in the Genesis of Capitalism* (Cambridge, 1981), p. 54以下で想定したモデルと密接に対応している．メディックによって描かれた過程で一般化できるのかという点，そしてその経験的妥当性については，次に挙げる文献では問題視されている．Hans Linde, "Proto-Industrialisierung: Zur Justierung eines neuen Leitbegriffs der sozialgeschichtlichen Forschung," *Geschichte und Gesellschaft*, vol. 6 (1980), pp. 103-124およびby Eckart Schremmer, "Industrialisierung vor der Industrialisierung: Anmerkungen zu einem Konzept der Proto-Industrialisierung," *Geschichte und Gesellschaft* 6 (1980), pp. 420-448. メーザーが描いたパターンは北西ヨーロッパでは広範に見られるので，確かにある地域での人口増大を説明することはできる．しかし，別の地域では家内工業がなくとも人口は増大しているので，農村製造業の広がりによって18世紀における人口増大全般を説明することはできない．プロト工業化についての文献を懐疑的な立場から検討した有益な展望論文，Rab Houston and K. D. M. Snell, "Proto-industrialization? Cottage Industry, Social Change, and Industrial Revolution," *Historical Journal*, vol. 27, no. 2 (1984), pp. 473-492を見よ．

51 Möser, "Ist es gut"（良いことか），p. 94.

52 Möser, "Vorschlag, wie die gar zu starke Bevölkerung im Stifte einzuschränken"（救貧院に人が増大しすぎるのをどうやって制限するかの提言），*SW*, vol. 8, pp. 299-300.

53 Möser, "Von dem Einflusse"（影響について），pp. 20-21［肥前ほか訳，pp. 82-84］.

54 Möser, "Etwas zur Verbesserung der Armenanstalten"（貧民施設の改善についての若干），*SW*, vol. 4, pp. 68-73.

55 Möser, "Vorschlag"（提案），pp. 299-300.

56 Möser, "Die moralischen Vorteile der Landplagen"（地域災害の道徳的利点），*SW*, vol. 5, pp. 37-40.

57 メーザーの思想のこの局面については，Martin Greiffenhagen, *Das Dilemma des Konservatismus in Deutschland*, 2nd ed. (Munich, 1977), pp. 51-61を見よ．

58 Möser, "Die Vorteile einer allgemeinen Landesuniforme, deklamiert von einem Bürger,"（一国で画一化がなされていることの利点，一市民の演説），pp. 58-66.

59 Möser, "Vorteile"（利点），p. 59.

60 Möser, "Von dem Verfall des Handwerks in kleinen Städten"（小都市における手工業者の没落について），*SW*, vol. 4, pp. 155-177, 168-169.

61 Möser, "Vorteile"（利点），pp. 65-66.

▶ 第5章 ◀

1　たびたび繰り返される保守思想の傾向，議論，本質的な主題，隠喩については，Jerry Z. Muller (ed.), *Conservatism: An Anthology of Social and Political Thought from David Hume to the Present* (Princeton N. J., 1997)の序論を見よ．バークの保守主義についての最良，かつ最も現代的な議論としては，Iain Hampsher-Monk, "Introduction," to Iain Hampsher-Monk (ed.), *The Political Philosophy of Edmund Burke* (New York, 1987), pp. 1–43と，同じ著者による*A History of Modern Political Thought*（Oxford, 1992）のバーク章がある．バークの政治的著作についての鋭い分析としては，バークの演説，書簡を編んだ*On Empire, Liberty, and Reform*, ed. David Bromwich（New Haven, Conn., 2000）に付せられたデイヴィッド・ブロムウィッチの序文がある．

2　この時期のイギリス社会・政府については，Paul Langford, *A Polite and Commercial People: England 1727–1783*（Oxford, 1989）を見よ．C・B・マクファーソンは，バークが擁護した伝統的な秩序は「単なる階層的な秩序ではなく，資本主義的な秩序であった」とする．いささかの誇張はあるものの，これは基本的には正しい主張である．C. B. Macpherson, *Burke* (Oxford, 1980), p. 61.

3　ここで私が依拠している，バークの生涯についての最新の業績は以下のとおり．Stanley Ayling, *Edmund Burke: His Life and Opinions* (London, 1988); Conor Cruise O'Brien, *The Great Melody: A Thematic Biography of Edmund Burke* (Chicago, 1992).

4　トリニティ・カレッジにおけるバークと友人によって設立された「クラブ」と「純文学クラブ」の描写については，Arthur P. I. Samuels and Arthur Warren Samuels, *The Early Life, Correspondence and Writings of the Rt. Hon. Edmund Burke LL. D.* (Cambridge, 1923), pp. 203–204を見よ．

5　*The Reformer* of February 18, 1747/8, reproduced in Samuels, *Early Life*, pp. 306–307, 287–298を見よ．

6　Burke, *A Philosophical Enquiry into the Origin of Our Ideas of the Sublime and Beautiful*, ed. James T. Boulton (Notre Dame, Ind., 1968), p. 53［中野好之訳『エドマンド・バーク著作集1』みすず書房，1973年，p. 59］．

7　Ayling, *Edmund Burke*, p. 20の引用による．

8　この時期のロッキンガム派ホイッグ党の中でのバークの役割については，Paul Langford, "Introduction," to Paul Langford (ed.), *The Writings and Speeches of Edmund Burke*, vol. 2, *Party, Parliament, and the American Crisis, 1766–1774*（Oxford, 1981）を見よ．

9　H. V. F. Somerset, *A Note-Book of Edmund Burke* (Cambridge, 1957), p. 82.

10　Burke, *Thoughts on the Causes of the Present Discontents*, in *The Works of the Right Honorable Edmund Burke*, 6th ed. (Boston, 1880), p. 529［中野訳『バーク著作集1』p. 275］．綿密な分析としては，Harvey C. Mansfield, Jr., *Statesmanship and Party Government: A Study of Burke and Bolingbroke*（Chicago, 1965）を見よ．

11　*Thoughts*, p. 530［中野訳『バーク著作集1』p. 275］．カギ括弧は後で加えたもの．

12　*Thoughts*, p. 533［中野訳『バーク著作集1』p. 278］．カギ括弧はバーク自身のもの．

13　*Thoughts*, p. 530［中野訳『バーク著作集1』p. 275］．

14　*Thoughts*, pp. 534–535［中野訳『バーク著作集1』pp. 279–280］．

15　Carl B. Cone, *Burke and the Nature of Politics: The Age of the French Revolution* (Lexington, Ky., 1964), pp. 146–148. 残存しているバーク，スミス間の書簡を見ると，両者は互いに評価しており，温かい関係であったことがわかる．*The Correspondence of Adam Smith*, ed. E. C. Mossner and I. S.

Ross (Oxford, 1977) を見よ.

16 Burke, "Speech at the Conclusion of the Poll in Bristol, November 3, 1774," in Burke, *On Empire, Liberty and Reform*, ed. Bromwich, pp. 48-58, p. 55 [中野訳『バーク著作集2』p. 92].

17 Langford, "Introduction," p. 19を見よ.

18 Langford, "Introduction," pp. 4-7を見よ.

19 Ayling, *Edmund Burke*, p. 27での引用による.

20 Geoffrey Carnall, "Burke as Modern Cicero," in Geoffrey Carnall and Colin Nicholson (eds.), *The Impeachment of Warren Hastings: Papers from a Bicentenary Commemoration* (Edinburgh, 1989) を見よ.

21 バークが議会に入ってからも, どの程度『年鑑』に関与し続けたかについては, はっきりしないままである. Carl B. Cone, *Burke and the Nature of Politics*, pp. 112-113, 121-122を見よ.

22 バークの「後年, 短期間行政にかかわったことについての短い説明」に言及したLangford, "Introduction," p. 18のほか, John Brewer, "Rockingham, Burke, and Whig Political Argument," *Historical Journal*, vol. 18, no. 1 (1975), pp. 188-201; Rocco L. Capraro, "Typographic Politics: The Impact of Printing on the Political Life of Eighteenth-Century England, 1714-1772" (unpub. Ph. D. diss, Washington University, 1984) を見よ.

23 Paul Langford, *A Polite and Commercial People: England, 1727-1783* (Oxford, 1989), p. 720.

24 Langford, *Polite*, pp. 706-709; Christopher Reid, *Edmund Burke and the Practice of Political Writing* (New York, 1986), p. 216.

25 この過程の分析については, Christopher Reid, *Edmund Burke*, pp. 95-136を見よ.

26 P・J・マーシャルによる編者のノートを見よ. P. J. Marshall (ed.), *The Writings and Speeches of Edmund Burke*, vol. 5 (Oxford, 1981), pp. 479-480.

27 J. A. W. Gunn, "Public Spirit to Public Opinion," in his *Beyond Liberty and Property: The Process of Self-Recognition in Eighteenth-Century Political Thought* (Kingston, 1983), pp. 281-289; "The Fourth Estate," in the same volume, p. 91.

28 Keith Michael Baker, "Public Opinion as Political Invention," in his *Inventing the French Revolution* (Cambridge, 1990), pp. 187-188.

29 「世論」と「公刊された意見」との違いについては, アーノルド・ゲーレン, 特に彼のエッセイ, "Die Öffentliche Meinung" と "Die Öffentlichkeit und ihr Gegenteil," in Arnold Gehlen, *Einblicke* (*Arnold Gehlen Gesamtausgabe*, vol. 7), ed. Karl-Siegbert Rehberg (Frankfurt am Main, 1978) によっている.

30 Burke, "Thoughts on French Affairs," in *The Writings and Speeches of Edmund Burke*, ed. L. G. Mitchell, vol. 8 (Oxford, 1989), p. 346 [中野好之編訳『バーク政治経済論集——保守主義の精神』法政大学出版局, 2000年, p. 701].

31 Burke, "Thoughts on French Affairs," p. 348 [中野編訳, p. 703].

32 Burke, "Second Letter on a Regicide Peace," *Writings and Speeches*, vol. 9, p. 295.

33 Somerset, *A Note-Book of Edmund Burke*, p. 83.

34 Somerset, *A Note-Book of Edmund Burke*, p. 93.

35 Somerset, *A Note-Book of Edmund Burke*, p. 90.

36 Somerset, *A Note-Book of Edmund Burke*, p. 91.

37 Edmund Burke, *A Vindication of Natural Society*, in Ian Harris (ed.), *Burke: Pre-Revolutionary Writings* (Cambridge, 1993), pp. 10-11 [水田珠枝訳「自然社会の擁護」水田洋責任編集『世界の名著34 バーク』中央公論社, 1969年, pp. 352-353].

38 Burke, *Vindication*, pp. 8-10 [水田訳, p. 351].

39 Lucy Sutherland, "Edmund Burke and the First Rockingham Ministry," in her *Politics and Finance in*

the Eighteenth Century, ed. Aubrey Newman (London, 1984), p. 318. また，Burke, "A Short Account of a Late Short Administration" (1766), in *The Works of the Right Honorable Edmund Burke*, 6th ed. (Boston, 1880), vol. 1, pp. 265–268も見よ．

40 Lucy Sutherland, "The City of London in Eighteenth-Century Politics," in Sutherland, *Politics and Finance in the Eighteenth Century*, pp. 59–60.

41 Langford, *Polite*, pp. 706–710.

42 *The Reformer*, March 10, 1747/8, reprinted in Samuels, *Early Life*, p. 314.

43 Burke, "Letter to a Noble Lord," in *Writings and Speeches*, vol. 9, pp. 159–160［中野編訳，pp. 818–819］.

44 R. H. Campbell and A. S. Skinner, *Adam Smith* (New York, 1982), pp. 204–205.

45 Burke, "Tract on the Popery Laws," in Ian Harris (ed.), *Burke: Pre-Revolutionary Writings* (Cambridge, 1993), p. 96.

46 Burke, "Third Letter on a Regicide Peace" (1797), in *Writings and Speeches*, vol. 9, pp. 347–348.

47 Letter to Span, 1778, in *The Works of the Right Honorable Edmund Burke*, 6th ed. (Boston, 1880), vol. 2, pp. 249–258.

48 Letter to Harford, Cowles and Co., May 2, 1778, in *The Correspondence of Edmund Burke*, vol. 3, ed. George G. Guttridge (Cambridge, 1961), p. 442. この書簡は，先に引用したスパン宛ての書簡と一緒に *Two Letters from Mr Burke to Gentlemen in the City of Bristol* として公刊されている．両者とも，Bromwich (ed.) *Edmund Burke* に掲載されている．

49 アイルランドの自由貿易を求めてのバークの議会での努力については，Carl B. Cone, *Burke and the Nature of Politics*, p. 336以下，および R. B. McDowell's "Introduction" to part 2 of *The Writings and Speeches of Edmund Burke*, vol. 9 (Oxford, 1991), p. 399以下を見よ．

50 R. B. McDowell (ed.), *The Writings and Speeches of Edmund Burke*, vol. 9 (Oxford, 1991), p. 130所収のR・B・マクドゥエルのノートを見よ．

51 注50で引用したR・B・マクドゥエルのノート，p. 123を見よ．

52 "Thoughts and Details on Scarcity" の背景については，Thomas Home, *Property Rights and Poverty: Political Argument in Britain, 1605–1834*, p. 162を見よ．

53 今では，R. B. McDowell (ed.), *The Writings and Speeches of Edmund Burke*, vol. 9 (Oxford, 1991), pp. 119–145において利用可能である．

54 "Thoughts and Details," in *Writings and Speeches*, vol. 9, pp. 120–121［永井義雄訳「穀物不足にかんする思索と詳論」水田洋・永井義雄訳『世界大思想全集　社会・宗教・科学思想篇11』河出書房，1957年，p. 247］.

55 双方の判断とも，最近の歴史科学では確証される傾向にある．勤労が増大した証拠については，下記を見よ．Jan de Vries, "Between Purchasing Power and the World of Goods," in John Brewer and Roy Porter (eds.), *Consumption and the World of Goods* (London, 1993), pp. 85–132, また "The Industrial Revolution and the Industrious Revolution," *Journal of Economic History*, vol. 54, no. 2 (June 1994), pp. 249–270. 実質賃金が問題となっている期間にわたって増大していることの証拠については，McDowell's note to p. 122 of "Thoughts and Details." で引用されている著作を見よ．

56 Adam Smith, *The Wealth of Nations*, ed. R. H. Campbell and A. S. Skinner (Oxford, 1976) IV. ii. 10, p. 456［山岡訳『国富論』下巻，p. 32］.

57 "Thoughts and Details," pp. 129–133［永井訳，p. 258］.

58 "Thoughts and Details," p. 123.

59 "Thoughts and Details," pp. 126–127.

60 "Thoughts and Details," p. 133.

61　"Thoughts and Details," p. 121［永井訳，pp. 247-248］.

62　"Thoughts and Details," p. 129［永井訳，pp. 255-256］.

63　"Thoughts and Details," p. 137［永井訳，p. 262］.

64　Burke, *Reflections on the Revolution in France*, in *Writings and Speeches*, vol. 8, p. 209［中野好之訳『フランス革命についての省察』岩波文庫，下巻，p. 51］. この点に関するスミスとバークの違いは，誇張を伴いつつも，Donald Winch, "The Burke-Smith Problem and Late Eighteenth-Century Political and Economic Thought," *The Historical Journal*, vol. 28, no. 1 (1985), pp. 231-247で示されている.

65　"Thoughts and Details," p. 125［永井訳，p. 252］.

66　Dixon Wecter, *Edmund Burke and His Kinsmen: A Study of the Statesman's Financial Integrity and Private Relationships*, University of Colorado Studies, series B, Studies in the Humanities, vol. 1, no. 1 (Boulder, 1939), pp. 24-27. バークと金融とのかかわりについては，ヴェクターに加えて，筆者は次のものによった. Lucy Sutherland (with John A. Woods), "The East India Speculations of William Burke," in Sutherland, *Politics and Finance*, pp. 327-360; Ayling, *Edmund Burke*.

67　この時期の東インド会社史については，主としてP. J. Marshall, "Introduction," in his *Problems of Empire: Britain and India* (London, 1968), pp. 18-19; C. A. Bayly, *Indian Society and the Making of the British Empire* (Cambridge, 1990), pp. 47-55によった.

68　詳細については，Lucy Sutherland, *The East India Company in Eighteenth-Century Politics* (Oxford, 1952), pp. 188-189を見よ.

69　この事件を現代の最も優れた歴史家が判断すれば，このようになる. Wecter, *Edmund Burke and His Kinsmen*, p. 95とSutherland, "East India Speculations," p. 331を見よ.

70　Langford, *Polite*, p. 372.

71　Langford, *Polite*, p. 533.

72　Langford, *Polite*, p. 374.

73　Sutherland, *East India Company*, p. 193 and passim.

74　"Ninth Report of the Select Committee, June 25, 1783," in P. J. Marshall (ed.), *The Writings and Speeches of Edmund Burke*, vol. 5, *India: Madras and Bengal, 1774-1785* (Oxford, 1981), p. 202.

75　"Ninth Report," p. 226.

76　"Ninth Report," p. 232.

77　"Ninth Report," p. 242.

78　"Ninth Report," p. 223.

79　"Ninth Report," pp. 227, 236.

80　"Speech on Fox's India Bill," p. 443, in P. G. Marshall (ed.), *Writings and Speeches*, vol. 5, p. 443［中野編訳『バーク政治経済論集』p. 526］.

81　この段落での情報は，"Appendix C: Paul Benfield" in P. J. Marshall (ed.), *Writings and Speeches*, vol. 5による.

82　*Writings and Speeches*, vol. 5, pp. 125-132. また，O'Brien, *Great Melody*, pp. 307-308における説明を見よ.

83　Sutherland, *East India Company*, pp. 398-400.

84　"Speech on Fox's India Bill," pp. 437-440［中野編訳，p. 519］.

85　O'Brien, *Great Melody*, pp. 335-336における説明を見よ.

86　James Raven, *Judging New Wealth: Popular Publishing and Responses to Commerce in England, 1750-1800* (Oxford, 1992), pp. 221-248を見よ.

87　P. J. Marshall editorial notes in Marshall (ed.), *Writings and Speeches*, vol. 5, pp. 478-480; Carl B. Cone, *Burke and the Nature of Politics*, pp. 165-167.

88 “Speech on the Nabob of Arcot’s Debts,” Marshall (ed.), *Writings and Speeches*, vol. 5, pp. 516 ff.
89 “Speech on the Nabob of Arcot’s Debts,” p. 518.
90 “Speech on the Nabob of Arcot’s Debts,” p. 493.
91 “Speech on the Nabob of Arcot’s Debts,” p. 496. 同様に，“Speech on Fox’s India Bill,” p. 407.
92 “Speech on the Nabob of Arcot’s Debts,” p. 486.
93 “Speech on the Nabob of Arcot’s Debts,” p. 544.
94 McDowell, in *Writings and Speeches*, vol. 9, p. 552のノートを見よ．
95 ロッキンガム派ホイッグ党の間で，インド改革の優先順位が低かったことについては，Sutherland, *East India Company*, p. 382を見よ．
96 O’Brien, *Great Melody*, p. 304. この著作は，バークの東インド会社とその利害関係者に対する反対運動を十分な形で説明している．バークのインド人民のための運動によっては，彼自身も祖国も道徳的感覚を除けば益するところはなかった．つまり，バーク思想にたいして完全に功利主義的な観点から接近するのには限界があることが示されているのである．「われわれは人類全般に対して義務を負っているのだが，これは何らかの特定の自発的契約の帰結ではない」と1791年の「旧ホイッグに対する新ホイッグからの訴え」で記している．「これは，人と人との関係，あるいは人と神との関係から生ずるものであり，選択の問題ではない」（In *Further Reflections on the Revolution in France: Edmund Burke*, ed. Daniel E. Ritchie [Indianapolis, Ind., 1992], p. 160）．この意味では，自然法は冗漫であったとしてもバーク思想の基本的要素である．
97 “Speech on Fox’s India Bill,” pp. 389–390［中野編訳，p. 467］．
98 “Speech on Fox’s India Bill,” p. 402［中野編訳，p. 481］．
99 トマス・アクィナス『神学大全』の大罪の根本にあるものとしての貪欲については，Morton Bloomfield, *The Seven Deadly Sins* (East Lansing, Mich., 1952), pp. 87–88を見よ．
100 “Speech on the Nabob of Arcot’s Debts,” pp. 532, 536. 同様のイメージについては，p. 543を見よ．
101 Burke, *Reflections*, p. 293.
102 Florin Aftalion, *The French Revolution: An Economic Interpretation* (Cambridge, 1990), pp. 57–58.
103 *Moniteur*, vol. 2, p. 54 (Oct. 13, 1789). また，Louis Bergeron, “National Properties,” in François Furet and Mona Ozouf (eds.), *A Critical Dictionary of the French Revolution* (Cambridge, Mass., 1989), p. 512も見よ．
104 バークが『省察』の執筆にあたってどこから情報を得たかについては，F. P. Lock, *Burke’s Reflections on the Revolution in France* (London, 1985), pp. 44–45を見よ．このような考慮は，1789年11月の“Letter to Charles-Jean-François Depont” に見られるようなバークの当初の革命の分析には全くない．J・G・A・ポコックは，重要な論考「バークのフランス革命についての分析に関する経済学」（*Virtue, Commerce, and History* [Cambridge, 1985] pp.193–212）では，バークの議論が公債の政治的影響についてのイギリスでの長期にわたる議論を反映していることを非常に強調しているが，これはバークがフランスでの論争の参加者から分析を借用していることを見逃している．
105 *Reflections*, p. 157.
106 *Reflections*, pp. 94–95［中野訳『フランス革命についての省察』上巻，p. 81］．
107 *Reflections*, p. 201［中野訳『フランス革命についての省察』下巻，p. 36］．
108 *Reflections*, p. 238［中野訳『フランス革命についての省察』下巻，p. 104］．
109 *Reflections*, p. 242.
110 *Reflections*, p. 154. 他に「貨幣仲介人，高利貸し，ユダヤ人」に言及した箇所としては，*Reflections*, pp. 99–100を見よ．「国会の成員に対する書簡」（1791年）においては，教会の土地を没収し，これをアッシニア通貨にすることは「町角の，高利貸し，行商人，旅するユダヤ人割引業者といった一群を肥やしてしまうことになる」といわれている（In *Writings and Speeches*, vol. 8, p. 304）．明らか

にバークは，すでに第1章で論じたように，金貸しとしてのユダヤ人と規範的なアウトサイダーとしてのユダヤ人の間にある伝統的な関係に依拠している．

111 "Third Letter on a Regicide Peace," pp. 346 ff.

112 *Reflections*, pp. 160-161［中野訳『フランス革命についての省察』上巻，pp. 201-202］．『フランス革命についての省察』では，バークは，フランスの金融界の人々は，土地貴族を恨んでいると考えていた．なぜならば，新しい富者は，貴族によって軽蔑されていることについて怨恨を持っていたし，また貴族の世界に入ることができなかったからである．しかし，バークがフランスのことがらに熱中すればするほど，そのような説明を重視しなくなったのである（"Thoughts on French Affairs" [1791], in *Writings and Speeches*, vol. 8, pp. 346-347）．

113 *Reflections*, p. 160［中野訳『フランス革命についての省察』上巻，p. 202］．

114 *Reflections*, p. 162.

115 *Reflections*, p. 197.

116 *Reflections*, p. 102［中野訳『フランス革命についての省察』上巻，pp. 96-97］．

117 *Reflections*, pp. 213, 218, 268-272. この過程については，Keith Michael Baker, "Inventing the French Revolution," in his *Inventing the French Revolution: Essays on French Political Culture in the Eighteenth Century* (Cambridge, 1990) を見よ．

118 *Reflections*, pp. 258-269.

119 *Reflections*, pp. 112, 129-130.

120 *Reflections*, pp. 128-129.

121 バークの保守主義を有益な形で説明したものとして，Iain Hampsher-Monk's "Introduction" to his *The Political Philosophy of Edmund Burke* ならびに彼の *A History of Modern Political Thought* のバーク章を見よ．

122 *Reflections*, pp. 110-111［中野訳『フランス革命についての省察』上巻，p. 112］．

123 Jerry Z. Muller, *Adam Smith in His Time and Ours: Designing the Decent Society* (Princeton, N. J.), 1995, pp. 93-112を見よ．

124 Muller, *Adam Smith*, pp. 113-130を見よ．

125 この主題に関しては，J. G. A. Pocock, "The Political Economy of Burke's Analysis of the French Revolution"; "Virtues, Rights, and Manners: A Model for Historians of Political Thought," in Pocock, *Virtue, Commerce, and History* を見よ．

126 *Reflections*, p. 129［中野訳『フランス革命についての省察』上巻，p. 144］．

127 啓蒙思想に見られる「裸の理性」の隠喩については，Hans Blumenberg, "Paradigmen zu einer Metaphorologie," *Archiv für Begriffsgeschichte*, vol. 6 (1960), pp. 7-142, at pp. 49-54とJean Strarobinski, *Jean-Jacques Rousseau: Transparency and Obstruction* (Chicago, 1988) を見よ．

128 この像については優れた分析が，Lock, *Burke's Reflections*, pp. 127-128にある．

129 *Reflections*, p. 127［中野訳『フランス革命についての省察』上巻，pp. 140-141］．

130 インドについての演説の中で使われた，初期段階でのそのような像については，Isaac Kramnick, *The Rage of Edmund Burke: Portrait of an Ambivalent Conservative* (New York, 1977), pp. 134-142を見よ．

131 *Reflections*, pp. 128-129［中野訳『フランス革命についての省察』上巻，pp. 141-143］．

132 *Reflections*, p. 130［中野訳『フランス革命についての省察』上巻，p. 145］．

133 *Reflections*, p. 141. この点で，脚注にあるキケロからの引用はきわめて啓発的である．

134 *Reflections*, p. 130［中野訳『フランス革命についての省察』上巻，p. 145］．

135 *Reflections*, p. 130［中野訳『フランス革命についての省察』上巻，pp. 145-146］．

136 *Reflections*, p. 290. バークが教会・国家問題について，リバタリアン的な立場から，既存教会の

社会的・政治的役割を重視するに至ったことに関しては，J. C. D. Clark, *English Society, 1688-1832* (Cambridge, 1985), pp. 247-258を見よ．

137 "Second Letter on a Regicide Peace" (1796), in *Writings and Speeches*, vol. 9, pp. 291-292.

138 この点は，Christopher Reid, *Edmund Burke and the Practice of Political Writing* (New York, 1986), pp. 222-223でも指摘されている．

139 *Reflections*, p. 214［中野訳『フランス革命についての省察』下巻，p. 62］.

140 "Letter to a Noble Lord" (1796), in *Writings and Speeches*, vol. 9, p. 176［中野編訳『バーク政治経済論集』p. 838］．同様に，"Appeal from the New to the Old Whigs" (1791), in Daniel R. Ritchie (ed.), *Edmund Burke: Further Reflections on the Revolution in France* (Indianapolis, Ind., 1992), p. 182を見よ．

141 "Letter to a Noble Lord," pp. 176-177.

142 "Second Letter on a Regicide Peace," p. 289. 口頭弁論とは，ロベスピエールのような弁護側の法律家による法的嘆願のことである．

143 *Reflections*, p. 147［中野訳『フランス革命についての省察』上巻，pp. 177-178］.

144 "Appeal," p. 160［中野編訳，p. 655］.

145 "Appeal," pp. 160-161.

146 アーノルドについては，本書の第8章を見よ．

▸ 第6章 ◂

1 これらの講義は公刊されており，英訳が利用可能である．*Lectures on Natural Right and Political Science: The First Philosophy of Right—Heidelberg 1817-1818 and Additions from the Lectures of 1818-1819 (Transcribed by Peter Wannenmann)*, translated by J. Michael Stewart and Peter C. Hodgson (Berkeley, 1995).

2 学生のノートの背景については，Hegel, *Vorlesungen über Rechtsphilosophie, 1818-1831*, ed. Karl-Heinz Ilting (Stuttgart, 1974), p. 111以下の第1巻に付せられたカール・ハインツ・イルティングの序文を見よ．これらの学生のノートとその利用についての簡潔ではあるが注意深い議論としては，Mark Tunick, *Hegel's Political Philosophy: Interpreting the Practice of Legal Punishment* (Princeton, N. J., 1992), pp. 5-12を見よ．私の目的にとって最も有益だったのは，Hegel, *Vorlesungen über Rechtsphilosophie, 1818-1831. Band 3: Philosophie des Rechts nach der Vorlesungnachschrift von H. G. Hotho 1822/23*, ed. Karl-Heinz Ilting (Stuttgart, 1974); Hegel, *Vorlesungen über Rechtsphilosophie 1818-1831. Band 4, Philosophie des Rechts nach der Vorlesungsnachschrift K. G. von Griesheims, 1824-1825*, ed. Karl-Heinz Ilting (Stuttgart, 1974). 以降，前者は「Hotho」として，後者は「Griesheim」として引用する．最近の英訳，H. B. Nesbit, edited by Allen Wood, *Elements of the Philosophy of Right* (Cambridge, 1991) は，1833年版の講義ノートの中で，ヘーゲルの学生であったエドアート・ガンスによって抜粋された部分しか含まれていない．引用に際しては，*Philosophie des Rechts* (*PR*) の段落番号を記すが，これはドイツ語版，英語版に共通である．公刊された講義ノートから引用する場合には，Ilting編の巻の段落番号とページ数を記す．

3 ヘーゲルは，しばしば近代国家は「世界における神の歩みである」と主張したと言われる．実際に彼が書いたのは，*"Es ist der Gang Gottes in der Welt, daß der Staat ist"* (*PR* 258A) ということであり，これは「国家がなければならないというのが，神の世界でのあり方である」と訳すのが最もよいだろう．国家と神を同一視するというよりは，ヘーゲルが意味していたのは，神によって創造された人間に内在する自由を実現するためのある種の可能性を実際のものとするのは国家であ

り，その実現のためには近代国家の歴史的発展が必要であるということであった．

4 ヘーゲルの資本主義解釈を理解するうえで，いまひとつ当惑させるのが，アレクサンドル・コジェーブの『ヘーゲル読解入門』(Paris, 1947) での有名な解釈がそうであるように，『現象学』(1807年) で述べられた「主人」と「奴隷」の対話というレンズを通して，それを見ようとする慣習である．というのも，『現象学』は比較的早い段階でのヘーゲルの近代世界の解釈を反映しているのであり，この知的発展の段階では，まだ経済学者の業績を自身の思想のなかに消化するには至っていない．後年，彼はこれを，近代社会の本質やその哲学的重要性を理解するのに，重要だと考えるようになる．ヨアヒム・リッターが記しているように，「『法哲学』では，ようやく市民社会が中心となる．その時代の政治的，法的，精神的問題すべてが，あらゆるものを規定する画期的な大変動としての市民社会と関連づけられる．市民社会の理論は，政治革命の理論に先立つのである．……」(Joachim Ritter, "Hegel and the French Revolution" [1956] in Joachim Ritter, *Hegel and the French Revolution: Essays on The Philosophy of Right*, trans. Richard Dien Winfield (Cambridge, Mass., 1982), p. 68.

5 これは，ジョージ・A・ケリーが言及しているとおりである．George A. Kelly, "Hegel and 'the Neutral State,'" in *Hegel's Retreat from Eleusis* (Princeton, N.J., 1978), p. 137.

6 *PR* 182A.

7 *PR* 75.

8 *PR* 15A.

9 Michael O. Hardimon, *Hegel's Social Philosophy: The Project of Reconciliation* (Cambridge, 1994). 他に，このようなヘーゲル思想の側面を照射したものは，次に挙げるように，最近ではいくつかある．Steven B. Smith, *Hegel's Critique of Liberalism* (Chicago, 1989); Tunick, *Hegel's Political Philosophy*; Allen W. Wood, *Hegel's Ethical Thought* (Cambridge, 1990); Terry Pinkard, *Hegel's Phenomenology: The Sociality of Reason* (Cambridge, 1994). このような意図をはっきり述べたものとしては，*PR*, Preface, *Grundlinien der Philosophie des Rechts: G.W.H. Hegel: Werke in 20 Bd.* (Frankfurt am Main, 1986), pp. 26–27; Hegel, *Elements of the Philosophy of Right*, ed. Allen W. Wood (Cambridge, 1991), p. 22を見よ．

10 ルソーの著作にあるこうした要素を巧みに分析したのが，Bernard Yack, *The Longing for Total Revolution: Philosophic Sources of Social Discontent from Rousseau to Marx and Nietzsche* (Princeton, N.J., 1986), chapters 1 and 2である．

11 『社会契約論』第1編，第7章ならびに注を見よ．Rousseau, *The Social Contract and Other Later Political Writings*, edited and translated by Victor Gourevitch (Cambridge, 1997), pp. 50–51.

12 Adam Ferguson, *An Essay on the History of Civil Society* (New Brunswick, N. J., 1980), p. 54.

13 Ferguson, *Essay on the History of Civil Society*, p. 58

14 Ferguson, *Essay on the History of Civil Society*, pp. 180–183.

15 M. H. Abrams, *Natural Supernaturalism: Tradition and Revolution in Romantic Literature* (New York, 1971), pp. 211–212. ファーガソンのシラーに対する影響，ならびに強調の違いについては，Fania Oz-Salzberger, *Translating the Enlightenment: Scottish Civic Discourse in Eighteenth-Century Germany* (Oxford, 1995) を見よ．シラーの批判の卓越した分析は，Yack, *Longing*, chapter 4である．

16 Friedrich Schiller, *On the Aesthetic Education of Mankind in a Series of Letters*, edited and translated by Elizabeth M. Wilkinson and L. A. Willoughby (Oxford, 1967), pp. 32–35. この版は重宝する．ドイツ語のテキストと並んで見開きに英訳がある．

17 Elie Kedourie, *Hegel and Marx* (Oxford, 1996), p. 57での引用による．

18 1790年代のフィヒテの思想に見られる，分業によって作り出される一面性をどのように補ったらよいかという主題については，Theodore Ziolkowski, *German Romanticism and Its Institutions* (Princeton, N. J., 1990), pp. 242–245を見よ．

19　Kedourie, *Hegel and Marx*, p. 32を参照せよ.

20　ヘーゲル思想の歴史的，制度的側面を照射する最近の研究については，先の注9のほか，Donald R. Kelley, *The Human Measure: Social Thought in the Western Legal Tradition* (Cambridge, Mass., 1990), p. 253を見よ.

21　Hegel, *Vorlesungen über die Philosophie der Geschichte*; English translation by Leo Rauch, *Introduction to the Philosophy of History* (Indianapolis, Ind., 1988), pp. 21-22.

22　『法哲学』序文の末尾で，ヘーゲルはこれをEigensinnと呼んでいるが，これはネスビットによって「頑固さ」と誤訳されている．ヘーゲルが明らかにこの用語によって伝えようとしたのは，近代の個人は自分たちにとって意味があるような制度を要求するということであった．この論点は，次に挙げる文献で議論されている．Kenneth Westphal, "The Basic Context and Structure of Hegel's *Philosophy of Right*," in *The Cambridge Companion to Hegel*, ed. Frederick C. Beiser (Cambridge, 1993), pp. 234-269, at p. 237; Pinkard, *Hegel's Phenomenology*, p. 272; Hardimon, *Hegel's Social Philosophy*, passim.

23　ヘーゲルの家族的背景と自画像の優れた扱いとしては，John Edward Toews, *Hegelianism: The path Toward Dialectical Humanism, 1805-1841* (Cambridge, 1980), pp. 13 ff. さらなる詳細については，Horst Althaus, *Hegel und die heroischen Jahre der Philosophie* (Munich, 1992), p.23. ヘーゲルの伝記については，先行研究はTerry Pinkard, *Hegel: A Biography* (Cambridge, 2000) によって超えられた．同書は，本章が書かれてから公刊されたが，ここでの解釈とは両立可能である．

24　Toews, *Hegelianism*, p. 21. また，Hans Erich Bödeker, "Die 'gebildeten Stände' im späten 18. und frühen 19. Jahrhundert: Zugehörigkeit und Abgrenzungen. Mentalitäten und Handlungspotentiale," in Jürgen Kocka (ed.), *Bildungbürgertum im 19. Jahrhundert. Teil IV: Politscher Einfluß und gesellschaftliche Formation* (1989), pp. 21-52も見よ.

25　Bödeker, "Die 'gebildeten Stände,'" pp. 23-24.

26　James J. Sheehan, *German History, 1770-1866* (Oxford, 1989), pp. 143-158; Mack Walker, *German Home Towns: Community, State, and General Estate, 1648-1871* (Ithaca, N.Y., 1971), passimを見よ.

27　Sheehan, *German History*, pp. 195-196.

28　Mack Walker, "Rights and Functions: The Social Categories of Eighteenth-Century German Jurists and Cameralists," *Journal of Modern History*, vol. 50, (June 1978), pp. 234-251; David F. Lindenfeld, *The Practical Imagination: The German Sciences of State in the Nineteenth Century* (Chicago, 1997), chapters 1 and 2. スミスの『国富論』の大学カリキュラムへの浸透について，特にケーニヒスベルクに関しては，Norbert Waszek, *The Scottish Enlightenment and Hegel's Account of "Civil Society"* (Dordrecht, 1988), p. 75を見よ.

29　Walker, *German Home Towns*.

30　On Württemberg, Toews, *Hegelianism*, p. 17.

31　引用はSheehan, *German History*, p. 305による.

32　Sheehan, *German History*, p. 428.

33　Sheehan, *German History*, pp. 305 ff; Thomas Nipperdey, *Deutsche Geschichte 1800-1866: Bürgerwelt und starker Staat* (6. durchgesehene Auflage, Munich, 1993), pp. 31-49; Hans-Ulrich Wehler, *Deutsche Gesellschaftsgeschichte, Erster Band, 1700-1815* (Munich, 1987), pp. 397 ff. ハルデンベルクの経済的自由主義への関与については，特に次の文献を見よ．Reinhart Koselleck, *Preußen zwischen Reform und Revolution: Allgemeines Landrecht, Verwaltung und soziale Bewegung von 1791 bis 1848*, 2nd ed. (Stuttgart, 1975), pp. 318 ff; Barbara Vogel, *Allgemeine Gewerbefreiheit. Die Reformpolitik des preussischen Staatskanzlers Hardenberg, 1810-20* (Göttingen, 1983).

34　Theodore Ziolkowski, *German Romanticism*, p. 290.

35 Robert M. Berdahl, *The Politics of the Prussian Nobility: The Development of a Conservative Ideology, 1770–1848* (Princeton, N. J., 1988), pp. 164–176.

36 Carl Ludwig von Haller, *Restauration der Staatswissenschaft: oder Theorie des natürlich-geselligen Zustands der Chimäre des künstlich-bürgerlichen entgegengesetzt*, 6 vols., 1816–1834.

37. Warren Breckman, *Marx, The Young Hegelians, and the Origins of Radical Social Theory* (Cambridge, 1999), pp. 68–70; Berdahl, *Politics of the Prussian Nobility*, pp. 56, 158–159での議論を見よ.

38 アルテンシュタイン，そしてヘーゲルとの交渉については，*Hegel: The Letters*, translated by Clark Butler and Christiane Seiler with a commentary by Clark Butler (Bloomington, Ind., 1984), pp. 377 ff を見よ.

39 Toews, *Hegelianism*, pp. 60 ff; Toews, "Transformations of Heglianism, 1805–1846," in *The Cambridge Companion to Hegel*, p. 384を見よ.

40 これが，『精神現象学』の「絶対的自由と恐怖」についての章に見られるヘーゲルのフランス革命についての結論である．詳細な議論は，Charles Taylor, *Hegel* (Cambridge, 1975), chapter 15を見よ．要約としては，*PR* 5, *PR* 29.

41 *PR*, 341–360. もっと一般的には，『哲学史講義』への有名な序論を見よ．英訳としては優れているのが，Leo Rauch, *Introduction to the Philosophy of History*. および Allen W. Wood, "Editor's Introduction" to Hegel, *Elements of the Philosophy of Right*, ed. Wood (Cambridge, 1991) を見よ.

42 *PR* 151.

43 "Die Thätigkeit des Selbsterwerbs durch Verstand und Fleiss, und die Rechtschaffenheit in diesem Verkehr und Gebrauch des Vermögens, die Sittlichkeit in der bürgerlichen Gesellschaft." § 552 of "Der objecktive Geist. Aus der Berliner Enzyklopädie, zweite und dritte Auflage (1827 und 1830)" in Hegel, *Vorlesungen über Rechtsphilosophie, 1818–1831*, ed. Ilting, vol. 4 (1973), p. 889. ヘーゲルのカトリシズムに対する批判に関しては，Kelly, "Hegel and 'the Neutral State,'" pp. 110–153も見よ.

44 Hegel, "Der objecktive Geist," p. 891.

45 Toews, *Hegelianism*, chapters 2 and 3; Gerald N. Izenberg, *Impossible Individuality: Romanticism, Revolution, and the Origins of Modern Selfhood, 1787–1802* (Princeton, N. J., 1992)を見よ.

46 *PR* 5.

47 *PR*, Preface, p. 12.

48 Jerry Z. Muller, *Adam Smith in His Time and Ours: Designing the Decent Society* (Princeton, N. J., 1995)を見よ.

49 Wood, *Hegel's Ethical Thought*, pp. 33–34では，ヘーゲル思想のこの局面について若干の有益な見解が披歴されている.

50 Griesheim, p. 408. こうした側面については，ヘーゲルの思想は非常にアリストテレス的である. Jonathan Lear, *Aristotle: The Desire to Understand* (Cambridge, 1988), pp. 160–174を見よ.

51 Wood, *Hegel's Ethical Thought*, p. 210; *PR* 132R.

52 *PR* 147.

53 *PR* 144.

54 *PR* 149.

55 *PR* 150.

56 *PR* 152.

57 Steven B. Smith, "At the Crossroads: Hegel and the Ethics of *bürgerliche Gesellschaft*," *Laval théologique et philosophique*, vol. 51, no. 2 (June 1995), pp. 345–362, at pp. 353–354. 特に，Griesheim, p. 481で展開されているように，*PR* 260, *PR* 185, *PR* 186を見よ.

58 *PR* 157.

59 *PR* 188.

60 Muller, *Adam Smith in His Time and Ours*, p. 187を見よ.

61 Smith, "At the Crossroads," p. 355を見よ. さらに, Mark Tunick, "Are There Natural Rights?: Hegel's Break with Kant," in Ardis B. Collins (ed.), *Hegel on the Modern World* (Albany, N. Y., 1995), pp. 219-236も参照.

62 こうした問題を扱っている*PR*の第1部は,「絶対的な権利」というタイトルを持っている. バークは『フランス革命についての省察』で同様の点を指摘している. Jerry Z. Muller (ed.), *Conservatism: An Anthology of Social and Political Thought from David Hume to the Present* (Princeton, N. J., 1997), pp. 98-99における抜粋を見よ.

63 *PR* 185 Zusatz (Addition H).

64 *PR* 33 Zusatz (Addition H) and 41 Zusatz (Addition H).

65 *PR* 154.

66 *PR* 124. 翻訳は, ニスベットによる. イタリックはヘーゲルのもの.

67 *PR* 44.

68 *PR* 189. さらに追加的なコメントについては, Griesheim, p. 487.

69 ヘーゲルはこれら3つについてはすべて, *PR* 189で言及している.『国富論』の主要命題については, *PR* 198-199で再述している. ヘーゲルがいつスミスの『国富論』を読んだのか, また, それによってどのような影響があったのかについては, Waszek, *Scottish Enlightenment*の特に第4章を見よ.

70 この点を適切な形で指摘しているのが, Raymond Plant, "Economic and Social Integration in Hegel's Political Philosophy," in Lawrence S. Stepelevich, *Selected Essays on G.W.F. Hegel* (Atlantic Highlands, N. J., 1993), pp. 76-103, at p. 89である.

71 *PR* 192 and additions.

72 *PR* 190-197. さらに詳細な議論としては, Hotho, p. 596, およびGriesheim, p. 493である.

73 Griesheim, p. 490.

74 *Journal des Luxus und der Moden*, vol. 3 (1788), 引用はHans Erich Bödeker, "Die 'gebildeten Stände,'" p. 35による.

75 *PR* 191; Hotho, pp. 593-594. ヘーゲルはここでは, セイという手本にならっている.

76 Ilting, vol. 2, p. 643; Hotho, p. 596.

77 *PR* 244; Griesheim, p. 614.

78 *PR* 207. この主題の詳細については, Wood, *Hegel's Ethical Thought*, pp. 243-246を見よ.

79 これに関しては, Waszek, *Scottish Enlightenment*, pp. 161-170に優れた議論がある.

80 *PR* 207. 追加的なコメントについては, Hotho, p. 636; Griesheim, pp. 524-525. そして, *PR* 187についてのコメントは, Griesheim, p. 482を見よ.

81 Wood, *Hegel's Ethical Thought*, pp. 216-217中の議論を見よ.

82 *PR* 206.

83 *PR* 206; Griesheim, pp. 521-522.

84 *PR* 162.

85 これについては, Tunick, *Hegel's Political Philosophy*, pp. 55-64を見よ.

86 *PR* 185. 議論の展開としては, Griesheim, pp. 475-477. ヘーゲルは, ルソーがこのような線上での分析を予示していることに注意している.

87 *PR* 250-255; Griesheim pp. 617-627. G. Heiman, "The Sources and Significance of Hegel's Corporate Doctrine," in Z. A. Pelczynski (ed.), *Hegel's Political Philosophy: Problems and Perspectives* (Cambridge, 1971), pp. 111-135も見よ. 19世紀の終わりにエミール・デュルケムは, ヘーゲルに

よって確認され，自ら「アノミー」と呼んだ問題に対して，ヘーゲルと同様に協調主義的な解決を述べている．特に『社会的分業』（1902年）第2版の序文「職業的集団についての若干の意見」を見よ．英訳は，Durkheim, *The Division of Labor in Society*, translated by W. D. Halls (New York, 1997), pp. xxxi-lixで利用できる．二次文献の有益な議論としては，Dominick La Capra, *Emile Durkheim: Sociologist and Philosopher* (Chicago, 1972), pp. 211-224を見よ．他の20世紀の思想家において見られる同様な主題については，Thomas L. Haskell, "Professionalism Versus Capitalism: R. H. Tawney, Emile Durkheim, and C. S. Peirce on the Disinterestedness of Professional Communities," in Haskell (ed.), *The Authority of Experts* (Bloomington, Ind., 1984), pp. 189-225を見よ．

88 Griesheim, pp. 622-627.

89 *PR* 243についてのコメントは，Griesheim, p. 608.

90 *PR* 243; 246.

91 *PR* 243.

92 *PR* 244［長谷川宏訳『法哲学講義』作品社，2000年，p. 479］．そしてGriesheimの追加的コメントを見よ．

93 *PR* 224［長谷川訳，p. 479］．コメントとしてはGriesheim, pp. 608-609.

94 最近では，ヘーゲルの「人民」（Pöbel）の描写は，現在では「最下層の人々」と言われるものに近いとしているものもいくつかある．

95 Griesheim, p. 611-612.

96 *PR* 248.

97 *PR* 239.

98 *PR* 236.

99 Griesheim, p. 587.

100 Griesheim, p. 415.

101 Hotho, pp. 557-558.

102 *PR* 163.

103 *PR* 159.

104 *PR* 163.

105 *PR* 161．追加的なコメントは，Griesheim, pp. 428-429.

106 Hegel, *Lectures on Natural Right and Political Science*, p. 150.

107 *PR* 169-170．追加的なコメントとしては，Griesheim, p. 450

108 Griesheim, p. 450.

109 *PR* 178, *PR* 180．そしてGriesheim, pp. 557-558にあるコメントを見よ．

110 こうした事柄を見事に議論したのが，Shlomo Avineri, *Hegel's Theory of the Modern State* (Cambridge, 1972), chapters 9 and 10.

111 *PR* 302, and Zusatz (Addition).

112 *PR* 258, *PR* 323-324.

113 *PR* 268.

114 *PR* 302.

115 *PR* 314-315. Z. A. Pelczynski, "Political Community and Individual Freedom in Hegel's Philosophy of State," in Z. A. Pelczynski (ed.), *The State and Civil Society: Studies in Hegel's Political Thought* (Cambridge, 1984), pp. 55-76を見よ．

116 *PR* 291.

117 *PR* 294.

118 *PR* 294.

119 Lindenfeld, op. cit.を見よ.

120 *PR* 296.

121 Nipperdey, *Deutsche Geschichte*, p. 528.

122 Eric Voegelin: “On Hegel: A Study in Sorcery,” *Studium Generale*, vol. 24 (1971), pp. 335-368, at p. 338.

▸ 第7章 ◂

1 Leszek Kolakowski, *Main Currents of Marxism*, (3 vols.), vol. 1, *The Founders* (New York, 1978), p. 181.

2 伝記的情報については，ほとんどをDavid McLellan, *Karl Marx: His Life and Thought* (New York, 1973) に負う．Auguste Cornu, *Karl Marx und Friedrich Engels: Leben und Werk*, 3 vols. (Berlin, 1954) も利用したが，これは大半の事実を共産主義的な概念的石棺に入れている．さらに私は，Jerrold Seigel, *Marx's Fate: The Shape of a Life* (Princeton, N. J., 1978) で提供されている若干の解釈から裨益された．Frank E. Manuel, *A Requiem for Karl Marx* (Cambridge, Mass., 1995) は優れた心理学的肖像画ではあるが，著者が経済学や社会史に全く関心がないという欠点を持っている．

特に断らない限り，マルクスとエンゲルスの著作についての言及は次のものに拠っている．*Karl Marx/Friedrich Engels Gesamtausgabe* (Berlin, 1972-) published by the Institut für Marxismus-Leninismus of the Soviet Communist Party and the Institut für Marxismus-Leninismus of the Socialist Unity Party of Germany. 引用は，*MEGA*, 部，巻，そしてページという形でなされる．私自身の翻訳による部分もあるが，可能な場合には，よく知られた英訳版のページも挙げておいた．

3 Cornu, *Karl Marx*, vol. 1, p. 53.

4 Cornu, *Karl Marx*, p. 54, 63n.

5 Jacob Katz, *From Prejudice to Destruction: Anti-Semitism, 1700-1933* (Cambridge, Mass., 1980), p. 171を見よ.

6 このような新しい生活スタイルの発展については，Hans Erich Bödecker, “Die ‘gebildeten Stände’ im späten 18. und frühen 19. Jahrhundert: Zugehörigkeit und Abgrenzungen. Mentalitäten und Handlungspotentiale,” in Jürgen Kocka (ed.), *Bildungbürgertum im 19. Jahrhundert. Teil IV: Politischer Einfluß und gesellschaftliche Formation* (1989), pp. 21-52, at pp. 36-41を見よ.

7 McLellan, *Karl Marx*, p. 15.

8 McLellan, *Karl Marx*, pp. 18-23.

9 McLellan, *Karl Marx*, p. 33での引用による.

10 Marx to Engels, April 30, 1868, Manuel, *Requiem*, p. 101での引用による.

11 Seigel, *Marx's Fate*, p. 63.

12 McLellan, *Karl Marx*, p. 105での引用による.

13 マルクスが自身の計画を完結させる能力を欠いていたことは，Seigel, *Marx's Fate*で強調されている.

14. マルクスにおける反近代主義的衝動については，John Gray, “The Politics of Cultural Diversity,” in John Gray, *Post-Liberalism: Studies in Political Thought* (London, 1993), p. 256を見よ .

15 McLellan, *Karl Marx*, p. 42-48.

16 Hans-Ulrich Wehler, *Deutsche Gesellschaftsgeschichte, Band 2, 1815-1845/49* (Munich, 1987), p. 266.

17 Werner Conze, “Proletariat, Pöbel, Pauperismus,” in Otto Brunner, Werner Conze, and Reinhart

Kosellek (eds.), *Geschichtliche Grundbegriffe*, vol. 5, pp. 27-68, at pp. 40, 42.

18. Wehler, *Deutsch Gesellschaftsgeschichte, Band 2*, p. 267での引用による．市場指向の自由主義的政策を保守派が批判することによって，プロレタリアートが生成されることについては，Werner Conze, “From ‘Pöbel’ to ‘Proletariat’: The Socio-Historical Preconditions of Socialism in Germany” (German original, 1954), in Georg Iggers (ed.), *The Social History of Politics* (Leamington Spa, U.K., 1985), pp. 49-80, at pp. 58 ffを見よ．

19 Wehler, *Deutsch Gesellschaftsgeschichte, Band 2*, p. 289.

20 Wehler, *Deutsch Gesellschaftsgeschichte, Band 2*, p. 244; David Blackbourn, *The Long Nineteenth Century: A History of Germany, 1780-1918* (New York, 1997), pp. 116-117.

21 Wehler, *Deutsch Gesellschaftsgeschichte, Band 2*, pp. 247-257.

22 Jonathan Sperber, *The European Revolutions, 1848-1851* (Cambridge, 1994), pp. 23-24.

23 Sperber, *European Revolutions*, p. 23.

24 Wehler, *Deutsch Gesellschaftsgeschichte, Band 2*, p. 21; Charles Tilly, “Demographic Origins of the European Proletariat,” in Charles Tilly, *Roads from Past to Future* (Lanham, Md., 1997), pp. 293-383, at p. 335.

25 Wehler, *Deutsch Gesellschaftsgeschichte, Band 2*, pp. 284-289.

26 Engels, “Briefe aus dem Wuppertal,” in *MEGA* I, 3, pp. 32-51, at pp. 34-36.

27 Engels, “Briefe aus dem Wuppertal,” in *MEGA* I, 3, p. 51.

28 Sperber, *European Revolutions*, pp. 105-107.

29 Wehler, *Deutsch Gesellschaftsgeschichte, Band 2*, p. 280.

30 Sperber, *European Revolutions*, p. 83.

31 Hegel, *Philosophy of Right*, paragraph 261.

32 Sperber, *European Revolutions*, p. 41.

33 Marx, “Debatten über das Holzdiebstahls-Gesetz,” *MEGA* I, 1, p. 224.

34 Marx, “Debatten über das Holzdiebstahls-Gesetz,” *MEGA* I, 1, p. 230. マルクスはこうしたイメージを非常に好んでいたので，*Kapital: Kritik der politischen Ökonomie, Erster Band, Hamburg, 1872*, chapter 8, “Der Arbeitstag,” *MEGA* II, 6, p. 289; Karl Marx, *Capital: A Critique of Political Economy*, trans. Ben Fowkes (London, 1976), p. 400で再びそれを使っている．

35 Karl Marx, “Bemerkungen über die neueste preußische Zensurinstruktion. Von einim Rheinländer,” February 1842; “Debatten über Preßfreiheit und Publikation der Landständischen Verhandlungen” (May 5, 1842), そしてこれに続く *MEGA* I, 1, p. 99 以下に所収の新聞検閲についての記事を参照.

36 Marx, *Critique of Hegel's Philosophy of Right*, ed. Joseph O'Malley (Cambridge, 1972), p. 71 [「ヘーゲル法哲学批判――序説」的場昭弘訳『新訳　初期マルクス』作品社，2013年].

37 John C. Calhoun, *Exposition and Protest* (1828), Richard Hofstadter, *The American Political Tradition* (New York, 1948), p. 81での引用による．

38 Conze, “Proletariat, Pöbel, Pauperismus,” pp. 48-56.

39 Norman Levine, “The German Historical School of Law and the Origins of Historical Materialism,” *Journal of the History of Ideas*, vol. 48 (1987), pp. 431-450, at p. 443; McLellan, *Karl Marx*, p. 107.

40 David McLellan, *Friedrich Engels* (New York, 1977), p. 22. マルクスの思想の展開にとって労働が持つ重要性については，Terrell Carver, *Marx and Engels: The Intellectual Relationship* (Bloomington, Ind., 1983), pp. 32, 36-38も見よ．マルクスは『経済学・哲学草稿』(1844年) への序文のなかで，労働を，それを自身の思想に対する主要な影響の1つとしている．*MEGA* I, 2, p. 326.

41 Friedrich Engels, “Outlines of a Critique of Political Economy,” in *Karl Marx-Friedrich Engels Collected Works*, vol. 3 (Moscow, 1975), pp. 418-443, at p. 418; “Umrisse zu einer Kritik der

Nationalökonomie," in *MEGA* I, 3, pp. 467–494, at p. 467 [「国民経済学批判要綱」『マルクス＝エンゲルス全集1』大月書店, 1959年, p. 2].

42 Engels, "Outlines," p. 423; "Umrisse," p. 474 [「国民経済学批判要綱」『マルクス＝エンゲルス全集1』p. 548].

43 Engels, "Outlines," p. 432; "Umrisse," p. 483.

44 Engels, "Outlines," p. 423; "Umrisse," p. 475 [「国民経済学批判要綱」『マルクス＝エンゲルス全集1』p. 548].

45 Engels, "Outlines," p. 430; "Umrisse," p. 481 [「国民経済学批判要綱」『マルクス＝エンゲルス全集1』pp. 555–556].

46 Engels, "Outlines," pp. 434–435; "Umrisse," p. 485 [「国民経済学批判要綱」『マルクス＝エンゲルス全集1』pp. 559–560].

47 Engels, "News from Prussia," *The Northern Star*, June 29, 1844, reprinted in *Karl Marx-Friedrich Engels Collected Works*, vol. 3 (Moscow, 1975), pp. 530–531.

48 Engels, "Outlines," p.441; "Umrisse," p. 491 [「国民経済学批判要綱」『マルクス＝エンゲルス全集1』p. 566].

49 Engels, "Outlines," p. 434; "Umrisse," p. 484.

50 Engels, "Outlines," p. 435; "Umrisse," p. 485 [「国民経済学批判要綱」『マルクス＝エンゲルス全集1』p. 560].

51 Stefi Jersch-Wenzel, "Legal Status and Emancipation," in Michael Meyer (ed.), *German-Jewish History in Modern Times*, vol. 2 (New York, 1997), p. 31.

52 Hegel, *Philosophy of Right*, paragraph 270.

53 Jersch-Wenzel, "Legal Status and Emancipation," p. 41. そしてJacob Katz, *From Prejudice to Destruction* (Cambridge, Mass., 1986), chapter 12, "The German Liberals' Image of the Jew" には非常に有益な議論がある.

54 Raphael Gross, *Carl Schmitt und die Juden* (Frankfurt, 2000), pp. 202–244. 後年のバウアーの反ユダヤ主義的な著作については, Katz, *From Prejudice to Destruction*, pp. 214–218を見よ.

55 1830年代のドイツ文化におけるユダヤ人と利己主義との同一視については, Paul Lawrence Rose, *Revolutionary Antisemitism in Germany from Kant to Wagner* (Princeton, N. J., 1990), part 4を見よ.

56 Bruno Bauer, *Die Judenfrage* (Braunschweig, 1843), translated by Helen Lederer as *The Jewish Problem* (Cincinnati, 1958), 抜粋がLawrence S. Stepelevich, *The Young Hegelians: An Anthology* (Cambridge, 1983) にある. Bruno Bauer, "Die Fähigkeit der heutigen Juden und Christen frei zu werden," in Georg Herwegh (ed.), *Einundzwanzig Bogen aus der Schweiz* (Zürich, 1843), pp. 56–71.

57 Marx, "Zur Judenfrage," *MEGA* I, 2, pp. 141–169, at p. 147 [「ユダヤ人問題に寄せて」的場昭弘訳『新訳　初期マルクス』作品社, 2013年]. 改変を加えたが, 私はLawrence H. Simon, *Karl Marx: Selected Writings* (Indianapolis, Ind., 1994) の中の翻訳を用いた.

58 Marx, "Zur Judenfrage," p. 149.

59 Marx, "Zur Judenfrage," p. 158.

60 *Oxford English Dictionary*の "huckster" (行商人) のエントリーを見よ.

61 James F. Harris, *The People Speak! Anti-Semitism and Emancipation in Nineteenth Century Bavaria* (Ann Arbor, Mich., 1994), p. 24.「汚い金儲け主義者 (schacher)」としてのユダヤ人の特性については, Friedrich Buchholz, *Moses und Jesus, oder über das intellektuelle und moralische Verhältiniß der Juden und Christen* (Berlin, 1803)を見よ. これについては, Steven E. Aschheim, "'The Jew Within': The Myth of 'Judaization' in Germany," in his *Culture and Catastrophe* (New York, 1996), pp. 45–68, at p.

48で議論されている．

62 Friedrich Kluge, *Etymologisches Wörterbuch der deutschen Sprache*, 17. Auflage (Berlin, 1957), の“*schachern*”（汚く金儲けをする）のエントリーを見よ．

63 ユダヤ人の行商人，小商人については，Jersch-Wenzel, “Legal Status and Emancipation,” pp. 69–71, p. 80を見よ．

64 Engels, “Umrisse zu einer Kritik der Nationalökonomie,” in *MEGA* I, 3, p. 480. 翻訳は私自身のもの．

65 Marx, “Zur Judenfrage,” pp. 164–165［的場訳「ユダヤ人問題に寄せて」pp. 93–94］．

66 「今日の社会では，ユダヤ人の本質は，ユダヤ人の限界としてだけではなく，社会のユダヤ的限界としても見出される」．Marx, “Zur Judenfrage,” p. 169［的場訳「ユダヤ人問題に寄せて」p. 99］．

67 Marx, “Zur Judenfrage,” p. 167.

68 Marx, “Zur Judenfrage,” p. 168.

69 Marx, “Zur Judenfrage,” p. 166［的場訳「ユダヤ人問題に寄せて」p. 96, 99］．

70 この話題については，Aschheim, “The Myth of ‘Judaization’ in Germany” を見よ．

71 “Ein Briefwechsel von 1843,” in *MEGA* I, 2, p. 479, translation in *Marx-Engels Collected Works* (New York, 1975), vol. 3, p. 141［「マルクス，ルーゲ，フォイエルバッハ，バクーニン『一八四三年の往復書簡』」的場昭弘訳『新訳　初期マルクス』作品社，2013年，p. 358］．

72 Marx, “Zur Kritik der Hegelschen Rechtsphilosophie: Einleitung,” in *MEGA* I, 2, pp. 170–183, at p. 180. English translation in Karl Marx, *Critique of Hegel's “Philosophy of Right,”* ed. O'Malley, p. 140［「ヘーゲル法哲学批判——序説」的場昭弘訳『新訳　初期マルクス』作品社，2013年］．

73 Marx, “Zur Kritik,” p. 182; *Critique*, p. 142.

74 Marx, “Zur Kritik,” pp. 181–183; *Critique*, pp. 140–142［的場訳「ヘーゲル法哲学批判——序説」p. 117］．マルクス思想におけるプロレタリアートについて卓越した議論を提供している Kolakowski, *Main Currents*, vol. 1, p. 180を見よ．

75 Friedrich Engels, “Lage der arbeitenden Klasse in England,” in *Marx-Engels Werke* (Berlin, 1970), vol. 2, pp. 486–487. 訳は私自身のもの．

76 「課題は『市民社会のユダヤ性』，つまり，『貨幣制度』にその頂点を見出すような現今の生活様式の非人間性を止揚することである」．Karl Marx, Friedrich Engels, “Die Heilige Familie,” in *Historisch-kritische Gesamtausgabe* (Berlin, 1932), I, 3, p. 284. イタリック（引用文中のカギ括弧）は原文のもの．

77 Marx, “Theorien über den Mehrwert,” in *Marx-Engels Werke* (Berlin, 1965), vol. 26, part 1, p. 364［「剰余価値学説史Ⅰ」『マルクス＝エンゲルス全集26』第1分冊，大月書店，1969年，p. 494］；“Nur war Mandeville natürlich unendlich kühner und ehrlicher als die philisterhafen Apologeten der bürgerlichen Gesellshaft.”

78 Ibid., part III, p. 525［「剰余価値学説史Ⅲ」『マルクス＝エンゲルス全集26』第3分冊，p. 691］．

79 Marx, “Comments on James Mill,” 1844, in *Marx-Engels Collected Works* vol. 3, (Moscow, 1975), pp. 211–228, at pp. 219–220, *MEGA* IV, 2, pp. 219–220.

80 マルクスの人間概念のロマン主義的起源については，Manuel, p. 175; M. A. Abrams, *Natural Supernaturalism* (New York, 1971), pp. 313–314 and passim. を見よ．彼の理念にとって多面性が重要であることについては，S. S. Prawer, *Karl Marx and World Literature* (Oxford, 1976), pp. 107–114; John E. Toews, “Introduction” to Toews (ed.), *The Communist Manifesto* (Boston, 1999), pp. 32–35を見よ．

81 Adam Müller, “Die heutige Wissenschaft der Nationalökonomie kurz und fasslich dargestellt（今日の国民経済学．理解しやすく簡潔な描写）,” *Ausgewälte Abhandlungen*, ed. J. Baxa (Jena, 1921), p. 46. 引

用はShlomo Avineri, *The Political and Social Thought of Karl Marx* (Cambridge, 1968), pp. 55-56による.

82 Marx and Engels, "Die deutsche Ideologie," in Karl Marx/Friedrich Engels, *Werke* (Berlin, 1962), vol. 3, p. 33; Marx and Engels, *The German Ideology*, in David McLellan (ed.), *Karl Marx: Selected Writings*, p. 169. 翻訳はわずかに変更した［廣松渉編訳，小林昌人補訳『ドイツ・イデオロギー』岩波文庫，2002年，pp. 66, 67, 69］.

83 Marx, "Critique of the Gotha Program" (written 1875, first published in 1891), in Robert C. Tucker (ed.), *The Marx-Engels Reader*, 2nd ed. (New York, 1978), p. 531.

84 「以下のことをわれわれは示してきた．労働者は商品のレベルに，それももっとも悲惨な商品になり下がる．労働者の惨めさは生産力と生産量に逆比例する．競争の必然的な結果として資本は少数者の手に蓄積され，このようにして独占がもっと恐ろしい形で再生産される．そして最終的には，社会全体は『所有者』と所有から切り離された『労働者』に分裂する」. Marx, *Ökonomisch-philosophische Manuskripte, Heft 1, MEGA* I, 2, p. 363［城塚登・田中吉六訳『経済学・哲学草稿』岩波文庫，1964年，p. 84］.

85 Marx, *Ökonomisch-philosophische Manuskripte, Heft 1*, p. 365［城塚・田中訳，pp. 87-88］.

86 Marx, *Ökonomisch-philosophische Manuskripte, Heft 1, MEGA* I, 2, p. 421［城塚・田中訳，p. 154］.

87 Manuel, *Requiem*, p. 24. ド・ブロスの著作については，Frank E. Manuel, *The Eighteenth Century Confronts the Gods* (Cambridge, Mass., 1959), pp. 184-209を見よ．カントもまたカトリックの大衆を特徴づけるのに「物神崇拝」という言葉を使っている．Immanuel Kant, *Religion Within the Limits of Reason* (New York, 1960), book 4, part 2, section 3を見よ．

88 *Kapital, MEGA* II, 6, p. 103; Capital, p. 165.

89 『共産党宣言』の背景については，次のものを見よ．*The Communist Manifesto by Karl Marx and Friedrich Engels*, edited with related documents and an introduction by John E. Toews (Boston, 1999).

90 Manuel, *Requiem*, p. 171.

91 *Kapital, MEGA* II, 6, pp. 465-466; *Capital*, pp. 617-618.

92 "Manifest der Kommunistischen Partei," in *Marx-Engels Werke* (Berlin, 1969), vol. 4, p. 465［「共産党宣言」『マルクス＝エンゲルス全集4』大月書店，1960年，pp. 478-479］. 翻訳は私自身のもの.

93 "[E]in Teil der Bourgeoisideologen, welcher zum theoretischen Verständnis der ganzen geschichtlichen Bewegung sich hinaufgearbeitet haben." Marx and Engels, "Manifest der Kommunistischen Partei," p. 472［「共産党宣言」p. 485］.

94 マルクスの政治・法概念のロマン主義的起源については，Blandine Kriegel, *Sovereigns and Despots: A Case for the State* (Princeton, N. J., 1997; translated from the Second French edition of 1989), pp. 133-143を見よ．

95 "Der Kapitalist weiß, daß alle Waaren, wie lumpig sie immer aussehen oder wie schlecht sie immer riechen mögen, im Glauben und in der Wahrheit Geld, innerlich verschnittene Judend sind, und zudem wunderthätige Mittel, um aus Geld mehr Geld zu machen." *Kapital, MEGA* II, 6, p. 172. 翻訳は私自身のもの. *Capital*, vol. 1, trans. Ben Fowkes, p. 256［「資本論　第1巻第1部」『マルクス＝エンゲルス全集23-1』大月書店，1965年，p. 202］も参照.

96 "Je grösser der menschliche Antneil an eine Waare, um so grösser der Gewinn des todten Kapitals." (*MEGA* I, 2, pp. 199 and 341).

97 Marx, "Wage-Labour and Capital," in McLellan (ed.), *Karl Marx: Selected Writings*, pp. 250, 266, original in Marx and Engels, *Werke*, 41 vol. (Berlin, 1956 ff), 6, pp. 397 ff.

98 *Capital* (Fowkes translation), p. 342, 翻訳は修正した. *MEGA* II, 6, pp. 239-240［「資本論　第1巻第1部」p. 302］.

99 「労働日の延長への衝動，剰余労働に対する人狼的渇望」．“Den Trieb nach Verlängerung des Arbeitstages, den Wehrwolfheißhunger für Mehrarbeit,” *MEGA* II, 6, p. 249［「資本論　第1巻第1部」p. 317］．

100 *Capital* (Fowkes translation), p. 346. 翻訳は修正した．*MEGA* II, 6, p. 243.

101 *Capital*, p. 425; *MEGA* II, 6, pp. 309-310.

102 マルクスが労働価値説に，基本的には非経済的な理由で執着している．また，そこから分析的な不都合が生ずることについては，Joseph Schumpeter, *Capitalism, Socialism, and Democracy* (New York, 1950), pp. 22-28を見よ．

103 Adam Smith, *An Inquiry into the Nature and Causes of the Wealth of Nations*, ed. R. H. Campbell and A. S. Skinner, 2 vols. (The Glasgow Edition of the Works of Adam Smith, Oxford, 1976), II. ii. Andrew Skinner, *A System of Social Science*, p. 364以下と，特にJoseph Schumpeter, *History of Economic Analysis* (New York, 1954), p. 590以下の分析を見よ．

104 Mark Blaug, *Economic Theory in Retrospect*, 4th edition (Cambridge, 1985), pp. 92-93.

105 Schumpeter, *History of Economic Analysis*, p. 648. 同様の結論については，Samuel Hollander, “Sraffa and the Interpretation of Ricardo: The Marxian Dimension,” *History of Political Economy*, vol. 32, no. 2 (2000), pp. 187-232を見よ．

106 Schumpeter, *History*, pp. 599, 486-487; Anthony Brewer, “A Minor Post-Ricardian? Marx as an Economist,” *History of Political Economy*, vol. 27, no. 1 (1995), pp. 111-145, at p. 116.

107 Marx, *The Poverty of Philosophy* (New York, 1963), pp. 49, 43. 引用はSiegel, *Marx's Fate*, p. 296による．

108 Blaug, *Economic Theory*, p. 242.

109 *Kapital, MEGA* II, 6, p. 433; *Capital*, p. 578.

110 *Kapital, MEGA* II, 6, p. 433; *Capital*, vol. 1, p. 578; *Capital*, vol. 3, passim.

111 *Kapital, MEGA* II, 6, pp. 463, 410 ff; *Capital*, pp. 614, 548 ff.

112 *Kapital, MEGA* II, 6, pp. 410 ff; *Capital*, pp. 548 ff.

113 *Kapital, MEGA* II, 6, pp. 411, 416; *Capital*, pp. 549, 557.

114 *Kapital, MEGA* II, 6, pp. 384 ff; *Capital*, pp. 517 ff.

115 *Kapital, MEGA* II, 6, pp. 249 ff; *Capital*, pp. 353 ff［「資本論　第1巻第1部」pp. 317-318］．

116 *Kapital, MEGA* II, 6, p. 250; *Capital*, p. 355［「資本論　第1巻第1部」p. 320］．

117 *Kapital, MEGA* II, 6, p. 254; *Capital*, p. 358.

118 Mark Blaug, *Economic Theory*, p. 271での次の指摘はきわめて正当である．「『資本論』での統計的・歴史的データは理論の結論をテストするのに使われているわけではなく，資本主義社会の写実的な絵を構築するのに使われるのだ．……しかしながら，提示のやり方が優れているので，それは読者に強烈な効果を与える．ここで描かれている条件は資本主義の必然的な成果であり，その体制の特殊な性格によるものであり，そのような体制があるところではどこでも，同じような条件が見出されるというのが，その含意である」．

119 数字はAsa Briggs, *The Making of Modern England, 1783-1867: The Age of Improvement* (New York, 1965), p. 403による．

120 K. Theodore Hoppen, *The Mid-Victorian Generation, 1846-1886* (Oxford, 1998), p. 82.

121 *Kapital, MEGA* II, 6, p. 682; *Capital*, p. 929［「資本論　第2巻第3部」『マルクス＝エンゲルス全集23-2』大月書店，1965年，p. 995］．

122 *Kapital, MEGA* II, 6, pp. 467-468; *Capital*, pp. 620-621［「資本論　第1巻第1部」pp. 637-638］．

123 Marx, *Das Kapital*, Hamburg, 1872 edition, in *MEGA* II, 6, p. 106. 私自身の翻訳による．*Capital*, vol. 1, trans. Ben Fowkes, p. 168.

124 E. K. Hunt and Mary Glick, "Transformation Problem," in *The New Palgrave*を見よ.

125 Karl Marx, *Das Kapital: Kritik der politischen Ökonomie, Erster Band, Hamburg 1872*, *MEGA* II, vol. 6 (Berlin, 1987), p. 20への編者序文を見よ.

126 Shalom Groll and Ze'ev Orzech, "Technical Progress and Values in Marx's Theory of the Decline in the Rate of Profit: An Exegetical Approach," *History of Political Economy*, vol. 19, no. 4 (1987), pp. 591-613. そして, 同じ著者による "From Marx to the Okishio Theorem: A Genealogy," *History of Political Economy*, vol. 21, no. 2 (1989), pp. 253-272も参照.

127 Engels in *Neue Zeit*, 1895 ("Supplement and Addendum" to *Capital*, vol. 3, trans. David Fernbach [London, 1981]), p. 1045.

128 同時代人の反応は, Eugen von Böhm-Bawerk, *Karl Marx and the Close of His System*, trans. Paul Sweezy (New York, 1949; German original 1896), pp. 31-32で議論されている.

129 この点については, 次の文献を見られたい. Blaug, *Economic Theory*, p. 250, and Seigel, *Marx's Fate*, p. 344.

130 Hoppen, *Mid-Victorian Generation*, p. 278にある表を見よ.

131 Hoppen, *Mid-Victorian Generation*, p. 78.

132 Hoppen, *Mid-Victorian Generation*, pp. 86-87.

133 マルクスが人口に関して注意を向けていなかったことについては, William Petersen, "Marxism and the Population Question: Theory and Practice," in Michael S. Teitelbaum and Jay M. Winter (eds.), *Population and Resources in Western Intellectual Traditions* (Cambridge, 1988), pp. 77-101を見よ.

134 概観については, Susan Cott Watkins, "The Fertility Transition: Europe and the Third World Compared," *Sociological Forum*, vol. 2, no. 4 (1987), pp. 645-671を見よ.

135 Hoppen, *Mid-Victorian Generation*, p. 89.

136 Hoppen, *Mid-Victorian Generation*, pp. 81-82.

137 Hoppen, *Mid-Victorian Generation*, pp. 95, 109.

138 1855年, 1870年における官公庁における革新については, Gillian Sutherland, *Studies in the Growth of Nineteenth-Century Government* (London, 1972); Hoppen, *Mid-Victorian Generation*, pp. 111-112とマシュー・アーノルドについての次章を見よ.

139 Peter Marsh, "Conscience and Conduct of Government in Nineteenth-Century Britain," in Peter Marsh (ed.), *The Conscience of the Victorian State* (Syracuse, N.Y., 1979).

▸ 第8章 ◂

1 Asa Briggs, *Victorian People: A Reassessment of Persons and Themes, 1851-1867*, rev. ed. (Chicago, 1970), pp. 16, 35-43; Asa Briggs, *The Making of Modern England, 1783-1867: The Age of Improvement* (New York, 1965), pp. 395-398.

2 特段の指示がなければ, アーノルドについての伝記的情報は, Park Honan, *Matthew Arnold: A Life* (Cambridge, Mass., 1983)による. 特に価値あるアーノルド研究として, 他には, Stefan Collini, *Arnold* (New York, 1988), Lionel Trilling, *Matthew Arnold* (New York, 1939)がある.

3 R. H. Super (ed.), *The Complete Prose Works of Matthew Arnold* (Ann Arbor, Mich., 1960-1977)は素晴らしい批判的校訂版であり, 特に指示がなければ, すべての言及はこれによる. 以下, *CPW*と表記する.

4 Harold Perkin, *The Origins of Modern English Society, 1780-1880* (Toronto, 1969), pp. 34-36,

71-72, 351-353.

5 Arnold, "Democracy," in *CPW*, vol. 2, pp. 23-24.

6 アリストテレスがずっとアーノルドに影響を与え続けたことについては，J. Dover Wilson, "Matthew Arnold and the Educationists," in F. J. C. Hearnshaw (ed.), *The Social and Political Ideas of Some Representative Thinkers of the Victorian Age* (New York, 1933), pp. 165-193, at p. 169が言及している.

7 Matthew Arnold, "Heinrich Heine," *Cornhill Magazine* (August 1863), reprinted in *CPW*, vol. 3, pp. 111-112.

8 引用は，Matthew Arnold, "The Twice-Revised Code" (1862), in *CPW*, vol. 2, pp. 214-215による.

9 Honan, *Matthew Arnold*, pp. 318-319. R・H・スーパーは，"The Twice-Revised Code," in *CPW*, vol. 2, p. 349が言及している.

10 Arnold, "The Twice-Revised Code," pp. 223-224.

11 Arnold, "The Twice-Revised Code," p. 226.

12 Arnold, "The Twice-Revised Code," p. 243.

13 Arnold, "The Code Out of Danger" (1862), in *CPW*, vol. 2, pp. 247-251.

14 Chris Baldick, *The Social Mission of English Criticism, 1848-1932* (Oxford, 1983), p. 34.

15 Fred G. Walcott, *The Origins of Culture and Anarchy: Matthew Arnold and Popular Education in England* (Toronto, 1970), pp. 7-8.

16 Arnold, "Special Report on Certain Points Connected with Elementary Education in Germany, Switzerland, and France," (1886), in *CPW*, vol. 11, pp. 1, 28.

17 Arnold, "The Function of Criticism at the Present Time," in *CPW*, vol. 3, p. 283.

18 Arnold, "The Function of Criticism at the Present Time," p. 268.

19 Arnold, "The Function of Criticism at the Present Time," p. 271.

20 "The Function of Criticism at the Present Time," p. 269. 同様に，*Culture and Anarchy: An Essay in Political and Social Criticism*（以下，*CA*), *CPW*, vol. 5, pp. 104-105.

21 Honan, *Matthew Arnold*, p. 329.

22 Arnold, "My Countryman," incorporated into *Friendship's Garland* and reprinted in *CPW*, vol. 5, p. 19.

23 *CA*, p. 92［多田英次訳『教養と無秩序』岩波文庫，2003年，p. 11］.

24 その意味では，本書はヴィクトリア朝期に非常に特徴的であった「利他主義の文化」の典型例であった.「利他主義の文化」については，Stefan Collini, *Public Moralists: Political Thought and Intellectual Life in Britain, 1850-1930* (Oxford, 1991), chapter 2を見よ.

25 *CA*, p. 92［多田訳，p. 60］.

26 *CA*, p. 113［多田訳，p. 88］.

27 *CA*, p. 96.

28 *CA*, p. 189［多田訳，p. 202］.

29 *CA*, "Doing As One Likes," passim.

30 *CA*, p. 117.

31 *CA*, p. 118.

32 Arnold, "A French Eton" (1864), in *CPW*, pp. 282-283.

33 *CA*, pp. 134-135.

34 *CA*, p. 125［多田訳，p. 105］.

35 *CA*, pp. 97-98［多田訳，p. 66］.

36 *CA*, pp. 101-102.

37 *CA*, pp. 186-187.

38 *CA*, p. 209.

39 *CA*, p. 212.

40 *CA*, pp. 211-213［多田訳, pp. 236-237］.

41 *CA*, pp. 218-219［多田訳, p. 245］.

42 *CA*, p. 146［多田訳, pp. 135-136］.

43 彼らの関係については, Ruth apRoberts, *Arnold and God* (Berkeley, 1983), pp. 165-170を見よ.

44 N. G. Annan, "The Intellectual Aristocracy," in J. H. Plumb (ed.), *Studies in Social History* (London, 1955), pp. 241-297; T. W. Heyck, *The Transformation of Intellectual Life in Victorian England* (Chicago, 1982), p. 36. そして, さらに広い範囲からの考察としては, Collini, *Public Moralists*, chapter 1を見よ.

45 Heyck, pp. 190-193は, 同様の点を指摘している.

46 Ben Knights, *The Idea of the Clerisy in the Nineteenth Century* (Cambridge, 1978); Stephen Prickett, "'Hebrew' Versus 'Hellene' as a Principle of Literary Criticism," in G. W. Clarke (ed.), *Recovering Hellenism; The Hellenic Inheritance and the English Imagination* (Cambridge, 1988), pp. 137-160.

47 Honan, *Matthew Arnold*, pp. 95-96.

48 *Friendship's Garland*で描かれた「精神」の主唱者としての皮肉っぽい自画像を見よ. 同書は, "The Function of Criticism at the Present Time" と *Culture and Anarchy*の間に書かれたエッセイ集である. *CPW*, vol. 5, pp. 37 ff.

49 アーノルドのエッセイ "Democracy" (1861)を見よ. *CPW*, vol. 2.

50 Heyck, pp. 157 ff; Christopher Harvie, "Reform and Expansion, 1854-1871," in M. G. Brock and M. C. Curthoys (eds.), *History of the University of Oxford*, vol. 6, *The Nineteenth Century, Part 1* (Oxford, 1997).

51 R. D. Anderson, *Universities and Elites in Britain since 1800* (Cambridge, 1995), pp. 48-49; Heyck, op. cit.; Sheldon Rothblatt, *Revolution of the Dons: Cambridge and Society in Victorian England* (New York, 1968); Christopher Harvie, *The Lights of Liberalism: University Liberals and the Challenge of Democracy, 1860-1886* (London, 1976).

52 Frank M. Turner, *The Greek Heritage in Victorian Britain* (New Haven, Conn., 1981), pp. 427-430.

53. たとえば, ジョン・スチュアート・ミルの "Inaugural Address at St. Andrews" (1867) とそれを分析したRothblatt, *Revolution of the Dons*, p. 248以下を見よ.

54 Turner, *Greek Heritage*, p. 5.

55 Roy Lowe, "English Elite Education in the Late Nineteenth and Early Twentieth Centuries," in Werner Conze and Jürgen Kocka (eds.), *Bildungsbürgertum im 19. Jahrhundert, Teil I* (Frankfurt, 1985), pp. 147-162, at p. 151; R. D. Anderson, *Universities and Elites*, p. 9; Hans-Eberhard Mueller, *Bureaucracy, Education, and Monopoly: Civil Service Reforms in Prussia and England* (Berkeley, 1984), pp. 191-192.

56 Turner, *Greek Heritage*, p. 5.

57 引用はサミュエル・ファイナーから. ここでの引用は, Richard Johnson, "Administrators in Education Before 1870: Patronage, Social Position and Role," in Gillian Sutherland (ed.), *Studies in the Growth of Nineteenth-Century Government* (London, 1972), pp. 110-138, at p. 115による.

58 Richard Johnson, "Administrators in Education," pp. 118-121.

59 Walcott, *Origins of Culture and Anarchy*, p. 27.

60 Arnold, "Special Report on Certain Points Connected with Elementary Education in Germany, Switzerland, and France" (1886), in *CPW*, vol. 11.

61 Arnold, "Education and the State," *Pall Mall Gazette*, Dec. 11, 1865; reprinted in *CPW*, vol. 4, pp. 1-4.

62 特に，1868年版の *"Preface" to Schools and Universities on the Continent* in *CPW*, vol. 4, pp. 15-30を見よ．

63 Walcott, *Origins of Culture and Anarchy*, p. xiii.

64 Arnold, 1868 "Preface" to *Schools and Universities on the Continent*, p. 30.

65 "A French Eton," *CPW*, vol. 2, p. 316.

66 "A French Eton," p. 322.

67 *CA*, p. 113; "The Bishop and the Philosopher" (1862), *CPW*, vol. 3, p. 41.

68 Collini, *Public Moralists*, pp. 51-54.

69 Heyck, *Transformation*, p. 33; Collini, *Public Moralists*, pp. 52-53.

70 Matthew Arnold, "The Function of Criticism at the Present Time," in *CPW*, vol. 1, p. 267.

▸ 第9章 ◂

1 Friedrich Naumann, "Kulturgeschichte und Kapitalismus," *Neue Rundschau*, XXII (1911), pp. 1337-1348, at p. 1340. 引用はFriedrich Lenger, *Werner Sombart, 1863-1941: Eine Biographie* (Munich, 1994), p. 219による．

2 国家による研究支援，ならびに国家の呼びかけによる私的寄付の役割については，Bernhard vom Brocke, "Der Kaiser-Wilhelm Gesellschaft im Kaiserreich," in Rudolf Vierhaus and Berhard vom Brocke (eds.), *Forschung im Spannungsfeld von Politik und Gesellschaft: Geschichte und Struktur der Kaiser-Wilhelm-/Max-Planck-Gesellschaft* (Stuttgart, 1990)を見よ．

3 Wilhelm Hennis, *Max Weber: Essays in Reconstruction* (London, 1988), p. 59.

4 この点については，Wolf Lepenies, *Between Literature and Science: The Rise of Sociology* (Cambridge, 1988), 特に13章を見よ．

5 ラーテナウと彼による当時のドイツ資本主義批判については，次の諸文献を見よ．Hartmut Pogge von Strandmann (ed.), *Walther Rathenau: Industrialist, Banker, Intellectual, and Politician* (Oxford, 1985); Hans Dieter Hellige (ed.), *Walther Rathenau, Maximilian Harden: Briefwechsel, 1897-1920* (Munich, 1983). エッセイ風の肖像に関しては，Fritz Stern, "Walther Rathenau and the Vision of Modernity," in Fritz Stern, *Einstein's German World* (Princeton, N. J., 1999)を見よ．

6 詳細な情報を含むHarry Liebersohn, *Fate and Utopia in German Sociology, 1870-1923* (Cambridge, Mass., 1988)のテニースに関する章を見よ．Arthur Mitzman, *Sociology and Estrangement: Three Sociologists of Imperial Germany* (New York, 1973) も依然として有益な文献である．

7 Liebersohn, *Fate and Utopia*, pp. 36-37を見よ．

8 Ferdinand Tönnies, *Community and Society*, trans. and ed. Charles L. Loomis (New York, 1963; German original 1887), p. 165.

9 Thomas Nipperdey, *Deutsche Geschichte: 1866-1918. Erster Band: Arbeitswelt und Bürgergeist* (Munich, 1990), pp. 268-278; David Blackbourn, *The Long Nineteenth Century: A History of Germany, 1780-1918* (New York, 1998) の第7章は，概説として有益である．

10 現代法人企業の勃興については，下記の2つが影響力を持った著作である．Alfred D. Chandler, Jr., *The Visible Hand: The Managerial Revolution in American Business* (Cambridge, Mass., 1977), and *Scale and Scope: The Dynamics of Industrial Capitalism* (Cambridge, Mass., 1990). 後者は，ドイツや日

本にまで主題を拡大している．

11 Jürgen Kocka, "Big Business and the Rise of Managerial Capitalism: Germany in International Comparison," in Jürgen Kocka, *Industrial Culture and Bourgeois Society: Business, Labor, and Bureaucracy in Modern Germany* (New York, 1999) pp. 156–173, at p. 165; Alfred D. Chandler, Jr., "*Fin de Siècle*: Industrial Transformation," in Mikulas Teich and Roy Porter (eds.), *Fin de Siècle and Its Legacy* (Cambridge, 1990), pp. 28–41.

12 Jürgen Kocka, "Family and Bureaucracy in German Industrial Management, 1850–1914: Siemens in Comparative Perspective," pp. 26–50, in his *Industrial Culture and Bourgeois Society*, p. 36.

13 Kocka, "Family and Bureaucracy," pp. 26–50, and "Big Business and the Rise of Managerial Capitalism," in his *Industrial Culture and Bourgeois Society*.

14 Blackbourn, *The Long Nineteenth Century*, p. 324.

15 Eduard Bernstein, *The Assumptions of Socialism and the Tasks of Social Democracy* (Die Voraussetzungen des Sozialismus und die Aufgaben der Sozialdemokratie [1901]).

16 Friedrich Engels, "Supplement and Addendum to Volume 3 of *Capital*," in Karl Marx, *Capital: Volume 3*, trans. David Fernbach (London, 1981), p. 1045.

17 ウェーバーの家族的背景については，Guenther Roth, "Weber and the Would-Be Englishman: Anglophilia and Family History," in Hartmut Lehmann and Guenther Roth (eds.), *Weber's Protestant Ethic: Origins, Evidence, Contexts* (Cambridge, 1993), pp. 83–120を見よ．

18 Max Weber, "Der Nationalstaat und die Volkswirtschaftspolitik" (1895), in Wolfgang J. Mommsen, (ed.), *Max Weber Gesamtausgabe*, 1, 4, 2. Halbband (Tübingen, 1993), pp. 543–574, at p. 558. 英訳は，"The Nation State and Economic Policy" (1895) であり，これはPeter Lassman and Ronald Speirs (eds.), *Weber: Political Writings* (Cambridge, 1994), pp. 1–28所収.

19 ウェーバーの発言がしばしば非常に社会ダーウィン主義的なことについては，Weber, "Der Nationalstaat und die Volkswirtschaftspolitik," pp.558–560を見よ．19世紀後半のドイツや他のほとんどの主要国で見られる帝国主義的な社会ダーウィニズムの現象に関しては，Heinz Gollwitzer, *Europe in the Age of Imperialism, 1880–1914* (New York, 1969) を見よ．

20 Wolfgang J. Mommsen, *Max Weber and German Politics* (Chicago, 1984), pp. 72–73. しばらくウェーバーは，市場を求めての平和的な競争が，巨大国の間の激烈な戦いによって行われると考えていた．

21 Mommsen, *Max Weber and German Politics*, pp. 91 ff. ダイナミックな資本主義経済に対して反対していた一連の集団については，Max Weber, "Capitalism and Rural Society in Germany" (1906), in Hans Gerth and C. Wright Mills (eds.), *From Max Weber* (New York, 1946), pp. 363–385をも見よ．

22 たとえば，Weber, "Die bürgerliche Entwicklung Deutschlands" (1897), in Wolfgang J. Mommsen (ed.), *Max Weber Gesamtausgabe*, 1, 4, 2. Halbband, pp. 810–818, at p. 816を見よ．

23 フランスについては，Herman Lebovics, *True France: The Wars over Cultural Identity, 1900–1945* (Ithaca, N.Y., 1992) の第1章を，ドイツについては，George L. Mosse, *The Crisis of German Ideology* (New York, 1981) を見よ．

24 Knut Borchardt, "Einleitung," to Borchardt and Cornelia Meyer-Stoll, *Max Weber Gesamtausgabe*, 1/5, Halbbd.1 (Tubingen, 1999), pp. 1–114, at p. 45. このような評価は，指導的な経済学者であったグスタフ・シュモラーによる．

25 Knut Borchardt, "Einleitung," pp. 1–17.

26 Borchardt, "Einleitung," pp. 25 ff; Eric Hobsbawm, *The Age of Empire, 1875–1914* (New York, 1987), pp. 36–46.

27 Borchardt, "Einleitung," pp. 26 ff.

28 引用はBorchardt, "Einleitung," p. 27による.

29 Schäffle. 引用はBorchardt, "Einleitung," p. 41による.

30 Borchardt, "Einleitung," p. 36.

31 ユダヤ人の役割については, Werner E. Mosse, *Jews in the German Economy: The German-Jewish Economic Elite, 1820–1935* (Oxford, 1987), p. 380以下を見よ.

32 以下の古典的研究を見よ. Peter Pulzer, *The Rise of Political Anti-Semitism in Germany and Austria* (Oxford, 1964; rev. ed. Cambridge, Mass., 1988).

33 James Retallack, "Conservatives and Antisemites in Baden and Saxony," *German History* (1999), vol. 17, no. 4, pp. 507–526, at p. 516 n28での引用による.

34 Borchardt, "Einleitung," p. 86.

35 Weber, "Die Börse: I. Zweck und äußere Organisation der Börsen," pp. 127–133 in Borchardt (ed.), *Max Weber Gesamtausgabe*, 1, 5, Halbband 1への編者序文.

36 "Diskussionsbeitrag in der Debatte über das allgemeine Programm des Nationalsozialen Vereins," in Wolfgang J. Mommsen (ed.), *Max Weber Gesamtausgabe*, 1, 4, 2. Halbband (Tübingen, 1993), pp. 620–621.

37 Max Weber, "[Rezension von:] Was heißt Christlich-Sozial? Gesammelte Aufsätze von Fr Naumann" (1894), reprinted in Mommsen (ed.), *Max Weber Gesamtausgabe*, 1, 4, pp. 350–361, at pp. 354–355.

38 Max Weber, "Die Börse: 1," reprinted in Knut Borchardt (ed.), *Max Weber Gesamtausgabe*, 1, 5, 1, pp. 135–174; "Die Börse: II," reprinted in *Max Weber Gesamtausgabe*, 1, 5, 2. Halbband (Tübingen, 2000) pp. 630–655.

39 "Börse: 1," pp. 139–140.

40 Ibid, pp. 148–149.

41 Weber, "Die Börse: II," pp. 651–655.

42 Max Weber, "Vorbermerkung," in *Gesammelte Aufsätze zur Religionssoziologie I* (Tübingen, 1988), p. 4; Max Weber, *The Protestant Ethic and the Spirit of Capitalism*, trans. Talcott Parsons (New York, 1958), p. 17.

43 Weber, "Die protestantische Ethik und der Geist des Kapitalismus," in *Gesammelte Aufsätze*, p. 41; translation from Weber, *Protestant Ethic*, p. 56.

44 *The Protestant Ethic and the Spirit of Capitalism*, p. 21. このことを描写するのに, 後年ウェーバーは「目的合理性」という用語を新たに作り出した. Max Weber, *Economy and Society*, ed. Guenther Roth and Claus Wittich, 2 vols. (Berkeley, 1978), Max Weber, *Wirtschaft und Gesellschaft*, 4th ed. (Tübingen, 1956), p. 43. ローレンス・スキャフは, この近代概念によって, ウェーバーの初期と後期の研究が結びつけられているとしているが, これは正鵠を射ている. ウェーバーの著作にあるさまざまな合理性の意味については, Rogers Brubaker, *The Limits of Rationality: An Essay on the Social and Moral Thought of Max Weber* (London, 1984)が有益な研究である.

45 Weber, *Economy and Society*, ed. Guenther Roth and Claus Wittich (Berkeley, 1978), pp. 956–1005.

46 Max Weber, "Science as a Vocation," in Gerth and Mills (eds.), *From Max Weber*, p. 139; *Gesammelte Aufsätze zur Wissenschaftslehre* (Tübingen, 1922), p. 449.

47 *The Protestant Ethic and the Spirit of Capitalism*, p. 53.

48 ヴォルフガング・J・モムゼンは, ウェーバーの著作と経歴におけるこの主題を繰り返し探究している. 特に, 以下のエッセイを見よ. "The Alternative to Marx: Dynamic Capitalism instead of Bureaucratic Socialism," in Wolfgang J. Mommsen, *The Age of Bureaucracy: Perspectives on the Political Sociology of Max Weber* (New York 1974), pp. 47–71; "Capitalism and Socialism: Weber's Dialogue with Marx," in Wolfgang J. Mommsen, *The Political and Social Theory of Max Weber* (Chicago, 1989),

pp. 53–73.

49 “Der Sozialismus” (1918), in Max Weber, *Gesammelte Aufsätze zur Soziologie und Sozialpolitik*, pp. 492–518, at pp. 498–499. このエッセイは，元来ウィーンでオーストリア・ハンガリーの官僚に向けてなされた講演である．ウェーバーはかの地での訪問教授であり，社会主義革命の脅威と闘うためのよすがとしてこの講演はなされた．“Der Sozialismus,” in *Max Weber Gesamtausgabe*, 1, 15, ed. Wolfgang J. Mommsen (Tübingen, 1984), pp. 597–598に付せられた編者の報告を見よ．

50 “Der Sozialismus” (1918), pp. 508–516.

51 *The Protestant Ethic and the Spirit of Capitalism*, p. 180.

52 *Briefwechsel zwischen Wilhelm Dilthey und dem Graf Paul Yorck v. Wartenburg* (Halle, 1923), p. 254, Klaus Christian Köhnke, *Der junge Simmel in Theoriebeziehungen und sozialen Bewegungen* (Frankfurt, 1996), p. 116で引用されており，また文脈の中に置かれている．

53 これらについては，Köhnke, *Der junge Simmel*, part 3を見よ．

54 これは，ジンメルのエッセイの中でも最もよく知られているものの1つである．“The Stranger,” in *The Sociology of Georg Simmel*, ed. and trans. Kurt H. Wolff (New York, 1964), pp. 402–408での主題である．原典は，Georg Simmel, *Soziologie* (Leipzig, 1908; 3rd ed. 1923), pp. 509–512.

55 Cf. Paul Nolte, *Die Ordnung der deutschen Gesellschaft: Selbstentwurf und Selbstbeschreibung im 20. Jahrhundert* (Munich, 2000), p. 56.

56 ジンメルの普遍的重要性については，Klaus Lichtblau, *Georg Simmel* (Frankfurt, 1997), p. 14を見よ．本書は，おそらく入手可能なジンメルの著作の研究書のなかでは，最良のものである．

57 Köhnke, *Der junge Simmel*, p. 172.

58 Georg Simmel, *Philosophie des Geldes (Georg Simmel Gesamtausgabe)*, vol. 6 (Frankfurt, 1989). 以後，*PdG*として引用．Georg Simmel, *The Philosophy of Money*, 2nd ed., ed. David Frisby (New York, 1990). 以後，*PM*として引用．

59 *PdG*, pp. 612–616; *PM*, pp. 443–446. 初期の定式化については，Georg Simmel, “Das Geld in der modernen Kultur” (1896), in Heinz-Jürgen Dahme and Otthein Rammstedt (eds.), *Georg Simmel: Schriften zur Soziologie* (Frankfurt, 1983), pp. 78–94, at pp. 90–91, 英訳は “Money in Modern Culture,” in David Frisby and Mike Featherstone (eds.), *Simmel on Culture* (London, 1997), pp. 243–255, at pp. 252–253.

60 *PdG*, pp. 595–596; *PM*, p. 432.

61 “Soziologie der Konkurrenz,” in Dahme and Rammstedt (eds.), *Georg Simmel*, p. 177; Georg Simmel, “Conflict,” in *Conflict and the Web of Group Affiliations*, trans. Kurt H. Wolff and Reinhard Bendix (New York, 1955), pp. 61–62.

62 Simmel, “Das Geld in der modernen Kultur,” pp. 80–82; “Money and Modern Culture,” pp. 244–246.

63 *PM*, pp. 342–344.

64 女性運動については，Ute Frevert, *Women in German History: From Bourgeois Emancipation to Sexual Liberation* (New York, 1989), pp. 113–130を見よ．

65 この段落とそれに続く2つの段落は，内容的には重なるジンメルの数々の著作によっている．まずは，“Der Frauenkongress und die Sozialdemokratie,” *Die Zukunft*, vol. 17 (1896), pp. 80–84. 現在はin Heinz-Jürgen Dahme and Klaus Christian Köhnke (eds.), *Georg Simmel: Schriften zur Philosophie und Soziologie der Geschlechter* (Frankfurt, 1985), pp. 133–138所収．英訳は，“The Women’s Congress and Social Democracy,” in Frisby and Featherstone, *Simmel on Culture*, pp. 270–274. 次には，Simmel, “Tendencies in German Life and Thought Since 1870,” *The International Monthly* (1905), vol. 5, reprinted in David Frisby (ed.), *Georg Simmel: Critical Assessments*, 3 vols. (New York, 1994), vol. 1, pp.

5-27, at pp. 16-20; *PdG*, p. 644; *PM*, p. 464. そして，最も十全な形においては，“Die Kreuzung socialer Kreise,” in Simmel, *Soziologie*, 3rd ed. (Munich, 1923; 1st ed., 1908), pp. 335-338. 英訳はReinhard Bendix, “The Web of Group-Affiliations” in Georg Simmel, *Conflict and the Web of Group-Affiliations* (New York, 1955), pp. 179-184.

66 Simmel, “Tendencies” and “Der Frauenkongress und die Sozial-demokratie.”

67 ジンメルのこうした要素についての優れた議論は，Lichtblau, *Georg Simmel*, pp. 31-38.

68 「そのような世界に複数属し，またあたかもその交点に位置する個人は，種々の世界の方向性の相違を感じることになるだろう」. *Georg Simmel Gesamtausgabe* (Frankfurt, 1989; 以降*GSG*として引用) 4, 354, 引用はKöhnke, *Der junge Simmel*, p. 324による.

69 *PM*, pp. 342-344.

70 *GSG* 4, 380; Köhnke, *Der junge Simmel*, pp. 327-328. 社会的形成物がどのように個人のアイデンティティに影響を与えるかという点についての，ジンメルの分析的関心の原点は，ドイツの社会心理学（*Völkerspsychologie*）の中にある．この点に関しては，Köhnke, *Der junge Simmel*, p. 337以下を見よ．

71 Georg Simmel, “Der Begriff und die Tragödie der Kultur,” in Simmel, *Philosphische Kultur* (Leipzig, 1911), trans. Mark Ritter and David Frisby as “The Concept and Tragedy of Culture,” in David Frisby and Mike Featherstone (eds.), *Simmel on Culture* (London, 1977); *PdG*, pp. 591-616; *PM*, pp. 446-470.

72 *PdG*, pp. 651-654; *PM*, pp. 468-470.

73 *PdG*, pp. 552-556; *PM*, pp. 400-404.

74 *PM*, pp. 212-213.

75 *PM*, pp. 228-232, 481-483.

76 こうした両義性については，Gianfranco Poggi, *Money and the Modern Mind: Georg Simmel's Philosophy of Money* (Berkeley, 1993)で研究されている．同書は，ジンメルの著作を貫く若干の主題についての有益なガイドである．

77 Georg Simmel, “Tendencies in German Life and Thought since 1870,” p. 6. 同様に，*PM*, p. 482.

78 この点は，Poggi, *Money and the Modern Mind*, p. 54の指摘が的を射ている．

79 ゾンバルトについての情報は，非常に徹底した伝記であるFriedrich Lenger, *Werner Sombart, 1863-1941: Eine Biographie* (Munich, 1994)に多くをよっている．

80 引用は*Werner Sombart*, pp. 137-140による．

81 Werner Sombart, *Die deutsche Volkswirtschaft* (1903), p. 129, 引用はLenger, *Werner Sombart*, p. 189による．

82 Werner Sombart, *Die Juden und das Wirtschaftsleben* (Munich, 1911), translated by Mordechai Epstein as *The Jews and Modern Capitalism* (1913; reprinted New Brunswick, N. J., 1982).

83 Sombart, *Die Juden und das Wirtschaftsleben*, pp. 242-249, 403-427; *The Jews and Modern Capitalism*, pp. 213-221, 323-344.

84 Sombart, *Die Juden*, p. 330; *The Jews and Modern Capitalism*, p. 275.

85 企業家と商人との区別，またユダヤ人が商人により適合的であることについては，Sombart, *Die Juden und das Wirtschaftsleben*, pp. 189-197, 332-333; *The Jews and Modern Capitalism*, pp. 160-168, 227-228を見よ．

86 この最後の定式化は，以下の文献にあるゾンバルトについての有益な章から，翻案したものである．Jeffrey Herf, *Reactionary Modernism: Technology, Culture, and Politics in Weimar and the Third Reich* (Cambridge, 1984), p. 136.

87 Lujo Brentano, *Der Wirtschaftende Mensch in der Geschichte: Gesammelte Reden und Aufsätze* (Leipzig,

1923), "Judentum und Kapitalismus," pp. 426-490. 次の補論をも見よ. "Handel, Puritanismus, Judentum und Kapitalismus," in Brentano, *Die Anfänge des modernen Kapitalismus* (Munich, 1916; first published 1913).

88 引用はLenger, *Werner Sombart*, p. 448, n43による. ウェーバーの『プロテスタンティズムの倫理と資本主義の精神』の著作は, 当該主題に関するゾンバルトの初期の取扱いについて彼が不満足であったことによって促されたのかもしれない. これについては, Hartmut Lehmann, "The Rise of Capitalism: Weber Versus Sombart," in Hartmut Lehmann and Guenther Roth, *Weber's Protestant Ethic: Origins, Evidence, Contexts* (Cambridge, 1993), pp. 195-210, at p. 198を見よ.

89 ユダヤ人を金権的な資本主義と同一視しようとする反ユダヤ的なやり方は, ドイツに限定されていたわけでは決してない. イギリスの事例については, Jay P. Corrin, *G. K. Chesterton and Hilaire Belloc: The Battle Against Modernity* (Athens, Ohio, 1981)を見よ. Bryan Cheyette, *Constructions of "The Jew" in English Literature and Society* (Cambridge, 1993), chapter 5での扱いは注意を要する.

90 Lenger, *Werner Sombart*, p. 210 and 452, n108. 国家社会主義の大御所としてのフリッチュについてはGeorge L. Mosse, *The Crisis of German Ideology: Intellectual Origins of the Third Reich* (New York, 1964), p. 112を見よ. ユダヤ人によるゾンバルト受容については, 次のものを見よ. Lenger and Derek J. Penslar, *Shylock's Children* (Berkeley, 2001), chapter 4.

91 Letter of August 28, 1914, 引用はMommsen, *Max Weber and German Politics*, pp. 190-191による.

92 Mommsen, *Max Weber and German Politics*, pp. 192-194.

93 Georg Simmel, "Deutschlands innere Wandlung" (November 1914), and "Die Krisis der Kultur" (January 1916), both in his *Der Krieg und die geistigen Entscheidungen* (Munich, 1917), p. 59.

94 Simmel, *Der Krieg*, p. 64.

95 Simmel, *Der Krieg*, pp. 11-12, 61.

96 Werner Sombart, *Händler und Helden: Patriotische Besinnungen* (Munich, 1915), pp. 64, 14. 引用は, Fritz Ringer, *The Decline of the German Mandarins: The German Academic Community, 1890-1933* (Cambridge, Mass., 1969), pp. 184-185による. 次の文献には有意義な議論がある. Lenger, *Werner Sombart*, pp. 245-252; Hermann Lübbe, *Politische Philosophie in Deutschland* (Munich, 1974), pp. 210-214.

97 Sombart, *Händler und Helden*, p. 65, 引用はRinger, *Decline of the German Mandarins*, pp. 187-188による.

98 Sombart, *Händler und Helden*, pp. 125, 143. 引用はLenger, *Werner Sombart*, pp. 247-248による.

99 Lenger, *Sombart*, pp. 250-251.

▸ 第10章 ◂

1 ルカーチとその家族, 文脈については, 次の文献によった. まずは, ルカーチ自身の自伝的回想, Georg Lukács, *Gelebtes Denken*, ed. István Eörsi (Frankfurt, 1981), その英語版, *Record of a Life: An Autobiographical Sketch* (London, 1983); さらにLee Congdon, *The Young Lukács* (Chapel Hill, N.C., 1983)ならびにArpad Kadarkay, *Georg Lukács: Life, Thought, and Politics* (Cambridge, Mass., 1991). 後者は分析的に弱いが, さらに伝記的な詳細を提供している. Mary Gluck, *Georg Lukács and His Generation, 1900-1918* (Cambridge, Mass., 1985)は, ハンガリー的な文脈, ルカーチの世代間の力学ならびにルカーチのサークルについては, 特に優れている. ルカーチの父については, William O. McCagg, Jr., *Jewish Nobles and Geniuses in Modern Hungary* (Boulder, Colo., 1972), p. 106も見よ.

2　隣のブコヴィナに入り込んだこのような反資本主義的な感覚を見事に描いたものとしては，Gregor von Rezzori, *Memoiren eines Antisemiten* (Munich, 1979) を見よ．英訳としては*Memoirs of an Anti-semite* (New York, 1985).

3　ハンガリーの経済・社会におけるユダヤ人の役割について，簡潔で優れた概観を提供しているのは，Michael K. Silber, "A Jewish Minority in a Backward Economy: An Introduction," in Michael K. Silber, *Jews in the Hungarian Economy, 1760–1945* (Jerusalem, 1992), pp. 3–22. この主題はGluck, *Georg Lukács and His Generation*でも検討されている．さらに詳細には，McCagg, *Jewish Nobles and Geniuses*; McCagg, *A History of Habsburg Jews, 1670–1918* (Bloomington, Ind., 1989), chapters 8 and 11.

4　Lukács, *Record of a Life*, pp. 144–145. 世紀転換期のブダペスト全般については，John Lukács, *Budapest 1900: A Historical Portrait of a City and Its Culture* (New York, 1988) が模範的な概説を与えている．

5　Béla Balázs, *Almodó ifjuság* (Dreams of Youth) (Budapest, 1976), pp. 84–85, 引用はGluck, *Georg Lukács and His Generation*, p. 70による．

6　ルカーチの世代に特徴的なこのような様式については，Gluck, *Georg Lukács and His Generation*, p. 78を見よ．ドイツのユダヤ人に見られる全般的な様式については，Hannah Arendt, "Introduction," to Walter Benjamin, *Illuminations* (London, 1970), pp. 26–27を見よ．中央ヨーロッパのユダヤ人とハイ・カルチャーとの親和性については，George L. Mosse, *German Jews Beyond Judaism* (Cincinnati, 1985) を見よ．中央ヨーロッパのユダヤ人において最もはっきりしているものの，このような親和性は彼らに限定されるものではない．他の例については，Carl E. Schorske, "The Transformation of the Garden," in Carl E. Schorske, *Fin-de-Siècle Vienna: Politics and Culture* (New York, 1980)を見よ．

7　Gluck, *Georg Lukács and His Generation*, p. 79.

8　Lukács, *Gelebtes Denken*, pp. 242–243; *Record of a Life*, p. 146.

9　Gluck, *Georg Lukács and His Generation*, pp. 55–57; John Lukács, *Budapest 1900*, pp. 108–136, 187–196.

10　Silber, "A Jewish Minority," p. 21.

11　Gluck, *Georg Lukács and His Generation*, pp. 57–62; John Lukács, *Budapest 1900*, p. 89–91.

12　Gluck, *Georg Lukács and His Generation*, pp. 8–9, 23–25.

13　特に，Georg von Lukács, "Zur Soziologie des modernen Dramas," *Archiv für Sozialwissenschaft und Sozialpolitik*, vol. 38 (1914), pp. 303–345, 662–706; Andrew Arato and Paul Breines, *The Young Lukács and the Origins of Western Marxism* (New York, 1979), p. 15以下における分析を見よ．

14　Georg von Lukács, "Zum Wesen und zur Methode der Kultursoziologie," *Archiv für Sozialwissenschaft und Sozialpolitik*, vol. 39 (1915), pp. 216–222では，『ゲマインシャフトとゲゼルシャフト』と『貨幣の哲学』が文化社会学の最も重要な著作として引用されている．ジンメルの『貨幣の哲学』のルカーチに対する影響に関しては，David Frisby, "Introduction to the Translation," in Georg Simmel, *The Philosophy of Money* (London, 1990), pp. 15–21を見よ．

15　ルカーチが1918年5月にハイデルベルク大学に提出した「履歴書」を見よ．これは，*Text + Kritik*, No. 39/40 (1973), p. 5で初めて公刊された．英訳はJudith Marcus and Zoltán Tar (eds.), *Georg Lukács: Selected Correspondence, 1902–1920* (New York, 1986), pp. 284–288.

16　ルカーチの著作において何度となく現れるこの主題は，次に挙げる1913年のエッセイ"Aesthetic Culture,"（同一タイトルのハンガリー語版所収）で表現されている．また，György Márkus, "Life and Soul: The Young Lukács and the Problem of Culture," in Agnes Heller (ed.), *Lukács Reappraised* (New York, 1983), pp. 1–26で議論されている．

17 Lukács, *Gelebtes Denken*, p. 75; *Record*, pp. 48-49.

18 現代ドラマについてルカーチが初期に書いた著作をいくつか読んだ後でジンメルは，現代的な過程の精神的効果はルカーチの解釈からそうと考えられるよりも曖昧なもので，「同じ前提から出発して反対の結論に達することもありうるだろう」とルカーチに書いている．Letter of Simmel to Lukács, July 22, 1909, in Marcus and Tar (eds.), *Georg Lukács: Selected Correspondence, 1902-1920*, p. 93. 多くの者が，ジンメルのルカーチに対する影響について論評しているが，ジンメルの見解をルカーチのもっと悲観的な見解に同化させる傾向も一部にはある．たとえば，Kurt Lenk, "Das tragische Bewußtsein in der deutschen Soziologie," *Kölner Zeitschrift für Soziologie und Sozialspychologie*, vol. 16, no. 2 (1964), pp. 257-287を見よ．Congdon, *The Young Lukács*, p. 25も同様．Michael Löwy, *Georg Lukács: From Romanticism to Bolshevism* (London, 1979), p. 96はルカーチが，ジンメルが資本主義社会との間で調和を図ろうとしていることに反対だと指摘しているが，これは正当な指摘である．

19 Georg Lukács, *Theory of the Novel* (Cambridge, Mass., 1971), p. 64, 引用は，Martin Jay, *Marxism and Totality: The Adventures of a Concept from Lukács to Habermas* (Berkeley, 1984), p. 95による．

20 Lukács, *Gelebtes Denken*, pp. 254-255; *Record of a Life*, pp. 153-154. また，Löwy, *Georg Lukács*, pp. 111-112を参照のこと．

21 Lukács, *Gelebtes Denken*, p. 257; *Record of a Life*, p. 156; Kadarkay, *Georg Lukács*, pp. 156-158.

22 戦争の社会的影響を論じた優れた説明である，Roger Chickering, *Imperial Germany and the Great War, 1914-1918* (Cambridge, 1998) を見よ．

23 Löwy, *Georg Lukács*, p. 123を見よ．

24 引用はKadarkay, *Georg Lukács*, p. 208による．

25 ハンガリーにおけるソビエトの独裁については，Rudolf L. Tökés, *Béla Kun and the Hungarian Soviet Republic* (New York, 1967) を見よ．ルカーチの役割については，Kadarkay, *Georg Lukács*, chapter 9; Congdon, *The Young Lukács*, chapter 6を見よ．

26 Lukács, *Gelebtes Denken*, p. 96; *Record of a Life*, p. 60.

27 Kadarkay, *Georg Lukács*, p. 212は，わずかに異なった数値を挙げているが，ユダヤ人比率は変わらない．

28 これについては，Thomas Sakmyster, *Hungary's Admiral on Horseback: Miklos Horthy, 1918-1944* (Boulder, Colo., 1994)を見よ．

29 Andrew Janos, *The Politics of Backwardness in Hungary, 1825-1945* (Princeton, N. J., 1982), pp. 201-206を見よ．

30 Kadarkay, *Georg Lukács*, pp. 237-238.

31 この主題については，Jerry Z. Muller, "Communism, Anti-Semitism, and the Jews," *Commentary* (August 1988), pp. 28-39ならびに次のエッセイを見よ．Ivan T. Berend in Randolph L. Braham and Attila Pok (eds.), *The Holocaust in Hungary Fifty Years Later* (New York, 1997). ヒットラーの演説や世界観の中で，この主題がどのように重要性を持つかについては，Ian Kershaw, *Hitler, 1889-1936: Hubris* (New York, 1999), pp. 23-24を見よ．この主題がアメリカ陸軍情報部にどのように浸透していったかについては，Joseph Bendersky, *The "Jewish Threat": Anti-Semitic Politics of the U.S. Army* (New York, 2000)を見よ．

32 François Furet, *The Passing of an Illusion: The Idea of Communism in the Twentieth Century* (Chicago, 2000), 第2章および第3章を見よ．

33 革命の挫折後，共産党の戦略とイデオロギーがどのような形でロシア以外の国に波及したかについては，以下の文献が古典であり，また，貴重な分析である．Franz Borkenau, *World Communism* (1939; reprint Ann Arbor, Mich., 1962), chapter 9.

34 Charles S. Maier, *Recasting Bourgeois Europe: Stabilization in France, Germany, and Italy in the Decade After World War I* (Princeton, N. J., 1975).

35 経済政策については，Martin Malia, *The Soviet Tragedy: A History of Socialism in Russia, 1917-1991* (New York, 1994), chapter 5を見よ．

36 Georg Lukács, *History and Class Consciousness: Studies in Marxist Dialectics* trans. Rodney Livingstone (Cambridge, Mass., 1971)（これ以降，*HCC*として引用），pp. 88-89; Georg Lukács, *Geschichte und Klassenbewußtsein*（これ以降，*GK*として引用）．ページ付けは次のものによる．Georg Lukács, *Werke* (Neuwied, 1962), Band II, pp. 262-263. 翻訳は時折変更を加えた．この時期における，テイラー主義と，ヨーロッパで生まれた労働の科学についてはAnson Rabinbach, *The Human Motor: Energy, Fatigue and the Origins of Modernity* (New York, 1990), 第9章と第10章を見よ．

37 *HCC*, p. 89; *GK*, pp. 263-264［城塚登・吉田光訳『歴史と階級意識』白水社，1991年，p. 171］．

38 *HCC*, p. 157; *GK*, p. 340.

39 *HCC*, pp. 181, 54; *GK*, pp. 367, 227［城塚・吉田訳，p. 372］．

40 *HCC*, p. 7; *GK*, p. 178.

41 *HCC*, p. 103; *GK*, p. 279.

42 *HCC*, pp. 109-110; *GK*, p. 286.

43 *HCC*, p. 91; *GK*, p. 265［城塚・吉田訳，p. 174］．

44 *HCC*, p. 95; *GK*, p. 272.

45 アントニオ・グラムシ（1891-1937年）は，1920年代後半と30年代に，同じくマルクス的な線に沿う分析を提供することになる．しかし，グラムシはファシスト下のイタリアにあって監獄の中で書いていたので，その著作が公刊されたのは第2次世界大戦後になってからのことであった．グラムシの思想の概観については，Leszek Kolakowski, *Main Currents of Marxism. Volume 3, The Breakdown* (New York, 1978), chapter 6を見よ．

46 *HCC*, p. 27; *GK*, p. 199［城塚・吉田訳，p. 67］．

47 *HCC*, p. 69; *GK*, pp. 244-245.

48 *HCC*, p. 13; *GK*, p. 186［城塚・吉田訳，p. 45］．

49 *HCC*, pp. 20-21; *GK*, p. 194.

50 *HCC*, p. 21; *GK*, p. 195.

51 *HCC*, pp. 51-53; *GK*, pp. 223-225.

52 この点は，コラフスキーの優れた分析の中で明らかにされている．Leszek Kolakowski, *Main Currents of Marxism*, vol. 3, chapter 7.

53 次の文献を見よ．Kolakowski, *Main Currents of Marxism*, vol. 3; George Lichtheim, *Lukács* (London, 1970), pp. 50-51; Bernard Yack, *The Longing for Total Revolution* (Princeton, N. J., 1986), pp. 286 ff.

54 *HCC*, p. 76; *GK*, p. 252.

55 *HCC*, p. 74; *GK*, p. 249.

56 *HCC*, p. 75; *GK*, pp. 250-251.

57 *HCC*, pp. 79-80; *GK*, p. 253.

58 *HCC*, p. 41; *GK*, p. 212［城塚・吉田訳，p. 92］．

59 *HCC*, p. 208; *GK*, p. 397［城塚・吉田訳，p. 417］．

60 *HCC*, pp. 315-316; *GK*, pp. 493-494［城塚・吉田訳，pp. 515-516］．

61 *HCC*, p. 319; *GK*, pp. 496-497［城塚・吉田訳，pp. 520-521］．

62 Hans Freyer, *Theorie des gegenwärtigen Zeitalters* (Stuttgart, 1955), p. 127. フライヤーとその業績についての描写と分析は，主としては次のものによっている．Jerry Z. Muller, *The Other God That Failed: Hans Freyer and the Deradicalization of German Conservatism* (Princeton, N. J., 1987). さらな

る書誌的情報と詳細を知りたい読者は，上記文献にあたっていただきたい．フライヤーについての最近の研究の中では，次の書物の分析が本章の目的にとっては非常に有益であった．Rolf Peter Sieferle, *Die Konservative Revolution: Fünf biographische Skizzen* (Frankfurt, 1995), pp. 164-197.

63 次に挙げる2つの文献が，民族主義ナショナリズムの歴史についての古典的著作である．Fritz Stern, *The Politics of Cultural Despair: A Study in the Rise of the Germanic Ideology* (Berkeley, 1961), and George L. Mosse, *The Crisis of German Ideology* (New York, 1964).

64 Hans Freyer, *Die Bewertung der Wirtschaft im philosophischen Denken des 19. Jahrhunderts* (Leipzig, 1921).

65 Hans Freyer, *Theorie des objektiven Geistes: Eine Einleitung in die Kulturphilosophie* (Leipzig, 1923), translated from the second German edition of 1928 by Steven Grosby as *Theory of Objective Mind: An Introduction to the Philosophy of Culture* (Athens, Ohio, 1998); "Zur Philosophie der Technik," *Blätter für deutsche Philosophie*, vol. 3 (1929-1930), pp. 192-201; *Der Staat* (Leipzig, 1926); Hans Freyer, *Soziologie als Wirklichkeitwissenschaft* (Leipzig, 1930); *Einleitung in die Soziologie* (Leipzig, 1931).

66 Hans Freyer, *Antäus: Grundlegung einer Ethik des bewußten Lebens* (Jena, 1918); *Prometheus: Ideen zur Philosophie der Kultur* (Jena, 1923).

67 ドイツ歴史主義の伝統については，次のものを見よ．Friedrich Meinecke, *Die Enstehung des Historismus* (Berlin, 1936); Hans-Georg Gadamer, *Truth and Method* (New York, 1982), pp. 153-203; Georg G. Iggers, *The German Conception of History* (rev. ed., Middleton, Conn., 1983), chapter 1, passim. ヘルダーについては，次のアイザイヤ・バーリンによる古典的エッセイを見よ．Isaiah Berlin, "Herder and the Enlightenment," in Berlin, *Vico and Herder: Two Studies in the History of Ideas* (New York, 1976).

68 Johannes (Hans) Freyer, *Geschichte der Geschichte der Philosophie im achtzehnten Jahrhundert*, in *Beiträge zur Kultur- und Universalgeschichte*, gen. ed. Karl Lamprecht, vol. 16 (Leipzig, 1912), pp. 150-151, 42.

69 Freyer, *Antäus*, pp. 90 ff.

70 Freyer, *Prometheus*, p. 78.

71 Freyer, *Prometheus*, pp. 80, 82.

72 Martin Heidegger, *Sein und Zeit* (1927; 9th ed., Tübingen, 1963), pp. 382-387.

73 Walter Goetz, *Das Wesen der deutschen Kultur* (Darmstadt, 1919), p. 3.

74 Theodore Litt, *Individuum und Gemeinschaft*, 3rd ed. (Leipzig, 1926), p. 382.

75 Freyer, *Prometheus*, p. 107.

76 Freyer, *Prometheus*, p. 57.

77 Freyer, *Der Staat*, pp. 174-175.

78 Freyer, *Prometheus*, pp. 55-56.

79 Freyer, "Zur Philosophie der Technik," p. 201; *Die Bewertung der Wirtschaft*の結論部分も同様である．フライヤーやワイマール期の他の知識人の技術に対する態度に関しては，Jeffrey Herf, *Reactionary Modernism: Technology, Culture, and Politics in Weimar and the Third Reich* (Cambridge, 1984)を見よ．

80 Freyer, *Der Staat*, pp. 140-143.

81 Freyer, *Der Staat*, pp. 142-143.

82 Freyer, *Der Staat*, pp. 144-149.

83 Freyer, *Der Staat*, pp. 112, 145.

84 Freyer, *Der Staat*, pp. 37-38.

85 Freyer, *Theorie*, pp. 90-91; Freyer, *Prometheus*, pp. 4-5.

86 Freyer, *Der Staat*, p. 99.
87 Freyer, *Prometheus*, p. 4.
88 Freyer, *Der Staat*, p. 105.
89 Freyer, *Der Staat*, pp. 128, 175.
90 Harold James, "Economic Reasons for the Collapse of the Weimar Republic," in Ian Kershaw (ed.), *Weimar: Why Did German Democracy Fail?* (New York, 1990), pp. 30-57; Knut Borchardt, "Constraint and Room for Manoeuvre in the Great Depression of the Early Thirties: Toward a Revision of the Received Historical Picture" and "Economic Causes of the Collapse of the Weimar Republic," 両論文は，Kurt Borchardt, *Perspectives on Modern German Economic History and Policy* (Cambridge, 1991), pp. 143-183に所収．
91 Hans Freyer, *Revolution von rechts* (Jena, 1931), pp. 26-33.
92 Freyer, *Revolution*, pp. 23, 58-60. フライヤーはここでは友人であるカール・シュミットの分析に従っている．Jerry Z. Muller, "Carl Schmitt, Hans Freyer, and the Radical Conservative Critique of Liberal Democracy in the Weimar Republic," *History of Political Thought* 12, no. 4 (Winter 1991), pp. 695-715を見よ．
93 Freyer, *Revolution*, pp. 43-44, 69.
94 Freyer, *Revolution*, pp. 54-55, 61.
95 Freyer, *Revolution*, pp. 47-49.
96 Freyer, *Revolution*, pp. 64-72.
97 1933年から死に至るフライヤーの履歴については，Muller, *The Other God That Failed*の第6章～第10章を見よ．
98 *New Left Review*でのインタビュー．元来，1971年に公刊されたものだが，ここでの引用はLukács, *Record of a Life*, p. 181でのリプリントによった．

▸ 第11章 ◂

1 Preface to Joseph A. Schumpeter, *Capitalism, Socialism, and Democracy*, 1st ed. (New York, 1942), pp. ix-x. 以下，*CSD*として引用．
2 私は次に挙げる最近の伝記的研究から裨益されるところがあった．Richard Swedberg, *Schumpeter: A Biography* (Princeton, N. J., 1991); Robert Loring Allen, *Opening Doors: The Life and Work of Joseph Schumpeter*, 2 vols. (New Brunswick, N. J., 1991); Wolfgang F. Stolper, *Joseph Alois Schumpeter: The Public Life of a Private Man* (Princeton, N. J., 1994).
3 Regis A. Factor, *Guide to the Archiv für Sozialwissenschaft und Sozialpolitik Group, 1904-1933: A History and Comprehensive Bibliography* (New York, 1988).
4 シュンペーターは，経済学に対する功利主義的アプローチよりも，カーライルの英雄的個性に対する強調のほうが，自らの経済社会学に近いと考えていた．Joseph Schumpeter, *History of Economic Analysis* (New York, 1954), pp. 409-411. アンリ・ベルグソンとガブリエル・タルドがシュンペーターの資本主義の発展過程についての考えに影響を与えたかもしれないという推測については，次のものを見よ．Fritz Redlich, "Unternehmerforschung und Weltanschauung," *Kyklos*, vol. 8 (1955), pp. 277-300; Enrico Santarelli and Enzo Pesciarelli, "The Emergence of a Vision: The Development of Schumpeter's Theory of Entrepreneurship," *History of Political Economy*, vol. 22, no. 4 (1990), pp. 677-696.

5　Schumpeter, *History*, p. 789 n13.

6　Friedrich von Wieser, *Recht und Macht* (1910)と，マックス・ウェーバーの『社会経済学要綱』(1914年) への寄稿である『社会経済の理論』. 引用はJürgen Osterhammel, "Joseph A. Schumpeter und das Nichtökonomische in der Ökonomie," *Kölner Zeitschrift für Soziologie und Sozialpsychologie*, vol. 39, no. 1 (1987), pp. 40–58, at pp. 52–53による.

7　社会階級についてのエッセイで明らかなように，シュンペーターは，イギリスにおける民族学，優生学，家族研究について注意を払っていたように思われる．これらすべてをシュンペーターは有益だと考えていたが，「これらの学問が何を提供すべきかについて重要性を理解している」者によって批判的に消化される必要があると考えていた．"Die sozialen Klassen im ethnisch homogen Milieu," *Archiv für Sozialwissenschaft und Sozialpolitik*, vol. 57 (1927), pp. 1–67. 英訳は，"Social Classes in an Ethnically Homogeneous Environment." 現在，Joseph A. Schumpeter, *The Economics and Sociology of Capitalism*, ed. Richard Swedberg (Princeton, N. J., 1991), pp. 231–232に所収．

8　ニーチェ思想に対して優れた，また簡潔な概観を与えている，Werner J. Dannhauser, in Leo Strauss and Joseph Cropsey (eds.), *History of Political Thought* (Chicago, 1963, and subsequent editions) のニーチェ章を見よ．次の文献は，ニーチェ研究についての価値ある指南書である．*Nietzsche-Handbuch* (Stuttgart, 2000).

9　Joseph A. Schumpeter, *Das Wesen und der Hauptinhalt der Nationalökonomie* (Leipzig, 1908), pp. 615, 618.

10　経済分析において，エリートを無視することがどのようなマイナスの効果を持つかについては，『経済分析の歴史』の中でシュンペーターがアダム・スミスについて述べた以下のコメントを見よ．「さらに彼の経済社会学の平等論的傾向には，巧みに薄められたルソー主義も明らかに見てとることができる．彼には人間は生まれながらにして非常に似たものと思われた．すべての人間は，はなはだ単純な刺激に対しては同じような単純な仕方で反応するものであって，差異は主として異なる訓練と異なる環境に基づくものと思われた．この点は，19世紀の経済学に与えたスミスの影響を考慮する際にはなはだ重要となる．彼の著作は人間性に関する18世紀の考え方を経済学者に伝えた通路ともいわれるべきものであった」(*History of Economic Analysis*, p. 186［東畑精一・福岡正夫訳『経済分析の歴史』岩波書店，2006年，上巻，p. 334］).

11　経済理論で企業家が無視されてきたことについては，Redlich, "Unternehmerforschung und Weltanschauung"を見よ．当該主題についての最近の文献に関しては，Israel M. Kirzner, *Discovery and the Capitalist Process* (Chicago, 1985), chapter 1. 19世紀におけるドイツ語圏の経済理論家の間で，企業家やその機能について注意が払われてきたことに関しては，Erich Streissler, "The Influence of German and Austrian Economics on Joseph A. Schumpeter," in Yuichi Shionoya and Mark Perlman (eds.), *Schumpeter in the History of Ideas* (Ann Arbor, Mich., 1994), pp. 13–38, 特にpp. 15–22, 34–35を見よ．有益な概観としては，Mark Blaug, "The Concept of Entrepreneurship in the History of Economics," in Blaug, *Not Only an Economist* (Cheltenham, England, 1997), pp. 95–113.

12　Joseph A. Schumpeter, *The Theory of Economic Development* (New Brunswick, N. J., 1983), p. 66. ドイツ語版第2版 (1926年) からの英訳が現れたのは，ようやく1934年になってからのことであった．

13　Schumpeter, *Theory*, p. 86.

14　Joseph A. Schumpeter, "[D]er Schöpferkraft und Herrschgewalt des Führers," in *Theorie der wirtschaftlichen Entwicklung* (Leipzig, 1912; first published Vienna, June 1911) (これ以降*TWE*として引用), p. 304. この章句は，1934年の英訳では，"the creative power of a leader" とされている．Schumpeter, *Theory*, p. 147.

15　*TWE*, p. 285; *Theory*, p. 133.

16 Schumpeter, *Theory*, p. 133.

17 Schumpeter, *Theory*, pp. 92-93. シュンペーターは合理的な経済モデルでは企業家の行動は説明できないことを強調した．これについては，Nathan Rosenberg, "Joseph Schumpeter: Radical Economist," in Yuichi Shionoya and Mark Perlman (eds.), *Schumpeter in the History of Ideas* (Ann Arbor, Mich., 1994) で議論されている．

18 Schumpeter, *History*, p. 409.

19 *TWE*, pp. 542-546. 1934年の英訳版序文では，シュンペーターは「重要な点で，本書の経済理論と著しく類似している文化的進化の理論」について言及している．*Theory*, p. lxiii.

20 *TWE*, pp. 542-545.

21 このエッセイが公刊されたのは1927年になってからのことだが，その起源は第一次世界大戦前の10年間にさかのぼる．シュンペーターが序文のノートで述べているように，それは1910～1911年にかけてチェルノヴィッツ大学で行われた講義や，その3年後にニューヨークのコロンビア大学で訪問教授として行った講義に端を発している．

22 Schumpeter, "Social Classes," p. 274.

23 Schumpeter, "Social Classes," pp. 276-277. スピアマンの『人間の能力』(1927年) は，ウィリアム・スターンの『差異心理学』(1911年) とともに，経済学者にとっては必須文献だと，シュンペーターは考えていた．Schumpeter, *History*, pp. 796-7n.

24 ニーチェの著作ではしばしば登場する主題．古典的なのは『道徳の系譜学』である．

25 *TWE*, pp. 534 ff.

26 Joseph A. Schumpeter, *Ten Great Economists from Marx to Keynes* (New York, 1951) 所収のパレートについてのエッセイを見よ．

27 Vilfredo Pareto, *The Rise and Fall of Elites: An Application of Theoretical Sociology* (New Brunswick, N. J., 1991; Italian original published in 1901), pp. 39-40.

28 Pareto, *Rise and Fall*, p. 50.

29 このような活動は，ウィーンの経済学教授陣の伝統に沿うものであった．彼らは，政府の高級官僚をしばしば経験した．William Johnston, *The Austrian Mind: An Intellectual and Social History, 1848-1938* (Berkeley, 1972), pp. 48 and 70, and chapter 4を見よ．

30 シュンペーターのオーストリア貴族院の成員であったオットー・ハラハ伯爵に対する書簡を見よ．これは，1916年から1918年にかけて書かれたものである．Joseph A. Schumpeter, *Politische Reden*, ed. Christian Seidl and Wolfgang F. Stolper (Tübingen, 1992), pp. 359-376.

31 次のものを見よ．Barbara Jelavich, *Modern Austria: Empire and Republic, 1800-1986* (Cambridge, 1987), pp. 144-145; Paul Silverman, "Law and Economics in Interwar Vienna: Kelsen, Mises, and the Regeneration of Austrian Liberalism" (Ph. D. diss., University of Chicago, 1984), introduction and chapter 1; Malachi H. Hacohen, *Karl Popper: The Formative Years, 1902-1945* (Cambridge, 2000).

32 このような分析は，次の文献によって遡及的に確認されている．Frederick Hertz, *The Economic Problems of the Danubian States: A Study of Economic Nationalism* (1947; reprint, New York, 1970). 最近，こうした分析を確認したものとしては，John W. Mason, *The Dissolution of the Austro-Hungarian Empire, 1867-1918*, 2nd ed. (London, 1997), chapter 4を見よ．

33 シュンペーターは『資本主義・社会主義・民主主義』で以下のように述べている．「合理主義的な態度は不適切な情報と技術と一緒に働くことがあるので，それによって引き起こされる行動，特に一般的な外科的性向は，後年の人々の目から見れば，純粋に知的な観点からしても，その当時多くの人々が低い知的水準に帰せられると考えていたような態度と関係している行動や反外科的性向と比して，劣るものなのかもしれない」[中山伊知郎・東畑精一訳『資本主義・社会主義・民主主義』東洋経済新報社，1995年，p. 191]．シュンペーターが注意しているように，このような

洞察は，少なくとも啓蒙思想に対する保守派からの批判にまでさかのぼるものなのかもしれない．

34 Helmut Gruber, *Red Vienna: Experiment in Working-Class Culture, 1919–1934* (New York, 1991), pp. 18–20. Jelavich, *Modern Austria*, pp. 164–165. Rudolf Gerlich, *Die gescheiterte Alternative. Sozialisierung in Österreich nach dem Ersten Weltkrieg* (Vienna, 1980), p. 99も見よ．

35 Christian Seidl, “The Bauer-Schumpeter Controversy on Socialization,” *History of Economic Ideas* vol. 2, (1994), pp. 41–69, at p. 69. シュンペーターはまた，オーストリア最大の鉄製造会社のアルピン・モンタン社，政府の社会化プログラムの要であった，同社の社会化を阻止すべく，背後で動いていた可能性がある．ハーバラーは，大蔵大臣としてのシュンペーターは社会化や他のラディカルな経済的手段に反対していたと述べているが，これは全くのところ正鵠を射ている．Gottfried Haberler, “Joseph Alois Schumpeter 1883–1950,” *Quarterly Journal of Economics*, vol. 64 (August 1950), reprinted in John Cunningham Wood (ed.), *J. A. Schumpeter: Critical Assessments*, 4 vols. (London, 1991), vol. 1, p. 93.

36 たとえば，“Der Sozialismus” (1918), in Max Weber, *Gesammelte Aufsätze zur Soziologie und Sozialpolitik*（Türbingen, 1924), pp. 492–518, そして，ウェーバーの死後公刊された*Economy and Society*, ed. Guenther Roth and Claus Wittich (Berkeley, 1978), pp. 82–113を見よ．

37 これに続く「社会主義計算論争」の主要文献は，そのかなりの部分がFriedrich A. Hayek (ed.), *Collectivist Economic Planning* (London, 1935) に所収されている．論争についての議論としては，David Ramsey Steele, *From Marx to Mises: Post-Capitalist Society and the Challenge of Economic Calculation* (La Salle, Ill., 1992), および本書の第13章を見よ．

38 Peter L. Berger, *Redeeming Laughter: The Comic Dimension of Human Experience* (New York, 1997), p. 41.

39 Joseph Schumpeter, “Sozialistische Möglichkeiten von heute,” *Archiv für Sozialwissenschaft und Sozialpolitik*, vol. 48 (1920–1921), pp. 305–360. Reprinted in his *Aufsätze zur ökonomischen Theorie* (Türbingen, 1952). ページ付けはオリジナルのもの．しばしば繰り返される「社会主義の時代は将来であり，資本主義の時代は現在である」という議論は，さらに早い時期にまで，1918年の『租税国家の危機』にまでさかのぼる．Joseph A. Schumpeter, *Economics and Sociology of Capitalism*, pp. 130–131.

40 Schumpeter, “Sozialistische Möglichkeiten,” pp. 310–311.

41 Schumpeter, “Sozialistische Möglichkeiten,” p. 308.

42 Schumpeter, “Sozialistische Möglichkeiten,” p. 336.

43 Schumpeter, “Sozialistische Möglichkeiten,” pp. 312–319.

44 Schumpeter, “Sozialistische Möglichkeiten,” p. 323.

45 Schumpeter, “Sozialistische Möglichkeiten,” pp. 343–346.

46 Schumpeter, “Sozialistische Möglichkeiten,” pp. 348–349.

47 “Unternehmerfunktion und Arbeiterinteresse,” in Joseph A. Schumpeter, *Aufsätze zur Wirtschaftspolitik*, ed. and introduced by Wolfgang F. Stolper and Christian Seidl (Türbingen, 1985).

48 Joseph Schumpeter, “The Instability of Capitalism,” published in the *Economic Journal* 38 (1928), pp. 361–386; reprinted in Joseph A. Schumpeter, *Essays on Entrepreneurs, Innovations, Business Cycles, and the Evolution of Capitalism*, ed. Richard V. Clemence (New Brunswick, N. J., 1989).

49 シュンペーターの人生のこの局面の詳細は，明らかでないままである．利用可能な情報は，以下で提供されている．Stolper, *Joseph Alois Schumpeter*, chapter 21.

50 Joseph A. Schumpeter, *Aufsätze zur Wirtschaftspolitik*所収の論考，同書序文のpp. 36–43，そしてJoseph A. Schumpeter, *Business Cycles: A Theoretical, Historical, and Statistical Analysis of the Capitalist Process* (New York, 1939), 2 vols, pp. 714–716（ページ付けは通しである）を見よ．クヌート・ボル

ヒャルトやハロルド・ジェームズのようなワイマール経済についての最近の歴史家も，同じような結論を得ている．

51 Schumpeter, *Business Cycles*, pp. 708–710.

52 David M. Kennedy, *Freedom from Fear: The American People in Depression and War, 1929–1945* (New York, 1999), pp. 20–23.

53 Rudolf Hilferding, *Das Finanzkapital* (Vienna, 1910). 第9章にあるジンメルとウェーバーについての議論も見よ．Adolf Berle and Gardiner Means, *The Modern Corporation and Private Property* (New York, 1932).

54 Kennedy, *Freedom from Fear*, pp. 120–121.

55 出生率の変化と避妊の変遷については，次の文献を見よ．Eugen Weber, *Peasants into Frenchmen: The Modernization of Rural France, 1870–1914* (Stanford, Cal., 1976), chapter 11; Simon Szreter, *Fertility, Class, and Gender in Britain, 1860–1940* (Cambridge, 1996); Ute Frevert, *Women in German History: From Bourgeois Emancipation to Sexual Liberation* (New York, 1989; German original 1986), pp. 186 ff; John Gillis, Louise A. Tilly, and David Levine (eds.), *The European Experience of Declining Fertility, 1850–1970* (Cambridge, Mass., 1992); Janet Farrell Brodie, *Contraception and Abortion in Nineteenth-Century America* (Ithaca, N.Y., 1994). メンジンガーとペッサリーについては，Paul Weindling, *Health, Race, and German Politics Between National Unification and Nazism, 1870–1945* (Cambridge, 1989), p. 264; Kennedy, *Freedom from Fear*, p. 28を見よ．精子を殺すためのビデのマーケティングに関しては，Andrea Tone, "Contraceptive Consumers: Gender and the Political Economy of Birth Control in the 1930s," *Journal of Social History*, vol. 29, no. 3 (June 1996), pp. 485–506を見よ．

56 イギリスでの論争については，Szreter, *Fertility, Class, and Gender in Britain*; Richard Solway, *Demography and Degeneration: Eugenics and the Declining Birthrate in Twentieth-Century Britain* (Chapel Hill, N. C., 1995)を見よ．ドイツでの論争の輪郭については，Weindling, *Health, Race, and German Politics*, pp. 241–269; Atina Grossman, *Reforming Sex* (New York, 1995) を見よ．

57 Kennedy, *Freedom from Fear*, pp. 86–87.

58 Kennedy, *Freedom from Fear*, p. 163.

59 Kennedy, *Freedom from Fear*, pp. 122–123. 左派ケインジアンであったイギリス人経済学者ジョーン・ロビンソンは，1937年に19世紀のそれに匹敵する技術進歩は「ほとんど望むべくもない」とした．Joan Robinson, *Introduction to the Theory of Employment* (New York, 1937). ここでの引用はJohn A. Garraty, *The Great Depression* (New York, 1986), p. 135による．ケインズの停滞論者としての見解については，Robert Skidelsky, *John Maynard Keynes*, vol. 2, *The Economist as Saviour, 1920–1937* (London, 1992), pp. 608–609を見よ．

60 ここではKennedy, *Freedom from Fear*, p. 373による．

61 Kennedy, *Freedom from Fear*, pp. 374–375. ハンセンについては，Theodore Rosenof, *Economics in the Long Run: New Deal Theorists and Their Legacies, 1933–1993* (Chapel Hill, N. C., 1997), chapter 5も見よ．

62 Kennedy, *Freedom from Fear*, p. 151.

63 Kennedy, *Freedom from Fear*, pp. 227–242, 276.

64 Kennedy, *Freedom from Fear*, pp. 275–280.

65 Kennedy, *Freedom from Fear*, p. 282.

66 Kennedy, *Freedom from Fear*, p. 352.

67 Kennedy, *Freedom from Fear*, p. 353.

68 Schumpeter, *Business Cycles*, これ以降は，*BC*として引用する．

69 *BC*, pp. 995–996, 1026.

70 *BC*, pp. 992–993.

71 *BC*, pp. 994–995.

72 *BC*, pp. 1039–1041. Kennedy, *Freedom from Fear*, pp. 284, 351, 376では，このような結論に達している．

73 *BC*, pp. 1044, 1039.

74 *BC*, p. 1044.『資本主義・社会主義・民主主義』第2版への序文で，この点について改めて述べ，「独占についての最近の大部分のお話は，急進的イデオロギー以外の何物でもなく，事実上の根拠を全く持たないと信じている」としている．*CSD*, p. x［中山・東畑訳，p. 54］.

75 *CSD*, p. 101. ニール・マッキンズが述べているように，シュンペーターは反トラスト理論の論理的基礎を打破したが，それにもかかわらず，それは倒れなかった．Neil McInnes, "Wrong for Superior Reasons," *The National Interest* (Spring 1995), pp. 85–97, at p. 94; 本論文は，『資本主義・社会主義・民主主義』の公刊後10年間の受容をめぐる，非常に詳細なレビューである．

76 *BC*, p. 1038. もっと詳細な分析については，同書の第14章を見よ．

77 *BC*, pp. 1046–1050.

78 シュンペーターは『資本主義・社会主義・民主主義』での主要な主題については，そのほとんどをヴェルナー・ゾンバルトの『近代資本主義』の書評で言及している．これらは，高度資本主義の時代では鍵となる主題で，体系的な議論に値しているが，ゾンバルトは適切な形で検討していない，というのである．Schumpeter, "Sombarts Dritter Band," *Schmollers Jahrbuch*, vol. 51, no. 3 (1927), pp. 349–369; reprinted in Bernhard vom Brocke (ed.), *Sombarts "Moderner Kapitalismus": Materialien zur Kritik und Rezeption* (Munich, 1987), pp. 196–219，特にp. 207.

79 D. M. Wright, "Schumpeter and Keynes," *Weltwirtschaftliches Archiv*, vol. 65 (1950), pp. 195–196, reprinted in Wood (ed.), *J. A. Schumpeter: Critical Assessments*, vol. 1, pp. 26–36, at p. 36; McInnes, "Wrong for Superior Reasons."

80 シュンペーターが第1版『資本主義・社会主義・民主主義』の序文で述べているとおりである．*CSD*, 1st ed., pp. ix–x.

81 全体として見れば，シュンペーターとウィーンという背景を共有している者が，最も同書の皮肉な趣旨を理解しやすい．フリッツ・マハループは『アメリカン・エコノミック・レビュー』での書評で，シュンペーターの様式を「ユーモアに富んだ皮肉なロココ様式」と呼んでいる．その詳細な書評において，マハループは同書の主要な論点に関してはそのほとんどに触れており，「最初の印象は，シュンペーターは社会主義が嫌い，というより軽蔑しているのではないかということであった．行間から読み取れるにすぎないが……」．Fritz Machlup, "Capitalism and Its Future Appraised by Two Liberal Economists," *American Economic Review*, vol. 33 (1943), pp. 301–320, at p. 302. Haberler, "Joseph Alois Schumpeter," p. 84も同様である．

82 *CSD*, p. 6［中山・東畑訳，p. 9］.

83 *CSD*, p. 16［中山・東畑訳，p. 24］.

84 *CSD*, pp. 46–47［中山・東畑訳，pp. 75–77］.

85 *CSD*, p. 55［中山・東畑訳，p. 89］.

86 *CSD*, p. 67［中山・東畑訳，p. 106］.

87 *CSD*, p. 117［中山・東畑訳，p. 182］.

88 *CSD*, p. 116［中山・東畑訳，p. 180］.

89 *CSD*, pp. 117–118［中山・東畑訳，pp. 181–183］.

90 *CSD*, pp. 124–125［中山・東畑訳，pp. 193–196］.

91 *CSD*, pp. 73–74［中山・東畑訳，pp. 115–116］.

92 *CSD*, pp. 123–124［中山・東畑訳, pp. 192–194］.
93 *CSD*, p. 127［中山・東畑訳, p. 199］.
94 *CSD*, p. 127［中山・東畑訳, p. 199］.
95 *CSD*, pp. 126–127［中山・東畑訳, p. 198］.
96 *CSD*, p. 129［中山・東畑訳, pp. 201–202］.
97 *CSD*, p. 172［中山・東畑訳, p. 271］.
98 *CSD*, pp. 201, 198［中山・東畑訳, pp. 314–315, 320］.
99 *CSD*, p. 375［中山・東畑訳, pp. 602–603］.
100 *CSD*, p. 127［中山・東畑訳, pp. 199–200］.「合理主義」ということで，シュンペーターは後にマイケル・オークショットが「政治における合理主義」と呼び，フリードリッヒ・ハイエクが「設計主義」と呼んだものとほとんど同じものを意味している．
101 シュンペーターが，次の論考の中で述べた議論である．"Unternehmer," *Handwörterbuch der Staatswissenschaften*, 4th ed. (Jena, 1928), vol. 8, pp. 476–487.
102 *CSD*, pp. 157–162［中山・東畑訳, pp. 246–254］．シュンペーターの人口趨勢についての見解に関しては，「出生率の低下」と題された講義を見よ．本講義は，1941年のローウェル講義の一部である．Schumpeter, *The Economics and Sociology of Capitalism*, ed. Swedberg, pp. 372–380.
103 *CSD*, pp. 127–129［中山・東畑訳, pp. 198–202］.
104 *CSD*, pp. 153–155［中山・東畑訳, pp. 239–243］.
105 *CSD*, pp. 154, 311 n4［中山・東畑訳, pp. 241–242, 495–496, 注4］.
106 *CSD*, p. 145［中山・東畑訳, p. 227］.
107 *CSD*, p. 147［中山・東畑訳, p. 230］.
108 *CSD*, pp. 154–155［中山・東畑訳, pp. 241–243］.
109 *CSD*, pp. 147, 151［中山・東畑訳, pp. 230, 236］.
110 *CSD*, p. 153［中山・東畑訳, p. 239］.
111 *CSD*, p. 144［中山・東畑訳, p. 225］.
112 *CSD*, pp. 150–151［中山・東畑訳, pp. 234–236］.
113 *CSD*, p. 156［中山・東畑訳, pp. 245–246］.

▸ 第12章 ◂

1 Robert Skidelsky, *John Maynard Keynes*, vol. 2, *The Economist as Saviour, 1920–1937* (London, 1992), p. 237.
2 Keynes, *The Economic Consequences of the Peace* (New York, 1920)［早坂忠訳『ケインズ全集2　平和の経済的帰結』東洋経済新報社，1987年］. 引用はSkidelsky, *John Maynard Keynes*, vol. 2, p. 23による．
3 John Maynard Keynes, *The General Theory of Employment, Interest, and Money* (1936), in *The Collected Writings of John Maynard Keynes* (London, 1973), p. 376［塩野谷祐一訳『ケインズ全集7　雇用・利子および貨幣の一般理論』東洋経済新報社，1983年，p. 378］.
4 Keynes, *General Theory*, pp. 365–366.
5 John Maynard Keynes, "Economic Possibilities for Our Grandchildren" (1930), in his *Essays in Persuasion* (New York, 1932), p. 329［宮崎義一訳「わが孫たちの経済的可能性」『ケインズ全集9　説得論集』東洋経済新報社，1981年，p. 397］.

6　John Maynard Keynes, "Economic Possibilities for Our Grandchildren," pp. 329-330［宮崎訳, p. 397］.

7　ケインズのユダヤ人観については，Skidelsky, *John Maynard Keynes*, vol. 2, pp. 238-239を見よ．

8　John Maynard Keynes, "Economic Possibilities for Our Grandchildren," pp. 330-331［宮崎訳, p. 399］.

9　Skidelsky, *John Maynard Keynes*, vol. 2, p. 236.

10　John Maynard Keynes, "Economic Possibilities for Our Grandchildren," p. 328, 331［宮崎訳, p. 395, 399］. 引用は*Skidelsky, John Maynard Keynes,* vol. 2, p. 368による．

11　Skidelsky, *John Maynard Keynes*, vol. 2, p. 374.

12　Skidelsky, *John Maynard Keynes*, vol. 2, p. 237.

13　Skidelsky, *John Maynard Keynes*, vol. 2, p. 238.

14　Georg Simmel, *The Philosophy of Money*, 2nd ed., ed. David Frisby (New York, 1990), pp. 212-213.

15　Keynes, *General Theory*, p. 373［塩野谷訳, p. 376］. Robert Skidelsky, "Keynes," in D. D. Raphael, Donald Winch, and Robert Skidelsky, *Three Great Economists* (Oxford, 1997), p. 315も見よ．

16　Keynes, *General Theory*, p. 379［塩野谷訳, p. 381］.

17　Keynes, *General Theory,* p. 380［塩野谷訳, p. 383］.

18　John Maynard Keynes, "Economic Possibilities for Our Grandchildren," p. 373［宮崎訳, p. 400］.

19　Eric Hobsbawm, *The Age of Extremes: A History of the World, 1914-1991* (New York, 1994), p. 257以下は，この時期の西欧の経済・社会についての簡潔な概観を与えている．

20　Mark Mazower, *Dark Continent: Europe's Twentieth Century* (New York, 1999), p. 305.

21　Mazower, *Dark Continent*, p. 304.

22　Mazower, *Dark Continent*, p. 307.

23　Robert Evenson, *The Green Revolution* (forthcoming).

24　Hobsbawm, *Age of Extremes*, p. 275.

25　Mazowerは，成長のかなりの部分を戦後の計画に帰している．ホブズボームは懐疑的だが，これはもっともなことである．Hobsbawm, *Age of Extremes*, pp. 272-273. 戦後のフランスにおける計画については，次の文献を見よ．Richard F. Kuisel, *Capitalism and the State in Modern France* (Cambridge, 1981), chapters 8 and 9; Peter Hall, *Governing the Economy: The Politics of State Intervention in Britain and France* (Oxford, 1986), chapters 6 and 7. 1950年代から60年代にかけての政治と経済の関係については，A. J. Nicholls, *The Bonn Republic: West German Democracy, 1945-1990* (London, 1997), chapter 5も見よ．

26　Otto Kirchheimer, "The Waning of Opposition in Parliamentary Regimes," *Social Research*, vol. 24 (Summer, 1957), pp. 127-156.

27　この用語はEdward Shils, "The End of Ideology?" *Encounter*, vol. 5 (November 1955), pp. 52-58で導入され，ダニエル・ベルのエッセイをまとめたDaniel Bell, *The End of Ideology: On the Exhaustion of Political Ideas in the Fifties* (New York, 1960; rev. ed. 1962)の公刊によって，さらに人口に膾炙するようになった．

28　Joseph Schumpeter, *Capitalism, Socialism, and Democracy*, 1st ed. (New York, 1942), p. 144［中山・東畑訳, p. 225］.

29　マルクーゼの伝記的情報とその知的展開については，次のものによっている．Barry Katz, *Herbert Marcuse and the Art of Liberation: An Intellectual Biography* (London, 1982); Douglas Kellner, *Herbert Marcuse and the Crisis of Marxism* (Berkeley, Calif., 1984). マルクーゼ文書館の資料と最近公刊されたマックス・ホルクハイマーの書簡を使った批判的伝記を書くことは，知性史研究では残された課題である．マルクーゼとフランクフルト社会問題研究所との関係については，Martin Jay,

The Dialectical Imagination: A History of the Frankfurt School and the Institute of Historical Research, 1923–1950 (Boston, 1973)が優れた導入たるを失っていない．Rolf Wiggershaus, *The Frankfurt School: Its History, Theories, and Political Significance* (Cambridge, Mass., 1994; German original, *Die Frankfurter Schule* [Munich, 1986])は，話を時間軸の中に落とし込み，さらに詳細な点を加えている．Clemens Albrecht et al., *Die intellektuelle Gründung der Bundesrepublik: Eine Wirkungsgeschicthe der Frankfurter Schule* (Frankfurt, 1999) はさらなる資料によっていて，批判的なパースペクティブを提供している．

30 Katz, *Herbert Marcuse*, pp. 46 ff.

31 Jürgen Habermas, "Gespräch mit Herbert Marcuse" (1977), in Jürgen Habermas, *Philosophisch-politische Profile* (Frankfurt, 1981), p. 268.

32 本書の第6章を見よ．

33 Herbert Marcuse, "Zur Auseinandersetzung mit Hans Freyers 'Soziologie als Wirklichkeitswissenschaft,'" *Philosophische Hefte*, vol. 3 (1931), pp. 83–91.

34 "Neue Quellen zur Grundlegung des historischen Materialismus," *Die Gesellschaft* (Berlin, 1932), vol. 9, part 2, pp. 136–174, translated as "The Foundations of Historical Materialism," in Herbert Marcuse, *Studies in Critical Philosophy* (Boston, 1973).

35 Wiggershaus, *The Frankfurt School*, pp. 12–13.

36 このエピソードについては，次のものを見よ．Lionel Robbins, *Autobiography of an Economist* (London 1971), p. 139; Stephen Kresge and Leif Wenar (eds.), *Hayek on Hayek: An Autobiographical Dialogue* (Chicago, 1994), p. 85; Wiggershaus, *The Frankfurt School*, p. 110.

37 Wiggershaus, *The Frankfurt School*, pp. 145–146.

38 Wiggershaus, *The Frankfurt School*, pp. 249–250, 261–265, 298 ff. 戦争情報局およびその後の戦略諜報局での業務については，次のものを見よ．Douglas Kellner, "Introduction," in Herbert Marcuse, *Technology, War, and Fascism: Collected Papers of Herbert Marcuse*, vol. 1 (London, 1998), pp. 15 ff; Barry Katz, *Foreign Intelligence: Research and Analysis in the Office of Strategic Services 1942–1945* (Cambridge, Mass., 1989).

39 この命題を最も早い段階で述べたものの1つとしては，"Der Kampf gegen den Liberalismus in der totalitären Staatsauffassung," *Zeitschrift für Sozialforschung*, vol. 3, no. 1 (1934), pp. 161–195; translated as "The Struggle Against Liberalism in the Totalitarian View of the State," in Herbert Marcuse, *Negations: Essays in Critical Theory* (Boston, 1968), pp. 3–42を見よ．

40 これに関しては，Jay, *Dialectical Imagination*, chapters 3 and 4; Wiggershaus, *The Frankfurt School*, chapter 3を見よ．

41 Herbert Marcuse, "State and Individual under National Socialism" (1942), first published in Marcuse, *Technology, War, and Fascism*, pp. 67–92, at p. 84.

42 Marcuse, "State and Individual," pp. 85–86.

43 Marcuse, "State and Individual," p. 92.

44 H. Stuart Hughes, *The Sea Change: The Migration of Social Thought, 1930–1965* (New York, 1975), p. 175.

45 Marcuse letter to Horkheimer, April 6, 1946, published in translation in Marcuse, *Technology, War, and Fascism*, pp. 250–251.

46 Herbert Marcuse, "33 Theses" (1947), published in translation in his *Technology, War, and Fascism*, pp. 215–227.

47 Marcuse, "33 Theses," pp. 226–227.

48 Marcuse, "33 Theses," p. 221.

49 Philip Rieff, *Freud: The Mind of the Moralist* (Chicago, 1959; 3rd ed., 1979, with a new epilogue), p. 220.

50 Erich Fromm, *The Sane Society* (New York, 1955).

51 Lionel Trilling, "Freud and Literature," in Trilling, *The Liberal Imagination* (New York, 1950); *Freud and the Crisis of Our Culture* (Boston, 1955).

52 Rieff, *Freud*, pp. 34-35.

53 Herbert Marcuse, *Eros and Civilization: A Philosophical Inquiry into Freud* (Boston, 1955)（以降*EC*として引用), p. 8［南博訳『エロス的文明』紀伊国屋書店，1958年，p. 5］.

54 *EC*, pp. 12-13.

55 *EC*, pp. 35-45.

56 *EC*, p. 35［南訳，p. 30］.

57 *EC*, pp. 92-93.

58 *EC*, pp. 129-131, 201.

59 *EC*, pp. 201-202［南訳，p. 183］.

60 *EC*, p. 152［南訳，p. 138］.

61 *EC*, pp. 171, 195.

62 Friedrich Schiller, *On the Aesthetic Education of Mankind in a Series of Letters*, edited and translated by Elizabeth M. Wilkinson and L. A. Willoughby (Oxford, 1967), pp. 32-35. マルクーゼの『エロス的文明』での訳は，やや異なっている．*EC*, p. 186［南訳，p. 169］.

63 *EC*, p. 210［南訳，p. 190］.

64 *EC*, p. 48.

65 *EC*, pp. 223-224［南訳，pp. 202-203］.

66 *EC*, p. 104.

67 *EC*, p. 100.

68 *EC*, p. 102［南訳，p. 91］.

69 Herbert Marcuse, *One-Dimensional Man: Studies in the Ideology of Advanced Industrial Society* (Boston, 1964，これ以降，*ODM*として引用), p. 12［生松敬三・三沢謙一訳『一次元的人間』河出書房新社，1984年，p. 30］.

70 *ODM*, p. xiv.

71 *ODM*, pp. 11-12.

72 *ODM*, p. 241.

73 *ODM*, pp. x-xi.

74 *ODM*, pp. 232-234.

75 *ODM*, p. 4［生松・三沢訳，p. 22］.

76 *ODM*, pp. 7-8［生松・三沢訳，p. 26］．マルクーゼのヘーゲル解釈については，*Reason and Revolution: Hegel and the Rise of Social Theory* (New York, 1941) を見よ．

77 Michael Walzer, "Herbert Marcuse's America," in his *The Company of Critics* (New York, 1988), pp. 170-190における分析を見よ．

78 *ODM*, pp. 73-76. 同様の分析については，Allan Bloom, *The Closing of the American Mind* (New York, 1987), pp. 132-137を見よ．

79 *ODM*, pp. xiv, 23.

80 *ODM*, p. 242.

81 *ODM*, p. 49.

82 Marcuse, "33 Theses," p. 221.

83 *ODM*, p. 145［生松・三沢訳, p. 165］. マルクーゼのソ連観については, *Soviet Marxism: A Critical Analysis* (New York, 1958) を見よ.

84 *ODM*, pp. 24–27.

85 *ODM*, pp. 28–31.

86 *ODM*, pp. 32–38.

87 Herbert Marcuse, "The Affirmative Character of Culture" (1937), in Marcuse, *Negations*, pp. 98–99.

88 *ODM*, p. 58［生松・三沢訳, pp. 77–78］.

89 *ODM*, pp. 59–64.

90 *ODM*, p. 61［生松・三沢訳, p.81］.

91 *ODM*, pp. 144–169.

92 *ODM*, p. 2［生松・三沢訳, p.21］.

93 *ODM*, p. 39［生松・三沢訳, p.57］.

94 *ODM*, pp. 151–157.

95 *ODM*, pp. 242–243.

96 *ODM*, p. 257［生松・三沢訳, p. 281］.

97 *ODM*, p. 222.

98 *ODM*, p. 256.

99 Jürgen Habermas (ed.), *Antworten auf Herbert Marcuse* (Frankfurt, 1968); Paul Breines (ed.), *Critical Interruptions: New Left Perspectives on Herbert Marcuse* (New York, 1970).

100 Herbert Marcuse, *An Essay on Liberation* (Boston, 1969), pp. 51, 21, 33.

101 Marcuse, *Essay on Liberation*, pp. 57, 61.

102 Albrecht et al., *Die intellektuelle Gründung*, p. 346.

103 1969年5月5日のアドルノからマルクーゼ宛の書簡を見よ. Marcuse/Adorno, "Correspondence on the German Student Movement," edited and introduced by Esther Leslie, *New Left Review*, no. 233 (January–February 1999), p. 127.

104 *Horkheimer Gesammelte Schriften*, vol. 14, p. 444, 引用は以下のものによる. Albrecht, et al., *Die intellektuelle Gründung*, p. 323.

105 David Bromwich, "Scholarship as Social Action," in Alvin Kernan (ed.), *What's Happened to the Humanities?* (Princeton, N. J., 1997), pp. 220–244; Peter Novick, *That Noble Dream: The "Objectivity Question" and the American Historical Profession* (Cambridge, 1988), p. 427以下も見よ.

106 Bromwich, "Scholarship as Social Action," pp. 220–244.

107 Walter Goodman, "Sociologists to the Barricades," *New York Times*, August 19, 2000, p. 17. また, アーヴィング・ルイス・ホロヴィッツの *The Decomposition of Sociology* (New York, 1994) 所収の同名のエッセイ.『一次元的人間』のイデオロギー批判を文学理論に適用したものとしては, かつてオックスフォードの文学教授であったテリー・イーグルトンの影響力ある著作, そしてエドワード・W・サイードの著作を見よ. Terry Eagleton, *Literary Theory* (London and Minneapolis, 1983), 特に pp. 195–196, および, Edward W. Said, *Representations of the Intellectual* (New York, 1994).

108 Mary Britton King, "Make Love, Not Work: New Management Theory and the Social Self," *Radical History Review*, no. 76 (Winter 2000), pp. 15–24, at p. 18.

109 デヴィッド・ブルックスによる「漫画社会学」の領域での洞察に富む研究を見よ. David Brooks, *Bobos in Paradise: The New Upper Class and How They Got There* (New York, 2000), pp. 48–51, 103–117, and passim.

110 Joseph Schumpeter, *The Theory of Economic Development* (New Brunswick, N. J., 1983), pp. 92–93. 同書ドイツ語版第2版（1926年）の英訳が出たのは, ようやく1934年になってからのことであっ

た.

111 Alasdair MacIntyre, *Herbert Marcuse: An Exposition and a Polemic* (New York, 1970), p. 40.

112 Alasdair MacIntyre, *Herbert Marcuse: An Exposition and a Polemic* (New York, 1970), p. 40.

113 *ODM*, p. 251.

114 マルクーゼが1977年にユルゲン・ハーバーマスとハインツ・ルバシュと行ったインタビューを見よ. Jürgen Habermas, "Gespräch mit Herbert Marcuse" (1977), in Habermas, *Philosophisch-politische Profile*, pp. 287, 290, 295.

▸ 第13章 ◂

1 ハイエクの主要著作は以下のように略記する.

Road = *The Road to Serfdom* (Chicago, 1944; reprinted with a new preface 1976) [西山千明訳『ハイエク全集Ⅰ 別巻 隷属への道(新装版)』春秋社, 2008年].

CL = *The Constitution of Liberty* (Chicago, 1960) [気賀健三・古賀勝次郎訳『ハイエク全集Ⅰ-5・6・7 自由の条件[Ⅰ・Ⅱ・Ⅲ]』春秋社, 2007年].

LLL, 1 = *Law, Legislation, and Liberty*, vol. 1, *Rules and Order* (Chicago, 1973) [矢島鈞次・水吉俊彦訳『ハイエク全集Ⅰ-8 法と立法と自由[Ⅰ]』春秋社, 2008年].

LLL, 2 = *Law, Legislation, and Liberty*, vol. 2, *The Mirage of Social Justice* (Chicago, 1976) [篠原慎吾訳『ハイエク全集Ⅰ-9 法と立法と自由[Ⅱ]』春秋社, 2008年].

LLL, 3 = *Law, Legislation, and Liberty*, vol. 3, *The Political Order of a Free People* (Chicago, 1979) [渡部茂訳『ハイエク全集Ⅰ-10 法と立法と自由[Ⅲ]』春秋社, 2008年].

Hayek on Hayek = *Hayek on Hayek: An Autobiographical Dialogue*, ed. Stephen Kresge and Leif Wenar (Chicago, 1994).

2 *CL*, p. vi [気賀・古賀訳, Ⅰ, p. 6].

3 この点では, ハイエクはかなりの部分を友人のカール・ポパーの「想像上のコスモポリタン的共同体」という考えを共有していた. この章句は, Malachi H. Hacohen, *Karl Popper: The Formative Years, 1902–1945* (Cambridge, 2000), p. 308による.

4 *Hayek on Hayek*, p. 48 [嶋津格訳『ハイエク, ハイエクを語る』名古屋大学出版会, 2000年].

5 *Hayek on Hayek*, p. 68.

6 次の諸文献を見よ. 最初のものは, ヴィーザーが1901年に行ったプラハ大学学長講演である. Friedrich von Wieser, "Ueber die gesellschaftlichen Gewalten" (1901), reprinted in Friedrich von Wieser, *Gesammelte Abhandlungen* (Tübingen, 1929), ed. Friedrich A. von Hayek, p. 375; Friedrich Freiherr von Wieser, *Das Gesetz der Macht* (Vienna, 1926), pp. 486–497 (W. E. クーンによる英訳がウォレン・J・サミュエルス編で出ている. *The Law of Power* [Lincoln, Neb., 1983]); Erich Streissler, "The Austrian School of Economics," p. 35; Streissler, "Arma Virumque Cano: Friedrich von Wieser, the Bard as Economist" (1985), reprinted in Stephen Littlechild (ed.), *Austrian Economics*, 3 vols. (Aldershot, 1990), vol. 1, pp. 72–95, at p. 75.

7 Erich Streissler, "Arma Virumque Cano," vol. 1, pp. 72–95, at p. 85.

8 私はこのような定式化をSteven Beller, *Vienna and the Jews: A Cultural History* (Cambridge, 1989), p. 187から拝借している. ウィーンの文化や政治でユダヤ人がどのような役割を演じたかについての, 私見は, ベラーの洞察あふれる前掲書にその多くを負っている.

9 ハイエク家の世俗主義は, 若きフリードリッヒがギムナジウムでのミサに参加するよう強いら

れたときに感じた驚きによって表されている．*Hayek on Hayek*, pp.40–41.

10 Hacohen, *Karl Popper*, p. 39.

11 次の諸文献を見よ．Barbara Jelavich, *Modern Austria: Empire and Republic, 1800–1986* (Cambridge, 1987), pp. 144–145; Paul Silverman, "Law and Economics in Interwar Vienna: Kelsen, Mises, and the Regeneration of Austrian Liberalism" (Ph. D. diss., University of Chicago, 1984), introduction and chapter 1; Malachi Hacohen, "Karl Popper, Jewish Identity, and 'Central European Culture,'" *Journal of Modern History*, vol. 71, no. 1 (March 1999), pp. 105–149. こうした環境の描写については，次に挙げるフリードリッヒ・ハイエクの自伝的回想を見よ．*Hayek on Hayek*, pp. 37 ff.

12 Beller, *Vienna and the Jews*, p. 183.

13 Beller, *Vienna and the Jews*, p. 34.

14 Marsha Rosenblitt, *The Jews of Vienna, 1867–1914* (Albany, N.Y., 1983) の第2章，第3章および，Beller, *Vienna and the Jews*, passimを見よ．

15 Derek J. Penslar, *Shylock's Children: Economics and Jewish Identity in Modern Europe* (Berkeley, 2001), chapter 4.

16 Ernest Gellner, *Language and Solitude: Wittgenstein, Malinowski, and the Habsburg Dilemma* (Cambridge, 1998), pp. 12, 85, 11.

17 Gellner, *Language and Solitude*, p. 35.

18 概観については，Fritz Weber, "Hauptprobleme der wirtschaftlichen und sozialen Entwicklung Österreichs in der Zwischenkriegzeit," in Franz Kadrnoska (ed.), *Aufbruch und Untergang: Österreichsche Kultur zwischen 1918 und 1938* (Vienna, 1981), pp. 593–621を見よ．

19 Frederick Hertz, *The Economic Problems of the Danubian States: A Study of Economic Nationalism* (1947; rep. New York, 1970).

20 *Hayek on Hayek*, p. 53. ハイエクはまた，自由主義的・民主主義的な学生団体である，「民主学生連盟」に属していた．Hans Jörg Hennecke, *Friedrich August von Hayek: Die Tradition der Freiheit* (Düsseldorf, 2000), p. 42.

21 Hacohen, *Karl Popper*, p. 294.

22 Hacohen, *Karl Popper*, pp. 296–297.

23 Adam Wandruszka, "Deutschliberale and deutschnationale Strömungen," in Norbert Leser (ed.), *Das geistige Leben Wiens* (Vienna, 1981), pp. 28–33.

24 キリスト教社会主義者とその有権者層については，次のものを見よ．John Boyer, *Political Radicalism in Late Imperial Vienna: Origins of the Christian Social Movement, 1848–1897* (Chicago, 1981); John Boyer, *Culture and Political Crisis in Vienna: Christian Socialism in Power, 1897–1918* (Chicago, 1995).

25 引用は，Alfred Diament, *Austrian Catholics and the Social Question, 1918–1933* (Gainesville, Fla., 1959), p. 23による．

26 Boyer, *Political Radicalism in Late Imperial Vienna.* キリスト教民主主義者の間での反ユダヤ主義については，Beller, pp. 193–201も見よ．

27 引用は，Anton Staudinger, "Christlichsoziale Judenpolitik in der Gründungsphase der österreichischen Republik," *Jahrbuch für Zeitgeschichte 1978* (Vienna, 1979), pp. 11–48, at p. 17による．1918年以降のキリスト教民主主義者の間での反ユダヤ主義については，Peter Pulzer, *The Rise of Political Anti-Semitism in Germany and Austria*, rev. ed. (Cambridge, Mass., 1988), pp. 309–312を見よ．

28 *Arbeiterwille*, July 14, 1920, p. 1, "Die Christlichsozialen und die Bauernbündler für die jüdischen Börsianer." 引用は，Dieter A. Binder, "Der 'reiche Jude': zur sozialdemokratischen Kapitalismuskritik und zu deren antisemitischen Feindbildern in der Ersten Republik," *Geschichte und Gegenwart*, no. 1

(1985), pp. 43–53, at p. 51による.

29 Binder, "Der 'reiche Jude'" passim; Helmut Gruber, *Red Vienna: Experiment in Working-Class Culture, 1919–1934* (New York, 1991), pp. 26–27, そして同書p. 195, 注74で引用されている諸文献を見よ.

30 Andrew C. Janos, *The Politics of Backwardness in Hungary, 1825–1945* (Princeton, N. J., 1982)を見よ.

31. Wieser, *Das Gesetz der Macht*. Schumpeter, *History of Economic Analysis*, p. 848.

32. Wieser, *Das Gesetz der Macht*, pp. 368–369.

33 Wieser, *Das Gesetz der Macht*, pp. 373–374.

34 Beller, *Vienna and the Jews*, p. 12.

35 Erika Weinzierl, "Hochschulleben und Hochschulpolitik zwischen den Kriegen," in Norbert Leser (ed.) *Das geistige Leben Wiens* (Vienna, 1981), pp. 72–85, 同じ著者の "Historical Commentary on the Period," *The Collected Works of Eric Voegelin*, vol. 4, *The Authoritarian State* (Columbia, Mo., 1999), pp. 11–12. そして, Brigitte L. Fenz, *"Deutscher Abstammung und Muttersprache": Österreichische Hochschulpolitik in der Ersten Republik* (Vienna, 1990) を見よ.

36 Earlene Craver, "The Emigration of the Austrian Economists," *History of Political Economy*, vol. 18, no. 1 (1986), pp. 1–32, at p. 7.

37 *Hayek on Hayek*, p. 54.

38 *Hayek on Hayek*, p. 59 [嶋津訳, p. 39].

39 *Hayek on Hayek*, pp. 57–59.

40 Hennecke, *Friedrich August von Hayek*, p. 33.

41 Hennecke, *Friedrich August von Hayek*, p. 203.

42 Craver, "Emigration," p. 5. 後年におけるミーゼスの狂信については, Hennecke, *Friedrich August von Hayek*, p. 223を見よ.

43 Craver, "Emigration," p. 19.

44 Beller, *Vienna and the Jews*, p. 20.

45 T. W. MacCallum, *The Vienna That's Not in the Baedeker* (Munich, 1929). 本書は, 次に挙げるドイツ語版原典からの英訳である. Ludwig Hirschfeld, *Was nicht im Baedeker steht: Wien und Budapest* (Munich, 1927), pp. 54–55.

46 *Hayek on Hayek*, pp. 61–62. 実際のところHayekは, しばしばユダヤ系を表す名前であり, ヘブライ語のHayimに親密さを表すドイツ語の語尾を合わせたものである. Dietz Bering, *The Stigma of Names: Antisemitism in German Daily Life, 1812–1933* (Ann Arbor, Mich., 1992), p. 284.

47 *Road*, pp. 139, 140 [西山訳, p. 181].

48 *CL*, p. 81 [気賀・古賀訳, Ⅰ, pp. 116–117].

49 *CL*, p. 80.

50 John Stuart Mill, *On Liberty*, ed. Gertrude Himmelfarb (New York, 1974), pp. 129, 131.

51 次のエッセイを見よ. "Ueber die gesellschaftlichen Gewalten" (1901); "Arma virumque cano" (1907). ここでは, ニーチェはトルストイとともに,「時代の中心的な人物」とされている. 両者とも, Friedrich von Wieser, *Gesammelte Abhandlungen* (Tübingen, 1929), ed. Friedrich A. von Hayekに再録. Wieser, *Theorie der gesellschaftlichen Wirtschaft* (Tübingen, 1914); Wieser, *Das Gesetz der Macht*も見よ.

52 Ludwig von Mises, *Die Gemeinwirtschaft: Untersuchungen über den Sozialismus* (Jena, 1922), p. 202; translated by J. Kahane as *Socialism: An Economic and Sociological Analysis* (Indianapolis, Ind., 1981), p. 188. 原典では当該箇所は, "stets nur Sache der wenigen, der Führer." となっている. 同書のハイエクに対する影響については, 1981年の英語版に対する序文を見よ.

53 *Road*, p. 6.

54 *Road*, pp. 4–5, 116–117, 209.

55 *Road*, p. 118［西山訳, p. 152］.

56 次に挙げる1963年の講義でハイエクは，ヴィーザーとその世代のオーストリア学派経済学者は，ミーゼスによって擁護されたような古典的自由主義からは遠く隔たっていたことに特に言及している．"The Economics of the 1920s as Seen from Vienna," published in Peter G. Klein (ed.), *The Fortunes of Liberalism: The Collected Works of F. A. Hayek*, vol. 4 (Chicago, 1992), pp. 19–39, at pp. 27–29.

57 *CL*, p. 343［気賀・古賀訳, Ⅲ, p. 121］.

58 次の文献は，詳細な説明を与えており，社会民主党の政策については，可能な限り好意的な解釈を与えている．Charles A. Gulick, *Austria from Habsburg to Hitler*, vol. 1, *Labor's Workshop of Democracy*, 2 vols. (Berkeley, 1948), pp. 439–445.

59 Gulick, *Austria from Habsburg to Hitler*, vol. 1, p. 448n.

60 Gulick, *Austria from Habsburg to Hitler*, vol. 1, pp. 492–493.

61 Hayek, *Das Mieterschutzproblem. Nationalökonomische Betrachtungen. Vortrag gehalten in der Nationalökonomischen Gesellschaft in Wien am 18 Dezember, 1928, Bibliothek für Volkswirtschaft und Politik*, no. 2 (Vienna, 1929)による．本稿は，若干の異同を伴って次の形で再刊された．Friedrich von Hayek, "Wirkungen der Mietzinsbeschränkungen," *Schriften des Vereins für Sozialpolitik*, vol. 182 (1931), pp. 253–270. 1929年版の英訳は，"Austria: The Repercussions of Rent Restrictions," in Hayek et al., *Verdict on Rent Control* (London, 1972) として公刊された．

62 Lionel Robbins, *The Autobiography of an Economist* (London, 1971).

63 Arthur Marwick, "Middle Opinion in the Thirties: Planning, Progress and Political 'Agreement,'" *English Historical Review* (April 1964), pp. 285–298.

64 *Hayek on Hayek*, p. 66.

65 F. A. von Hayek, *Collectivist Economic Planning: Critical Studies on the Possibilities of Socialism* (London, 1935). 次に挙げる就任講演での計画批判も見よ．"The Trend of Economic Thinking" (1933), reprinted in *The Collected Works of F. A. Hayek*, vol. 3 (Chicago, 1991), pp. 17–34, at pp. 32–34.

66 V. I. Lenin, *State and Revolution* (1917), in Lenin, *Collected Works* (Moscow, 1960), vol. 25, pp. 478–479, 引用はDavid Ramsay Steele, *From Marx to Mises: Post-Capitalist Society and the Challenge of Economic Calculation* (La Salle, Ill., 1992), pp. 68–69による．

67 次の文献を見よ．Steele, *From Marx to Mises*, pp. 69 ff; Martin Malia, *The Soviet Tragedy: A History of Socialism in Russia, 1917–1991* (New York, 1994), chapter 4.

68 Steele, *From Marx to Mises*, pp. 124 ff.

69 ミーゼスの社会主義批判の歴史的先駆者については，Richard M. Ebeling, "Economic Calculation Under Socialism: Ludwig von Mises and His Predecessors," pp. 56–101, in Jeffrey M. Herbener, *The Meaning of Ludwig von Mises* (Norwell, Mass., 1993) を見よ．1920年代の社会主義経済計算論争に，若干のオーストリア人の社会主義者がどのような貢献をなしたかについては，Günther K. Chaloupek, "The Austrian Debate on Economic Calculation in a Socialist Economy," *History of Political Economy*, vol. 22, no. 4 (1990), pp. 671–675を見よ．計算論争とその意義については，次の文献を見よ．Karen I. Vaughn, "Economic Calculation under Socialism: The Austrian Contribution," *Economic Inquiry*, vol. 18 (October 1980), pp. 535–554, reprinted in *Austrian Economics*, vol. 3, pp. 332–351; Bruce Caldwell, "Hayek and Socialism," *Journal of Economic Literature*, vol. 35 (December 1997), pp. 1856–1890. ハイエク思想の発展の中で，社会主義経済計算論争がど

のような位置を占めているのかということに関しての最も有益な議論は，Jeremy Shearmur, *Hayek and After: Hayekian Liberalism as a Research Programme* (London, 1996) の第2章である．

70 Ludwig von Mises, "Economic Calculation in the Socialist Commonwealth" (1920), in Hayek (ed.), *Collectivist Economic Planning*, p. 126.

71 Mises, "Economic Calculation," p. 96, 116.

72 Erich Streissler, "The Intellectual and Political Impact of the Austrian School of Economics," *History of European Ideas*, vol. 9, no. 2 (1988), pp. 191-204, reprinted in *Austrian Economics*, vol. 1, pp. 24-37, at p. 28. ページ付けはリプリントによる．

73 Mises, "Economic Calculation," pp. 97-111.

74 Mises, "Economic Calculation," pp. 121-122.

75 Hayek, "The Present State of the Debate," in *Collectivist Economic Planning*, pp. 203-206.

76 Hayek, "The Nature and History of the Problem," in *Collectivist Economic Planning*, pp. 7-8.

77 Hayek, "Economics and Knowledge," first published in 1937 and reprinted in Hayek, *Individualism and Economic Order* (Chicago, 1948), p. 50［嘉治元郎・嘉治佐代訳「経済学と知識」『ハイエク全集 I-3 個人主義と経済秩序』春秋社，2008年，所収］．

78 "Economics and Knowledge," and "The Uses of Knowledge in Society," first published in 1945 in the *American Economic Review*, vol. 35, no. 4, pp. 519-530 and reprinted in Chiaki Nishiyama and Kurt R. Leube (eds.), *The Essence of Hayek* (Stanford, Calif., 1984)［嘉治元郎・嘉治佐代訳「社会における知識の利用」『ハイエク全集 I-3 個人主義と経済秩序』春秋社，2008年，所収］．

79 Hayek, "The Uses of Knowledge."

80 "The Meaning of Competition" (1946), in Hayek, *Individualism and Economic Order* (Chicago, 1948), p. 97［嘉治元郎・嘉治佐代訳『ハイエク全集 I-3 個人主義と経済秩序』p. 135］．

81 Hayek, "Competition as a Discovery Procedure," in *New Studies in Philosophy, Politics, and the History of Ideas* (Chicago, 1978), p. 180; also reprinted in *The Essence of Hayek*［古賀勝次郎監訳「発見手続きとしての競争」『ハイエク全集 II-6 経済学論集』春秋社，2009年，p. 188］．さらに初期に書かれた "The Meaning of Competition" (1946), in Hayek, *Individualism and Economic Order* (Chicago, 1948) も見よ．

82 Hayek, "The Meaning of Competition," (1946), in Hayek, *Individualism and Economic Order* (Chicago, 1948); "Competition as a Discovery Procedure," in *New Studies in Philosophy, Politics, and the History of Ideas* (Chicago, 1978), also reprinted in *The Essence of Hayek*.

83 *LLL*, 3, p. 75.

84 Hayek, "Competition as a Discovery Procedure," p. 189［古賀監訳，p. 200］．

85 *LLL*, 3, pp. 76-77［気賀・古賀訳，III，p. 108］．

86 イヴォン・キニアスが指摘しているように，この点ではハイエクの著作は「まぎれもなく，彼が人間の幸福については関心を持っていないことを理論化したもの」として見ることができる．Yvon Quinious, "Hayek, les Limites d'un Défi," *Actuel Marx*, no. 1 (1989), p. 83. 引用はAlain de Benoist, "Hayek: A Critique," *Telos*, no. 110 (Winter 1998), pp. 71-104, at p. 85による．この論考は，常にハイエクに対して公平だとはいえないにしても，よく考えて書かれている．

87 *CL*, p. 35［気賀・古賀訳，I，p. 54］．

88 *LLL*, 1, pp. 56-57［矢島・水吉訳，I，p. 76］．

89 *Road*, p. 92［西山訳，pp. 116-117］．わずかな変更を伴いつつも，*LLL*, I, pp. 186-187で再述されている．

90 Friedrich Hayek, "Freedom and the Economic System," *Contemporary Review*, April 1938, pp. 434-442, reprinted in Bruce Caldwell (ed.), *Socialism and War: The Collected Works of F. A. Hayek*, vol.

10 (Chicago, 1997). 後者によるページ付けでは，p. 183. 同様に，*Road*, p. 58.
91　*Road*, p. 77［西山訳，p. 98］.
92　Hayek, "Freedom and the Economic System," pp. 184-185. 言い回しはわずかに異なるが，*Road*, p. 69で再述されている．
93　Hennecke, *Friedrich August von Hayek*, p. 230.
94　ハイエクがシカゴ大学の経済学部から遠ざけられたのは後者の要因であるという主張については，Alan Ebenstein, *Friedrich Hayek: A Biography* (New York, 2001), p. 174［田総恵子訳『フリードリッヒ・ハイエク』春秋社，2012年］を見よ．
95　John U. Nef, *Search for Meaning: The Autobiography of a Nonconformist* (Washington, D.C., 1973), pp. 237-238; John Raybould, *Hayek: A Commemorative Album* (London, 1998), p. 67; *Hayek on Hayek*, pp. 125-128, 143.
96　Hennecke, *Friedrich August von Hayek*, p. 329.
97　*CL*, p. 11［気賀・古賀訳，Ⅰ，p. 21］.
98　*CL*, pp. 141-142［気賀・古賀訳，Ⅱ，pp. 15-16］.
99　Road, pp. 36-39; *LLL*, I, pp. 108-109.
100　*CL*, p. 156［気賀・古賀訳，Ⅱ，p. 35］.
101　*CL*, pp. 257-258. 同様に，*Road*, pp. 120-121; *LLL*, 3, pp. 41, 44, 61-62.
102　*CL*, pp. 220 ff.
103　*CL*, pp. 257-258.
104　*CL*, pp. 257-259.
105　*CL*, pp. 253-256. この過程において重要な里程標となったのが，1958年に出たドイツ社民党のバート・ゴーデスベルク綱領とC. A. R. Crossland's *The Future of Socialism* (London, 1956) の公刊である．
106　*CL*, p. 256［気賀・古賀訳，Ⅲ，p. 7］.
107　*LLL*, 2, p. 66［篠原訳，Ⅱ，p. 95］.
108　*LLL*, 2, p. 3［篠原訳，Ⅱ，p. 10］. ハイエクの意味での「偉大な社会」という用語は，アダム・スミスからとられたように思われる．Adam Smith, *The Wealth of Nations*, I, viii, 57. ハイエクの「部族社会」という用語の利用は，友人のカール・ポパーから取り入れたものである．Karl Popper, *The Open Society and Its Enemies*, 2 vols. (Princeton, 1966; first published in 1945), vol. 1, pp. 173 ff.
109　*LLL*, 2, pp. 111, 133-134.
110　*LLL*, 2, p. 76.
111　*CL*, pp. 94-95; *LLL*, 2, p. 70.
112　*LLL*, 2, p. 88-90.
113　*LLL*, 2, pp. 148-149［篠原訳，Ⅱ，p. 203］.
114　*LLL*, 2, pp. 88-89.
115　*CL*, pp. 89-92; *LLL*, 2, pp. 84-85.
116　*CL*, p. 282.
117　*CL*, p. 266; *LLL*, 2, p. 67.
118　*CL*, p. 266; *LLL*, 3, p. 90.
119　*CL*, p. 270; *LLL*, 3, p. 144.
120　*CL*, p. 283［気賀・古賀訳，Ⅲ，pp. 42-43］.
121　*CL*, pp. 270, 280-282; *LLL*, 3, p. 94も見よ．
122　*CL*, pp. 331-332.
123　*CL*, pp. 50-51.

124 *CL*, pp. 106, 115.

125 *LLL*, 3, pp. 4–5［渡部訳, Ⅲ, p. 14］.

126 *LLL*, 3, pp. 106 ff.

127 Hayek, *The Denationalization of Money* (London, 1976). ハイエクの貨幣発行自由化論についての小冊子は,「主著の執筆に従事しているときに」, つまり『法と立法と自由』と同時に書かれた. *Hayek on Hayek*, p. 150.

128 Hayek, "The Intellectuals and Socialism" (1949), reprinted in Bruce Caldwell (ed.), *The Collected Works of F. A. Hayek*, vol. 10, *Socialism and War* (Chicago, 1997), pp. 229–237, 222, 224, 225［尾近裕幸訳『ハイエク全集 Ⅱ-10 社会主義と戦争』春秋社, 2010年, p. 7, 9, 11］.

129 *CL*, p. 112［気賀・古賀訳, Ⅰ, p. 158］.

130 *CL*, p. 114.

131 *CL*, p. 115［気賀・古賀訳, Ⅰ, p. 162］.

132 Hayek, "The Intellectuals and Socialism," pp. 229–237; Hayek, *CL*, pp. 112 ff.

133 *Hayek on Hayek*, p. 155. ミーゼスも同様の見解を持っていた. Mises, *Socialism*, pp. 460–461を見よ.

134 たとえば,『自由の条件』についての批判的な書評を見よ. Lionel Robbins, "Hayek on Liberty," *Economica* (February 1961), pp. 66–81; Jacob Viner, "Hayek on Freedom and Coercion," *Southern Economic Journal*, vol. 27 (January 1961), pp. 230–236; F. H. Knight, "Laissez Faire: Pro and Con," *Journal of Political Economy*, vol. 75 (October 1967), pp. 782–795 (all reprinted in J. C. Wood and Ronald N. Woods (eds.), *Friedrich A. Hayek: Critical Assessments*, vol. 2 [London, 1991]); Raymond Aron, "La Définition libérale de la Liberté" (1961), in his *Études politiques* (Paris, 1972), reprinted in Pierre Manent (ed.) *Les Libéraux*, 2 vols., vol. 2 (Paris, 1986), pp. 467–488.

135 引用はNeil McInnes, "The Road Not Taken: Hayek's Slippery Slope to Serfdom," *The National Interest* (Spring 1998), pp. 56–66, at p. 59による.

136 R. M. Hartwell, *A History of the Mont Pélerin Society* (Indianapolis, Ind., 1995); *Hayek on Hayek*, p. 133.

137 Daniel Yergin and Joseph Stanislaw, *The Commanding Heights: The Battle Between Government and the Marketplace That Is Remaking the Modern World* (New York, 1998), pp. 98–101. 次の諸文献も見よ. R. Cockett, *Thinking the Unthinkable: Think-Tanks and the Economic Counter-Revolution, 1931–1983* (London, 1994); Dennis Kavanagh, *Thatcherism and British Politics: The End of Consensus?* (New York, 1987).

138 Yergin and Stanislaw, *Commanding Heights*, p. 106.

139 Samuel Brittan, *The Economic Consequences of Democracy* (London, 1977), pp. 142–146, and A. Glynn and R. Sutcliffe, *British Capitalism* (London, 1973).

140 Eric Hobsbawm, *The Age of Extremes: A History of the World, 1914–1991* (New York, 1995), pp. 282–285.

141 Mark Mazower, *Dark Continent: Europe's Twentieth Century* (New York, 1999), p. 329.

142 Yergin and Stanislaw, *Commanding Heights*, p. 62.

143 Yergin and Stanislaw, *Commanding Heights*, p. 96.

144 Robert Skidelsky, *The Road from Serfdom: The Economic and Political Consequences of the End of Communism* (New York, 1995), p. 93.

145 Skidelsky, *Road from Serfdom*, p. 93.

146 Yergin and Stanislaw, *Commanding Heights*, p. 92; Hartwell, *A History of the Mont Pélerin Society*, p. 199.

147 Yergin and Stanislaw, *Commanding Heights*, p. 104.

148 Yergin and Stanislaw, *Commanding Heights*, pp. 112–113.

149 Rowland Evans and Robert Novak, *The Reagan Revolution* (New York, 1981), p. 229; Martin Anderson, *Revolution* (New York, 1988), p. 164を見よ.

150 Martin Anderson, *The Power of Ideas in the Making of Economic Policy* (Palo Alto, Calif., 1987). 引用は, Hartwell, *A History of the Mont Pélerin Society*による.

151 この現象については, 若干の示唆的コメントを与えている. David Frum, *How We Got Here* (New York, 2000), p. 328以下を見よ.

152 この点については, János Kornai, *The Socialist System: The Political Economy of Communism* (Princeton, N. J., 1992), pp. 127–130を見よ. コルナイ (p. 472) は,「50年過ぎて顧みれば, ハイエクは論争のすべての点に関して正しかったと結論づけることができる」としている.

153 Charles S. Maier, *Dissolution: The Crisis of Communism and the End of East Germany* (Princeton, N. J., 1997), pp. 83–96; Skidelsky, *The Road from Serfdom*, pp. 104–108を見よ. 社会主義経済下における技術革新の失敗については, Hobsbawm, *The Age of Extremes*, chapter 13を見よ.

154 Andrzej Walicki, "Liberalism in Poland," *Critical Review*, vol. 2, no. 2 (Winter, 1988); Timothy Garton Ash, *Magic Lantern: The Revolution of '89* (New York, 1990)を見よ.

155 Yergin and Stanislaw, *Commanding Heights*, pp. 270–271.

156 *ILL*, I, pp. 39–46.

157 *CL*, chapter 4.

158 この点については, Hennecke, *Friedrich August von Hayek*, p. 386; Emma Rothschild, *Economic Sentiments: Adam Smith, Condorcet, and the Enlightenment* (Cambridge, Mass., 2001), pp. 146–153を見よ.

159 ハイエク思想の保守的要素については, Chadran Kukathas, *Hayek and Modern Liberalism* (Oxford, 1989), p. 174以下を見よ.

160 この点を指摘しているハイエクの批判者は多い. Alain de Benoist, "Hayek: A Critique," p. 90; Richard Epstein, "Hayekian Socialism," *Maryland Law Review*, vol. 58 (1999), p. 271以下などである.

161 *CL*, chapter 4; *LLL*, 3, pp. 155 ff. ハイエクの功利主義は「効用本来の役割は, 処方箋的なあるいは実際的なものではなく, むしろルールや慣行の全体系の評価のための基準であるという限りにおいて,『間接的な』あるいは『システムに関する』功利主義」として特徴づけられてきた. John Gray, *Hayek on Liberty*, 2nd. ed. (Oxford, 1986), p. 59.

162 Jeffrey Friedman, "Hayek's Political Philosophy and Economics," *Critical Review*, vol. 11, no. 1 (1997), pp. 1–10, at pp. 6–7.

163 たとえば, *CL*, p. 61以下やHayek, *The Fatal Conceit* (Chicago, 1988), pp. 135–140を見よ. 後者はあまり利用しないでおいた. というものは, どのくらいが実際にハイエクによって書かれたか, そして編者であるW・W・バートリー3世によって書かれたかが研究者の間で未解決問題にとどまっているからである.

164 この点は, de Benoist, "Hayek: A Critique," p. 92で指摘されている. ジェームズ・ブキャナンとシュテファン・ベームによる同様の批判については, Hennecke, *Friedrich August von Hayek*, p. 374を見よ.

165 Hennecke, *Friedrich August von Hayek*, pp. 346–347.

166 最後の2つの批判は, Aron, "La Définition libérale de la Liberté" によっている.

167 この点を指摘している者は多い. Andrew Gamble, *Hayek: The Iron Cage of Liberty* (Boulder, Colo., 1996), p. 106; Kukathas, *Hayek and Modern Liberalism* p. 189; Ronald Kley, *Hayek's Social and Political Thought* (Oxford, 1994), p. 169以下など.

▸ 結論 ◂

1 最近この主題を再述したものとしては，Amartya Sen, “Social Choice and Individual Behavior,” in his *Development as Freedom* (New York, 1999), pp. 249-281を見よ．

2 Edmund Burke, “Reflections on the Revolution in France,” in *The Writings and Speeches of Edmund Burke*, vol. 8 (Oxford, 1989), p. 102.

3 Bernard Yack, “The Myth of the Civic Nation,” *Critical Review*, vol. 10, no. 2 (Spring 1996), pp. 193-211を見よ．

4 言われているところの，そのような団結がもたらす徳については，Norman Birnbaum, *After Progress: European Socialism and American Social Reform in the Twentieth Century* (New York, 2001) を見よ．

5 この主題をずっと最近になって再述したものとしては，Ralf Dahrendorf, *Life Chances* (Chicago, 1979) を見よ．

6 特に，Jürgen Habermas, *Legitimation Crisis* (Boston, 1975; German original Frankfurt, 1973)の第1部，第2部，そしてJürgen Habermas, *Theory of Communicative Action*, vol. 2; *Lifeworld and System: A Critique of Functionalist Reason* (Boston, 1987; German original 1981)を見よ．

7 Jan de Vries, “The Industrial Revolution and the Industrious Revolution,” *Journal of Economic History*, vol. 54, no. 2 (June 1994), pp. 249-270, at p. 265.

8 Pierre Bourdieu, “Neo-liberalism, the Utopia of Unlimited Exploitation,” in his *Acts of Resistance: Against the Tyranny of the Market* (New York, 1998), pp. 94-105.

9 John Gray, “The Politics of Cultural Diversity,” in Gray, *Post-Liberalism: Studies in Political Thought* (London, 1993), pp. 262-263.

10 Georg Simmel, “Conflict” in *Conflict and the Web of Group Affiliations*, trans. Kurt H. Wolff and Reinhard Bendix (New York, 1955), pp. 61-62.

11 Thomas L. Friedman, *The Lexus and the Olive Tree: Understanding Globalization*, expanded edition (New York, 2000), pp. 298 ff.

12 Jürgen Habermas, “Warum braucht Europa eine Verfassung? Nur als politisches Gemeinwesen kann der Kontinent seine in Gefahr geratene Kultur und Lebensform verteidigen,” *Die Zeit*, June 28, 2001, p. 7.

13 市場と福祉国家を支持した現代的な議論を，周到に概観したものとしては，Wolfgang Streeck, “Wohlfahrtsstaat und Markt als moralische Einrichtungen: Ein Kommentar,” in Karl Ulrich Mayer (ed.), *Die Beste aller Welten? Marktliberalismus versus Wohlfahrtsstaat* (Frankfurt, 2001), pp. 135-167を見よ．

14 この理論は最初，サイモン・クズネッツによって提示された．Simon Kuznets, “Economic Growth and Income Inequality,” *American Economic Review*, vol. 45 (1955), pp. 1-28. クズネッツの議論の要点は，Peter H. Lindert and Jeffrey G. Williamson, “Growth, Equalilty, and History,” *Explorations in Economic History*, vol. 22 (1985), pp. 341-377で実証されている．

15 そのような著作の1つとしてViviane Forrester, *L'horreur Économique* (Paris, 1996)がある．同書はフランスの1年間にわたってベストセラーであり，100万部以上の売上げを記録した．同書の批判については，Alain Minc, *La mondialisation heureuse* (Paris, 1997) を見よ．フランスの政治文化において，反資本主義が意気軒昂なさまについては，Philippe Manière, *L'Aveuglement français* (Paris, 1998)を見よ．「グローバリゼーション」についての広範で周到な説明については，Friedman, *The*

*Lexus and the Olive Tree*を見よ.

16 Amartya Sen, "Poverty as Capability Deprivation," in his *Development as Freedom* (New York, 1999), pp. 87-110.

17 Max Weber, *The Protestant Ethic and the Spirit of Capitalism*, p. 175での引用. ここでは, Southey, *Life of Wesley* (2nd U.S., vol. 2, p. 308)による.

18 次の諸文献を見よ. Friedman, *The Lexus and the Olive Tree*, p. 245, and Michael T. Kaufman, *Soros: The Life and Times of a Messianic Billionaire* (New York, 2002), pp. 299-301.

訳注

▷ 第1章 ◁

1 以降, 聖書からの引用文は, 日本聖書協会発行の『聖書 新共同訳』に拠っている.

▷ 第2章 ◁

1 中川信訳「哲学書簡」『世界の名著29　ヴォルテール, ディドロ, ダランベール』中央公論社, 1970年, p. 84.
2 中川訳, p. 74.
3 中川訳, p. 206.
4 中川訳, p. 84.
5 中川訳, p. 90.
6 中川訳, pp. 89-90.
7 中川訳, p. 223.
8 中川訳, p. 104.
9 中川訳, p. 100.
10 中川訳, p. 102.
11 中川訳, p. 109.
12 中川訳, p. 204.
13 福鎌忠恕訳『ヴォルテール回想録』大修館書店, 1989年, p. 96.
14 福鎌訳, p. 97.
15 中川訳, p. 107.
16 中川訳, p. 314.

▷ 第3章 ◁

1　山岡洋一訳『国富論――国の豊かさの本質と原因についての研究』日本経済新聞出版社，2007年，上巻，p. 15.
2　山岡訳，上巻，p. 17.
3　山岡訳，上巻，p. 18.
4　山岡訳，上巻，p. 150.
5　山岡訳，下巻，p. 72.
6　山岡訳，下巻，pp. 373-374.
7　高哲男訳『道徳感情論』講談社学術文庫，2013年，p. 20.